Paul de Lagarde

Semitica

1. Band

Paul de Lagarde

Semitica
1. Band

ISBN/EAN: 9783744654463

Hergestellt in Europa, USA, Kanada, Australien, Japan

Cover: Foto ©ninafisch / pixelio.de

Weitere Bücher finden Sie auf **www.hansebooks.com**

SEMITICA

VON

PAUL DE LAGARDE.

ERSTES HEFT.

Aus dem dreiundzwanzigsten bande der abhandlungen der königlichen gesellschaft der wissenschaften zu Göttingen.

Göttingen.
Dieterich'sche verlags-buchhandlung.
1878.

Kritische anmerkungen zum buche Isaias.

von

Paul de Lagarde.

Erstes stück.

In der königlichen gesellschaft der wissenschaften vorgetragen am 2 Februar 1878.

Opus est argumenti nobilis atque ardui, quod antiquitus tractari debuit, non in hoc saeculum differri, cui nihil displicet nisi quod bonum est, aut certe ab alio quam a me occupari, ut minus invidiae haberet.

Mit H bezeichne ich den hebräischen text des Isaias, wie er in unsern drucken vorliegt, mit G die alte griechische, mit C die chaldäische, mit S die syrische übersetzung, mit V die vulgata. meine sich auf die stellen 34, 16 41, 22 23 42, 9 43, 9 44, 7 45, 11 48, 3—6 14 stützende grundanschauung vom buche Isaias habe ich in meinen Symmicta 142 kurz angegeben. daß unser sogenannter Isaias nicht von Einer hand ist, hätte man längst daraus sehen sollen, daß in demselben bald jemand von sich in der ersten person redet, bald von Isaias in der dritten person geredet wird. Xenophon und Caesar bleiben sich in der form, in welcher sie von sich erzälen, ebenso gleich, wie Goethe: wenigstens für die eben erwänte sonderbarkeit des buches Isaias wird man die verantwortung nicht dem heiligen geiste zuschieben wollen.

1

IBKoppe hat 1780 in seiner übersetzung von RLowths commentare II 6 geschrieben »ich glaube nicht undeutliche spuren zu bemerken, daß dies erste kapitel aus mehreren einzelnen, für sich bestehenden, zu ganz verschiedener zeit ausgesprochenen, und nur vom sammler der weißagungen unschicklich an einander gereiheten orakeln bestehe.«. er hat recht, wenn man die worte »für sich bestehenden« streicht, da die einzelnen stücke des kapitels vermutlich nur teile größerer reden sind. in den versen 2

3 sieht es so aus, als sei Iudaea groß und stark gewesen. als der prophet sprach: tiere kennen den, der ihnen futter vorschüttet, Israel kennt mich nicht: das heißt doch, Israel steht gut im hafer, und will gleichwol von dem nichts wissen, der es närt. dazu paßt 4—9 nicht, wo Ierusalem einsam und gebrochen in wüstem lande liegt. 10—17 erscheint das volk als ein äußerlicher frömmigkeit nicht ermangelndes, aber das wesentliche des lebens, gerechtigkeit, nicht kennendes: 28—31 ist der dienst nicht-israelitischer götter allgemein.

1, 5

S ܠܡܢܐ ܬܘܒ ܬܬܡܚܘܢ ܘܬܘܣܦܘܢ ܠܡܬܪܕܝܘ deckt sich nicht mit H. denn ܪܕܝ überträgt das griechische ἐπαίδευσε, das hebräische יִסַּר so gut wie regelmäßig, kann also für סָרָה nicht gesetzt werden. die verbindung von ܡܠܐ und ܐܬܪܕܝ findet sich Prov 29, 19 wie die von יָסַף und יִסַּר Levit 26, 18. danach könnte man meinen, S habe סָרָה zur wurzel יסר gezogen. dagegen spricht der zusammenhang, da im παιδευθῆναι fortzufaren nichts ist, das vorwurf verdiente. vergleiche Isa 31, 6 הֶעֱמִיקוּ סָרָה = ܐܥܡܩܬܘܢ ܡܪܕܘܬܐ, Isa 14, 6 מַכַּת בִּלְתִּי סָרָה = ܡܚܘܬܐ ܕܠܐ ܡܪܕܐ, Isa 59, 13 die freie übertragung von סָרָה durch ܡܪܕܢ: ܐܬܡܪܕܢ Psalm 18. 22 für רָשַׁע: dazu כמרוד Onomastica sacra I, 9, 4 und die mittelst der register zu findenden parallelstellen (aber Lagarde studien § 1605). danach könnte man versucht sein ܠܡܬܪܕܝܘ in ܠܡܬܡܪܕܘ zu ändern. allein es ist unwarscheinlich, daß irgend ein abschreiber das eine wort in das andere verderbt haben sollte, da jedem Syrer ܠܡܬܡܪܕܘ durchaus verständlich war, und der zusammenhang des textes, falls ܠܡܬܡܪܕܘ in der vorlage stand, nicht die mindeste veranlassung bot zu emendieren. das dem originale nicht entsprechende und den gedankengang störende ܠܡܬܪܕܝܘ muß mithin anders erklärt werden. ich vermute, daß S nicht aus dem originale, sondern aus einem targum übersetzt hat, der (vgl oben S II Isa 31, 6) חוספון מרדו bot: מרדו leitete S statt von מרד von רדא ab, und kam so zu seinem ܠܡܬܪܕܝܘ. wie מרדו auszusprechen ist, steht nicht unbedingt fest. die Syrer übertragen Thess β 2, 3 ἡ ἀποστασία durch ܡܪܕܘܬܐ, welchem worte ein kurzes a auf das ܡ gesetzt zu werden pflegt: so liest auch die göttinger (221[c]) und die berliner (262[c]) abschrift des ܐܘܙܝ ܐܢܝ, wärend Hoffmanns glosse 6643 sich auf das von ܒܪ stammende ܡܪܕܘܬܐ bezieht: aus dem armenischen Ephraim III 187 vermag ich nichts zu erschließen. ich sollte meinen, daß jenes ܡܪܕܘܬܐ des briefes an die Thessalonicher entweder mârᵉdûtâ oder marrâdûtâ gesprochen werden müsse. ersteres würde eine ableitung vom particip (man denke an مارد der Araber, EWLane the thousand and one nights[65] I 27) sein, wie solche schon nach طاغوت = טָעוּת von טְעָא zulässig scheint. letzteres, durch ܐܬܡܪܕ — ein reflexivum der zweiten — und durch allgemeine principien empfohlen, gehörte mit dem arabischen mirrîd und der Regn ď 14, 19 vorkommenden fünften form zusammen als derivat eines mit mârôn gleichbedeutenden marrâd, das Esdras 4, 12 15 wirklich vorliegt, nur daß die furcht der Tiberienser ר zu verdoppeln aus a ein o zu machen gezwungen hat: Esdr 4, 12 ist natürlich מָרָדְתָּא one punkt im ת zu schreiben, da ד als nach unveränderlich langem vocale stehend in ְ nicht das zeichen der vokallosigkeit, sondern einen halbvokal bei sich hat, und die übele gewonheit der späteren syrischen Nestorianer, welche das arabischem المغارة entsprechende ܡܥܪܬܐ (und analog änliche wörter) mit kurzem a auf ܥ und hartem ܬ sprechen, den punctatoren des buches Esdras kaum zuzutrauen sein wird, welche ja auch דָ lesen.

1, 8

Das den vers schließende זרים erachte ich für eine fehlerhafte wiederholung aus dem vorhergehenden: der echte text dürfte für immer verloren sein. der kanon kennt die redensart כמהפכת אלהים את סדם ואת עמרה Amos 4, 11 Isa 13, 19 Ierem 50, 40 (die leipziger concordanz falsch 14), sowie die andere כמהפכת סדם ועמרה Deut 29, 22 Ierem 49, 18 (im Deuteronomium wird noch אדמה וצבוים אשר הפך יהוה באפו ובחמתו, Ierem 49 noch das auch Ier 50 mit את erscheinende ושכניה beigegeben). ich bedaure die bemerkung für notwendig halten zu müssen, daß Isaias, Amos und Ieremias ihre ausdrücke nicht aus dem Deuteronomium geschöpft zu haben brauchen: da die trümmer von Sodoma im altertume vermutlich von Ierusalem aus noch leichter erreicht werden konnten als heute, wird vor allem anzunemen sein, daß die örtlichkeit selbst die redensart hervorgerufen hat: die Araber nennen Sodoma und Gomorra المؤتفكات Qurân

69, 9 (بيضاوى II 352, 13 زمخشرى 1521, 6), und haben doch gewiß das Deuteronomium nicht gelesen. מַהְפֵּכָה setzt ein altes mahpikat und ein infectum auf i voraus, das افك auch bietet, wärend der kanon nur יַהֲפֹךְ zeigt: formell am nächsten steht dem מַהְפֵּכָה مهلكة Kosegarten § 693, das, weil yahliku und yahlaku erlaubt ist, sowol mahlikat als mahlakat gesprochen werden darf. jedenfalls ist מַהְפֵּכָה ein derivat der ersten form, und namentlich darauf gründet sich meine abneigung gegen זרים. von menschen (und זרים wären menschen) kann schlechterdings nicht gesagt werden, daß sie הָפְכוּ יְרוּשָׁלַם, da sie ihr zerstörungswerk nicht in Einem streiche vollenden: nur gott הָפַךְ, von menschen müßte es הִפְּכוּ heißen, und darum auch nicht מַהְפֵּכָה, sondern הִפּוּךְ oder הַהֲפֵכָה: ein mensch הָפַךְ was auch ein rollendes brot umwerfen kann, also etwa einen אהל, Iud 7, 13: nur gott הָפַךְ städte, reiche u dgl m. vgl das verhältnis von יסר I und יסר II. ich lege wert darauf, daß ich der erste gewesen bin, der für das hebräische und syrische die notwendigkeit zwischen ableitungen der ersten und der abgeleiteten formen zu scheiden erkannt hat, Symmicta 88, 38 und danach Nöldeke ZDMG XXV 674 mandäische grammatik 133 ZDMG XXXI 770: vgl auch Symmicta 150^{r}. nur im syrischen ist ܗܦܟ I im sinne eines vorauszusetzenden הִפֵּךְ auch von menschen jedem objecte gegenüber denkbar. wie übel es mit der erkenntnis dieses wichtigen gesetzes vor mir bestellt war, erläutere ich durch בניך Isa 49, 17 (25). der alte Breithaupt hat in seiner anmerkung zu Raschis commentare angegeben, daß GCV bei diesem בניך nicht an söne gedacht, sondern die wurzel בנה *er baute* gefunden haben: aber nicht בֹּנַיִךְ ist die richtige lesart, sondern בַּנָּיִךְ. בַּנָּי ist im ירושלמי 13^{1} 4 des krotoschiner abklatsches gemeint, wo ארמנן בניין ארכיטקטנן [so!] synonyma sind: ܐܘܡܢܐ *τεχνίτης* Titus von Bostra 37, 22 (griechisch 29, 25) 48, 32 (38, 23) 70, 21 (56, 32), woher ܐܘܡܢܘܬܐ *τέχνη* ebenda 55, 29 (44, 19) 67, 31 (54, 21) 68, 12 (54, 35) 78, 26 (63, 31): ܒܢܐ *κατασκευάσας* Hebr 3, 3 und davon ܒܢܝܢܐ *οἰκοδομία* Titus von Bostra 70, 21 (griech 56, 32): ܐܪܟܝܛܩܛܘܢܐ PSmith 386. im althebräischen ist בַּנָּי durch בְּנוּי gesichert, Lagarde Symmicta 88, 40. ganz abgesehen aber von diesem anstoße würde es unzulässig sein zu sagen, das von זרים heimgesuchte land sehe aus als ob זרים es umgestürzt hätten. daß זְרִים = זֶרֶם sein könne (Saadias), ist natürlich durchaus unmöglich.

1, 31

GSC haben im wesentlichen denselben text wie H. nichts desto weniger hat der prophet nicht geschrieben was unsere urkunden bieten. in 29 ist auffällig, daß auf die dritte person יבשו (C חכשו) die zweite חמרתם folgt, und daß אילים keinen artikel hat: sonst ist der vers anscheinend sicher genug erhalten, um sein מאילים und מהגנות neben כאלה und וכגנה von 30 zu stellen, und aus der nebeneinanderstellung zu schließen, daß die אילים 29 der plural zu אלה 30, also *terebinthen* sind. da nun schöne bäume und gärten schwerlich als solche zu der ere kommen, daß die sie liebenden am tage des gerichts sich ihrer schämen, werden wir anzunemen haben, daß sie den zwecken nichtjüdischer gottesverehrung gedient haben, in welcher anname עובי יהיה 28 und תחת כל עץ רענן Deut 12, 2 Paral β 28, 4 Regn δ 16, 4 17, 10 Isa 57, 5 Ierem 2, 20 3, 6 13 17, 2 Ezech 6, 13 uns nur befestigen kann. dann passen aber die wörter החסן und פעלו nicht in den zusammenhang. החסן übersetzen GCS durch ἡ ἰσχὺς αὐτῶν חיקפהון ,ܚܣܝܢܗܘܢ, one daß diese übersetzungen sprachlich zu rechtfertigen wären: wo ist ה von החסן geblieben? ן als suffixum tertiae pluralis ist nicht althebräisch: für חסן ist der sinn *stärke* selbst aus den dialecten nicht zu beschaffen. חָסֹן kann von חסה stammen, wie חָזוֹן von חזה stammt, dann bedeutet es *zuflucht*: oder ן gehört zur wurzel, dann mag man an حسن oder خشن denken, wird aber weder *schön* noch *starr* hier passend finden: Amos 2, 9 entscheidet in meinen augen nichts. daß פעלו ganz unhebräisch ist, braucht man nur auszusprechen. ich stelle הַחַמָּן und וּבַעְלוֹ her, und setze die stelle neben die parallele 10, 17. als ich diese conjectur zum ersten male veröffentlicht hatte (prophetae chaldaice II, wo ein flüchtigkeitsfehler הֶחַמָּן), verwies mich Iulius Wellhausen auf den ihm aus Robinson II 143 bekannten bericht des Hieronymus über den Baal am fuße des Moria: bei Vallarsi VII 62 heißt es: idolum Baal fuisse iuxta Ierusalem ad radices montis Moria, in quibus Siloe fluit, non semel legimus. haec vallis et parvi campi planicies irrigua erat et nemorosa plenaque deliciis, et lucus in ea idolo consecratus.

2, 5—21

Der abschnitt 2, 5—21 ist so schlecht erhalten auf uns gekommen, daß ein urteil über seinen zweck zu fällen kaum möglich ist. an מלאו מקדם ist schon Brenz angestoßen: die construction 11 עיני גבהות אדם שפל veranlaßt wenigstens bei vielen commentatoren eine zu ihrer rechtfertigung bestimmte bemerkung: die hauptschwierigkeit aber bieten die kehrverse, und darüber hat kein mir bekannter exeget gehandelt. es ist im wesen des kehrverses begründet, daß ihm andere verse voraufgehn, und daß die zwischenräume zwischen den wiederholungen gleich lang sind: nicht unbedingt nötig scheint, daß der kehrvers stets ganz genau dieselben worte enthalte, obwol die völlige dieselbigkeit des ausdrucks eigentlich so sehr in der natur der sache begründet liegt, daß man von vorne herein sie erwarten wird. nun entsprechen sich im vorliegenden abschnitte 10 19 21, sodann 11 17. danach wird man zunächst 10 für unvollständig erklären müssen: es fehlen die worte בקומו לערץ לארץ. sodann scheint עיני 11 aus ושח verschrieben: ob in 11[2] ושח oder in 11[1] שפל zu ändern ist, mag dahingestellt bleiben. folgt kehrvers B auf kehrvers A in 10 11 unmittelbar, so ist sicher, daß entweder 17 in einer vom propheten nicht beabsichtigten vereinsamung, oder 11 in einer nicht ursprünglichen verbindung steht. allein der text ist auch sonst beschädigt. ושפל 12 paßt nicht in den zusammenhang, da nur hohes aufgezält, nicht aber angegeben wird, daß dies hohe erniedrigt werden solle. es muß etwa ונשגב an der stelle dieses ושפל gestanden haben. hinter הבשן 13 fehlen zwei eigenschaftswörter oder participien, welche dem הרמים והנשאים 13[1] parallel stünden. יחלף 18 kann nur künstlich mit האלילים in verbindung gehalten werden: man dürfte aus dem folgenden ein ו dazu nemen, wenn nicht die wurzel חלף ihrer sonstigen verwendung nach überhaupt neben אלילים unzulässig schiene, und כָּלִיל nicht ebenfalls sprachwidrig wäre: steckt in כליל etwa בְּ mit einem hauptworte, und in dem letzten worte ein לחלף 21, 1 vgl לחלי 1, 5 לטרח 1, 14 לנערת 1, 31 usw? nunmehr darf ich wol auch den anfang des abschnittes bemängeln, welcher oberflächlichen lesern noch weniger bedenklich sein wird, als die bisher gerügten begehungs- und unterlassungssünden des gegenwärtigen textes. in vers 5 ist לכו ונלכה garstig. erlaubter weise sagt man *ἐγείρεσθε ἄγωμεν* Matth 26, 46 Marc 14, 42: schwerlich wird jemand *ἄγετε ἄγωμεν* gesagt haben. zudem ist נלכה derselbe grobe sprachfehler, welchen man auf grund der samaritischen übersetzung Gen 4, 7 zu begehn pflegt, und den ich Symmicta 57, 10 (daselbst 57, 20 hat der setzer בהם falsch eingefügt) gerügt habe. von Enoch heißt es Gen 5, 24 ויתהלך את האלהים, Psalm 89, 16 wird zu באור יהוה das intensivum gesetzt: man dürfte kaum נלכה בארח יהוה dulden, müßte bei באור יהוה durchaus ונתהלכה erwarten: nach לכו wäre ונתהלכה nicht weniger unleidlich als ונלכה es ist. es fällt auf, daß zu anfang einer prophetenrede der nicht genannt wird, welcher dem propheten den auftrag zu sprechen erteilt hat. alles erwogen, glaube ich die worte ונלכה באור nach 1, 18 in ונוכחה יאמר verändern zu müssen: wenn wir ונוכח' geschrieben denken, sind die beiden lesarten in dem alten alphabete änlich genug. in vers 6 ist נטשתה falsch. נטש אביך Regn α 10, 2 ist so klar wie Iud 6, 13 נטשנו יהוה und Ierem 12, 7 נטשתי את נחלתי. hier müssen wir uns zuerst über die wunderlichkeit hinwegsetzen, daß der prophet, im begriffe seinem volke vorhaltungen zu machen, Jahwen anredet, und ihm vorwirft (wodurch die schuld des volks gestrichen oder doch gemildert würde) die seinigen verlassen zu haben: sodann stimmt der sprachgebrauch von נטש nicht dazu, daß es im folgenden den Juden trotz dieses verstoßenseins sehr gut geht: vgl Regn δ 21, 14 Ierem 23, 33 39. es bleibt nichts übrig als נטשכה herzustellen, wobei freilich כי ebenso sonderbar klingt wie bei נטשתה. man höre nur! »wir wollen gehn, denn du hast dein volk verlassen«, »wir wollen unsere sachen gegen einander in ordnung bringen, denn dein volk hat dich verlassen«. bis auf weiteres scheint erlaubt anzunemen, daß vor כי ein satz abhanden gekommen ist. בית יעקב 6 stört den zusammenhang.

Ist nun in dem abschnitte 2, 5—21 eine reiche saat von fehlern nachgewiesen, so wird warscheinlich, daß derselbe ursprünglich den anfang des buches Isaias gebildet, als solcher auf der außenseite einer lage gestanden hat, und in folge davon abgerieben gewesen ist. dadurch wird bestätigt, was freilich onehin klar genug ist, daß 1, 2—2, 4 die ouvertüre des stücks abgibt, in welcher die verschiedenen themen des tonwerks der reihe nach durch den redactor vorgefürt werden.

nicht als verderbnisse, sondern als misverstandene archaismen sehe ich ישחחוו 8 und עשו 20 an. wenn unserm שָׂחָה und עָשָׂה älteres שָׂחַו und עָשַׂו voraufgieng, kann Isaias füglich ישחחוו als singular geschrieben haben, wie die Araber يندو als singular haben, und kann ihm עשו ein singular sein, den man עָשֻׂו sprechen mag. ich neme an, daß auch 3, 16 in נטוות, das ich נְטוּוֹת punctiere, derselbe archaismus vorliegt.

3, 18

שהרנים Lagarde Symmicta 146, 41.

4, 2

Deutlich stehn sich צמח יהוה und פרי הארץ gegenüber. פרי הארץ ist etwas anderes als פרי הארמה. ersteres *landesproduct* Num 13, 20 26 Deut 1, 25 = זמרת הארץ Gen 43, 11: hingegen פרי הארמה *product des landbaues* Gen 4, 3 Deut 7, 13 26, 2 28, 4 11 18 33 42 51 Psalm 105, 35 Ierem 7, 20. mithin ist פרי הארץ das specifisch palaestinische gut, meinethalben milch und honig, oder die Gen 43, 11 genannten dinge. צמח ist das one pflege wachsende: man sagt es vom hare, vom walde, vom עשב des feldes, Lev 13, 37 Eccl 2, 6 Gen 2, 5. wären wir nicht im bereiche des Jahwedienstes, so würde eine den andern Semiten bis heute geläufige formel gebraucht sein, um das wort צמח noch deutlicher als das *αὐτομάτως φυέν* zu bezeichnen. בֵּית הַבַּעַל der Gemoro ist der gegensatz zu בֵּית הַשְּׁלָחִין der Mischno מועד קטן II 11, 1 vgl Buxtorf 2412. Baals land heißt nach Wetzstein ZDMG XI 489 das land, welches seine narung nicht von quellen, sondern nur vom regen des himmels empfängt, Baals obst das auf solchem lande gewachsene obst. one citat eignet sich EMeier ZDMG XVII 607 Wetzsteins lehrsatz an, was ASprenger ZDMG XVIII 300 nicht merken will: Sprenger liefert unter vielem unhaltbaren die gute notiz, daß das land Baals im morgenländischen steuersysteme eine eigene, auch ما سقت السما *was der himmel tränkt* genannte klasse bildet. der ausdruck צמח יהוה bedeutet mithin nach vergleichung von Ierem 23, 5 הקימתי לדוד צמח צדיק und Ierem 33, 15 אצמיח לדוד צמח צדקה einen nachkommen des Davidischen hauses, welchen Jahwe in dunkler zeit als einen gegensatz gegen die untauglich gewordenen natürlichen nachkommen geboren werden läßt. der ausdruck ist bereits bei Isaias ein technischer, mithin älter als Isaias. Zach 3, 8 6, 12 ist צמח schon auf dem wege, ein synonymum des begriffs zu werden, welchen wir am bequemsten durch das wort Messias andeuten. auch hier wie so oft das am tiefsten in die herzen greifende der jammervollen bibliolatrie des protestantismus zum trotze nicht in der schrift, sondern zwischen ihren zeilen und hinter denselben. das heil, das ist der sinn, entsprießt auf natürlichem boden einem unmittelbar von Jahwe gestreuten samenkorne: das *αὐτομάτως φυὲν* wird so ziemlich gleichbedeutend mit dem *ἄνωθεν δεδωρημένον.* über das wesen dieses צמח wird nichts ausgesagt, nur zu verstehn gegeben, daß er nicht *κατὰ φύσιν*, sondern *παρὰ φύσιν* ist, was später in dem *ἐκ πνεύματος ἁγίου* und *ἐκ παρθένου* deutlicher und antijüdischer formuliert wird. von allem, was die kirche im Messias sieht, ist hier, wo wir uns doch auf dem wege zum Messias befinden, nichts zu spüren. צבי und כבד sind, wie גאון und תפארת, weit ab von der ethik, und auf das gebiet der politik und der natur beschränkt. eine erfüllung dieser verse durch den Messias wäre zuzugestehn nur möglich, wenn es erlaubt wäre mit worten zu spielen, eine erfüllung nämlich einer leeren schale und bloßen form.

7

Das kapitel beansprucht nicht, von der hand des Isaias zu sein, da es von ihm redet, nicht ihn selbst reden läßt. der schriftsteller, der es verfaßt hat, ist ungeschickt. in vers 1 ist ולא יכל להלחם עליה ungehörig: da im folgenden berichtet wird, das herz des Achaz habe vor den beiden königen gezittert, durfte nicht unmittelbar vorher angegeben werden, daß die unternemung jener beiden nicht gelungen ist, also Achaz one grund gezittert hat. unverständig war, in vers 1 von den beiden zu reden, wärend in vers 2 dem anscheine nach das hauptgewicht auf Ephraim liegt. warum Achaz von Isaias an der wasserleitung aufgesucht werden mußte, erhellt nicht. was 8² überhaupt soll, ist unklar. wer einem bei Jena mitbesiegten offiziere gesagt hätte, er solle sich nicht beunruhigen, denn nach 64 jaren werde ein dritter Napoleon bei Sedan geschlagen werden, würde nicht als trostbringer angesehen worden sein, da man 1806 für 1806 zu sorgen hatte, und sich durch eine verheißung auf 1870 schwerlich gehoben und gefördert gefült haben würde. was half es dem von Damascus und Ephraim bedrängten Achaz zu erfaren, daß der eine seiner gegner (von dem anderen schweigt die offenbarung aus reiner unüberlegtheit) zur zeit seiner enkel aufhören werde gefärlich zu sein? Achaz hatte die politik des laufenden datums zu treiben, nicht die der zeit ungeborener nachkommen. was S² als S² soll, ist erst recht unklar, da es nicht logisch ist, auf den satz »Rasin hat nur in Damascus etwas zu sagen« zuerst die verheißung folgen zu lassen »Ephraim wird aufhören zu existieren«, und nach dieser die versicherung, Ephraim habe nur in Samaria zu befehlen. der unsinn wird durch 9ᶜ vollendet: was soll man für vernunft darin finden, wenn einem ungläubigen gesagt wird »falls du nicht glaubst, gehst du unter«, und der so predigende ersichtlich der überzeugung ist, daß der angeredete, auch wenn er nicht glaubt, doch nicht untergeht? ob der alte Isaias je gewagt hat eine אות als beglaubigung für seine reden in der weise zur verfügung zu stellen, daß am himmel oder auf erden sich eräugnen sollte was wir heute wunder nennen, wissen wir nicht: wenn er es getan hätte, wäre er ein schwärmer gewesen, den das ausbleiben einer solchen אות lügen gestraft, oder eine künstliche anlieferung derselben zum betrüger gemacht haben würde. jedenfalls liegt im begriffe der אות, daß sie zu der zeit erscheinen muß, in welcher der durch sie zu überzeugende lebt: es ist nahezu verrücktheit, jemanden darauf hin glauben für eine behauptung abzuverlangen, daß etwas heute gesagtes sich in 10 monaten oder 65 oder (nach ansicht der kirche) 700 und einigen jaren als richtig bewären werde, denn man kann nicht Ein unsicheres durch ein anderes unsichere stützen, sondern höchstens durch ein unmittelbar gewisses und greifbares eine gewisse neigung erwecken, auch das noch unbewiesene dem zu glauben, welcher anderwärts erhärtet hat oder zur stunde erhärtet, daß er die warheit redet. als beweis dafür, daß man in der augenblicklichen not nicht verzagen dürfe, das wunder anbieten, daß nach etwa zehn monaten ein knabe werde geboren werden, der Emmanuel heißen solle, weil gott mit dem volke sei (eine solche namengebung ist doch keine אות, da sie auf natürlichem wege zu stande kommen konnte, wenn Isaias einfluß auf die mutter besaß), und dann fortfaren, daß dieser knabe kein glück erleben, sondern wenn er 13 jare alt geworden, in folge des durch feindliche einfälle veranlaßten rückganges des nationalwolstandes sich mit käse und honig als narung zu begnügen haben werde, das ist doch mehr als man sich bieten lassen darf. wenn im verlaufe des kapitels auf die ankündigung, daß die Assyrer über Iudaea herfallen werden, ein vers folgt, in welchem gänzlich unmotiviert auch die Aegypter als feinde auftreten (daß die beiden dränger sich in die felsspalten und die dornbüsche legen, ist den regeln wenigstens der neueren kriegskunst nicht entsprechend, und zu unbequem für die beteiligten, als daß man nicht ihren fürern schuldig wäre, die motive für eine so sonderbare dislocation mitzuteilen), so hat man allerdings die genugtuung, die Aegypter rasch wieder verschwinden zu sehen (mir ward, sagt der dichter, warum sie gekommen, wohin sie gegangen, nicht klar): auf alle fälle sickert die weißagung, welche mit der ermanung sich nicht zu fürchten angehoben, welche mit der verheißung eines zur aufheiterung der gemüter entworfenen, aber dann wenig zweckmäßig grau in schwarz gemalten Emmanuel fortgefaren hatte, in die nicht trostreiche schilderung aus, wie in folge des krieges Iudaea als wüstes weideland daliegt, wobei noch die wenig sachgemäße phantasie in den kauf gegeben wird, weil man männiglich nur Eine junge kuh und zwei schafe durchbringen könne, solle ein solcher überfluß an milch herrschen, daß alle welt nichts als käse und (man staune) honig essen werde, welcher letztere selbst in mitten des volkes gottes schwerlich jemals von kühen und schafen zu stande gebracht worden ist: eine im stalle gefütterte kuh gibt ein jar nach dem kalben an milch bei uns durchschnittlich täglich acht maß, weidevieh und das vieh des südens erheblich weniger. der umstand, daß 7, 1 sich fast genau mit Regn δ' 16, 5 deckt, nötigt, die politische lage des damaligen Iudaea ins auge zu fassen. Regn δ' 16, 1 ff erfaren wir, daß Achaz kein mann nach dem herzen der jüdischen reformatoren war, obwol der Isa 8, 2 genannte und durchaus anerkannte priester Urias in vollem einvernemen mit ihm lebte, und kein bedenken trug einen ihm in Damascus bekannt gewordenen altar im tempel von Ierusalem nachzubauen (freilich Isa 17, 8 scheint eine misbilligung dieser verpflanzung vorzuliegen): daß er sich mit Assyrien verbündete, und Rasin von Damascus, welcher den Iudäern Aelana abgenommen, in folge dieses bündnisses von den Assyriern angegriffen und vernichtet worden ist. daß der verfasser von Isa 7 von dieser lage der dinge keine anung hatte, daß er Regn *δ* 16 nicht kannte, dürfte einleuchten: Assyrien tritt in Isaias 7 so ein, als ob schlechterdings auch nur die möglichkeit eines bündnisses zwischen ihm und Iudaea nicht vorhanden sei, womit bewiesen ist, daß Isaias 7, 1 von Regn *δ* 16, 5 so wenig abhängt wie Regn *δ* 16, 1 von Isa 7, 1: mithin müssen die identischen, in dem geschichtsbuche verständig und leidlich vollständig benutzten worte einem dritten angehören, aus welchem das prophetische wie das historische werk geschöpft hätte. wäre Isa 7 in der uns vorliegenden gestalt echt, statt ein cento aus echten, aber musterhaft ungeschickt zusammengeflickten aussprüchen des Isaias zu sein, so würden wir wol irgend eine manung an Achaz des inhalts finden, sich lieber auf Jahwe als auf Assyrien zu verlassen, und eine hinweisung darauf, daß dies jetzt als freund betrachtete Assyrien unheil über Iudaea bringen müsse und werde.

was der redactor mit kapitel 7 wollte, ist noch zu erkennen. der prophet hatte vorausgesagt, daß Rasin und Phacee gegen Ierusalem nichts ausrichten werden, daß Ephraim 65 jare nach dem angriffe jener beiden aufhören solle als nation zu bestehn (8), daß Damascus zu grunde gehn (16), daß Assyrien über Iudaea herfallen, und Aegypten seine truppen nach Iudaea senden, und durch diese beiden feinde das land in eine große, nur noch zu spärlicher viehzucht benutzte wüstung werde verwandelt werden. alles dies, will der redactor sagen, ist augenscheinlich eingetroffen: in der tat sind Phacee und Rasin unverrichteter sache von Ierusalem abgezogen, ist Rasin von den Assyriern erschlagen, und sind seine untertanen nach קיר ins elend gefürt worden, ist Ephraim (Usserii annales [Genf 1722] 59 zum jare 677) 65 jare nach dem einfalle jener beiden durch die colonisten der Assyrier entnationalisiert worden: Tarakos ist in der tat gegen Sennacherib von oberAegypten, also dem teile Aegyptens, wo eine künstliche berieselung des landes durch den Nil nicht stattfindet (קצה יארי מצרים) aufgebrochen, und Iudaea der tummelplatz für die heere der Assyrier und Aegypter geworden: Iudaea hat, als der redactor arbeitete, unzweifelhaft den anblick geboten, den Isa 7, 21 ff schildert. weil das über Emmanuel gesagte im sande verlaufen ist, weil Emmanuel die rolle nicht gespielt hat, welche ihm Isaias vor seiner geburt zuerteilt hatte (es kann ein mädchen geboren, Emmanuel als kind gestorben sein), darum schweigt sich das kapitel über Emmanuel aus, und sein compilator wagt es in gutem glauben an die denkfaulheit der stillen im lande den propheten als schlechten stylisten und unverständigen redner erscheinen zu lassen, um nicht selbst material für den erweis der behauptung an die hand zu geben, daß propheten doch auch manches geweißagt haben, was in keiner weise erfüllt worden ist, dem die willkürlichste gruppierung und die geriebenste theologische deutung nicht zu der traurigen ere helfen kann, als vergläubigungsstoff vernutzt zu werden. daß das kapitel so one Emmanuel und one vernunft ausläuft, ist der beste beweis dafür, daß Emmanuel dem redactor als eine gewesene und geschichtlich wertlose person, also nicht für den sogenannten Messias gegolten hat. hätten die theologen schon unter Cyrus sich allgemeine bildung erwerben müssen, so wäre uns vermutlich, da ein »allgemein gebildeter« mensch Isaias 7 nicht geschrieben haben würde, Emmanuel ganz erspart geblieben, und damit Matthaeus 1, 23 und alles was an Mth 1, 23 an mühsal und lüge hängt desgleichen.

7, 2

נָחָה hat bisher stets als 3 feminini singularis praeteriti von נוּחַ gegolten. das praeteritum ist in der ordnung (Iob 1, 14 16 17 19), das zeitwort נוּחַ nicht am platze (Num 11, 25 26 Regn β 21, 10 δ 2, 15 Isa 11, 2 vgl Isa 30, 12 נשען על). G hat nicht an נוּחַ gedacht: *συνεφώνησεν πρὸς τὸν Ἐφραίμ*. S ist G gefolgt: ܐܫܬܘܝ ܥܡ ܐܦܪܝܡ: denn *συνεφώνησεν* ist ܐܫܬܘܝ Mth 18, 19 vgl Cor α 7, 5. auch C (איתחבר עם) hat hier nicht נוּחַ gesucht. נחה steht für נאחה, und ist der secundären wurzel אחי nahe verwandt, von welcher die in der Mischno nicht seltenen wörter אַחָה

und הִתְאַחָה herstammen. da wir ein particip hier nicht brauchen können (erwäge אכלים Iob 1, 18), so ist unmittelbar an אחו nicht zu denken, das ein praeteritum נאחתה geliefert haben würde (נִגְלְתָה), sondern ein analogon von נָסַבָּה hier zu erkennen. נָחָה verhält sich zu נָאֲחָה fast (die verdoppelung des zweiten stammbuchstaben muß wegfallen, weil dieser ein guttural ist) wie ܟܐܒ zu באחר (Lagarde armenische studien § 23). natürlich ist עַל in עִם zu ändern: als man in נחה ein derivat von נוּחַ zu sehen anfieng, trug man die praeposition in den text, welche so oft mit נוּחַ verbunden wird.

7, 6

נקיצנה ist schon Gesenius aufgefallen, der im thesaurus III 1208[2] unter verweisung auf Isa 29, 2 7 נציקנה vorschlägt. aber הציק ist viel zu allgemein um hier zu passen, und S ܢܬܚܡ (vgl Deut 12, 3 Iud 2, 2 6, 30 8, 9 17) hat ein wort gelesen, das one zweifel das ursprüngliche ist, נְתָצֶנָּה. Cs נחבלינון stimmt wenigstens nicht zu unserm texte, und läßt sich als targumisch abschwächende wiedergabe des sinnlichen נתצנה verstehn. vgl Psalm 52, 7 Iob 19, 10 Ierem 1, 10 usw 52, 14 Regn δ 25, 10.

8, 12

Unabhängig vom erzbischofe Secker, der freilich an der richtigkeit seines von Lowth für höchst warscheinlich gehaltenen vorschlages schließlich selbst zweifelte, bin ich zu der nicht schwer zu erwerbenden einsicht gelangt, daß קֶשֶׁר aus קדש verderbt ist: ich sehe allerdings eine absichtliche änderung, wo Secker und Lowth ein zufälliges verderbnis erblickten, und bin der meinung, daß auch תעריצו falsch, und תערצו dafür herzustellen ist. aus לכל folgt, daß es vielerlei gab, das — ich will einmal das wort noch stehn lassen — קֶשֶׁר genannt wurde. ganz sicher steckte das land nicht so voll von verschwörern, daß ein לכל am platze gewesen wäre. auch ist מורא weder gegensatz zu קֶשֶׁר noch fortsetzung desselben. und worin hätte die »verschwörung« des volkes bestanden? sein könig dachte gewiß nicht wie Isaias: ist Isaias sowol gegen Achaz als gegen das volk im widerspruche, so werden volk und fürst einander so nahe gestanden haben, daß ersteres keinen קֶשֶׁר brauchte, um jenen zu bestimmen. Ezech 22, 25 ist קשר נביאיה בתוכה richtig, hier durchaus falsch. vers 12 ist zweigliedrig, nur in soferne nicht correct gebaut, als zu ולא תעריצו das object fehlt, das bei dem parallelen תיראו steht, und zwar durch schuld des schriftstellers selbst fehlt, welcher, wenn er es beigefügt hätte, unerträglich hölzern geworden wäre, und das ebenmaß der cola zu grunde gerichtet hätte, der also ein stylist nicht ist, da er einen satz von vorne herein falsch angelegt hat. bezieht sich nun 13^2 auf 12^2, so muß sich 13^1 auf 12^1 beziehen, und da 13^2 die causativbildungen מעריץ und מורא gegen die einfachen stämme ערץ (ich begründe so meine forderung 12^2 תערצו I zu lesen) und ירא bringt, so muß dem הקדישו 13^1 in 12^1 קדש und zwar קדש I gegenüberstehn. den gelehrten des eitelsten volkes der welt konnte ein vers nicht passen, in welchem deutlich ausgesprochen wird, daß ihre anen, das auserwälte volk gottes, in bestimmung des begriffs קדש von den propheten abgewichen seien, deren gräber man schmückte, um vergessen zu machen, daß die blutigen hände der vorfaren jene gräber mit ihrem inhalte gefüllt hatten. קדש ist zudem von Isaias nicht als ein im höheren sinne ethischer, an und für sich schon inhaltsvoller begriff verwandt worden, wenn er auch seinen gegnern one weiteres mit ihm in bezug auf ihre eigenen sogenannten ideale zu operieren erlaubt hat. daher man קדש geflissentlich in קשר änderte, one zu bedenken oder one zu achten, daß dadurch der zusammenhang der rede auf das empfindlichste geschädigt werde. wozu auch? da gläubige den satz auch genießen, wenn קשר darin steht.

8, 14

למקדש paßt nicht in den zusammenhang. man hat es *asyl* erklärt, indem man sich auf Ezech 11, 16 berief, eine dunkle stelle, aus welcher niemand eine andere dunkle stelle erläutern darf. allein selbst wenn מקדש *asyl* bedeuten könnte, würde das hier nicht am platze sein, da 14 15 regelrecht so verlaufen, daß die einzelnen bestandteile der verse sich auf einander beziehen. allerdings sind 14^1 15^1 von den notatoren nicht richtig begrenzt. der »accent«, welchen nicht-jüdische grammatiker athnach zu nennen gewönt sind, heißt bei den Juden selbst, wenn mit dem artikel verbunden, אתנחתא, und erhält auch in jüdischem munde a als ersten vokal: ich vermag nur אִהְנַחְתָּא für richtig zu halten, aus welchem mit dem artikel אִתְּנַחְתָּא (ittenàḥetà). allenfalls durch späteren misbrauch אִתְּנַחְתָּא wird: wir haben eine ableitung des zeitworts vor uns, welches die Syrer als ܐܬܢܚܬ oder (mit verdoppeltem ܬ) ܐܬܬܢܚܬ häufig genug brauchen: Hoffmanns glossen erklären 2199 استراح oder اراح, auch حل und استقر: für ἐπαναπαύσαιο Reliqq 22, 12. Dachsel behandelt die verse nicht. jedenfalls entsprechen sich

14¹ מקדש — אבן נגף — צור מכשל }
15¹ נשברו — נפלו — כשלו
15² נלכדו — נוקשו }:
14² פח — מוקש

denn vom פח heißt es Amos 3, 5 ללכד: נפלו ist nicht etwa, um größere übereinstimmung mit אבן נגף herzustellen, in נגפו umzuschreiben, da die siebente von נגף niemals im sinne von התנגף vorkommt: wenn Isa 28, 13 ילכו in יפלו geändert wird, haben wir dort genau dieselbe gesellschaft wie hier. aus dem gesagten leuchtet ein, daß נשברו und למקדש sich entsprechen sollen. ich ändere למקדש in לְמַקֵּשׁ um. ܢܩܫ προσέκρουσε Sirach 13, 2: *er klopfte* an die tür Athanasius ܢܩܫ 2: ܐܬܢܩܫ ἐνέφθη Geopon 113, 22. מקש kann füglich die bedeutung *πρόσκρουμα gehabt haben.

9, 5¹ G

Für הַמִּשְׂרָה ἡ ἀρχὴ αὐτοῦ G, ܫܘܠܛܢܗ S, C אריתא. Aquila τὸ μέτρον, Symmachus ἡ παιδεία: von Theodotion wissen wir wenigstens für den sechsten vers, daß er dem Symmachus gefolgt ist. GS werden an שַׂר *fürst* gedacht haben, müssen aber dann das schon von Hieronymus IV 134ᵃ mesra gelesene wort anders ausgesprochen haben als die Tiberienser, da von ‎|/שרר‎ niemals מִשְׂרָה entsprießen kann. Aquila, sagt Hieronymus IV 134ᵃᵇ, verbi ambiguitate deceptus μέτρον, id est mensuram, interpretatus est, quae et hebraice et latine eodem appellatur nomine. also wie mansio im syrischen in Hoffmanns glossen 6195 6196 (vgl Geßner III 201 und den von diesem citierten Saumaise) ܡܣܘܡ gegeben hat, so ist מְשׂוּרָה (daß Aquila an dies wort gedacht, merkte schon Vallarsi an) mit mensura identisch: die aussprache der Tiberienser kann Aquila nicht gehabt haben: war er wirklich ein Römer? siehe die vorrede zu meinen Clementina. Symmachus und Theodotion haben einen nachkommen von יסר in מִשְׂרָה gesucht, das sie als weibliches seitenstück zu מוּסָר gesprochen haben werden. gewußt wird mithin über המשרה gar nichts, und ob in vers 6 הַמִּשְׂרָה mehr ist als eine dem schreiber zu dankende irrige wiederholung aus vers 5, muß dahingestellt bleiben. unsicherheit wie die eben nachgewiesene empfiehlt die anname nicht, daß hier ein der synagoge ganz bekanntes und liebes dictum probans über ihr angebliches lieblingsdogma, die ankunft des Messias, vorliegt.

9, 5

S hat אֲבִי עַד nicht gelesen oder nicht verstanden: er bietet für die worte nur ein zum vorigen gezogenes ܕܥܠܡܐ. G übersetzt, wenn ich dem durch den mailänder Syrer bekannten citate des Philoxenus folge, *καὶ καλεῖται τὸ ὄνομα αὐτοῦ Μεγάλης βουλῆς ἄγγελος· ἄξω γὰρ εἰρήνην ἐπὶ τοὺς ἄρχοντας, εἰρήνην καὶ ὑγίειαν αὐτῷ:* Hieronymus IV 133[d] (Vallarsi[1]) hatte einen etwas kürzeren text in seinem exemplare: magni consilii angelus, et adducam [132[b] nuntius, adducam enim] pacem super principes et sanitatem eius, und sagt ausdrücklich von diesen worten: reor LXX non esse ausos de puero dicere quod aperte deus appellandus sit et cetera, sed pro his sex nominibus posuisse quod in hebraico non habetur. man hat sogar noch neuerdings hier eine auslassung und eine interpolatio erblickt, da doch nur unser text mit verhältnismäßig geringen änderungen vorliegt. פלא hat מלאך geliefert: aus אבי עד שר שׁלם ist — ein gut hebräischer satz — אָבִיא עַל שָׂרִים שָׁלֹם geworden: wäre nicht *ἐπί* in G, so würde man עדי statt על vermuten, obwol *ἐπί* wol auch für עַד stehn könnte. danach wird שלם wiederholt, und לם zu anfang von vers 6 ist der rest einer eine mit ܚܠܝܡܐ = *ὑγιής* verwandte vocabel enthaltenden phrase, welche mit לו schloß: das ם in לםרבה zeigt wol noch an, daß der archetypus von H auf einer unleserlich gewordenen stelle ursprünglich mehr gehabt hat als sein erster abschreiber lesen konnte. אָבִיא war bei G אָבִי geschrieben, wie Regn γ 21, 29 Mich 1, 15 unsre handschriften und drucke haben: zu הביא עד vergleiche בא עַד Exod 22, 8 Deut 1, 31 Regn β 23, 19 Isa 37, 3. wenn SG sich so weit von H entfernen, kann die stelle unmöglich einen besonders geehrten platz in den gemütern des jüdischen volks und seiner studierten eingenommen haben, das heißt, mit der messianität des hier gefeierten wird es nicht weit her sein. ein anerkanntes dictum probans würde in den verschiedenen überlieferungen gleich lauten.

9, 7

Für דָּבָר G דֶּבֶר = *θάνατον*, was nach Lev 26, 25 Paral *β* 7, 13 Ezech 28, 23 Amos 4, 10 sehr wol als accusativ zu שלח II gesetzt werden konnte. das volk reagiert in vers 9 nicht auf ein wort, sondern auf eine handlung Jahwes: es sagt nicht »Jahwe hat geredet, aber wir hören nicht auf ihn«, sondern »Jahwe hat uns wehe getan, aber wir bieten ihm trotz«. ob נפל zu דָּבָר paßt? *θάνατος* kann allerdings nicht richtig sein, da wider den tod die 9 verzeichneten worte nicht gesagt worden wären, weil was der gemäht hat, keine menschenhand aufzurichten vermag, auch nach einer epidemie die stimmung alles andere eher als frech zu sein pflegt. es muß ein natureräugnis gemeint sein, dessen schäden der mensch ersetzen kann. 7^2 fehlt ein hauptwort: das hemistich ist zu kurz.

9, 8

Das durch HGS gebotene וידעו ist unmöglich, denn auf דבר gehört sich שמע, nicht ידע: mit בגאוה ובגדל kann ידעו nicht verbunden werden, da man auf hochmütige weise nicht wissen kann: ידעו לאמר ist unerhört. C ואיתרברבו: was dem zu grunde liegt, ist nicht one weiteres klar. הגדילו oder התגדלו (Isa 10, 15) kann es nicht gewesen sein, da diese beiden wörter einmal von וידעו graphisch zu weit abliegen, weiter der zusatz ובגדל an ein verbum des stammes גדל zu denken verbietet. aus Ezechiel 5, 15 vermute ich וגדפו *sie lästern*.

9, 10

צרי muß gegen GSC aus II entfernt werden: der copist hatte sich verschrieben, und hat dann vor dem richtigen רצין den ansatz zu einem falschen צרין nicht getilgt. Rasins feinde wären die Assyrier, allein in dem abschnitte 9, 7—10, 4 ist von Assyriern nirgends, von Aram und Philistern 9, 11 sehr geflissentlich die rede.

9, 12

עד המכהו widerstrebt den grundregeln semitischer syntax. schreibe עֲדֵה מַכֵּהוּ. denn da עֲדֵי neben עַד gilt, wie עֲלֵי neben עַל und אֱלֵי neben

אֶל, müssen wir עַר als ein hauptwort fassen, dessen ältere form עֲרֵי = עֲרָה gewesen sein wird, wie denn auch ein עֲלָה = עַל durch علي, ein אֱלָה = אֶל durch الى verbürgt ist. עֲרֵי עֲלֵי אֱלֵי sind die verbindungsformen der plurale der eben erschlossenen singulare, deren einen ich in unsrer stelle noch lebend ertappt habe. die Syrer kannten nur die kurze form, welche in der engen verbindung mit einem anderen worte in dem a von ܠܘܬܐ noch ihren alten accusativvocal erhalten hat, ganz wie im koptischen ⲉⲣⲟⲩ *wozu* noch die ältere gestalt der praeposition ⲉ vorliegt: ⲉⲣ = אֶל. auch חֲשׂוּפֵי Isa 20, 4 ist eine nur an dieser stelle erhaltene form, welche ich längst theoretisch gebildet hatte, bevor ich sie als im Isaias noch wirklich vorhanden erkannte: jüngere schreibung wäre חֲשׂוּפָה = den syrischen bildungen, welche mit artikel ܚܘܣܪܢܐ, ܡܣܟܢܘܬܐ, ܡܫܟܢܬܐ lauten, und als deren einzelform ܦܣܩܐ anzusetzen sein wird, אֱמוּנִים u dgl m sehe ich als pluralia tantum von אֱמוּנָה = אֱמוּנֵי an. ausfürlicheres anderswo.

9, 16

ישמח habe ich schon 1870 (jetzt Symmicta 105, 41) nach 31, 5 in יפסח verbessert, was יִפְשׂה geschrieben gewesen sein wird. man verband פסח mit על (Exod 12, 13 23 27): es steht Exod 12, 27 neben הציל, wie Isa 31, 5 neben המליט.

10, 4[1]

Zu meiner 1870 veröffentlichten herstellung der anfangsworte (siehe jetzt Lagarde Symmicta 105) habe ich nur die citate Levit 26, 30 ונתתי את פגריכם על פגרי גלוליכם und ZDMG XXX 132 ff nachzutragen, und meine verwunderung darüber auszusprechen, daß Euting (in der angefürten abhandlung 136) der erste gewesen sein will, der den namen der göttin Belthis »in einem originalen texte nachgewiesen« hat. zu dem von mir früher beigebrachten ist jetzt hinzuzufügen GHoffmann GGA 1871, 1224 1225 Zuckermandel die erfurter handschrift der tossefta 40 (mitte) Abûlfarag im ܬܐܓܐ ܕܪ̈ܐܙܐ zu Psalm 12 ZDMG XXIX 266 295 296 EMeyer ebenda XXXI 727. daß in ZDMG der name Lagarde verpönt ist, weiß ich längst: von den in meinen Symmicta 227—231 verzeichneten 36, zu zwei dritteln in den geschäftskreis gedachter zeitschrift fallenden büchern haben in diesem fachblatte zwei, und auch diese nur auf besondere veranlassung, eine besprechung erlebt: wie sollte in ihm die jetzt Symmicta 105 zu lesende emendation von Isa 10, 4 haben erwänt werden dürfen? da auch XXVII 686 meines nachweises abhandlungen 163 [vgl studien § 1339], daß פורים = *Φουρδαια* ein persisches fest ist, nicht gedacht werden darf.

10, 10^2

Der Assyrier stellt die städte, welche er bereits erobert hat, der einen entgegen, welche er noch zu erobern wünscht. ist es nun Ierusalem, welcher er seinen nächsten krieg zugedacht hat, so kann unmöglich Ierusalem unter den namen der ortschaften gestanden haben, welche bereits abgetan sind. folglich ist מירושלם 10^2 falsch. zunächst meint man מכרכמיש herstellen zu müssen: כרכמיש war 9 der erste, שמרן der letzte name der reihe: kehrt hier שמרן wieder, so darf man erwarten auch den ersten namen jenes verses hier wiederkeren zu sehen.

11, 4^2

ארץ und רשע sind weder parallel noch gegensätze. da רשע seinen platz augenscheinlich mit recht hat, muß ארץ falsch sein. da 4^1 ארץ voraufgegangen, steht zunächst zu besorgen, daß ארץ 4^2 eine wiederholung des im Isaias stets halb schlafenden schreibers des archetypus ist, die consonanten des richtigen worts also aus ארץ 4^2 gar nicht gewonnen werden können. will man sich über dies bedenken hinwegsetzen, so könnte man עָרִיץ für das ursprüngliche um so eher halten, als nach Isa 29, 19 20 עָרִיץ der richtige gegensatz zu עָנָו ist. Isa 25, 4 ergibt sich, daß דַל und אֶבְיוֹן das widerspiel von עָרִיץ sind, was auch für unsre stelle עָרִיץ zulässig erscheinen läßt.

11, 5

Die wiederholung von אזר hat Lowth schon 1778 bemängelt, und notes 84 darauf hingewiesen, daß all the antient versions, except that of Symmachus, have two different words for girdle in the two hemistichs. aus C ergibt sich nichts, Symmachus 5^1 5^2 *περίζωμα*, aber G *ἐζωσμένος* und *εἰλημένος*, S ܐܣܪܐ und ܚܘܙܩܐ, V cingulum und cinctorium. man sagte חגרה על חלצים Isa 32, 11 neben אֵזוֹר חלצים Isa 5, 27 und אֵזוֹר חלצים Iob

38, 3 40, 7: חגר מתנים Exod 12, 11 Regn (γ 20, 32) δ 9, 1 (Ezech 44, 18) Prov 31, 17 Dan 10, 5 neben אֵזוֹר מתנים Ierem 1, 17 und אֵזוֹר מתנים Regn δ 1, 8: vgl weiter אסור על מתנים Nehem 4, 12 und חגר אֵזוֹר במתנים Ezech 23, 15 wie אסר אֵזוֹר במתנים Iob 12, 18. der sprachgebrauch entscheidet also nichts, nach GSV darf man gleichwol warscheinlich finden. daß das zweite אזור aus חֲגוֹר verderbt worden ist: der fehler kommt auf rechnung des schreibers, welcher das eben copierte אזור im gedanken und in der feder behalten hatte.

11, 7

Lowth 86 meint, mit GS sei יחדו zweimal zu schreiben. allein selbst wenn wir darüber hinwegsehen wollten, daß es kaum hebräisch ist יחדו יחדו so nebeneinanderzustellen, daß das erste zum vorigen, das andere zum folgenden satze gehört, hilft uns die änderung nichts. der bär weidet überhaupt niemals, wärend die färse jeden tag weidet: »bär und färse weiden zusammen« würde also einen widersinn geben, da man, ehe man von ihrem zusammenweiden reden durfte, erst hätte erklären müssen, daß in jener zeit auch der bär weidet, das heißt, dasselbe futter zu sich nimmt, welches die kühe lieben. für תִּרְעֶינָה schreibe תִּתְרָעֶינָה *befreunden sich* Prov 22, 24 vgl Iud 14, 20. ein Araber würde وقع بينهما التراضى oder aus Qurân 2, 232 تراضيا بينهما sagen: da רֵעַ *freund*, obwol ein aramaismus, im hebräischen altes bürgerrecht hat, darf man auch הִתְרָעָה in alter zeit vorhanden glauben. vgl meine Symmicta 90, 5. beiläufig mache ich darauf aufmerksam, daß der dichter von Psalm 18 in vers 1 zu einem aramäischen ארחמך greift, wenn er von der liebe des menschen zu gott reden will, weil ihm das Deut 6, 5 verwendete אהב nicht genüge tat, oder ihm in dieser anwendung nicht bekannt war (wonach er Deut 6, 5 nicht gelesen hätte), und daß der paralleltext Regn β 22, 2 die ersten worte des gedichts aus keinem andern grunde ausgelassen haben wird, als weil sie ihm befremdlich oder anstößig waren.

ich finde, wärend ich im begriffe bin diese anmerkung in die druckerei zu geben, im ersten beiblatte der berliner nationalzeitung vom 9 Februar 1879 (nummer 67) eine mitteilung über strohfressende löwen, welche den apologeten hiermit bestens empfohlen sein soll: freilich leben diese löwen nicht im goldnen zeitalter, sondern 1878. schade auch, daß solche löwen, weil diese ihre speise am ausgange des verdauungscanales sich — oft in unbegreiflich großen massen — festsetzt, in folge ihrer liebhaberei für eine unnatürliche narung krank werden, und meistens an der so entstandenen krankheit zu grunde gehn. diese andere tatsache rate ich den apologeten als mit meinen büchern gleichwertig zu behandeln, das heißt tot zu schweigen.

da auf den gebieten, auf welchen zu arbeiten ich das unglück habe, eine in andern fächern unerhörte urteilslosigkeit herrscht, und da außerdem von bösem willen nicht ganz wenige proben neben jener urteilslosigkeit herlaufen, so gebe ich einen ausdrücklichen, nur die sichern beispiele verzeichnenden erweis der gleichung »ض = γ = ܥ«, und ihres anhangs »ض = ܐ, wenn in der wurzel bereits ein ursprüngliches ܥ oder ein ب vorhanden ist«. es kommt für die geschichte der hebräischen litteratur und religion gelegentlich auf die hier zu behandelnden wörter an:

I. anlautendes ض.

ضَأْن = צאן = ܥܢܐ für עאן = chaldäischem עָן. längst bekannt.

ضبر *er sammelte in bündel.* ܥܒܘܪܐ für דָּגָן Gen 27, 28 37 und ܥܒܘܪܐ ܕܟܠ *σιτοβολεῖον* Geopon ܒ 23 = *β* 27. עָבוּר Iosue 5, 11 12 ist ein aramaismus. ganz richtig ܥܒܘܪܐ von I, צִבּוּר von II, da die bündel des ܥܒܘܪܐ keine dauernden sind. die identität von עבור und ܥܒܘܪܐ lerte Gesenius thesaurus 987[2], die rückfürung der vocabeln auf ضبر nam ich zu Proverbien 85 vor.

ضبع = ܐܦܥܐ *hyaene.* Gesenius thesaurus 1149[1] hat keine anung davon, daß das von ihm angefürte ܐܦܥܐ (one artikel tun es diese leute nicht) für צבע = ضبع steht: ܦ mag ersatz für die im ܐ nicht erhaltene hälfte des צ sein.

ضجر ܥܓܝܪ. für ضجر (die citate aus Castle) Saadias Gen 27, 46 Exod 1, 12 Num 21, 4 (las er וַתִּקְצַר? vgl aber die Sirachstelle mit ihrem syrischen originale und Hoffmanns glosse 1930) 22, 3 Sirach 4, 9 Act 20, 27[Pal] Cor *β* 4, 1[Pal] Avicenna II 110, 51 [*irascatur* Alpagus (1582) 484[2] F]: متضجر *ἐκλυόμενος* Prov 6, 3. ضجور *moerore pressus* unterscheidet sich von ܥܓܝܪܐ. das gg haben muß, da sonst das ܥ kein a füren könnte, schwerlich anders als die arabischen adjective der form فعيل von den hebräischen der form עָלוּם. vgl nachher unter ضعف. ضاجر Gesenius thesaurus 1208[2].

ضحك = צחק (die dritte masculini ist nicht erhalten, doch darf man nach analogien schließen, daß die Tiberienser צְחַק gesprochen haben würden: יִצְחָק zeigt indessen noch heute, daß auch in Palästina eigentlich çaḥiq gegolten hat) = dem für ܓܚܟ stehenden ܓܚܟ, in dem ܥ seine hälfte an ܐ abgegeben, und so ܓ gebildet hat.

ضر = צָרַר: das hauptwort ضر = ܐܥܩܐ Regn δ 13, 4 Iob 36, 15 38, 23 = צַר. die Aramäer kennen das entsprechende ܥ nicht mehr (ist doch auch צַר als zeitwort verschwunden), allein der Juden עָרָר *widerrede, einspruch* ist nahezu = ضرار, und ܥܪܬܐ *nebenfrau* nichts anderes als ضرة Habichts 1001 nacht III 276, 9 = צָרָה Regn α 1, 6 יבמית anfang: ܥܪܬܐ und צָרָה setzte mit einem »forte« schon IDMichaelis zu Castle 643 (unter ܥܪܬܐ!) nebeneinander: ضرة fehlt ihm, das ich zu Prov 12, 13[2] nannte.

ضرف nach Bistânî شجر التين او من شجر الجبل يشبه الاثب فى عظمه وورقه وله ثمر ابيض مدور مفلطح كثير الحماط الصغار يضرس. ich habe zu Proverbien 85 behauptet, daß der Geoponica 14, 30 17, 15 19, 27 vorkommende baum ܥܪܦܐ mit ضرف zusammengehöre.

ضعف = ܐܥܦ für ܥܥܦ. PSmith 327 verweist bei ܐܥܦܐ auf ܥܥܦ, was ihm Bernstein gloss chrest 365 vorgemacht hatte. GHoffmann hermen 196[2] ebenfalls vorträgt. bei Castle 665[m] erscheint ܐܥܦܐ unter ܥܦܐ, das Psalm 131, 18 (das ist gemeint) Abûlfatḥ يزهر überträgt, und das für יָצִיץ steht, so daß für *duplicavit* kein raum ist. in Hoffmanns glosse 1222 ܐܥܦܐ الضعف, one daß der glossograph die identität der wörter gemerkt zu haben braucht. aus den von Castle 3216 3217 für ضعف gelieferten belegstellen setze ich einige her: Avicenna I 133, 37 بدله ثلثة اضعافه بزر البنج وضعفه بزر اللفاح = (Junta 1582 blatt 152[v] § 519) *loco ipsius ponitur triplum seminis insquiami, et duplum eius de semine mandragorae*: خمسة اضعاف (Saadias Gen 13, 34 [polygl: anders bei Lagarde materialien I 51, 19] = חֲמֵשׁ יָדוֹת: سبعة اضعاف Psalm 11, 7 [in allen vier von mir gedruckten übersetzungen] = 7 יב שִׁבְעָתָיִם usw. diese stellen vergleichen sich mit ܐܥܦܐ = כִּפְלַיִם Isa 40, 2: ܐܥܦܐ ܠܥܘܦܐ *διπλῆ στολή* Didasc 7, 27 = Constitt 10, 17 = Prov 31, 22: ܐܥܦܐ ܠܟܬܢ Geopon ܒ 17 seite 7, 26/27: ܐܥܦܐ ܣܓܝܐܐ Luc 18, 30 = *πολλαπλασίονα*, wo der Araber اضعافا كثيرة. das hebräische צָעִיף ist nicht erhalten: nach Gesenius thesaurus 1177, zu welchem ERoediger 109 keine bemerkung macht, ist es »eiusdem significationis atque צעף, cf עטוף i q ضعيف *debilis*«! aber von צעף stammt צָעִיף Gen 24, 65 38, 14 19: G *θέριστρον*, was Procopius in der catene des Nicephorus I 304ʳ zu 24, 65 durch *ὁλόστημον*, ein scholiast in der römischen ausgabe von 1586 durch *σπαθαρίσκον*, codex 129 durch *ἀρκαδικὴν* erklärt, zu welchem letzteren FField hexapla I 55 *ἐξωμίδα, ἣν νῦν καλοῦσιν ἀρκαδίκιν* aus Theodoret I 562 [Schulze = I 367ᵇ Sirmond] citiert: S ܐܦܝܡ, welches wort auch der hexaplare Syrer bei Ceriani monumenta II 68 verwendet, und das mit dem von G durch *θέριστρον*, von Symmachus in der prophetenstelle durch *σπαθαρικά* übertragenen רְדִיד Cant 5, 7 Isa 3, 23 identisch ist. die von ATheiner 1821 beschriebene breslauer übertragung des Syrers hat dafür رداء: Cˡ Cʳ רְדִיד: C² צִיף, auf welches wort ich nachher zurückkomme: Saadias 24, 65 in meinem texte materialien I 26, 17 جلباب = ገልባብ: Dillmann 1139 (wo جلباب nicht genannt) Dozy dictionnaire 122 tausendeinenacht III 215, 22 (Bûlâq²) Ḥarîrî² 162, 9 (wo Ḥarîzî 44, 8 צעיף) 480, 24 (= Ḥamâsa von Rückert I 187) 660, 5 Masûdî مروج III 314, 7: in der polyglotte قنع Dozy 377 Ḥarîrî² 404, 7 Masûdî مروج VII 253, 5: aber 38, 14 19 in beiden texten خمار Dozy dictionnaire 169 supplément 404, was Elias حجب 2 (202) für ܐܦܝܡ verwendet: Abûlwalîd 615, 23 قنع وقد فسر فيه خمارا [والاول اصح]. über *θέριστρον* höre Hieronymus zu Isaias IV 62ᵈ theristra, quae nos pallia possumus appellare, quo obvoluta est et Rebecca, et hodie quoque Arabiae et Mesopotamiae operiuntur feminae, quae hebraice dicuntur ardidim, graece *θέριστρα* ab eo, quod in *θέρει*, hoc est, in aestate et caumate corpora protegant feminarum. ebenda 62ᶠ (Vallarsi) theristra, quo tutissimo in aestibus tegebantur umbraculo: desselben quaestiones 38, 21 (Lagarde) theristrum pallium dicitur, genus etiam nunc arabici vestimenti, quo mulieres provinciae illius velantur. Basilius I 469ᶜ citiert von FField hexapla II 437 *θέριστρα λέγεται τὰ ἐν τῷ καταχλίεσθαι δι' ὑπερβολὴν τρυφῆς ταῖς κλίναις ἐπιβαλλόμενα.* über *θερίστριον* Theocrit 15, 69 sind die ausleger verschiedener meinung. צעיף würde syrisch nach dem von mir hier besprochenen gesetze ܐܟܡܐ lauten. dies wort gibt es, Cor β 1, 15 ܕܬܪ̈ܬܝܢ ܛܝܒܘ̈ܬܐ ܢܗܘܝܢ ܠܟܘܢ *ἵνα δευτέραν χάριν ἔχητε.* Hoffmanns glossen 1210 1211 ܐܟܡܐ ܗܘ ܡܟܦܠܐ ܗܘ ܐܦܝܐ ܘܡܠܘܫܐ المضاعف: ܐܟܡܐ

ܚܡܫܐ ܗܘ ܒܡ ܗܘ المضاعف المطوى, wo die bei Freytag citierte stelle der Hamâsa 349[, 11] für متضاعفة zu vergleichen ist. da ܐ in ܐܚܡܫܐ und ܐܚܡܫ einen vocal hat, also ܚ verdoppelt zu denken ist, muß ܐܚܡܫ nach dem von mir gefundenen gesetze Symmicta 88, 38 (vgl zu Isa 1, 8) ableitung von ضعف II (III IV ἐδίπλωσεν Apoc 18, 6) sein, der bildung, welche von mir zu Proverb 17, von Nöldeke in der mandäischen grammatik § 106 besprochen wurde: in צָעִיף ist ְ wol nur ersatzdenung tiberiensischen gepräges, und für צָעִיפָה Gen 38, 19 צְעִיפָה herzustellen. צעיף = ܐܚܡܫ ist an sich nichts als ein *gleichseitiges viereck*, gleichgültig aus welchem stoffe gefertigt und welchem zwecke dienend. das עיף von C² muß עֵיף gesprochen werden, und ist änlich durch umdeutung aus אָעִיף oder עָעִיף entstanden, wie im syrischen ܟܦܠ aus ܐܟܦܠ: ܟܦܠܐ διπλοῦς Timoth α 5, 17 usw, ܟܦܠܐ nach Elias ܒ 1 (blatt 54² Gotha) البطانة بغير قطن, ܐܟܦܠܐ Athanasius festbriefe 21, 4 ܟܦܠ daselbst 43, 22. über διπλᾶ ἱμάτια, welche freilich für צעיף nicht in betracht kommen, Saumaise zu Tertullian de pallio¹ 367 ² 396.

ضفدع *frosch*. צְפַרְדֵּעַ enthält ein ר mehr, das nichts besagt als steigerung der bedeutung: vergleiche also der form nach חֲבַצֶּלֶת. da das schließende ע des worts unantastbar war, mußte צ = ض, statt zu ܥ, zu ܐ werden: so ist ܐܘܪܥܐ entstanden. die Chaldäer hielten in עורדען das aramäisch correcte anfangs-ע fest. PayneSmith 92 hätte wol einsehen dürfen, daß Geopon ιζ 25 aus βοῦς (man lese Needham und Niclas!) βατράχους zu machen ist, wenn mein Syrer ܒ 24 seite 105, 16 ܐܘܪܥܐ setzt: βάτραχος im sinne von χελιδών brauchen die Geoponiker ις 1, 9 — woselbst Niclas das nötige beibringt.

ضلع = צֵלָע = ܐܠܥܐ = chaldäischem עלע, das bereits Buxtorf 1621 verstand. die anen der Syrer und Hebräer sprachen nicht çilʿ, sondern çilaʿ. auf meine armenischen studien § 1173 möchte ich aufmerksam machen.

ضمر muß einst (zu Proverbien 85) vorhanden gewesen sein, da צֶמֶר ܥܡܪܐ: ein ܥܡܪ neben sich haben.

ضاق = צק = ܥܩ. vgl ضيق der form qattil = ܥܩܩ, das meist als ܥܩܩ auftritt. הֵעִיק Amos 2, 13 wie עָקָה Psalm 55, 4 und מוּעָקָה Psalm 66, 11 sind entweder schreibefehler oder aramaismen.

II. auslautendes ض.

ارض = אֶרֶץ = ܐܪܥܐ.

بيضة = בֵּיצָה = ܒܥܬܐ.

حمض = חמץ = ܚܡܥ. dazu حماض *oxalis* Ibn Baiṭâr II 32 Avicenna I 176, 19 neben ܚܡܥܥܝܬܐ Hoffmanns glossen 3926.

ربض = רבץ = ܪܒܥ. מַרְבֵּץ Sophon 2, 15 und מַרְבֵּץ־ Ezech 25, 5 neben مربض und ܡܪܒܥ *γαστὴρ μήτρα ἐντερώνη* Lagarde zu Proverb 24, 15[2]. danach ist רִבְעִי Psalm 139, 3 entweder aus רִבְצִי verschrieben, oder ein aramaismus, der, höchst charakteristisch, auch in רבע Lev 18, 23 19, 19 20, 16 vorliegt. רְבַע Buxtorf 2194.

رض = רץ = ܪܥ.

عرض = ܐܪܥ = chaldäischem ארע und ערע. zum erweise, daß die gleichung ܐܪܥ = عرض nicht auf seinem eignen boden gewachsen ist, fügt PSmith 396 zu ihr als drittes glied קָרָה hinzu.

فض = ܦܥ?

قرض = קרץ = chaldäischem קְרַע.

مخض = מחץ = ܡܚܐ. das hebräische מְחָא ist aramaismus.

نفض IV = ܢܦܥ IV Isa 59, 5.

III. ض in der mitte der wurzeln.

رضا = רצה = ܪܥܐ Lagarde zu Proverbien 19, 12[2] Roediger glossar chrestom[2] 94 Lagarde Symmicta 90, 5. nicht erkannt von Gesenius thesaurus 1306, aber vgl 1295, halb erkannt von GHBernstein gloss chrest 490: Fürst concordanz 1424 setzt רצה = ܪܥܐ, und hätte »chaldäisches« רְצָא sparen sollen. das sogenannte participium passivi ܪܥܐ (in ܐܝܟ ܪܥܐ = הָרְצָה Paral α 29, 17: ܡܐ ܪܥܐ ܐܠܗܐ Sirach 34, 8 = فيه مسرة الله ورضاه) entspricht dem رض (form qatil), das Lane 1100[2] von راض (form qâtil) nicht genau unterscheidet. die wurzel werde ich in anderem zusammenhange besprechen.

وضأ = יצא = ܢܦܩ: הוֹצִיא = ܐܦܩ. an وضأ dachte schon Schroeder: die begründung würde hier zu viel raum wegnemen.

ich setze an das ende der reihe עֵץ, das ich auf eine wurzel zurückzufüren nicht wage, da der unregelmäßigkeiten mir noch zu viele beieinander liegen, das aber durch das chaldäische עא אע als hergehörig erwiesen wird.

Neben diesen wurzeln gibt es andere, welche dem ص ein ز entsprechen lassen, und die ich bis auf weiteres einem dialecte des syrischen zuerteile. man könnte ihn nabatäisch nennen, und aus dem arabischen und dem eigentlichen syrisch ebenso gemischt sein lassen, wie das in Adler-Miniscalchis evangeliar vorliegende idiom aus dem hebräischen und dem eigentlichen syrisch zusammengeflossen ist.

sichere beispiele sind

عرص ܥܪܨ, aber auch عرز.

رض ܪܨ, aber auch رز: Hoffmanns glossen 2161 2163 انشدخ وانفدغ ܐܬܪܙܙ ܐܬܪܥܝ ܘܢܪܙ ترصص وتشدخ: da ܪܙ Geopon ܕ 17 seite 94, 24 τεθλασμένος ιβ 30, 6 vertritt, neme ich ιβ 12, 2 an, daß der Syrer in umgekehrter ordnung θλάσματα καὶ στρέμματα gefunden, und setze ܕ 15 seite 94, 8 ܪܙܙ = θλάσμα. darf ich aus شدخ συνέτριψε Rom 16, 20^{erp} (Castle) Avicenna I 14, 21 53, 40 273, 6 تشدخ II 89, 6 انشدخ I 14, 35 Masûdî murûg IV 248, 7 schließen, so bedeutet رز er zerdrückte etwas holes, rundes, nasses, hingegen ܪܨ er zerschmetterte etwas festes, trocknes.

קֶרֶץ قرص, aber auch عنز in ܐܬܥܢܙ ܥܡܗ.

11, 11

חֲמָת = ܚܡܬ Yâqût II 331, 2 ff lag nach Num 13, 21 34, 8 für die Israeliten durchaus nicht so entlegen, daß es mit den Isa 11, 11 genannten gegenden auf Eine linie hätte gestellt werden können, ganz abgesehen davon, daß es als stadt neben provinzen nicht füglich platz finden durfte, und daß eine stadt der natur der sache nach kaum geeignet war, teile eines deportierten volks in sich aufzunemen. man redete auch am syrischen Orontes vermutlich eine den Juden verständliche sprache, und hatte dort vermutlich ungefär dieselben sitten und gewonheiten wie am Jordan, so daß, was an Juden im späteren Epiphania wonte, schwerlich den eindruck hatte im elende zu leben. hinwiederum wäre es von den Israel feindlichen königen eine seltsame maßregel gewesen, Israeliten nach חֲמָת zu verpflanzen, das verhältnismäßig nahe bei den grenzen Galilaeas liegt. auch würde dies חֲמָת kaum passend zwischen שִׁנְעָר und den אִיֵּי הַיָּם stehn. zunächst wird man einen der Regn δ 17, 6 18, 11 Paral α 5, 26 genannten namen für חמת einzusetzen wünschen, allein keiner von ihnen fügt sich den schriftzügen. so schlage ich vor, hier حزة, den einheimischen namen Adiabenes, zu suchen. ܚܕܝܒ حزة Elias bar Schinaya 23, 3 vgl Yâqût II 263, 12 ff, die zwischen *Καλαχηνή* (כלח) und *Ἀδιαβηνή* gelegene *Χαζηνή* Strabos ις 1, 1. an שנער = عراق عرق schließt sich حزة sehr passend an. ة = ח wie in حكة = חכח. beiläufig bemerke ich, daß חלח bei Ḥarizî in מחברת איתיאל seite 2, 10 (Chenery) dem حلوان Ḥarîrîs 23, 4 (Reinaud) genau so entspricht, wie ܚܠܚ bei den Syrern Assemani BO III² 418 419 dem ܚܠܚ = حلوان Yâqût II 316, 23.

12

HEwald propheten² I 459 77 spricht das kapitel dem echten Isaias ab: es sei bald nach 40—66 von einem alten abschreiber verfaßt. dies urteil hat allgemeine ablenung erfaren, ist aber wenigstens in seinem verneinenden teile vollständig richtig: das eigentlich entscheidende hat Ewald gar nicht bemerkt. Isa 12 ist, wie andere längst gesehen, welche nur aus ihrer einsicht die richtige folgerung zu ziehen nicht verstanden haben, ein seitenstück zu Exod 15: 2² hier wörtlich = 2² dort. da nun durch mich schon 1847 bewiesen ist, daß die vier im canon dem Moses zugeschriebenen lieder einen und denselben verfasser haben (abhandlungen 37, danach Volk segen Mosis 21 166, vgl Lagarde Symmicta 111), Deut 32 aber jedenfalls nach Isaias geschrieben ist (»gehört nach inhalt und ausdrucksweise der exilepoche an« LZunz ZDMG XXVII 674 [GS 8¹]), mithin diese lieder alle jünger als Isaias sind, so kann eine nachamung von Exod 15 nicht nur nicht von Isaias verfaßt worden, sondern muß erheblich jünger als dieser sein. 11, 16 steht ebenso am ende einer echten rede des propheten wie das parallele 19, 23 vgl 18, 7 23, 17 18. Isaias 12 ist voll von der freude über den wiederhergestellten tempel, dessen psalmen es im ausdrucke so nahe steht: ישבת צין in vers 6 wäre in der zeit des Isaias nicht gesagt worden, vgl Deut 33, 12 27 Psalm 90, 1: wenn wir in vers 5 מירעת als die ursprüngliche lesart betrachten, hat der verfasser nicht ordentlich hebräisch gekonnt, da מְיֻדָּע einen *bekannten* bedeutet Psalm 31, 12 55, 14 88, 9 19 Iob 19, 14 Regn δ 10, 11 — und hier nur das am rande als correctur vermerkte מוּדַעַת zulässig ist.

beiläufig bemerke ich, daß Genesis 49 Deuteronomium 33 sich neben das bei مسعودى in مروج الذهب IV 236—239 V 96—98 der pariser ausgabe überlieferte stellen.

13, 11[1]

רָעָה HGCSV, schreibe gleichwol רָעָתָהּ. denn in den stellen, in welchen פקד על vorkommt, ist ausnamelos die sünde, welche heimgesucht wird, durch einen genetiv näher bestimmt. עֲוֹן אָבֹת Exod 20, 5 34, 7 Num 14, 18: חַטָּאתָם Exod 32, 34: אֶת רֹעַ מַעַלְלֵיכֶם Ierem 23, 2: אֶת דְּמֵי יִזְרְעֶאל Osee 1, 4: אֶת יְמֵי הַבְּעָלִים Osee 2, 15: דְּרָכָיו Osee 4, 9: אֶת כָּל עֲוֹנֹתֵיכֶם Amos 3, 2: פִּשְׁעֵי יִשְׂרָאֵל Amos 3, 14.

13, 4

מַמְלְכֹת H, richtig מַמְלֶכֶת C, da sonst die glieder des verses ungleich lang sind.

17, 1[2]

G καὶ ἔσται εἰς πτῶσιν, C (vergleiche ihn 23, 13 25, 2) והוי לכרך מחמרא, S ܘܗܘܬ ܠܡܦܘܠܬܐ ܘܠܡܣܬܚܦܢܘܬܐ. dazu Abûlwalîd 519, 4 מעי מפלה خرايب وبلاقع والميم زايدة للاسمية. danach fehlte מעי dem Griechen, las C לְעִיר, und sahen S Abûlwalîd in מְעִי einen verwandten von עִיִּים. für עַי schreibt G *Γαί*, für הָעַי (der artikel beweist, daß der name noch spät verständlich war) *Ἀγγαί*, woraus wir sehen, daß dem hebräischen עוה ein arabisches غوى entspricht (עַי = ǵawy = ǵayy, עִי = ǵiwy = ǵiyy nach Kosegarten § 273 Wright[2] I § 212), so daß ein مغوى = מַעֲוֶה oder מְעֻוֶּה (nach Olshausen 197[a] 198[b]) anzusetzen wäre, von welchem zu מְעִי zu gelangen ich keinen weg finde: nach analogie von מַעַל und מַעַן hätte man מַעַי zu erwarten, das als מְעַו auftreten dürfte (vgl גְּבַר mit גֶּבֶר), aber nicht als מְעִי: das von Gesenius aufgestellte מְעִי ist erst recht sprachwidrig. und abgesehen von der formellen unmöglichkeit מעי auf עוה zurückzufüren, was bedeutete (Olshausen 199[c]) *trümmer einer ruine* in so alter, nicht für geistreiche leute arbeitender zeit? מעי ist einfach zu streichen: der kopist setzte noch einmal an, das vorher dagewesene מעיר zu schreiben.

das oben vermutungsweise angegebene مغوى hat sich im arabischen in seinem femininum erhalten. مغواة steht für migwayat: mit gutem fuge ist die ableitung der zweiten form mugawwât gebraucht in dem sprichworte bei Gauharî من حفر مغواة وقع فيها.

17, 2[1]

G *καταλελειμμένη εἰς τὸν αἰῶνα:* C שביקן קירויהון חרבן: S ܫܒܝܩܢ ܡܕܝܢ̈ܬܗ ܠܥܠܡ ܠܥܠܡܝܢ, wo ich die falsche schreibung ܠܥܠܡܝܢ, obschon sie sehr verbreitet ist, beseitigt habe. den eigennamen עֲרֹעֵר hier zu suchen, hätte man längst aufgeben sollen. es ist derselbe äußerst wichtig, weil er das vorhandensein des gebrochenen plurals (den FHitzig zu Isaias 201 erkannte) عراعر für südIudäa Regn α 30, 28 wie für Moabitis Deut 2, 36 und Ammanitis Ios 13, 25 erweist: عراعر heißt jeder ort, an welchem der عرعر = ἄρκευθος Osee 14, 9 (oder S) häufig ist: JEPolak ZDMG XXVIII 704 erklärt den عرعر für iuniperus oxycedra [so, schreibe oxycedrus]. Ibn Baitâr III 120.

keine der drei oben nachgewiesenen städte paßt in den zusammenhang, da Damascus sicher weder in südIudäa noch in Ammanitis oder Moabitis geherrscht hat. man darf auch kaum von städten Aroers reden, wie man von städten einer landschaft Deut 3, 12 oder der תֵּבֵל Isa 14, 21 oder eines königs Deut 2, 34 und auch wol, wenn man דמשק für abkürzung von ארם דמשק betrachtet, von ערי דמשק reden darf, zumal ein ort des namens *wachholdergestrüpp*, wenn er nicht etwa wie der am Arnon belegene durch den zufälligen umstand, daß ein schwer überschreitbarer fluß an ihm gangbar ist, eine größere bedeutung gewinnt, kaum so beschaffen gewesen ist, daß er metropole hat werden können. عرعر Bakrî 264, 17 286, 9 460, 9 528, 2 538, 16 543, 3 564, 24 565, 1 652, 11 687, 1 Yâqût III 645, 4 Imrualqais 20, 1[a]. G hat עֲדֵי עַד für ערער gehabt: neme ich an, daß bei ערי ein abkürzungsstrich verschwunden ist, so erhalte ich עֲזֻבֹת עָרֶיהָ עֲדֵי עַד, und damit den ursprünglichen text.

17, 8

Der prophet denkt daran, daß Achaz einen damascenischen altar im tempel von Ierusalem nachbilden ließ, Regn δ 16, 12 ff: das stück wird daher in die zeit des Achaz fallen. so schon HEwald.

17, 8[2]

Der vers ist unvollständig, wenn man nicht etwa dem propheten einen unregelmäßigen bau seiner rede zutrauen will:

ולא ישעה אל המזבחת מעשה ידיו (23 buchstaben)
ואשר עשו אצבעתיו לא יראה (20 buchstaben)
והאשרים והחמנים . (14 buchstaben):

wozu ich keine berechtigung sehe.

17, 9

Seit langem ist angemerkt worden, daß G für החרש והאמיר *οἱ Ἀμορραῖοι καὶ οἱ Εὐαῖοι* bietet. C ככרך דחרוב ואיתחמר, wo חרש in חרב und אמיר in חמר umgedeutet ist, zum beweise, daß die synagoge der mischnozeit hier nichts mehr verstanden hat. wenn S ܐܝܟ ܣܘܟܐ ܒܪܝܫ ܩܘܪܩܣܐ überträgt, so wird niemand verkennen, daß auch er der stelle gegenüber ratlos gewesen: ܣܘܟܐ möchte ein abschreibefehler sein. בְּרֹאשׁ אָמִיר in vers 6 übersetzt G *ἐπ' ἄκρου μετεώρου*, C בריש צנפא (vgl ጽንፍ፡ Dillmann 1294), S ܒܪܝܫ ܣܘܟܐ, so daß für אָמִיר die bedeutung *zweig* (nicht die gewönlich angegebene *wipfel*) sicher sein mag: Abûlwalîd 57, 28 erklärt الغصن العالى, und zieht האמירך Deut 26, 18 = رفعك واعلاك bei, jedoch offenbar nur auf grund des zusammenhangs der stellen, nicht in folge einer überlieferung. aber in vers 9 ist ein אָמִיר = *ἀκρεμών* schlechterdings unerträglich, da der zweig zu unbedeutend ist, als daß er neben dem forste genannt werden dürfte. ich glaube החוי והאמרי in den text setzen zu müssen. und fasse עזובת als hauptwort der form אֲמִתַּכָה. zunächst ist die änlichkeit von רש und וי in der alten schrift groß genug, um das eine aus dem andern verlesen glauben zu dürfen. sodann passen Euäer und Amorräer in den zusammenhang: siehe die in betracht kommenden stellen in אכלה ואכלה § 274 mit Frensdorffs anmerkung dazu. חִוִּי muß von חִיָּה (arabisch wäre das ḥiyyat), אֱמֹרִי nach ausweis von *Ἀμορραῖος* (-αῖος Lagarde prophet chald xxv. 24 Symmicta 37, 24) von einem amurr[at] herkommen, neben welches ich nur das arabische ḥazuqq zu stellen habe.

17, 10

Es liegt auf der hand, daß als gegensatz zu 10[1] in 10[2] etwas genannt sein muß, was sich auf den dienst eines in Israel nicht zulässigen gottes bezieht. HEwald propheten[2] I 364 »נעמנים ... ist nach § 287[a] anmerkung am richtigsten [so] zu fassen als Adonisse oder [so zärtlinge, weichlinge, nach dem namen des bekannten syrischen gottes[,] welcher auch in Phoenikien verehrt wurde«, was so, wie es da steht, völlig unbrauchbar und schief ist. woher der gott bekannt ward, vergißt man uns zu sagen. die Araber nennen eine rote blume شقايق النعمن Lane 1578: diese habe ich, zuletzt Symmicta[1] 468, auf נעמן bezogen, das Adonis bedeuten müsse. FAPott ZKM VII 138 sieht freilich *succus anemones* in dem *σεκαηκ ενουμελ* DuCanges 1346 = (so) *ὁ χυλὸς τῆς ἀνεμώνης*]. ich leitete *ἀνεμώνη* als graecisierung von eben diesem נעמן ab. *ἀνεμώνη* findet sich schon bei Theophrast, es ist mithin, da شقايق النعمن *ἀνεμώνη* bedeutet, und النعمن doch von *ἀνεμώνη* nicht getrennt werden kann, unmöglich, daß شقايق النعمان vom könige نعمن den namen habe, dem sone des منذر (OBlau ZDMG XXV 532 ff حمزة von Gottwaldt I 103, 14 ابن قتيبة von Wüstenfeld 319, 5). das *ω* in *ἀνεμώνη* entspricht der voraussetzung, da *Ἄζωτος* (Symmicta 121*r*) *Ἀσκαλὼν Σιδὼν ἀρραβὼν κιννάμωμον χιτών* für altsemitisches und arabisches â allesammt die palaestinische trübung ô zeigen, und mindestens *ἀρραβὼν Σιδών* sehr alt sind, letzteres, weil es sich bei Homer findet, ersteres, weil es noch *ρρ* und in der ersten silbe wie שבחן Lagarde psalterium Hieronymi 159 a zeigt, wobei ich erwänen will, daß die im excurse 2 zu meinem psalterium Hieronymi aus tatsachen der sprache erschlossene göttin Sanbata sich seitdem wirklich gefunden hat: es ist allerdings völlig selbstverständlich, daß herr Trumpp GGA 1878, 136 meinen doch warlich nicht unbedeutenden ansatz so wenig erwänt wie das, was ich Symmicta 114, 22 über die ሊ.ዓበ.: vermutet habe. Slane übersetzung des ابن خلكن II 57 und nach ihm RDozy glossaire des mots espagnols[2] 373 halten شقايق النعمان für arabisierung von *ἀνεμώνη*, wobei sie nur den zusatz شقايق zu erklären vergessen. von شق *er spaltete διέρρηξε* Psalm 104, 41 [in meinen drei aus dem griechischen geflossenen texten] 140, 7 [siehe selbst nach] *ἐ[διχο]τόμησε* Luc 12, 46 *ἔσχισεν* Ioh 19, 24 usw könnte شقيقة wol etwa *wunde* bedeutet haben, und die rotblühende blume als seitenstück zu den *αἷμα Ἀθηνᾶς* usw genannten pflanzen angesehen worden sein, von welchen BLangkavel botanik der späteren Griechen 147 eine unvollständige liste gibt.

Erklärung chaldäischer wörter.'

von

Paul de Lagarde.

Erstes stück.

In der königlichen gesellschaft der wissenschaften vorgetragen am 2 März 1878.

Man hat sich seit alters gewönt, denjenigen dialekt der aramäischen sprache, welchen Juden im munde und in der feder fürten, chaldäisch zu nennen, da in Babylonien Chaldäer gelebt haben, und man annam, daß deren idiom mit dem zu bezeichnenden identisch sei: hatte doch Israel in Babylonien unter Chaldäern seine hebräische muttersprache aufgegeben, so daß es nahe lag, das, was die verbannten an die stelle jener gesetzt, für chaldäisch anzusehen. die richtigkeit dieser annahme ist fraglich: gleichwol behalte ich den ausdruck bei, da nicht wenige uns geläufige sprachnamen weit entfernt davon sind. in einer für gelehrte wünschenswerten genauigkeit den kreis zu bezeichnen, in welchem die betreffende sprache geredet wird, es mithin gar nicht notwendig scheint in diesem falle so ausbündig correct zu verfaren, und da bei chaldäisch alle welt, soferne sie überhaupt denkt, darum das richtige denkt, weil sie über jene alten Chaldäer noch gar nicht denken kann. daß éränisch nur als ein willkürlicher name gelten darf, habe ich den von ihrer eigenen einsicht zu gütig urteilenden fachleuten gegenüber in den studien II 193 hervorgehoben: wenn syrisch aus assyrisch abgekürzt ist, wird niemand es für eine sachgemäße bezeichnung der von uns syrisch genannten sprache halten, und aus den von WWright in nur funfzig exemplaren for private circulation gedruckten fragments of the syriac grammar of Jacob of Edessa 1^a 5 23 4^a 14 4^b 2 5^b 2 6^b 3 erfuren wir erst im jare 1871, daß wir von [meso]potamisch oder nahrisch hätten reden müssen, wo wir von syrisch geredet haben. und ist es mit griechisch etwa anders? was aber sogar Griechenland sich gefallen lassen muß, kann eine nation tragen, welche tief unter der griechischen steht.

Die chaldäische sprache hat in lexikalischer hinsicht eigentlich nur Eine bearbeitung erfaren, welche sich sehen lassen kann. Nathan aus Rom faßte um das jar 1100 die forschungen seiner vorgänger in seinem עָרוּךְ zusammen, einem staunenswerten, namentlich die einschlagenden beweisstellen in musterhafter vollständigkeit gebenden werke, das viel zu umfassend ist, als daß es in unserer zeit die so dringend notwendige neue ausgabe erhalten könnte: ich benutze den druck von Pesaro (1517) und den ersten venediger (1532), und stelle ein für alle mal fest, daß meine citate aus dem talmuh dem עָרוּךְ entnommen sind. Elias der Levit, um 1470 zu Neustadt an der Aisch geboren, zu Venedig 1549 gestorben, beschränkte sich im תִּשְׁבִּי (Isny 1541) auf die erläuterung von 712 vocabeln, und gab im מְתוּרְגְּמָן (Isny 1541) nichts, was Nathans arbeit zur seite gestellt werden dürfte. auf Nathan und Elias verließ sich Iohannes Buxtorf, auf welchen wiederum seit 1639 wir uns verlassen. man wird bei Buxtorf wenig treffen, was nicht schon seine vorgänger böten: aber dem dilettantismus steht bei Buxtorf bequem und in lateinischem gewande zur verfügung, was bei jenen selbst die gelehrsamkeit gelegentlich mit mühe erblättern muß. die versuche unserer zeit chaldäische wörterbücher zu schaffen sind so elend, so dummdreist und so gewerbemäßig, daß in anständiger gesellschaft von ihnen zu reden unzulässig erscheint.

Hadrian Reland hat in seinen 1706 erschienenen dissertationes miscellaneae II 267—324 eine abhandlung de persicis vocabulis talmudis drucken lassen, welche in 115 abschnitten manches richtige bietet, wenn auch natürlicher weise nur ganz auf der hand liegendes erledigt worden ist. ich neme nachher bezug auf diesen aufsatz, dessen paragraphennummern ich citiere.

FSpiegel erwänt in seinem Avesta I 279 im jare 1852 ein buch Sefat chachamim, oder erklärung der in den talmuden, targumim und midraschim vorkommenden persischen und arabischen wörter von AJellinek. Leipzig 1847. ich habe dies werk, ein dünnes heft von etwa 32 seiten, bei einem מוכר ספרים auf der leipziger messe einmal in händen gehabt, ich glaube im herbste 1846 [so]: das Heinsiussche bücherlexicon verzeichnet es nicht, im buchhandel ist es nicht zu haben, und da von persischen und arabischen studien seines verfassers niemand etwas weiß, habe ich mir nicht weiter mühe geben zu sollen geglaubt, es mir zu verschaffen.

In den 1847 zu Berlin erschienenen horae aramaicae von PBoetticher ist 16—46 eine auf dem titelblatte nicht erwänte explicatio vocabulorum CX e linguis jafetiticis in dialectos aramaicas transsumptorum gedruckt. schon im folgenden jare erschien eine neue bearbeitung des schriftchens unter dem namen rudimenta mythologiae semiticae, supplementa lexici aramaici. letztere (31—59) bieten 245 nummern. HLFleischer nennt diese meistens mit syrischen, nicht mit chaldäischen wörtern sich beschäftigenden hefte ZDMG IV 491 »klein, aber gehaltreich«, HEwald hat in seinen jarbüchern der biblischen wissenschaft I ihnen einige worte gewidmet, FSpiegel ist aao 1852, ich will nicht sagen, wodurch, gehindert worden sie zu kennen.

Lagardes gesammelte abhandlungen (1866) besprechen etwa 600 vokabeln, welche aus dem éränischen und indischen in das semitische übergegangen sind: das register verzeichnet sie. das buch, von welchem nicht ganz wenige exemplare als ein — freilich nutzloses, weil unbenutztes — geschenk des verfassers in die bibliotheken preußischer gymnasien gelangt sind, ist in diesen leicht zugänglich (wenigstens läßt sich erwarten, daß die meisten jener exemplare gebunden und aufbewart sein werden), ich gehe daher auf dort gegebenes nicht ausdrücklich wieder ein, unterlasse es auch, unrichtigkeiten zu verbessern: es ist, wie jetzt die dinge liegen (armenische studien 201—205) nicht zu unterschätzen, wenn man eine waffe gegen plagiatoren zur hand behält, welche durch abschreiben von fehlern und ungenauigkeiten sich selbst anzeigen werden.

Wie auf die älteste, unbefangen einherschreitende griechische übersetzung des jüdischen canons die wörtliche des Aquila folgte (über welchen die einleitung zu meinen Clementina nachzulesen ist), so auf die älteste vom leben für das leben gearbeitete chaldäische wenigstens des pentateuchs ein seitenstück jenes von Aquila verfaßten handbuchs für stümper und fanatiker, das deshalb auch des Aquila von späteren aus עקילס oder אקילוס in אונקלוס verderbten namen trug, und das die einleitungen daher als Onkelos vorstellen. daß Onkelos-Aquila der jüngere ist, liegt schon im titel ausgedrückt, und ist bereits von älteren gelehrten nicht verkannt worden: man höre etwa WHVorst capitula Elieser (1644) vorrede: Onkelos nostro iudicio plus quam 300 annis post Christi natalem concinnavit paraphrasin suam. ich nenne den sogenannten Jonathan C^1, den angeblichen Onkelos C^2, die fragmente, da sie sich nur am rande von C^1 erhalten haben, C^r: die zu den beiden propheten habe ich selbst zuerst herausgegeben: nachdem seit Kennicotts tagen ihre existenz bekannt gewesen und nicht beachtet worden war, haben sie, sowie ich sie ans licht gezogen hatte, trotz meiner beiden ausdrücklichen vorbehalte sogar einen nachdrucker gereizt und gefunden: sonst kam man mir gegenüber doch meistens mit bloßen plagiaten aus.

Belegstellen aus den arabischen bibelübersetzungen sind mir bequem zur hand, da ich von diesen übersetzungen eine ziemliche menge selbst veröffentlicht habe: es tut mir aber wol, auf den arabischen teil von Edmund Castles lexicon heptaglotton ausdrücklich aufmerksam zu machen, in welchem die Castle bekannten versionen und Avicenna sehr fleißig ausgezogen sind. ich trete jedes prioritätsrecht im citieren dem alten gelehrten willig und über verpflichtung hinaus gerne ab, da ich ihn nicht sowol wegen seines wissens, als wegen seiner bis zum blindwerden opferbereiten liebe zur wissenschaft auf das wärmste verehre.

Gegen die geflissentliche nichtachtung, welche man meinen früheren arbeiten hat angedeihen lassen, ist die gegenwärtige durch die stelle geschützt, an welcher zu erscheinen sie die ere hat.

אַבְוָר

אבור erklärt Nathan בלשון ישמעאלים קורין ابزار והוא חבלין של קדרה. für ابزار citiert Castle Avicenna I 443, 35: חבלין erläutert sich aus تابل = تبل Avicenna I 524, 30 II 155, 1 (neben ابزار). Gawâliqî 15, 1 setzt تابل = ابزار. nach Lane [vgl 297³] 199² persisches افزار: wenn die Araber als ersten vocal i sprachen, so geschah dies um den eindruck arabischer bildung (maçdar der vierten) hervorzurufen: änliches in سرادق = սրահակ Lagarde beiträge 69, 40. ابزار wird nach Lane 199 ebenso metaphorisch angewandt wie אבזר im talmûd: one verständnis AGeiger ZDMG XVII 728. jenes افزار nach Burhân unter anderem ادويه گرمی که در طعام کنند چو فلفل ودار چینی وزیره ومانند آن: womit derselbe unter اوزار zu vergleichen: داروی گرم باشد مثل فلفل ودار چینی وزیره وغیره که در دیگ طعام ریزند.

ESachau 8 zu Gawâlîqî 15, 1 lehrt, in dem syrischen, ihm aus Bernstein [95] bekannt gewordenen worte ܐܒܙܪܐ (so mit artikel) sei ابزار in ûr zusammengezogen. PSmith 92 liefert zum beweise seiner unwissenheit das erste ا des danebengestellten ابزاردان mit einem مد: richtig nennt er auch اوزاردان. es ist ܐܒܙܪܝ *gewürzbüchse* ins wörterbuch aufzunemen.

da ابزار neben sich افزار und اوزار hat, kann die erste silbe nur eine vertreterin von अभि sein. Boehtlingk-Roth kennen II 956 अभिचर् nur im sinne von *sich vergehn gegen jemanden, es jemandem antun, verzaubern*: vgl अभिचार I 332.

die Armenier besitzen օճառ = ուշնառ σμῆγμα Daniel 1, 17 Esther 2, 9: πόα (nämlich πλυνόντων) Ierem 2, 22 Mal 3, 2: nach Ciakciak 1490[2] nicht allein *sapone, saponaria* (Lagarde beiträge 28, 18 ff studien § 2402), sondern auch *arredo, rimedio* usw. dies wort kann identisch mit ابزار nur sein, woferne man annemen darf, daß ز von ابزار ursprünglich verdoppelt gewesen ist: ռ = rr = rn, âr als vertreter von arn.

in Erân wird aiwicarana als älteste gestalt von ابزار = افزار = اوزار = օճառ anzusetzen sein, *dazukommendes*. die gewürze kommen zur speise, das seifenkraut kommt zu dem zu waschenden hinzu. wenn افزار im persischen auch noch bedeutet a) *segel*, b) *schuh*, c) *werkzeug der handwerker*, d) *kamm der weber*, so erläutert sich dies, so weit a d in betracht gezogen wird, vermutlich aus der wurzel selbst. افزار *segel* gehört zum causativum von चर्, *das was gehn macht*, in bewegung setzt: افزار *weberkamm* könnte sich nach ἀμφίπολος als das verstehn lassen, *was über* das gewebe *hin wandelt*: im Vendidad 5, 171[s] 61[w] steht carâitika, das die (vielleicht allerdings nur aus car- ratende) überlieferung bei Spiegel Avesta I 115 mit چرخه [Lagarde studien § 1361], Spiegel mit *haspel* überträgt, und das wenigstens die möglichkeit erweist, von वृ aus auf ein افزار *weberkamm* zu gelangen. in betreff von b c darf man nicht vergessen, daß افزار *schuh* aus پاافزار und افزار *handwerkszeug* aus دستافزار verkürzt ist: vgl Burhân unter اوزار. es scheinen mithin in dem neueren افزار ganz verschiedene vokabeln zusammengefallen zu sein, deren aller wurzel one frage अभिवृ ist.

zur characterisierung der zustände füge ich bei, daß IAVullers I 111[1] افزار für aus dem arabischen ابزار entstanden ausgibt, das der plural von بزر sei, und in demselben atem الوزار (so, eine unmögliche form), اوزار und دیکافزار vergleichen heißt: die andern افزار hat er als eigenen artikel!

אֶבְרְיָר

Es gibt zwei verschiedene אברור. das eine bedeutet *sommerlusthaus*, das andere *gewichtszulage*. jenes, das שבת 11[1] neben קשק steht, schreibt Nathan אברואר, bei Rabbinowicz VII ח findet sich aus der handschrift die variante אורור und aus Alfâsî die andere אברבר. Nathan sagt פירוש׳ אברוארי הומת העיר: בלשון פרסי הוא קשקי: בלשון ישמעאל הוא الجواسق ולאחד יקרא جوسق: ובלשון תורה יקרא מגדל: מגדל עוז תרגומו קושקא עשינא. für جوسق citierte Boetticher rudimenta 31[5] Ḥamâsa 823, 21: füge Masûdî murûg VII 350, 9 Gawâlîqî 42, 13 hinzu. קושק ist das persische کوشك, Fleischer de glossis habichtianis 40. ܟܘܫܟܐ = گوشه *winkel*, danach *ort, in welchem man ungestört ist*, woher durch türkische vermittelung unser kiosk. Lagarde abhandlungen 25, 21: fraglich. Nathans citat geht auf Psalm 61, 4 und hilft die richtige lesart daselbst herstellen: Bomberg bietet בקרשטא עישנא. was nun אברור angeht, so setzte es Boetticher horae § 2 als *murus* [aus Nathans חומה] = պատուար, rudimenta § 5 als *turris* [aus Nathans מגדל] neben պատուար, ܟܘܫܟ und वृ. hier war պատուար ein falsches excerpt für պատուար, Lagarde beiträge 55, 34 studien § 1817. wir wissen jetzt (studien § 2124), daß אבר = ابر = بر = ور = վեր der vertreter von उपरि ist: mithin ist klar, daß אֶבְרְיָר auf baktrisch upairivâra wäre, Lagarde beiträge 55, und auf persisch برواز = بربار, also خانه تابستانى oder بالاخانه وحجره كه بر بالاى حجره ديكر سازند bedeutet (so Burhân: über حجرة weiß Dozy supplément 252 nur ungenügend bescheid): das verwandte درواره erklärt Burhân بالاخانه وحجره كه بر بالاى حجره ديكر سازند وغرفه وچار تاق را نيز كفته اند.

nur im ersten teile mit diesem אברור identisch ist das בבא בתרא 24[2] vorkommende, siehe Ḥanan'êl bei Nathan אי אשתכח רברבי ווטרי כולהו שרו אימור דהני ווטרי לתקוני טעונא אגבא דחמרא הוו יתבי כגון דהוו הני ויקי חד רב וחד זעיר והוו מטרטן יהב האי ויקא ווטרא בהדי ויקא זעירא לשוויי ביניהי. daraus hat Buxtorf 19 geschlossen, daß das wort *uter parvus* bedeute: Reland § 3 überträgt *pondus*, und vergleicht (schon Buxtorf hatte die vokabel für persisch angesehen) بار *last*. vielmehr ein nicht belegbares, aber nach analogie von ابركوه *über dem berge gelegen* leicht zu bildendes ابربار *zur last hinzukommend*.

im فرهنگ شعورى I 162[2] erscheint بردار im sinne von خانه تابستانى, also als synonymum von برواز. da بردار (von بر داشتن) als *galgen, kreuz* allbekannt ist, würden uns wol einige schlechte wortspiele erhalten sein, wenn das wort auch *erker* bedeuten könnte: dies ist nicht der fall, und darum halte ich بردار = برواز für einen aus den wörterbüchern auszumerzenden lesefehler.

אֶבַרְנִים

פסחים 41[1] handelt es sich darum, was Exod 12, 9 unter נָא zu verstehn ist. es sprach Rab כדאמרי פרסאי אברנים. Nathan הייגו נא כגון שנצלה מעט. Reland § 6 bringt نه بريان herbei, was *non coctum* bedeuten soll. Boetticher horac 17[5] denkt an भृ *braten*, woher अभृनतान *ungebraten* stamme: er nennt بريان aus Firdausis Suhrâb 156, 4 161, 7 190, 10. אברנים kann nur das baktrische upairinaêma sein. am ende von Vendidad 6 wird gelehrt, wie man die toten legen solle: zunächst upairi çpânem, upairi raozhem, upairi vehrkem *über hund, fuchs, wolf*, so, daß diese drei tierarten an die leiche nicht hinankönnen. dann heißt es 50[w] 104[f] in einem deutlichst unvollständigen, nicht construierbaren satze: anaiwivârentis (gegensatz von برباران) upairinaêmât apô yat vâiryayâo. verstehn kann ich das nicht: wie उपरिबुध्न *über den boden emporragend* bedeutet, so wird उपरिनेम *über die hälfte wegreichend* zu übersetzen sein. danach wäre fleisch, wenn אברנים, nur *zur hälfte*, nämlich gar, was auf das in der eile des auszugs zubereitete paschalamm vorzüglich paßt. die meisten Deutschen denken sich das englische roastbeef als אברנים.

אֶבַרְסַק

Elias der Levit verzeichnet im מתורגמן 1[2], daß מכנסי בד des urtexts durch אִיבְּרְקְסִין רְבוּץ (so punktiert er) wiedergegeben worden. die citate sind nun mittelst einer concordanz leicht zu beschaffen. bei Buxtorf tritt 47 אִרְקְסִין mit dem zusatze auf »vide in ברק«, und 365 erhalten wir אַבְרְקְסִין *braccae, femoralia*, das aus braccae verderbt scheine: varianten seien אורקסין, אורקסין, אברסקין, אברסקין. jedermann kann aus Braun de vestitu sacerdotum hebraicorum 345 ff Iosephus archaeol γ 7, 1 sich über die מכנסים = περισκελίδες der hebräischen priester belehren lassen: sobald ich *schwimmhosen* sage, stellt sich ein Deutscher dieses nur zur bedeckung der *αἰδοῖα* bestimmte kleidungsstück ganz deutlich vor. wenn ich im ersten teile von אברסק, da אורסק daneben steht, persisches ابر = *upa* finde, glaube ich mich nicht zu irren: der zweite teil der vokabel muß σκέλος oder αἰδοῖον bedeuten, doch kann ich das entsprechende éranische wort nicht erraten, und setze deshalb auch nur mutmaßungsweise אברסק an: möglicher weise ist אברקס richtig. analog gebildet ist کوانس (abhandlungen 24, 8). aber nicht identisch, da ו nicht ס sein kann, und جنك (in سرجنك) nicht der für אברסק erforderte körperteil ist.

אַרְוִינְק

Nathan verzeichnet ארוינקא nach אורגרין und vor און, hat also das י für unwesentlich angesehen. ich habe Hagiographa chaldaice 366 zu Esther α 7, 4 (216, 25) ארוינק als persisch, אר als vertreter von خو = स्व angesprochen, und in den studien § 1710 diese behauptung wiederholt. dem neupersischen خزینه gehn خزینه und خوجینك vorauf: die Araber haben das wort nach ausweis von Qurân 6, 50 11, 33 usw als خزینة bereits zu Muhammads zeit in gebrauch gehabt. wurzel wol खि.

אִירָן

Im syrischen ist ܐܝܪܢ = البزن = ապաշն bekannt, abhandlungen 10. 18. ich denke, die vokabel (welche, wenn mit dem artikel versehen, als choriambus אֵירָנָא zu sprechen ist) kommt auch im talmûd vor. Buxtorf verzeichnet 23 אירן und אירנא, 33 אירנא aus ברכות 22[1] שבת 157[2] und dem ערוך: für die שבת-stelle meldet Rabbinowicz VII קצר zu באירנא die variante ארנא. schon Nathan berichtet von verschiedenheit der lesart: unter אירנא (vor ארק) sagt er, nachdem er die beiden stellen citiert: יש ספרים כתיב בהן אורנא רמיא. die berliner ausgabe des talmûd vom jare 1864 gibt ברכות 22[1] (5 von unten) באנגא, wärend שבת 157[2] an die lesart des textes באוונא eine randbemerkung gewendet wird, die aus verschiedenen zeugen באנגא notiert. über אנן = աւիզան mag man aus Lagarde abhandlungen 8, 8 studien § 112 lernen, daß es als bezeichnung einer badewanne nicht dienen kann: באנגא דמיא *in einem tassenkopfe voll wasser* findet kein ausgewachsener rabbine platz. ארונא ist so leicht in אוונא wie in ארגנא und אורנא zu verderben: das aus البزن entstandene ابزن der Araber belegt Lagarde abhandlungen 10, 10[r]: Dozy supplément 82 stellt eilf jare nach dem erscheinen dieser abhandlungen ابزن noch unter die wurzel بزن.

אֻנְשְׁקָר

Nur vermutungsweise setze ich אושקר an, jedenfalls bin ich die in unsern drucken vorliegende, schon bei Nathan zu recht bestehende form נשקר oder גרשקר zu erklären und gelten zu lassen nicht im stande. Reland hat im § 38 גרשקר für خشكار erklärt, Boetticher supplementa § 64 נשקר neben כמאב und خشكار gestellt, Lagarde abhandlungen 59, 11 nennt zu כמאב nur خشكار und خوشك الرد, aber nicht גרשקר. nach Nathan ist letzteres הבינוני שמוציאין מן הקמח ובלשון ערבי כושקר, wo die schreibung des arabischen worts mit ק auffällt. Castle citiert Avicenna I 274, 33 36 42 478, 34 516, 24: RDozy supplément 373 weist خشكار aus Balâdhurî nach *»farine de froment grossièrement moulue et criblée«*, nachdem er im glossaire[2] 170 schon besseres gegeben hatte. ist, wie Dozy dort gezeigt, خشكار mit مدهون synonym, so hätte der versuch خشكار aus خشك *trocken* und الرد *mehl* abzuleiten füglich unterbleiben dürfen: مدهون und خشكار heißt das mehl, welches von angenäßtem korne gemalen wird. das verständnis des worts ist zeitig abhanden gekommen: schon زمخشرى in der مقدمة الادب 61, 10[w] sagt nur خشكار نان درشت نان سپوسين, one eine bemerkung über die herkunft zu machen: bei Gawâlîqî fehlt خشكار. den schlüssel zur erklärung bietet die von mir schon 1866 aus den Haft Qulzum beigebrachte nebenform خوشك الرد. das in ihr auftretende خوشك wird eine vollständigere gestalt von خشك sein, das sich von خاشك und خاشك, welche wörter ursprünglich mit خو angelautet haben werden, nicht trennen läßt. خوشك الرد hat einen leiblichen bruder an خشك الخور, das andere weit richtiger خشكاخور schreiben, einen andern an خشك الماز. ich übersetze *spreumehl, spreufresser* oder *spreufresserei, spreuzählung*: Whelocks Perser überträgt Matth 7, 3—5 *κάρφος* durch خاشاك; vgl *καρφολογία*. wenn man allerdings die höchste staffel des rumes in der persischen philologie unsrer tage ersteigen will, so wird man خشك الخور *stabulum siccum* = *annus inopia pluviae laborans, penuria victus, homo ignobilis .... avarus* und خشك الماز *diligens inquisitio* übertragen. ist nun unweigerlich خشكار aus hwa.... entstanden, so kann das mit ihm one frage identische גשקר unsrer zeugen nicht richtig überliefert sein: wenigstens sehe ich nicht, wie hw = خو je zu ג hat werden können. Rabbinowicz VII 36 vermerkt aus Einem gewärsmanne קישקר, das aus חושקר verlesen sein möchte. entweder חֲיַשְׁקַר ist das richtige, oder גשקר war א[ר]שקר. wie weit bei der unseligen semitischen schrift kopistenfehler reichen, mögen sich unkundige etwa daraus klar machen, daß die arabischen geographen allesammt den Pontus نيطس nennen, weil in irgend einer urhandschrift die punkte falsch angebracht waren: es sollte بنطس sein! ܟܫܟܪ gilt mir als ganz spät, und als aus خشكار entstanden: ܟ = خ ist nach den kreuzzügen regelrecht.

אחורויר

Reland § 8: אהוריורא *praefectus stabulo.* videtur legendum per ח, אחוריורא, nam آخور notat *stabulum* persice. er faßt mithin יר als das in شهريار, هوشيار, بازيار usw erscheinende يار. dächte ich nur an das etymon, daran, daß الخور zur wurzel svar gehört (abhandlungen 71, 1 beiträge 40, 3), so wäre ich אַחְוַרְיָר zu sprechen berechtigt. allein ախոռ studien § 32 und اخر zeigen, daß die herkunft zeitig vergessen wurde, und mit rücksicht auf ախոռ möchte אַחֻרְיָר die richtigste vocalisation sein. Nathan hält das הָאֻבוּס übersetzende אוריא für verwandt, und deutet שׁוֹמֵר ארווה הסוסים. vgl Bochart hierozoicon β 9 Coccejus von Mai 62 Gusset von Clodius 162 Abûlwalîd 67, 29 Lane 51 PSmith 378.

אֲחַשְׁדַּרְפְּן

Nachdem ich über die éránischen vertreter von क्षत्र mich hinlänglich oft und deutlich geäußert habe (die citate studien § 1665—1672 1680), brauche ich nur auszusprechen, daß אחשדרפן neupersisch شهربان, armenisch շահապան lauten würde: die irrigkeit der tiberiensischen vocalisation

אֲחַשְׁדַּרְפְּנִים leuchtet ein. wenigstens die aus dem banate gebürtigen Semiten werden begreifen, daß بان auch für die hebräisch-chaldäische vokabel dem ף ein unveränderlich langes a sichert. פ weich, weil nach einem halbvokale. אחשורש = *քսաւարշ* studien § 1688.

אֲבַרְגְּנַר

(mit artikel אֲבַרְגְּנָרָא) füre ich mit besonderem verdrusse auf, weil die septimaner immer wieder die in meinen abhandlungen 18 19 beseitigte aussprache אֲבַרְגְּנַר hören lassen, welche im wesentlichen aus Boetticher horae § 10 supplementa § 16 abgeschrieben worden ist, nachdem Boetticher rudimenta 60 sie schon im jare 1848 selbst berichtigt hatte: خوانكر ist ein amphimacer. schon Reland hatte § 16 خوانكر erkannt: »vox non multum absimilis [aber nur in der letzten sylbe identisch] خوانيكر.

אלקפה

Nathan erklärt אלקפה durch המגנה על ריש גלותא, und setzt ארקפט = אלקפה. schon Buxtorf berichtet, daß bei C[1] Gen 41, 43 אלקפתא (so mit artikel) für מִשְׁנֶה der urschrift stehe, wo Netter und die warschauer ausgabe אלקפתא geben. Paral 'β 28, 7 ארקבט für מִשְׁנֶה konnte Buxtorf noch nicht citieren. MALevy hat ZDMG XVIII 89 den ארגבט = *ἀργαπέτης* einer inschrift zu Palmyra für identisch erklärt, Nöldeke GGA 1871, 155 ZDMG XXIV 107 ff, an Levy anknüpfend, ارجيد des Ibn-al-atir I 273, 7 9 (Tullberg) in ارجبد geändert, als ارگ بد *burgherr* erklärt, und für mit אלקפט und ארקפט identisch gehalten. ich stelle zunächst fest, daß ܐܣܦܒܕ abhandlungen 187, 3 und ܡܘܒܕ ebenda 189, 30 das armenische *պետ* studien § 1879 (Agathangelus 31, 20) ebenfalls als בט aufweisen, wärend ܐܪܓܒܕ acta martyrum I 24, 20 wie اسبد Gawâlîqî 10, 10 = *ասպետ* studien § 206, اصبهبد Bîrûnî 101, 9, جيبد Harîrî[2] 63, 3 = كيبد, موبد = *մոգպետ մովպետ* studien § 1514 1519, هربد Gawâlîqî 154, 3 eine weichere gestalt von पति enthalten. ܐܪܓܒܕ ist am aao titel des ܐܪܓܒܕܐ (Lagarde Symmicta 90, 13 120, 18), den Sozomenus 'β 9, 6 *μείζων τῆς βασιλέως οἰκίας* nennt, mithin بد = पति schon alt, wenn man die akten für mit dem erzälten gleichzeitig geschrieben erachtet. ارگ ist nicht, wie Noeldeke meint, *burg*, sondern *citadelle*: Burhân قلعهء كوچكى كه در ميان قلعهء بزرگ سازند. die ortschaft in Sacastene, welche Burhân als ارك erwänt, heißt bei Yâqût I

210, 10 ارک, und ist ein schatzhaus, also unzweifelhaft besonders fest: كانت خزانة بناها عمرو بن الليث ثم صارت دار الامارة والقلعة وهى الآن تسمى بهذا الاسم. die Armenier haben *յարկ* *σκηνή* Isa 22, 16 (die grabkammer des Sobnas) Iob 5, 24: *յարկք* *σκήνωμα* Iudd 19, 9: *ὀρόφωμα* Ezech 41, 26: *ὄροφος* Sap 17, 2: *φάτνωμα* Amos 8, 3 Sophon 2, 14: es mag dahingestellt bleiben, ob dies *յարկ* mit jenem ارگ verwandt ist. jedenfalls ist der, welchem man den kern einer festung übergibt, ein des höchsten vertrauens würdiger mann: wo ein fürst wont, wird der commandant der citadelle der nächste nach ihm sein, und so kann der *schloßhauptmann* füglich מִשְׁנֶה, das heißt, stellvertreter des fürsten, sein. wenn der ריש גלותא unter ihm steht, so ist das völlig in der ordnung. der ריש גלותא hatte eine vertrauensstellung: er war nicht beamter des muḥammadanischen staates, sondern derjenige, welcher officiös den verkehr zwischen den religiösen bedürfnissen der Judenheit und diesem staate vermittelte. die Judenheit konnte nicht an einen minister verwiesen werden, da ein minister nur officiell, nicht officiös handelt: ihre instanz war ein vertrauensmann des fürsten, und auf dem umwege über diesen vertrauensmann gelangten ihre eingaben an den thron, und von da herab an die ordentlichen verwaltungsbehörden. das eben auseinandergesetzte ist sehr geeignet one citat abgeschrieben zu werden.

אֶמְבָּר

Im אמבר wird כתובות 105[1] wein (Buxtorf 109), גטין 56[1] weizen und gerste aufbewart: es bedeutet also allgemein *magazin*. انبار nennt Lagarde abhandlungen 12, 25 neben dem mit אמבר dem anscheine nach identischen ܐܦܬܪ̈. zunächst bedeutet ܐܦܬܪ̈ gar nicht *magazin*, sondern [spreu]*haufen*: PSmith 224 verweist auf ܐܘܨܪܐ [65], wo von Bar Bahlûl ܐܦܬܪ̈ ܕܬܒܢܐ genannt werden. diesem ܐܦܬܪ̈ entspricht allerdings ein persisches انبار. von welchem Farhang i Raschidi 77, 5 lehrt بمعنى تودها جمع نبر است وعربى است, gewiß mit unrecht, was den arabischen ursprung anlangt. daß Fîrûzâbâdî انبار unter نبر auffürt, beweist nichts: seine worte I 661 الانبار بيت التاجر ينضد فيه المتاع الواحد نبر وبلد بالعراق قديم واكداس الطعام sind nützlich, so ferne sie auf die stadt Anbâr weisen: von dieser erzält Balâdhurî 246, 8 (Symmicta 57, 23) سميت الانبار لان اهراء العجم كانت بها:

wer נטין 56[1] (mitte) gelesen hat, wird mit vergnügen Yâqûts sätze I 368, 2 ff vergleichen. ամբար ἀποθήκη Paral α 28, 12 (woher ամբարել ἀποτιθέναι Ioel 1, 18) = אמבר bei Lagarde studien § 77 erledigt die sache. selbstverständlich ist ֶ in אֶמְבָּר = אמבר unveränderlich.

אמפוליא

= אנפיליא verzeichnet Nathan hinter אמנם. Drusius quaestiones hebraicae γ [β] 64 = Critici sacri VIII 410 411 (Amsterdam) erkannte ἐμπίλια: Buxtorf ist so anständig, Drusius zu citieren, den ich hiermit in seine rechte wieder einsetze. vgl nachher unter גורב.

אֲמַרְכָּל

= համարակար Lagarde armenische studien § 1216, von MALevy gefunden. da die zweite sylbe von համար langen vocal hat, כ one דָגֵשׁ.

אנדג

wenig ist נטין 58[1] für אינגר herzustellen = اندك = ընդիկ. ob ك des persischen worts k oder g ist, weiß ich nicht: meistens hält man es für k, was zum ג des talmûᴅ nicht, zum կ von ընդիկ gut paßt. schon Reland § 15 erkannte das wort, welches er אינדג geschrieben wissen wollte, als اندك.

אִסְפְּירָךְ

Hinter אספוגית hat Nathan den artikel: אספירכא ומרתכא ברפואות רמי שאחזו פירושו כסף חי: פירוש אחר מטיפולי נשים. aus dieser stelle ist geflossen: אַסְפְּרִיךְ *argentum vivum* = սնդիկ Boetticher horae aramaicae § 12 supplementa § 19. Buxtorf 172 verzeichnet אספירכא *argentum vivum* aus der von Nathan beigebrachten stelle גיטין 69[2]. Lagarde armenische studien § 2013 erklärt mit recht אספריך *quecksilber* für unsicher. טִפּוּלִים Buxtorf 902 *entharungsmittel*: die bedeutung geht allerdings von טפל = משח aus, allein die von Buxtorf angefürte stelle des talmûᴅ פסחים 42[2] berechtigt uns, die טִפּוּלִים genannten *salben* als solche anzusehen, mittelst derer unnötige hare entfernt wurden. مرتك = مرداسنج [Qazwînî I 238, 18]: Castle nennt das spanische almartaga (Dozy[2] 159), und citiert Avicenna I 136, 15 586, 13 587, 21 II 121, 33 42: vgl Lagarde studien § 2347 Ibn Baiṭâr IV 150 Dioscorides ε 102. neben λιθάργυρος steht eine andere bleiverbindung, die cerussa, Plinius λδ 175 176 (ad candorem feminarum) Dioscorides ε 103, also اسفيذاج Ibn Baiṭâr I 31 Avicenna I 134, 25. اسفيذاج ist arabisierung eines persischen worts, das als سپيدا oder اسپيدا oder اسپيداب erscheint: ف für پ ist hybride, د darf auch ذ geschrieben werden, das anlautende ا sollte in alten texten wol überall fehlen. die Bactrier haben eine endung âo, der man neupersisches âb gleich glauben darf, da wenigstens çenjâo des Bundehesch سنجاب ist, Lagarde abhandlungen 71, 23 24: ein aus paçcapavâo sich ergebendes pavâo setze ich Հաւի gleich, dessen genetiv Հաւու lautet, dessen stamm mithin howoü gelautet hat. seit ich nachgewiesen habe, daß bactrisches hu im pahlawî als h erscheint, vermag ich mir Hutaoça = *Հաւսա als Ἄτοσσα zu erklären, indem nämlich Հ einen von den Griechen als α gefaßten halbvokal erhalten hat, und möchte darauf hin رودابه als ein femininum zu Hurao-dhâo betrachten, das sein zu bloßem H gewordenes Hu hat ganz abfallen lassen: (Μάνης = ὁμιλητὴς ἄριστος Hu…, Lagarde abhandlungen 167, 19?). ich halte mich auf grund dieser beispiele berechtigt سپيداب für *çpaê-tâo zu erklären, und fasse entsprechend سرخاب (in dem dann kein آب *wasser* zu suchen wäre) als *çukhrâo, زراب (in dem ich rr allerdings nicht nachweisen kann, studien § 757) als *zarenvâo, سرداب als *çaretâo: die bemerkung JJPetermanns reise II 148, daß سرداب *keller* = *kaltes wasser* sei, ist, vom sprachlichen ganz abgesehen, so geistreich wie alles, was dieser akademiker geschrieben hat. auch سيماب, گوشتاب und گوشتابه, شعاب gehören zu diesen bildungen, welche ich später einmal vollständig aufzuzälen hoffe. danach wäre سپيدا dialectische nebenform des für unser neupersisch berechtigteren سپيداب, und اسفيذاج nach Lagarde Symmicta 34, 16 ff zu erklärende umbildung dieses سپيدا. אִסְפִּידָךְ unterscheidet sich von اسفيذاج in der in den Symmicta angegebenen weise, also nicht wesentlich: zu lokalisieren vermag ich -g und -k noch nicht. aus dem arabischen اسفيذاج stammt ψιντάτζη τὸ ψιμίνθιον [so] DuCange 1422.

אספסתא

Nathan אספסתא איספסתא mit der erklärung מאכל בהמה ובלעז פרויינ, wo ich mit פרויינ nichts anzufangen weiß. Cf für אַסְפְּסָא Gen 24, 25 32 42, 27 43, 24: אספסתיה Bombergs Iob 6, 5 habe ich 90. 1 in אספסתיה gebessert = בְּלִילוֹ. über ܐܣܦܣܬܐ PSmith 316. Iudd 19, 19 bietet Reuchlins handschrift und Bomberg[1] ויאף חיבנא ויאף כיסתא für יגם חבן גם מִסְפָּא von II: es liegt nahe, חיבנא ואספיסתא herzustellen, da dann in allen stellen מספא durch אספסתא wiedergegeben sein würde. um entscheiden zu können, müßte man zuvor darüber im klaren sein, ob כִּסְתָא ein wirklich in der sprache vorhandenes wort gewesen ist. das war es. Nathan hat es an Buxtorf 1069 überliefert: ob in בבא מציעא 85[1] eine variante zu כיסתא vorhanden ist, weiß ich nicht: Hoffmanns glossen bieten 4796 ܟܣܬܐ ܕܡ ܐܢܫܐ ܕܝ [Syriac words illegible] العلف عقد القضبيم وقل قوم القت الشعير, und außer der in dieser glosse citierten Genesisstelle 24, 25 findet sich ܟܣܬܐ = כִּסָּא auch Sirach 33, 24 (wo der Grieche *χορτάσματα*): C[2] hat Gen 24, 25 32 כסתא. daher wird der überlieferte text von C Iud 19, 19 nicht beanstandet werden dürfen, woferne man nicht aus einer den ganzen sprachgebrauch des buchs berücksichtigenden untersuchung die gewißheit gewinnt, daß es ebenda übersetzt ist, wo der Pentateuch übersetzt ward. aus Saadias Gen 24, 25 fürt Castle اسفست an (in meinen materialien I 24, 29 hat Saadias an dieser stelle قت) und bemerkt »idem quod فصة et فصفصة«, letzteres in Freytags proverbia Arabum II 223, 73 = Maidânî II 25 [Bûlâq], und entsprechend dem bei Castle fehlenden ܦܣܦܣܐ Geopon ܠܚ 38 seite 110, 4 = ιϛ 9, 4 *μηδική* (siehe Niclas und Needham daselbst): Castle belehrt uns 3037, daß فصة der frische, قت der gedörrte اسفست ist. daß فصفصة aus اسپست stammt, sagt Gawâlîqî 109, 11: ich meine فصة sei aus der andern hälfte von اسپست gebildet, und erinnere an das verhältnis von قصر und صراط und لص zu castrum und stratum und *λῃστής*, von אצרות zu *στρουθίον*, und das von *Βόστρα* und *Μεστραιμ* zu בצרה und מצרים. SdeSacy Abdallatif 118 stellt bei Russell the natural history of Aleppo I 74 فصة her, und damit erfaren wir, daß اسپست *luzerne*, des Linnäus medicago [aus *μηδική*] sativa ist. zur bestätigung meiner darstellung verweise ich auf Ibn Baiṭâr III 163 فصفصة II 141 رطبة. die vokale von אספסתא wage ich nicht zu bestimmen, da die Perser für ihr اسپست سپست die aussprachen aspist uspust ispist sapist angeben, also nichts sicher ist: einen reim auf اسپست aufzutreiben wird mühe kosten. Lagarde abhandlungen 221, 5. الفصفصة ist als alfalfez (später zu alfalfa verderbt) ins spanische übergegangen, siehe Bochart hierozoicon β 31 (opera II 301), wo schon viele nützliche citate stehn, RDozy-WHEngelmann glossaire[2] 101, und die daselbst beigezogenen, Prax revue de l'orient et de l'Algérie VIII 348 Rauwolf 55 Dodonaeus 994[a].

אִסְפַּרְנָא

bei Esdras 5, 8 6, 8 12 13 7, 17 21 26 wird von G *ἐπιδέξιον*, *ἐπιμελῶς*, *ἑτοίμως* wiedergegeben. Castle 2597 mitte. »conv[enit] c[um] pers[ico] אסברי *penitus*« wo er einen punkt über ב drucken läßt: im persischen teile 326 erscheint bei سپری = siparî suprî sibrî kein אספרנא, aber das citat Luc 15, 14: nicht bei Whelock, aber in der polyglotte gibt aao چون سپری کرد *δαπανήσαντος αὐτοῦ*. Burhân سپری بر وزن جگری بمعنی الخر وتمام وانتها وبسر رسیدن وتمام شدن وباخر رسیده باشد وبمعنی پایمال وناچیز هم هست وتیر تخمار را نیز گویند وان تیری باشد که بجای پیکان چوب پهنی یا استخوان یا الغی پهنی نصب کنند. Castle pers 27 اسپری ist das אסברי mit punktiertem ב von seite 2597. auf die erklärung Castles verwies Kosegarten bei Gesenius thesaurus 132, und unabhängig von Kosegarten und Gesenius Lagarde zur urgeschichte der Armenier 288, der սպառ nannte. MHaug in HEwalds jarbüchern der biblischen wissenschaft V 154, auf den Lagarde aao sich bezieht, hat, one vom neupersischen etwas zu wissen und one etwas von ihm zu verstehn, in אסברנא richtig eine zusammensetzung aus उत् und पर्ण erkannt: uçparna *ganz vollendet*: אסברנא = uçparnâ. ERoediger findet in den nachträgen zum thesaurus 71[2] nötig Haug zu citieren, Lagarde brauchte natürlich nicht genannt zu werden. über սպառ jetzt Lagarde studien § 2040: ռ ist regelrecht = rr = rn.

אספרקם

אספרמקי sind nach Nathan מִינֵי בְשָׂמִים wir stehn noch so tief, daß man noch neuerdings wagen durfte, des ehrlichen Buxtorfs einfall »a graeco *φάρμακον*« zu wiederholen: um in allen hinsichten zeitgemäß zu handeln, verschwieg man Buxtorfs namen. C[1] bietet Deut 28, 23 über H überschießend דלא מועא דלא מרטיבא אילני ואספרמקי ומגדי וירקי (wo unschwer wilde bäume, wilde sträucher, obstbäume und gemüsepflanzen zu verstehn sind: מגדין C Iob 9, 26 Deut 33, 14 vgl auch Gesenius thesaurus 767, Abûlwalîd فواکه). die Perser haben اسپرم neben اسپرغم, das sie überwiegend von stark duftenden pflanzen brauchen. da מכחות 432 in unsern ausgaben אספרקמי steht, ist vielleicht אספרקם richtiger als אספרמק, und one weiteres diesem اسپرغم gleich zu setzen. շահսպրամ = شهسپرم Lagarde studien § 1069.

אַפְסַר

Nathan פירוש אפסר רסן ובלעז קפיסטרו, wo *capistro* nicht zu verkennen ist. = افسار Castle pers 41 Lagarde abhandlungen 17, 17 = ܐܦܣܪ *φορβαία* Iob 40, 20 bei PSmith 348, der zwei jare nach dem erscheinen meiner abhandlungen افسار noch nicht kennt: benutzt er doch freilich auch Castle nicht. SBochart hierozoicon β 18 (opera II 225, 70) suchte *ψαλίον* in אפסר. unterschieden von אַפְסַר ist אֶפְסַר, das die Chaldäer meines wissens nicht besitzen. ܐܦܣܪ mit kurzem a auf ܦ = افسر Fachrì 53, 4 134, 18 würde bactrisch *aiwiçara lauten, das was *um den kopf herum* ist. das wort erscheint als dem ܟܡܪܐ ܕܟܠܟܠܐ angehörig in Hoffmanns glossen 1298 = قريص, bei PayneSmith 348 one vokale = قريض, womit ich nichts anzufangen weiß, da das von Castle 3464 aus Avicenna I 250[, 22] 408, 37 II 66, 40 149, 39 17, 39 33, 36 belegte قريض (ص) einen mir passend scheinenden sinn nicht besitzt. dasselbe wort erkenne ich bei PSmith unter ܐܦܣܪܐ nummer eins, wo der zweite vokal falsch ist, da von אַפְסַר nur אַפְסָרָא, nicht אַפְסְרָא, kommen kann: אַפְסַר und אֶפְסַר sind zwei verschiedene wörter, die nur אפ = aiwi gemein haben. PSmith: vestis sacerdotalis, quam gerunt presbyteri, quum consecrant, pro tunicis, quas gerunt diaconi: tota textilis est cum fimbriis suis, et ad summum humerum [schreibe: umerum] pervenit. es ist characteristisch für einen professor der theologie und nunmerigen dean of Canterbury, der zu den bannerträgern der orthodoxie gehört, daß er über die unfähigkeit der diakonen zu consecrieren nicht unterrichtet ist: Binghams works[55] I 254—257 werden ihn hinlänglich aufklären. sodann vergißt er sich deutlich zu machen, wie eine vestis aussicht, welche ad summum umerum pervenit, und übergeht ܦܣܦܬܐ *mütze* der von ihm mitgeteilten glosse, Lagarde abhandlungen 62r (= קֻבַּעַת der Hebräer, das nur die bedeutung *kelch* andershin überträgt). Smiths gewärsmann weiß allerdings selbst nicht mehr genügend bescheid: jedenfalls ist אַפְסַר eine kopfbedeckung der priester.

אֵרִיס

Fîrûzâbâdî I 736 Yâqût I 430, 18—20 kennen ein sowol irrîs wie arîs gesprochenes اريس: da der plural des wortes häufiger اراس und اراريس oder ارارسة als اريسون lautet, ist gewiß, daß irrîs besser als arîs ist. Yâqût weiß, daß die vokabel der لغة اهل الشام angehört: er vermutet, sie sei hebräisch. Adler-Miniscalchis evangeliar verwendet אֵרִיס für *γεωργός* nicht bloß Matth 21, 23 usw, wo die *γεωργοί* pächter eines grundstücks sind, sondern auch Ioh 15, 1 usw, wo der ausdruck einen juristischen beigeschmack nicht besitzt. C Cant 8, 11 ist der אֵרִיס genau in der lage, in welcher sich Mth 21, 33 der *γεωργός* befindet. das im talmûd dem אֵרִיס gegenüberstehende חכור erläutert sich aus حكر ZDMG VIII 347 Lane 441 Dozy supplément I 309. unser wort gehört zum hebräischen אֵרֵשׂ *ἐμνήστευσεν*, אֹרָשָׂה *ἐμνηστεύθη*, und dies wieder zu dem echt arabischen hauptworte ارش. mit ارش عطلته übersetzt der polyglotten-Araber Exod 21, 19 שבתו, wo van Erpens Mauritanier nur بطلته, Saadias in Lagardes materialien I 84, 27 قيمة ايام عطالته bietet. da die töchter in den wirtschaften der ältesten welt als gehülfinnen bei der arbeit sehr wertvoll waren, mußte, wer sie dem hause entfüren wollte, iren preis zalen: אֵרֵשׂ bedeutet daher *er erlegte den wert* = ارش, *er gewann durch zalung einer summe anrecht auf den besitz eines freigeborenen mädchens*: אֵרִיס (ableitung von der zweiten [oben seite 4], weil das pachtgeld wiederholentlich, nämlich mindestens in jedem jare der pachtdauer, fällig ist) *derjenige, welcher in regelmäßig wiederkehrenden zwischenräumen die für die nutznießung des von ihm bebauten grundstücks bedungene summe* (welche vermutlich ebenfalls ارش hieß) *an den eigner abfürt*. daß اريس kein echtarabisches wort ist, sieht man schon aus س, was zu dem ش der doch ersichtlich verwandten wörter ارش und ايترش nicht stimmt.

ich habe im psalterium copticum vii *Μεσσίας* für מְשִׁיחָא und für nabatäisch erklärt. um der wichtigkeit dieser für die auffassung der kirchengeschichte und des verhältnisses von altem und neuem testamente maßgebenden entdeckung willen würde ich schon jetzt eine liste der arabischen wörter derselben bildung beifügen, wenn ich nicht mit der veröffentlichung meines materials zu warten vorzöge, bis dasselbe ganz vollständig alles vorhandene umfaßt: es ergibt sich schon jetzt, daß die vokabeln der art qittîl im echten arabisch nicht zu hause sind, daß aber im aramäischen dieselben einst weit verbreitet waren, da persische wörter, wenn sie ins syrische übergehn, sich zu qittîl-bildungen umgestalten, um naturwüchsig semitisch zu erscheinen. מְשִׁיחַ kann nur den bedeuten, *welcher wiederholentlich* (das heißt, jeden, der mit ihm in berürung kommt) *salbt*, natürlich mit dem heiligen geiste. diese anschauung wird den מִינִים angehört haben, und ist in der eigentlichen christlichen kirche untergegangen.

אשפיז

Nathan citiert für אשפיז zwei stellen, יומא 12[1] und die תּוֹסֶפְתָּה von מעשׂר שׁני: letztere ist mit מגלה 26[1] identisch, und findet sich in Zuckermandels vortrefflicher ausgabe 87, 10. die תּוֹסֶפְתָּה redet von בעלי אושפיזין, und kann damit nur *gasthofsbesitzer* meinen: folglich ist אשפיז *gasthaus*. davon stammt dann אשפיזכן *gastwirt*: die endung entspricht so deutlich persischem گان, armenischem ա-կան, daß êrânischer ursprung der vokabel sicher scheint. die Syrer ܐܫܦܝܙ, das PSmith aus den Acta martyrum I 107[, 18] belegt, ein ort, in dem man ܒܗ übernachtet. Hoffmanns glosse 1600 ist verderbt: sie lautet ܐܫܦܝܙܐ ܕܒܝܬܐ ܐܘܣܦܝܙܐ ܘܐܦ ܐܫܦܝܙܘܬܐ ܗܘ ܕܝܢ ܗܘ ܗܢܘ ܐܘܫܦܝܙܐ رب البيت الوكيل. FLarsow de dialectorum linguae syriacae reliquiis 15 weist aus der goettinger handschrift ܐܫܦܝܙ nach, und 16 aus Bar Bahlûl ܐܫܦܝܙܐ ܕܒܝܬܐ ܐܘܣܦܝܙܐ البيت. in meinen armenischen studien § 207 ist ܐܫܦܝܙ = سپنج, pâzand سپنز, אֻשְׁפִּיזְכָן = ասպնջական ξένος gastfreund, der mir herberge gegeben] Rom 16, 23 gesetzt. nach ausweis des syrischen dürfen die talmudischen wörter vor ש ein ו nicht haben: ܐܘܫܦܝܙܘܬܐ ist sicher ein schreibefehler für ܐܫܦܝܙܘܬܐ: ܦ muß ein unveränderlich langes a füren.

אתרוג

= اترج Lagarde studien § 869.

בא

haus ist in den studien § 339 erwänt: dazu vergleiche SdeSacy Abdallatif 506 507 und ܒܐ ܢܘܣ = ܒܝܬ ܢܘܣ Assemani de Syris Nestorianis 726 usw. der Syrer hat בחורים Regn γ 2, 8 durch ܒܝܬ ܡܣܘܢܩܐ gegeben, also ב für

בָּא genommen. Psalm 68, 23 ist מִבָּשָׁן für G Symmachus nicht anstößig gewesen: sie übersetzen *ἐκ Βασάν*, *ἀπὸ Βασάν*, one zu bedenken, daß Israel niemals in Basan im elende hat leben können, da Basan ein teil des gelobten landes war, aus dem man nach Palaestina so wenig zurückgefürt zu werden brauchte wie aus Hessen nach Deutschland. SC haben bedenken gegen den überlieferten text gehegt, und Basan als בָּא שִׁנָּא gedeutet, den vers auf die auferstehung bezogen: S [illegible]: C versteht nicht mehr was ihm überliefert ist, da er das entscheidende wort (חיות שנא) in חיות ברא ändert, und töricht zu der deutung von בָּשָׁן als *haus der zäne* die wörtliche übersetzung בוחנן hinzufügt: צדיקיא דמיתו ואיתאכלו מן חיות ברא אמר יהוה מבותנן אתיב אתיב צדיקיא די ישתניקו במצולתיה דימא. ältere theologen haben sich viele gedanken darüber gemacht, wie die auferstehung derer möglich sei, welche von wilden tieren gefressen, oder derer, welche im meere ertrunken, und so die beute der fische geworden sind: Jahwe, versichert die synagoge, kann auch denen helfen. die richtige lesart im urtexte habe ich Prophetae chaldaice L hergestellt: תנור אש Psalm 21, 10 und אתון נורא Dan 3, 6 11 zeigen, daß כבשן אש sehr wol möglich war. der feuerofen geht auf Aegypten, die מְצוּלָה auf Babylon, vgl צולה Isa 44, 27 und מדבר ים Isa 21, 1. die älteste haggadische deutung von בשן ist übrigens בא שנא nicht, vgl meine Onomastica 1 16, 18 19 45, 3 174, 92 (188, 66).

באג

nach Reland § 25 = باغ *garten*. die Syrer kennen [illegible] Hoffmanns glossen 2235. Nathan בקעה שיש בה שרות הרבה. in den von Nathan beigebrachten stellen ist die ableitung von בָּז, also בזז *erbteil*, noch sehr deutlich.

בִּיסְתָּן

= بوستان *baumgarten*. Reland § 28 Boetticher horae 21[17] supplementa § 35.

ביצין

Ich habe 1872 (siehe jetzt armenische studien § 421) [illegible] בוצין = [illegible] gesetzt, was selbstverständlich vier jare später ZDMG XXIX 650 unbekannt ist. [illegible] *stoppino*, *lucignolo*, *fomite* hat [illegible] [illegible] neben sich, und gehört zu *բոյծ* wie *լուսին* zu *լոյս*. da *լուսին* nach studien seite 190 beiträge 15 bactrisch raokhshaêna, persisch روشين lauten würde, dürfen wir für *բուծին* bactrisches baojaêna, persisches بوجين oder بوزين ansetzen. ܦܘܪܝܡ als *docht* liegt ausdrücklich in Bar Bahlûls glosse ܐܦܬܝܠܐ vor (Hoffmann 1047 ist kürzer), aus welcher PSmith 320 die worte ܦܘܪܝܡܐ ܕܗܘ ܦܬܝܠܬܐ mitteilt. was ܦܘܪܝܡ Paral *α* 28, 15 bedeutet, ist nicht auszumachen: es steht neben ܡܢܪܬܐ = منارة und ܫܪܓܐ = ճրագ چراغ. in Adler-Miniscalchis nach Palaestina gehörigem evangeliare vertritt es Matth 5, 15 usw *λύχνος*, wo die peshîthâ ܫܪܓܐ verwendet. so daß jene aus Palaestina gebürtige frau נדרים 66[2] zu eren kommt, welche, als ihr babylonisch redender mann sie הרי בוציני zu bringen hieß, zwei שרגין herbeiholte.

Es decken sich Plinius *κε* 121 und Dioscorides *δ* 102:

sunt et phlomides duae, hirsutae, rotundis foliis, humiles. tertia lychnitis vocatur, ab aliis thryallis, foliis ternis aut cum plurumum quaternis crassis pinguibusque, ad lucernarum lumina aptis.

εἰσὶ δὲ καὶ φλομίδες διπλαῖ, δασεῖαι, προσφυεῖς τῇ γῇ, στρογγύλα ἔχουσαι τὰ φύλλα. καὶ τρίτη φλομὶς ἡ καλουμένη λυχνῖτις, ὑπὸ δὲ τινῶν θρυαλλίς, φύλλα γ ἢ δ ἢ καὶ πλείονα ἔχουσα, παχέα, λιπαρά, δασέα, εἰς ἐλλύχνια χρησίμη.

hierzu will ich aus des VCordus commentare (der Sprengels 102 als 104 zält) beifügen, daß VCordus unsere königskerze, feldkerze, wullenkraut gemeint erachtet, und das coronarium verbascum lychnitis und thryallis genannt glaubt, quoniam ramulis illius et convolutis foliis pro funiculis sive convolutis linteolis in lucernis quidam utuntur. AlexRussell natural history of Aleppo[2] II 269 nennt sie phlomis, und gibt auch tafel 16 eine abbildung derselben.

von der *φλομίς* verschieden ist die *φλόμος*, welche Plinius *κε* 120 als verbascum behandelt, Dioscorides *δ* 102 vor den *φλομίδες* so bespricht, daß er ihr als *ἀγρία* die jetzt von uns königskerze geheißene blume unterordnet. die schilderung ist so deutlich, daß niemand letztere verkennen kann: Sarrazin († 1602) hatte recht, als er *σπονδύλους* für das *δακτυλίους* einsetzen wollte, welches uns noch CSprengel vorlegt: bei Ibn Baithâr I 123, 13 steht اشياء مستديرة كفلكة *dinger kreisförmig wie der wirtel.*

Linnaeus kennt phlomis tuberosa und fruticosa (südeuropäische lippenblüter) und verschiedene auch bei uns vorkommende, zu den rachenblütern gehörige verbascum-arten, deren eine den beinamen phlomoides trägt.

an sich also konnte sowol *φλομίς* als *φλόμος* docht- oder kerzenkraut heißen, denn sowol die *φλομίς* war *εἰς ἐλλύχνια χρησίμη* wie die *φλόμος* noch im 16 jarhunderte, »bequem an statt der wiechen oder docht in den ampeln zu brennen«. im morgenlande hat man sich für unsere königskerze ܒܘܨܝܢ angewönt, nicht für das filzkraut. dessen morgenländische namen ich noch nicht kenne. meine Geoponiker ܒ 11 seite 74, $^4/_5$ ܟܥܪܐ ܕܦܠܘܡܘܣ] ܕܐܬܩܪܝ ܒܘܨܝܢܐ = ι 64, 6 *φλόμου ῥίζα*, ܝܓ 38 seite 109, $^{29}/_{30}$ ܥܩܪܐ ܕܦܠܘܡܘܣ، ܕܐܬܩܪܝ ܒܘܨܝܢܐ = ις 9, 2, wo Niclas *πολίου φύλλον* druckt, die parallelstelle der Hippiatrica *πολυόφυλλον* zeigt und nach ausweis meines Syrers *φλόμου* herzustellen ist. vom ܐܦܠܘܡܘܣ sagt Bar Bahlûl bei PSmith 400 unter ܐܦܠܘܡܘܣ, daß es ܥܩܪܐ ܕܦܠܘܡܘܣ ܗܘ ܠܒܘܨܝܢܐ: aus GHoffmanns glossen setze ich 2310 gleich ganz her: ܒܘܨܝܢܐ ܠܗ ܡܠܒܫܝܢ ܦܬܝܠܬܐ ܗܘܘ ܐܝܟܐ ܕܢܦܩ ܐܦܪܝܣܐ القثاء ܐܠܐ ܘܚܫܚܐ ܠܣܪܓܐ ܕܡܫܬܚܢ ܡܢܗ ܦܬܝܠܬܐ ܠܫܪܓܐ ܕܢܦܩ ܠܗ ܘܢܩܝܐ ܦܠܘܡܘܣ البوصين الشبر الافراسيون. da PSmith 473 ersichtlich nicht bescheid weiß, bemerke ich erstens, daß er für das ܠܒܘܪܐ und ܠܒܘܪ seiner zeugen auch one die gothaer handschrift ܠܒܘܪܐ hätte müssen herstellen können: ܠܒܘܪ ist bei Elias 13, 3 nach Novara 204 زغبرة الثوب, nach der gothaer abschrift زبير الثوب: ein Bar Bahlûl, aus dem ich auszüge gemacht, erklärt ܒܘܨܝܢ auch durch عشب زغبى تتخذ منه الفتل و يقل له البوصين, wo زغبى = ܠܒܘܪ sein wird = *mit filz besetzt*. beide adjectiva fehlen den wörterbüchern. ich bemerke zweitens, daß PSmith شبث gut genug (abhandlungen 82, 25 psalterium Hieronymi 158) kennen mußte, um es als erklärung von ܒܘܨܝܢ zu verschmähen: شبر bei Hoffmann ist die richtige lesart = dem bei Smith erscheinenden ܫܒܪ, das für ܫܢܒܪ = شنبر = جنبر stehen dürfte: خيار جنبر Avicenna I 271, 11 = خيار شنبر Avicenna I 163, 14 209, 33 Ibn Baithâr II 81 = *χιαρσάμβερ* DuCange 1751, vgl meine abhandlungen 32, 2: näheres bleibt abzuwarten. ich bemerke drittens, daß افراسيون = *πράσιον* der gemeine weiße andorn ist, der wie *φλομίς* und *φλόμος* weiße filzige blätter hat, mithin ebenfalls zu dochten hätte dienen können, daß aber die möglichkeit nicht ausgeschlossen ist, jenes افراسيون stamme durch ein misverständnis aus des Dioscorides beschreibung der königskerze (*ὥσπερ πρά́σιον* = مثل ما للفراسيون Ibn Baithâr).

die Araber haben dies *königskerze* bedeutende ܒܘܨܝܪ als بوصير. für Freytag freilich ist I 127 بوصير nur planta quaedam, doch I 172 verzeichnet er unter باص, wo niemand es suchen wird, und wohin es ganz one frage nicht gehört, ein بوصير *haemorrhoides. verbascum herba, quod iis conducit.* Castle 412 gibt für *haemorrhois* aus Avicenna I 192, 3 199, 42 146, 13 باصور. daß die königskerze gegen haemorrhoiden verwandt wurde, erhellt aus des Matthiolus kräuterbuche, das ich in der von Georg Handsch zu Prag 1563 herausgegebenen verdeutschung gerne lese, 500[1]: »wullkraut, künigskertze. verbascum, candela regia, tapsus barbatus .... zu dem geschwollenen und bluttenden afftergeäder Haemorrhoides genandt, ein gewisse kunst, heylet in neun tagen, das am gebresten nichts mehr vberbleibt: Nim die wurtzel vom wullkraut, wasche und sauber sie, laß sie auff dem ofen gemächlich dürr werden, das sie nicht verbrennen, vnd die krafft darinn verschwinde. Stoß darnach zu pulver. Dieses pulvers nimm ein halb lot, dartzu einen eyerdotter, weytzenmehl auch ein halb lot. Diese stuck incorporier mit guttem baumöl, vnd backe in einem tyglen ein kuchen, den iß früe nüchtern. Solchs thue neun tag nacheinander. Besihe Matthaeum de Gradi [praxin in IX Almansoris], der nennets sein secretum.«. Dozy supplément 92 schweigt: Ibn Baithâr hat I 123 einen eignen artikel بوصير. das wort ist auch nach Persien gedrungen, allerdings für IAVullers I 298 »ling ignota«. Burhân i qâthiꜥ: نغنی است غیر معلوم وان گیاهی باشد دوایی که بعربی ان را الاذان الدب خوانند یعنی گوش خرس بسبب شباهتی که بدان دارد وبعضی گویند نوعی از ماهی‌زهره است وان پوست درختی باشد بغایت سیاه وان را بعربی شیکران الحوت گویند وبعضی دیگر گفته اند باقلای شامی است والله اعلم. die *bärenoren* der Araber sind nach Castle 45 haemorrhoidica herba = verbascum. nach Freytag I 22[2] verbascum, das *fischgift* (die arabisierung ماهی زهرج fehlt bei Freytag) soll nach dem Burhân türkisch صغر قویروغی heißen, und dies ist nach OBlau sprachdenkmäler 296 verbascum: über das jedenfalls zu unrecht genannte بقلا meine studien § 334. OLeunis synopsis der pflanzenkunde[2] II 854 berichtet, daß das frische, übelriechende kraut und die samen der schwarzen und mottenkönigskerze fische betäuben sollen, und in südEuropa zum fischfange dienen (was zu den angaben des Burhân stimmt), wie er denn auch die für die gleichung *pambftk* = ܦܬܝܠܐ wichtige tatsache meldet, daß die wolle der wollenblättrigen verbascum-arten als zunder benutzt wird.

aber nicht allein die königskerze hieß ܦܬܝܠܐ, weil sie als docht verwandt wurde, sondern auch eine bestimmte art gurken hieß so, weil ire früchte wie dochte auf dem erdboden umherliegen, die sogenannte schlangengurke, der cucumis flexuosus des Linnaeus. dieser sprachgebrauch ist in Babylonien zu hause, talmûd נדרים 66² beweist es deutlich. (ר (durch das wort als Babylonier erwiesen) Num 11, 5 בוציניא für הַקִּשֻּׁאִים des urtexts (קטיא (ל). GHoffmanns glosse 2310 ist oben mitgeteilt: ein einheimisches glossar bei PSmith 473 setzt zu ܦܬܝܠܐ nicht blos قثاء, sondern auch das خيار, das wir gleich kennen lernen werden. um einen vokal reicher Anquetil ZA II 486 bodjinah kheiar *concombres*, *pepines* (*petits concombres*). in dem von HJAsa und MHaug 1870 herausgegebenen pahlavi-pazand glossary § 4 seite 4, 1 erscheint bôjîna als = خيار (denn dies wort [Qazwînî I 283, 8 Clément-Mullet Ibn-al-Awam II 223] ist gemeint): seite 98 belehrt man uns, daß bôjîna *cucumber*, *citron* sei: vermutlich wird *citron* ein misverständnis des aus italienischem citrolo rücklatinisierten citrullus sein, des mittelalterlichen namens der arbuse oder wassermelone. Burhân hat das wort in einer entstellung بِجپا بكسر جيم وباى فارسى بنف كشيده بر وزن بوسنا بلغت زند وپازند خيار بادرنگ را گويند. natürlich sollte es بوجينه heißen.

endlich bedeutet ברצין die axe der mülsteine, weil sie in diesen wie ein docht in der lampe steht. בוציצא דריחיא talmûd פסחים 94² (Rabbinowicz VI 292 hat die variante סדנא), woselbst Raschi כברול התחוב בנקב רחב שבריחיים שהשוכב עומד במקומו והברזל חוזר ואם באת לגלגל השוכב מתגלגל סביב הברזל והברזל עומד במקומו.

בירריא

Nathan hat in sein buch nicht בורריא, sondern בירריא aufgenommen, das er מחצלות של קנים ובלעז שמה בורה erklärt: dies buda Diez glossar¹ 391 der sprache seiner wirte mag ihn verleitet haben, das בורריא seiner handschriften (ר und ד sind oft kaum zu unterscheiden) בורדיא zu lesen. Reland § 27 hat den fehler bemerkt, und بوريا verglichen. die Araber (Lane 274) erklären ihr بارية باريا باري (Masûdî murûg VI 461, 5) بورياء بوری für aus dem persischen (alltäglichen, Farîdaldîn pandnâma 15, 10 27, 4) بوريا entlehnt, und für حصير, welches حصير mit dem bei Nathan erscheinenden מחצלת Buxtorf 813 vermutlich verwandt sein wird. ܒܘܪܝܐ البارياء ܒܘܪ̈ܝܐ البواري Elias 13, 4 (207): PSmith 476.

גְּהֶרְק

Buxtorf verzeichnet als zur wurzel נהר gehörig גּוּהַרְקָא »*reitwagen*«. bei Nathan finden wir die von Buxtorf unter גוהרקא angefürten stellen unter גהרק mit der deutung בְּכָּא. mäßige kenntnis der persischen sprache befähigt bei גוהרק an گهوارة zu denken, was eine umstellung von גוהרק in גהורק nötig macht = գաhաւորակ, wie ich bereits 1870 (jetzt Symmicta 48, 15) gelehrt habe. armenische studien § 442 Firdausî vorrede 211.

גּוּאָלַק

Nach Reland § 35 ist גואלק das persische جوالق: nur halb richtig. Nathan erklärt גואלקי durch שַׂקִּים, wie Elias 13, 4 (druck 206 falsch verbunden, und جولق) ܣܩܐ durch المسح والجوالق. Boetticher horae § 28 nennt neben vielem falschen جوالق, das auch im arabischen vorkomme, und vom könige von Aude mit der bemerkung پوشش قلندران در غايت شهرت abgefertigt werde. Boetticher supplementa § 51 beschränkt sich auf جوالق. FSpiegel Avesta I 279 bietet neben גואלק mit dem gleichheitszeichen گوال. Lagarde abhandlungen 25, 17 hat aus Bar Bahlûl ܓܘܠܩܐ = جولق [über جولق Dozy supplément 209], und sieht جوالق = גואלק als einen gebrochenen arabischen plural von جولق = persischem *گوله = جولج an. Gawâlîqî 49, 1 gibt, wenn man einen fehler des herausgebers (كواله) hinwegdenkt, das richtige: جوالق (also auch גואלק) ist = گواله: ESachau hat mit der notiz nichts anzufangen verstanden. PSmith verabfolgt 680 bei seinem (dann falsch vokalisierten) ܓܘܠܩܐ ein »cf pers گوال lex Vullers«. persisches gu ist vertreter der indischen praeposition व = վ. گواله fehlt bei Vullers, گوال erklärt er aus dem Burhân für identisch mit arabischem جوال: soweit reicht sein gedächtnis nicht, sich aus I 182 zu vergegenwärtigen, daß auch باله ein جوال sein soll. گوال und باله dürften von derselben wurzel stammen, wie ܓܘܠܩܐ PSmith 693

794 und شامه (nach Burhân مقنعه وروپاکی که زنان بر سر کنند): PSmith hat 794 schon wieder vergessen, was er 693 geschrieben: es wäre ein گشامه anzusetzen. ܓܘܠܩܐ muß langes a auf ܘ, kurzes auf ܠ bekommen, und wird sich von גואלק dadurch unterscheiden, daß dies den vokal der persischen praeposition erhalten, und in folge davon ein א als anfangsconsonanten der zweiten sylbe hat einschieben müssen, weil im semitischen jede sylbe mit einem consonanten anheben muß, und א der handlichste, unmerklichste consonant ist, der freilich, um dies beiläufig zu sagen, immer consonant bleibt, und daher von umschreibungssystemen, welche nicht drucknöten dienen wollen, sondern den anspruch auf wissenschaftlichen wert erheben, durch einen spiritus lenis nicht bezeichnet werden darf. in جوالق ist ا denungszeichen, und ܐ nicht mehr als ܐܥܡܕܐ ܘ des syrischen ܓܘܠܩܐ. auch im talmûd mag גְּוָלְק berechtigt sein: Rabbinowicz genügt mir nicht um ein urteil zu fällen.

גון

גון nach Reland § 36 = گون *farbe*, wo ich گ einsetze, das Relands druckerei wol nicht zur verfügung hatte. Nathan bietet גוון, will mithin das ו als consonanten angesehen wissen. Lagarde abhandlungen 26, 18 merkt aus dem Bar Bahlûl eine verbindungsform g°wan an. um nicht citate aus einheimischen grammatikern zu häufen, welche one den hier in Goettingen unmöglichen abdruck der texte niemandem etwas nützen, verweise ich auf die bei PSmith 682 stehende, von mir in der fassung leicht verbesserte notiz, daß die westSyrer gûn, die ostSyrer g°wan sprechen. dem bactrischen gaona, das sich in *𐬔𐬀𐬊𐬥𐬀* spiegelt, steht im südwestPersischen gûn gegenüber, und tat dies, wie die eigennamen *Ἀλογούνη* *Ῥοδογούνη* zeigen, schon in alter zeit. die Chaldäer kennen nur die gunierte form: ich spreche גְּוַן, גּוּנָא, גּוּנֵי und würde auch בְּגַוֵּן sagen, wenn mir jemand die versicherung geben könnte, daß die handschriften des talmûd כגוון bieten. über die goettinger bruchstücke dieses buches siehe im anhange.

גּוֹרַב

Nathan nennt גורב im zweiten der vier artikel גרב aus den הלכות גדולות mit der deutung פירולי בלעז ולשון ישמעאל جورب, wo Buxtorf pedule setzt, ein wort, das mir Geßner aus dem corpus iuris nachweist, nur ist sein citat falsch: die stelle findet sich nicht *κε* 1, sondern, wie schon aus dem von Geßner angefürten titel folgt, *λδ* 2, 25: fasciae crurales pedulesque et inpilia vestis loco sunt, quia partem corporis vestiunt. Buxtorf durfte also nicht pedule, sondern mußte pedulis sagen: פירולי ist aus dem italienischen der zeit Nathans. sonst ܦܝܠܘܣ und պաբուկ usw. Lagarde studien § 528.

אושקר siehe גושקר

גית

גית C^1 Gen 13, 2 C^1C^2 Gen 26, 14 C^1 Paral *α* 28, 1 für מקנה. מרי גיתין Amos 1, 1 = בַּנֹּקְדִים, ebenda 7, 14 = בּוֹקֵר: Gen 46, 34 in C^1 = אַנְשֵׁי מִקְנֶה, was C^2 behält und nur גברי davorsetzt. bactrisches gaêtha Lagarde prophetae chaldaice XL 16 (im jare 1872).

גְּלָמְהַרְג

Nathan von סנהדרין 75[1] handelnd גלם חותם שבטבעת הרג הוא סיד של חומה, sehr belehrend für die freunde der tradition: ganz gewiß heißt der siegelring auf persisch nicht גלם, sondern مهر, der kalk nicht הרג, sondern گل, woferne wir dies wort für identisch mit dem osethischen giri *kalk* halten dürfen. so Boetticher supplementa (1848) § 61 Lagarde zur urgeschichte der Armenier 1122 abhandlungen 29, 11.

גריו = גריב

= گريب = اوريو oder اريب = գրիւ Lagarde abhandlungen 29, 15 studien § 536.

דביר

vermutungsweise neben دبير *schreiber* Reland § 40. so Boetticher supplementa § 65, der դպիր dazutut, Lagarde abhandlungen 216, 21 studien § 659.

דִּיר

Reland § 41 hat רואר, das die Juden *praefectus cursorum* erklären, neben داور *praefectus quiris*, *gubernator* gestellt. Nathan läßt דורר (zwischen דורלא und דורש, also sicher) שוטר ששולח אליו האיגרות bedeuten, oder aber איש ידוע שכל כתב אליו יובל והוא המשביר ומשלח כל איגרת למי שנשתלחה לו. da käme eher der vorsteher einer briefpost als ein *prae-*

positus heraus. داور hat ein älteres, von mir in σπαδαδουαρ und դաստաւար nachgewiesenes داذور oder دادبر vor sich, abhandlungen 187, 11 36, 24: es befremdet, im talmûd eine form nicht mehr zu finden, welche noch die paschachronik kennt. דָּוָר = داور Boetticher supplementa § 67.

דורד

nach Reland § 44 = درد. ebenso Boetticher supplementa § 76. vgl Lagarde studien § 638 դեղ.

ריסקיא

Buxtorf 530. δισάκιον Lagarde reliquiae graecc xxvii rand.

דלב

Reland § 45 nennt دلب und دلبر *platane* zu דלב. Boetticher horae 28[54] supplementa § 66 beruft sich auf Plinius ιβ 1 zum erweise, daß die platane aus dem morgenlande stammt. neben دلب gibt es دلف. auch arabisch: bei Saadias (polygl und materialien I 34, 16) für עַרְמוֹן Gen 30, 37: Ezech 31, 8 für ἐλάτη, ܕܘܠܒܐ: Sirach 24, 14 neben ܕܘܠܒܐ und πλάτανος: Castle citiert Avicenna I 155, 20 [falsch 158, 42] 230, 25 28 269, 38 373, 14. sonst Qazwînî I 254, 1 SdeSacy Abdallatif 80 81 Ibn Baithâr II 94, aus dem (wie schon Sacy gesehen) folgt, daß دلف = πλάτανος des Dioscorides [α 107] ist: Lagarde abhandlungen 31, 12 PSmith 905.

דסקרת

nach Nathan soviel wie עִיר. = դաստակերտ Lagarde beiträge 41, 21 = دسكرة Gawâlîqî 67, 9. vgl Lagarde studien § 577.

דַּסְתַּק

Nathan kennt für דסתק nur die eine stelle C Iudd 3, 22 = hebräischem נִצָּב (vgl نصاب, was Deut 19, 5[arr] für עֵץ *stiel* [eines beiles] steht, und in der مقدمة الادب durch كارد دستهء übertragen wird). ܕܣܬܩܐ hat Lorsbach archiv II 275 aus persischem دسته erklärt, Boetticher supplementa § 74 fügte դաստակ hinzu. siehe jetzt Lagarde studien § 576.

דַּרְבָּן

türhüter nach Reland § 46 = دربان. Lagarde studien § 585 661.

דָּר צִינִי

Bei Reland § 48 erscheint דרצינא neben دار صيني und دار صين, neben denen صيندار[وج] vorkomme: صين sei China. Boetticher horae 29[41] supplementa § 80 nennt richtig دار چینی, wozu er an letzterer stelle das bengalische und marathische दालचिनी fügt, Lagarde abhandlungen 35. 11 studien § 592 *դարիճենիկ* (jünger *դարիճենի*). arabisch (Castle 682 788) دار[و]صینی Ierem 6, 20 *κιννάμωμον*: Avicenna I 128, 4 156, 23 191, 23 256, 30: CSprengel Dioscorides II 350. analog gebildet دار زنجی Masûdî murûg I 242, 7.

דִּשְׁתָּן

Reland § 49 setzt רשתנא = persischem دیستانا. dies دیستانا ist aus Castles persischem wörterbuche 284 genommen, wo es mit G[olius] gezeichnet ist, neben دیستانه steht, aber vermutlich, da das talmûdische רישתנא zur seite erscheint, aus dem רִישְׁתְּנָא druckenden, רִשְׁתְּנָא ausdrücklich verwerfenden Buxtorf 586 in naskhî-schrift übertragen wurde. Boetticher horae 28[36] hat dies 1847 nicht eingesehen, aber aus Castle دیستانه, nicht das unmöglich scheinende دیستانا, entnommen, was auch supplementa § 71, an beiden stellen neben einem nicht vorhandenen *դիստան*, auftritt. *դաշտան* = دشتان, bactrisch dakhstavaiti. Lagarde (schon 1854) studien § 573.

הֶמְיָן

= همیان *gürtel*, Reland § 52. Lagarde abhandlungen 39, 23 gibt mehr.

הנדב

Nathan בלשון ישמעאל هندباء ובלעז סינצורני. auch die Araber kennen هندب, am gebräuchlichsten ist bei ihnen هندبا[ء] Avicenna I 163, 6 Qazwînî I 301, 2 Ibn Baithâr IV 198: es steht هندبا auch in persischen wörterbüchern, allein dort mit dem beifügen, die pflanze heiße auf persisch کاسنی, was Resten 297, 34 Qazwînî Pahlavi-pâzand glossary § 6 (کاشنیق) bestätigen. هندب ist eine echt semitische (Lagarde psalterium Hieronymi 158) weiterbildung von هدب, wie bei Avicenna I 19, 45 205, 12 516, 19 die *augenwimpern* heißen: vgl Berggren guide 182 *cil*, Cannes III 86 *pestaña*. man braucht sich nur den bekannten endiviensalat vorzustellen, um zu begreifen, wie passend für die endivie der name *mit vielen wimpern begabt* ist: vgl Vergil georg *α* 120 amaris intiba fibris. die Römer (griechisch sagte man *σέρις*) werden den namen mit der sache von den Puniern erhalten haben: *ἐντύβιον* DuCange 390 ist spät, und erst aus Italien eingefürt. für die richtigkeit meiner ableitung spricht der umstand, daß nach Dioscorides β 160 *ὁ ὀπὸς τριχῶν τῶν ἐν βλεφάροις ἀνακολλητικός*. ich habe mir nämlich die frage vorgelegt, wie die heilkräfte der pflanzen gefunden worden sind, und eine meiner antworten lautet: nach namenänlichkeiten. wenn diese entdeckung vorsichtig und kundig verwertet wird, dürfte sie für die erkenntnis der ältesten geschichte die wichtigsten folgen haben. man wälte هندب gegen die krankheiten der اهداب: folglich ist diese benutzung der endivie eigentum der Semiten, und der name der endivie selbst ebenfalls semitisch.

הִנְדְּו

Lagarde studien § 116.

וַרְשָׁךְ

Nathan hat ורשך nicht wirklich gekannt, da er mehrere erklärungen anfürt, one zu entscheiden. die praeposition ور = بر = վեր habe ich in den studien § 2124 wol so besprochen, daß sie keinem dilettanten wieder aus dem gedächtnisse kommen wird: sie findet sich auch in וַרְשָׁךְ = ورشك = برشك. im pahlavi-pâzand glossary 227 erscheint ורסאק *a small bag or cloth containing drugs*, neben welches man ورشك setzt, um dann برش *desire* als more suitable herauszufaseln! hält doch MHaug daselbst 226 jenes war = بر վեր für semitisches עַל: »it should be read val or ol«. und solche leute wollen mitsprechen!

ושט

Castle 1649 = 388[m] hat zu ܡܥܛܐ das rabbinische וסט verglichen. וסט ist, wie 996 zeigt, kein druckfehler: in חולין stehe so zu anfang des dritten kapitels, deshalb sei das ושט der andern stellen mit שׂ zu lesen. dies urteil stammt aus Buxtorf 640. von Buxtorfs citaten kann man ברכות 61[1] מועד קטן 29[1] bei Rabbinowicz nachschlagen, und I 354 II כר sehen, daß ושט nicht mit ס geschrieben wird, was auch ܡܥܛ unbedingt verbietet. nach Elias ist ܡܥܛܐ المرى: gemeint المرء Freytag IV 165[2], von Castle 2134 aus Avicenna I 20, 48 49 30, 6 36, 15 144, 9 183, 16 425. 25 30 als *oesophagus* belegt: als مرى auch zu den Persern übergegangen.

וֵזֶן

Nathan unter וכין [blatt 80[1] v] פירו׳ ווכין כרוולר בלעז ובלשון ישמעאל

זואן והן זרעונים שחורים הנמצאים בין החטים زوان. Reland erkennt § 54 زوان, und dies wort erscheint allerdings auch in persischen wörterbüchern. Burhân داروبی است که با گوگرد بر بیق طلا کنند نافع باشد واآن را شلمك وشیلم نیز گویند. vgl Dioscor β 122 [αἶρα] λειχῆνας ἀγρίους καὶ λέπρας σὺν θείῳ ἀπύρῳ καὶ ὄξει θεραπεύει. Ibn Baithâr II 174 verweist auf شیلم = III 74: vgl αἶρα Dioscorides β 122. das wort ist sicher semitisch, nur allerdings nicht zu זני gehörig, wohin es nach dem ירושלמי Buxtorf 680 stellt (זני indoceltisch, Lagarde studien § 1360), sondern zu זאן Lane 1207, dessen א die heimat sicher verrät.

ζιζάνιον ist ebenfalls semitisch. die Syrer kennen ܙܝܙܢ, von dessen entstehung PSmith 1117 natürlich nicht die leiseste anung hat. ܙܝܙܢ ist das original zu ζιζάνιον, und kann nur für zinzân stehn, wo dann die wurzel זן wäre. daß ich recht erkläre, beweist زن, wie man (Qâmûs I 523, 9) den samen des دوسر nennt, und دوسر erscheint bei Avicenna I 159, 20 für αἰγίλωψ Dioscorides δ 137. und wird bei Castle 746 Freytag II 29[2] geradezu mit *lolium* übertragen: es ist auch durch den Burhân sicher, گیاهی است که در میان زراعت گندم وجو روید داء الثعلب را فایده دهد, wo die ἀλωπεκία gemeint ist, *fuchsräude*: Avicenna I 159, 24 sagt vom دوسر, daß من خواصه ان یذهب بداء الثعلب (wir lernen aus I 125, 34 daß auch wermut gegen diese krankheit half: Qazwînî I 272, 24 citiert diese stelle des Avicenna). vgl über دوسر noch Ibn Baithâr II 118, und über ܙܘܢܐ PSmith 860 (unrichtig ܙܘܢܐ 958), vgl ܐܝܟܡܘܣ 255. zu Hoffmanns glossen 3103 3104 habe ich mir aus einer handschrift des Bar Bahlûl notiert ܙܘܢܐ الدوس* ܗܘ ܙܘܢܐ الدیسی* ویکون الدوشرا واهل الجزیره یسمونه ܡܫܘܪܐ* المردی مردا ܙܢ ܗܘ الریباس, wo دیسی vielleicht richtiger ist als das دبسی bei PSmith. συλίμ bei DuCange 1475 = τῆς αἴρας τὸ ἄλευρον ist شیلم. vgl auch BLangkavel die botanik der späteren Griechen 125 126, der bei Simon Januensis araglolium zizania in a[i]ra g[raece] lolium zizania hätte ändern sollen. زن *er wurde dürre*, *زنزان = ܙܝܙܢ *etwas austrocknendes*: Dioscorides sagt von der αἶρα, daß sie δύναμιν ἔχει περιχαρακτικὴν νομῶν καὶ σηπεδόνων καὶ γαγγραίνης. aus ARussell natural history of Aleppo[2] II 244 lernen wir nur, daß lolium temulentum bei Aleppo vorkommt.

ויח

Lagarde armenische studien § 1347.

ונא

= וָנָה = زنى indoceltisch. Lagarde armenische studien § 1360.

וַרְנִיךְ

ורניך ist nach Nathan בלעז אירו פרמינטר, wo פימינטר zu schreiben ist. Reland § 58 kennt زرنيخ, citiert aber eine kleine schrift Castles, der bei Avicenna ورنيخ herstelle = vernix *firniss*, da زرنيخ ein venenum lethale et praesentaneum sei. ich bemerke gleich hier, daß moderne schriftsteller, welche dem alten Castle nicht bis an die fußknöchel reichen, ebensowenig wie jener über auripigmentum (Lagarde studien § 757), bescheid wissen, und darum aus rauschgelb (was gelbe arsenblende = 61 arsen, 39 schwefel ist) erst rauschgold und dann flittergold machen. زرنى = զառիկ Lagarde aao.

חַרְדַל

senf = خردل Reland § 63 Boetticher horae § 63 (der aus Haft Qulzum II 117 anfürt, arabisch heiße er حب الرشاد: siehe jetzt Lane 1089) supplementa § 112 (कटु?).

טְרַיָן

korb = تريان Reland § 65 Boetticher supplementa § 125 (तरि [Boehtlingk-Roth III 269]) Lagarde abhandlungen 52, 21.

יַסְמִין

= ياسمين, wie für Relands يسمين zu schreiben ist. Boetticher supplementa § 127 सुमनस्). neben յասմիկ Lagarde studien § 1551.

כאר

esel = خر Reland § 70: dazu noch खर Boetticher horae § 72. כר schreibt derselbe supplementa § 139, und nennt auch das bactrische khara.

כברית

schwefel bespricht Nathan unter כבר dicht vor כבשׂ. Reland § 71 gibt כיבריח, das كوبريت sei. گوگرد hat Lagarde beiträge 74, 27 für vohûkereti der Bactrier erklärt: كبريت der Araber und גָּפְרִית der Hebräer seien damit identisch. vohûkereti erscheint im Vendîdâd 8 als name einer urvara neben urvâçni, vohugaona, hadhânaêpata: man räuchert mit diesen gewächsen: kienenholz riecht stark genug. ich erachte גפרית als aus vohûkereti entlehnt, und zwar zu einer zeit, in welcher dies wort bereits den sinn von كوكرد schwefel besaß, aber noch nicht ganz wie كوكرد lautete: גֹּפֶר, das Bochart und Celsius cypresse übersetzen, ist meiner meinung nach erst aus גפרית erschlossen, als man dies für ein femininum eines adjectivs zu betrachten anfieng. darum findet sich auch zu גֹּפֶר in den dialekten kein analogon. und da soll Genes 6,14 alt sein!

כֻּסְבְּרָא

= كزبرة *koriander*. aus der bei Reland § 74 ausgezogenen geschichte des talmûd erhellt, wie blutwenig sprachgefül die talmûdisten besaßen. Lagarde abhandlungen 57, 4—28. कुस्तुम्बुरु ist wol indisierung eines nicht indischen wortes. im pahlavi-pâzand glossary § 6 erscheint كشنيز כיוברתא.

כרפס

= كرفس Reland § 79. = կարօս = կարաւս Lagarde studien § 1132.

מִהְרְקָן

= مهركان Մեհեկան Lagarde studien § 1470. Reland § 83 »מיהרקני festum Persarum . . . . si quid iudico, est idem quod Persae vocant مهرجان, id est festum Mithrae«, wo ج den grad von Relands kenntnissen zu bestimmen gestattet.

מוּהְרַק

= مهرة. aus Nathans artikel מהרק wird man lernen können, wie wenig wissen die nach-talmûdische zeit über seltenere talmûdwörter besaß. Boetticher supplementa § 61 nennt مهر und مهرة wie मुद्रिका: Lagarde zur urgeschichte 1119 auch մուրհակ. über dies abhandlungen 29, 13ʳ studien § 1530.

מַיק

βαυκίς Boetticher supplem § 150. weiteres (մույկ) Lagarde beiträge 49, 11 armenische studien § 1517.

מַרְזְבָן

= مرزبان Reland § 87 *markgraf*. Lagarde studien § 1454 1455. Masûdî murûg I 359, 7.

נִיסַרְדִּי

stelle ich aus מסרדי und מיטרדי Buxtorf 1235 her. Նաւասարդի Lagarde studien § 1601. نوسرذ der erste monat des sogdischen jares, Bîrûnî 46, 4.

in روچنافوزاوسارجی und ناوسارجی Birûnî 47, 9 14 steckt eine form desselben wortes, welche mit سار schon dem persischen سال näher steht.

נרדשיר

erklärt Reland § 92 unter citierung von Hyde de ludis orientalium 4 für نردشیر, was ich nicht kenne. Boetticher supplementa § 162 nennt नर्दिन und नर्द. Nathan בלשון ערבי קירין לדרי אלנרד. man braucht im arabischen دد, das Jacob Golius für das original des italienischen dado [französischen dé] erklärt hat. Castle 631 hat dies übernommen: aus Golius ist es an FDiez wörterbuch[1] 120 gelangt, um von ihm als »sich wenig empfehlend« an den pranger gestellt zu werden.

סַרְבֵּק

er bestrich die augen *mit salbe* neben سرب = اسرب, bactrischem çru: çrvaêna = سربين: pahlawî çrdbîk *bleiern*. Lagarde prophetae chaldaice xxvii 1. danach ZDMG XXVIII 56, wo سرمه als jüngere form des von mir angesetzten سربه angesprochen wird. Lagarde Symmicta 148 rand.

פַּרְנִיר

Lagarde armenische studien § 1863. one דגש im נ.

פַּרְוָנְק

= پروانك *gesandter* Reland § 97. Gaab in Paulus memorabilien I 84 citiert Ephraim I 415[d] ܦܪܘܢܩ neben ܠܒܠܪ *tabellarius*, und vergleicht das arabische فرانق. GWLorsbach archiv II 320 ff citiert ihn und Bochart hierozoicon 794 [leidener ausgabe von 1692, band II der werke, = β 8], aber nicht Relanden, den er eben nicht gekannt hat: Lorsbach nennt پروانه neben پروانك und پرانك, unterläßt aber das von Bochart besprochene tier فرانق zu erwänen. im Burhân ist die grundbedeutung so vergessen, daß sie erst, noch dazu nicht genau, an dritter stelle auftritt: جانورکی باشد که شبها خود را بر شلعهء شمع وچراغ زند وجانوری را نیز گفته اند که پیش پیش شیر فریاد-کنان رود وجانوران دیگر را از آمدن شیر خبر-دار سازد وحکم وفرمان سلاطین را نیز گویند. JosephMüller JAP 1839 I 296 citiert niemanden, nennt aber ܦܪܘܢܩ neben فرانق und dem pahlawî פרואנק. Boetticher horae § 95 nennt JosMüller, citiert Ephraim, erkennt پروانه, und denkt an प्रवा प्रवण und प्रवाणि. supplementa § 204 ist der name Müller und प्रवाणि verschwunden, es erscheint nur प्रवा प्रवण. Lagarde abhandl 76, 16—77, 27.

פרנינג

= برنیان *seidenzeug* Reland § 98. C Esther β 5, 1 (seite 254, 24 meines drucks) heißt es von einem kleide, es sei שיראה פרנגן טבא, und ebenda 6, 10 (259, 6/7) findet sich ein שיראה טבא פרנינג erwänt. die persischen glossare schwanken zwischen پرنیان und برنیان, one daß ich eine entscheidung zu treffen wüßte. Burhân حریر ودیبای چینی منقش در نهایت لطافت ونزاکت را گویند وبعضی با بای ابجد اورده اند وگفته اند پوششی بوده که پادشاهان قدیم اان را بفال نیك داشتندی ودر روزهای جشن پوشیدندی وگفتندی که این را جبرییل از بهشت اورده است وبعضی گویند جامهٔ رزم رستم زال بوده که از پوست پلنك دوخته بوده اند وشکل صد-در-صدی در این مرقوم شده بوده است.

פרסתק

Reland nennt § 100 פרצטק [so] eine unzweifelhaft persische vokabel, *nuncius*, *legatus*, فرستہ: فرشتك bedeute *schwalbe*. zunächst gibt Nathan, auf welchen Reland sich beruft, nichts als פרצטק בב[ראשית] ר[בה] פרשת מא אם כן ילך ויביא לו מ פרצטקין, also one erklärung. eine seite vorher verzeichnet er in einem eignen artikel פרסתק oder פרוסתק, das er כתב erklärt: dies soll vermutlich כְּתָב bedeuten. Boetticher supplementa § 210 פרסתק neben فرستہ Mohl[-Olshausen] fragments 29, 3 und Հրեշտակ: die wurzel sei प्रेष. letzteres ist ganz unmöglich, die gleichsetzung des persischen und armenischen wortes mit פרסתק wegen س unwarscheinlich, das nicht շ und ס zugleich sein kann. פרסתק = فرستہ Mohl fragments 29, 3 erscheint (one citat) bei Vullers II 657, und ist auch (wieder one citat) weiter gewandert. Vullers erklärt in seiner dilettantischen weise »alia forma est فرشتہ«. Հրեշտակ = فریشتہ = فرشتہ neben प्रेषित Lagarde beiträge 40, 18 studien § 1336. פרסתק könnte پرستہ *diener* sein.

רוסתק

Nach Reland § 107 ist רוסתק رستاق, das er رشتاق druckt. [illegible] = pahlawî רוסטאק רוטסטאק IosMüller JAP 1839 I 296, angefürt von Boetticher horae § 106 (supplementa § 230) neben روستا und رستاق.

רסתק

رستہ Reland § 107, was Boetticher horae § 106 supplementa § 232 aus Richardson *main road* überträgt.

שכר

jagd = شكار Reland § 112. Lagarde beiträge 12, 4.

חג

تاج *krone* Reland § 114. vielmehr = թագ Lagarde studien § 834.

הִרְשָׁתָא

Lagarde Symmicta 60, 16 psalterium Hieronymi 161.

Nachtrag zu seite 19, 9.

es gibt noch ein zweites beispiel der bildung ܦܘܩܕܢܐ im hebräischen: גְּאוּלַי Isaias 63, 4 — für welches in der parallelstelle Isaias 34, 8 שִׁלּוּמִים steht.

Druckfehler:

38, 17 ובלשון

40, 30 בארנכא

bei dem zustande der hebräischen schrift, welche angewandt werden mußte, kann ו und י, כ und נ leicht noch in andern fällen verwechselt worden sein. auch die setzung der syrischen punkte konnte ich nicht nach wunsch bewirken: חֲטֵף פַּתַח ist durch das messer aus חֲטֵף קָמֶץ hergestellt.

Anhang.

Die codex manu scriptus orientalis 13 gezeichnete handschrift der goettinger universitätsbibliothek enthält auf dem vorsatzblatte die worte: donum amici veteris, Ioannis Georgii Lampii, ecclesiae lutheranae ad d. Petri petropolitanae pastoris meritissimi. D. Henr. Phil. Conrad. Henke. Accept. Helmstad. a. d. Septembr. VI. CIƆIƆCCLXXXXII (wo ich das a. im datum nicht verstehe), und darunter von andrer hand: Ex biblioth. Henr. Phil. Conradi Henke. cf. Manuale A. 1811. p. 13.

eingeklebt ist ein papier folgenden inhalts:

1. Fragmentum codicis bombycini, scripti in Oriente fortasse sec. XIII, complexi commentarium Abenesrae in Pentat. Fragmentum ipsum est ex cap. XXI. et XXXI Numeror.

2. Tractatus nonnulli Talmudis Babylonici, scilicet finis tr. תענית, tract. מגלה, s. de libro Esther[,] חגיגה, s. de festivitate [war: diebus festis], יום טוב s. de die bono vel feriato (Tractatus iste vulgo ביצה appellari solet)[,] tract. מועד קטן de festo parvo, cuius multa desunt. Pertinent hi tractatus s. libri Talmudici ad ordinem secundum illorum sex ordinum s. Sedarim, quibus integrum Talmud dividitur. Secundus iste ordo inscribitur מועד *de sacris festis*. Series qua tractatus singuli in codice MS se excipiunt a serie editionum [folgt ein getilgtes div] impressarum diversa est.

Codex luculentissimis et elegantissimis Hebraicis adscribendus est. Quanquam forma membranae maxima est, fere quadrata; textus tamen uno tenore sine columnarum partitione conscriptus est. Character est vere Hispanicus, qui codicum Toleti et in aliis Hispaniae urbibus exaratorum proprius est. Codicum Helmstadiensium nullus similem prae se fert. Scriptus est codex fortasse sec. XIII ineunte. Annus et patria codicis fortasse legebantur ad calcem [folgt ein gestrichnes codi] tractatus Hagiga, ubi pars folii abscissa est. Tractatus enim iste claudit vulgo secundum Seder s. ordinem, ubi scriba nisi fallor nomen suum prodidit. Sed haec nobis abstulit invida, ne durius dicam, manus. P. J. Bruns.

Ich lasse die zwei blätter aus AbenEzra unberücksichtigt.

Was vom talmûd vorliegt, ist etwa einen zoll niedriger und eine kleinigkeit schmäler als der römische druck des codex vaticanus.

110 pergamentblätter, von denen das erste am oberen rande, das 31 in seinem oberen teile in der größe eines fünfmarkstücks durch näße beschädigt, das 102 durch wegschneiden des untern teils verstümmelt ist: die vermutung des alten Bruns, daß dort eine unterschrift gestanden, teile ich, da das verso der blätter keine schrift trägt. je acht blatt eine lage. denn custoden sind vorhanden auf 14 22 30 38 (46 one custos, weil mit 46 ein tractat zu ende geht) 54 62 70 78 86 94 (fehlt 102: dessen ganze untere hälfte abgeschnitten ist) 110.

der codex enthält (ich citiere nach der berliner ausgabe von 1864):

תענית von 25^r 12 דנישקלוה בעא רחמי bis 30^r 13 לקולא
von 31^r 4 הסריחו והמטיב bis zum schlusse des tractats.
es fehlt mithin ein blatt, das letzte einer lage, welches von דצריכא 30^r 13 bis שלא 31^r 4 gegangen ist: — 1^r—7^r

מגלה ganz: 7^r—46^v

חגיגה ganz: 47^r—70^r

ביצה = יום טוב ganz: 70^v—102^r

מועד קטן bis zu den worten שרי ארעתא 10^v 13: 102^r—110^v.

Was der jüdischen nation am talmûd gelegen ist, und in welcher gestalt sie ihn lesen will, ist natürlich der wissenschaft und Europäern völlig gleichgültig: leute, welche die von AGeiger in seiner zweiten zeitschrift I 169 mitgeteilten fragen für beantwortungswürdig halten, und je nach dem stichworte der tagesneigungen compulsory education oder den Darwinismus oder was weiß ich sonst, im talmûd vorgetragen finden, mögen froh sein, wenn wir ihnen gegenüber keine anderen gefüle als das der gleichgültigkeit hegen. was wir brauchen, ist eine mit commentaren nicht belastete, nicht nach folien zu citierende, sondern in bücher und paragraphen abgeteilte ausgabe des talmûDtexts, welcher die varianten aus den vorhandenen handschriften, den ältesten drucken und Nathans (vorher in einer kritischen edition vorzulegendem) wörterbuche vollständig, genau und one jede zutat untergesetzt, welcher ein register der eigennamen und citate beigefügt ist: was wir aus dem talmûD schöpfen wollen, ist durchaus nicht begeisterung für seinen inhalt, seine methode, seine ziele, sondern kenntnis der geschichte und der sprache. ein werk, wie ich es gefordert, würde, wenn es beide talmûDe umfaßte, vorausgesetzt, daß es etwa mit den typen von Zuckermandels tosepha gedruckt würde, in sechs quartbänden zu je rund sechshundert seiten abgeschlossen sein können. erst wenn es fertig vorliegt, wird ein studium des buchs für die europäische wissenschaft möglich sein, der nicht füglich zugemutet werden kann, aus den fleißigen, aber trostlos unbequemen und ungeschickten sammeleien von Rabbinowicz, den alten, one citat so sehr reichlich ausgeschriebenen nomenclatoren und den ältesten ausgaben des Aruch von fall zu fall sich was sie bedarf zusammenzusuchen. möge die göttinger handschrift zu einer solchen ausgabe recht bald ihre dienste zu leisten haben. ich behalte mir vor, selbst auf den codex demnächst zurückzukommen, den ich, obwol er im kataloge der goettinger bibliothek seit 1811 verzeichnet stand, eigentlich erst entdeckt habe.

Gedruckt vom 4 Februar bis zum 20 März 1878.

Göttingen,
druck der Dieterichschen univ.-buchdruckerei.
W. Fr. Kaestner.

SEMITICA

VON

PAUL DE LAGARDE.

ZWEITES HEFT.

Aus dem fünfundzwanzigsten bande der abhandlungen der königlichen gesellschaft der wissenschaften zu Göttingen.

Göttingen,
Dieterich'sche verlags-buchhandlung.
1879.

Die pariser blätter des codex sarravianus

herausgegeben

von

Paul de Lagarde.

In der königlichen gesellschaft der wissenschaften vorgelegt am 1 November 1879.

Zu den wertvollsten handschriften der sogenannten Septuaginta gehört der codex sarravianus, welchem ich die sigel G beigelegt habe. CvTischendorf hat 1850 in den *monumenta sacra inedita. nova collectio. volumen tertium* als *fragmenta origenianae octateuchi editionis* die 130 aus des Isaac Voss händen in den besitz der leidener bibliothek übergegangenen blätter und das eine vermutlich in der revolutionszeit aus Paris an PDubrowsky (meine *constitutiones apostolorum* zu anfang) gelangte, jezt dem kaiser von Russland gehörende folium herausgegeben: die in Paris aufbewarten stücke der handschrift beabsichtigte er dem fünften bande seiner *monumenta* einzuverleiben: er hat nicht wort gehalten: auch außerhalb von Tischendorfs fünftem bande finde ich die pariser blätter nirgends. so gebe ich hier was jener um gewissenhafte, freilich unnüz prunkvolle wiedergabe alter documente hochverdiente, als kritiker gar nicht zu nennende gelehrte zu geben durch mir unbekannte gründe verhindert worden ist.

über die ältere geschichte der handschrift habe ich nichts erkunden können. die zu Orange (diese stadt stand mit den Niederlanden und durch sie mit den Hugenotten natürlich in steter verbindung) 1651 erschienenen briefe des am 30 Mai 1651 als rat am parlamente zu Paris gestorbenen Claude Sarrau zeigen ihn als einen wolwollenden, liebenswürdigen, hochgebildeten, allerdings von Claude de Saumaise und der königin Christine über gebür eingenommenen mann: sie erweisen 217—220, daß er mit dem claromontanus und dem Saint-Germain des Prés gehörigen codex der paulinischen briefe — dem D und E unsrer ausgaben — sich ernstlich beschäftigt hat: sie ärgern sich 245 über die von den Jesuiten in betreff der LaRocheFoucauldschen handschrift der propheten vorgebrachten lügen und die der Septuagintaausgabe des Fronton le Duc von der curie entgegengeworfenen hindernisse: sie berichten 301, daß Sarrau die veranlassung zum drucke von des LCappellus critica sacra gewesen (vergleiche 285): in dem gedichte des Hamburgers Vincenz Fabricius 250 wird der großen bibliothek Sarraus gedacht: die handschrift, welche den namen Sarraus erhalten hat, fand ich nirgends erwänt. auch die von PBurmann zu Leiden 1711 (die von Bursian in der deutschen biographie X 89 erwänten drucke habe ich nicht gesehen) besorgte ausgabe der briefe Sarraus bot mir nichts.

CvTischendorf unterschied auf den von ihm herausgegebenen blättern sechs verschiedene hände. soweit gieng mein vermögen und, um die warheit zu gestehn, auch mein interesse nicht. ich habe angemerkt was sich aufdrängte: bei jedem punkte zu erwägen, ob er mit erster oder fünfter oder sechster tinte geschrieben, dazu fehlte mir übrigens außer dem vermögen und der lust auch die muße.

meine augen sind durch dreißig jare schwerer arbeit nicht besser geworden: die lezte zeit hat mir meine studien wieder mit so viel gram und verdruß gewürzt, daß ich gott danken muß noch so viel sehen zu können wie ich tue. aber dem von zwei seiten einfallenden, bei dunklem himmel durch einfache, bei erscheinen eines sonnensträlchens durch doppelte vorhänge gedämpften lichte der pariser *salle des manuscrits* bin ich nur noch unter unsäglichen mühen gewachsen, am allerwenigsten gewachsen, wenn es sich um ein funfzehnhundert jare altes, stellenweise ganz ausgeblichenes manuscript handelt: keine liebenswürdigkeit der bibliotheksbeamten vermochte hier zu helfen. darum habe ich das überaus gütige anerbieten meines mit wichtigeren arbeiten beschäftigten und darum freilich besser mit derartigen aufträgen zu verschonenden freundes Alfred Schöne annemen zu müssen geglaubt. die aus meiner abschrift gedruckten bogen mit dem originale zu vergleichen: Schönes zusäze sind in ⌈eckigen klammern hinter meine anmerkungen gestellt.

die kapitel und verse gebe ich überall, auch im Exodus, nach dem hebräischen texte der halleschen ausgabe von 1720. die senkrechten striche. durch welche ich die versanfänge bezeichne, stehn natürlich nicht in der handschrift.

Da die personen, welche diese blätter allenfalls in die hand nemen werden, zu misverständnissen ebenso befähigt wie geneigt sind. muß ich ausdrücklich erklären, daß ich diesmal nichts anderes tue als was ich schon so oft getan: ich fare material heran, und beanspruche daher auch nur den lon eines kärrners. ob der text. welcher in G vorliegt. wirklich auf Origenes zurückgeht. bleibt zu untersuchen. zu beklagen steht, daß die reste von des Origenes schriften noch nicht in brauchbarer weise herausgegeben worden sind. KHELommatzsch hat, als er unter ANeanders anleitung, auf kosten der preußischen regierung und mit der kärglichen hülfe seines freundes JHPetermann der beiden de la Rue leistung sorgfältig aber ungeschickt wieder abdruckte, einer wirklichen ausgabe, zu der die manuscripte. wenigstens was die lateinischen übersezungen angeht, in fülle vorhanden und, wenn man von den italischen und oesterreichischen absicht, auch alle zugänglich sind. den weg geradezu versperrt. das sollte sich niemand einbilden, daß die väter das große bibelwerk des Origenes jemals in abschriften benuzt haben: abschriften sind von diesem ungeheuer so gut wie sicher schon der unerschwinglich hohen kosten wegen nie genommen worden: man mußte es in Caesarea in der urhandschrift studieren oder sich auf auszüge anderer verlassen: wer hat diese — für uns wieder verkürzten — auszüge gemacht? Lucian oder Eusebius von Emesa?

Die pariser handschrift *graecus* 17 *quart* einst *Colbertinus* 3084, danach *Regius* $\frac{2240}{3}$] hoffe ich durch die nachfolgenden blätter entberlich gemacht zu haben. ansehen wird sie jeder gerne. da sie wundervoll gleichmäßig geschrieben ist : auch die kleinere majuskel. welche am ende der zeilen gewält wurde. um nicht in der sylbe abzubrechen. ist vortrefflich . der nachschwärzer hat sie hier und da verhäßlicht.

1r Exodus לח

ειργασθηειστaεργακα
ταπασαντηνεργασια̅
τωναγιωνεγενετο
χρυσιουτουτησαπαρ
χησ·εννεακαιεικοσι
ταλαντα·καιτριακοντα
καιεπτακοσιοισικλοι
κατατονσικλοντον
αγιον·¦καιαργυριου 25
— αφαιρεμα : παρατωνε
πεσκεμμενων÷αν
— δρων : τησσυναγωγησ·
εκατονταλαντα·και
πεντεκαιεβδομηκο̅
τα·καιχιλιοικαιεπτα
κοσιοισικλοι※εντω
※ σικλωτωαγιω' :¦δραχμη 26
μιατηκεφαλητοημι
συτουσικλουκατατο̅
σικλοντοναγιον'·πασ
οπαραπορευομενοσ
τηνεπισκεψιναποει
κοσαετουσκαιεπανω
ειστασεξηκονταμυ
ριαδασκαιτρισχιλιουσ
καιπεντακοσιουσκ,
πεντηκοντα'·¦καιεγε 27

νηθηταεκατονταλα̅
τατουαργυριουειστη̅
χωνευσιντωνκε
φαλειδωντησσκηνησ·
καιειστασκεφαλει
δαστουκαταπετασμα
τοσεκατονκεφαλει
δεσειστaεκατοντα
λαντα·ταλαντοντη
κεφαλειδι·¦καιτουσ 28
πεντεκαιεβδομηκο̅
ταχιλιουσκαιεπτα
κοσιουσσικλουσ·ε
ποιησενειστασαγ
κυλαστοισστυλοισ·
καικατεχρυσωσεν
τασκεφαλειδασαυτω̅.
καικατεοσμησεναυ
τουσ·¦καιοχαλκοσ 29
τουαφαιρεματοσε .
βδομηκονταταλαν
τα·καιδισχιλιοικαιτε
τρακοσιοισικλοι·|και 30
εποιησανεξαυτου
τασβασειστησθυρασ
τησσκηνηστουμαρ
τυριου※καιτοθυσια

A 5 mit dem in der mitte schwebenden punkte bezeichne ich die meistens etwas über dem kopfende der buchstaben stehenden, mitunter zu einem strichlein werdenden punkte, welche eine spätere hand gemacht hat. unsre typen gestatten keine genaue nachamung [es will mir scheinen als wäre er hier von m¹. er erinnert an die zeichen von m² auf A 17 20 27] | [11 das ÷ steht höher] vgl mich zu 3v B 10 | 17 die striche, welche ich durch ein umgedrehtes komma geben mußte, sind in der hds länger und wol meist nicht von alter tinte

B 18 von ältester tinte κ über der zeile, so daß καικοσμησεν hergestellt ist

1ʳ Exodus לח לט

※ στηριοντοχαλκουν:
καιτοπαραθεματο>
χαλκουντουθυσια>
στηριου·καιπαντατα
σκευητουθυσιαστη
ριου·¦καιτασβασειστησ 31
αυλησκυκλω·καιτασ
βασειστησπυληστησ
αυλησ※καιπαντασ
※ τουσπασσαλουστησ
※ σκηνησκαιπαντουσ:
πασσαλουστησαυλησ
κυκλω¦※καιτηνκατα 1
※ λειφθεισανυακινθο̄
※ καιπορφυρανκαιτο
※ κοκκινοντονενη
※ σμενον·εποιησαν
※ στολασλιτουργικασ·
※ ωστελιτουργειν εν
※ τωαγιω': καιεποιη
σεντασστολαστων
αγιωναιεισινααρω̄
— τω·ιερει:καθαπερσῡ
εταξενκ̅σ̅τωμωση'
¦καιεποιησαντηνεπω 2
μείδαεκχρυσιουκαι
ϋακινθουκαιπορφυ

ρασκαικοκκινουνε
νησμενουκαιβυσσου
κεκλωσμενησ·¦καιετμη 3
θηταπεταλατουχρυ
σιουτριχεσ·ωστεσῡ
ϋφαναισυντηϋακῑ
θωκαιτηπορφυρα·κ,
συντωκοκκινωτω
διανενησμενωκαι
συντηβυσσω÷τηκε
— κλωμενη÷εργονϋφᾱ
τον·¦επωμειδασεποι 4
ησαναυτοσυνεχου
σασεξαμφοτερωντω̄
μερωναυτουσυνπε
πλεγμενα¦εργονϋφᾱ 5
τον÷εισαλληλα:καθ'ε
αυτοεξαυτουεποιη
σαν·κατατηνποιησῑ
αυτου·εκχρυσιουκαι
ϋακινθουκαιπορφυ
ρασκαικοκκινουδια
νενησμενουκαιβυσ
σουκεκλωσμενησ
καθασυνεταξενκ̅σ̅
τωμωση'·¦καιεποιη 6
σαναμφοτερουστουσ

A 2 die in der hds ser niedlichen haken kann ich hier und sonst nur höchst plump wiedergeben [sie sind nur dazu bestimmt die zeile zu füllen. der schreiber befolgt den brauch der ältesten codd nur mit dem silbenende die zeile zu schließen] | 17 das π jung nachgeschwärzt | 19 ωστε λιτου jung nachgeschwärzt | 20 τω αγιω και επ ebenso | 21 σεντασστολαστω ebenso | 22 αγιωναιεισι ebenso | [23 τω ει κ ebenso] | 24 εταξε ebenso | [25 26 27 die anfangsbuchstaben ebenso] | 25 der anfangsbuchstabe ist hier und anderswo absichtlich ausgerückt | 25 über α von εποιησαν ein jüngeres ι | 26 der accent ganz jung

B 11 ziemlich junges σ über der zeile zwischen ω und μ | 12 punkt vielleicht von erster hand

2[r] Exodus טל

λιθουστησσμαραγδου
συνπεπορπημενουσ·
καιπεριεσιαλωμενουσ
χρυσιω'·γεγλυμμενουσ
εκκολαμμασφραγει
δοσεκτωνονοματω̅
τωνυϊωνιη̅λ̅·|καιεπε 7
θηκεναυτουσεπιτουσ
ωμουστησεπωμει
δοσ·λιθουσμνημο
συνουτωνυϊωνιη̅λ̅
καθασυνεταξεν κ̅σ̅
τωμωση'
|καιεποιησεν※τολογει 8
ονεργονυφαντον
ποικιλια·καιατοεργο̅
τησεπωμιδοσεκχρυ
σιουκαιυακινθουκ,
πορφυρασκαικοκκι
νουδιανενησμενου
καιβυσσουκεκλωσμε
νησ|τετραγωνον 9
※ ην:διπλουνεποιησε̅
τολογιον·σπιθαμησ
τομηκοσαυτου·καισπι
θαμησιοευροσαυτου
διπλουν|καισυνυφα̅ 10

θηεναυτω—υφασμα
— καταλιθον:τετραστι
χον'λιθωνστιχοσ·
σαρδιον·καιτοπαζιο̅·
καισμαραγδοσ·οστι
χοσοεισ'·|καιοστιχοσ 11
οδευτεροσ·ανθραξ·
καισαπφειροσ·καιια
σπισ'|καιοστιχοσοτρι 12
τοσ·λιγυριον·καιαχα
τησ·καιαμεθυσιοσ'·
|καιοστιχοσοτεταρτοσ· 13
χρυσολιθοσ·καιονυ
χιον·καιβηρυλλιον'
περικεκλωσμεναχ,
συνδεδεμεναχρυσιω
εντωχρυσιωαυτων'
|καιοιλιθοι·εκτωνο 14
νοματωντωνυϊω̅
ι̅η̅λ̅ησανδωδεκαεκ
τωνονοματωναυτω̅
εγγεγλυμμενοισφρα
γειδασεκαστοσεκτου
ονοματοσαυτουεις
τασδωδεκαφυλασ'
|καιεποιησανεπιτο 15
λογιον·κροσσουσσυμ

A 2 *ουσ* nachgeschwärzt | 11 alter fleck über *ηλ*, das nur teilweise sichtbar ist [der tintenfleck reicht hinauf bis A 10 und A 9, und es ist zu beachten, daß A 10 hinter dem *μο* eigentlich die zeile noch nicht zu ende, sondern noch raum für ein bis zwei buchstaben ist. ob etwas dagestanden, ist wegen des tintenfleckes nicht zu entscheiden] | [22 ende: vielleicht hat ein füllungszeichen dagestanden, und ist einer rasur zum opfer gefallen, die sich zwischen ende von 22 und 23 zeigt] | [26 neben dem *θ* am rande ein sehr starker punkt, vgl zu 8[r] B 25]

[B 15 über dem *ω* von ser alter hand ein *υ*]

2ᵛ |Exodus לט

πεπλεγμενουσεργω̄
ενπλοκιουεκχρυσι
16 ουκαθαρου'·|καιεποι
ησανδυοασπιδισκασ
χρυσασ·καιδυοδακτυ
λιουσχρυσουσ·καιε
πεθηκανεπιτουσ
δυοδακτυλιουσ· —
— τουσχρυσουσ—επάμ
φοτερασιασαρχασ
17 τουλογιου·|καιεπεθη
κανταεμπλοκιαεκ
χρυσιουεπιτουσδυο
δακτυλιουσεπάμφο
τερωντωνμερων
18 τουλογιου·|καιειστασ
δυοσυμβολασταδυο
εμπλοκια·καιεπε >
θηκανεπιτασδυο >
ασπιδισκασ·καιεθη
καναυτασεπιτουσ
ωμουστησεπωμει
δοσεξεναντιασκα
ταπροσωπονατου'
19 |καιεποιησανδυοδα
κτυλιουσχρυσουσ·
καιεπεθηκανεπιτα

δυοπτερυγια—επα >
— κρου:τουλογιουεπι
τοακροντουοπισθι
ουτησεπωμειδοσ
εσωθεν'.|καιεποιη 20
σανδυοδακτυλιουσ
χρυσουσ'καιεθηκαν
αυτουσεπάμφοτε
ρουστουσωμουστησ
επωμειδοσκατωθε̄
καταπροσωποναυτου
κατατηνσυμβολην
αυτουανωθεντησ
συνϋφηστησεπω
μειδοσ'|καισυνεσφιγ 21
ξεντολογειοναπο
τωνδακτυλειωντω̄
επάντουεισιουσδα
κτυλιουστησεπω >
μειδοσσυνεχομενουσ
εκτησῡακινθου·συμ
πεπλεγμενουσεισ
τοϋφασματησεπω
μειδοσϊναμηχαλα
ταιτολογιοναποτησ
επωμειδοσ·καθασυ
νεταξενκσιωμωση'

A 8 der strich hat links eine gabelung wie ein nach links offenes liegendes v [zu dem folgenden τουσ war nicht mer plaz genug, und so mußte der leere raum gefüllt werden, offenbar damit man nicht glaube daß etwas fehle] | 9 der strich unter dem punkte ist jünger [der punkt aber sicher von m¹]

B 8 apostroph etwas links von α | 18 ebenso

3r Exodus לו לז

ὑφαντου ※ εποιησε̄ 35
※ αυτο : χερουβειμ' |και 36
επεθηκαναυτοεπι
τεσσαρασστυλουσα
σηπτουσκαικατεχρυ
σωμενουσχρυσιω·
καιαικεφαλειδεσαυ
τωνχρυσαι·καιαιτεσ
σαρεσβασεισαυτων
αργυραι'
|καιεποιησεντοκατα 37
πετασματησθυρασ
τησσκηνησ-:-τουμαρ
— τυριου : εξϋακινθου
καιπορφυρασκαικοκ
κινουνενησμενου
καιβυσσουκεκλω >
σμενησ·εργονϋφαν
του-:-χερουβειμ : |και 38
τουσστυλουσαυτου
πεντεκαιτουσκρι >
κουσαυτων·καικατε
χρυσωσαντασκεφα
λειδασαυτωνκαιτασ
ψαλιδασαυτωνχρυ
σιω·καιαιβασεισαυ
τωνπεντεχαλκαι'

|καιεποιησενβεσελε 1
※ ηλτηνκιβωτον※εκ
※ ξυλωνασηπτων·δυ
※ οπηχεωνκαιημι >
※ σουστομηκοσαυτησ·
※ καιπηχεοσκαιημι
※ σουστοπλατοσαυτησ·
※ καιπηχεοσκαιημι
※ σουστοϋψοσαυτησ :
|καικατεχρυσωσεν 2
αυτηνχρυσιωκαθα
ρωεσωθενκαιεξω
θεν· καιεποιησεν
αυτηκυματιονχρυ
σουνκυκλω· καιε 3
χωνευσεναυτητεσ
σαρασδακτυλειουσ
χρυσουσεπιτατεσ
σαραμερηαυτησ·δυ
οδακτυλιουσεπιτο
κλιτοσαυτ ησιοε̄·
καιδυοδα κτυλι
ουσεπιτοκλιτοσαυ
τηστοδευτερον-:-ευ
ρεστοισζωστηρσι̅·
|καιεποιησενανα 4
φορεισεκξυλωνα

A 2—9 siehe zu B 26 27 | 11 über dem anderen *ε* von *εποιησεν* nicht von erster hand *σ* | 13 das zeichen über der zeile [von m[1]] | 19 ebenso | 19 der obere punkt des kolon ist jünger [dunkler wol, aber ob jünger? das nebenstehende *x* ist genau eben so dunkel]

B 13 15 über dem kolon steht noch ein anderer jüngerer punkt | 21 22 aderloch im pergamente, etwa zwei buchstaben groß | 26 links vor der zeile vielleicht einst ein zeichen: aber welches? [26 und 27 links ursprünglich ein ※. ich bürge dafür. ist aber wie bei 2—9 offenbar *absichtlich* weggewaschen]

3ᵛ Exodus לז

σηπτων·καικατεχρυ
σωσεναυτουσχρυσιω·
|καιεισηνεγκεντουσ 5
αναφορεισιουσδακτυ
λιουσεπιτοισπλευ
ροιστησκιβωτουωσ
τεαιρεινεαυτην ÷ εναυ
— *τοισ':*
|καιεποιησενῑλαστη 6
ριον ÷ ανωθεντησκι
— *βωτου:εκχρυσιουκα*
θαρου※δυοπηχεω̄
καιημισουσμηκοσ
αυτου'καιπηχεοσκαι
ημισουστοπλατοσ
αυτου':|καιεποιησεν 7
δυοχερουβειμ'※χρυ
σατορευταεποιησᾱ
αυταεξαμφοτερων
τωνμερωντουθυσι
αστηρι ου':χερουβ' 8
ενα:επ ιτοακροντου
ῑλαστηριουτοεν'·και
χερουβ'εναεπιτοακρω̄
τουῑλαστηριουτοδευ
τερον'※εκτουῑλαστη
※ *ριουεποιησεντουσ*

χερουβειμ'εξαμφο
τερωντωνμερων
αυτου':|καιεγενοντο 9
οιχερουβειμ'εκτεινο̄
τεσταισπτερυγασεπα
νωθεν.συνσκιαζο̄
τεσταισπτερυξιναυ
τωνεπιτοῑλαστηριο̄·
καταπροσωπομαυτω̄'
ανηρπροστοναδελ
φοναυτουεπιτοῑλα
στηριονησαντα προ
σωπατωνχερουβειμ':
|καιεποιησεντηντρα 10
πεζαν ÷ τηνπροκει
— *μενην·εκχρυσιου*
— *καθαρου'καιεχωνευ*
— *σεναυτητεσσαρασδα*
— *κτυλιουσχρυσουσ'*
— *δυοεπιτουκλιτουσ*
— *τουενοσ·καιδυοεπι*
— *τουκλιτουστουδευ*
— *τερου· ευρεισωστεαι*
— *ρειντοισζωστηρσῑ*
— *εαυτοισ·καιτουσζω*
— *στηρασιησκιβωτου*
— *καιτηστραπεζησε* >

A [2 links am rande ※, aber absichtlich weggewaschen] | 4 nicht von erster [aber dann wenigstens sicher ser alter] hand *ισ* über *στουσ* | 10 der sezer kann das zeichen nicht höher stellen als es steht | [16 links am rande glaube ich noch drei punkte eines weggewaschenen ※ zu erkennen]

B 2 zu *μερων* nicht von erster, aber von alter hand *ακρω̄* | 8 über dem striche ein punkt von jüngerer tinte [ist ausgeblichen, aber ist die tinte *erster* hand] | 13 über : und 23 über dem kolon ein punkt von jüngerer tinte

4^r Exodus לב

— ποιησενκαικατεχρυ
— σωσεναυτουσχρυσιω
※ εκξυλωνασηπτω̄'
※ δυοπηχεωντομη
※ κοσαυτησ'καιπηχεοσ
※ τοευροσαυτησ'καιπη
※ χεοσκαιημισουσιυ
※ ϋψοσαυτησ' καικατε 11
※ χρυσωσεναυτηνχρυ
σιωκαθαρω'· καιεποι
ησεναυτηκυματιο̄
χρυσουνκυκλω'|και 12
εποιησεναυτησιε
φανηνπαλαιστουκυ
κλω'· καιεποιησεν
κυματιονχρυσουν
τησιεφανηαυτησκυ
κλω'·|καιεποιησεν 13
αυτηιεσσαρασδακτυ
λιουσχρυσουσ·και
πεθηκεντουσδακιυ
λιουσεπιταιεσσαρα
μερηαεσιιντωνιεσ
σαρωνποδωναυτησ
|υποτηνσιεφανην' 14
καιεγενοντοοιδα>
κιυλιοιεισθηκασιοισ

αναφορευσιν·ωσιε
αιρειντηντραπεζᾱ
|καιεποιησεντουσ 15
αναφορεισεκξυλω̄
ασηπτων·καικατε
χρυσωσεναυτουσ
χρυσιωωσιεαιρειν
τηντραπεζαν'.|και 16
ποιησεντασκευη
τησιραπεζησ'τατρυ
βλιααυτησ·καιτασθυ
ϊσκασαυτησ·καιτουσ
κυαθουσαυτησ·και
τασπονδειααυτησ·ε
νοισσπεισειεναυ
τοισχρυσιουκαθαρου'
|καιεποιησεντηνλυ 17
χνειαν÷τηνφωτιζει
— χρυσηνσιερεανιο̄
— καυλονκαιτουσκαλα
— μισκουσεξαμφοτε
— ρωντωνμερωναυ
— τησ· εκτωνκαλαμι
— σκωναυτησοιβλα
— στοιεξεχοντεσιρεισ
— εκτουτου·καιτρεισ
— εκτουτου·εξισουμε

A 10 nach zeile 9 kann ich keine asterisken mer erkennen [neben 10 11 noch die spuren zweier weggewaschenen ※ zu erkennen. ein rest eines ※ deutlich neben 14 15 16 17 24 25 26 27, vermutlich auch neben 23, vielleicht auch neben 13. sicher aber sind ※ gewesen neben B 1—8. sie sind weggewaschen, aber waren einst unzweifelhaft vorhanden: die spuren sind zu deutlich]

[B 14 über dem schließenden ι ist sehr fein, aber doch deutlich, und wol sicher von m^1, das zeichen des ν. trozdem beginnt die folgende zeile noch einmal mit ν. dies ν auf 15 ist von derselben hand, welche jenen strich schrieb, fein durchgestrichen] | [24 die zeile ist nicht ganz gefüllt, etwa ein buchstabe ist leer: ich glaube ein >, also ein füllzeichen, zu erkennen]

4ᵛ Exodus לז

— νοιαλληλοισ'καιτα
— λαμπαδειααυτωνα
— εστινεπιτωνακρω̄
— καρυωταεξαυτων·
— καιταανθεμιαεναυ
— τοισϊναωσινεπ'αυτω̄
— οιλυχνοι·καιτοανθε
— μιοντοεβδομοντο
— επακρουτουλαμπα
— διουεπιτησκορυ
— φησανωθεν·στερεο̄
— ολονχρυσουν·καιε
— πταλυχνουσαυτησ
-- επ'αυτησχρυσουσ·>
— καιτασλαβιδασαυτησ
— χρυσασ·καιτασεπαρυσ
τριδασαυτησχρυσασ·
※ εκχρυσιουκαθαρου
※ τορευτηνεποιησε̄
※ τηνλυχνειαντον
※ καυλοναυτησκαιτουσ
※ καλαμισκουσαυτησ
※ καιτουσκρατηρασαυ
※ τησκαιτουσσφαιρω
※ τηρασαυτησκαιτα
※ κρινααυτησεξαυτησ
ησαν'·¦εξ'δεκαλαμι 18

σκοιεκπορευομενοι
εκπλαγιωναυτησ·>
τρεισκαλαμισκοιτησ
λυχνειασεκτουκλι
τουσαυτησιουενοσ·
καιτρεισκαλαμισκοι
τησλυχνειασεκτου
κλιτουσαυτησιουδευ
τερου·¦τρεισκρατηρεσ 19
εκτετυπωμενοικα
ρυϊσκουσ·ενκαλαμι
σκωτωενισφαιρω
τηρκαικρινον·και>
τρεισκρατηρεσεκτε
τυπωμενοικαρυϊ
σκουσ·εντωκαλαμι
σκωτωενισφαιρω
τηρκαικρινον·ουτωσ
τοισεξ'καλαμισκοισ
τοισεκπορευομενοισ
εκτησλυχνειασ·¦και 20
εντηλυχνειατεσσα
ρεσκρατηρεσεκτετυ
πωμενοικαρυϊσκουσ
οισφαιρωτηρεσαυ
τησκαιτακρινααυτησ
|οσφαιρωτηρυποτουσ 21

[A 17 daneben ein zeichen ∟, das absichtlich weggewaschen ist, wie auch die zeile 18 bis 26 stehenden asterisken | 27 neben der zeile hat sicher nichts gestanden]

B ob reste von asterisken vor den zeilen stehn? [sicher, neben jeder zeile von 1 bis 27. weggewaschen, aber noch deutlich] | 18 über dem kolon ein punkt von jüngerer tinte | 21 ebenso [es ist das zeichen, welches sonst in diesem drucke durch den in der mitte schwebenden punkt ausgedrückt wird]

5ʳ Exodus לט

σκευηαυτησ : καιτοε 37
λαιοντουφωτοσ※και 38
※ τοθυσιαστηριοντο
※ χρυσουν : καιτοελαιο̅
τησχρισεωσκαιτο
θυμιαματησσυνθε
σεωσ· καιτοεπισπα
στροντησθυρασ※τησ
σκηνησ·ˈκαιτοθυσια 39
στηριοντοχαλκουν
καιτοπαραθεμα
χαλκουντοαυ
τουσαναφορε
καιπαντατασ
αυτου※τονλο
※ καιτηνβασινα
|καιταϊστιατησ 40
καιτουσστυλου
τησ· καιτασβασε
τησ

τουμαρτυριου,κ 41
※ στολασιασλειτο
※ κασλειτου
※ τωαγιω
λαστο
ααρ
κ

blatt fünf ganz zerrissen [von alter hand sind die buchstaben fast durchgehends nachgeschwärzt. aber auch das ist durch den gebrauch wieder abgescheuert. es ist die rauhe seite des pergaments]

A [3 vom ※ vermag ich mit sicherheit nichts zu erkennen. der vor 4 ist weggewaschen, dagegen ist der neben 16 unberürt gelassen. spuren von ※ sind neben 9 10 12 13 erkennbar] | 4 am ende ein jüngeres κ angefügt (trotz des striches), dessen linker schaft unter die zeile verlängert ist [m² oder vielmer m³ vergrößerte das ο und schrieb das κ: sie gehört vermutlich demselben schreiber, der das nachschwärzen besorgte] | 9 ff ich sehe keine zeichen vor den zeilen | [15 das λ ist mir etwas unsicher: der strich ist allzu liegend. es könnte eher ein χ oder ein α sein. nach ο glaube ich den rest eines υ zu erkennen] | [19 nach dem lezten ε ist noch eine spur von ι sichtbar]

B [3 von ϱγ ist noch spur] | 6 etwa noch der linke arm eines ω zu lesen

5ᵛ Exodus מ

σεκειτηνκιβωτο̄ 3
μαρτυριον'καισκε
τηνκιβωτον
τασματι' ·
τηντρα 4
ησεισ
ησ'

κ̄ωκυκλω'※¦καιθησεισ 7
τονλουτηρααναμε
σοντησσκηνησιου
μαρτυριου· καιαναμε
σοντουθυσιαστηρι
ου'καιδωσεισεκειυ
δωρ'¦καιθησεισιην 8
αυληνκυκλω·καιδω
σεισιοεπισπαστρῡ
τησπυλησιησαυλησ':
| λημψητοελαιο̄ 9
ρεισματοσ·και
εισιηνσκηνη̄
νταταεναυτη
γιασεισαυτην:
αντατασκευη
σ·καιεσταιαγια'
| ρεισεισιοθυσι 10
ηριοντωνκαρπω
ω· τατα

[A 6 vor η noch rest von ο oder ϑ]

[B 1 links deutlicher rest eines obelus, später weggewaschen. ebenso 2 6 7 8 ※, noch erkennbar. vielleicht auch neben 3] | [15 statt γ glaube ich σ zu erkennen] | [18 am ende ein punkt mitten auf der zeile] | [20 das ω kann auch ein ο gewesen sein]

6r Exodus ::

※ τον:|καιπροσαξεισ※τον:' 12
ααρωνκαιτουσϋϊουσ
αυτουεπιτασϑυρασ
τησσκηνηστουμαρ
τυριου· καιλουσεισαυ
τουσϋδατι'|καιενδυ 13
σεισ※τον:ααρωνιασ
στολασιασαγιασ·και
χρεισεισαυτονκαια
γιασεισαυτον·καιϊε
ρατευσεισμοι'·|καιπροσ 14
αξεισιουσϋϊουσαυ
του·καιενδυσεισαυ
τουσχιτωνασ·|καια 15
λιψεισαυτουσοντρο •
πονηλειψασιονπρα
αυτων·καιϊερατευ
σουσινμοι'·καιεσται
ωστεειναιαυτοισ
χρεισμααυτωνϊερα
τειασεισιοναιωνα
εισιασγενεασαυτω̄ /
|καιεποιησενμω> 16
σησκαταπαντιαοσα
ενετειλατοαυτωκσ·
ουτωσεποιησεν'

|καιεγενετοεντωμη 17
νιτωπρωτωετειτω
δευτερω÷εκπορευο
— μενωναυτωνεξαι
— γυπτου:νουμηνια
εσταϑηησκηνη' και 18
εστησενμωσησιη̄
σκηνην※καιεϑηκε̄
※ τασβασεισαυτησ:και
επεϑηκεντασκεφα
λειδασαυτησ·καιενε
βαλεντουσμοχλουσ
αυτησ·καιεστησεν
τουσστυλουσαυτησ·
|καιεξετεινεντασαυ 19
λαιασεπιτηνσκηνη̄.
καιεπεϑηκεντοκα
τακαλυμματησσκη
νησεπ'αυτηνανω
ϑεν·καϑασυνεταξε̄
κ̄σ̄τωμωσῃ' καιλα 20
βωνενεβαλεντα
μαρτυριαειστηνκι
βωτον·καιϋπεϑη
κεντουσδιασζωστη
ρασϋποτηνκιβωτō.

A 1 der ※ über der zeile und zwar über einem · [aber von m[1]]

6ᵛ Exodus כ

καιεθηκεντοϊλαστη
ριονεπιτησκιβωτου
επανωθεν :ˈκαιεισή 21
νεγκεντηνκιβωτο̅
ειστηνσκηνην· και
επεθηκεντοκατα
καλυμματουκατα
πετασματοσ· καιεσ
κεπασεντηνκιβω
τοντουμαρτυριου·
οντροπονσυνετα
ξενκστωμωσηˈ ·ˈκ 22
εθηκεντηντραπε
ζανειστηνσκηνη̅
τουμαρτυριουεπι
τοκλιτοστησσκηνησ
— τουμαρτυριου : το
προσβορρανεξωθε̅
τουκαταπετασματοσ
— τησσκηνησˈ :ˌκαιπρο 23
εθηκενεπ'αυτησ
τησπροθεσεωσαρ
τουσεναντικυ· ον
τροπονσυνεταξεν
κ̅στωμωσηˈ·ˌκαιε> 24
θηκεντηνλυχνια̅

ειστηνσκηνηντου
μαρτυριου※απεναν
※ τιτηστραπεζησ : εισ
τοκλιτοστησσκηνησ
τοπροσνοτονˈ · καιε 25
πεθηκεντουσλυ
χνουσ⁒αυτησ : εναν
τικ̅υ· οντροπονσυν
εταξενκ̅στωμωσηˈ
|καιεθηκεντοθυσι 26
αστηριοντοχρυσου̅
εντησκηνητουμαρ
τυριου· απεναντιτου
καταπετασματοσˈ .ˈκ 27
εθυμιασενεπ'αυτου
τοθυμιαματησσυν
θεσεωσ· καθαπερσυ̅
εταξενκ̅στωμωσηˈ
|καιεθηκεντοεπι 28
σπαστροντησθυρασ
τησσκηνησ :ˌκαιτο 29
θυσιαστηριοντων
καρπωματωνεθη
κενπαρατηνθυραν
τησσκηνησ※τησσκε
πησ : τουμαρτυριου·

[A 1 3 *sichre* spuren eines weggelöschten ※. vielleicht auch bei A 2 15 16]

B [3 ※ absichtlich gelöscht] | 21 der untere punkt des : scheint jünger [ich glaube nicht : die tinte ist dieselbe]

7r Exodus ::

※ καιανηνεγκενεπ'αυ
τουτηνολοκαυτωσῑ
καιτηνθυσιαν : καθα
ενετειλατοκ̅σ̅τωμω
σηʹ · καιεποιησεντο 30
λουτηρα※αναμεσο̅
τησσκηνησιουμαρ
τυριουκαιαναμεσο̅
τουθυσιαστηριου·κ
εδωκενεκειϋδωρ
|ϊνανιπτωνταιεξαυ 31
του·μωσησκαιααρω̅
καιοιϋιοιαυτου·τασ
χειρασαυτωνκαιτουσ
ποδασ εισπορευομε 32
νωναυτωνειστην
σκηνηντουμαρτυ
ριουηοτανπροσπο
ρευωνταιπροστο >
θυσιαστηριον ÷ λειτουρ
— γειν' · ενωπιονιοεξ'
αυτουκαθαπερσυνε
ταξενκ̅σ̅τωμωσηʹ
|καιεστησεντηναυ 33
ληνκυκλωτησσκη
νησκαιτουθυσιαστη
ριου※καιεθηκεντο

※ επισπαστροντησ
※ πυλησιησαυλησʹ.
καισυνετελεσενμω
σησ ÷ παντατα εργα·
|καιεκαλυψενηνε 34
φεληνσκηνην >
τουμαρτυριου.καιδο
ξησκ̅υ̅επλησθηη
σκηνη· καιουκ'ηδυ 35
νασθημωσησεισελ
θεινειστηνσκηνη̅
τουμαρτυριουοτιε
πεσκιαζενεπ'αυτη̅
ηνεφελη·καιδοξησ
κυεπλησθητησκη
νηʹ · ηνικαδαναν ε > 36
βηηνεφεληαποτησ
σκηνησ·ανεζευγνυ
σανοιϋιοιιη̅λ̅·συν
τηαπαρτειααυτωνʹ
|ειδεμηανεβηηνε 37
φελη·ουκ'ανεζευγνυ
σανεωστησημερασ
ησανεβηʹ · νεφελη 38
γαρκ̅υ̅ηνεπιτησσκη
νησημερασ·καιπυρ'
ηνυυκτοσεπαυτησ

A 2 3 [5] vom asterisk kaum spuren [deutlich dagegen bei A 1, aber absichtlich weggelöscht. unbeschädigt dagegen bei B 1 2]

[B 8 am ende der zeile ein von der ersten hand geschriebener buchstabe wegradiert] | [9 am rande links ein zeichen, wie mir scheint von m¹] nach Schönes zeichnung dasselbe, welches ich zu 10r B 8 besprochen habe

7ᵛ Exodus ב

1 ενωπιονπαντοσσοι
κουιηλενπασσαισα
ναζυγιαισαυτων' :

3 am ende das zeichen, welches ich blatt 2ᵛ A 8 beschrieben habe. links von der zeile beginnt eine verzierung, welche ich nicht nachamen kann. unterschrift εξοδοσ [unter εξοδοσ von ser feiner hand, wenn nicht von m¹, so doch sicher ser alt, ein δ über einem in eins geschlungenen ωρ, wo ich allerdings sicher nur ein δ, das ωρ nur vermutungsweise erkennen kann]

8[r] Leviticus 1

λευιτικον

1 |καιανεκαλεσενμωση̄
καιελαλησενκσαυτω
εκτησσκηνηστου
2 μαρτυριουλεγων· λα
λησοντοισυϊοισιηλ
καιερεισπροσαυτουσ
α̅ν̅οσεανπροσαγη
εξϋμωνδωρατωκω
αποτωνκτηνωνα
ποτωνβοωνκαια
ποτωνπροβατων
προσοισετεταδωρα
3 ϋμων εανολοκαυτω
ματοδωροναυτουεκ
τωνβοωναρσεναμω
μονπροσαξειπροστη̄
θυραντησσκηνησ
τουμαρτυριουπροσ
οισειαυτοδεκτον
4 ※ αυτω:εναντικ̅υ̅.|και
επιθησειτηνχειρα
※ αυτου:επιτηνκεφα
ληντουκαρπωμα
τοσδεκτοναυτωε >
ξιλασθαιπεριαυ
5 του|καισφαξουσιν
τονμοσχονεναντι

κ̅υ̅·καιπροσοισουσιν
οιϋιοιααρωνοιϊερεισ
τοαιμακαιπροσχεου
σιντοαιμαεπιτοθυ
σιαστηριονκυκλωτο
επιτωνθυρωντησ
σκηνηστουμαρτυ
ριον καιδειραντεσ 6
τοολοκαυτωμαμε
λιουσιναυτοκατα
μελη※αυτου:καιεπι 7
θησουσινοιϋιοιαα
ρωνοιϊερεισπυρ᾽ε
πιτοθυσιαστηριον
καιστοιβασουσινξυ
λαεπιτοπυρ᾽|καιεπι 8
θησουσινοιϋιοιαα
ρωνοιϊερεισταδιχο
τομηματακαιτην
κεφαληνκαιτοστε
αρ· επιταξυλαταεπι
τουπυροσταεπιτου
θυσιαστηριον ταδε 9
εγκοιλια※αυτου:και
τουσποδασ※αυτου:
πλυνουσινϋδατικ,
επιθησειοϊερευστα

B 11 über dem ε von επι ein zeichen : am rande στοιβασουσιν und darunter οιιερεισ | [25 links am rande ein punkt, der mir absichtlich zu sein scheint: vgl meine anmerkung zu 2[r] A 26]

8v Leviticus 1

παντασεπιτοθυσια>
στηριονκαρπωμαεσ
τινθυσιασοσμηευω
διαστωκω̅
|εανδεαποτωνπρο 10
βατωντοδωροναυ
του÷τωκω̅:αποτετω̄
αρνωνκαιτωνεριφω̄
εισολοκαυτωμααρ
σεναμωμονπροσ
αξειαυτο÷καιεπιθη
— σειτηνχειραεπιτη̄
— κεφαληναυτου:και 11
σφαξουσιναυτοεκ
πλαγιωντουθυσια
στηριουπροσβορραν
εναντικυκαιπροσ
χεουσινοιϋιοιααρω̄
οιϊερειστοαιμααυτου
επιτοθυσιαστηριω̄
κυκλω|καιδιελουσι̅ 12
αυτοκαταμελη※αυτου:
καιτηνκεφαλην※αυ
※ του:καιτοστεαρκαιε
πιστοιβασουσινοιϊ
ερεισαυταεπιταξυλα
ταεπιτουπυροσταε

πιτουθυσιαστηριου
|καιταεγκοιλιακαιτουσ 13
ποδασπλυνουσιν
ϋδατικαιπροσοισει
οϊερευσταπαντακαι
επιθησειεπιτοθυσι
αστηριονκαρπωμα
εστινθυσιασοσμηευ
ωδιαστωκω̅
|εανδεαποτωνπετη 14
νωνκαρπωμαπροσ
φερηδωροντωκω̅η
προσοισειαποτων
τρυγονωνηαποτω̄
περιστεριδεωντοδω
ρον αυτου,καιπροσοι 15
σειαυτοοϊερευσπροσ
τοθυσιαστηριον·και
αποκνισειτηνκεφα
ληναυτουκαιεπιθη
σειεπιτοθυσιαστη
ριον.καιστραγγιειτο
αιμααυτουπροστην
βασιντουθυσιαστη
ριον·|καιαφελειτον 16
προλοβοναυτουσυ̅
τοισπτεροισαυτου>

A 3 vor den anfang später σ geschrieben | 15 [ν von εν und] του nachgeschwärzt: auch im folgenden ist der instaurator hier und da tätig gewesen, was ich nicht anmerke

B 10 αν und [τ]ωνπετη instauriert: ob η ursprünglich ist? [schwerlich: mit einer scharfen lupe glaube ich als ursprüngliches ει deutlich zu erkennen] | [14 τ von τρυγονων nachgeschwärzt: auch sonst noch manche buchstaben gegen das ende der seite]

9r Leviticus 1 2

καιεκβαλειαυτοπαρα
τοθυσιαστηριονκα
τααναταλασεισιον
τοποντησσποδου
|καιεκκλασειαυτοεκ 17
τωνπτερυγωνκαι
ουδιελει· καιεπιθη
σειαυτοοϊερευσεπι
τοθυσιαστηριονεπι
ταξυλαταεπιτουπυ
ροσκαρπωμαεστιν
θυσιαοσμηευωδιασ
τωκ̅ω̅
|ε̅ανδεψυχηπροσφερη 1
δωρονθυσιαντωκω̈
σιμιδαλισεσταιτοδω
ροναυτουκαιεπιχε
ειεπ'αυτοελαιονκαι
επιθησειεπ'αυτολι
βανον καιοισει※αυτο: 2
προστουσυιουσααρω̅
τουσϊερεισκαιδραξα
μενοσαπ'αυτησπλη
ρητηνδρακα※αυτου:
αποτησσιμιδαλεωσ
※ αυτησ:συντωελαιω
※ αυτησκαιπαντατον

λιβανοναυτησ.καιε
πιθησειοϊερευστο
μνημοσυνοναυτησ
επιτοθυσιαστηριο̅
θυσιαοσμηευωδιασ
κ̅ω̅|καιτολοιποναπο 3
τησθυσιασααρωνκαι
τοισυιοισαυτουαγιο̅
τωναγιοναποτων
θυσιωνκ̅υ̅
|ε̅ανδεπροσφερηδω 4
ρονθυσιανπεπεμ
μενηνεκλιβανω
εκσιμιδαλεωσαρτουσ
αζυμουσπεφυραμε
νουσενελαιωκαιλα
γαναζυμαδιακεχρι
σμεναενελαιω
|εανδεθυσιααποτηγα 5
νουτοδωρονσουσι
μιδαλισπεφυραμε
νηενελαιωαζυμα
εσται|καιδιαθρυψεισ 6
αυτακλασματακαιε
πιχεεισεπ'αυταελαιο̅
θυσια—εστιν:κ̅ω̅
εανδεθυσιααποεσχα 7

A [13 nach κω hat ein wort von zwei bis drei buchstaben gestanden, das weggelöscht wurde: der anfang, ein ι, ist noch erkennbar. am rande links steht, fast möchte ich glauben von m^1, ein rätselhafter zug] [17 von hier ab merfach buchstaben nachgeschwärzt: desgleichen einige wenige auf kolumne B] | [24 das zweite α von δρακα sieht curios aus: es hat einen überflüssigen strich, aber er ist von m^1] | [26 in der rundung des σ von αυτησ ein punkt]

B [1 der punkt steht in der mitte] | 9 über dem ο von αγιον von jüngerer [es ist ganz sicher die erste] hand ω | 21 das ι von πεφυραμε hat einen leisen strich [von m^1] | [26 das scheint mir von später hand zu sein, und ist absichtlich ausradiert]

9v Leviticus 2

ρασιοδωρονσουσε
μιδαλισενελαιωποι
ηθησεται|καιπροσοι 8
σειτηνθυσιανηνα̅
ποιησηεκτουτων
τωκ̅ω̅καιπροσοισει
※ αυτο:προστονϊερεα
καιπροσεγγισασπροσ
τοθυσιαστηριον|α 9
φελειοϊερευσαποτησ
θυσιαστομνημο>
συνοναυτησκαιε
πιθησειεπιτοθυσι
αστηριον:οσμηευ
ωδιασκ̅ω̅·τοδεκα 10
ταλειφθεναποτησ
θυσιασααρωνκαι
τοισϋιοισαυτουαγι
ατωναγιωναποτω̅
καρπωματωνκ̅υ̅
|πασανθυσιανηναν 11
προσφερητεκ̅ω̅ου
ποιησετεζυμωτο̅
πασανγαρζυμηνκ
πανμελιουπροσοι
σετεαπ'αυτουκαρ
πωσαικ̅ω̅|δωρον> 12

απαρχησπροσοισετε
αυτακ̅ω̅επιδετοθυ
σιαστηριονουκανα
βησεταιεισοσμην
ευωδιασ÷κ̅ω̅:
|καιπανδωρονθυσιασ 13
ϋμωναλιαλισθησε
ται·ουδιαπαυσεται>
αλλαδιαθηκησθ̅υ̅απο
θυσιασματωνϋμω̅
επιπαντοσδωρουϋ
μωνπροσοισετεαλα
|εανδεπροσφερησθυ 14
σιανπρωτογενημα
τωντωκ̅ω̅νεαπε
φρυγμεναχιδραερι
κιατωκ̅ω̅καιπροσ
οισειστηνθυσιαντω̅
πρωτογενηματων
σου·καιεπιχεεισεπ' 15
αυτηνελαιονκαιε
πιθησεισεπ'αυτην
λιβανονθυσιαεστι̅
|καιανοισειοϊερευσ 16
τομνημοσυνοναυ
τησαποτωνχιδρω̅
συντωελαιωκαιπα̅

A 14 [über dem οσ ein zeichen und] am rande 'καρπω und darunter μα von der hand, welche die glosse auf blatt 8r [und die beiden auf 3v A 4 B 2] geschrieben hat [das wort ist vom schreiber nur gebrochen, um nicht zu weit nach rechts zu kommen]

B 4 über βη von der eben erwänten hand εβα 5 Schöne sieht nicht sondern : nach ευωδιασ, was, wenn es dastünde, ein fehler des schreibers wäre | 7 12 der asper ist kaum von erster hand [ich glaube er ist sicher m[1] bei 7, bei 12 vielleicht nicht]

10ʳ Leviticus 2 3

ιαονλιβανοναυτησ
καρπωμεστικω
εανδεθυσιασωτηριου 1
τοδωρον αυτου ÷ τω
— κω : εανμενεκτων
βοωναυτουπροσα
γηεαντεαρσενεαν
τεθηλυαμωμον >
προσαξειαυτοεναν
τικυ. καιεπιθησειτασ 2
χειρασαυτουεπιτην
κεφαλην τουδωρου
※ αυτου : καισφαξει ※ αυ
※ το : παρατασθυρασ τησ
σκηνησ του μαρτυ
ριου. καιπροσχεουσι
οιυιοιααρωνοιιε >
ρεισ το αιμα επι το >
θυσιαστηριον ÷ τω
— ολοκαυτωματων :
κυκλω. καιπροσαξου 3
σιναποτησθυσιασ
τουσωτηριουκαρπω
μακω τοστεαρ· τοκα
τακαλυπτοντηνκοι
λιανκαιπαντοστε
αροεπιτηνκοιλια

'καιτουσδυονεφρουσ 4
καιτοστεαρτο'επ'αυ
τωντοεπιτωνμη
ρωνκαιτονλοβο
τονεπιτουηπατοσ
συντοισνεφροισ
περιελει καιανοισου 5
> σιναυτοοιυιοιααρω
επιτοθυσιαστηριο
επιταολοκαυτωμα
ταεπιταξυλαταεπι
τουπυροσκαρπω
μαοσμηευωδιασκω
εανδεαποτωνπρο 6
βατωντοδωρον αυ
τουθυσιανσωτηρι
ουτωκωαρσενηθη
λυαμωμονπροσ
οισει αυτο·'εαναρνα 7
προσαγη τοδωρον
αυτουπροσοισειαυ
τοεναντικυ. και ε 8
πιθησειτηνχειρα
※ αυτου : επιτηνκε
φαλην του δωρου
αυτουκαισφαξει αυ
τοπαρατασθυρασ τησ

[A 24 der punkt steht völlig über der linie]

B [1 beide apostrophe von m¹] | 8 das zeichen vor der zeile ist ungenau wiedergegeben, allein es geht nicht besser. es scheint von erster hand zu sein [vgl ein änliches zeichen auf 4ᵛ A 14]

10ᵛ Leviticus 3

σκηνηστουμαρτυρι
ουκαιπροσχεουσιν
οιϋιοιααρων ÷ οιϊε
— ρεισ.τοαιμα※αυτου:
επιτοθυσιαστηριο̄
κυκλω. και προσοι 9
σειαποτησθυσιασ
τουσωτηριουκαρπω
μαιωκωτοστεαρ >
καιτηνοσφυναμω
μονσυνταισψοαισ
περιελειαυτοκαιτο
στεαρτοκατακαλυπτο̄
τηνκοιλιανκαιπαν
τοστεαροεπιτησ
κοιλιασ καιαμφοτε 10
ρουστουσνεφρουσ
καιτοστεαρτοεπ'αυ
τωντοεπιτωνμη
ριωνκαιτονλοβον
τονεπιτουηπατοσ
συντοισνεφροισπε
ριελων ανοισειοϊε 11
ρευσεπιτοθυσιαστη
ριονοσμηνευωδι
ασκαρπωμακω:
|εανδεαποτωναιγω̄ 12

τοδωρεναυτου.και
προσαξει※αυτο: ενᾱ
τικυ. καιεπιθησει > 13
τασχειρασαυτουεπι
τηνκεφαληναυτου
καισφαξουσιναυτο
εναντικυπαρατασ
θυρασ τησ σκηνησ >
τουμαρτυριουκαι >
προσχεουσινοιϋιοι
ααρων ÷ οιϊερεισ τοαι
μα※αυτου: επιτοθυ
σιαστηριονκυκλω
καιανοισειαπ'αυτου 14
※ δωρον αυτου : καρπω
μακωτοστεαρτοκα
τακαλυπτοντηνκοι
λιαν.καιπαντοστε
αρτοεπιτησκοιλιασ
καιαμφοτερουστουσ 15
νεφρουσκαιπαντο
στεαρτοεπ'αυτωντο
επιτωνμηριωνκαι
τονλοβοντουηπατοσ
συντοισνεφροισπε
ριελει. καιανοισειαυ 16
τοοϊερευσεπιτοθυ

A 5 am ende ν troz des striches noch von späterer hand hinzugefügt | 13 ebenso | [15 von hier an vielfach nachgeschwärzt, desgleichen auf B von 11 bis 20] | 27 ebenso

B 2 ebenso

11r Leviticus 3 4

νομοσ θυσιασ τω κω ακουσιωσ ημαρ
τηκοτι

σιαστηριον ※ αρτον :
καρπωμαοσμηευ
ωδιασκω· πανστεαρ
τωκ̄ω νομιμονεισ 17
τοναιωνα· ειστασγε
νεασϋμωνενπαση
κατοικιαϋμωνπαν
στεαρκαιπαναιμαον
κεδεσθε
|καιελαλησενκσπροσ 1
μωσηνλεγων, λαλη 2
σονπροστουσϋιουσ
ιηλ̄λεγων· ψυχηεαν
αμαρτη ÷ ενανιικυ : α
κουσιωσαπαντων
τωνπροσταγματω̄
κ̄υωνουδειποιειν
καιποιησηενιαπ'αυ
των'εανμενοαρχι 3
ερευσοκεχρισμενοσ
αμαρτητουτονλαο̄
αμαρτεινκαιπροσα
ξειπεριτησαμαρτιασ
αυτουησημαρτενμο
σχονεκβοωναμω
μοντωκ̄ωπεριτησ

αμαρτιασ καιπροσ 4
αξειτονμοσχονπα
ρατηνθυραντησσκη
νησ τουμαρτυριου
εναντικυ. καιεπιθη
σειτηνχειρααυτου
επιτηνκεφαλην
τουμοσχου ÷ εναν
— τικυ : καισφαξειτον
μοσχονενωπιον
κυ : καιλαβωνοϊερευσ 5
οχριστοσ ÷ οτετελει
— ωμενοστασχειρασ :
αποτουαιματοστου
μοσχου. καιεισοισει
αυτοειστηνσκηνη̄
τουμαρτυριου καιβα 6
ψειοϊερευστονδα >
κτυλοναυτουειστο
αιμακαιπροσρανει
αποτουαιματοσεπτα
κισ τωδακτυλωενα
τικυκατατοκαταπε
τασματοαγιον. καιε 7
πιθησειοϊερευσαπο
τουαιματοσ ÷ τουμο

[A von 1—20 vielfach nachgeschwärzt, ebenso die ganze kolumne B] | [die überschrift ist ser alt, aber dennoch nicht von m[1]: sie schreibt zum beispiel das ω anders als m[1]]

A 15 über πα vom corrector οπ | 16 ende + ϰ 18 über ε von εν schrieb eine alte hand, aber nicht die des texts, die alte gestalt des asper, die in Lagardes *fragmenta* 7, 16 erscheint | 21 ende + ϰ | 24 über η von ησ dieselbe art asper wie in 18, von derselben hand

B 16 ende + ϰ | 22 ebenso

11v Leviticus 4

— σχου : επιτακερατα
τουθυσιαστηριου
τουθυμιαματοστησ
συνθεσεωσ · εναντι
κ̅υ̅οεστινεντησκη
νητουμαρτυριουϗ
παντοαιματουμο
σχουεκχεειπαρατη̅
βασιντουθυσιαστη
ριουτησολοκαυτω
σεωσοεστινπαρατασ
θυραστησσκηνηστου
μαρτυριου καιπαν 8
τοστεα̣ρτουμοσχου
τουτησαμαρτιασπε
ριελειαπ'αυτουτο
στεαρ–̣τοκατακαλυ
πτονταενδοσθιαϗ
παντοστεαρτοεπι
τωνενδοσθιων ϗ 9
τουσδυονεφρουσϗ
τοστεαρτοεπ'αυτω̅
οεστινεπιτωνμηριω̅
καιτονλοβοντονε
πιτουηπατοσσυν >
τοισνεφροισπερι >

λειαυτο|υντροπον 10
αφαιρειταιαποτου
μοσχουτουτησθυσι
αστουσωτηριουκαι
ανοισειαυτοοϊερευσ
επιτοθυσιαστηριυ̅
τησκαρπωσεωσ και 11
τοδερματουμοσχου
καιπασαναυτουτην
σαρκασυντηκεφαλη
※ αυτου : καιτοισακρωτη
ριοισκαιτηκοιλιαϗ
τηκοπρω|καιεξοισου 12
σινολοντονμοσχυ̅
εξωτησπαρεμβολησ
ειστοπονκαθαρον
ουεκχεουσιντην >
σποδιανκαικατακαυ
σουσιναυτονεπιξυ
λωνενπυριεπιτησ
εκχυσεωστησσπο >
διασκαυθησεται
|εανδεπασασυναγω 13
γηι̅η̅λ̅αγνοησηκαι
λαθηρημαεξοφθαλ
μωντησσυναγωγησ

[A 17 neben dem kolon des zeichens steht rechts noch ein häkchen] ¦ [26 das füllungszeichen ist länger als das nach 25 stehende] ich konnte in Goettingen eben nur Ein zeichen verwenden: man weiß ja wie der heißt, der mer gibt als er hat

[B 11 der obere punkt des kolon ist nachträglich hinzugefügt, aber von m¹ oder doch von ser alter hand] ¦ [22 nach σεται freier raum von zwei bis drei buchstaben]

12r Leviticus 4

καιποιησωσινμιαν
αποπασωντωνεν
τολωνκυουποιη
θησεταικαιπλημμε
λησωσιν καιγνωσθη 14
αυτοιςηαμαρτιαην
ημαρτονεναυτηκαι
προσαξειησυναγω
γημοσχονεκβοων
— αμωμον: περιτησα
μαρτιασκαιπροσαξει
αυτονπαρατηνθυρᾱ
τησσκηνησιουμαρ
τυριου|καιεπιθησου 15
σινοιπρεσβυτεροιτησ
συναγωγησιασχει
ρασαυτωνεπιτην
κεφαλητουμοσχου
εναντικυκαισφαξου
σιντονμοσχονεναν
τικυ|καιεισοισειοϊε
πο

αιματοστου÷μοσχου: 17
καιρανειεπιαχισενᾱ
τικυκαι'ενωπιον>
τουκαταπετασματοσ
— τουαγιου: καιαποτου 18
αιματοσεπιθησει>
— οϊερευσ: επιτακερα
τατουθυσιαστηριου
— τωνθυμιαματων
— τησσυνθεσεωσ: οε
στινενωπιονκυ·ο
εστινεπιτησσκηνησ
τουμαρτυριουκαιτο
παναιμαεκχεειπροσ
τηνβασιντουθυσια
στηριουτωνκαρπω
σεων·τοονπροστη
θυραιτησσκηνησιου
μαρτυριου καιτοπᾱ 19
στεαρ'αυτου· περιελει
απ'αυτουκαιανοισει
επιτοθυσιαστηριῡ
| οισειτονμο 20
νε

das untere viertel des blattes ist abgerissen

[A 22 vor dem πο ist noch α zu erkennen]

[B 10 das kolon nach συνθεσεωσ ist absolut nicht zu sehen: auch mit der lupe keine spur]

12v Leviticus 4

※ τω : καιεξειλασετε>
περιαυτωνοϊερευσ
καιαφεθησεται αυ
τοιο÷ηαμαρτια : καιε 21
ξοισουσιντονμοσχο̄
— ολον : εξωτησπα>
ρεμβοληςκαικατα
καυσουσιντονμο
σχονοντροπονκα
τεκαυσαντονμοσχο̄
τονπροτερουαμαρ
τιασσυναγωγησεστι̅
|εανδεοαρχωναμαρ 22
τηκαιποιησημιαν
αποπασωντωνεν
τολωνκυτουθ̅υαυ
τουηουποιηθησε
ταιακουσειωσκαι>
πλημμελησηκαιγνω̅ 23
σθηαυτωηαμαρτια
ηνημαρτενεναυτη
καιπροσοισειτοδω
ροναυτουχιμ
εξα

τουχιμαρου.καισφα
ξουσιναυτονεντο
πωουσφαζουσιντα
ολοκαυτωματαενω
πιονκυαμαρτιασεσ
τιν' καιεπιθησει·οϊε 25
ρευσαποτουαιματοσ
τουτησαμαρτιασιω
δακτυλω÷αυτουκαι
— δωσει : επιτακερατα
τουθυσιαστηριουτω̅
ολοκαυτωματωνκ,
τοπαναιμααυτουεκ
χεειπαρατηνβασιν
τουθυσιαστηριουτω̅
ολοκαυτωματων
|καιτοπανστεαραυτου 26
ανοισειεπιτοθυσια
στηριον·ωσπερτο
στεαρθυσιασσωτη
ριουκαιεξ'ειλασεται
περι

A 1 über das lezte ε alt αι geschrieben | 6 über ω ein kleiner gerader strich, der von der dritten hand scheint | [14 unter dem ο zwei punkte von derselben tinte, welche den strich über ω in zeile 6 schrieb] | [19 der strich über dem ω ist von erster hand: meines erinnerns der erste fehler dieser art im ganzen codex] | 24 hinter ξ ein junger apostroph

B 3 vor ου ein junger asper | 6 der punkt alt | [9 das zeichen war offenbar vergessen, und ist von m[1] oder m[2] nachträglich übel und böse eingefügt]

13' Leviticus 13

ϊματιωηεντωδερμα 49
τιηεντωστημονιη
εντηκροκηηενπαν
τισκευει÷εργασιμω:
δερματοσαφηλεπρασ
εστινκαιδειξειτωϊ
ερει|καιοψεταιοϊερευσ 50
τηναφην·καιαφορι
ει÷οϊερευσ:τηναφη̄
επταημερασ καιοψε 51
ται÷οϊερευσ:τηναφη̄
τηημερατηεβδομη
εανδεδιαχεηταιηα
φηεντωϊματιωηεν
τωστημονιηεντη
κροκηηεντωδερμα
τικαταπαντασοσααν
ποιηθηδερματαεν
τηεργασιαλεπραεμ
μονοσεστινηαφηα
καθαριοσεστιν|κατα 52
καυσειτοϊματιονη
τηνστημοναητην
κροκηνεντοισερε >
οισηεντοισλινοισ
ηενπαντισκευειδερ
ματινωενωανηεν

αυτωηαφηουλεπρα
εμμονοσεστινεν
πυρικατακαυθησεται
|εανδεϊδηοϊερευσκ, 53
μηδιαχεηταιηαφη
εντωϊματιωηεντω
στημονιηεντηκρο
κηηενπαντισκευει
δερματινω καισυν 54
ταξειοϊερευσκαιπλυ
νειεφουανηεπ'αυτω
ηαφη·καιαφοριει÷οϊ
— ερευσ:αυτοεπταημε
ραστοδευτερον|και 55
οψεταιοϊερευσμετα
τοπλυθηναιτηναφη̄
καιηδεμημεταβαλη
τηνοψιναυτησκαι
ηαφηουδιαχειται
καθαριονεστινεν
πυρικατακαυθησε
ταιεστηρισταιεντω
ϊματιωηεντωστη
μονιηεντηκροκη
|καιεανϊδηοϊερευσ 56
καιμηηαμαυραηα
φημετατοπλυθηναι

A 11 die punkte in dem zeichen nach ται stehn schief [es ist von m[1] oder m[2] nachträglich eingeschaltet] | 23 das erste η ganz jung durchstrichen und mit ο überschrieben [mir sieht die correctur leidlich alt aus]

13ᵛ Leviticus 13 14

αυτο·απορρηξειαυτο
αποτουϊματιουηαπο
τουδερματοσηαπο
τουστημονοσηαπο
τησκροκησ·ειανδεο 57
φθηετιεντωϊματιω
ηεντωστημονιηε̅
τηκροκηηεντωπαντι
σκευειδερματινω
— λεπρα:εξανθουσαε
στινεντυρικατακαυ
θησεταιενωεστιν
ηαφη καιτοϊματιο̅ 58
ηοστημωνηηκρο
κηηπανσκευοσδερ
ματινονπλυθησε
ταικαιαποστησεται
απ'αυτουαφηκαι >
πλυθησεταιτοδευ
τερονκαικαθαρον
εσται.¦ουτοσονομοσ 59
αφησλεπρασϊματι
ουερεουηστιππυ
ϊνουηστημονοσ
ηκροκησηπαντοσ
σκευουσδερματι >
νουεισιοκαθαρισαι

αυτοημιαναιαυτο
|καιελαλησενκ̅σ̅προσ 1
μωσηνλεγων¦ουτοσ 2
εσταιονομοστουλε
προυηανημερακαθα
ρισθηκαιπροσαχθη
σεταιπροστονϊερεα
|καιεξελευσεταιοϊε 3
ρευσεξωτησπαρεμ
βολησκαιοψεταιοϊε
ρευσκαιϊδουϊαταιηα
φητησλεπρασαποτου
λεπρου|καιπροστα > 4
ξειοϊερευσκαιλημ
ψονταιτωκεκαθαρι
σμενωδυοορνειθια
ζωντακαθαρακαιξυ
λονκεδρινονκαικε
κλωσμενονκοκκι
νονκαιυσσωπον¦κ) 5
προσταξειοϊερευσ
καισφαξουσιντοορ
νειθιονιοενεισαγ
γειονοστρακινον
εφ'ϋδατιζωντι¦και 6
τοορνειθιονιοζων
λημψεταιαυτοκαι >

A ɪ der punkt ist alt | ɪ8 über *α* von *αφη* später *η* zugeschrieben | ɪ8 ob am ende wirklich ein füllungszeichen vorhanden ist? |ja, ganz sicher: es ist nur ein wenig klein geraten|

14r Leviticus 14

|καιελαλησενκσπροσ 33
μωσηνκαιπροσααρω̅
λεγων ωσανεισελ 34
θητεεισιηνγηντω̅
χαναναιωνηνεγω
διδωμιϋμινενκτη
σεικαιδωσωαφην
λεπρασενταισοικιαισ
τησγηστησεκτητου
ϋμιν καιηξειτινοσ 35
αυτουηοικιακαια
ναγγελειτωϊερειλε
γωνωσπεραφηεο >
ραταιμοιεντηοικια
|καιπροσταξειοϊερευσ 36
αποσκευασαιτηνοι
κιανπροτουεισελθῡ
τατονϊερεαϊδειντη̅
αφηνκαιουμηακα
θαρταγενηταιοσα
εανηεντηοικια· και
μεταταυταεισελευ
σεταιοϊερευσκατα
μαθειντηνοικιαν
|καιοψεταιτηναφη̅ 37
καιϊδουηαφηεντοισ
τοιχοισιτησοικιασ

κοιλαδασχλωριζου
σασηπυρριζουσασ
καιηοψισαυτωντα
πεινοτεραιωντοι
χων καιεξελθων 38
οϊερευσεκτησοικι
ασεπιτηνθυραντησ
οικιασ.καιαφοριει
— οϊερευσ: τηνοικιαν
επταημερασ καιε 39
πανηξειοϊερευστη
ημεραιτηεβδομη.
καιοψεται ÷ τηνοικι
— αν: καιϊδουδιεχυ
θηηαφηεντοιστοι
χοιστησοικιασ και 40
προσταξειοϊερευσ
καιεξελουσιντουσ
λιθουσενοισεστιν
ηαφηκαιεκβαλου
σιναυτουσεξωτησ
πολεωσεισιτοπον
ακαθαρτον καιτην 41
οικιαναποξυσουσι̅
εξωθενκυκλωκαι
εκχεουσιντονχου̅
※ ουναπεξυσαν: εξω >

A 10 über dem ersten ε von εξει, nicht von erster hand, η | 13 siehe Dindorfs vorrede zur oxforder ausgabe von Xenophons anabasis X | 21 punkt alt

14ʳ Leviticus 14

τησπολεωσειστοπο̄
ακαθαρτον'καιλημ 42
ψονταιλιθουσ÷απε
— ξυσμενουσ:ετερουσ
καιαντιθησουσιν>
αντιιωνλιθων·και
χουνετερονλημψο̄
ταικαιεξαλειψουσῑ
τηνοικιαν:εανδεε 43
πελθηπαλινηαφη
καιανατειληεντη
οικιαμετατοεξελεῑ
τουσλιθουσκαιμε
τατοαποξυσθηναι
τηνοικιανκαιμετα
τοεξαλειφθηναι·|κ 44
εισελευσεταιοϊερευσ
καιοψεταιειδιακε
χυταιηαφηεντηοι
κιαλεπραεμμονοσ
εστινεντηοικιαακα
θαρτοσεστιν καικα 45
θελουσιντηνοικι
ανκαιτουσλιθουσ
αυτησκαιταξυλααυ
τησκαιπαντατον
χουντησοικιασε

ξοισουσινεξωτησ
πολεωσειστοπον
ακαθαρτον'καιοεισ 46
πορευομενοσεισιη̄
οικιανπασαστασ η
μερασασαφωρισμε
νηεστιναχαθαριοσ
εσταιεωσεσπερασ
|καιοκοιμωμενοσ 47
εντηοικιαπλυνειτα
ϊματιααυτου÷και α
— καθαρτοσεσταιεωσ
— εσπερασ:καιοεσθει
ωνεντηοικιαπλυ
νειταϊματιααυτου
— καιακαθαριοσεσται
εωσεσπερασ:|εανδε 48
παραγενομενοσει
σελθηοϊερευσκαιϊ
δηκαιϊδουουδιαχυ
σειδιαχειταιηαφη
εντηοικιαμετατο
εξαλειφθηναιτη̄
οικιανκαικαθαριει
οϊερευστηνοικιαν
οτιϊαθηηαφη'και> 49
λημψεταιαφαγνι

A 27 am ende ist von junger hand [sicht mir ser alt aus] ein ξ hinzugefügt. vgl Lagarde gesammelte abhandlungen 104 und oben 3 ende

B 1 das ξ ist fein durchstrichen | 18 am ende ist von junger [?] hand σ hinzugefügt | 19 das erste σ fein durchstrichen

15r Leviticus 15

κοιμηθῃεπαυτησα 24
καθαρτοσεσται
ʼκαιγυνηεανρεηρυσι̅ 25
αιματοσαυτησημερασ
πλειουσουκενκαιρω
τησαφεδρουαυτησ
εανκαιρεημετατην
αφεδρουαυτησπασαι
αιημεραιρυσεωσακα
θαρσιασαυτησκαθα
περαιημεραιτησαφε
δρουαυτησεσται· ακα
θαρτοσ πασαηκοιτη 26
εφ ηνανκοιμηθῃεπʼ
αυτησπασασιασημε
ραστησρυσεωσαυτησ
κατατηνκοιτηντησ
αφεδρουαυτησεσται
αυτηκαιπανσκευοσ
εφοανκαθισηεπαυ
τοακαθαρτονεσται
κατατηνακαθαρσιαν
τησαφεδρουαυτησ
|πασοαπτομενοσαυ 27
τησακαθαρτοσεσται
καιπλυνειταϊματια
αυτουκαιλουσεται

— ιοσωμαϊδατικαιακα
θαρτοσεσταιεωσε>
σπερασ·|εανδεκαθαρι 28
σθηαποτησρυσεωσ
αυτησκαιεξαριθμη
σεταιαυτηεπταημε
ρασκαιμεταταυτακα
θαρισθησεται καιτη 29
ημεραιηογδοηλημ
ψεταιεαυτηδυοτρυγο
νασηδυονοσσουσ
περιστερωνκαιοισει
αυταπροστονϊερεα
επιτηνθυραντησ>
σκηνησιουμαρτυρι
ουʼκαιποιησειοϊερευσ 30
τηνμιανπεριαμαρτι
τιασκαιτηνμιανεισο
λοκαυτωμακαιεξι
λασεταιπεριαυτησ
οϊερευσεναντικυα
πορυσεωσακαθαρσι
ασαυτησ καιευλαβεισ 31
ποιησετετουσυϊουσ
ϊηλαποτωνακαθαρ
σιωναυτωνκαιουκ
αποθανουνταιδια

A auf der spalte [sowie auf dem lezten drittel von spalte B] ist vieles nachgeschwärzt [2 am schlusse der zeile drei bis vier buchstaben leer] 3 am ende von jüngerer hand x zugefügt | 14 jung zu εφ ein apostroph, zu ην ein asper gefügt | 20 jung zu εφ ein apostroph, zu ο ein asper gefügt | 21 das erste α von ακαθαρτον ist vom nachschwärzer zu ν gemacht | 24 Schöne bestätigt das απτομενος meiner abschrift [das erste ν zwar nachgeschwärzt, aber völlig sicher. das vorhergehende π ist dadurch auffällig, daß der erste vertikalstrich oben ser dick gewesen zu sein scheint, und in dem voraufgehenden ο glaube ich deutlich einen ziemlich alten querstrich zu erkennen] [ser beachtenswert: unter kolumne A steht von erster hand die quaternionensignatur KS] ich schäme mich sie nicht bemerkt zu haben

B 1 den obelus danke ich meinem freunde Schöne [7—18 glaube ich spuren mererer ※ zu erkennen, die aber, wenn sie überhaupt existiert haben, absichtlich weggelöscht sind]

15ᵛ Leviticus 15 16

προσιομηεισερχεσθαιτονϊερεαπαντοτεεισιοαγιον

τηνακαθαρσιαναυ
τωνεντωμιαινειν̄
αυτουστηνσκηνη̄
μουτηνεναντοισ
|ōντοσονομοσιου 32
γονορρυουσκαιεαν
τινιεξελθηεξαυτου
κοιτησπερματοσω
στεμιανθηναιεναυ
τη|καιτηεμορρoου 33
σηεντηαφεδρωαυ
τησκαιογονορρυησ
τηρυσειαυτουτωαρ
σενειητηθηλειακαι
τωανδριοσανκοιμη
θημεταακοκαθημε
νησ
|καιελαλησενκ̅σ̅προσ 1
μωσηνμετατοτε
λευτησαιτουσδυο
ϋϊουσααρωνεντω
προσαγαγειναυτουσ
— *πυρ'αλλοτριον:ενā*
τιχυκαιετελευτη
σεν:|καιειπενκσ > 2
προσμωσην.λαλη
σονπροσααρωντον

αδελφονσουκαιμη
εισπορευεσθωπασā
ωρανεισιοαγιονεσω
τερουτουκαταπετα
σματοσεισπροσωπō
τουϊλαστηριουοεσ
τινεπιτησκιβωτου
— *τουμαρτυριου:καιουκ'*
αποθανειταιενγαρ
νεφεληοφθησομαι
επιτουϊλαστηριου
— *|ουτωσεισελευσεται* 3
ααρωνεισιοαγιον
ενμοσχωεκβοων
περιαμαρτιασκαι >
κρειονεισολοκαυτω
μα|καιχιτωναλινου̅ 4
ηγιασμενονενδυσε
ταικαιπερισκελεσλι
νουνεσταιεπιτου
χρωτοσαυτουκαιζω
νηλινηζωσεταικαι
κιδαρινλινηνπερι
θησεταιϊματιααγια
εστινκαιλουσεταιϋ
δατιτοσωμααυτου
καιενδυσεταιαυτα'κ, 5

[die überschriftszeile, welche höchst warscheinlich von m[1], sicher von einer mit m[1] fast oder ganz gleichzeitigen hand ist, steht auf einer rasur. es waren zwei zeilen, deren zweite bis über den anfang von kolumne B hinausragte: die buchstaben dieselben wie im texte, nur viel feiner und dünner. von der ersten kann ich lesen .... *τονιερεαισ* ......, von der zweiten ... *τηημερατουειλασμων* .... die hand ist dieselbe, welche die überschrift auf 17ᵛ B schrieb]

A 10 über *ε* ein corrector *α* [welchen ich, wie früher bemerkt, für ser alt, wenn nicht gleichzeitig halte. die tinte ist absolut dieselbe wie die des textes] | 14 das zweite *ε* der zeile dünn gestrichen | [25 über dem *ε* von *σεν* ganz fein *α* corrigiert]

[B 12 der obelus von ser alter tinte durchstrichen]

16r Leviticus 16

παρατησσυναγωγησ
τωνϋιωνιηλλημψε
ταιδυοχιμαρουσεξαι
γωνπεριαμαρτιασ
καικριονεναεισο
λοκαυτωμα καιπροσ 6
αξειααρωντονμο
σχοντονπεριτησα
μαρτιαστοναυτου
καιεξιλασεταιπερι
αυτουκαιτουοικου
αυτου καιλημψεται 7
τουσδυοχιμαρουσ
καιστησειαυτουσε
ναντικυπαρατηνθυ
ραντησσκηνηστου
μαρτυριου. καιεπιθη 8
σειααρωνεπιτουσ
δυοχιμαρουσκλη>
ρουσκληρονενατω
κ̄ωκαικληρονενα
τωαποπομπαιω>
|καιπροσαξειααρω̄ 9
τονχιμαρονεφον
επηλθενεπαυτον
οκληροστωκωκαι
προσοισειπεριαμαρ

τιασ καιτονχιμαρον 10
εφονεπηλθενεπ'
αυτονοκληροστου
αποπομπαιου·στη
σειζωντα εναντικυ
τουεξιλασασθαιεπ'
αυτουωστεεξαπο
στειλαιαυτονειστη̄
αποπομπην ÷ αφη
σειαυτον : ειστηνε
ρημον καιπροσαξει 11
ααρωντονμοσχον
τονπεριτησαμαρτι
αστοναυτουκαιε
ξιλασεταιπεριαυ
τουκαιτουοικουαυ
τουκαισφαξειτον
μοσχοντονπερι>
τησαμαρτιαστοναυ
του|καιλημψεται 12
πληρεστοπυρειον
ανθρακωνπυροσα
ποτουθυσιαστηριου
τουαπεναντικυκ,
πλησειτασχειρασαυ
τουθυμιαματοσσῡ
θεσεωσλεπτησκαι

[B 4 der punkt vor *στη* war vergessen, und ist erst später *über* der linie nachgetragen] darum schwebt er in der mitte. siehe zur ersten kolumne meines abdrucks

16ᵛ Leviticus 16

εισοισειεσωτεροντου
καταπετασματοσ ϗ 13
επιθησειτοθυμια
μαεπιτοπυρεναντι
κ̅υ̅καικαλυψειηατμισ
τουθυμιαματοστο
ϊλαστηριοντοεπιτω̅
μαρτυριωνκαιουκ᾽
αποθανειται· καιλημ 14
ψεταιαποτουαιματοσ
τουμοσχουκαιρανει
τωδακτυλωαυτου
επιτοϊλαστηριονκα
ταανατολασκαταπρο
σωποντουϊλαστη
ριουκαιρανειεπια
κισαποτουαιματοσ
τωδακτυλωαυτου
|καισφαξειτονχιμα 15
ροντονπεριτησαμαρ
τιασιονπαρατουλαου
— εναντικυ: καιεισοι
σειτουαιματοσαυτου
εσωτεροντουκατα
πετασματοσκαιποι
ησειτοαιμααυτουο̅
τροπονεποιησεντο

αιματουμοσχου.και
ρανειτοαιμααυτου
επιτοϊλαστηριονκα
ταπροσωποντουϊλα
στηριου καιεξειλασε 16
ταιτοαγιοναποτων
ακαθαρσιωντωνϋ
ϊωνιηλ· καιαποτω̅
αδικηματωναυτω̅
περιπασωντωνα >
μαρτιωναυτων.και
ουτωσποιησειτη
σκηνητουμαρτυρι
ουτηεκτισμενηε̅
αυτοισενμεσωτησ
ακαθαρσιασαυτων
|καιπασανοσουκ᾽ε 17
σταιεντησκηνητου
μαρτυριουεισπορευ
ομενουαυτουεξει
λασασθαιεντωαγιω
εωσανεξελθη·και
εξειλασεταιπεριαυ
τουκαιτουοικουαυ
τουκαιπεριπασησ
συναγωγησιη̅λ· |και 18
εξελευσεταιεπιτο

A [von 17 27 merfach nachgeschwärzt] | 26 ende von jüngerer hand ν angefügt
B 22 der punkt ist von erster hand

17r Leviticus 16

ϑυσιαστηριοντοον
απεναντιχυ.καιεξι
λασεταιεπαυτουκαι
λημψεταιαποτουαι
ματοστουμοσχου
καιαποτουαιματοσ
τουχιμαρουκαιεπι
ϑησειεπιτακερατα >
τουϑυσιαστηριουκυ
κλω καιρανειεπ'αυτο 19
αποτουαιματοσιω
δακτυλωαυτουεπτα
κισκαικαϑαριειαυτο
καιαγιασειαυτοαπο
τωνακαϑαρσιωντω̅
υιωνιηλ·|καισυντε 20
λεσειεξιλασκομε
νοστοαγιονκαιτην
σκηνηντουμαρτυ
ριουκαιτοϑυσιαστη
ριον⁒καιπεριτωνι
— ερεωνκαϑαριει: και
προσαξειτουχιμαρο̅
τονζωντα καιεπιϑη 21
σειααρωντασδυοχει
ρασαυτουεπιτηνκε
φαλητουχιμαρου

τουζωντοσ: καιεξα
γορευσειεπ'αυτουπα
σαστασανομιαστω̅
υιωνιηλκαιπασασ
τασαδικιασαυτων
καιπασαστασαμαρ
τιασαυτωνκαιεπι
ϑησειαυτασεπιτην
κεφαλητουχιμα
ρου⁒τουζωντοσ: κ
εξαποστελειενχει
ριανϑρωπουετοι
μουειστηνερημο̅
καιλημψεταιοχιμα 22
ροσεφ'αυτωπασασ
τασαδικιασαυτων
ειστηναβατον· και
εξαποστελειτονχι
μαρονειστηνερημο̅
|καιεισελευσεταιαα 23
> ρωνειστηνσκηνην
τουμαρτυριουκαιεκ
δυσεταιτηνστολην
τηνλινηνηνενδε
δυκειεισπορευομε
νουαυτουειστοαγιο̅
καιαποϑησειαυτην

A 15 am ende von jüngerer hand ν angefügt | 23 ebenso

B 3 ebenso | 13 ebenso | 15 über dem α von αυτω m² ε | 19 am ende von m² ν hinzugefügt | 21 über ση von ganz junger hand κ [ση nachgeschwärzt] | [von 21 an merfach nachgeschwärzt] | 26 am ende von m² ν hinzugefügt

17ᵛ Leviticus 16

εκει|καιλουσεταιτο 24
σωμααυτουϋδατιε̅
τοπωαγιωκαιενδυ
σεταιτηνστοληναυ
τουκαιεξελϑωνποι
ησειτοολοκαυτωμα
αυτουκαιτοολοκαρ
πωμααυτουλαουϗ
εξειλασεταιπεριαυ
τουκαιτουοικουαυ
τουκαιπεριτουλαου
|καιτοστεαρτοπεριτω̅ 25
αμαρτιωνανοισειε
πιτοϑυσιαστηριον
|καιοεξαποστελλω̅ 26
τονχιμαροντουδι
εσταλμενονεισαφε
σινπλυνειταϊματια
αυτουκαιλουσεται
τοσωμααυτουϋδατι
καιμεταταυταεισελευ
σεταιειστηνπαρεμ
βοληνǀκαιτονμοσχο̅ 27
τονπεριτησαμαρτι
ασκαιτονχιμαρον>
τονπεριτησαμαρτιασ
ωνεισηνεχϑητοαι

νησιατωνειλασμων
μααυτωνεξειλασα>
σϑαιεντωαγιωεξοι
σειαυταεξωτησπα>
ρεμβοληςκαικατα
καυσουσινενπυρι>
ταδερματααυτωνϗ
τακρεααυτωνκαιτη̅
κοπροναυτων|οδε 28
κατακαιωναυταπλυ
νειταϊματιααυτου
καιλουσεταιτοσω
μααυτουϋδατικαι>
μεταταυταεισελευ
σεταιειστηνπαρεμ
βοληνǀκαιεσται÷του 29
— το·ημιννομιμοναι
ωνιον·εντωμηνι
τωεβδομωδεκατη
τουμηνοσταπεινω
σετετασψυχασϋμω̅
καιπανεργονουποι
ησετεοαυτοχϑων
καιοπροσηλυτοσο>
προσκειμενοσενϋ
μινǀενγαρτηημερα 30
ταυτηεξειλασεταιπε
ριϋμωνκαϑαρισαιϋ

A 8 über dem ersten *υ* von *αυτου* ein punkt, der von m[1] scheint. das *α* dieses wortes ist durchstrichen, und ein jüngerer asper darüber [auch das *υ* ist ganz fein durchstrichen. der sogenannte asper und der punkt bedeuten also wol nichts, als daß beide buchstaben zu expungieren sind, was ja auch sprachlich gefordert ist] | 12 am ende von m[2] *ν* hinzugefügt | 15 ebenso | 23 ebenso

B 7 ebenso | 16 über dem *η* von *ημιν* ein jüngeres *υ* | 20 am ende von m[2] *ν* hinzugefügt

18ᵛ Leviticus 16 17

μασαποπασωντων
αμαρτιωνϋμωνενα
ντικυκαθαρισθησεσθε
σαββατασαββατωνε 31
σταιϋμινκαιταπει
νωσετετασψυχασϋ
μωννομιμοναιω
νιονεξειλασεταιοϊε 32
ρευσονανχρισωσι
αυτονκαιοναντελει
ωσωσιτασχειρασαυ
τουϊερατευεινμετα
τονπατεραυτουκαι
ενδυσεταιτηνστολη̄
τηνλινηνστοληνα
γιαν· καιεξιλασεται 33
τοαγιοντουαγιουκ
τηνσκηνηντουμαρ
τυριουκαιτοθυσια
στηριονεξειλασεται
καιπεριτωνϊερεων
καιπεριπασηστησσυ
ναγωγησεξειλασεται
|καιεσταιτουτοϋμιν
νομιμοναιωνιον
εξειλασκεσθαιπερι
τωνϋιωνιηλαπο >

πασωντωναμαρτι
ωναυτωναπαξτου
ενιαυτουποιηθη
σεταικαθαπερσυνε
ταξενκστωμωση
καιελαλησενκσπρος 1
μωσηνλεγωνλαλη 2
σονπροσααρωνκαι
τουσϋιουσαυτουκ
προσπαντασϋιουσ
ιηλκαιερεισπροσαυ
τουσ· τουτοτορημα
οενετειλατοκσλε
γων· ανοσανοσιω̄ 3
ϋιωνιηλοσανσφα
ξημοσχονηπροβα
τονηαιγαενιηπαρεμ
βοληκαιοσανσφα
ξηεξωτησπαρεμ
βοληςκαιεπιτηνθυ 4
ραντησσκηνηστου
μαρτυριουμηενεγ
κηαυτο÷ωστεποι
— ησαιαυτοεισολοκαυ
— τωμαηεισσωτηριο̄
— κ̄ωδεκτονεισοσμη̄
— ευωδιασ. καιοσαν

A 2 am ende von m² ν hinzugefügt | 9 ebenso | 14 ebenso

B 4 über dem anderen ε von σετε m² αι | 14 am ende von m² ν hinzugefügt | 25 ebenso | 26 ebenso

18v Leviticus 17

— σφαξηεξωκαιεπι
— τηνθυραντησσκη
— νησιουμαρτυριου
— μηενεγκηαυτο·ωσ
τεπροσενεγκαιαυτο
δωροντωκωαπενα̅
τιτησσκηνησκυ.αι
> μαλογισθησεταιτω
α̅ν̅ω̅εκεινωαιμαε
ξεχεενεξολεθρευ
θησεταιηψυχηεκει
νηεκτουλαουαυ
τησ οπωσαναφερω 5
σινοιϋιοιι̅η̅λ̅τασθυ
σιασαυτωνοσαναυ
τοισφαξωσινεντοισ
πεδιοισκαιοισουσι̅
αυτατωκ̅ω̅επιτασ
θυρασιησσκηνησ
τουμαρτυριουπροσ
τονϊερεακαιθυσου
σινθυσιανσωτηριου
τωκ̅ω̅αυτα.καιπροσ 6
χεειοϊερευστοαιμα
επιτοθυσιαστηριον
— κυκλωαπεναντι:κϋ
παρατασθυρασιησ>

σκηνησιουμαρτυρι
ουκαιανοισειτοσιε
αρειοσμηνευωδιασ
τωκω καιουθυσου 7
σινετιτασθυσιασαυ
τωντοισματαιοισοισ
αυτοιεκπορνευουσι̅
οπισωαυτωνυομι
μοναιωνιονυουτο
εσταιϋμινεισγε
νεασϋμων. καιπροσ 8
αυτουσερεισανοσ>
α̅ν̅οσ·αποτωνϋιω̅
ι̅η̅λ̅καιαποτωνπροσ
ηλυτωντωνπροσ
κειμενωνενϋμιν
οσανποιησηολοκαυ
τωμαηθυσιαν καιε 9
πιτηνθυραντησσκη
νηστουμαρτυριου
μηενεγκηποιησαι
αυτοτωκ̅ω̅εξολε>
θρευθησεταιηψυχη
εκεινηεκτουλαου
αυτησ:
⌈καιανοσανοσιωνϋ 10
ϊωνι̅η̅λ̅·ητωνπροσ

A 4 über dem punkte scheint ein späteres strichlein zu stehn [ich glaube, das obere ist punkt von m[1], der, wie die ganze seite, verlöscht war, und später durch den zweiten punkt ersezt wurde] | 6 am ende von m[2] ν hinzugefügt | 12 über dem ξ von m[1] ein punkt | 15 nach οσα über der zeile von m[2] ein σ | 17 am ende von m[2] ν hinzugefügt

B 2 ebenso | 13 ebenso

19r Leviticus 18 19

θηνετινοισπροϋμω̄ 28
|οιπασοσεανποιηση 29
αποπαντωντωνβδε
λυγματωντουτων
εξολεθρευθησονται
αιψυχαιαιποιουσαι
εκμεσουτουλαουαυτω̄
|καιφυλαξεσθεταπροσ 30
ταγματαμου·οπωσ
μηποιητεαποτων
νομιμωντωνβδε
λυγμενωναγεγονε̄
προτουϋμασκαιου
μιανθησεσθεεναυ
τοισοτιεγωκσοθσϋ
μων
|καιελαλησενκ̄σπροσ 1
μωσηνλεγων λαλη 2
σονπασητησυναγω
γηϋιωνιηλ· καιερεισ
προσαυτουσαγιοιε
σεσθεοτιαγιοσεγω
κ̄σοθσϋμων|εκαστοσ 3
μητεραυτουκαιπα
τεραυτουφοβεισθω
καιτασαββαταμουφυ
λαξεσθεεγωκσοθσ

ϋμων· ουκ'επακολου 4
θησετεειδωλοισ·κ̄
θεουσχωνευτουσ
ουποιησετεϋμιν >
εγωκσοθσϋμων|κ̄ 5
εανθυσητεθυσιαν
σωτηριουτωκω̄δε
κτηνϋμωνθυσετε
|ηανημεραθυσητε 6
βρωθησεταικαιτη
αυριονκαιεανκατα
λειφθηεωσημερασ
τριτησενπυρικατα
καυθησεται· εανδε 7
βρωσειβρωθητηη
μερατητριτηαθυτο̄
εστινουδεχθησεται
|οδεεσθωναυτοαμαρ 8
τιανλημψεται· οτιτα
αγιακ̄υεβεβηλωσε̄
καιεξολεθρευθησο̄
ταιαιψυχαιαιεσθου
σαιεκτουλαουαυτω̄
|καιεκθεριζοντων 9
ϋμωντονθερισμο̄
τησγησϋμωνουσῡ
τελεσετετονθερισμο̄

19ᵛ Leviticus 19

ΰμωνιοναγρουσου
εκϑερισαικαιταaπο
πειπτοντατουϑεριο
μουσουουσυλλεξεισ
|καιτοναμπελωνα 10
σουουκεπαναιρυγη
σεισουδετουσρωγασ
τουαμπελωνοσσου
συλλεξεισ: τωπτω
χωκαιτωπροσηλυ
τωκαταλειψεισαυτα
εγωκσοϑσϊμων. ου 11
κλεψετεκαιουψευ
σεσϑεουδεσυκοφα
τησειεκαστοστον>
πλησιον· καιουκ'ο 12
μειοϑειωονοματι
μουεπ'αδικω· καιου
βεβηλωσετετοονο
ματουϑυϊμων· εγω
— ειμι: κσοϑσϊμων>
|ουκ'αδικησεισιον 13
πλησιονσουκαιουκ'
αρπασεισ· καιουκοι
μηϑησεταομισϑοσ
τουμισϑωτουπαρα
σοιεωσπρωϊ· |ουκα> 14

κωσερεισκωφονκαι
απεναντιτυφλουου
προσϑησεισσκανδα
λονκαιφοβηϑηση
τονϑνσου· εγωκσ—ο
— ϑσϊμων: ουποιησε 15
τεαδικονενκρισει
ουλημψηπροσωπο̄
πτωχου. ουδεϑαυ
μασεισπροσωπον
δυναστου: ενδικαιο
συνηκρινεισιον>
πλησιονσου: |ουπο 16
ρευσηδολωεντωε
ϑνεισουουκ'επισυ
στησηεφαιματουπλη
σιονσουεγωκσ—οϑσ
— ϋμων: |ουμεισησεισ 17
τοναδελφονσουτη
διανοιασου: ελεγμω
ελεγξεισιουπλησι
ονσουκαιουλημψη
διαυτοναμαρτιαν
|καιουκ'εδικαται σου 18
ηχειρ'καιουμηνιεισ
τοισϋιοισιουλαουσου
καιαγαπησεισιονπλη

A 16 18 27 punkt von m¹
B 24 über εδ von m² κ

20ʳ Leviticus 19

σιονσουωσσεαυτον
εγωκσ̅|τοννομονμου 19
φυλαξεσθε· τακτηνη
σονουκατοχευσεισ
ετεροζυγω· καιτον
αμπελωνασουουκα
τασπερεισδιφορον
κ̅αιϊματιονεκδυο
ϋφασμενον÷κιβδη
— λον: ουκ’επιβαλεισ
σεαυτω:
|κα̅ιεαντισκοιμηθημε 20
ταγυναικοσκοιτην
σπερματοσκαιαυτη
οικετισδιαπεφυλα
γμενηανθρωπωκ,
λυτροισουλελυτρω
ται· ηελευθεριαουκε
δοθηαυτηεπισκο >
πηεσται÷αυτοισ: ουκ’
αποθανουνται.οτι
ουκ’ηλευθερωθη >
|καιπροσαξειτησπλ̅η̅μ̅ 21
μελειασαυτουτωκ̅ω̅
παραιηνθυραντησ
σκηνηστουμαρτυ
ριουκρειονπλ̅η̅μ̅ >

μελειασ|καιεξειλασε 22
ταιπεριαυτουοϊερευσ
εντωκρειωτησπλ̅η̅μ̅
μελειασεναντικυ
περιτησαμαρτιασαυ
τουησημαρτενκαι
αφεθησεταιαυτωη
αμαρτιααυτουηνη
μαρτεν:
|ο̅τανδεεισελθητεεισ 23
τηνγην÷ηνκσοθ̅σ̅
— ϋμωνδιδωσινϋμιν:
καικαταφυτευσητε
πανξυλονβρωσιμο̅
καιπερικαθαριειτε
τηνακαθαρσιαναυ
του.οκαρποσαυτου
τριαετηεσταιϋμιν
απερικαθαριοσου
βρωθησεται καιτω 24
ετειτωτεταρτωε
σταιπασοκαρποσαυ
τουαγιοσαινετοσ
τωκ̅ω̅·|ενδετωετει 25
τωπεμπτωφαγε
σθετονκαρποναυ
τουπροσθεμαϋμιν

A 5 punkt alt

[B 18 die zwei punkte auf dem υ kann ich eigentlich nicht sicher erkennen]

20ᵛ Leviticus 19

ταγενηματααυτουε
γωκ̅σ̅οθ̅σ̅ϊμων|μη 26
εσθετεεπιτωνορεω̅
καιουκοιωνιεισθε
ουδεορνειθοσκοπη
σεσθε.|ουποιησετε 27
σισοηνεκτησκομησ
τησκεφαλησϋμων
ουδεφθερειτετην
οψιντουπωγωνοσ
ϋμων|καιεντομιδασ 28
επιψυχηουποιησε
τεεντωσωματιϋμω̅
καιγραμματαστικτα
ουποιησετεενϋμι̅
εγωκ̅σ̅οθ̅σ̅ϊμων|ου 29
βεβηλωσειστηνθυ
γατερασουεκπορνευ
σαιαυτηνκαιουκεκ
πορνευσειηγηκαι
πλησθησεταιηγηα
νομιασ|τασαββατα 30
μουφυλαξεσθεκαι
αποτωναγιωνμου
φοβηθησεσθεεγω
κ̅σ̅|ουκεπακολουθη 31
σετεενγαστριμυθοισ
καιτοισεπαοιδοισου
προσκολληθησεσθε
εκμιανθηναιεναυ
τοισεγωκ̅σ̅οθ̅σ̅ϋμω̅
|α̅ποπροσωπουπολι 32
ουεξαναστησηκαι
τειμησεισπροσωπο̅
πρεσβυτερουκαιφο
βηθησητον θ̅ν̅σου
εγωκ̅σ̅οθ̅σ̅ϋμων >
|εανδετισπροσελθη 33
ϋμινπροσηλυτοσε̅
τηγηϋμωνουθλει
ψετεαυτον|ωσαυτο 34
χθωνενϋμινεσται
οπροσηλυτοσοπροσ
πορευομενοσπροσ
ϋμασκαιαγαπησεισ
αυτονωσσεαυτονο
τιπροσηλυτοιεγενη
θητεενγηαιγυπτω
εγωκ̅σ̅οθ̅σ̅ϋμων
|ο̅υποιησετεαδικον 35
ενκρισειενμετροισ
καιενσταθμιοισκαιε̅
ζυγοισ|ζυγαδικαιακ 36
σταθμιαδικαια※καιοι

die seite hat den nachschwärzer auszuhalten gehabt

A 3 ende + א m^2 | 7 Lagarde armenische studien § 2274 | 13 ende + א m^2 | 14 das erste μ ist unleserlich, über der zeile daher wiederholt | 15 ende + א m^2

B 4 ende + א m^2 | 7 ebenso | 25 ebenso

21r Numeri 25

— αυτων: και προσεκυ
νησαν τοις ειδωλοις
αυτων | και ετελεσθη 3
ιηλ τω βεελφεγωρ και
ωργισθη θυμω κσ τω
ιηλ | και ειπεν κσ τω > 4
μωση λαβε παντας
τους αρχηγους του
λαου και παραδιγμα
τισον αυτους ※ τω : κω
απεναντι του ηλιου
και αποστραφησεται
η οργη θυμου κυ απο
ιηλ | και ειπεν μωσης 5
ταις φυλαις ιηλ απο
κτεινατε εκαστος
τον οικειον αυτου
τον τετελεσμενον
τω βεελφεγωρ | και 6
ιδου ανθρωπος των
υιων ιηλ ελθων προσ
ηγαγεν τον αδελφον
αυτου προς την μα
διανειτιν εναντιον
μωση και εναντιον
πασης συναγωγης
υιων ιηλ αυτοι δε
αικλαιον παρα την

θυρας της σκηνης
του μαρτυριου : και 7
ϊδων φινεες υιος ε
λεαζαρ ϊου ααρων
του ϊερεως εξανεστη
εκ μεσου της συναγω
γης και λαβων σειρομα
στην εν τη χειρι ※ αυ
※ του : | εισηλθεν οπισω 8
του ανθρωπου του
ϊσραηλειτου εις την
καμεινον και απεκεν
τησεν αμφοτερους
τον τε ανθρωπο τον
ϊσραηλειτην και ν
γυναικα δια της μ σ
αυτης και επαυσατο
η πληγη απο υιων ϊ
ιηλ | και εγενοντο οι 9
τεθνηκοτες εν τη >
πληγη δ και κ χειλιαδες
| και ελαλησεν κς προς 10
μωσην λεγων | φι 11
νεες υιος ελεαζαρ ϊου
ααρων του ϊερεως
κατεπαυσεν τον θυ
μον μου απο υιων
ϊσραηλ εν τω ζηλωσαι

A [10 der ※ ist *nicht* von m[1], sondern von m[2]. so wie gedruckt ist, kann es nicht wol bleiben: die beiden punkte, welche im codex recht normal *in* der zeile stehn, sind ja viel zu tief] sie sind in meiner abschrift auch richtig gestellt: mein ser geschickter sezer vermag aber mit unserm materiale nichts anderes zu leisten als was er geleistet hat, und was mit Schönes allerdings notwendiger bemerkung zusammen ausreichen wird | 13 über dem ersten κ von m[2] θ | 28 über dem ersten αι [welches fein ausgestrichen ist] von jüngerer hand ε | [unter kolumne A von m[1] die quaternionensignatur ΛS]

B [9 mir scheint das η in εισηλθεν aus ε korrigiert zu sein, aber unbedingt von m[1]] 14—17 das pergament ist ausgebrochen

21ʳ Numeri 25 26

— αυτον:τονζηλονμου
εναντοισκαιουκεξα
ναλωσατουσυϊουσ
ιηλεντωζηλωμου
|ουτωσειπονειδου 12
εγωδιδωμιαυτω
※ την:διαθηκηνειρη
νησμου'καιεσιαιαυ 13
τωκαιτωσπερματι
αυτουμεταυτονδι
αθηκηϊερατιασαιω
νιασανθωνεζηλω
σεντωθωαυτου
x εξειλασατοπερι
τ νϋϊωνιηλ:τοδε 14
ο ομαтουανθρω
πουτουιηλλειτου
τουπεπληγοτοσοσ
επληγημετατησμα
διανιτιδοσζαμβρι
υσσαλωμαρχωνοι
κουπατριασσυμεω̄
|καιονοματηγυναι 15
κιτηπεπληγυϊηιη
μαδιανιτιδειχασβει
θυγατηρσουραρχον
τοσεθνουσ÷σομμωθ:
οικουπατριασιων

μαδιανεστιν|καιελα 16
λησενκσπροσμωση̄
λεγων÷λαλησοντοισ
— υϊοισιηλλεγων:εχ 17
θρενετετοισμαδιη
ναιοισκαιπαταξατε
αυτουσ|οτιεχθραινο 18
σιναυτοιϋμινενδο
λειοτητι※αυτων:
οσαδολειουσινϋμασ
διαφογωρκαιδιαχα
σβειθυγατεραρχω̄
τοσμαδιαμειαδελφη
αυτωντηνπεπλη
γυϊανεντηημερατησ
πληγησδιαφογωρ
|καιεγενετομετατη— 1
πληγηνκαιελαλησε̄
κσπροσμωσηνκαι
προσελεαζαρυϊονα
αρωντονϊερεανλ
γων'λαβετηναρχη— 2
πασησσυναγωγησα
ποκειουσκαιεπανω
κατοικουσπατριω̄
αυτωνπασοεκπορευ
ομενοσπαραταξασθαι
ενιηλ:|καιελαλησε̄ 3

A 5 das ι von ειδου fein durchstrichen | 14—16 ausgebrochen | 26 nach σου über der zeile von m² ein buchstab, der nur ρ sein kann [was da ist, weiß ich nicht, aber ρ scheints mir nicht zu sein]

B [4 nach dem εχ ist deutlich ein ※, aber absichtlich weggelöscht | ' 7 das ende durch ein stück papier zugeklebt | 11 ende σ + m² | 12 σ spät gestrichen | 13 das andere μ von μαδιαμ scheint mir später in ν geändert zu sein | 13 ende der aufgeklebte streif papier hindert mer zu sehen | 21 ende ein kleines loch, welches das ι verschlungen hat

22r Numeri 29

εορτασετε ÷ αυτην : ε 12
ορτην κω ζ ημερας.
|καιπροσαξετε ολο 13
καυτωματα καρπω
μα εισοσμην ευωδι
ας ※ τω ÷ κω ÷ τη ημερα
τη πρωτη : μοσχους εκ
βοων γ και κρειους β α
μνους ενιαυσιους δ και
ι αμωμοι εσονται αι θυ 14
σιαι αυτων σιμιδαλις
αναπεποιημενη εν ε
λαιω γ δε κατα μοσ
χω τω ενι τοις τρισιν
και ι μοσχοις και β δεκα
τα τω κρειω τω ενι ε
πι τους κρειους δεκα 15
τον δεκατον τω αμνω
τω ενι επι τους δ και ι
αμνους |καιχειμαρρο 16
εξ αιγων ενα περι αμαρ
τιας πλην της ολοκαυ
τωσεως της διαπαν
τος αι θυσιαι αυτων.
και αι σπονδαι αυτω
|καιτη ημερα τη δευτε 17
ρα μοσχους ※ εκ βοων :
ιβ και κρειους β αμνους

ενιαυσιους δ και ι
αμωμους η θυσια αυ 18
των και η σπονδη αυ
των τοις μοσχοις και
τοις κρειοις και τοις
αμνοις κατα αριθμον
αυτων κατα την συγ
κρισιν ÷ αυτων : |καιχει 19
μαρρον εξ αιγων ενα
περι αμαρτιας πλην
της ολοκαυτωσεως
της διαπαντος αι θυ
σιαι αυτων και αι σπο
δαι αυτων
|τη ημερα τη γ · μο σ 20
ια κρειους β αμ ε
νιαυσιους δ κα ω
μους η θυσια αυτ 21
και η σπονδη αυτ
τοις μοσχοις ÷
κρειοις και τοις
κατα αριθμον αυτων
κατα την συγκρισιν :
αυτων : |καιχειμαρρο 22
εξ αιγων ενα περι αμαρ
τιας πλην της ολοκαυ
τωσεως της διαπαν
τος αι θυσιαι αυτων

A 1 der punkt ist mir unsicher | [mir auch: ich halte ihn für einen zufall] | [7 das : war vergessen, ist erst nachträglich eingeschoben] | [17 nach dem τους von m² ein überstrichnes β eingefügt]

B mitte rechts längs aus ausgebrochen | [4 es steht sicher da τοιμοσχοις] | [8 das ÷ war vergessen, und ist nachgetragen] | 7 ende γ ist vielleicht später [glaube ich nicht]

22^v Numeri 29

καιαισπονδαιαυτω̄
| ηημερατηδ̄μοσχουσ 23
ι̅ κρειουσβ̄αμνουσε
νιαυσιουσδ̄καιι̅ αμω
μουσ|αιθυσιαιαυτω̄ 24
καιαισπονδαιαυτω̄
τοισμοσχοισκαιτοισ
κρειοισκαιτοισαμνοισ
καταριθμοναυτω̄
κατατηνσυνκρισιν
αυτων. καιχειμαρρο̄ 25
εξαιγωνεναπερια
μαρτιασπληντησο
λο αυτωσεωστησ
νιοσαιθυσιαι
νκαιαισπον
των
| μερατηπεμπτη 26
οσχουσθ̄κρειουσ
νουσενιαυσιουσ
αμωμουσ|αιθυ 27
σιαιαυτωνκαιαισπῡ
δαιαυτωντοισμο
σχοισκαιτοισκρειοισ
καιτοισαμνοισκατα
ριθμοναυτωνκατα
τηνσυγκρισιν̄ : αυτω̄ :
|καιχειμαρρονεξαιγω̄ : 28

περιαμαρτιασεναπλη̣ν
τησολοκαυτωσεωσ
τησδιαπαντοσαιθυ
σιαιαυτωνκαιαισπῡ
δαιαυτων
|τηημερατηϛ̄μοσχουσ 29
η̄κρειουσβ̄αμνουσ
ενιαυσιουσδ̄καιι̅ αμω
μουσ|αιθυσιαιαυτω̄ 30
καιαισπονδαιαυτω̄
τοισμοσχοισκαιτοισ
κρειοισκαιτοισαμνοισ
καταριθμοναυτων
κατατηνσυγκρισιν:
— αυτων:|καιχειμαρρῡ 31
— εξαιγων: περιαμαρτι
ασεναπληντησολο
καυτωσεωστησδια
παντοσαιθυσιαιαυτω̄
|τηημερατηζ̄μοσχουσ 32
ζ̄κριουσβ̄αμνουσενι
αυσιουσδ̄καιι̅ αμω
μουσ αιθυσιαιαυτω̄ 33
καιαισπονδαιαυτω̄
τοισμοσχοισκαιτοισ
κρειοισκαιτοισαμνοισ
καταριθμοναυτων
καιτηνσυγκρισιναυτω̄

A 1 ende + ϰ m² | 2 der anfangsbuchstab jezt unsichtbar | 14–21 ausgebrochen | [17 vielleicht, um irrtum zu verhüten, nüzlich anzumerken, daß diese zeile absichtlich halb leer gelassen ist] | 22 ende + ϰ m²

B 1 ende unlesbar. ich hatte nur bis *πλ* gelesen, Schönes scharfe augen erkannten noch *ην*, das ich also in den text aufgenommen habe

Es ist mir bei dieser arbeit wirklich einmal begegnet, daß meinen studien teilname gezeigt wurde: Alfred Schöne mag glauben, daß seine hülfeleistung schon darum mir wertvoll gewesen ist und wertvoll bleiben wird, weil sie in dreißig jaren die erste probe davon war, daß gelehrten was ich treibe nicht zu unbedeutend erscheint, um seinetwillen einen finger zu rüren. zur zunft gehörte der so helfende selbstverständlich nicht, und sein Thucydides wie der Marseiller papyrus der zweiten rede des Isocrates durfte ihm noch dazu interessanter vorkommen als die beschreibung der stiftshütte und die ausgesucht garstigen geseze des Leviticus. was Schöne meiner collation materiell genüzt, zeigt der rand meiner blätter — ich mache vor allem andern auf seite 33 so wie auf die entdeckung der quaternionenzalen aufmerksam: ich darf nicht verschweigen, daß mein freund außer den beiträgen zu meiner arbeit, welche ausdrücklich unter seinem namen mitgeteilt sind, sogar auch einige fehler in den buchstaben meiner kopie verbessert, und merere meinen augen entgangene zeichen hinzugetan, einige falsch gesehene geändert hat. was ich mir im texte stillschweigend habe gefallen lassen, hier aber der gerechtigkeit wegen erwänen muß: mich verdrösse ernstlich, wenn ich auch nur mit allerkleinsten fremden federn geschmückt erschiene.

zu dem auf seite 4 über CvTischendorf gefällten urteile vergleiche man meinen in den gesammelten abhandlungen 85—119 wieder abgedruckten, von FHScrivener in seinem so brauchbaren *plain introduction to the criticism of the new testament* noch 1874 nicht genannten aufsaz, die vorrede zu meiner ausgabe des *psalterium iuxta Hebraeos Hieronymi* und die in meinen deutschen schriften 130 angegebenen zalen.

Göttingen,
druck der Dieterichschen universitäts-buchdruckerei.
W. Fr. Kaestner.

ORIENTALIA

VON

PAUL DE LAGARDE.

ERSTES HEFT.

Aus dem vierundzwanzigsten bande der abhandlungen der königlichen gesellschaft der wissenschaften zu Göttingen.

Göttingen,

Dieterichsche verlags-buchhandlung.

1879.

Die koptischen handschriften der goettinger bibliothek.

von

Paul de Lagarde.

In der königlichen gesellschaft der wissenschaften vorgetragen am 7 December 1878.

Die goettinger universitätsbibliothek hat im jare 1877 von herrn Heinrich Brugsch vierunddreißig handschriften gekauft. herr FWüstenfeld in den nachrichten von der königlichen gesellschaft der wissenschaften und der Georg-Augusts-universität zu Goettingen 1878 seite 285 bis 325 über dreiunddreißig derselben eine vorläufige mitteilung gemacht. ich werde jetzt die koptischen stücke dieser sammlung näher beschreiben. mit Einer ausname sind sie liturgischen inhalts. auf eine betrachtung des wertes, welchen sie für das studium der liturgik (Lagarde deutsche schriften 33) haben, gehe ich nicht ein, wie denn auch nachweise nach dieser richtung hin zu geben absichtlich unterlassen wurde: mir kommt es bei meinen studien auf die kritik des bibeltextes an: es wird aus meinem register erhellen, wie viel aus den bisher so verachteten liturgien für diese zu gewinnen ist. liturgien sind amtliche äußerungen der kirche: der in inen gebrauchte text der heiligen schrift, welche ja, so lange das christentum lebte, nur durch die kirche den einzelnen christen zugänglich und verständlich war, ist der officielle, und als solcher, und weil das volk ihn durch vieles anhören genau kannte und nicht antasten ließ, den änderungen nicht unterworfen gewesen, welche manuscripte der bibel selbst gelegentlich zu erdulden gehabt haben.

ich bezeichne die einzelnen handschriften mit buchstaben, um sie nachher im register möglichst kurz citieren zu können. die buchstaben sind so gewält, daß die in meiner ausgabe des psalters verwendeten und die in meiner geplanten ausgabe des neuen testaments zu verwendenden sigeln ire geltung neben inen behalten können. das recto der blätter ist gemeint, wo die zal one beisatz steht, das verso, wo B beigefügt ist.

das oft wiederkerende, durch قطع übertragene ⲁⲣⲝⲓⲥ zu erläutern überlasse ich anderen. die psalmen citiere ich nach LXX, und zwar in dem von Leander van Ess besorgten abdrucke.

Codex orientalis 125. 4 = A.

Die koptische übersetzung der vier evangelien. papier. beendet am 10 Mesórê des jares 1491 der märtyrer, wenn herr Wüstenfeld die koptischen ziffern auf blatt 197[1] richtig gelesen hat: mir freilich ist ⲥ nur als sigel von 200 bekannt, wodurch wir statt 1774 nach Christus 1574 als datum der abschrift haben würden: ich bescheide mich, die sache von einem pariser oder römischen gelehrten zum austrage bringen zu lassen, da ich kein material zum lernen besitze. abgeschrieben aus einem originale des jares 1073 (الف ثلاثه وسبعين) der märtyrer, und zwar für Anbâ Athanasios, den bischof von منوفيه, welche بوجه البحرى بمصر (nach herrn Wüstenfeld = an der seeseite von Miçr;: vergleiche Yâqût IV 672, 8—10. blatt 0 ه—ح, der schluß des Lucas und der anfang des Iohannes von anderer hand und auf anderem papiere als der rest. aegyptischer lederband. beide kapiteleinteilungen der koptischen bibel am rande. ich denke von der augenscheinlich sehr sorgfältigen handschrift umfänglichen gebrauch zu machen. vor ⲁ ein vorsatzblatt, dessen verso das übliche kreuz zeigt. Matthaeus ⲁ bis ⲛⲉ, Marcus ⲛⲥ bis ϥ, Lucas ϥⲁ bis zu dem auf ⲣⲛ folgenden unbezeichneten blatte, dessen rückseite leer. Iohannes ⲣⲛⲁ (dessen vorderseite unbeschrieben) bis zu dem auf ⲣϥⲥ folgenden unbezeichneten blatte, dessen andere seite unbeschrieben ist. am ende drei leere folien.

Codex orientalis 125. 7. H und K.

Die handschrift besteht aus zwei, schon in Aegypten zusammengebundenen teilen, welche ich als H und K unterscheide. auf beide geht was 1 auf einem über koptische schrift gepappten stücke papier steht: فصول احد الرفاع الكبير اول عذا قطمارس حدود الصوم الكبير الى احد القيامه وعيد الصليب والاربعين شهيد والبشاره وحدود الخمسين واربعين العيد والعنصرة والشكر لله دايما والسلام اذكروا الحقير ابراهيم الذى جمعه مع بعضه. herr Wüstenfeld wirft 300[r] dem wackern Vansleb vor, das wort قطمارس nicht erkannt zu haben, und erklärt es selbst für *καθήμερος*, eine mir unbekannte vocabel, welche hier um so weniger gesucht werden durfte, als sie höchstens ein tag für tag wiederkerendes bezeichnen könnte, und die handschrift, an welche herr Wüstenfeld seine deutung anknüpft. gar nicht für alle tage, sondern nur für alle sonntage die zu lesenden perikopen verzeichnet. aus der handschrift 125, 14 war das richtige unschwer zu entnemen: auf irem blatte ϛ[1] dienen die arabischen worte قطمارس مختص بخدمه شهر ابيب ومسرى als übersetzung der koptischen ⲟⲩⲕⲁⲧⲁⲙⲉⲣⲟⲥ ⲥⲱⲃⲉ ϯⲇⲓⲁⲕⲟⲛⲓⲁ ⲛ̀ⲛⲓⲁⲃⲟⲧ ⲉ̀ⲡⲏⲡ ⲛⲉⲙ ⲙⲉⲥⲱⲣⲏ. danach ist قطمارس = *κατὰ μέρος*. in dem mit unrecht hochgeschätzten thesaurus ecclesiasticus Suicers findet sich keine belerung. *κατὰ μέρος* ist (Thucydides δ 26 citiert Passow) theologen aus dem briefe an die Hebräer 9. 5 hinlänglich bekannt: auch Maccab β 2. 30 15, 33 haben früheren zeiten dazu verholfen, sich über den ausdruck zu orientieren: ich füge ein paar stellen an, wie sie mir eben zur hand sind, wobei ich das von Bekker im register zum Sextus 792[1] aufgefürte nicht wiederholen mag. *ἡ κατὰ μέρος πίστις* des wundertäters Gregor ist hinter meinem Titus von Bostra 103. 17 ff abgedruckt: der Syrer (Analecta 31. 19) gibt ܗܝܡܢܘܬܐ ܗܝ ܕܡܢܬܐ. Philo *περὶ τῆς Μωυσέως κοσμοποιΐας* § 22 23 Basilius (des Frobenschen drucks vom jare 1551) 2, 32 12, 50 14. 26 31 23, 13 108. 44 164, 45 165. 18 167, 26 301, 31 446, 10 Chrysostomus (Savile) I 11, 32 13. 40 36, 25 41. 21 Titus von Bostra β 43 (seite 52. 2 = syr 61. 33 ܡܢܐ ܡܢܐ). ein *κατὰ μέρος* ist ein buch, in welchem die in der kirche zu lesenden bibelstücke einzeln ausgeschrieben stehn: hätte man ein solches werk nicht, so würden die perikopen in der vollständigen bibel von fall zu fall aufzuschlagen sein. für die in Aegypten selbst geltende auffassung des قطمارس verweise ich auf den mir nicht verständlichen تاويل, den ich aus codex E mitteilen werde.

der erste teil schließt auf blatt ⲣⲁ̄ mit der unterschrift تم وكمل الثلثه اعياد المقدسين عيد الصليب وعيد السبضيه الاربعين شهيد وعيد البشاره سلام من الرب امين, wo ich in hinblick auf blatt 89 السبسطيه lesen zu dürfen wünschte, denn gemeint ist das fest der vierzig martyres Sebasteni, über welche man Potthast bibliotheca[1] 810 nachlese. die 102 blätter von H sind nicht mehr alle vorhanden. auf dem jetzt dritten blatte erscheint die zal ϛ: das ihm aufgeklebte stück wird zu ⲅ gehört haben. das jetzt zweite folium besteht vermutlich aus ⲃⲉ, die aufeinander geleimt sind: die ziffern sind nicht sichtbar. der text ist ersichtlich vollständig. ⲟⲉ ⲟⲉ ist aus versehen doppelt da: ich unterscheide darum nachher 75[1] 75[2] 76[1] 76[2]. nach 97 ist ein ⲏ gezeichnetes blatt vorhanden, das mir etwas jünger als der rest von H scheint: ich citiere es als 97². italienisches papier. arabische übersetzung nur für die titel: dann und wann eine arabische glosse.

K — ebenfalls auf italienischem papiere und ebenfalls nur in den titeln ins arabische übersetzt — geht von ⲣⲙⲍ bis ⲥⲗ + 1. blatt ⲣⲏ steht aus versehen gleich hinter ⲣⲙⲍ. schrift und papier sind andere als in H. auf ⲥⲗ nennt sich ein يوانيس خادم بنعمة الله الكرسى المرقصى: das buch sei وقف من وقت تاريخه على دير القديس العظيم انبا بشوى الرجل الكامل ببرية شهيات. die jareszal (»am 17 هتور der märtyrer« ist one nutzen lesbar vermag ich weder auf ⲥⲗ noch in der auf ⲥⲗB stehenden wiederholung der unterschrift zu ergründen. da mir die koptischen zalzeichen nicht sonderlich geläufig sind. auf ⲥⲗB lernen wir. das buch sei وقفا موبدا وحبسا مخلدا على بيعة الست السيده العذرى بحارة الروم السفلى. auch hier lese ich mit sicherheit vom datum nur »12 كيهك« und die zehner »45«: sollte 1245 [der flucht] = 1829 nach Christus gemeint sein?

von 1' teile ich noch mit هذا صحيح على الانجيل العرى والبولس وباق الفصول فى مخليم على الصحه على حكم العرى, was von der hand des schreibers von H. nicht von der des menschen herrürt. welcher die oben abgedruckte inhaltsangabe auf 1¹ gesetzt hat.

H

der sonntag, welcher אלרפאע אלכביר
[abends] (2) Psalm 45, 11
(2) Marcus 11, 22—25
[morgens] (2 B) Psalm 99, 2 3 von ἡμεῖς an [so]
(2 B) Lucas 21, 34—38
5 Corinther β 11, 16—28
6 Petrus β 1, 1—11
7 Apostelgeschichte 21, 15—26
8 Psalm 2, 11. lexis 10
8 Matthaeus 6, 1—18

erster sonntag in der fastenzeit.
[abends] 10 Psalm 16, 1 one die überschrift. lexis 2
10 Matthaeus 6, 34—7, 12
morgens 11 Psalm 17, 2 ἀγαπήσω bis 3 ῥύστης μου. lexis 3 ὁ θεὸς bis ἐπ' αὐτόν
11 Matthaeus 7, 22—29
12 Römer 13, 1—14
13 Iacobus 1, 13—21
14 Apostelgeschichte 21, 40—22, 16
15 Psalm 24, 1 one die überschrift 2 bis κατασχυνθείην εἰς τὸν αἰῶνα, 4 5 bis ἀλήθειάν σου
15 B Matthaeus 6, 19—33

nachmittag des ersten sonntags in der fastenzeit.
15 B Psalm 47, 11 von δικαιοσύνης bis 12 ende
15 B Lucas 6, 27—38

zweiter sonntag in der fastenzeit.
abends 17 Psalm 50, 3 4
17 Marcus 1, 12—15
morgens 17 B Psalm 56, 2
17 B Lucas 4, 1—13
18 B Römer 14, 19—15, 7
19 B Iacobus 2, 1—13
20 B Apostelgeschichte 23, 1—11
21 B Psalm 26, 8 von ἐξεζήτησα bis 9 ende, nur one μὴ ἐκκλίνῃς bis δούλου σου
21 B Matthaeus 4, 1—11

nachmittag des zweiten sonntags in der fastenzeit.
22 B Psalm 40, 2
22 B Lucas 4, 1—13

dritter sonntag in der fastenzeit.
abends 23 B Psalm 87, 2 3
23 B Matthaeus 15, 1—20
morgens 24 B Psalm 54, 2 3 bis εἰσάκουσόν μου, 17
25 Matthaeus 20, 1—16 zum anderen ἔσχατοι
26 Corinther β 6, 2—13
26 B Iacobus 3, 1—12
28 Apostelgeschichte 24, 1—23 ὑπηρετεῖν
29 B Psalm 78, 8 bis οἰκτιρμοί σου, 9 von ἕνεκα an
29 B Lucas 15, 11—32
nachmittag des dritten sonntags in der fastenzeit.
31 Psalm 29, 2—4 μου
31 B Matthaeus 21, 28—32
vierter sonntag in der fastenzeit.
abends 32 Psalm 26, 14 von ἀνδρίζου an, 13
32 Lucas 12, 22—31
morgens 32 B Psalm 30, 25 24 bis κύριος
33 Matthaeus 22, 1—14
33 B Epheser 6, 10—24
35 Iacobus 4, 7—17
35 B Apostelgeschichte 25, 13—26, 1 λέγειν
37 Psalm 104, 3 von εὐφρανθήτω an, 4 5
37 Iohannes 4, 1—42
nachmittag des vierten sonntags in der fastenzeit.
abends 40 Psalm 31 [hds 39], 10 11
40 Iohannes 4, 19—23 ἀληθείᾳ
fünfter sonntag in der fastenzeit.
abends 40 B Psalm 38, 13
40 B Lucas 18, 1—8
morgens 41 Psalm 101, 2 3 bis ἐμοῦ, 13
41 B Matthaeus 21, 33—46
42 B Thessalonicher β 2, 1—17
43 B Petrus β 3, 1—18
45 B Apostelgeschichte 26, 19—27, 8
47 Psalm 32 [hds 34], 5 6
47 Iohannes 5, 1—18
nachmittag des fünften sonntags in der fastenzeit.
48 B Psalm 141, 2 3
48 B Matthaeus 9, 1—8
sechster sonntag in der fastenzeit.
abends 49 B Psalm 16, 3 bis ἀδικία, 5
49 B Lucas 13, 22—35
morgens 51 Psalm 25, 2 3
51 Matthaeus 23, 1—39
54 Colosser 3, 5—17
55 Iohannes α 5, 13—21
55 B Apostelgeschichte 27, 27—37
56 B Psalm 142, 7 bis ἐμοῦ, 1 one die überschrift
56 B Iohannes 9, 1—41
nachmittag des sechsten sonntags in der fastenzeit.
59 B Psalm 40, 2
60 Marcus 8, 22—26
siebenter sonntag in der fastenzeit.
[abends] 60 B Psalm 121, 1 one die überschr, 2
60 B Iohannes 12, 1—11
morgens 61 B Psalm 67, 20 bis καθ' ἡμέραν. lexis 36 von ὁ θεὸς Ἰσραὴλ an
61 B Lucas 19, 1—10
62 B Hebräer 9, 11—28
64 Petrus α 4, 1—11
65 Apostelgeschichte 28, 11—31
71 Psalm 80 [hds 8], 4 2 3
71 B Matthaeus 21, 1—17
73 Marcus 11, 1—11
74 Lucas 19, 29—48
75[1] B Psalm 64 [hds 25], 2 3
75[1] B Iohannes 12, 12—19
sonntag der auferstehung.
morgens 75 B Psalm 77 [hds 81], 65. lexis 69
75 B Marcus 16, 2—8
76 Corinther α 15, 23 von ἀπαρχὴ an —49
77 B Petrus α 3, 15 von ἕτοιμοι an — 4, 6
79 Apostelgeschichte 2, 22—33 ὑψωθεὶς [so]
80 Psalm 117, 24. lexis 25 26 bis zum ersten κυρίου
80 Iohannes 20, 1—18
10 Phamenôth. kreuzeserfindung.
abends 82 Psalm 4, 7 ἐσημειώθη bis 8 καρδίαν μου, 9 von ὅτι an
82 Iohannes 8, 28—42
morgens 83 Psalm 59, 6 one διάψαλμα. lexis 7 bis δεξιᾷ σου
83 Iohannes 12, 26—36 γένησθε
84 Corinther α 1, 17—31

85 B Petrus α 2, 11—25
86 B Apostelgeschichte 10, 34—43
87 B Psalm 64, 2 3
87 B Iohannes 10, 22—38

13 Phamenôth. der tag der vierzig märtyrer in Sebastia.

abends 89 Psalm 33, 20. lexis 21
89 Matthaeus 16, 24—28

morgens 89 B Psalm 36, 39. lexis 40
89 B Marcus 13, 9 βλέπετε —13
90 Corinther β 10, 1—18
91 B Petrus α 4, 1—11
92 B Apostelgeschichte 12, 25 — 13, 12

93 B Psalm 96 [hds 97], 11. lexis 12
94 Lucas 11, 53 — 12, 12

29 Phamenôth. fest des evangeliums.

abends 95 B Psalm 143, 5 7 bis ῥῦσαί με
95 B Lucas 7, 36—50

morgens 96 B Psalm 71, 6 7 bis εἰρήνης
97 Lucas 11, 20—28
97 B Römer 3, 1 4, 3
99 Iohannes α 1, 1—2, 6
100 Apostelgeschichte 7, 23—34
101 Psalm 44, 11. lexis 12
101 Lucas 1, 26—38.

K

erster sonntag in den funfzig tagen [von ostern bis pfingsten: EWLane manners and customs of the modern Egyptians kapitel 26].

abends 114 Psalm 32, 3 4
114 Lucas 5, 1—11

morgens 115 B Psalm 95, 1 one die überschr, 2
116 Iohannes 21, 1—14
118 Epheser 4, 20—5, 14
121 Iohannes α 2, 7—17
123 Apostelgeschichte 17, 16—34
125 B Psalm 97 [hds 27], 1 one die überschrift bis κύριος, 4
126 Iohannes 20, 24—31

zweiter sonntag in den funfzig tagen.

abends 127 B Psalm 110 [hds 101], 1 one ἀλληλούια, 2
127 B Iohannes [erste hand Lucas] 6, 16—23

morgens 128 B Psalm 110, 3. lexis 4
129 Iohannes 6, 24—33
130 Colosser 2, 6—19
132 Iohannes α 2, 27—3, 3
133 B Apostelgeschichte 4, 32—5, 11
136 Psalm 110, 9 bis διαθήκην αὐτοῦ. lexis 9 ἅγιον — 10 κυρίου
136 Iohannes 6, 35—46

dritter sonntag in den funfzig tagen.

abends 138 Psalm 114, 1 one ἀλληλούια. lexis 2
138 Iohannes 8, 12—18

morgens 139 Psalm 114, 4. lexis 6
139 Iohannes 8, 21—30

141 Colosser 3, 1—17
143 Iohannes α 3, 13—24
144 B Apostelgeschichte 13, 26—39
146 Psalm 113, 20. lexis 21 22
146 B Iohannes 8, 31—50

vierter sonntag in den funfzig tagen.

abends 149 B Psalm 117, 1 one ἀλληλούια. lexis 2
149 B Iohannes 6, 57—69

morgens 151 Psalm 117, 28 bis ὑψώσω σε. lexis der rest des verses
151 B Iohannes 8, 51 59
152 B Epheser 3, 8—21
154 B Iohannes α 4, 7—13
155 B Apostelgeschichte 14, 8—23
158 Psalm 117, 14. lexis 15 von δεξιά an, 16
158 Iohannes 12, 35—50

fünfter sonntag in den funfzig tagen.

abends 160 B Psalm 134, 13. lexis 14
160 B Iohannes 14, 21—25

morgens 161 B Psalm 134 [hds 113], 19. lexis 20
161 B Iohannes 15, 4 von καθὼς an —8
162 B Hebräer 13, 8—21
164 B Iohannes γ ganz
166 Apostelgeschichte 22, 1—15
168 B Psalm 135, 1 one ἀλληλούια. lexis 2
168 B Iohannes 15, 9—17

fest der himmelfart (ⲁⲛⲁⲗⲏⲙⲯⲓⲥ) Iesu.

abends 170 B Psalm 67, 33 one διάψαλμα,

34 vom anderen *τῷ* bis *ἀνατολάς*. lexis 35
170 B Lucas 9, 51—60
morgens 172 Psalm 67, 19 bis *ἀνθρώπῳ*. lexis 5 bis *αὐτῷ*
172 Marcus 16, 12—20
173 B Timotheus *α* 3, 13—16
174 Petrus *α* 3,15 von *ἕτοιμοι* an—22
175 B Apostelgeschichte 1, 1—14
177 B Psalm 23, 9 bis *αἰώνιοι*. lexis 9 von *εἰσελεύσεται* an, 10 von *κύριος* an
178 Lucas 24, 36—53
sechster sonntag in den funfzig tagen.
abends 180 B Psalm 145, 1 one die überschrift, 2. lexis 10
180 B Marcus 12, 28—36
morgens 182 Psalm 146, 1 one die überschrift. lexis 2
182 Iohannes 14, 8—13 *ποιήσω*
183 Corinther *α* 15, 57—16, 8
184 B Petrus *α* 1, 2 von *χάρις* an —12
186 Apostelgeschichte 20, 1—16
188 B Psalm 147 [hds 148], 1 one die überschrift. lexis 7 von *πνεύσει* an
188 B Iohannes 16, 23 vom ersten *ἀμὴν* —33
sonntag pentêkostê.
abends 190 B Psalm 50, 14. lexis 12
190 B Iohannes 7, 37—44
morgens 192 Psalm 103, 30. lexis 24
192 Iohannes 14, 26—15, 4 *ὑμῖν*
193 B Corinther *α* 12, 1—31 *κρείττονα*
197 Iohannes *α* 2, 20—3, 1 *κληθῶμεν*. danach ⲟⲩⲟϩ ⲁⲛⲟ ϩⲁⲛⲟⲩⲟⲛ [so]
198 B Apostelgeschichte 2, 1—21
201 B Psalm 46, 6. lexis 9
201 B Iohannes 15, 26—16, 15.

Codex orientalis 125. 8 = E

Ursprünglich 257 folioblätter baumwollenpapier. von diesen fehlen jetzt die vier ersten. ⲣⲗⲉ ⲣⲗⲋ ⲣⲛⲁ bis ⲥⲙ: von ⲥⲛⲍ. welches vom texte nichts mehr enthalten haben kann. sind einige kümmerliche fetzen übrig. ⲥⲛⲇ ⲥⲛⲉ sind am rande beschädigt. von ⲥⲛⲇ ist sogar ein ziemlich großes stück verloren gegangen. vor ⲉ ist ein blatt europäischen papieres eingefügt. welches im siebenzehnten jarhunderte beschrieben worden zu sein scheint. an die stelle von ⲣⲗⲉ ⲣⲗⲋ ist ein den text der beiden vollständig enthaltendes folium baumwollenpapier gesetzt. das jüngere schrift als der codex selbst zeigt.

nur die überschriften haben eine arabische übersetzung neben sich. auf ⲥⲛⲍ eine koptische und eine in iren wesentlichen teilen zerstörte arabische unterschrift: nach jener ist das buch am 17 Parmuthi 1053 der märtyrer. also im April 1336 unsrer aera. vollendet worden: aus dieser hebe ich aus هذا الكتاب المقدس انسخ قدمارس الذى تاويله مياومه للشهر نقرى منه ...... فى صلاه وبكره والقداس واذا لم يوجد غيره فيكفى لساير شهور السنه. blatt 43 48 ist verbunden: der buchbinder hat den bogen 43 48 falsch umgeknifft.

der anfang des abschnittes ist uns verloren.
(3) beginnt mit ⲱⲛⲟⲩϯ aus Matthaeus 13, 47. die perikope läuft bis 52
(3 B) Psalm 97, 1 one die überschrift
(3 B) Marcus 2, 18 bis zu dem vor *ἔρχονται* stehenden *καί*. custos ⲉⲩ, was ⲁⲩ von ⲁⲩⲓ meint

5 Lucas 7, 38 von ⲉ̀ⲃⲟⲗϧⲉⲛ ⲛⲓⲉⲣⲙⲏ bis 50 ende
morgens 6 Psalm 71, 6. lexis 7 bis *εἰρήνης*
6 B Lucas 11, 20—28
7 B Römer 3, 1—31
10 Iohannes *α* 1, 1—2, 6
12 Apostelgeschichte 7, 23 34 *ἐξελέσθαι αὐτούς*
13 Psalm 44, 11. lexis 12
13 B Lucas 1, 26—38
28 Choiak. die geburt Iesu.
abends 15 Psalm 49, 2—3 *ἥξει*. lexis 23 von *ἐκεῖ* an
15 Matthaeus 1, 1—17
morgens 16 B Psalm 75, 2—3
16 B Matthaeus 1, 18—25
17 B Galater 3, 15—29
19 Iohannes *α* 4, 1—14
20 B Apostelgeschichte 13, 13—23
21 B Psalm 109, 3. lexis 2 bis *Σιών*, und die worte *κύριος ἐκ δεξιῶν σου* aus 5
22 Lucas 2, 1—20
29 Choiak. der tag der geburt Iesu.
abends 24 Psalm 71 [hds 70], 10
24 Lucas 3, 23—38
morgens 25 Psalm 71 [hds 70], 15 *δοθήσεται* bis *Ἀραβίας*. lexis was in 15 folgt
25 Iohannes 1, 14—18
26 Hebräer 1, 1—2, 4
28 Petrus *β* 1, 12—17
28 B Apostelgeschichte 13, 26—33
29 B Psalm 2, 7 von *κύριος* an. lexis 8
29 B Matthaeus 2, 1—12
10 Tôbi. das fasten der heiligen taufe.
31 B Corinther *α* 1, 1—17 *εὐαγγελίζεσθαι*
33 Petrus *β* 1, 12—19 [so]
34 Apostelgeschichte 16, 25—34
35 Psalm 44, 3
35 Lucas 3, 1—18
11 Tôbi. der tag der heiligen taufe.
abends 37 B Psalm 41, 7 *διὰ τοῦτο* bis *Ἰορδάνου*. lexis 12 von *ἔλπισον* an
37 B Matthaeus 3, 1—12
morgens 39 Psalm 28, 3 4
39 Marcus 1, 1—11
40 B Titus 2, 11—3, 7
41 B Iohannes *α* 5, 5—20
43 B Apostelgeschichte 18, 24—19, 6 *αὐτούς*
44 B Psalm 117, 26—27 *ἡμῖν*, 16[a]
44 B Iohannes 1, 18—34
6 Tôbi. der tag der heiligen beschneidung.
abends 46 B Psalm 115, 7 *διέρρηξας* —8 *αἰνέσεως*, 9 bis *ἀποδώσω*. lexis der rest von 9 und die worte *ἐν μέσῳ Ἱερουσαλήμ* aus 10
46 B Lucas 2, 15—20
morgens 47 Psalm 65, 13 14 bis *χείλη μου*, 15 bis *κριῶν*
47 B Lucas 2, 40—52
48 B Philipper 3, 1—12
50 Petrus *β* 1, 12—21 [so]
51 Apostelgeschichte 15, 14—22 *Βαρνάβᾳ*
52 Psalm 49, 14 23
52 B Lucas 2, 21—39
24 Paschôns. der tag der ankunft Iesu in Aegypten.
abends 54 B Psalm 104, 23. lexis 24
54 B Matthaeus 12, 15—28
morgens 56 Psalm 104, 5. lexis 6
56 Matthaeus 4, 12—17
57 Corinther *α* 16, 1—24
59 Iohannes *β* ganz
60 B Apostelgeschichte 7, 20—34 *αὐτούς*
62 Psalm 104, 9 36
62 Matthaeus 2, 13—23
13 Tôbi. der dritte tag der heiligen taufe.
abends 64 Psalm 4, 8 von *ἀπὸ* an. lexis 9 von *ὅτι σὺ* an
64 Matthaeus 19, 1—12 *οὐρανῶν*
morgens 65 B Psalm 103, 15 bis *ἐλαίῳ*. lexis 24 bis *ἐποίησας*
65 B Iohannes 4, 43—54
66 B Römer 6, 3—14
66 B Iohannes *α* 2, 20—25
68 B Apostelgeschichte 8, 5—13
69 B Psalm 76, 15—16 *λαόν σου*, 17 bis *ἐφοβήθησαν*
69 B Iohannes 2, 1—11
13 Mesurê. der tag, an welchem sich Iesus

seinen jüngern auf dem berge Thabôr offenbarte.

abends 70 Psalm 98, 6 bis ὄνομα αὐτοῦ. lexis 6 ἐπικαλοῦντο — 7 αὐτούς

70 Lucas 9, 28—36

morgens 72 Psalm 103, 31. lexis 32

72 B Matthaeus 17, 1—5

73 Colosser 1, 12—23

74 B Petrus β 1, 12—21 [so]

76 Apostelgeschichte 7, 44—8, 2

78 Psalm 86, 1 one die überschrift, 2 5

78 Marcus 9, 2—10

1 Thôut. jaresanfang.

abends 79 B Psalm 95, 1 one die überschr, 2

79 B Matthaeus 13, 44—52

morgens 80 B Psalm 97, 1 one die überschrift bis κύριος. lexis der rest des verses

80 B Marcus 2, 18—22

81 B Corinther β 5, 11—6, 13

84 Iohannes α 2, 7—17

85 Apostelgeschichte 17, 16—34

87 B Psalm 110, 10

87 B Lucas 4, 14—22 αὐτοῦ

10 Phamenôth. tag der kreuzeserscheinung

abends 89 Psalm 4, 7 von ἐσημειώθη an —8 μου, 9 ὅτι bis ende

89 Iohannes 8, 28—42

morgens 90 B Psalm 59, 6 7

91 Iohannes 12, 26—36 γένησθε

92 Corinther α 1, 17—31

93 B Petrus α 2, 11 25

95 B Apostelgeschichte 10, 34—43

96 B Psalm 64, 2 3

97 Iohannes 10, 22—38

1 Paschôns. Marien geburt.

abends 99 Psalm 86, 3. lexis 5 von καὶ αὐτὸς an, 7

99 Lucas 10, 38—42

morgens 100 Psalm 47, 9 bis θεοῦ ἡμῶν mit einem zusatze. lexis 2

100 Matthaeus 12, 35—50

103 Hebräer 9, 1—12

104 B Iohannes β ganz

106 Apostelgeschichte 1, 1—14

108 Psalm 44, 10 von παρέστη an, 14

108 B Lucas 1, 39—56

12 Athôr. tag des erzengels Michael.

abends 111 Psalm 148, 2. lexis 1 one die überschrift.

111 Matthaeus 13, 44 52

morgens 112 Psalm 103, 4. lexis 3 von ὁ τιθεὶς an

112 B Lucas 15, 3—10

113 B Hebräer 1, 1—2, 4

115 B Iudas 1—14

117 B Apostelgeschichte 10, 1—20

119 B Psalm 102, 20 bis τὸν λόγον αὐτοῦ. 21

120 Matthaeus 13, 24—43

letzter Paoni [so, nicht Paôni]. geburtstag Iohannis des täufers.

abends 123 Psalm 51 [hds 52], 10 bis θεοῦ. lexis 11 von ὑπομενῶ an

123 Lucas 7, 28—35

morgens 124 Psalm 91, 11. lexis Psalm 111, 6 εἰς —7 φοβηθήσεται

124 Matthaeus 11, 11—15

124 B Hebräer 11, 32—12, 2

126 B Petrus α 2, 11—21 ἐκλήθητε

127 B Apostelgeschichte 7, 8—22

129 Psalm 91, 13 14

129 B Lucas 1, 57—80

2 Thôuth [so]. der tag Iohannis des täufers.

abends 132 Psalm 51, 10 bis θεοῦ. lexis 11

132 Matthaeus 14, 1—12 αὐτό

morgens 133 Psalm 91, 13 14

133 B Lucas 9, 7—11

134 Hebräer 11, 32—40

135 136 (siehe oben) Iacobus 5, 10—20

137 Apostelgeschichte 12, 1—24

140 B Psalm 91, 11. 15 von εὐπαθοῦντες bis 16 μου*

140 B Marcus 6, 14—29

3 Tôbi. der tag der 144 kinder, welche Herodes getötet hat.

abends 143 Psalm 113, 20. lexis 21

143 Matthaeus 18, 1—6

morgens 144 Psalm 118, 130. lexis 141

144 Matthaeus 18, 10—20

145 B Corinther α 13, 11—14, 5

146 B Petrus α 1, 25 von τοῦτο an —2, 12

148 Apostelgeschichte 9, 22—31

149 Psalm 112, 1 one ἀλληλούια. 2
149 B Matthaeus 2, 16—23

28 Mesrê. der tag der patriarchen Abraham, Isaac und Iacob.

abends 150 B Psalm 46, 9. lexis 10
150 B Lucas 16, 19
das blatt bricht mit ϩⲉⲛ ⲟⲩ-ⲥⲟⲗ[ⲥⲉⲗ] = λαμπρῶς ab

? ....

241 Lucas 11, 43—51 οἴκου

morgens 242 Psalm 104, 26 27 bis περάτων. lexis 45
242 Matthaeus 17, 1—5
243 Hebräer 11, 17—27
244 Petrus β 1, 19—2, 9 ῥύεσθαι
245 B Apostelgeschichte 15, 21—26
246 B Psalm 98, 6 7 bis αὐτούς
246 B Matthaeus 23, 20—35

letzter Tôbi. tag der Pistis, Helpis und Agapê.

abends 249 Psalm 67, 26 27
249 Matthaeus 26, 6—13

morgens 250 Psalm 148 [hds 147], 12 13 bis κυρίου, 14 bis ὁσίοις αὐτοῦ
250 Lucas 8, 1—3
250 B Römer 15, 30—16, 16
252 B Petrus α 3, 5—15 ὑμῶν
254 Apostelgeschichte 21, 5—14
255 Psalm 44, 15. lexis 16
255 B Matthaeus 25, 1—13 ὥραν.

Codex orientalis 125, 9 = C

Europäisches papier. 226 blätter. von drei verschiedenen händen. zunächst scheiden sich einige folien durch eine ganz junge koptische bezifferung aus:

ⲛⲝ so für ⲝⲛ	mein 30
ⲝⲑ	mein 31
ⲟⲁ — ϥⲁ	mein 36—56
ϥⲉ — ⲣⲓ	mein 78—93
ⲣⲉⲓ ⲣⲉⲓ	mein 94 95
ⲣⲁⲕ — ⲣⲗ	

wo ⲣⲝⲕ doppelt. und ⲛⲣⲟⲕ für ⲣⲕⲟ mein 96—102:

der zusammenhang des textes ist trotz der unordnung in den zalen nie unterbrochen.

ebenfalls koptisch beziffert. aber nicht von dem manne geschrieben, welcher das eben aufgefürte geliefert. sind meine folien 1—8 = ⲙⲁ — ⲁⲛ.

der rest ist ganz jung. wie das allerdings nicht ganz gleiche papier zeigt. das ich dem anfange der vierziger jare unsres saeculums zuweisen möchte: es dürfte französischen ursprungs sein.

morgen des freitags in der vierten fastenwoche.

morgens 1 Psalm 27 [hds 47], 6 7 bis ὑπερασπιστής μου
1 Lucas 4, 31—37
1 B Hebräer 13, 7—10
2 Iohannes α 4, 7—10
2 Apostelgeschichte 22, 17—20
2 B Psalm 27 [hds 47], 2 bis πρὸς σέ. ⲁⲡⲗⲁⲝⲉ [λέξις] der rest des verses
2 B Matthaeus 15, 21—31

vierter sonnabend in der fastenzeit.

morgens 3 B Psalm 141 [hds 41], 6. ⲁⲗⲁⲝⲓⲥ 8 bis κύριε
3 B Lucas 16, 19—31
5 Philipper 4, 4—9

5 B Iacobus 3, 13—4, 6
6 B Apostelgeschichte 24, 24—25, 12
8 Psalm 60, 2. ⲥ̀ⲓⲉ 6
8 Matthaeus 21, 33—46

vierter sonntag in der fastenzeit.

abends 9 B Psalm 26, 14 von *ἀνδρίζου* an, 13
9 B Lucas 12, 22—31

morgens 10 B Psalm 30, 25 24 bis *κύριος*
11 Matthaeus 22, 1 [so] —14
12 B Epheser 6, 10—24
14 Iacobus 4, 7—17
15 Apostelgeschichte 25, 13—26, 1 *λέγειν*
17 Psalm 104, 3 von *εὐφρανθήτω* an, 4 5
17 Iohannes 4, 1—42

nachmittag [so übersetze ich עשיה, wärend ich ⲣⲟⲩϩⲓ durch *abend* gebe. obwol עשיה und ⲣⲟⲩϩⲓ wechseln] des vierten sonntags in der fastenzeit.

abends 21 B Psalm 31 [hds 39], 10. lexis 11
21 B Iohannes 4, 19—23 *ἀληθεῖς*

morgen des mondtags in der fünften fastenwoche.

22 B Proverbien 3, 5—18
24 Isaias 37, 33—38, 6
25 B Iob 22, 1—30

morgens 27 B Psalm 87, 3 *κλῖνον* —5 *λάκκον*
28 Lucas 12, 16—21
28 B Philipper 2, 1—3
29 Petrus *α* 3, 10—15 *ὑμῶν*
29 B Apostelgeschichte 10, 25—28
30 Psalm 85, 3 4
30 Lucas 9, 12 *προσελθόντες* —17

morgen des dinstags in der fünften fastenwoche.

30 B Proverbien 3, 19—4, 9
32 Isaias 40, 1—8
33 Iob 25, 1—26, 14

morgens 34 B Psalm 85, 5 6
34 B Marcus 9, 14—24
35 B Philipper 2, 22—25 *χρείας μου*
36 Iohannes *α* 3, 2—5
36 Apostelgeschichte 24, 10—12
36 B Psalm 85, 17 bis *αἰσχυνθήτωσαν*
36 B Iohannes 8, 12—20

morgen des mittwochs in der fünften fastenwoche.

37 B Exodus 8, 20—9, 9
39 B Isaias 41, 4 *ἐγὼ θεὸς* —14
40 B Ioel 3, 9—21
41 B Iob 25, 1—26, 14

morgens 42 B Psalm 54, 2 3 bis *εἰσάκουσόν μου*
42 B Marcus 10, 1—12
43 B Römer 4, 14—18 *ἐθνῶν*
44 Petrus *α* 4, 12—14 *ἀναπαύεται*
44 Apostelgeschichte 11, 12 *ἦλθον* —15 *αὐτούς*
44 B Psalm 85, 13—14 *ἐπ' ἐμέ*
44 B Lucas 13, 6—9

morgen des donnerstags in der fünften fastenwoche.

45 Proverbien 4, 10—22 *αὐτάς*
45 B Isaias 26, 9 *ἐκ νυκτὸς* —20

morgens 46 B Psalm 85, 14 bis *ψυχήν μου*
47 Lucas 9, 37—43 *Ἰησοῦς* [so]
47 B Corinther *α* 10, 14—17
47 B Petrus *α* 1, 2 *χάρις* —5 *φρουρουμένους*
48 Apostelgeschichte 21, 8—10
48 Psalm 85, 17
48 B Lucas 13, 10—17

morgen des freitags in der fünften fastenwoche.

49 Deuteronomium 11, 29—12, 24
51 B Regnorum *γ* 17, 2—24
53 Iob 32, 2—16

morgens 53 Psalm 85, 9 und *ὅτι σὺ εἶ μόνος ὁ μέγας* (10)
54 B Marcus 12, 28—34
55 Hebräer 12, 5 *υἱέ μου* —9 *παιδευτάς*
55 B Petrus *α* 4, 15—17
55 B Apostelgeschichte 15, 36—38
56 Psalm 137, 1 one die überschrift, 2 bis *ἅγιόν σου*
56 Iohannes 8, 21—27

sonnabend in der fünften fastenwoche.

56 B Psalm 64, 3 63, 7 *προσελεύσεται* —8 *θεός*
57 Lucas 15, 3—10
57 B Galater 5, 16—6, 2
59 Iacobus 5, 7—11

60 Apostelgeschichte 26, 1 τότε —18
61 Psalm 142 [hds 144], 1 one die überschrift, 2 bis δούλου σου
62 B Matthaeus 23, 13—39
fünfter sonntag in der fastenzeit.
abends 66 Psalm 38, 13
66 Lucas 18, 1—8
morgens 67 Psalm 101, 2 3 bis ἐμοῦ, 13
67 Matthaeus 21, 33—46
68 B Thessalonicher β 2, 1—17
71 Petrus β 3, 1—18
73 B Apostelgeschichte 26, 19—27, 8
76 Psalm 32 [hds 34], 5 6
76 Iohannes 5, 1—18
nachmittag des fünften sonntags in der fastenzeit.
77 B Psalm 141, 2 3
77 B Matthaeus 9, 1—8
morgen des mondtags in der sechsten fastenwoche.
79 Proverbien 8, 1—11
79 B Isaias 44, 21—28
morgens 80 B Psalm 37, 10
80 B Marcus 12, 1—12
81 B Thessalonicher α 4, 1—3 ἡμῶν
81 B Iacobus 4, 7—10
82 Apostelgeschichte 18, 9—11
82 Psalm 34, 1 one die überschrift, 2
82 B Lucas 13, 1—5
morgen des dinstags in der sechsten fastenwoche.
83 Proverbien 8, 12—21 ἀγαθῶν
83 B Isaias 45, 1—10
morgens 84 B Psalm 34, 13
84 B Lucas 4, 22 καὶ ἔλεγον —30
85 Corinther α 14, 18—21 τούτῳ
85 B Iacobus 1, 22—25
86 Apostelgeschichte 19, 11—13
86 Psalm 41, 2
86 B Lucas 9, 18—22
morgen des mittwochs in der sechsten fastenwoche.
87 Exodus 10, 1—11, 10
90 B Isaias 45, 18 25
91 B Iob 38, 1—21 γεγέννησαι
morgens 92 B Psalm 101, 18 22
92 B Marcus 7, 1—20
94 Römer 2, 12—14
94 B Petrus β 1, 20—21
94 B Apostelgeschichte 26, 1 τότε -3
94 B Psalm 9, 12—13 ἐμνήσθη
95 Lucas 11, 45—52
morgen des donnerstags in der sechsten fastenwoche.
95 B Regnorum δ 4, 8—25 zum ersten θεοῦ
97 B Isaias 43, 10—21
morgens 98 Psalm 9, 14 bis zum anderen μου, lexis der rest des verses
98 B Lucas 20, 9—19
99 B Timotheus α 2, 1—4
99 B Iudas 22—25
100 Apostelgeschichte 27, 16—20 ἡμέρας
100 B Psalm 9, 14 von ὁ ὑψῶν an, lexis 15 bis Σιών
100 B Iohannes 6, 47—71
morgen des freitags in der sechsten fastenwoche.
102 B Genesis 22, 1—18
104 Isaias 45, 11—17
105 Proverbien 9, 12—18
106 B Iob 36, 1—37, 23
morgens 111 Psalm 50, 9 10
111 Iohannes 3, 14—21
112 Corinther α 10, 1-6
112 B Iohannes α 2, 12—14
113 Apostelgeschichte 8, 9—17
114 Psalm 33, 6 5 bis ἐπήκουσέ μου
114 B Iohannes 3, 1—13
morgen des sonnabends in der sechsten fastenwoche.
116 Psalm 78, 8 ταχὺ bis zum ersten σου in 9
116 Matthaeus 9, 1—8
117 Epheser 4, 1—7
117 B Petrus α 1, 13—21
118 B Apostelgeschichte 27, 9—26
121 Psalm 31, 1 one die überschrift, lexis 2
121 Marcus 10, 46 καὶ ἐκπορευομένου —52

sechster sonntag in der fastenzeit.

abends 122 Psalm 16, 3 bis ἀδικία, 5
122 Lucas 13, 22—35

morgens 124 Psalm 25, 2 3
124 B Matthaeus 23, 1—39
129 Colosser 3, 5—17
130 B Iohannes α 5, 13—21
131 B Apostelgeschichte 27, 27—37
133 Psalm 142, 7 bis ἐμοῦ, 1 one die überschrift
133 Iohannes 9, 1—41

nachmittag des sechsten sonntags in der fastenzeit.

137 B Psalm 40, 2
137 B Marcus 8, 22—26

morgen des mondtags in der siebenten fastenwoche.

138 B Proverbien 10, 1—16
140 Isaias 48, 17—49, 4
141 Iob 38, 1—36

morgens 144 Psalm 31, 10. lexis 11
144 B Lucas 16, 19—31
146 Römer 14, 11—14
146 B Iacobus 2, 5—8
147 Apostelgeschichte 9, 22—25
147 B Psalm 85, 12 13
147 B Iohannes 5, 31—47

morgen des dinstags in der siebenten fastenwoche.

149 B Proverbien 10, 17—31
151 Isaias 49, 6 von ἰδοὺ an —10 παρακαλέσει
152 Iob 38, 37—39, 30

morgens 154 B Psalm 37 [hds 33], 19 20 bis ἐμέ
155 Lucas 17, 1—10
156 Corinther α 14, 5 6
156 B Petrus β 3, 8—10
157 Apostelgeschichte 22, 17—20
157 B Psalm 50, 4 5
157 B Iohannes 12, 36 von ταῦτα an —43

morgen des mittwochs in der siebenten fastenwoche.

158 B Proverbien 10, 32—11, 13 συνεδρίῳ
160 Isaias 58, 1—11 διὰ παντός
162 Iob 39, 31—41, 25

morgens 167 Psalm 56, 2
167 Lucas 14, 28—35
168 Römer 10, 4—7
168 B Iacobus 1, 13—15
169 Apostelgeschichte 19, 23—25
169 Psalm 50, 12 13
169 B Iohannes 6, 35—46

morgen des donnerstags in der siebenten fastenwoche.

171 Proverbien 11, 13 von πιστὸς an —26
172 B Isaias 65, 8—16 zum ersten ἀληθινόν
174 Iob 42, 1—6

morgens 174 B Psalm 62, 2
175 Matthaeus [hds Lucas] 20, 20—28
176 Corinther β 4, 5—7 θεοῦ
176 B Iohannes α 3, 13—16
177 Apostelgeschichte 25, 23 24
177 B Psalm 121, 1 one die überschrift, 2
177 B Marcus 12, 18—27

morgen des freitags in der siebenten fastenwoche.

179 Genesis 49, 33—50, 26
182 B Proverbien 11, 27—12, 11 φρενῶν
184 Isaias 66, 10—24
186 B Iob 42, 7—17

morgens 188 B Psalm 97, 4—6
189 Lucas 17, 20—37
191 Timotheus β 3, 1—9
192 Iacobus 5, 7 8
192 Apostelgeschichte 15, 4—9 zum ersten αὐτῶν
193 Psalm 97, 8 τὰ ὄρη —9
193 Lucas 13, 31—35

morgen des sonnabends in der siebenten fastenwoche.

194 Genesis 49, 1—12
195 B Isaias 40, 9—31 ἰσχύν
198 B Sophonias 3, 14—19
199 Zacharias 9, 9—15 zum ersten αὐτούς

morgens 200 B Psalm 29, 4 12
200 B Lucas 18, 35—43
201 B Corinther α 2, 1—8

202 Petrus α 1, 25 τοῦτο — 2, 6
203 Apostelgeschichte 27, 38 — 28, 10
205 B Psalm 128, 8 von εὐλογία an, 2
205 B Iohannes 11, 1—45
siebenter sonntag in der fastenzeit (אלשעאנין)
210 B Psalm 121 [hds 124], 1 one die überschrift, 2
210 B Iohannes 12, 1—11
211 B Psalm 117, 26 27 von συστήσασθε an
212 Lucas 19, 1—10
213 Hebräer 9, 11—28
215 B Petrus α 4, 1—11
217 Apostelgeschichte 28, 11—31
220 Psalm 80, 4. lexis 2 3
220 Matthaeus 21, 1—17
222 Marcus 11, 1—11
223 B Lucas 19, 29—48
225 B Psalm 64, 2 3
226 Iohannes 12, 12—19.

Codex orientalis 125, 10

Arabisch, und daher hier nicht zu erwänen, wären nicht die blätter ⲁ̀ⲇ und ⲁ̀ⲉ einer koptischen handschrift angebunden. ⲁ̀ⲇ wird einer liturgie angehören: da die Tukischen drucke in Goettingen nicht vorhanden sind, bin ich außer stande nachzusuchen, wohin das blatt gehört. es lautet falsche punkte lasse ich fort: [1]ⲛⲁⲓ ⲛⲓϣϯ ⲙ̀ⲫⲙⲉⲧⲏⲣ. ⲛⲏⲣⲓ ⲛⲉⲙ ⲛⲛⲟϩ. ⲁϥϫⲁⲩ [ⲉ̀]ⲉⲣ ⲟⲩⲛⲓⲛⲓ ϧⲉⲛ ⲛⲉⲧⲉⲣⲉⲥⲱⲙⲁ: [2]ⲁϥⲓⲛⲓ ⲛ̀ϩⲁⲛⲟⲛⲟⲩ ⲉ̀ⲃⲟⲗ ϧⲉⲛ ⲛⲉϥⲁ̀ϩⲱⲣ. ⲁϥⲛⲉϥⲓ ⲛ̀ⲥⲁ ⲛⲓϣϣⲏⲛ ϣⲁ ⲛ̀ⲧⲟⲩⲫⲓⲣⲓ ⲉ̀ⲃⲟⲗ: [3]ⲁϥϩⲱⲟⲩ ⲛ̀ⲟⲩⲙⲟⲩⲛϩⲙⲟⲩ ϩⲓϫⲉⲛ ⲛ̀ϩⲟ ⲙ̀ⲡⲕⲁϩⲓ ϣⲁ ⲛ̀ⲧⲉϥⲫⲱⲧⲉⲃ ϣⲏⲛ. ⲛ̀ⲧⲉϥϯ ⲙ̀ⲡⲉϥⲟⲩⲧⲁϩ: [4]ⲁϥⲓⲛⲓ ⲛ̀ⲟⲩⲙⲱⲟⲩ ⲉ̀ⲃⲟⲗ ϧⲉⲛ ⲟⲩⲡⲉⲧⲣⲁ. ⲁϥⲧⲥⲟ̀ ⲙ̀ⲡⲉϥⲗⲁⲟⲥ ⲉ̀ϩⲣⲏⲓ ϩⲓ ⲡϣⲁϥⲉ: [5]ⲁϥⲑⲁⲙⲓⲟ̀ ⲙ̀ⲡⲓⲣⲱⲙⲓ ⲕⲁⲧⲁ ⲡⲉϥⲓⲛⲓ ⲛⲉⲙ ⲧⲉϥϩⲓⲕⲱⲛ. ⲉ̀ⲫⲣⲉϥ ⲥⲙⲟⲩ ⲉ̀ⲣⲟⲛ: [6]ⲙⲁⲣⲉⲛ ϩⲱⲥ ⲉ̀ⲣⲟϥ. ⲧⲉⲛϭⲓⲥⲓ ⲙ̀ⲡⲉϥⲣⲁⲛ. ⲛ̀ⲧⲉⲛⲟⲩⲱⲛϩ ⲛⲁⲕ [schreibe ⲛⲁϥ] ⲉ̀ⲃⲟⲗ. ϫⲉ ⲡⲉϥⲛⲁⲓ ϣⲟⲡ ϣⲁ ⲉ̀ⲛⲉϩ: [7]ϩⲓⲧⲉⲛ ⲛⲉⲧⲉⲩⲭⲏ ⲛ̀ⲧⲉ ⲡⲓⲉⲣⲟⲯⲁⲗⲧⲏⲥ ⲇⲁⲩⲓⲇ. ⲡϭⲟⲓⲥ ⲁ̀ⲣⲓ ......

der name ⲇⲁⲩⲓⲇ ist ausgeschrieben: ἱεροψάλτης durch مرتل übersetzt.

blatt ⲁ̀ⲉ bietet aus dem Canticum trium puerorum was in HTattams prophetae maiores II 374 von ⲉ̀ⲧⲫⲉ 36 bis 45 ⲛ̀ϭⲟϫⲉⲃ gedruckt steht, nur daß unsre handschrift mit ⲛ schließt, und als custos nicht ϭⲟϫⲉⲃ, sondern ϫⲁϥ bietet.

es sind dem codex arabische blätter des vierzehnten jarhunderts beigebunden, welche aus der arabischen didascalia apostolorum stammen. die vorgeklebten folien sind ebenfalls alt, und aus einer arabischen übersetzung des pentateuchs genommen.

Codex orientalis 125, 12 = G

Europäisches papier, aus zwei teilen bestehend. der erste, welchen ich G^1 nenne, der قطمارس für den monat هتور, ist von einer angenehmen hand geschrieben: er läuft bis ⲣⲕⲟ[1] der einheimischen bezifferung, woselbst die unterschrift كمل فصولات شهر هتور بسلام من الرب امين. der andere

(G[2]) — قطمارس für den monat كيهك — beginnt auf ρκθ[2], so daß er mit G[1] gleichzeitig sein wird, und reicht bis 238: die blätter 230 bis 238 sind erst von mir numeriert. 235—238 sind ganz leer. nach der unterschrift auf 233[2] beendet am sonntag dem 25 χοιακ des jares 1501 des märtyrer, also 1784 unsrer aera. meist völlig roh und one lust und liebe geschrieben. der codex hieng, als ich ihn durchgieng, lose in seinem aegyptischen einbande. ich habe beantragt, daß er neu gebunden werde.

im ersten teile finden sich am ende der abschnitte allerhand formeln, von denen die auf 3[2] nach Psalm 118, 104 stehende ϫε ἀνοκ πετεκεσμπε πομος μμι vielleicht eine von mir nicht erkannte bibelstelle ist. αλ = αλληλογια nicht in betracht kommt. der rest mir unverständlich ist, nämlich φαι ογ πε πενιωτ† πε (worin auch πενιωτ vorkommt oder nur φαι ογ πε oder μεαϫι τε ñ oder πιϩμοτ πεμοτεν (so) oder πασπηογ ἀπεp μεν und dergleichen mehr.

die zalbuchstaben erhalten gelegentlich eine arabische beischrift, welche angibt, wie sie auszusprechen sind, zum beispiel blatt 5[1] φ [= 500 = †ογ ϣε ديوشا] und ν [= 50 = ταιογ] داوى oder blatt 11[1] γ [= 400 = ϥτοογ ϣε افطوشا oder blatt 21[1] ϥθ (= 99 = πισταγ ψιτ] بيشطابشيت.

1 abends	3 Psalm 118, 102 103	morgens	13 Psalm 118, 111 112
	3 Iohannes 8, 19 *ἀπεκρίθη* —26 *κρίνειν*		13 Iohannes 8, 51—59
morgens	3 B Psalm 118, 104		13 B Galater 6, 7—13
	4 Lucas 7, 29—35		14 B Iacobus 4, 11—17
	4 B Corinther β 10, 7 *εἴ τις* —18		15 Apostelgeschichte 21, 27—34
	5 B Iacobus 5, 9—15		15 B Psalm 35, 6 7 bis *πολλή*
	6 Apostelgeschichte 9, 10—19 *ἐνίσχυσεν*		16 Matthaeus 10, 24—33
	7 Psalm 84, 9	4 abends	16 B Psalm 118, 113 114
	7 Lucas 6, 13—18		16 B Matthaeus 12, 31—34
2 abends	7 B Psalm 118, 105 106	morgens	17 Psalm 118, 115 116
	7 B Lucas 7, 36—50		17 B Iohannes 8, 12—18
morgens	9 Psalm 118, 107 108		18 Corinther α 7, 25—31
	9 Matthaeus 11, 1—10		18 B Iohannes α 2, 15—19
	9 B Corinther β 3, 7—17		19 Apostelgeschichte 21, 35—39
	10 B Iacobus 5, 16—20		19 B Psalm 106, 37 38 bis *σπέρμα*
	10 B Apostelgeschichte 13, 13—23		19 B Marcus 4, 1—9
	11 B Psalm 51, 10	5 abends	20 Psalm 118, 117 118
	11 B Iohannes 12, 44—50		20 B Matthaeus 12, 1—8
3 abends	12 Psalm 118, 109 110	morgens	21 Psalm 118, 119
	12 Iohannes 8, 42—50		21 Matthaeus [hds Lucas] 18, 10—17
			21 B Thessalon α 2, 1—8
			22 B Petrus β 1, 12—18

23 Apostelgeschichte 12, 11–17
24 Psalm 18, 5 15 bis *διὰ παντός*
24 Matthaeus 15, 21—28
6 abends 24 B Psalm 118, 120 121
24 B Matthaeus 12, 9—15 *ἐκεῖθεν*
morgens 25 Psalm 118, 122 123
25 B Matthaeus 12, 15 von *καὶ ἠκολούθησαν* —21
25 B Corinther *β* 12, 10—19 *λαλοῦμεν*
26 B Petrus *α* 4, 8—11
27 Apostelgeschichte 14, 11—18
27 B Psalm 35, 9 10
28 Lucas 12, 54—59
7 abends 28 B Psalm 33, 18 19
28 B Matthaeus 10, 16—22
29 Psalm 33, 20 21
29 Marcus [bds Lucas] 8, 34—9, 1
29 B Römer 8, 28—39
30 B Petrus *α* 3, 8—15 *ὑμῶν*
31 Apostelgeschichte 16, 16—24
32 Psalm 96, 11 12
32 Lucas 21, 12—19
8 abends 32 B Psalm 17, 11—12 *σκηνὴ αὐτοῦ*
33 Matthaeus 25, 31—46
morgens 34 Psalm 32, 6 + Psalm 67, 18
34 B Iohannes 12, 26—36 *γένησθε*
35 Hebräer 12, 21 *Μωϋσῆς* —24
35 B Petrus *α* 3, 18—22
36 Apostelgeschichte 5, 17—21 *ἐδίδαξον*
36 Psalm 79, 2 *ὁ καθήμενος* —4
36 B Iohannes 1, 44—52
9 abends 37 Psalm 31, 11 6 bis *εὐθείῳ*
37 B Iohannes 1, 1—17
morgens 38 Psalm 32, 1 one die überschrift + Psalm 101, 23
38 B Lucas 18, 1—8
39 Corinther *α* 14, 26—33
39 B Petrus *β* 1, 1—4 *φύσεως*
40 Apostelgeschichte 11, 11—18
40 B Psalm 110, 1 one *ἀλληλούια* + Psalm 88, 8 bis *φοβερός*
41 Matthaeus 18, 15—20
10 abends 41 B Psalm 118, 1 one *ἀλληλούια*, 2
41 B Matthaeus 24, 36—44
morgens 42 Psalm 134, 20. danach ein für mich unauffindbarer vers
42 Matthaeus 25, 1—13 *ὥραν*
43 Corinther *α* 9, 11—17
43 B Iacobus 2, 18—23
44 Apostelgeschichte 7, 38—43
45 Psalm 133, 1 one die überschr, 2
45 Marcus 9, 28—32
11 abends 45 B Psalm 118, 129 130
45 B Marcus 10, 17—21 *ἀκολούθει μοι*
morgens 46 Psalm 40, 2—3 *γῇ*
46 Marcus 10, 24 *ὁ δὲ Ἰησοῦς* —31
47 Hebräer 6, 1—8
47 B Iohannes *α* 4, 20—5, 4
48 Apostelgeschichte 22, 1—5
48 B Psalm 36, 16 19
48 B Lucas 20, 1 8
12 abends 49 Psalm 148, 1 one die überschr, 2
49 Matthaeus 13, 44—52
morgens 50 Psalm 103, 4 3 von *ὁ τιθεὶς* an
50 Lucas 15, 3—10
50 B Hebräer 1, 1—2, 4
52 Iudas 1—14
53 B Apostelgeschichte 10, 1—20
55 Psalm 102, 20 21
55 B Matthaeus 13, 24—43
13 abends 57 Psalm 33, 8 9
57 B Matthaeus 16, 24—28
morgens 58 Psalm 96, 7 *προσκυνήσατε* —8 *Σιών*, 9
58 Matthaeus 18, 10—14
58 B Timotheus *β* 3, 1—9
59 Iohannes *α* 5, 12—15
59 B Apostelgeschichte 7, 31—35
60 Psalm 137, 1 *ἐναντίον* — *σοι*, 2 bis *ἅγιόν σου*, 1 one die überschrift bis *καρδίᾳ μου* und von *ὅτι* bis zum ende
60 Iohannes 7, 28—32
14 abends 60 B Psalm 83, 11 *ἐξελεξάμην* — ende, 2
61 Matthaeus 6, 19—24
morgens 61 B Psalm 19, 2 5
61 B Matthaeus 6, 25—33
62 B Corinther *β* 10, 13—18
63 Petrus *β* 2, 1—3
63 Apostelgeschichte 4, 33—35
63 B Psalm 77, 25[1] 23 24[1]
63 B Marcus 4, 10—12

15 abends 64 **Psalm** 67, 36 bis zum andern *αὐτοῦ*, 4
64 Matthaeus 10, 24—33
morgens 64 B Psalm 96, 10
65 Matthaeus 10. 17—22
65 B Corinther *α* 16, 1—11 *εἰρήνη*
66 Iacobus 1, 1—12
67 Apostelgeschichte 6, 8—15
67 B Psalm 115, 6 7 bis *παιδίσκης σου*
67 B Iohannes 12, 20—26
16 abends 68 B Psalm 111, 6 *εἰς μνημόσυνον* —7 *φοβηθήσεται*, 9 von *ἡ δικαιοσύνη* an
68 B Matthaeus 24, 42—47
morgens 69 Psalm 91. 11
69 Lucas 8, 16—21
69 B Philipper 2, 12—17
70 Petrus *α* 2, 3—10
70 B Apostelgeschichte 15. 22—29
71 B Psalm 91. 13 14
71 B Lucas 19, 11—19
17 abends 72 B Psalm 92. 2 5 von *τῷ οἴκῳ* an
72 B Matthaeus 4, 23—5, 16
morgens 74 Psalm 16, 8 5
74 Iohannes 15, 17—25
74 B Philipper 1, 1—11
75 B Petrus *α* 5, 1 11
76 B Apostelgeschichte 28, 11—20
77 B Psalm 31 [hds 32], 11 6
77 B Iohannes 10, 1—16
18 abends 78 B Psalm 118, 133 134
79 Lucas 8, 10 *ἵνα* —15
morgens 79 B Psalm 118. 135 136
79 B Lucas 8, 22—25
80 Philipper 4, 10—23
81 Petrus *α* 1, 13—16
81 Apostelgeschichte 21, 1—9
82 Psalm 60, 4 5
82 Matthaeus 25, 1—13 *ὥραν*
19 abends 83 Psalm 118, 137—139 zum ersten *σου*
83 Lucas 8, 26—37 *συνείχοντο*
morgens 84 B Psalm 118, 139 *ὅτι* —140
84 B Lucas 8, 37 *αὐτὸς* —42 *ἀπέθνησκεν*
85 Römer 4. 23—5, 5
85 B Petrus *α* 4, 1—5
86 Apostelgeschichte 13. 6—12
86 B **Psalm** 37. 22 23
87 Lucas 10. 1—11
20 abends 88 Psalm 118, 141 142
88 Lucas 8, 42 *ἐν δὲ* —56
morgens 89 Psalm 118, 143 144
89 B Marcus 11, 27—33
90 Timotheus *β* 2. 14—18
90 B Petrus *β* 2, 14 *δελεάζοντες* —16 *ἰδίας*. danach ⁖ als zeichen, daß etwas fehlt. folgt one neue überschrift Apostelgeschichte 5, 24 *διηπόρουν* —25
90 B Apostelgeschichte 5, 21 *παραγενόμενος* —24 *ἀρχιερεῖς*. vergleiche die vorige nummer
91 Psalm 85, 5 6
91 Lucas 9. 1—6
21 abends 91 B Psalm 131, 8—10 *δούλου σου*
91 B Matthaeus 17. 19—23
morgens 92 Psalm 131, 6 7
92 B Matthaeus 17. 24—27
92 B Timotheus *β* 2, 19—21
93 Iohannes *α* 3. 17—20
93 B Apostelgeschichte 7, 26—29
94 Psalm 131, 13 14
94 Lucas 9, 12 *προσελθόντες* —17
22 abends 94 B Psalm 30, 24 bis *κύριος*, 20 bis *φοβουμένοις σε*
94 B Matthaeus 10, 16 22
morgens 95 Psalm 144 [hds 141], 10 *οἱ ὅσιοι* —11 *ἐροῦσι*, 19
95 B Marcus 8, 34—9, 1
96 Hebräer 12, 1 14
97 B Petrus *α* 4, 1 11
98 B Apostelgeschichte 14, 8—18
99 B Psalm 149. 5 9
99 B Lucas 11, 53—12, 12
23 abends 100 B Psalm 118, 145 146
101 Lucas 9. 18—22
morgens 101 B Psalm 118, 147 148
101 B Iohannes 16, 23 vom ersten *ἀμὴν* 27
102 Hebräer 7. 18—25 *θεῷ*
102 B Iacobus 3, 1—5 *μεγαλαυχεῖ*
103 Apostelgeschichte 22, 17—21
103 B Psalm 38, 13
103 B Lucas 8, 49—56
24 abends 104 Psalm 102, 19—20 *λόγον αὐτοῦ*

104 Iohannes 12, 28 ἦλθεν 36 γένησθε
morgens 104 B Psalm 118, 89—90 σου, 131 bis πνεῦμα, 132[1]
105 Matthaeus 17, 1—5
105 B Timotheus α 5, 17—25
106 Petrus α 5, 1—11
107 Apostelgeschichte 15, 22—29
108 Psalm 106, 32 + Psalm 131, 9 10 δοῦλον σου
108 Matthaeus 25, 31—46
25 abends 109 B Psalm 33, 20 21
109 B Matthaeus 10, 16—22
morgens 110 Psalm 36, 39—40 ἁμαρτωλῶν
110 Marcus 8, 34—9, 1
110 B Corinther β 10, 1—8 οἰκοδομήν
111 B Petrus α 3, 8—15 ὑμῶν
112 Apostelgeschichte 26, 29—27, 3 Σιδῶνα
112 B Psalm 96, 6—7 αὐτῶν
112 B Marcus 13, 9 βλέπετε —13
26 abends 113 B Psalm 118, 149 150
113 B Lucas 9, 37—43 ἐποίησεν [80]
morgens 114 Psalm 118, 151 152
114 Lucas 9, 43 εἶπε —50
115 Corinther α 14, 34—40
115 B Petrus α 1, 10—12
115 B Apostelgeschichte 22, 22—24
116 Psalm 39, 6 bis σοί, 12 von τὸ ἔλεος an
116 Lucas 9, 57—62
27 abends 116 B Psalm 45, 8 2
117 Marcus 1, 19—22
morgens 117 Psalm 145 [hds 45], 5 1 one die überschrift. 2
117 B Marcus 9, 2—7

118 Galater 1, 18—24
118 Iacobus 1, 9—12
118 B Apostelgeschichte 15, 13—18 αἰῶνος [80]
119 Psalm 134, 4 5
119 Marcus 10, 35—45
28 abends 120 Psalm 88, 20 ὕψωσα —22
120 Marcus 12, 28—34
morgens 120 B Psalm 20, 2 3
120 B Marcus 12, 35—40
121 Philipper 3, 20—4, 3
121 B Iohannes γ 1—8
122 Apostelgeschichte 9, 19 ἐγένετο —21
122 B Psalm 98, 6 und aus 7 ἐφύλασσον τὰ μαρτύρια αὐτοῦ
122 B Lucas 10, 21—24
29 abends 123 Psalm 88, 30 37
123 Matthaeus 18, 18—22
morgens 123 B Psalm 106, 41 ἔθετο —42 εὐφρανθήσονται + Ps 105, 48
123 B Marcus 8, 22—29
124 B Hebräer 5, 4—10
125 Petrus α 1, 6 εἰ —9
125 Apostelgeschichte 12, 6 αὐτὸν [80] —9
125 B Psalm 109, 4 3 (abgekürzt)
126 Matthaeus 16, 13—19
30 abends 126 B Psalm 118, 153 154
126 B Lucas 11, 52—12, 1
morgens 127 Psalm 118, 155 156
127 Marcus 2, 23—28
127 B Hebräer 13, 3—6
127 B Petrus α 2, 6—8
128 Apostelgeschichte 16, 37—39
128 B Psalm 85, 8—9 κύριε
128 B Marcus 7, 31—37

Choiak.

1 morgens 129 B Psalm 109, 4. danach aus 5 7 κύριος ἐκ δεξιῶν σου, διὰ τοῦτο ὑψώσει κεφαλήν
129 B Iohannes 12, 20—26
130 B Römer 1, 18—25
131 Petrus α 1, 13—14 ὑπακοῆς
131 Apostelgeschichte 22, 27—29
131 B Psalm 72, 23 ἐκράτησας —24, 28 bis ἐστι
131 B Matthaeus 17, 1—9

2 morgens 132 B Psalm 36, 27 bis ἀγαθόν, 28 bis αὐτοῦ
132 B Matthaeus 14, 1—12
133 Philipper 3, 20—4, 9
134 B Iacobus 5, 7
134 B Apostelgeschichte 11, 12 ἦλθον —15
135 Psalm 36, 30 31
135 Lucas 12, 39—48
3 morgens 136 B Psalm 47, 2—9 ἡμῶν

136 B Matthaeus 12,35—50
138 Hebräer 9,1—10
139 B Iohannes β 1—3
139 B Apostelgeschichte 1,1—4 *συναλιζόμενος*
140 Psalm 44 [hds 41], 10 von *παρέστη* an, 14
140 Lucas 1,39—56
4 morgens 141 B Psalm 39 [hds 89], 10 bis *κωλύσω*, 6 von *ἀπήγγειλα* an
141 B Lucas 17,5—10
142 Colosser 4,2—9
143 Petrus α 3,14 *τὸν δὲ* —15 *ἐλπίδος*
143 Apostelgeschichte 15,41—16,3
143 B Psalm 67,12 13
143 B Matthaeus 7,7—12
5 morgens 144 B Psalm 100,8
144 B Lucas 10,1—9
145 B Römer 9,1—5
146 Iohannes α 3,1—2 zum andern *ἐσόμεθα*
146 Apostelgeschichte 22,29—30
146 B Psalm 49,23 14
146 B Matthaeus 26,6—13
6 morgens 147 B Psalm 144 [hds 104], 10 *οἱ ὅσιοι* —12 [verwirrt]
147 B Lucas 10,8—16
148 B Römer 1,26—32
149 Iacobus 5,7—8
149 B Apostelgeschichte 10,25—29
150 Psalm 18,5 15 bis *διὰ παντός*
150 Marcus 6,6 *καὶ περιῆγε* —13
7 morgens 151 Psalm 109,4. aus 5 7 *κύριος ἐκ δεξιῶν σου, διὰ τοῦτο ὑψώσει κεφαλήν*
151 Lucas 10,21—24
151 B Römer 13,8—12
152 Petrus α 1,17—18
152 B Apostelgeschichte 22,30—23,3 *κεκονιαμένε*
153 Psalm 72,23 von *ἐκράτησας* an, 24 28 bis *ἐστι*
153 Matthaeus 5,3—12 *οὐρανοῖς*
8 morgens 153 B Psalm 32,12 1 one die überschrift
154 Marcus 4,25—34
155 Römer 5,3—9
155 B Petrus α 3,8—10 *κακοῦ*
156 Apostelgeschichte 4,24—26
156 Psalm 96,11 10 von *φυλάσσει* an
156 B Iohannes 14,1—12
9 morgens 157 B Psalm 32,1 one die überschrift, 12
157 B Iohannes 1,1—13
158 B Galater 5,16—21
159 Iacobus 1,16—18
159 B Apostelgeschichte 2,39—43 *φόβος*
159 B Psalm 149,5 9
[1]60 Matthaeus 25,14—23
10 morgens [1]60 B Psalm 109,4. aus 5 7 *κύριος ἐκ δεξιῶν σου, διὰ τοῦτο ὑψώσει κεφαλήν*
161 Lucas 10,25—29
161 Thessalon α 5,11—15
162 Iohannes α 3,4—6
162 Apostelgeschichte 23,1—3 *κεκονιαμένε*
162 B Psalm 67,20
162 B Marcus 9,14 29
11 morgens 164 Psalm 36,27 bis *ἀγαθόν*, 28 bis *αὐτοῦ*
164 Lucas 10,38—42
164 B Hebräer 11,8—10
165 Petrus α 1,17—18 *ἐλυτρώθητε*
165 Apostelgeschichte 7,37—39
165 B Psalm 36,30 31
165 B Matthaeus 7,21—25
12 morgens 166 Psalm 50,16
166 B Marcus 13,32—37
167 Colosser 1,21—23
167 B Petrus α 1,1—2 *χριστοῦ*
167 B Apostelgeschichte 11,2—5
168 Psalm 50,6 von *ὅπως* an, 8 von *τὰ ἄδηλα* an
168 Lucas 11,1 8
13 morgens 169 Psalm 69,4 5 bis *ζητοῦντές σε*
169 Matthaeus 22,15—22
170 Römer 2,1—6
170 B Iacobus 1,19 20
170 B Apostelgeschichte 18,12 14
171 Psalm 70,24
171 Lucas 13,10—17
14 morgens 172 Psalm 32,12 1 one die überschrift

172 Lucas 11, 9 13
172 B Corinther α 6, 1—6
173 Petrus α 3, 10 11
173 B Apostelgeschichte 25, 13—15
174 Psalm 111, 6 εἰς μνημόσυνον —8 φοβηθῇ*
174 Lucas 11, 14—20
15 morgens 175 Psalm 131, 16 1 one die überschrift. 2
175 Lucas 11, 24—26
175 B Hebräer 11, 8—10
176 Petrus α 1, 22 23 ἀφθάρτου
176 Apostelgeschichte 23, 10—12
176 B Psalm 1, 1—3 καιρῷ αὐτοῦ
177 Marcus 1, 34—39
16 morgens 177 B Psalm 36, 39 40 nicht bis zu ende
177 B Iohannes 14, 1 6 ζωή
178 Galater 5, 22—6, 2
178 B Iohannes α 3, 8 εἰς τοῦτο —9
179 Apostelgeschichte 23, 16—18
179 B Psalm 96, 11 12
179 B Iohannes 14, 8—11
17 morgens 180 Psalm 67, 25 27 bis θεόν
180 Matthaeus 8, 14—17
180 B Römer 2, 12—16
181 Iacobus 1, 27
181 Apostelgeschichte 8, 18—21
181 B Psalm 95, 2 3
182 Marcus 9, 14—19
18 morgens 182 B Psalm 144, 10 οἱ ὅσιοι —12 δυναστείαν σου
182 B Lucas 11, 42—45
183 B Römer 1, 1—7 ἁγίοις
184 Petrus α 1, 25 τοῦτο 2 βρέφη
184 Apostelgeschichte 23, 23—26
184 B Psalm 18, 5
184 B Matthaeus 8, 11—13 σοι
19 morgens 185 Psalm 109, 4. danach aus 5 7 κύριος ἐκ δεξιῶν σου, διὰ τοῦτο ὑψώσει κεφαλήν
185 B Iohannes 15, 4 καθώς —6
186 Philipper 4, 4—8 εὔφημα
186 B Iohannes α 3, 13 15 ἐστί
186 B Apostelgeschichte 25, 31—35 παραγίνονται
187 Psalm 67, 20
187 Iohannes 15, 15 ὑμᾶς δὲ εἴρηκα —19
20 morgens 188 Psalm 100, 8
188 Marcus [bis Lucas 248] 12, 37 καὶ ὁ πολὺς —44
188 B Hebräer 7, 19 ἐπεισαγωγὴ —25
189 Iacobus 2, 14—16 εἰρήνῃ [so]
189 Apostelgeschichte 3, 24—26
190 Psalm 49, 23
190 Lucas 12, 1—5
21 morgens 191 Psalm 39, 10 bis κωλύσω, 6 von ἀπήγγειλα an
191 Marcus 12, 41—44
192 Hebräer 11, 8—10
192 Iohannes α 4, 7—9 ἡμῖν
192 B Apostelgeschichte 9, 32—35
193 Psalm 67, 12 13
193 Lucas 12, 11—15
22 morgens 193 B Psalm 96, 7 προσκυνήσατε —8 Σιών, 9
193 B Matthaeus 18, 10—20
194 Hebräer 2, 5—12
195 B Petrus α 1, 3—6 ἄρτι
195 B Apostelgeschichte 10, 21—27
196 B Psalm 137, 1 von ἐναντίον bis σοι, 2 bis ἅγιόν σου, 1 ἐξομολογήσομαι bis καρδίᾳ μου und ὅτι bis ende.
196 B Lucas 1, 26—38
23 morgens 197 B Psalm 100, 8
197 B Matthaeus 23, 1—8 χριστός
198 B Galater 5, 25—6, 5
199 Petrus α 1, 13 14
199 B Apostelgeschichte 14, 2—4
199 B Psalm 118, 121—122 ἀγαθόν
200 Matthaeus 9, 1 8
24 morgens 201 Psalm 109, 4. danach aus 5 7 κύριος ἐκ δεξιῶν σου, διὰ τοῦτο ὑψώσει κεφαλήν
201 Lucas 12, 22 31
202 Corinther α 2, 12—16
202 B Iohannes α 2, 24 25
203 Apostelgeschichte 9, 31—35
203 B Psalm 72, 23 ἐκράτησας —24, 28 bis μοι
203 B Iohannes 2, 12—17
25 morgens 204 B Psalm 36, 27 bis ἀγαθόν, 28 bis αὐτοῦ

	204 B Matthaeus 25, 14—23
	205 B Hebräer 13, 7—13 παρεμβολῆς
	206 B Petrus β 1, 1 2
	206 B Apostelgeschichte 3, 1—3
	207 Psalm 118, 73 74
	207 Marcus 9, 33—37
26 morgens	208 Psalm 36 [bis 30], 39 40
	208 Iohannes 17, 1—13
	210 Corinther β 2, 14—17
	210 B Iohannes α 1, 5 6
	211 Apostelgeschichte 15, 32—35
	211 Psalm 17, 34
	211 B Matthaeus 12, 15—21
27 morgens	212 Psalm 109, 4. danach aus 5 7 κύριος ἐκ δεξιῶν σου, διὰ τοῦτο ὑψώσει κεφαλήν
	212 Lucas 12, 49—59
	213 B Römer 11, 25—29
	214 Iacobus 1, 1—3
	214 Apostelgeschichte 7, 44—46 θεοῦ
	214 B Psalm 50, 6
	215 Lucas 13, 1—5
28 abends	215 B Psalm 49, 2—3 ἥξει, 23 von ἐκεῖ an
	215 B Matthaeus 1, 1—17
morgens	217 Psalm 75, 2 3
	217 Matthaeus 1, 18—25
	218 Galater 3, 15—20
	218 B Iohannes α 4, 1—6 zum andern ἡμῶν
	219 Apostelgeschichte 13, 13—17 Αἰγύπτῳ
	220 Psalm 109, 3
	220 Lucas 2, 1—20
29 abends	222 Psalm 71, 10
	222 B Lucas 3, 23—38
morgens	223 B Psalm 71, 15
	223 B Iohannes 1, 14—17
	224 Hebräer 1, 1—9 zum ersten θεός
	225 B Petrus β 1, 12—17
	226 Apostelgeschichte 13, 26—33
	227 Psalm 2, 7 κύριος —8
	227 B Matthaeus 2, 1—12
30 abends	229 Psalm 71, 1 one die überschr, 2
	229 Matthaeus 12, 15—23
morgens	229 B Psalm 71, 11 und 19 von πληρωθήσεται an one die unterschrift
	229 B Matthaeus 22, 41—46
	230 Galater 4, 19—25 Ἱερουσαλήμ
	231 Iohannes α 4, 15—19
	231 B Apostelgeschichte 13, 36—41 πιστεύσητε
	232 Psalm 71, 17
	232 B Iohannes 1, 1—13.

Codex orientalis 125, 13 = L und Y.

Ganz junge, von verschiedenen schreibern geschriebene handschrift, auf europäischem papiere, welches im anfange durch nässe sehr gelitten hat. noch im originalbande. aus zwei teilen bestehend. der erste trägt von ⲛⲁ bis ⲣⲗⲇ einheimische, gelegentlich unrichtige bezifferung: vor ⲛⲁ gehn nicht 50, sondern nur 18 von mir gezälte blätter her: selbst wenn man den vorsatz als 1 rechnen will, kommen immer nur 19, nicht 50 stück heraus. auf ⲣⲗⲇ folgt ein ungezältes 145. der zweite teil ist durchgängig vom schreiber selbst foliiert: ⲉ̄ bis ⲣⲓⲑ. vor diesem ⲉ̄ sind vier blätter plump ausgeschnitten. beide teile des codex sind ganz vollständig: der erste bietet den *κατὰ μέρος* für den monat Tôbi, der andere den für den monat Mechir. jener heißt mir L, dieser Y.

Tôbi = L.

1 morgens	1 Psalm 33, 21 23	1 Iohannes 1, 44—52

2 Hebräer 11, 32—37 *ἀπέθανον*
3 Petrus *α* 1, 22 23
3 Apostelgeschichte 7, 59—8, 2
3 B Psalm 20, 4 6
4 Iohannes 12, 20—26
2 morgens 4 B Psalm 144 [hds 104], 10 *οἱ ὅσιοι* —11 *ἐροῦσι*
4 B Lucas 11, 37—51 *οἴκου*
6 Hebräer 3, 1—5
6 B Petrus *β* 1, 12 13
7 Apostelgeschichte 11, 2—6
7 Psalm 18, 5
7 B Marcus 8, 27—32 *ἐλάλει*
3 morgens 8 Psalm 118, 130 131
8 Marcus 10, 13—21 *ἀκολούθει μοι*
9 Hebräer 2, 5—9
9 B Iohannes *α* 2, 14 *γράφω ὑμῖν νεανίσκοι* —15
9 B Apostelgeschichte 9, 22—25
10 Psalm 78, 3 13 bis *νομῆς σου*
10 Matthaeus 2, 16—20 *γῆν Ἰσραήλ*
4 morgens 10 B Psalm 109, 4. danach aus 5 7 *ὁ κύριος ἐκ δεξιῶν μου, διὰ τοῦτο ὑψώσει κεφαλήν*
11 Iohannes 1, 1—17
12 Römer 10, 5—10
12 B Iohannes *α* 1, 1—2 *αἰώνιον*
13 Apostelgeschichte 3, 1—5
13 B Psalm 72, 23 *ἐκράτησας* —24
13 B Iohannes 21, 15—25
5 morgens 15 Psalm 67, 36 one *εὐλογητὸς ὁ θεός*, 4
15 Lucas 13, 10—17
16 Timotheus *β* 2, 3—10
16 B Petrus *α* 4, 12 13
16 B Apostelgeschichte 22, 6—9
17 Psalm 44, 4—5 *βασίλευε*
17 Lucas 12, 4—12
6 abends 18 Psalm 115, 7 *διέρρηξας* —10
18 B Lucas 2, 15—20
morgens 19 Psalm 65, 13—14 *χείλη μου*, 15 *ἀνοίσω σοι μετὰ θυμιάματος καὶ κριῶν*
19 Lucas 2, 21—24
19 B Philipper 3, 1—8 *κυρίου μου*
20 B Petrus *α* 2, 11 12
21 Apostelgeschichte 14, 24—28
21 Psalm 49 [hds 45], 23 14
21 B Lucas 2, 25—39
7 morgens 23 Psalm 131, 9—10 *δούλου σου*, 1 one die überschrift, 2
23 Lucas 13, 23—30
24 Corinther *α* 10, 12—17
24 B Iacobus 1, 16—18
25 Apostelgeschichte 18, 22—25
25 B Psalm 1, 1—3 *καιρῷ αὐτοῦ*
25 B Matthaeus 24, 42—47
8 abends 26 B Psalm 67, 12 36 bis *λαῷ αὐτοῦ*
26 B Lucas 6, 17—23
morgens 27 B Psalm 144 [hds 104], 10 *οἱ ὅσιοι* - 12 *δυναστείαν σου*
27 B Lucas 19, 1—10
28 B Epheser 3, 1—7
29 Iohannes *γ* 1 2
29 Apostelgeschichte 20, 17—21
29 B Psalm 18, 5
30 Matthaeus 16, 13—19
9 abends 30 B Psalm 64, 5 bis *αὐλαῖς σου* + [illegible], 6 *ἐπάκουσον* — *γῆς*
30 B Lucas 16, 19—31
morgens 32 Psalm 36, 17 *ὑποστηρίζει* —18
32 B Iohannes 8, 34 vom ersten *ἀμὴν* an bis 40
33 Römer 8, 28 34 *κατακρίνων*
33 B Iacobus 2, 14—17
34 Apostelgeschichte 13, 26—28
34 Psalm 36, 30 31
34 Matthaeus 8, 5—12
10 abends 35 Psalm 41, 3 bis *ζῶντα*, 6 von *ἔλπισον* an. ברמון אלנטאם
35 Matthaeus 3, 1—10
morgens 36 Psalm 41, 8 bis *καταρρακτῶν σου*, 9 von *παρ' ἐμοὶ* an
36 B Iohannes 1, 6—17
37 Corinther *α* 1, 1—9
38 Petrus *β* 1, 12—16 *παρουσίαν*
38 B Apostelgeschichte 2, 29—38
39 Psalm 44, 3 bis *ἀνθρώπων*, 4 *τῇ ὡραιότητι* —5 *ἀληθείας*
39 B Lucas 3, 1 18
11 abends 41 B Psalm 41, 7 *διὰ τοῦτο* — *Ἰορδάνου*, 12 von *ἔλπισον* an. fest der taufe (נטאם)
41 B Matthaeus 3, 1—17
morgens 43 Psalm 28, 3 4

43 B Marcus 1, 1—11
44 Titus 2, 11—3, 7
45 Iohannes α 5, 1—10
46 Apostelgeschichte 18, 24—28
46 B Psalm 117, 26—27 ἡμῖν, 16
46 B Iohannes 1, 18—34
12 abends 48 Psalm 41, 2 7 von διὰ τοῦτο an. תאדרס אלמישרקי
48 B Lucas 3, 21 22
morgens 48 B Psalm 33, 6 8
51 [siehe die einleitung] Matthaeus 3, 13—17
51 B Corinther α 16, 1—8
52 Iacobus 1, 1—6 διακρινόμενος
52 B Apostelgeschichte 3, 1—5
53 Psalm 103, 1 κύριε —2 ἱμάτιον, 4
53 Lucas 10, 19—24
13 abends 54 Psalm 4, 8 von ἀπὸ an, 9 von ὅτι σὺ an. hochzeit von Cana. dritter nach der taufe
54 Matthaeus 19, 3—12
morgens 55 Psalm 103, 15 24 bis ἐποίησας
55 Iohannes 4, 43—54
56 B Corinther α 10, 1—7 γέγραπται [so]
57 A Iohannes α 2, 20—23
57 B Apostelgeschichte 10, 34—38
58 Psalm 76, 15—16 λαόν σου, 17 bis ἐφοβήθησαν
58 Iohannes 2, 1—11
14 abends 59 Psalm 51, 10. ארשלירם ומכסימוס
59 B Lucas 14, 1—6
morgens 60 Psalm 50 [hds 80], 16
60 Lucas 14, 7—14
61 Philipper 4, 8—10
61 B Petrus α 2, 9—11
62 Apostelgeschichte 8, 26—33
63 Psalm 50, 6 von ὅπως an, 8 von τὰ ἄδηλα an
63 Matthaeus 20, 20—28
15 abends 64 Psalm 100, 6 πορευόμενος —7 ὑπερηφανίαν. Gregorius der bruder des Basilius
64 Lucas 14, 25—35
morgens 65 Psalm 100, 8
65 Lucas 15, 1—7
66 Hebräer 12, 12—17
66 B Petrus β 3, 8 9
67 Apostelgeschichte 7, 17—22
67 B Psalm 49, 23 14
67 B Iohannes 5, 39—47
16 abends 68 Psalm 33, 7 20. der heilige Philotheus
68 B Lucas 16, 1—12
morgens 69 B Psalm 129, 4 ἕνεκεν —6 νυκτός
70 Lucas 16, 13—17
70 B Philipper 2, 12—18
71 B Petrus α 2, 3—6
72 Apostelgeschichte 15, 22—26
72 B Psalm 111, 6 εἰς μνημόσυνον —8 φοβηθῇ* [liest σαλευθῇ]
73 Lucas 19, 11—19
17 abends 74 Psalm 36, 4 5. ניאחה דומאריום אחו מכסימים
74 B Lucas 17, 11—19
morgens 75 Psalm 36, 27—28 ὁσίους αὐτοῦ
75 Lucas 7, 18—23
76 Galater 2, 4—7
76 B Iohannes α 3, 3—8 ἁμαρτάνει
77 B Apostelgeschichte 20, 17—21
78 Psalm 36, 30 31
78 Matthaeus 19, 1—8
18 abends 79 Psalm 131, 9—10 δούλου σου, 17 von ἡτοίμασα, 18 von ἐπὶ an. Iacob bischof von Nisibis
79 B Lucas 18, 9—17
morgens 80 B Psalm 109, 4. danach aus 5 7 ὁ κύριος ἐκ δεξιῶν σου, διὰ τοῦτο ὑψώσει κεφαλήν
81 Lucas 18, 18—22
81 B Hebräer 7, 26—28
82 Iohannes α 3, 13—16
82 B Apostelgeschichte 6, 15—7, 4 Χαρράν
83 Psalm 67, 20
83 Matthaeus 5, 25—30
19 abends 84 Psalm 5, 12 καὶ καυχήσονται —13. בהורה וכסורה ואבירוה אמהם
84 Lucas 18, 31 34
morgens 84 B Psalm 33, 21 23
85 Lucas 18, 35—43
85 B Römer 2, 7—11
86 Iacobus 4, 7—11 κρίνει νόμον
86 B Apostelgeschichte 2, 36—38
87 Psalm 20, 4 6

87 Lucas 6, 6—11

20 abends 88 Psalm 5, 12 *καὶ καυχήσονται* —13. Prochorus der apostel aus den sieben [Act 6, 5]

88 Lucas 19, 11—28

morgens 100 [so, statt 90] Psalm 33, 21 23

100 Matthaeus 11, 2—15

101 B Corinther *β* 1, 15—20

102 Petrus *α* 1, 22—25 *αἰῶνα*

102 B Apostelgeschichte 3, 9—11

102 B Psalm 20, 4 6

103 Iohannes 11, 38—45

21 morgens 103 B Psalm 47, 2 9 bis *θεοῦ ἡμῶν.* ניאחה מרתמרים [so] יאלדה אלאלה

104 Matthaeus 12, 35—50

105 B Hebräer 9, 1—10 *σαρκός* [so]

106 B Iohannes *β* 1—3

107 Apostelgeschichte 1, 1—4 *συναλιζόμενος* [so]

107 B Psalm 44, 10 von *παρέστη* an, 14

107 B Lucas 1, 39—56

22 abends 109 Psalm 111, 6 *εἰς μνημόσυνον* —7 *φοβηθήσεται*, 9 von *ἡ δικαιοσύνη* an. ניאחה unsres heiligen großen vaters Antonius

109 Matthaeus 25, 14—23

morgens 110 Psalm 91, 11 15

110 Lucas 19, 11—17

110 B Philipper 3, 20—4, 9

111 B Iacobus 5, 9—20

113 Apostelgeschichte 11, 19—26

113 B Psalm 91, 13 14

114 Lucas 12, 32—44

23 abends 115 Psalm 31, 11 6 bis *εὐθέτῳ.* Timotheus der schüler des apostels Paulus

115 Lucas 19, 45—20, 8

morgens 116 Psalm 118, 129 130

116 Iohannes 6, 57—60

116 B Hebräer 12, 25—27

117 Petrus *α* 1, 17—21

117 B Apostelgeschichte 20, 13—16

118 Psalm 32, 12 1 one die überschrift

118 Lucas 11, 9—13

24 abends 118 B Psalm 5, 8 bis *ἅγιόν σου*, 9 bis *δικαιοσύνῃ σου.* ניאחה מרים אלנאסכה

118 B Matthaeus 5, 31—37

morgens 119 Psalm 36, 39 40 one das dritte glied

119 Lucas 20, 41—47

119 B Hebräer 5, 10—14

120 Iohannes *α* 5, 16—18

120 B Apostelgeschichte 2, 22—28

121 Psalm 17, 34 35

121 Matthaeus 23, 1—12

25 abends 122 Psalm 51, 10. ניאחה בטרס אלנאסך

122 Lucas 21, 1—4

morgens 122 B Psalm 50, 16 17

122 B Lucas 21, 7—11

123 Corinther *α* 12, 28—31 *κρείττονα*

123 B Petrus *β* 3, 1—5 *θέλοντας* [so]

124 Apostelgeschichte 5, 12—16

124 B Psalm 50 [hds 48], 5 von *ὅπως*, 8 von *τὰ ἄδηλα* an

124 B Lucas 5, 27—32

26 abends 125 Psalm 32, 12 1 one die überschrift. die greise von Schihât

125 Matthaeus 10, 24—32

morgens 126 Psalm 115, 6—7 *παιδίσκης σου*

126 Lucas 6, 12—23 *οὐρανῷ*

127 Galater 2, 14—17

127 B Iacobus 2, 24—26

128 Apostelgeschichte 2, 32—36

128 Psalm 149, 1 one *ἀλληλούια*, 5

128 B Lucas 21, 27—33

27 abends 129 Psalm 33, 18 20. der engel סוריאל und אבו [?] אבפאב der soldat

129 Marcus 6, 31—34

morgens 129 B Psalm 129, 4 *ἕνεκεν* —6 zum ersten *κύριον*, 7

129 B Lucas 21, 20—26

130 Römer 8, 5—11

130 B Petrus *α* 4, 12—15

132 [so, schreibe 131] Apostelgeschichte 3, 17—21

132 [so, schreibe 131] B Psalm 44, 4—5 *βασίλευε*

132 [so, schreibe 131] B Lucas 12, 4—12

28 abends 132 B Psalm 36, 4 5. אכלימנטס ואבאכאו
132 B Lucas 22, 24—30
morgens 133 Psalm 109, 4. danach aus 5 7 *ὁ κύριος ἐκ δεξιῶν σου, διὰ τοῦτο ὑψώσει κεφαλήν*
133 B Matthaeus 12, 1 8
134 Philipper 3, 20—4, 9
135 Petrus *α* 1, 25 *τοῦτο* — 2, 4
135 B Apostelgeschichte 6, 5 *καὶ ἐξελέξαντο* —7
135 B Psalm 67, 20
136 Lucas 7, 11—17
29 abends 136 B Ps 44, 13. ניאחה אלקריסה אכבאני אי אלגריבה
136 B Matthaeus 22, 41—46
morgens 137 Psalm 71, 17 *πρὸ τοῦ ἡλίου — γῆς*, 14
137 Matthaeus 9, 27—33
138 Römer 2, 17—21
138 B Petrus *β* 3, 9—11
138 B Apostelgeschichte 17, 16—18
139 Psalm 71, 8 9
139 Iohannes 7, 37—43
30 abends 140 Psalm 44, 15. Gregor der theologe
140 Lucas 8, 1—3
morgens 140 B Psalm 44, 16
140 B Lucas 7, 36—50
142 Corinther *α* 12, 31 *καὶ ἔτι* —13, 10
143 Iohannes *α* 4, 7—10
143 B Apostelgeschichte 7, 49 *ποῖον* —53
144 Psalm 96, 8 *ἠγαλλιάσαντο* —9 *ὑπερυψώθης*
144 B Matthaeus 25, 1—13 *ὥραν.*

Zweiter teil. Mechir. im register Y.

1 abends 2 Psalm 29, 8 bis *δύναμιν*, 5
2 Matthaeus 21, 28—32
morgens 2 B Psalm 29, 11 13 von *κύριε* an
2 B Matthaeus 21, 33—46
4 Corinther *α* 14, 26—33 [80]
4 B Petrus *β* 1, 1—4 *φύσεως*
5 Apostelgeschichte 11, 11—18
5 B Psalm 29, 2 3
5 B Matthaeus 18, 15—20
2 abends 6 Psalm 54, 8 9
6 B Iohannes 14, 13—21
morgens 7 Psalm 115, 6 1 one *ἀλληλούια*
7 Lucas 12, 32—44
8 B Hebräer 11, 32—40
9 Petrus *α* 4, 12—19
10 Apostelgeschichte 7, 37—43
10 B Psalm 91, 13 14
10 B Lucas 6, 17—23 *οὐρανῷ*
3 abends 11 B Psalm 58, 17 von *ὅτι ἐγενήθης* an, danach der anfang des verses
11 B Matthaeus 23, 1—8 *χριστός*
morgens 12 Psalm 58, 18
12 Iohannes 8, 42—50
13 Galater 6, 7—13
13 B Iacobus 4, 11—17
14 Apostelgeschichte 21, 27—34
14 B Psalm 87, 2—3 *προσευχή μου*
14 B Matthaeus 10, 24—32
4 abends 15 B Psalm 87, 3 *κλῖνον* —5 *λάκκον*
15 B Marcus 4, 25—29
morgens 16 Psalm 30, 17—18 *κύριε*, 15 *εἶπα* —16 *κλῆροί μου*
16 Iohannes 8, 12—18
16 B Corinther *α* 7, 25—31
17 Iohannes *α* 2, 15—19
17 B Apostelgeschichte 21, 35—39
18 Psalm 76 [hds 73], 14 *τίς* —16 *λαόν σου*
18 Marcus 4, 1—9
5 abends 18 B Psalm 32, 18 19
18 B Matthaeus 12, 1—8
morgens 19 Psalm 32, 20 21 von *ἐν τῷ ὀνόματι* an
19 B Marcus 1, 29—34 *ἐξέβαλε*
20 Thessalonicher *α* 2, 1—8
20 B Petrus *β* 1, 12—18
21 Apostelgeschichte 5, 12—16
21 B Psalm 32, 21 *ἐν — ἡμῶν*, 22
21 B Matthaeus 25, 14—23
6 abends 22 B Psalm 30, 2—3 *ἐξελέσθαι με*
22 B Matthaeus 12, 9—15 *ἐκεῖθεν*
morgens 23 Psalm 30, 3 *γενοῦ* —4 *ὁδηγήσεις με*
23 Matthaeus 12, 15 *καὶ ἠκολούθησαν* —21

23 B Hebräer 12, 21 *Μωυσῆς* —26
24 Petrus *α* 4, 8—11
24 B Apostelgeschichte 14, 11—18
25 B Psalm 30, 4 *καὶ διαθρέψεις* —6 *πνεῦμά μου*
26 Lucas 12, 54—59
7 abends 26 B Psalm 30, 8 von *ὅτι ἐπεῖδες* an, 10 bis *ὀφθαλμός μου*
26 B Matthaeus 10, 16—22
morgens 27 Psalm 30, 20 bis *φοβουμένοις σε*
27 Marcus 8, 34—9, 1
27 B Hebräer 13, 7—11
28 Iacobus 5, 16—20
28 B Apostelgeschichte 13, 13—18
29 Psalm 131, 9—10 *δοῦλόν σου*, 17 *ἡτοίμασα* — *μου*, 18 *ἐπὶ* — *μου*
29 Iohannes 12, 44—50
8 abends 29 B Psalm 115, 7 *διέρρηξας* —8 *αἰνέσεως*, 9 10
30 Lucas 2, 15—20
morgens 30 Psalm 65, 13—14 *χείλη μου*, 15 bis *κριῶν*
30 B Lucas 2, 40—52
31 B Philipper 3, 1—8 *κυρίου μου*
32 Petrus *β* 1, 1—4 *φύσεως*
32 B Apostelgeschichte 15, 4—11
33 B Psalm 49, 23 14
33 B Lucas 2, 22—39
9 abends 35 Psalm 32, 1 one die überschrift, 3
35 Marcus 3, 23—35
morgens 36 Psalm 76, 14 *τίς* —16 *λαόν σου*
36 Marcus 4, 1—9
36 B Hebräer 13, 17—25
37 B Iacobus 2, 18—23
38 Apostelgeschichte 7, 38—43
39 Psalm 33, 16 21
39 Marcus 9, 28—32
10 abends 39 B Psalm 33, 18
39 B Lucas 16, 1—12
morgens 41 Psalm 17, 2 *ἀγαπήσω* —3 *ὑπερασπιστής μου*
41 Matthaeus 10, 34—42
42 Colosser 4, 2—11 *Ἰοῦστος*
43 Petrus *α* 4, 12—19
43 B Apostelgeschichte 18, 24—19, 6 *αὐτούς*

45 Psalm 20, 2 8
45 Matthaeus 4, 12—22
11 abends 46 Psalm 87, 2—3 *προσευχή μου*
46 Marcus 10, 17—21 *ἀκολούθει μοι*
morgens 47 Psalm 87, 3 *κλῖνον* —4 *ψυχ' μου*, 14
47 B Marcus 10, 23—31
48 Hebräer 6, 1—8
49 Iohannes *α* 4, 20—5, 4
49 B Apostelgeschichte 22, 1—5
50 B Psalm 88, 2
50 B Lucas 20, 1—8
12 abends 51 Psalm 33 [hds 36], 10 8
51 B Matthaeus 6, 19—24
morgens 52 Psalm 98, 6 bis zum anderen *αὐτοῦ*, 7 von *ἐφύλασσον* an
52 B Matthaeus 6, 25—33
53 B Hebräer 12, 21 *Μωϋσῆς* —26
54 Petrus *β* 2, 1—3
54 B Apostelgeschichte 4, 33—35
55 Psalm 102, 7 21
55 Marcus 4, 10—12
13 abends 55 B Psalm 88, 3
55 B Marcus 5, 1—17
morgens 57 Psalm 88, 7—8 *ἁγίων*
57 Marcus 5, 18—24
58 Corinther *α* 3, 9—23
59 B Petrus *α* 3, 8—14 *μακάριοι*
60 Apostelgeschichte 7, 31—35
61 Psalm 30, 8 von *ὅτι ἐπεῖδες* an, 10 bis *ὀφθαλμός μου*
61 Matthaeus 10, 16—22
14 abends 62 Psalm 131, 9—10 *δοῦλόν σου*, 17 von *ἡτοίμασα*, 18 von *ἐπὶ* an
62 Matthaeus 4, 23—5, 16
morgens 63 B Psalm 91, 13 14
64 Lucas 6, 17—23 *οὐρανῷ*
65 Corinther *β* 4, 5—13
65 B Iudas 20—25
66 B Apostelgeschichte 14, 20 *καὶ τῇ ἐπαύριον* —23
67 Psalm 72, 23 *ἐκράτησας* —24: 28 bis *ἔση*
67 Iohannes 15, 17—25
15 abends 68 Psalm 76, 13 *μελετήσω* —14
68 Marcus 6, 1—6 *αὐτῶν*
morgens 68 B Psalm 76 [hds 73], 3 *ἐξεζήτησα* — *αὐτοῦ*, *ἀπηνήνατο* —4 *θεοῦ*

69 Marcus 6, 6 καὶ περιῆγε —15
70 Corinther α 6, 12—20 σώματι ὑμῶν
70 B Iacobus 3, 5 ἰδοὺ —12
71 B Apostelgeschichte 19, 18—22
72 Psalm 67, 12 36 bis λαῷ αὐτοῦ
72 Iohannes 12, 36 ταῦτα —43
16 abends 73 Psalm 73, 16—17 ἔαρ [so]
73 Iohannes 6, 16—21
morgens 73 B Psalm 73, 18 bis κτίσεώς σου, 21
73 B Matthaeus 24, 45—51
74 B Hebräer 7, 1—10
75 B Petrus β 2, 18—22
76 B Apostelgeschichte 4, 11—14
77 Psalm 71 [hds 81], 11 19 von πληρωθήσεται one die unterschrift ἐξέλιπον κτέ
77 Matthaeus 22, 41—46
17 abends 77 B Psalm 36, 4 5
77 B Lucas 17, 11—19
morgens 78 B Psalm 36 [hds 33], 27 bis ἀγαθόν, 28 bis ὁσίους αὐτοῦ
78 B Lucas 7, 18—23
79 B Corinther α 7, 17 οὕτω περιπατείτω [so] —24
80 Iohannes α 3, 4—8 ἁμαρτάνει
80 B Apostelgeschichte 20, 17—21
81 Psalm 16, 8 1 von εἰσάκουσον bis προσευχήν μου
81 Matthaeus 19, 1—8
18 abends 82 Psalm 84, 2 3
82 Iohannes 5, 24—30
morgens 83 [hds 81] Psalm 84, 4 5
83 [hds 81] Iohannes 7, 33—36
83 [hds 81] B Timotheus β 2, 3—10
84 Iacobus 1, 16—21
85 Apostelgeschichte 11, 26—30
85 B Psalm 103, 1 κύριε —2 ἱμάτιον, 4
85 B Lucas 10, 19—24
19 abends 86 B Psalm 84, 10—11 ἀλήθεια [so]
86 B Marcus 6, 45—56
morgens 88 Psalm 84, 11 δικαιοσύνη —12
88 Marcus 7, 1—15
90 Römer 2, 7—11
90 B Iacobus 4, 7—11 κρίνει νόμον
90 B Apostelgeschichte 2, 36—38
91 Psalm 20, 4 6
91 B Lucas 6, 6—11
20 abends 92 Psalm 45, 2—3 φοβηθησόμεθα
92 Marcus 7, 24—30
morgens 93 Psalm 45, 11 vom ersten ὑψωθήσομαι an, 9
93 Marcus 7, 31—37
93 B Timotheus β 2, 14—18
94 Petrus β 2, 14 δελεάζοντες —17
94 B Apostelgeschichte 5, 21 παραγενόμενος —25
95 Psalm 15, 1 one die überschrift —3 ἐθαυμάστωσε
95 B Lucas 9, 1—6
21 abends 96 Psalm 47, 3 ὄρη —4 γινώσκεται, 5 ἰδοὺ — συνήχθησαν
96 Matthaeus 8, 11—17
morgens 96 B Psalm 67, 14 πτέρυγες —15
97 Marcus 14, 6—11
97 B Timotheus β 2, 19—21
98 Iohannes α 3, 17—20
98 B Apostelgeschichte 7, 26—29
99 Psalm 67, 16 17 von τὸ ὄρος an
99 Lucas 9, 12 προσελθόντες —17
22 abends 100 Psalm 38, 8—9 ῥῦσαί με
100 Marcus 8, 15—21
morgens 100 B Psalm 38, 11 14
100 B Marcus 8, 22—26 εἰσέλθῃς
101 Colosser 4, 12—18
102 Petrus α 3, 14 τὸν δὲ φόβον —17
102 B Apostelgeschichte 1, 1—14
104 Psalm 100, 8
104 Lucas 10, 1—9
23 abends 105 Psalm 81, 8
105 Lucas 9, 18—22
morgens 105 B Psalm 83, 2—3 κυρίου
105 B Iohannes 16, 23 erstes ἀμήν —27
106 B Hebräer 7, 18—25 θεῷ
107 Iacobus 3, 1—5 μεγαλαυχεῖ
107 B Apostelgeschichte 22, 17—21
108 Psalm 81, 3 4
108 Lucas 8, 49—56
24 abends 109 Psalm 146 [hds 46], 1 one die überschrift, 2
109 Matthaeus 11, 25—30
morgens 110 Psalm 72, 23 ἐκράτησας —24: 28 bis ἐστι
110 Matthaeus 17, 1—9

111 Timotheus *α* 6, 3—10
111 B Petrus *β* 3, 14—18
112 B Apostelgeschichte 14, 5—10
113 Psalm 1, 1—3 *καιρῷ αὐτοῦ*
113 B Matthaeus 24, 42—47
25 abends 114 Psalm 146, 9—10 *θελήσει*
114 Marcus 10, 32—34
morgens 114 B Psalm 146, 10 *οὐδὲ* —11
115 Marcus 10, 35—45
116 Corinther *β* 10, 1—8 *οἰκοδομὴν*
117 Petrus *α* 3, 8—14 *μακάριοι*
117 B Apostelgeschichte 26, 29—27, 3 *Σιδῶνα*
118 B Psalm 96 [hds 106], 6—7 *αὐτῶν*
119 Marcus 13, 9 *βλέπετε* —13.

Codex orientalis 125. 11 = N.

Europäisches papier: aegyptischer lederband. die in den monaten Epêp und Mesórê und an den Epagomenen Ideler handbuch der chronologie I 96' zu lesenden abschnitte der bibel. die blattzalen laufen bis ⲧⲕⲁ.

einige male kommen irrtümer in der bezifferung vor. nach ⲡⲙⲉ scheint ein موسى der schreiber zu sein. nach ⲧⲕⲁ ist der priester جرجس ابو مخلص derjenige gewesen. der die handschrift hat schreiben lassen, und sie dem kloster des انبا بيشوى als وقف übereignet hat. vollendet wurde sie يوم الجمعه المبارك رابع يوم فى شهر بوونه سنة الف واربعمايه سته وتسعين قبطيه للشهدا, also 1779 unsrer aera.

ⲧⲓⲁ[2] ist die stelle Timoth *β* 3. 1—7 nicht ausgeschrieben. sondern zu den worten ⲫⲁⲓ ϫⲉ ⲁ̀ⲣⲓⲉ̀ⲙⲓ ⲉ̀ⲣⲟϥ (war ⲛⲁⲣⲟϥ ϫⲉ ⲁ̀ⲥⲫⲣⲏⲓ steht am rande die auf blatt 314[1] zielende glosse عدا البولس كتب سابقا قبل هدا اليوم تعد خمس ورقات من على شمالك فتجده. wo 318 und 314 mitgezält sind.

Epêp

1 abends 3 Psalm 21, 27 bis *καρδίαι αὐτῶν*, aber one *καὶ ἐμπλησθήσονται*
3 B Marcus 9, 33—41
morgens 4 B Psalm 24, 16—17 *ἐπληθύνθησαν*
4 B Lucas 12, 41—50
5 B Römer 14, 19—23
6 Petrus *β* 1, 4 *ἀποφυγόντες* —8
6 B Apostelgeschichte 9, 32—35
7 Psalm 24, 20
7 Lucas 6, 27—38
2 abends 8 B Psalm 21, 23. lexis 24 bis *δοξάσατε αὐτόν*. Thaddaeus der apostel
8 B Matthaeus 19, 27—30
morgens 9 B Psalm 67, 24 *παρ' αὐτοῦ* [80] —25 12
9 B Marcus 3, 13—27
11 Corinther *α* 9, 1—8
11 B Iudas 1—6
12 B Apostelgeschichte 15, 6—12
13 B Psalm 39, 10 bis *κωλύσω*. lexis 10 *κύριε* —11 *ἀλήθειάν σου*
13 B Lucas 18, 28—34
3 abends 14 B Psalm 44, 2 bis *βασιλεῖ*. lexis 2 rest des verses. Cyrillus
14 B Marcus 4, 21—29
morgens 15 B Psalm 12, 6 bis *σωτηρίῳ σου*. lexis rest des verses
15 B Lucas 11, 1—8
16 B Römer 14, 1—8
17 B Iacobus 5, 8—14
18 B Apostelgeschichte 10, 25—33 *παραγενόμενος*
19 B Psalm 118, 89—90 *σου*. lexis 96
19 B Matthaeus 20, 20—28
4 abends 20 B Psalm 142, 1 *κύριε* —2 *δοι*-

λου σου. Apa Kyri und Iohannes
21 Matthaeus 10, 16—23
morgens 22 Psalm 19, 5. lexis Psalm 67, 4
22 Lucas 14, 25—15, 2
23 B Römer 1, 18—25
24 B Iohannes α 2, 7—11
25 Apostelgeschichte 3, 1—9
26 Psalm 22, 4
26 Marcus 10, 29—34
5 abends 27 Psalm 67, 2 bis zum ersten *αὐτοῦ*. lexis rest des verses. Petrus und Paulus
27 Marcus 3, 7—12
morgens 28 Psalm 144, 1 one die überschrift, 3 bis *σφόδρα*
28 Lucas 6, 12—20
29 Römer 10, 4—11
30 Petrus β 1, 12—17
30 B Apostelgeschichte 3, 1—7 *ἤγειρε*
31 Psalm 18, 5. [lexis] 15 *ἔσονται* bis *διὰ παντός*
31 B Matthaeus 9, 36—10, 8
6 abends 32 B Psalm 149, 5 9. Bartholomaeus
33 Marcus 10, 17—22
morgens 33 B Psalm 23, 3—4 *ψυχὴν αὐτοῦ*
34 Marcus 8, 27—33
35 Epheser 6, 10—16
35 B Petrus α 1, 13—17
36 B Apostelgeschichte 11, 2—8
37 Psalm 31, 1 *μακάριοι* —2
37 Matthaeus 22, 1—10
7 abends 38 Psalm 1, 1 2. Abba Schenuti
38 B Iohannes 6, 70—7, 8
morgens 39 B Psalm 67, 24 *παρ' αὐτοῦ* [so] —25 + ?
39 B Iohannes 7, 14—19
40 Corinther α 4, 1—5
41 Iohannes α 3, 2—6
41 B Apostelgeschichte 11, 25—30
42 Psalm 70, 5. lexis 6 *ἐν σοὶ* —7 *πολλοῖς*
42 B Iohannes 7, 37—44
8 abends 43 Psalm 39 [hds 9], 3 von *ἔστησεν* an. lexis 4 bis *ἡμῶν*. Abba Pišoi
43 B Matthaeus 7, 21—25
morgens 44 Psalm 88, 25. lexis 20 bis *δυνατόν*
44 Lucas 13, 23—30
45 B Corinther α 2, 12—16
46 Petrus β 1, 4 *ἀποφυγόντες* —8
46 B Apostelgeschichte 15, 13—18 *αἰῶνος* [so]
47 Psalm 60, 3 *ἐν πέτρᾳ* —4 *ἰσχύος*. lexis 6
47 Lucas 14, 25—30
9 abends 48 Psalm 26, 4 bis *οἴκῳ κυρίου*. lexis das zunächst folgende bis *τερπνότητα κυρίου*. Symeōn Kleôpa
48 Marcus 8, 27—33
morgens 49 Psalm 111, 6 *εἰς μνημόσυνον* —8 *φοβηθῇ** [hds *σαλευθῇ*]
49 Lucas 12, 2—5
50 Timotheus β 1, 14—2, 2
50 B Petrus α 4, 3—6
51 Apostelgeschichte 9, 22—26
51 B Psalm 15, 7 8
52 Lucas 21, 12—15
10 abends 52 B Psalm 5, 12 bis *ἐν αὐτοῖς*. Theodorus
52 B Matthaeus 9, 32—35
morgens 53 Psalm 149, 5 6
53 Matthaeus 9, 36—10, 4
54 Römer 5, 1—5
54 B Iacobus 2, 14—19
55 B Apostelgeschichte 3, 1—7 *ἤγειρε*
56 Psalm 6, 3—4 *σφόδρα*, 5
56 Matthaeus 10, 16—22
11 abends 57 Psalm 5, 12 *καυχήσονται* —13. Iohannes und Symeon
57 Marcus 6, 47—52
morgens 58 Psalm 1, 5 6
58 Lucas 6, 45—48
58 B Römer 10, 16 *Ἠσαίας* —20
59 B Petrus β 1, 19—21
60 Apostelgeschichte 28, 23—26
60 B Psalm 104 [hds 14], 14 15
60 B Iohannes 12, 35—40
12 abends 61 B Psalm 90, 11 14 *ὅτι ἔγνω* bis 15 zum ersten *αὐτοῦ*. Apa Hôr pi-rem-Seriakos
61 B Matthaeus 16, 24—28

morgens 62 Psalm 137, 1 *ἐναντίον* — *σοι*, 2 *προσκυνήσω* zum ersten *σου*, 4 zum ersten *μου*
62 B Matthaeus 7, 7—12
63 Hebräer 12, 28—13, 2
63 B Iohannes *α* 4, 1—6
64 Apostelgeschichte 5, 12—16
65 Psalm 33, 8 9
65 Iohannes 12, 26—33
13 abends 66 Psalm 88 [hds 58], 51 53. Apa Mun
66 Matthaeus 10, 34—42
morgens 67 Psalm 131, 1 one die überschrift, 2. lexis 3 bis *οἶκον μου*, 5
67 Lucas 6, 17—23 *οὐρανῷ*
68 Timotheus *β* 2, 19—22
69 Petrus *β* 1, 1—4
69 B Apostelgeschichte 20, 17—21
70 Psalm 86, 1 one die überschrift, 2. lexis 7
70 B Lucas 14, 25—30
14 abends 71 Psalm 111, 1 one *ἀλληλούια*, 2. Proconios [so] der märtyrer
71 Lucas 6, 32—36
morgens 72 Psalm 33, 18 19
72 Matthaeus 25, 14—23
73 Corinther *α* 9, 23—10, 4
74 Iohannes *α* 3, 18—24
74 B Apostelgeschichte 25, 13—16
75 B Psalm 33, 20 21
75 B Lucas 21, 16—22
15 abends 76 Psalm 15, 8—9 *γλῶσσά μου*. Abba Ephram [so]
76 B Marcus 6, 1—6 *αὐτῶν*
morgens 77 Psalm 15, 5. lexis 7
77 B Matthaeus 26, 6—13
78 Colosser 3, 1—7
78 B Petrus *α* 3, 14 *τὸν* —18
79 B Apostelgeschichte 22, 17—24
80 B Psalm 59, 9—10 *ἐλπίδος μου*
80 B Marcus 9, 38—45 *γέενναν*
16 abends 83 [so! statt 81] B Psalm 32, 8. lexis 18. Iohannes der evangelist
83 B Marcus 13, 32—37
morgens 84 Psalm 118, 89—90 *σου*. lexis 94
84 B Matthaeus 5, 17—20
85 Hebräer 9, 15—20
85 B Petrus *α* 3, 5—9
86 B Apostelgeschichte 17, 14—18
87 B Psalm 33, 5 6
87 B Lucas 12, 32—38
17 abends 88 B Psalm 33, 7 8. Isidorus der märtyrer
88 B Lucas 12, 13—15
morgens 89 Psalm 33, 15 16
89 Lucas 12, 4—12
90 Römer 9, 15—21
91 Petrus *β* 1, 4 *ἀποφυγόντες* —9
91 B Apostelgeschichte 2, 43 *πολλὰ* —47
92 Psalm 12, 4 bis *ὀφθαλμούς μου*, 6 von *ᾄσω* an
92 B Lucas 9, 18—22
18 abends 93 Psalm 19, 6—7 *ἁγίου αὐτοῦ*. Iacobus der bruder des herrn
93 B Lucas 10, 1—9
morgens 94 B Psalm 43, 5 9 bis *ἡμέραν*
94 B Matthaeus 12, 35—40
95 B Galater 1, 11—17
96 Iacobus 1, 1—8
97 Apostelgeschichte 15, 13—20
97 B Psalm 77, 5
98 Marcus 3, 27—35
19 abends 98 B Psalm 44, 7 2 von *ἡ γλῶσσα* an. Antonius der bischof
99 Matthaeus 15, 1—11
morgens 99 B Psalm 44, 3
100 Matthaeus 15, 29—31
100 B Corinther *α* 1, 26—31
101 Iohannes *α* 1, 8—2, 3
101 B Apostelgeschichte 8, 3—8
102 B Psalm 44, 8 von *διὰ* an, 18 ebenso
102 B Lucas 14, 1—6
20 abends 103 Psalm 17 [hds 4]. 35 36 bis *ἀντελάβετό μου*. Theodorus der stratelat
103 B Matthaeus 10, 16—22
morgens 104 Psalm 44, 4—5 *βασίλευε*
104 B Lucas 7, 11—17
105 Timotheus *β* 2, 3—10
105 B Petrus *α* 4, 12—15
106 Apostelgeschichte 27, 42—28, 1
107 Psalm 90, 13 14
107 Lucas 10, 17—20

21 abends 107 B Psalm 121, 8. lexis 9. Susennios der hämling
107 B Lucas 11, 20—26
morgens 108 B Psalm 121, 6 7
108 B Matthaeus 12, 38—42
109 B Hebräer 11, 11—13
110 Iohannes α 4, 16 ὁ θεὸς ἀγάπη 21
110 B Apostelgeschichte 21, 15—19
111 Psalm 124, 1 one die überschrift, 2
111 B Marcus 12, 41—13, 2
22 abends 112 Psalm 25 [hds 22], 8 12. Makari der son des [der?] Basilitê
112 B Marcus 8, 27—30
morgens 113 Psalm 26, 4 bis ζωῆς μου
113 Lucas 21, 12—19
113 B Timotheus α 6, 11—16
114 B Iacobus 1, 13—18
115 Apostelgeschichte 25, 17—22
116 Psalm 127, 1 one die überschrift, 2
116 Matthaeus 10, 24—28
23 abends 117 Psalm 46, 2 3. Schenuti der märtyrer
117 Matthaeus 10, 17—23
morgens 118 Psalm 46, 4 5
118 Matthaeus 11, 25—30
118 B Timotheus β 3, 10—17
119 B Iohannes α 2, 18—23
120 B Apostelgeschichte 10, 34—38
121 Psalm 6, 3—4 σφόδρα, 5
121 Lucas 16, 1—9
24 abends 122 B Psalm 14, 1 one die überschr, 2. Apa Nub der märtyrer
122 B Matthaeus 10, 26 οὐδὲν —33
morgens 123 B Psalm 15, 3. lexis 8
123 B Matthaeus 10, 37—42
124 B Hebräer 4, 14—5, 3
125 Petrus α 2, 11—16
126 Apostelgeschichte 12, 25—13, 5
127 Psalm 56, 2
127 Matthaeus 19, 16—26
25 abends 128 B Psalm 131, 13 14. Thekla
128 B Matthaeus 10, 34—42
morgens 129 B Psalm 131, 17 18
129 B Matthaeus 12, 9—14
130 Hebräer 12, 1—5 διαλέγεται
131 Iacobus 1, 1—8
131 B Apostelgeschichte 14, 2—7
132 B Psalm 67, 4 20
132 B Matthaeus 12, 9—14
26 abends 133 B Psalm 80 [hds 38], 5—6 Αἰγύπτου. Ioseph der zimmermann
133 B Lucas 2, 4—7
morgens 134 Psalm 76 [hds 46], 16. lexis 14 τίς —15
134 Lucas 2, 15—20
135 Hebräer 11, 8—12 ἐγεννήθησαν
135 B Iacobus 2, 14—18
136 Apostelgeschichte 6, 11—7, 2 ἀκούσατε
137 Psalm 79, 2—3 Μανασσῆ
137 Matthaeus 2, 16—20
27 abends 138 Psalm 131, 1 one die überschrift, 2. lexis 11. Apa Mun der märtyrer
138 Matthaeus 17, 10—13
morgens 138 B Psalm 80, 2 3
138 B Matthaeus 16, 13—17
139 B Römer 8, 18—23
140 Petrus α 3, 10—15 ὑμῶν
140 B Apostelgeschichte 16, 24—28
141 B Psalm 36, 30 31
141 B Matthaeus 10, 24—29
28 abends 142 B Psalm 33, 8 9. Thomas der märtyrer
142 B Matthaeus 18, 21—27
morgens 143 B Psalm 33, 10 11
143 B Matthaeus 18, 1—6
144 Corinther β 10, 7 εἴ τις —11
145 Petrus α 3, 18—20
145 B Apostelgeschichte 12, 25—13, 2 νηστευόντων [80]
145 B Psalm 24, 7 κατὰ 8 κύριος, 11
146 Lucas 8, 16—21
29 abends 146 B Psalm 8, 2 bis γῇ, 5. Thaddaeus der apostel
147 Marcus 2, 13—17
morgens 147 B Psalm 46, 10
147 B Marcus 2, 23—28
148 B Corinther β 5, 11—15
149 Iohannes α 4, 7—10
149 B Apostelgeschichte 17, 15 καὶ λαβόντες —18 αὐτῷ

150 Psalm 46, 10
150 Matthaeus 9, 9—13
30 abends 150 B Psalm 71, 18 19 αἰῶνος. Ephrem und Markurios [80]
151 Matthaeus 9, 18—26
morgens 152 Psalm 71, 12 13
152 Matthaeus 10, 2—8
152 B Corinther α 9, 1—7 zum ersten ἰαθεὶς
153 B Iohannes α 5, 14—17
154 Apostelgeschichte 5, 12—16
154 B Psalm 31, 2. lexis 1 ono die überschrift
155 Matthaeus 10, 5—10.

Mesôrê [ab und zu Mêsôrê].

1 abends 156 Psalm 25, 8 9. der heilige Apoli
156 B Lucas 13, 18—22
morgens 157 Psalm 26, 8 ἐξεζήτησα —9 ἐμοῦ, 10
157 Lucas 21, 12—19
158 Römer 8, 18 23
158 B Iohannes α 2, 12—17
159 B Apostelgeschichte 17, 22 -26 γῆς
160 Psalm 26, 13 14
160 Matthaeus 10, 34—42
2 abends 161 Psalm 62 [hds 61], 4 τὰ χείλη —6. Mêna und seine schwester
161 B Matthaeus 11, 2—10
morgens 162 B Psalm 62, 2 bis ἐρήμῳ
162 B Matthaeus 11, 11—15
163 Epheser 4, 25—32
164 Petrus α 1, 22—25 αἰῶνα
164 B Apostelgeschichte 1, 1—8
165 B Psalm 62, 9 10
165 B Lucas 9, 7—12 κλίνειν
3 abends 166 B Psalm 60, 2—3 ὕψωσάς με. Symeon der stylit
166 B Matthaeus 16, 17—20
morgens 167 Psalm 60, 4 5
167 Matthaeus 16, 24—28
168 Epheser 5, 6—14
168 B Petrus α 1, 14 μὴ —21
169 B Apostelgeschichte 13, 47—52
170 Psalm 93, 17 18 τὸ ἔλεος —19 καρδίᾳ μου
170 B Marcus 2, 23 28
4 abends 171 Psalm 29, 4 5. Philippus der märtyrer
171 B Matthaeus 16, 13—20
morgens 172 B Psalm 95, 8—9 ἁγίῳ αὐτοῦ
172 B Lucas 9, 27—32
173 Hebräer 9, 6 εἰς μὲν —10
174 Petrus α 2, 3 -9 καλέσαντος
174 B Apostelgeschichte 9, 31—35
175 B Psalm 47, 9 10
175 B Marcus 11, 22—26
5 abends 176 B Psalm 32, 20 21. David und seine brüder
176 B Lucas 12, 2—7
morgens 177 B Psalm 67, 12 4
177 B Iohannes 15, 7—12
178 Philemon 1—7
179 Petrus α 5, 10—14
179 B Apostelgeschichte 21, 37—22, 1
180 Psalm 45, 5 6
180 B Lucas 13, 23—28 ὀδόντων
6 abends 181 Psalm 71, 16. Bêsa
181 B Matthaeus 18, 10—14
morgens 182 Psalm 71, 18—19 αἰῶνος
182 Matthaeus 18, 1—5
182 B Philipper 1, 26 διὰ τῆς [80] —29
183 B Iohannes β 10—13
184 Apostelgeschichte 10, 7—14
184 B Psalm 15, 1 φύλαξον —3 θαυμάστωσε
185 Marcus 6, 45 -52
7 [hds 6] abends 185 B Psalm 109, 3 ἐκ γαστρὸς —4. Timotheus der papa
186 Marcus 9, 38—42
morgens 186 B Psalm 109, 2—3 ἁγίων σου
186 B Marcus 9, 43—50
187 B Thessalonicher β 3, 1—7 ἡμᾶς
188 B Petrus α 4, 7 11
189 Apostelgeschichte 9, 19 ἐγένετο 22
189 B Psalm 40, 2—3 ζήσει αὐτόν
189 B Matthaeus 16, 13 19
8 abends 190 B Psalm 11, 2 7. die sieben knaben märtyrer
191 Matthaeus 16, 6—12
morgens 191 B Psalm 25, 6 7
192 Marcus 11, 11—15 ἱερῷ
192 B Epheser 2, 8—13
193 Petrus α 2, 3—6

193 B Apostelgeschichte 8, 14—21
194 B Psalm 108 [hds 17]. 30 31
194 B Marcus 2, 1—7
9 abends 195 B Psalm 44, 3 8 bis *ἀγαλλιάσεως*. Apa Aripi der märtyrer
195 B Iohannes 12, 16—19
morgens 196 Psalm 131, 9—10 *δούλου σου*, 17 *ἡτοίμασα* bis ende, 18 *ἐπὶ* bis ende
196 B Lucas 6, 17—23 *οὐρανῷ*
197 B Philipper 4, 8—14
198 B Petrus *α* 5, 1—5
199 Apostelgeschichte 15, 6—11
200 Psalm 106, 32. lexis 37
200 Marcus 9, 14—24
10 abends 201 B Psalm 107, 5 7. Iohannes der märtyrer
201 B Lucas 14, 25—30
morgens 202 B Psalm 107, 13 14
202 B Lucas 14, 31—35
203 Timotheus *α* 6, 2—5 *διαπαρατριβαί* [so]
203 B Iohannes *β* 1—7
204 B Apostelgeschichte 21, 15—20
205 B Psalm 9, 8 *ἡτοίμασεν* — 9
205 B Marcus 8, 22—26
11 abends 206 Psalm 9, 12 13. Aptolmeos
206 B Marcus 10, 29—31
morgens 207 Psalm 9, 14 15
207 Matthaeus 18, 15 18
207 B Timotheus *α* 4, 9 16
208 B Petrus *α* 4, 1—6
209 B Apostelgeschichte 4, 32—35
210 Psalm 9, 12 14
210 Matthaeus 18, 1—5
12 abends 210 B Psalm 103, 4 25 *ζῷα* —26 *διαπορεύονται*. Co[u]stantinus
211 Lucas 15, 3—10
morgens 211 B Psalm 148, 2 5 von *ὅτι* an
211 B Matthaeus 22, 23—30
212 B Corinther *α* 12, 31 *καὶ ἔτι* —8 *ἐκπίπτει*
213 B Iudas 9—14
214 B Apostelgeschichte 5, 12—16
215 Psalm 102 [hds 2], 21—22 *δυναστείας αὐτοῦ*
215 B Lucas 16, 19—26
13 abends 216 B Psalm 148, 2 13 bis *μόνου*. ⲡⲓϣⲟⲃ̀ⲧϥ ⲛ̀ϫⲉⲣⲉⲃ = transfiguratio, arabisch עיד אלתגלא
216 B Lucas 9. 28—35
morgens 217 B Psalm 70, 20 *καὶ ἐκ* —21 *παρεκάλεσάς με*
217 B Matthaeus 17, 1—5
218 B Hebräer 12, 18—24
219 Petrus *β* 1, 12 17
220 Apostelgeschichte 7, 26—32 *Ἰακώβ*
220 B Psalm 60 [hds 7], 3 *ἐν πέτρᾳ* —5
221 Marcus 9, 2—7
14 abends 221 B Psalm 117, 14—15 *δικαίων*. ⲧϫⲟⲙ ⲉⲧ ⲁⲥϣⲱⲡⲓ ⲉ̀ⲃⲟⲗϩⲓⲧⲉⲛ ⲡⲓⲥⲧⲁⲩⲣⲟⲥ
221 B Lucas 13, 1—9
morgens 222 B Psalm 32, 8 18
223 Marcus 4, 35—41
223 B Corinther *β* 10, 7 *εἴ τις* —12
224 B Petrus *α* 3, 18—21 *θεόν*
225 Apostelgeschichte 12, 6—11
226 Psalm 24, 7 *κατά* —8 *κύριος*, 11
226 Lucas 8, 16—21
15 abends 227 Psalm 24, 4—5 *σωτήρ μου*. Marina die ascetin
227 Lucas 8, 22—25
morgens 227 B Psalm 24, 6—7 *μνησθῇς*
227 B Lucas 8, 37 *αὐτὸς* 42 *ἀπέθνῃσκεν*
228 B Corinther *α* 9, 1—7 zum ersten *ἐσθίει*
229 Iohannes *α* 5, 14—19
229 B Apostelgeschichte 5, 12—16
230 B Psalm 31, 2 1 one die überschrift
230 B Matthaeus 10, 1—7
16 abends 231 B Psalm 44, 11—13 *αὐτῷ*. die heilige Maria
231 B Matthaeus 12, 46—50
morgens 232 Psalm 44, 10
232 Matthaeus 12, 35—40
233 Hebräer 9, 11—14
233 B Iohannes *β* 1—5
234 Apostelgeschichte 1, 12—14
234 B Psalm 44, 15 16
234 B Lucas 10, 38—42
17 abends 235 B Psalm 44, 18. Iacobus

235 B Lucas 11, 5—8
morgens 236 Psalm 5, 12
236 Marcus 8, 27—29
236 B Titus 1, 10—16
237 B Iohannes α 2, 18—21
238 Apostelgeschichte 20, 1—5
238 B Psalm 15, 1 one die überschrift —3 ἐθαυμάστωσε
239 Marcus 6, 6 καὶ περιῆγε —11 ἐκείνῃ
18 abends 239 B Psalm 69, 2: ϫⲓⲛⲁⲥⲉⲙ ⲡϭⲥ ⲁⲣⲓⲃⲟⲏⲑⲓⲛ ⲉⲣⲟⲓ: 6 bis εἶ σύ. Alexander
239 B Iohannes 14, 13—17
morgens 240 Psalm 70 [bds 9], 1 one die überschrift —3 ὑπερασπιστήν
240 B Iohannes 13, 13—17
241 Corinther α 14, 18—22
241 B Iohannes α 4, 19—21
242 Apostelgeschichte 9, 32—35
242 Psalm 24, 7 κατὰ —8 κύριος. lexis 11
242 B Matthaeus 10, 19—23
19 abends 243 Psalm 84, 2 3. Abba Makari der große
243 Lucas 8, 40—44
morgens 244 Psalm 125, 1 ἐν — Σιών, 5
244 Matthaeus 16, 13—17
244 B Römer 15, 15—19 ἁγίου
245 Iohannes α 4, 7—10
245 B Apostelgeschichte 12, 25—13, 3 νηστεύσαντες [so]
246 Psalm 125, 2 τότε ἐροῦσιν —4
246 B Lucas 4, 14—22 αὐτοῦ
20 abends 247 B Psalm 126, 2 ὅταν —3. die sieben knaben
247 B Marcus 12, 18—25
morgens 248 B Psalm 126, 4—5 ἐξ αὐτῶν
248 B Marcus 12, 28—34
249 B Corinther α 15, 34—38
250 Petrus α 1, 22—25 αἰῶνα
250 B Apostelgeschichte 6, 1—4
251 Psalm 96, 5. lexis 6
251 Lucas 20, 20—26
21 abends 252 Psalm 67, 14 von πτέρυγες an, 26. ⲏ̀ⲣⲏⲛⲏ die märtyrin
252 Lucas 11, 27—33
morgens 253 Psalm 44, 9—10 τιμῇ σου
253 Lucas [illegible], 36—43
254 B Hebräer 9, 17—23
255 Iohannes α 4, 16 ὁ θεὸς ἀγάπη —20 ψεύστης ἐστίν
255 B Apostelgeschichte 16, 8—12
256 Psalm 44, 14 15
256 B Marcus 14, 6—9
22 abends 257 Psalm 67, 19 bis ἀνθρώπῳ, 20 bis καθ' ἡμέραν. Micha [so] der prophet
257 Iohannes 6, 47—51
morgens 257 B Psalm 67, 33—34 ἀνατολάς
257 B Iohannes 6, 52—56
258 Corinther β 6, 1—4 πολλῇ
258 B Petrus α 3, 14 τὸν δὲ φόβον —17
259 Apostelgeschichte 20, 36—38
259 B Psalm 87, 3 4
259 B Matthaeus 18, 12—17
23 abends 260 B Psalm 88, 2 6. die in Rakoti
260 B Iohannes 6, 1—6
morgens 261 Psalm 88, 7—8 ἁγίων
261 Iohannes 6, 16—21
261 B Galater 5, 22—26
262 Iohannes α 3, 20 23
262 B Apostelgeschichte 9, 17—19 τροφήν [so]
263 Psalm 17, 2 ἀγαπήσω —3 ὑπερασπιστής μου
263 Marcus 9, 30—34
24 abends 263 B Psalm 131 [bds 130], 9—10 δούλου σου. Thomas der bischof
263 B Matthaeus 16, 17—20
morgens 264 B Psalm 109, 2 4
264 B Lucas 22, 27—30
265 Römer 16, 17—20
265 B Iacobus 1, 1—8
266 Apostelgeschichte 11, 19—23 ἐχάρη
267 Psalm 27, 8. lexis 9
267 Matthaeus 17, 14—20 ἀπιστίαν ὑμῶν
25 abends 267 B Psalm 118, 1 one ἀλληλούια, 2. Psarion der große
268 Lucas 8, 40—48
morgens 269 Psalm 36, 30 31
269 Lucas 11, 14—23
270 Epheser 4, 25—32

271 Iohannes α 3, 2—6
271 B Apostelgeschichte 2, 39—43 φόβος
272 Psalm 36, 18. lexis 28 bis ὁσίους αὐτοῦ
272 Lucas 16, 19—26
26 abends 273 Psalm 98, 6—7 αὐτούς. Samuel der prophet
273 Matthaeus 23, 1—12
morgens 274 B Psalm 98, 7 ἐφύλασσον —8 ἐγένου αὐτοῖς
274 B Lucas 16, 19—26
276 Hebräer 11, 32—38 κόσμος
276 B Iohannes α 2, 18—21
277 B Apostelgeschichte 17, 22—26 γῆς
278 Psalm 98 [hds 99], 4 σὺ ἡτοίμασας —5
278 B Lucas 13, 22—30
27 abends 279 B Psalm 99, 3 ἡμεῖς [so] bis 4 ὕμνοις. Moyses und seine schwester, die märtyrer
279 B Iohannes 6, 70—7, 1
morgens 280 Psalm 99, 4 ἐξομολογεῖσθε —5
280 Iohannes 7, 28—31
280 B Römer 8, 12—17
281 Petrus α 2, 11—16
282 Apostelgeschichte 9, 19 ἐγένετο — 22
282 B Psalm 47, 10—11 γῆς
282 B Matthaeus 15, 29—31
28 abends 283 Psalm 104, 1 ἐξομολογεῖσθε —3 αὐτοῦ. Abraham Isaac Iacob
283 B Matthaeus 7, 24—29
morgens 284 Psalm 52, 7
284 Lucas 13, 22—28 ὀδόντων
285 Hebräer 11, 8—12
286 Iacobus 2, 14—18
286 B Apostelgeschichte 7, 2 ὁ θεός —7 ὁ θεός
287 B Psalm 104, 8—10 Ἰακώβ
287 B Marcus 12, 18—27
29 abends 288 B Psalm 134, 1 one ἀλληλούια, 2 3 bis ἀγαθός. Iohannes der hêgumenos
289 Iohannes 3, 17—21
morgens 289 B Psalm 71, 15
289 B Iohannes 12, 27 ἀλλὰ —36 γένησθε
290 Hebräer 7, 1—7
291 B Iohannes α 3, 8 εἰς τοῦτο —12
292 Apostelgeschichte 13, 25—28
292 B Psalm 109, 4. danach aus 5 7 ὁ κύριος ἐκ δεξιῶν σου, διὰ τοῦτο ὑψώσει κεφαλήν
293 Iohannes 12, 44—50
30 abends 293 B Psalm 109, 2—3 ἁγίων σου
294 Matthaeus 7, 13—20
morgens 294 B Psalm 110, 1 one ἀλληλούια, 2
295 Iohannes 13, 16—20
295 B Timotheus α 1, 12—16
295 [so] Iacobus 1, 12 ὃς ὑπομένει [so] —15
295 [so] B Apostelgeschichte 19, 14—17
296 Psalm 27, 2 9
296 B Lucas 4, 31—37.

der kleine monat [die schalttage].

1 abends 297 B Psalm 147, 7 πνεύσει ὕδατα, ἀποστελεῖ — αὐτά
297 B Lucas 6, 12—19
morgens 299 [so statt 298] B Psalm 147, 8 9
299 B Lucas 5, 1—7
300 B Römer 15, 30—33
300 B Petrus α 4, 7—10
301 Apostelgeschichte 10, 17—20
301 B Psalm 15, 1 one die überschrift —3 ἐθαυμάστωσε
302 Lucas 7, 1 8
2 abends 303 Psalm 15, 5 6 von καὶ γάρ an
303 Iohannes 4, 4—10
morgens 304 Psalm 15, 8
304 Iohannes 4, 43—51
305 Römer 12, 1—3
305 B Iohannes α 3, 7—11
306 Apostelgeschichte 15, 22—24
307 Psalm 78, 13 ἀνθομολογησόμεθα — αἴνεσίν σου, ἡμεῖς — νομῆς σου
307 Marcus 9, 38—42
3 abends 307 B Psalm 33, 8 23
307 B Lucas 10, 21—24
morgens 308 B Psalm 148, 12—13 μόνου
308 B Marcus 9, 33 καὶ ἐν τῇ οἰκίᾳ —37

309 Corinther β 4, 16—5, 3
309 B Petrus α 4, 3 5
310 Apostelgeschichte 25, 23—26 οὐκ ἔχω
310 B Psalm 137, 1 one die überschrift: ἐναντίον ἀγγέλων ψαλῶ σοι folgt auf στόματός μου. 2 bis ἅγιόν σου
311 Matthaeus 25, 31 40
4 abends 312 Psalm 101, 2—3 θλίβομαι
312 Iohannes 6, 68—7, 5
morgens 313 Psalm 102, 2 1 one die überschrift
313 Iohannes 7, 28—31
314 Timotheus β 3, 1—7
314 B Petrus α 5, 1—5 πρεσβυτέρους
315 Apostelgeschichte 9, 19 ἐγένετο —22
315 B Psalm 129, 1 ἐκ βαθέων —2
316 Matthaeus 24, 36—44
5 abends 316 B Psalm 138, 7 8 mit umstellung der cola
317 Marcus 13, 32—37
morgens 317 B Psalm 118, 20. lexis 22
317 B Lucas 21, 5—11
318 B Timotheus β 3, 1 [- 7]. siehe oben seite 30 mitte
318 B Iohannes α 2, 20—24 μενέτω
319 Apostelgeschichte 13, 44—46
319 B Psalm 138, 4 ἰδοὺ —6 ἐμοῦ
320 Lucas 21, 34—38
320B—321B arabische unterschrift.

Codex orientalis 125. 15 = X

Von herrn Wüstenfeld übersehen. ganz junge handschrift. welche von verschiedenen schreibern herrürt: als ich sie untersuchte. in dem zerfetzten aegyptischen bande. 1—16 haben keine einheimische foliierung. 17 bis 94 zeigen ⲓⲁ̀ bis ⲛⲟ. auf 95 findet sich an der stelle. an welcher die griechische zal sitzen sollte und gesessen hat. ein viereckiges jetzt zugepapptes loch man hatte bemerkt daß auf ⲛⲟ nicht ⲣ, sondern ϥ folgen mußte. war aber zu faul die folgenden schon als hunderte bezeichneten blätter allesammt zu corrigieren. und tilgte darum lieber die erste falsche zal. 96 bis 166 erscheinen als ϥⲁ bis ⲣⲝⲋ, 167 bis 185 sind one aegyptische bezifferung. 186 bis 195 heißen ⲁ̀ bis ⲓⲁ. danach ist ein blatt custos ϧⲁ verloren gegangen. 196 bis 202 = ⲓⲉ bis ⲓⲟ. 203 204 one ursprüngliche numerierung. 205 bis 212 — ⲕⲁ̀ bis ⲕⲟ. wonach abermals ein blatt custos ⲟⲩⲟϩ ⲁϥϩⲱⲛ in die brüche gegangen ist. 213 bis 225 = ⲗⲁ bis ⲙⲉ. der eine der schreiber hieß Yûsuf. siehe blatt 22 B (ⲓⲍ) 33 A (ⲕⲏ) 91 A (ⲛⲉ) 111 B (ⲣⲉ) 144 B (ⲣⲟ) 127 A (ⲣⲕⲉ̀).

einen in der bibel nicht auffindbaren abschnitt. welchen wir auf 33 B 34 A antreffen. schreibe ich. one auf die punkte der handschrift rücksicht zu nemen. ganz her: ⲉ̀ⲃⲟⲗ ϧⲉⲛ ϯⲅⲉⲛⲉⲥⲓⲥ [hds ϯⲅⲉⲛⲉⲥⲓⲥ, arabisch التكوين] ⲛ̀ⲧⲉ ⲙⲱⲩ̀ⲥⲏⲥ ⲡⲓⲁⲣⲭⲏⲡⲣⲟⲫⲏⲧⲏⲥ ⲉϥϫⲱ ⲙ̀ⲙⲟⲥ: ⲙⲉⲛⲉⲛⲥⲁ ⲛⲓⲉ̀ϩⲟⲟⲩ ⲇⲉ ⲉⲧ ⲟⲩⲏ ⲉ̀ⲧⲉⲙ̀ⲙⲁⲩ ⲁϥⲙⲟⲩ ⲛ̀ϫⲉ ⲡⲟⲩⲣⲟ ⲛ̀ⲧⲉ ⲛⲓⲣⲉⲙ ⲛ̀ⲭⲏⲙⲓ: ⲟⲩⲟϩ ⲁⲩϥⲓ ⲁ̀ϩⲟⲙ ⲛ̀ϫⲉ ⲛⲉⲛϣⲏⲣⲓ ⲙ̀ⲡⲓⲥⲣⲁⲏⲗ ϧⲉⲛ ⲛⲟⲩϩⲃⲏⲟⲩⲓ̀ ⲟⲩⲟϩ ⲁⲩⲱϣ ⲉ̀ⲛϣⲱⲓ ⲟⲩⲟϩ ⲁ̀ ⲛⲟⲩϧⲣⲱⲟⲩ ϣⲉ ⲛⲁϥ ⲉ̀ⲛϣⲱⲓ ϩⲁ ⲫⲛⲟⲩϯ ⲉ̀ⲃⲟⲗ ϧⲉⲛ ⲛⲟⲩϩⲃⲏⲟⲩⲓ̀: ⲟⲩⲟϩ ⲁ̀ ⲫⲛⲟⲩϯ ⲥⲱⲧⲉⲙ ⲉ̀ⲡⲟⲩϥⲓ-ⲁ̀ϩⲟⲙ ⲟⲩⲟϩ ⲁϥⲉⲣ ⲫⲙⲉⲩⲓ̀ [rot n über ⲫ] ⲛ̀ϫⲉ ⲫⲛⲟⲩϯ ⲛ̀ⲧⲉϥⲇⲓⲁ̀ⲑⲏⲕⲏ ⲟⲛ ⲉⲧ ⲁϥⲥⲉⲙⲛⲏⲧⲥ ⲟⲩⲃⲏϥ ⲛⲉⲙ ⲁ̀ⲃⲣⲁⲁⲙ [rot n über ⲉ̀] ⲛⲉⲙ ⲓ̀ⲥⲁⲁⲕ ⲛⲉⲙ ⲓⲁⲕⲱⲃ [desgleichen]. ⲟⲩⲟϩ ⲁϥϫⲟⲩϣⲧ ⲛ̀ϫⲉ ⲫⲛⲟⲩϯ ⲉ̀ϫⲉⲛ ⲛⲉⲛϣⲏⲣⲓ ⲙ̀ⲡⲓⲥⲣⲁⲏⲗ ⲟⲩⲟϩ ⲁϥⲟⲩⲟⲛϩϥ ⲉ̀ⲣⲱⲟⲩ: ⲟⲩⲟϩ ⲙⲱⲩ̀ⲥⲏⲥ ⲛⲁϥⲙⲟⲛⲓ ⲛ̀ⲛⲓⲉ̀ⲥⲱⲟⲩ ⲛ̀ⲧⲉ ⲓⲟⲟⲣ ⲡⲉϥϣⲟⲙ ⲫⲟⲩⲏⲃ [desgleichen] ⲙ̀ⲙⲁⲇⲓⲁⲙ ⲟⲩⲟϩ ⲁϥⲓⲛⲓ ⲛ̀ⲛⲓⲉ̀ⲥⲱⲟⲩ ⲉ̀ⲛⲓⲭ̀ⲣⲓⲙ ⲟⲩⲟϩ ⲁϥⲓ ⲉ̀ⲭⲱⲣⲏⲃ ⲡⲓⲧⲱⲟⲩ ⲛ̀ⲧⲉ ⲫⲛⲟⲩϯ: ⲁϥⲟⲩⲟⲛϩϥ ⲇⲉ ⲉ̀ⲣⲟϥ ⲛ̀ϫⲉ ⲟⲩⲁⲅⲅⲉⲗⲟⲥ ⲛ̀ⲧⲉ ⲫⲛⲟⲩϯ ϧⲉⲛ ⲟⲩϣⲗⲁϩ ⲛ̀ⲭ̀ⲣⲱⲙ ⲉ̀ⲃⲟⲗ ϧⲉⲛ ⲡⲓⲃⲁⲧⲟⲥ: ⲟⲩⲟϩ ⲁϥⲛⲁⲩ ϫⲉ ⲡⲁⲣⲉ ⲡⲓⲃⲁⲧⲟⲥ ⲙⲟϩ ⲛ̀ⲭ̀ⲣⲱⲙ ⲟⲩⲟϩ ⲡⲓⲃⲁⲧⲟⲥ ⲛⲁϥⲣⲱⲕϩ ⲁⲛ ⲡⲉ: ⲡⲉϫⲉ ⲙⲱⲩ̀ⲥⲏⲥ ⲇⲉ ϫⲉ ϯⲛⲁⲥⲓⲛⲓ ⲛ̀ⲧⲁⲛⲁⲩ ⲉ̀ⲡⲁⲓ ⲛⲓϣϯ ⲛ̀ϩⲟⲣⲟⲙⲁ. ϫⲉ ⲥⲟⲃⲉ ⲟⲩ ϥⲙⲟϩ ⲛ̀ϫⲉ ⲡⲁⲓ ϣϣⲏⲛ ⲟⲩⲟϩ ϥⲣⲱⲕϩ ⲁⲛ: ⲉⲧ ⲁϥⲛⲁⲩ ⲇⲉ ⲛ̀ϫⲉ ⲡϭⲟⲓⲥ ϫⲉ ϥϧⲱⲛⲧ ⲙ̀ⲙⲟϥ ⲙ̀ⲙⲁⲩ. ⲁϥⲙⲟⲩϯ ⲉ̀ⲣⲟϥ ⲛ̀ϫⲉ ⲡϭⲟⲓⲥ ⲉ̀ⲃⲟⲗ ϧⲉⲛ ⲡⲓⲃⲁⲧⲟⲥ ⲉϥϫⲱ ⲙ̀ⲙⲟⲥ ⲇⲉ ⲱ̀ ⲙⲱⲩ̀ⲥⲏⲥ ⲱ̀ ⲙⲱⲩ̀ⲥⲏⲥ: ⲛ̀ⲑⲟϥ ⲇⲉ ⲡⲉϫⲁϥ ϫⲉ ⲟⲩ ⲡⲉⲧ-ϣⲟⲡ: ⲟⲩⲟϩ ⲡⲉϫⲁϥ ϫⲉ ⲙ̀ⲡⲉⲣ ϧⲱⲛⲧ ⲉⲙⲛⲁⲓ. ⲃⲱⲗ ⲙ̀ⲡⲓⲙⲟⲩⲓ ⲉ̀ⲃⲟⲗ ϧⲉⲛ ⲛⲉⲕϭⲁⲗⲁⲩϫ [von erster hand aus ⲛⲉⲛϭⲁⲗⲁⲩϫ hergestellt]. ⲡⲓⲙⲁ ⲅⲁⲣ ⲉⲧⲉ ⲕⲟ̀ϩⲓ ⲉ̀ⲣⲁⲧⲕ ϩⲓⲱⲧϥ ⲟⲩⲕⲁϩⲓ ⲉϥⲟⲩⲁⲃ [rot u über ⲉ̀] ⲡⲉ.

1 vorsetzblatt, jetzt an den deckel angeklebt.

κατὰ μέρος der fastenzeit

erster tag des ninevitischen fastens

abends 2 Psalm 94, 1 one die überschrift, 2
2 B Lucas 13, 1—3
3 Ionas 1, 1—2, 1

morgens 5 Psalm 102 [hds 112], 1 one die überschrift, 8
5 Matthaeus 7, 6—12
6 Römer 6, 17—23
6 B Iudas 1—13
8 Apostelgeschichte 2, 38—47
9 B Psalm 129, 3 4 bis *ἐστιν*, 6 bis zum ersten *κύριον*
9 B Matthaeus 12, 35—45

zweiter tag des ninevitischen fastens
11 Ionas 2, 2—11
12 Psalm 102, 14 *μνήσθητι* —15 *αὐτοῦ*, 9 10
12 Lucas 13, 6—9
12 B Colosser 1, 21—29
13 B Petrus *α* 4, 3—11
15 Apostelgeschichte 17, 30—34
15 B Psalm 84, 3 4
15 B Lucas 11, 29—36

dritter tag des ninevitischen fastens
16 B Ionas 3, 1—4, 11
19 Psalm 102, 13 12
19 B Matthaeus 11, 25—30
20 Epheser 2, 1—7
20 B Iohannes *α* 2, 12—14
21 Apostelgeschichte 15, 12—17 *κύριον*
21 B Psalm 31, 1 one die überschrift, 5 *εἶπα* — *καρδίας μου*
21 B Matthaeus 15, 32—16, 4

fünfter [so] tag des ninevitischen פצח

morgens 23 Psalm 29, 11 12
23 Marcus 8, 10—21
24 Römer 10, 4—9 *πιστεύσῃς* [so]
24 B Petrus *α* 3, 17—20 *ποτε*
24 B Apostelgeschichte 3, 22—26
25 Psalm 117, 5 18
25 B Iohannes 2, 12—25

der benedeite sabbat, welcher סבת אלרפאע ist

morgens 26 B Psalm 118, 49 52
26 B Marcus 13, 33—37
27 Corinther *β* 6, 14—16
27 B Petrus *α* 1, 1 2
27 B Apostelgeschichte 21, 1—4
28 Psalm 94, 1 one die überschrift, 2
28 B Lucas 13, 1 5

der benedeite sonntag, welcher אלרפאע ist

abends 29 Psalm 45, 11
29 Marcus 11, 22—25

morgens 29 B Psalm 99, 2 3 von *ἡμεῖς* an [so]
29 B Lucas 17, 3—10
30 B Corinther *β* 11, 16—20
30 B Petrus *β* 1, 1 2
31 Apostelgeschichte 21, 15—19 *αὐτοῖς* [so]
31 B Psalm 2, 11 10
31 B Matthaeus 6, 1—18

montag in der ersten fastenwoche

morgens 33 B ein abschnitt, der als aus

der Genesis genommen bezeichnet wird und den ich oben abgedruckt habe
34 Isaias 1, 2 18
morgens 36 Psalm 6, 2 3
36 B Matthaeus 12, 24—34
37 B Römer 1, 26—28
38 Iacobus 2, 1—3 λαμπράν [so]
38 Apostelgeschichte 14, 19—22
38 B Psalm 21, 27
38 B Marcus 9, 33—50
dinstag in der ersten fastenwoche
morgens 40 Isaias 1, 19—2, 3 ἐν αὐτῇ [variante]
41 B Zacharias 8, 7—13
morgens 42 B Psalm 22 [hds 21], 1 one die überschrift, 3 bis δικαιοσύνης
43 Matthaeus 9, 10 αὐτοῦ ἀνακειμένου 15
43 B Römer 9, 15 18
44 Petrus α 4, 3
44 Apostelgeschichte 5, 34—36 ἀνῃρέθη
44 B Psalm 24, 16—17 ἐπληθύνθησαν
44 B Lucas 12, 41—50
mittwoch in der ersten fastenwoche
morgens 45 B Isaias 2, 3 ἐκ γὰρ Σιὼν —11 ἀνθρώπων
46 B Ioel 2, 12—26
48 Psalm 24, 6—7 μνησθῇς
48 B Lucas 6, 24 34
49 B Römer 14, 19 22
49 B Petrus β 1, 4 ἀποφυγόντες —6 ὑπομονῇ [so]
50 Apostelgeschichte 10, 9 12
50 B Psalm 24, 20 16 bis με
50 B Lucas 6, 35 38
donnerstag in der ersten fastenwoche
51 Isaias 2, 11 ὑψωθήσεται —21
51 B Zacharias 8, 19 23
52 B Psalm 23, 1 τοῦ κυρίου —2
52 B Lucas 8, 22—25
53 Corinther α 4, 16—19 und aus 20 ἡ βασιλεία τοῦ θεοῦ [so]
53 B Iohannes α 1, 8 9
53 B Apostelgeschichte 8, 3—7 ἐξήρχετο
54 Psalm 117, 14 18
54 Marcus 4, 21—29
freitag in der ersten fastenwoche
55 Deuter [hds Genesis] 6, 3 ἄκουσον —7, 26
60 B Isaias 3, 1—14 αὐτοῦ
morgens 62 Psalm 29, 2 3
62 Lucas 5, 12 - 16
62 B Römer 12, 6—10 φιλόστοργοι
63 Iohannes γ 1—4 χαράν
63 Apostelgeschichte 2, 42 - 45
63 B Psalm 12, 6
63 B Lucas 11, 1 - 10
sonnabend in der ersten fastenwoche
morgens 65 Psalm 118, 57 58
65 Matthaeus 5, 25—37 οὒ οὔ
66 Römer 12, 1—3
66 B Iacobus 1, 1—4 ἔχέτω
67 Apostelgeschichte 21, 27—30 ἱεροῦ
67 B Psalm 5, 2—3 θεός μου
67 B Matthaeus 5, 38—48
erster sonntag in der fastenzeit
abends 68 B Psalm 16, 1 one die überschrift, 2
68 B Matthaeus 6, 34—7, 12
morgens 69 B Psalm 17, 2 ἀγαπήσω bis 3 ἐπ' αὐτόν, one καὶ ῥύστης μου
69 B Matthaeus 7, 22—29
70 B Römer 13, 1—7
71 Iacobus 1, 13—15
71 B Apostelgeschichte 21, 40—22, 4
72 Psalm 24, 1 one die überschrift, 2 bis καταισχυνθείην εἰς τὸν αἰῶνα, 4 5 bis ἀλήθειάν σου
72 B Matthaeus 6, 19—33
nachmittag des ersten sonntags in der fastenzeit, welcher [nachmittag] die nacht des zweiten mondtags [in der fastenzeit] ist
74 Psalm 47, 11 von δικαιοσύνης an, 12
74 Lucas 6, 27—38
mondtag in der zweiten fastenwoche
75 B Exodus [hds Genesis] 3, 6—14
76 B Isaias 4, 2—6
77 als eigner fayl Isaias 5, 1—7 ἠγαπημένον
78 Psalm 39, 12
78 Marcus 9, 25—29

78 B Römer 1, 18—21 *διαλογισμοῖς αὐτῶν*
79 Iudas 1—3
79 Apostelgeschichte 4, 36—5, 2
79 B Psalm 28, 1 *ἐνέγκατε* —2 *ὀνόματι αὐτοῦ*
79 B Lucas 18, 1—8

dinstag in der zweiten fastenwoche
80 B Iob 19, 2—26
82 Isaias 5, 7 *ἔμεινα* —16
83 Psalm 40, 5 14
83 Lucas 12, 22—31
84 Corinther β 9, 6 -9
84 B Iacobus 1, 1—4 *τέλειοι*
85 Apostelgeschichte 4, 13—16 *φανερόν*
85 Psalm 40, 2
85 B Marcus 10, 17—27

mittwoch in der zweiten fastenwoche
86 B Exodus [hds Genêsis (so)] 2, 11—20
87 B Isaias 5, 17—25
88 B Psalm 17, 18 *ἐστερεώθησαν* —19
88 B Matthaeus 5, 17—24
89 B Römer 3, 1—4
90 Iohannes β 8 9
90 Apostelgeschichte 5, 3—5
90 B Psalm 17, 2 *ἀγαπήσω* —3 *ἐπ' αὐτόν*
90 B Matthaeus 15, 32—38

donnerstag in der zweiten fastenwoche.
91 B Deuteronomium [hds Genesis] 5, 15—22
92 Isaias 6, 1—12
93 B Psalm 27 [hds 28], 9
93 B Matthaeus 11, 20—30
94 B Römer 16, 17—20
95 Iacobus 3, 7 8
95 B Apostelgeschichte 12, 12—15
95 B Psalm 47, 11 von *δικαιοσύνης* an, 12
96 Matthaeus 19, 16—30

freitag in der zweiten fastenwoche
97 B Deuteronomium 8, 1—9, 4
100 Regnorum α 17, 16—54 18, 6 והצאנה —9 [hebr zälung]
105 Isaias 7, 1—14 *σημεῖον*
106 B Iob 11, 1—20
108 Psalm 114 [hds 108], 7—8 *δακρύων*
108 Matthaeus 15, 39—16, 11 *ὑμῖν*
109 Hebräer 12, 28—13, 4
109 B Petrus α 4, 7—10 *χάρισμα*
110 Apostelgeschichte 15, 22 23 + ⲛⲱⲧⲉⲛ ⲧⲏⲣⲟⲩ ⲉ̀ⲃⲟⲗ ⲛⲉⲙⲱⲧⲉⲛ
110 B Psalm 28, 10 *καθιεῖται* —11
110 B Lucas 6, 39—49

sonnabend in der zweiten fastenwoche
morgens 112 Psalm 24, 7 *κατὰ* — *κύριε*, 11
112 Marcus 9, 43—50
112 B Römer 14, 1—5
113 Iacobus 1, 22—24 *εὐθέως* [so]
113 B Apostelgeschichte 22, 17—21
114 Psalm 117, 19 20
114 Matthaeus 7, 13—21

lücke [zweiter sonntag in der fastenzeit]
abends 115 Psalm 50, 3 11
115 Marcus 1, 12—15
morgens 115 B Psalm 56, 2
115 B Lucas 4, 1—13
116 B Römer 14, 19—15, 2
117 B Iacobus 2, 1—3 *λαμπράν* [so]
117 B Apostelgeschichte 23, 1—5
118 Psalm 26, 8 von *ἐξεζήτησα* bis 9 ende, nur one *μὴ ἐκκλίνῃς* — *δούλου σου*
118 B Matthaeus 4, 1—11

nachmittag vor dem dritten [hds: zweiten] sonntag in der fastenwoche
119 B Psalm 40, 2
119 B Lucas 4, 1—13

mondtag in der dritten fastenwoche
morgens 120 B Proverbien 1, 20—33
122 Isaias 8, 13—9, 7
124 Psalm 31, 1 *μακάριοι* —2 *ἁμαρτίαν*
124 Lucas 19, 11—28
125 B Corinther α 5, 9—11
126 Petrus α 1, 4 *τετηρημένην* [so] —6
126 Apostelgeschichte 17, 10—12
126 B Psalm 31 [hds 36], 5 bis *ἀσέβειαν*
127 Lucas 11, 33—36

dinstag in der dritten fastenwoche

127 B Proverbien 2, 1—15
128 B Isaias 10, 12—21
129 B Psalm 31, 10
129 B Lucas 12, 54—59
130 Römer 4, 1—5
130 B Iohannes α 2, 1 2
131 Apostelgeschichte 27, 9 10
131 Psalm 31 [hds 36], 2—3 ὁσιᾷ μου
131 B Iohannes 8, 31—39

mittwoch in der dritten fastenwoche
132 Exodus [hds Genesēs (so)] 4, 19—6, 13
137 Ioel 2, 21—27
138 Isaias 9, 9—10, 4
140 Iob 12, 1—14, 22
144 B Psalm 26, 4 bis ζωῆς μου
145 Lucas 13, 18—22
145 B Thessalonicher β 2, 9—13 κυρίου
145 B Petrus β 2, 9—10 πορευομένους
146 Apostelgeschichte 28, 7 8
146 Psalm 26, 7—8 καρδία μου [so]
146 B Lucas 4, 1—13

donnerstag in der dritten fastenwoche
morgens 147 B Proverbien 2, 16 υἱέ μή σε —3, 4
148 B Isaias 11, 10—12, 2
149 B Psalm 9, 12—13 ἐμνήσθη
149 B Lucas 20, 20—26
150 Römer 4, 6—9
150 B Iacobus 4, 1—2 ζηλοῦτε [so]
150 B Apostelgeschichte 28, 1—3
151 Psalm 9, 8—9 δικαιοσύνῃ
151 Iohannes 12, 44—50 (versehen in der mitte, arabisch entschuldigt)

freitag in der dritten fastenwoche
morgens 152 Deuteronomium 9, 7—10, 11
155 B Regnorum α 23, 26—24, 23
158 B Isaias 13, 2—13
160 Iob 15, 1—35
162 Psalm 15, 10—11 ζωῆς
162 Lucas 20, 27—38 ζώντων
163 Hebräer 11, 1—4 τοῦ θεοῦ
163 B Iudas 17—19
163 B Apostelgeschichte 23, 6—8
164 Psalm 15, 1 one die überschrift, 2
164 Lucas 11, 14—26

sonnabend in der dritten fastenwoche
morgens 165 B Psalm 129, 1 one die überschrift, 2
165 B Marcus 10, 17—27
166 B Corinther β 7, 2—11
168 Iacobus 2, 14—26
169 Apostelgeschichte 23, 12—35
171 B Psalm 26 [hds 21], 6 ᾄσομαι —8 καρδία μου [so]
172 Matthaeus 18, 23—35

dritter sonntag in der fastenzeit
abends 173 B Psalm 87, 2 3
173 B Matthaeus 15, 1—20
175 Psalm 54, 2 3 bis εἰσάκουσόν μου, 17
175 B Matthaeus 20, 1—15
176 B Corinther β 6, 2—13
178 Iacobus 3, 1—12
179 B Apostelgeschichte 24, 1—23 ὑπηρετεῖν
181 B Psalm 78, 8 bis οἰκτιρμοί σου. lexis 9 von ἕνεκα an
182 Lucas 15, 11—32

vorabend des mondtags in der vierten [hds: dritten] fastenwoche
abends 184 B Psalm 29, 2—4 ψυχήν μου
184 B Matthaeus 21, 28—32

mondtag in der vierten fastenwoche
185 Genesis 27, 1—41 πατὴρ αὐτοῦ*
189 Isaias 14, 24—32
190 Iob 16, 1—17, 16
192 B Psalm 54, 2—3 εἰσάκουσόν μου + Psalm 26, 8 bis καρδία μου
192 B Lucas 14, 7—15
193 B Römer 8, 12—16
194 Iacobus 5, 16 17
194 Apostelgeschichte 11, 2—5
194 B Psalm 54, 17 18 διηγήσομαι — μου
194 B Lucas 16, 1—9

dinstag in der vierten fastenwoche
morgens 195 B Genesis 28, 10 bis 11 ἔθηκε fehlt ein blatt
196 Genesis 28, 20—22
196 Isaias 25, 1—26, 9 ἡμῶν
198 Iob 18, 1—21

199 B Psalm 16, 1 one die überschrift
199 B Matthaeus 21, 28—32
200 Epheser 4, 1—4 *ἐλπίδι*
200 B Petrus *β* 2, 2—4 *ταρταρώσας* [so]
200 B Apostelgeschichte 27, 1 2
201 Psalm 16, 6
201 Lucas 9, 57 *πορευομένων* —62

mittwoch in der vierten fastenwoche

morgens 201 B Exodus 7, 14—8, 18 Ess (= 8, 14 meiner ausgabe)
205 Ioel 2, 28—32 *σωθήσεται*
205 B Iob 19, 1—29
207 B Isaias 26, 21—27, 9
208 B Psalm 17, 38 41
208 B Lucas 14, 16—24
209 B Epheser 4, 17—19
209 B Iacobus 3, 13 14
210 Apostelgeschichte 11, 26—28
210 B Psalm 17, 18—19 *κακώσεώς μου*
210 B Marcus 4, 35—41

donnerstag in der vierten fastenwoche

morgens 211 Genesis 32, 1 *καὶ ἀναβλέψας* —18
fehlt ein blatt, das Genesis 32, 19—29 enthalten haben wird
213 Genesis 32, 30
213 Isaias 28, 14—22
214 Iob 20, 1—29
216 Psalm 11, 8
216 Marcus 3, 7—12
216 B Corinther *α* 12, 31 *καὶ ἔτι* —13, 3
217 Iacobus 4, 11 bis *ποιητὴς νόμου*
217 Apostelgeschichte 4, 19—22
217 B Psalm 47, 11 *δικαιοσύνης* —12
218 Lucas 18, 35—42

freitag in der vierten fastenwoche

morgens 218 B Deuteronomium 10, 12—11, 28
222 B Isaias 29, 13—17 zum ersten *χερμέλ*
223 B Isaias 42, 8 *μού ἐστι* —12 *δόξαν* (one überschrift)
223 B Iob 21, 1—34
die letzte hälfte von 225 B ist unbeschrieben.

Codex orientalis 125, 16

Ἀντιφωνάριον (= انديفنارى), erster teil, vom ersten توت bis zum ende des امشير. beendet am 17 برمهاة [so] des jares 1504 der märtyrer = 1788 nach Christus. es ließe sich ein vollständiger kalender aus dem bande herstellen, wenn die namen der heiligen überall mit sicherheit zu lesen wären: die arabische schrift, auf welche man gelegentlich allein gewiesen ist, verbürgt sicherheit der lesung nicht. das werk wird sich wol irgendwo in einer älteren abschrift finden, aus der dann ein geduldiger freund des hier zu worte kommenden bonzentumes herausgeben mag, was ihn wertvoll dünken wird: für mich ist hier nichts zu holen als zeitverlust.

Codex orientalis 125, 17

ⲉ bis ⲥⲓⲋ, vor ⲉ drei, nach ⲥⲓⲋ zwei leere blätter europäischen papieres, welches an nicht wenigen stellen gebrochen ist. der inhalt wird vom schreiber selbst auf ⲉ¹ so angegeben ابصلمودية تتضمن شهر كيهك السبعة تذاكيات والاربعة هوساة والابصليات والطروحاة, wo selbstverständlich هوسات und والطروحات gemeint ist.

da ich den druck der ⲟⲥⲱⲧⲟⲙⲓⲁ nicht habe erhalten können, verspare ich die beschreibung der handschrift auf die zeit, in welcher derselbe mir zugänglich sein wird, zumal der inhalt dieser liturgien mir äußerst unsympathisch ist, und die alphabetische form einzelner unter inen denselben nicht anziehender macht. liturgien haben meines erachtens nur dann einen wert für die wissenschaft, wenn sie in alten, womöglich datierten abschriften vorliegen, da dann aus inen über die verbreitung der religiösen ideen viel zu lernen ist: der vorliegende band ist zu jung als daß man viel mühe an ihn zu wenden ein recht und eine pflicht hätte. هوسات hat herr Wüstenfeld durch *nächtliche umgänge* übersetzt, was aus Freytag IV 417 geschöpft sein dürfte: bis auf weiteres vermute ich, da nächtliche umgänge in der christlichen kirche nicht sonderlich üblich sind, auch im monate ⲭⲟⲓⲁⲕ besonders wenig am platze wären, daß هوسات arabisierung von ϩⲱⲥ ist.

Codex orientalis 125, 18 = V

Der ursprüngliche deckel zeigt die jetzt in den neuen göttinger pappband eingeklebte aufschrift كتاب جنار الرجل والنسا والرهبان. herr Wüstenfeld berichtet, der anfang fehle. sehr deutlich ist das erste blatt da: bunte kreuze im geschmacke der Fröbelschen flechtarbeiten sind allemal das zeichen des anfangs, und ein derartiges kreuz steht auf dem ersten blatte des codex, welches der Goettinger buchbinder nur umgekehrt hätte einbinden sollen: das kreuz gehört nach dem herkommen auf das verso, nicht auf das recto: על כל כבד חפה. auch der wörtliche anfang des werks ist vorhanden, wenn gleich die zal (ⲁ siehe unten) verloren gegangen ist: man überlege die ersten worte:

ⲥⲩⲛ ⲑⲉⲱ̀	بسم الله
ⲛⲁⲓ ⲛⲉ ⲛⲓⲁ̀ⲛⲁ[ⲅ]ⲛⲱⲥⲓⲥ ⲉ̀ⲧⲟⲩⲱϣ	هذه الفصول التى تقرا على
ⲙ̀ⲙⲱⲟⲩ ⲉ̀ϫⲉⲛ ⲛⲓⲣⲉϥⲙⲱⲟⲩⲧ	الاموات

der Goettinger künstler hat die blätter verbunden: es folgen jetzt auf die beiden ersten ⲑ ⲓ ⲕⲑ ⲇ ⲉ ⲋ ⲍ ⲏ ⲗⲁ — ⲗⲑ wo ⲗⲍ durch ein abermaliges ⲗⲉ vertreten ist) ⲙ ⲕⲉ — ⲕⲏ ⲕⲋ̄.

danach setzt es zwei blätter von anderer hand, deren erstes die ziffer ⲣⲗⲁ (aber ⲗ ist in ⲕ verändert) und die unterschrift كمل بعون الله قداس الاموات وبه كملت التجانيز الخ [+ über der zeile فصول] trägt — siehe nachher —, deren anderes ein über die toten nach verlesung des evangelinms im ἦχος Ἀδὰμ zu singendes. am ende unvollständiges gedicht. aber keine ziffer bietet.

folgen die blätter ⲛ — ⲛⲃ ⲛⲑ in der handschrift desjenigen schreibers. der ⲁ bis ⲙ copiert hat. danach zwei ungezälte folien des vorhin schon betroffenen zweiten kopisten. der erste tritt danach wieder ein mit ⲛⲉ bis ⲝⲏ, ⲝⲁ bis ⲟⲑ, ϥ — ⲣⲏ, auf welches ein nicht beziffertes folium mit der unterschrift folgt. laut dieser ist der codex am 14 بؤونه des jares . . . . der märtyrer beendet worden. herr Wüstenfeld hat die zal 1269 gelesen: ich vermag nur 1179 herauszufinden. und glaube recht zu haben. da die zeichen für ⲁⲣⲟⲑ mir ganz geläufig sind. dann wären wir im jare 1452 Christi. die letzten blätter dürften darauf anzusehen sein. ob ein dritter librarius auf inen tätig gewesen ist. mit einer kleinen ausname auf meinem blatte 95 mit gleichzeitiger arabischer übersetzung.

verloren sind nach dem eben angegebenen die folien 11—21 30 41—50 80—89: nach ⲣⲏ muß ein blatt fehlen: denn da mein blatt 28 B die unterschrift hat. welche ich oben als auf ⲣⲗⲁ oder ⲣⲏⲁ stehend angefürt habe. und da ⲣⲓⲍ (mein 98) die überschrift حولا الفصول التى تقرا فى قداسات الاموات zeigt. ist mit ⲣⲏ der abschnitt nicht zu ende: es fehlt alles was zwischen Iohannes 6, 39 αὐτοῦ und Iohannes 6, 44 ende steht. die correctur des ⲣⲗⲁ in ⲣⲏⲁ sollte dem buchbinder anzeigen. daß er mit dem blatte eines andern codex die lücke am ende des vorliegenden auszufüllen habe. aus einem andern codex zugegeben sind vier folien. das ursprüngliche 3 ist nicht verloren. sondern da mein 2 und mein 6 zusammenhangen. und 6 mit ⲇ bezeichnet ist, muß mein 2 ⲃ sein. und vor meinem 1 ist ein leeres vorsetzblatt als ⲁ gerechnet worden.

unter so bewandten umständen habe ich. da das morsche baumwollenpapier noch einmal einem buchbinder auszusetzen mir nicht rätlich scheint. die folien neu beziffert. und citiere nun nach dieser meiner bezifferung.

1 titel und kreuz
die anagnosen, welche man über die toten liest
2 Psalm 138, 7—10
2 B Psalm 118, 175 bis αἰνέσει σε. fortsetzung auf 6
3 Iohannes 5, 19—28 οἱ
5 gebete christlichen ursprungs
6 Psalm 118, 175 καὶ τὰ —176. anfang auf 2 B
6 Psalm 113, 24—26
6 B Psalm 114 ganz
7 B gebet christlichen ursprungs
7 B Corinther α 15. 1—23 τάγματι
10 B Psalm 64, 5 bis αὐλαῖς σου + ϣⲁ ⲉⲛⲉϩ, 6 ἐπάκουσον — γῆς
11 gebet christlichen ursprungs
ϩⲁⲗⲏⲓ = תחנוני *von mädchen*
12 B Psalm 33, 12 6

12 B Psalm 61, 2—3 *σωτήρ μου*
13 Psalm 70, 5 vom andern *κύριε*, wofür er *κύριος* hat, bis 6
13 Psalm 88, 48—49 *θάνατον*
13 B Psalm 118, 73—76 *παρακαλέσαι με*
14 Corinther *α* 15, 50—58
15 B Psalm 38, 13 *πάροικος* —14
15 B Matthaeus 9, 18—26
17 gebet christlichen ursprungs

vorlesungen über tote frauen

20 Isaias 26, 9 *ἐκ νυκτὸς* —12 *ἀπέδωκας*
21 gebet christlichen ursprungs. anfang auf meinem blatte 27

anastasis (arabisch תגניז) *der großen frauen*

22 Psalm 102, 1 *εὐλόγει* —4
22 B Psalm 113, 24—26
23 Psalm 118, 81 109 132 *ἐπίβλεψον* — *με*, 133 bis *σου*, 175
23 B Corinther *α* 15, 39—49
25 Psalm 114, 7 4 *ὦ κύριε* —5 *δίκαιος*
25 B Matthaeus 26, 6—13
26 B — 27 B gebet christlichen ursprungs. fortsetzung auf meinem blatte 21
28 Iohannes 6, 39 *ἀλλά* —44
29 — 30 A gebet christlichen ursprungs

ϩⲓⲏⲃⲓ (arabisch תגניז) *von münchen*

30 B Psalm 33, 12—16
31 Ps 118, 121—128 (125 weicht ab)
32 Psalm 54 [hds 43], 5 6 *καὶ ἐκάλυψέ* —9 *ὀλιγοψυχίας*
32 B Römer 8, 2—4 *τοῦ*. fortsetzung blatt 36
33 gebet christlichen ursprungs. sein anfang blatt 39—41

ϩⲓⲏⲃⲓ (תגניז) *der nonnen*

33 B Psalm 12, 2—4 *κύριε*. die fortsetzung auf blatt 71
34 gebet christlichen ursprungs
34 — 35 B gesang
36 Römer 8, 4 *νόμου* — 11. anfang blatt 32 B
37 Psalm 54 [hds 53], 8—9 *ὀλιγοψυχίας*
37 B Lucas 20, 27—38
39 41 gebet christlichen ursprungs. ende auf blatt 33
42 Psalm 118, 34—37 39 40
42 B Psalm 138, 11 *εἶπα* —13
43 Hebräer 13, 7—21
46 Psalm 60 [hds 61], 5 6
46 Lucas 22, 24—30
46 B — 51 B gebete christlichen ursprungs

ϩⲏⲃⲓ (תגניז) *für die* ϩⲩⲅⲟⲩⲙⲉⲛⲟⲥ (קמאמצה, von *κόμης* = comes) *und die priester*

52 Psalm 134, 1 one *ἀλληλούια* —5
52 B Psalm 106, 31 32 41 *ἔθετο* —43
53 Psalm 118, 25—30
53 B Corinther *β* 4, 10—5, 10
56 B Psalm 90, 1 *ἐν σκέπῃ* —2 *εἰ*, 11
57 Matthaeus 25, 14—23
58 B — 61 A gebet christlichen ursprungs

ϩⲏⲃⲓ (תגניז) *für die diakonen*

61 B Psalm 65, 16—20
62 Psalm 118, 105—112
63 Psalm 134, 13 14 19—21
63 B Corinther *α* 15, 23 *ἀπαρχή* —38
65 B Psalm 138, 13—15 *ἀπὸ σοῦ*
66 Iohannes 12, 20—26
67 B — 70 B gebet christlichen ursprungs
71 Psalm 12, 4 *ὁ θεός μου* —5 *αὐτόν*. der anfang auf blatt 33 B
71 Psalm 118, 161—168
72 Psalm 15, 7—11
72 B Corinther *β* 5, 11—17
74 Psalm 16, 1 one die überschr, 2
74 Lucas 10, 38—42
75 A — 77 A gebet christlichen ursprungs

was über die männer gelesen wird, falls sie in der pascha-zeit sterben

77 B — 81 B Genesis 50, 4—26

was über die weiber gelesen wird, falls sie in der pascha-zeit sterben

81 B — 84 B Genesis 23, 1—24, 1

dies sind die abschnitte, welche beim aufheben der חצירה *gelesen werden*

85 Psalm 50, 3–6 11
85 B Psalm 118, 57–61
86 Psalm 85, 1 one die überschr–5
86 B Römer 5, 6–15
88 Psalm 77, 38 bis *αὐτῶν*, 39
88 Iohannes 11, 38–45
89 B — 91 A gebet christlichen ursprungs

abschnitte, welche über den gräbern gelesen werden פי כמאל אלארבעין ואלסתה אשהר וכמאל אלסנה וכל אלתראחים פי כל אלאוקאת

91 B Psalm 68, 2–4 8 9
92 Psalm 118, 17–21 *ὑπερηφάνοις*
92 B Psalm 68, 14 *ἐπάκουσον* –19 *αὐτήν*
93 Colosser 1, 12–22
95 Psalm 101, 3 *κλῖνον — μου*, 5 bis *καρδία μου*
95 Lucas 14, 7–15
97 arabisches gebet

abschnitte, welche פי קראאת *der toten gelesen werden*

98 Römer 6, 8–18 *ἁμαρτίας* [so]
99 B Petrus *α* 1, 22–25 *αἰῶνα*
100 Apostelgeschichte 2, 29–35
101 Psalm 102, 14 *μνήσθητι* –15
101 Iohannes 6, 35–39 *αὐτοῦ*. vergleiche oben
102 gebet christlichen ursprungs.

Codex orientalis 125, 23 = Q

Achtzig blätter verschiedenen formats und verschiedener handschrift in dem pappbande der Goettinger bibliothek. ob die überschrift der ersten seite ترتيب ما يجب الاعتماد عليه في قسمة الراهب den inhalt des bandes erschöpft, habe ich hier nicht zu untersuchen, da ich hier nur von koptischem handle. kann es auch nicht untersuchen, da mir Tukis drucke fehlen. ich lasse auch die koptischen gebete außer betracht, welche durch das buch verstreut stehn, und verzeichne nur die der bibel entnommenen stücke. wärend die blätter 1–68 von rechts nach links laufen, gehn 69–74 von links nach rechts, und es ist daher unten in folge der goettinger binderei eine unbequemlichkeit eingetreten: man hat Iohannes *γ* von 2 *περὶ* bis zum ende, Apostelgeschichte 15, 36 bis 16, 3 *ἐξελθεῖν*, Hebräer 7, 18–8, 3 *τοῦτον*, Lucas 6, 18–23 jetzt aus diesem codex in eigentümlicher weise zu citieren.

5 B Deut 8, 1 one *πάσας* –6
8 Sirach 2, 1–6 *πίστευσον αὐτῷ*
11 Psalm 33, 12–16
11 B Psalm 118, 121–123
12 Psalm 118, 124 bis *κατά*, danach ⲛⲉⲕⲥⲁϫⲓϩⲓⲛⲁⲛ̇ⲧⲁⲉ̀ⲙⲓⲉ̀ⲛⲉⲕⲙⲉⲑⲙⲏⲓ
12 Psalm 118, 126–128
12 B Psalm 54, 5 6 *καὶ ἐκάλυψέ με σκότος*, 7–9 *ὀλιγοψυχίας*
14 B Epheser 6, 10–20 *πρεσ* [von *πρεσβεύω*]
17 B Psalm 64, 5
17 B Iohannes 3, 1–21
69 A Apostelgeschichte 15, 40 *παραδοθεὶς* –16, 3 *ἐξελθεῖν*
69 B Apostelgeschichte 15, 36 *κατηγγείλαμεν* –40 *ἐξῆλθε*
70 Iohannes *γ* 13–15
70 Apostelgeschichte 15, 36 bis *αἷς*
70 B Iohannes *γ* 10 *ἐπὶ τούτοις* –12 ende
71 A Iohannes *γ* 6 *οὓς* –10 *ἐρχόμενος*
71 B Iohannes *γ* 2 *περὶ πάντων* one *εὔχομαι* –6 *ἐκκλησίας*

72 A Hebräer 7, 28 μετά — 8, 3 τοῦτον
72 B Hebräer 7, 26 ἀμίαντος — 28 ὁρκωμοσίας τῆς
73 A Hebräer 7, 22—26 ἄκακος
73 B Hebräer 7, 18 διά — 21 ende
74 A Lucas 6, 22—23
74 A Hebräer 7, 18 bis ἐντολῆς
74 B Lucas 6, 18—21.

Durch recht mühsame, über fünf wochen dauernde arbeit ist der inhalt der handschriften nunmehr genau festgestellt, und sind damit verschiedene exemplare der koptischen übersetzung des neuen testaments, denen nur die apokalypse fehlt, wiedergewonnen worden: ich werde dieselben für meine ausgabe treulichst benutzen, zumal mir so gut wie sicher scheint, daß ich die londoner, oxforder, pariser und nun gar die römischen codices nicht werde beiziehen können. auch für die behandlung der sogenannten Septuaginta ergibt sich erhebliches material, welches in meinen händen nicht brach liegen soll. ich füge, um die codices für die kritik des bibeltexts noch leichter zugänglich zu machen, als durch das vorstehende bereits geschehn ist, ein register über das vorhandene an, welchem eine recapitulation der siglen voraufgehn mag:

A 4	L 13 erste hälfte
C 9	N 14
E 8	Q 23
G 12	V 18
H 7 erste hälfte	X 15[a]
K 7 zweite hälfte	Y 13 zweite hälfte.

Gen 22, 1—18 C 102 b
Gen 23, 1—24, 1 V 81 b
Gen 27, 1—41 X 185
Gen 28, 10—11 X 195 b
Gen 28, 20—22 X 196
Gen 32, 1—18 X 211
Gen 32, 30 X 213
Gen 49, 1—12 C 194
Gen 49, 33—50, 26 C 179
Gen 50, 4—26 V 77 b
Exod 2, 11—20 X 86 b
Exod 3, 6—14 X 75 b
Exod 4, 19—6, 13 X 132
Exod 7, 14—8, 18 X 201 b
Exod 8, 20—9, 9 C 37 b
Exod 10, 1—11, 10 C 87
Deut 5, 15—22 X 91 b
Deut 6, 3—7, 26 X 55
Deut 8, 1—6 Q 5 b
Deut 8, 1—9, 4 X 97 b
Deut 9, 7—10, 11 X 152
Deut 10, 12—11, 28 X 218 b
Deut 11, 29—12, 24 C 49
Regn α 17, 16—54 X 100
Regn α 18, 6—9 X 100
Regn α 23, 26—24, 23 X 155 b
Regn γ 17, 2—24 C 51 b
Regn δ 4, 8—25 C 95 b
Iob 11, 1—20 X 106 b
Iob 12, 1—14, 22 X 140
Iob 15, 1—35 X 160
Iob 16, 1—17, 16 X 190
Iob 18, 1—21 X 198
Iob 19, 1—29 X 205 b
Iob 19, 2—26 X 80 b
Iob 20, 1—29 X 214
Iob 21, 1—34 X 223 b
Iob 22, 1—30 C 25 b
Iob 25, 1—26, 14 C 33 41 b
Iob 32, 2—16 C 53
Iob 36, 1—37, 23 C 106 b
Iob 38, 1—36 C 141
Iob 38, 1—21 C 91 b
Iob 38, 37—39, 30 C 152
Iob 39, 31—41, 25 C 162
Iob 42, 1—6 C 174
Iob 42, 7—17 C 186 b
Psalm 1, 1 2 N 38
Psalm 1, 1—3 G 176 b L 25 b Y 113
Psalm 1, 5 6 N 58
Psalm 2, 7 8 E 29 b G 227
Psalm 2, 11 10 H 8 X 31 b
Psalm 4, 7—9 E 89 H 82
Psalm 4, 8 9 E 64 L 54

Psalm 5, 2 3 X 67 b
Psalm 5, 8 9 L 118 b
Psalm 5, 12 N 52 b 236
Psalm 5, 12 13 L 84 88 N 57
Psalm 6, 2 3 X 36
Psalm 6, 3—5 N 56 121
Psalm 8, 2 5 N 146 b
Psalm 9, 8—9 N 205 b X 151
Psalm 9, 12—13 C 94 b N 206 X 149 b
Psalm 9, 12 14 N 210
Psalm 9, 14 15 C 100 b N 207
Psalm 9, 14 C 98
Psalm 11, 2 7 N 190 b
Psalm 11, 8 X 216
Psalm 12, 2—4 V 33 b
Psalm 12, 4—5 V 71
Psalm 12, 4 6 N 92
Psalm 12, 6 N 15 b X 63 b
Psalm 14, 1 2 N 122 b
Psalm 15, 1 2 X 164
Psalm 15, 1—3 N 184 b 238 b 301 b Y 95
Psalm 15, 3 8 N 123 b
Psalm 15, 5 6 N 303
Psalm 15, 5 7 N 77
Psalm 15, 7 8 N 51 b
Psalm 15, 7—11 V 72
Psalm 15, 8 N 304
Psalm 15, 8—9 N 76
Psalm 15, 10—11 X 162
Psalm 16, 1 X 199 b
Psalm 16, 1 2 H 10 V 74 X 68 b
Psalm 16, 3 5 C 122 H 49 b
Psalm 16, 6 X 201
Psalm 16, 8 1 Y 81
Psalm 16, 8 5 G 74
Psalm 17, 2 3 H 11 N 263 X 69 b 90 b Y 41
Psalm 17, 11—12 G 32 b
Psalm 17, 18—19 X 88 b 210 b
Psalm 17, 34 G 211
Psalm 17, 34 35 L 121
Psalm 17, 35 36 N 103
Psalm 17, 38 41 X 208 b
Psalm 18, 5 G 184 b L 7 29 b
Psalm 18, 5 15 G 24 150 N 31
Psalm 19, 2 5 G 61 b
Psalm 19, 5 N 22
Psalm 19, 6—7 N 93
Psalm 20, 2 3 G 120 b
Psalm 20, 2 8 Y 45
Psalm 20, 4 6 L 3 b 87 102 b Y 91
Psalm 21, 23 24 N 8 b
Psalm 21, 27 N 3 X 38 b
Psalm 22, 1 3 X 42 b
Psalm 22, 4 N 26
Psalm 23, 1—2 X 52 b
Psalm 23, 3—4 N 33 b
Psalm 23, 9 10 K 177 b
Psalm 24, 1 2 4 5 H 15 X 72
Psalm 24, 4—5 N 227
Psalm 24, 6—7 N 227 b X 48
Psalm 24, 7—8 11 N 145 b 226 242
Psalm 24, 7 11 X 112
Psalm 24, 16—17 N 4 b X 44 b
Psalm 24, 20 N 7
Psalm 24, 20 16 X 50 b
Psalm 25, 2 3 C 124 H 51
Psalm 25, 6 7 N 191 b
Psalm 25, 8 9 N 156
Psalm 25, 8 12 N 112
Psalm 26, 4 N 48 113 X 144 b
Psalm 26, 6—8 X 171 b
Psalm 26, 7—8 X 146
Psalm 26, 8 X 192 b
Psalm 26, 8 9 H 21 b X 118
Psalm 26, 8—10 N 157
Psalm 26, 13 14 N 160
Psalm 26, 14 13 C 9 b H 32
Psalm 27, 2 C 2 b
Psalm 27, 2 9 N 296
Psalm 27, 6 7 C 1
Psalm 27, 8 9 N 267
Psalm 27, 9 X 93 b
Psalm 28, 1—2 X 79 b
Psalm 28, 3 4 E 39 L 43
Psalm 28, 10—11 X 110 b
Psalm 29, 2 3 X 62 Y 5 b
Psalm 29, 2—4 H 31 X 184 b
Psalm 29, 4 5 N 171
Psalm 29, 4 12 C 200 b
Psalm 29, 8 5 Y 2
Psalm 29, 11 12 X 23
Psalm 29, 11 13 Y 2 b
Psalm 30, 2—3 Y 22 b
Psalm 30, 3—4 Y 23
Psalm 30, 4—6 Y 25 b
Psalm 30, 8 10 Y 26 b 61
Psalm 30, 17—18 15—16 Y 16
Psalm 30, 20 Y 27
Psalm 30, 24 20 G 94 b
Psalm 30, 25 24 C 10 b H 32 b
Psalm 31, 1 2 C 121 N 37 X 124
Psalm 31, 1 5 X 21 b
Psalm 31, 2 1 N 154 b 230 b
Psalm 31, 2—3 X 131
Psalm 31, 5 X 126 b
Psalm 31, 10 X 129 b
Psalm 31, 10 11 C 21 b 144 H 40
Psalm 31, 11 6 G 37 77 b L 115
Psalm 32, 1 G 38
Psalm 32, 1 3 Y 35
Psalm 32, 1 12 G 157 b
Psalm 32, 3 4 K 114
Psalm 32, 5 6 C 76 H 47
Psalm 32, 6 G 34
Psalm 32, 8 18 N 83 b 222 b
Psalm 32, 12 1 G 153 b 172 L 118 125
Psalm 32, 18 19 Y 18 b
Psalm 32, 20 21 N 176 b Y 19
Psalm 32, 21 22 Y 21 b
Psalm 33, 5 6 N 87 b
Psalm 33, 6 5 C 114
Psalm 33, 6 8 L 48 b
Psalm 33, 7 8 N 88 b
Psalm 33, 7 20 L 68
Psalm 33, 8 9 G 57 N 65 142 b
Psalm 33, 8 23 N 307 b
Psalm 33, 10 8 Y 51
Psalm 33, 10 11 N 143 b
Psalm 33, 12 6 V 12 b
Psalm 33, 12—16 Q 11 V 30 b
Psalm 33, 15 16 N 89
Psalm 33, 16 21 Y 39
Psalm 33, 18 Y 39 b
Psalm 33, 18 19 G 28 b N 72
Psalm 33, 18 20 L 129
Psalm 33, 20 21 G 29 109 b H 89 N 75 b
Psalm 33, 21 23 L 1 84 b 100
Psalm 34, 1 2 C 82
Psalm 34, 13 C 84 b
Psalm 35, 6 7 G 15 b
Psalm 35, 9 10 G 27 b

Psalm 36,4 5 L 74 132b Y 77b
Psalm 36,16 19 G 48b
Psalm 36,17—18 L 32
Psalm 36,18 28 N 272
Psalm 36,27 28 G 132b 164 204b L 75 Y 78b
Psalm 36,30 31 G 135 165b L 34 78 N 141b 269
Psalm 36,39 40 G 110 177b 208 H 89b L 119
Psalm 37,10 C 80b
Psalm 37,19 20 C 154b
Psalm 37,22 23 G 86b
Psalm 38,8—9 Y 100
Psalm 38,11 14 Y 100b
Psalm 38,13 C 66 G 103b H 40b
Psalm 38,13—14 V 15b
Psalm 39,3 4 N 43
Psalm 39,6 12 G 116
Psalm 39,10 6 G 141b 191
Psalm 39,10 11 N 13b
Psalm 39,12 X 78
Psalm 40,2 C 137b H 22b 59b X 85 119b
Psalm 40,2—3 G 46 N 189b
Psalm 40,5 14 X 83
Psalm 41,2 C 86
Psalm 41,2 7 L 48
Psalm 41,3 6 L 35
Psalm 41,7 12 E 37b L 41b
Psalm 41,8 9 L 36
Psalm 43,5 9 N 94b
Psalm 44,2 N 14b
Psalm 44,3 E 35 N 99b
Psalm 44,3—5 L 39
Psalm 44,3 8 N 195b
Psalm 44,4—5 L 17 132b N 104
Psalm 44,7 2 N 98b
Psalm 44,8 18 N 102b
Psalm 44,9—10 N 253
Psalm 44,10 N 232
Psalm 44,10 14 E 108 G 140 L 107b
Psalm 44,11 12 E 13 H 101
Psalm 44,11—13 N 231b
Psalm 44,13 L 136b
Psalm 44,14 15 N 256
Psalm 44,15 L 140
Psalm 44,15 16 E 255 N 234b
Psalm 44,16 L 140b
Psalm 44,18 N 235b
Psalm 45,2—3 Y 92
Psalm 45,5 6 N 180
Psalm 45,8 2 G 116b
Psalm 45,11 9 Y 93
Psalm 45,11 H 2 X 29
Psalm 46,2 3 N 117
Psalm 46,4 5 N 118
Psalm 46,6 9 K 201b
Psalm 46,9 10 E 150b
Psalm 46,10 N 147b 150
Psalm 47,2—9 G 136b
Psalm 47,2 9 L 103b
Psalm 47,3—5 Y 96
Psalm 47,9 2 E 100
Psalm 47,9 10 N 175b
Psalm 47,10—11 N 282b
Psalm 47,11 12 H 15b X 74 95b 217b
Psalm 49,2—3 23 E 15 G 215b
Psalm 49,14 23 E 52
Psalm 49,23 G 190
Psalm 49,23 14 G 146b L 21 67b Y 33b
Psalm 50,3 4 H 17
Psalm 50,3—6 11 V 85
Psalm 50,3 11 X 115
Psalm 50,4 5 C 157b
Psalm 50,5 8 L 124b
Psalm 50,6 G 214b
Psalm 50,6 8 G 168 L 63
Psalm 50,9 10 C 111
Psalm 50,12 13 C 169
Psalm 50,14 12 K 190b
Psalm 50,16 G 166 L 60
Psalm 50,16 17 L 122b
Psalm 51,10 G 11b L 59 122
Psalm 51,10 11 E 123 132
Psalm 52,7 N 284
Psalm 54,2 3 C 42b X 192b
Psalm 54,2 3 17 H 24b X 175
Psalm 54,5—9 Q 12b V 32
Psalm 54,8 9 V 37 Y 6
Psalm 54,17 18 X 194b
Psalm 56,2 C 167 H 17b N 127 X 115b
Psalm 58,17 Y 11b
Psalm 58,18 Y 12
Psalm 59,6 7 E 90b H 83
Psalm 59,9—10 N 80b
Psalm 60,2—3 N 166b
Psalm 60,2 6 C 8
Psalm 60,3—5 N 220b
Psalm 60,3—4 6 N 47
Psalm 60,4 5 G 82 N 167
Psalm 60,5 6 V 46
Psalm 61,2—3 V 12b
Psalm 62,2 C 174b N 162b
Psalm 62,4—6 N 161
Psalm 62,9 10 N 165b
Psalm 63,7 8 C 56b
Psalm 64,2 3 C 225b E 96b H 75[1]b 87b
Psalm 64,3 C 56b
Psalm 64,5 Q 17b
Psalm 64,5 6 L 30b V 10b
Psalm 65,13—15 E 47 L 19 Y 30
Psalm 65,16—20 V 61b
Psalm 67,2 N 27
Psalm 67,4 N 22
Psalm 67,4 20 N 132b
Psalm 67,12 4 N 177b
Psalm 67,12 13 G 143b 193
Psalm 67,12 36 L 26b Y 72
Psalm 67,14—15 Y 96b
Psalm 67,14 26 N 252
Psalm 67,16 17 Y 99
Psalm 67,18 G 34
Psalm 67,19 5 K 172
Psalm 67,19 20 N 257
Psalm 67,20 G 162b 187 L 83 135b
Psalm 67,20 36 H 61b
Psalm 67,24—25 12 N 9b
Psalm 67,24 25 N 39b
Psalm 67,25 27 G 180
Psalm 67,26 27 E 249
Psalm 67,33—34 N 257b
Psalm 67,33—35 K 170b
Psalm 67,36 4 G 64 L 15
Psalm 68,2—4 8 9 V 91b
Psalm 68,14—19 V 92b
Psalm 69,2 6 N 239b
Psalm 69,4 5 G 169
Psalm 70,1—3 N 240
Psalm 70,5 6 V 13
Psalm 70,5—7 N 42

Psalm 70, 20—21 N 217 b

Psalm 70, 24 G 171

Psalm 71, 1 2 G 229

Psalm 71, 6 7 E 6 H 96 b

Psalm 71, 8 9 L 139

Psalm 71, 10 E 24 G 222

Psalm 71, 11 19 G 229 b Y 77

Psalm 71, 12 13 N 152

Psalm 71, 15 E 25 G 223 b N 289 b

Psalm 71, 16 N 181

Psalm 71, 17 14 L 137

Psalm 71, 17 G 232

Psalm 71, 18—19 N 150 b 182

Psalm 72, 23—24 L 13 b

Psalm 72, 23—24 28 G 131 b 153 203 b Y 67 110

Psalm 73, 16—17 Y 73

Psalm 73, 18 21 Y 73 b

Psalm 75, 2—3 E 16 b G 217

Psalm 76, 3—4 Y 68 b

Psalm 76, 13—14 Y 68

Psalm 76, 14—16 Y 18 36

Psalm 76, 15—17 E 69 b L 58

Psalm 76, 16 14—15 N 134

Psalm 77, 5 N 97 b

Psalm 77, 25^{1} 23 24^{1} G 63 b

Psalm 77, 38 39 V 88

Psalm 77, 65 69 H 75 b

Psalm 78, 3 13 L 10

Psalm 78, 8 9 C 116 H 29 b X 181 b

Psalm 78, 13 N 307

Psalm 79, 2—3 N 137

Psalm 79, 2—4 G 36

Psalm 80, 2 3 N 138 b

Psalm 80, 4 2 3 C 220 H 71

Psalm 80, 5—6 N 133 b

Psalm 81, 3 4 Y 108

Psalm 81, 8 Y 105

Psalm 83, 2—3 Y 105 b

Psalm 83, 11 2 G 60 b

Psalm 84, 2 3 N 243 Y 82

Psalm 84, 3 4 X 15 b

Psalm 84, 4 5 Y 83

Psalm 84, 9 G 7

Psalm 84, 10—11 Y 86 b

Psalm 84, 11—12 Y 88

Psalm 85, 1—5 V 86

Psalm 85, 3 4 C 30

Psalm 85, 5 6 C 34 b G 91

Psalm 85, 8—9 G 128 b

Psalm 85, 9 (10) C 53

Psalm 85, 12 13 C 147 b

Psalm 85, 13—14 C 44 b

Psalm 85, 14 C 46 b

Psalm 85, 17 C 36 b 48

Psalm 86, 1 2 5 E 78

Psalm 86, 2 2 7 N 70

Psalm 86, 3 5 7 E 99

Psalm 87, 2 3 H 23 b X 173 b Y 14 b 46

Psalm 87, 3 4 N 259 b

Psalm 87, 3—4 14 Y 47

Psalm 87, 3—5 C 27 b Y 15 b

Psalm 88, 2 Y 50 b

Psalm 88, 2 6 N 260 b

Psalm 88, 3 Y 55 b

Psalm 88, 7—8 N 261 Y 57

Psalm 88, 8 G 40 b

Psalm 88, 20—22 G 120

Psalm 88, 25 20 N 44

Psalm 88, 30 37 G 123

Psalm 88, 48—49 V 13

Psalm 88, 51 53 N 66

Psalm 90, 1—2 11 V 56 b

Psalm 90, 11 14 15 N 61 b

Psalm 90, 13 14 N 107

Psalm 91, 11 E 124 G 69

Psalm 91, 11 15 L 110

Psalm 91, 11 15 16 E 140 b

Psalm 91, 13 14 E 129 133 G 71 b L 113 b Y 10 b 63 b

Psalm 92, 2 5 G 72 b

Psalm 93, 17—19 N 170

Psalm 94, 1 2 X 2 28

Psalm 95, 1 2 E 79 b K 115 b

Psalm 95, 2 3 G 181 b

Psalm 95, 8—9 N 172 b

Psalm 96, 5 6 N 251

Psalm 96, 6—7 G 112 b Y 118 b

Psalm 96, 7—9 G 58 193 b

Psalm 96, 8—9 L 144

Psalm 96, 10 G 64 b

Psalm 96, 11 10 G 156

Psalm 96, 11 12 G 32 179 b H 93 b

Psalm 97, 1 E 3 b 80 b

Psalm 97, 1 4 K 125 b

Psalm 97, 4—6 C 188 b

Psalm 97, 8—9 C 193

Psalm 98, 4—5 N 278

Psalm 98, 6—7 E 70 246 b G 122 b N 273 Y 52

Psalm 98, 7—8 N 274 b

Psalm 99, 2 3 H 2 b X 29 b

Psalm 99, 3—4 N 279 b

Psalm 99, 4—5 N 280

Psalm 100, 6—7 L 64

Psalm 100, 8 G 144 b 188 197 b L 65 Y 104

Psalm 101, 2—3 N 312

Psalm 101, 2 3 13 C 67 H 41

Psalm 101, 3 5 V 95

Psalm 101, 18 22 C 92 b

Psalm 101, 23 G 38

Psalm 102, 1—4 V 22

Psalm 102, 1 8 X 5

Psalm 102, 2 1 N 313

Psalm 102, 7 21 Y 55

Psalm 102, 13 12 X 19

Psalm 102, 14—15 9 10 X 12

Psalm 102, 14—15 V 101

Psalm 102, 19—20 G 104

Psalm 102, 20 21 E 119 b G 55

Psalm 102, 21—22 N 215

Psalm 103, 1—2 4 L 53 Y 85 b

Psalm 103, 4 3 E 112 G 50

Psalm 103, 4 25—26 N 210 b

Psalm 103, 15 24 E 65 b L 55

Psalm 103, 30 24 K 192

Psalm 103, 31 32 E 72

Psalm 104, 1—3 N 283

Psalm 104, 3—5 C 17 H 37

Psalm 104, 5 6 E 56

Psalm 104, 8—10 N 287 b

Psalm 104, 9 36 E 62

Psalm 104, 14 15 N 60 b

Psalm 104, 23 24 E 54 b

Psalm 104, 26 27 45 E 242

Psalm 105, 48 G 123 b

Psalm 106, 31 32 41—43 V 52 b

Psalm 106, 32 G 108

Psalm 106, 32 37 N 200

Psalm 106, 37 38 G 19 b

Psalm 106, 41—42 G 123 b

Psalm 107, 5 7 N 201 b

Psalm 107, 13 14 N 202 b
Psalm 108, 30 31 N 194 b
Psalm 109, 2—3 N 186 b 293 b
Psalm 109, 2 4 N 264 b
Psalm 109, 3 2 5 E 21 b
Psalm 109, 3 G 220
Psalm 109, 3—4 N 185 b
Psalm 109, 4 3 G 125 b
Psalm 109, 4 5 7 G 129 b 151 [1]60 b 185 201 212 L 10 b 80 b 133 N 292 b
Psalm 110, 1 G 40 b
Psalm 110, 1 2 K 127 b N 294 b
Psalm 110, 3 4 K 128 b
Psalm 110, 9 10 K 136
Psalm 110, 10 E 87 b
Psalm 111, 1 2 N 71
Psalm 111, 6 7 E 124
Psalm 111, 6—7 9 G 68 b L 109
Psalm 111, 6—8 G 174 L 72 b N 49
Psalm 112, 1 2 E 149
Psalm 113, 20 21 E 143
Psalm 113, 20—22 K 146
Psalm 113, 24—26 V 6 22 b
Psalm 114 V 6 b
Psalm 114, 1 2 K 138
Psalm 114, 4 6 K 139
Psalm 114, 7 4—5 V 25
Psalm 114, 7—8 X 108
Psalm 115, 6 1 Y 7
Psalm 115, 6 7 G 67 b L 126
Psalm 115, 7—10 E 46 b L 18 Y 29 b
Psalm 117, 1 2 K 149 b
Psalm 117, 5 18 X 25
Psalm 117, 14—15 N 221 b
Psalm 117, 14—16 K 158
Psalm 117, 14 18 X 54
Psalm 117, 19 20 X 114
Psalm 117, 24—26 H 80
Psalm 117, 26—27 16[1] E 44 b
Psalm 117, 26—27 16 L 46 b
Psalm 117, 26 27 C 211 b
Psalm 117, 28 K 151
Psalm 118, 1 2 G 41 b N 267 b
Psalm 118, 17—21 V 92
Psalm 118, 20 22 N 317 b
Psalm 118, 25—30 V 53
Psalm 118, 34—37 39 40 V 42
Psalm 118, 49 52 X 26 b
Psalm 118, 57 58 X 65
Psalm 118, 57—61 V 85 b
Psalm 118, 73 74 G 207
Psalm 118, 73—76 V 13 b
Psalm 118, 81 109 132 133 175 V 23
Psalm 118, 89—90 94 N 84
Psalm 118, 89—90 96 N 19 b
Psalm 118, 89—90 131 132[1] G 104 b
Psalm 118, 102 103 G 3
Psalm 118, 104 G 3 b
Psalm 118, 105 106 G 7 b
Psalm 118, 105—112 V 62
Psalm 118, 107 108 G 9
Psalm 118, 109 110 G 12
Psalm 118, 111 112 G 13
Psalm 118, 113 114 G 16 b
Psalm 118, 115 116 G 17
Psalm 118, 117 118 G 20
Psalm 118, 119 G 21
Psalm 118, 120 121 G 24 b
Psalm 118, 121—122 G 199 b
Psalm 118, 121—123 Q 11 b
Psalm 118, 121—128 V 31
Psalm 118, 122 123 G 25
Psalm 118, 124 Q 12
Psalm 118, 126—128 Q 12
Psalm 118, 129 130 G 45 b L 116
Psalm 118, 130 131 L 8
Psalm 118, 130 141 E 144
Psalm 118, 133 134 G 78 b
Psalm 118, 135 136 G 79 b
Psalm 118, 137—139 G 83
Psalm 118, 139—140 G 84 b
Psalm 118, 141 142 G 88
Psalm 118, 143 144 G 89
Psalm 118, 145 146 G 100 b
Psalm 118, 147 148 G 101 b
Psalm 118, 149 150 G 113 b
Psalm 118, 151 152 G 114
Psalm 118, 153 154 G 126 b
Psalm 118, 155 156 G 127
Psalm 118, 161—168 V 71
Psalm 118, 175 V 2 b
Psalm 118, 175—176 V 6
Psalm 121, 1 2 C 177 b 210 b H 60 b
Psalm 121, 6 7 N 108 b
Psalm 121, 8 9 N 107 b
Psalm 124, 1 2 N 111
Psalm 125, 1 5 N 244
Psalm 125, 2—4 N 246
Psalm 126, 2—3 N 247 b
Psalm 126, 4—5 N 248 b
Psalm 127, 1 2 N 116
Psalm 128, 8 2 C 205 b
Psalm 129, 1—2 N 315 b X 165 b
Psalm 129 3 4 6 X 9 b
Psalm 129, 4—6 L 69 b
Psalm 129, 4—6 7 L 129 b
Psalm 131, 1 2 3 5 N 67
Psalm 131, 1 2 11 N 138
Psalm 131, 6 7 G 92
Psalm 131, 8—10 G 91 b
Psalm 131, 9—10 1 2 L 23
Psalm 131, 9—10 G 108 N 263 b
Psalm 131, 9—10 17 18 L 79 N 196 Y 29 62
Psalm 131, 13 14 G 94 N 128 b
Psalm 131, 16 1 2 G 175
Psalm 131, 17 18 N 129 b
Psalm 133, 1 2 G 45
Psalm 134, 1—3 N 288 b
Psalm 134, 1—5 V 52
Psalm 134, 4 5 G 119
Psalm 134, 13 14 K 160 b
Psalm 134, 13 14 19—21 V 63
Psalm 134, 19 20 K 161 b
Psalm 134, 20 G 42
Psalm 135, 1 2 K 168 b
Psalm 137, 1 2 C 56 G 60 196 b N 310 b
Psalm 137, 1 2 4 N 62
Psalm 138, 4—6 N 319 b
Psalm 138, 7 8 N 316 b
Psalm 138, 7—10 V 2
Psalm 138, 11—13 V 42 b
Psalm 138, 13—15 V 65 b
Psalm 141, 2 3 C 77 b H 48 b
Psalm 141, 6 8 C 3 b
Psalm 142, 1 2 C 62 N 20 b
Psalm 142, 7 1 C 133 H 56 b
Psalm 143, 5 7 H 95 b
Psalm 144, 1 3 N 28
Psalm 144, 10—11 L 4 b
Psalm 144, 10—11 19 G 95
Psalm 144, 10—12 G 147 b 182 b L 27 b

Psalm 145, 1 2 10 K 180b
Psalm 145, 5 1 2 G 117
Psalm 146, 1 2 K 182 Y 109
Psalm 146, 9—10 Y 114
Psalm 146, 10—11 Y 114b
Psalm 147, 1 7 K 188b
Psalm 147, 7 N 297b
Psalm 147, 8 9 N 299b
Psalm 148, 1 2 G 49
Psalm 148, 2 1 E 111
Psalm 148, 2 5 N 211b
Psalm 148, 2 13 N 216b
Psalm 148, 12—13 N 308b
Psalm 148, 12—14 E 250
Psalm 149, 1 5 L 128
Psalm 149, 5 6 N 53
Psalm 149, 5 9 G 99b 159b N 32b
Prov 1, 20—33 X 120b
Prov 2, 1—15 X 127b
Prov 2, 16—3, 4 X 147b
Prov 3, 5—18 C 22b
Prov 3, 19—4, 9 C 30b
Prov 4, 10—22 C 45
Prov 8, 1—11 C 79
Prov 8, 12—21 C 83
Prov 9, 12—18 C 105
Prov 10, 1—16 C 138b
Prov 10, 17—31 C 149b
Prov 10, 32—11, 13 C 158b
Prov 11, 13—26 C 171
Prov 11, 27—12, 11 C 182b
Isa 1, 2—18 X 34
Isa 1, 19—2, 3 X 40
Isa 2, 3—11 X 45b
Isa 2, 11—21 X 51
Isa 3, 1—14 X 60b
Isa 4, 2—6 X 76b
Isa 5, 1—7 X 77
Isa 5, 7—16 X 82
Isa 5, 17—25 X 87b
Isa 6, 1—12 X 92
Isa 7, 1—14 X 105
Isa 8, 13—9, 7 X 122
Isa 9, 9—10, 4 X 138
Isa 10, 12—21 X 128b
Isa 11, 10—12, 2 X 148b
Isa 13, 2—13 X 158b
Isa 14, 24—32 X 189
Isa 25, 1—26, 9 X 196
Isa 26, 9—12 V 20
Isa 26, 9—20 C 45b
Isa 26, 21—27, 9 X 207b
Isa 28, 14—22 X 213
Isa 29, 13—17 X 222b
Isa 37, 33—38, 6 C 24
Isa 40, 1—8 C 32
Isa 40, 9—31 C 195b
Isa 41, 4—14 C 39b
Isa 42, 8—12 X 223b
Isa 43, 10—21 C 97b
Isa 44, 21—28 C 79b
Isa 45, 1—10 C 83b
Isa 45, 11—17 C 104
Isa 45, 18—25 C 90b
Isa 48, 17—49, 4 C 140
Isa 49, 6—10 C 151
Isa 58, 1—11 C 160
Isa 65, 8—16 C 172b
Isa 66, 10—24 C 184
Cant tr puer 36—56 codex zehn
Ioel 2, 12—26 X 46b
Ioel 2, 21—27 X 137
Ioel 2, 28—32 X 205
Ioel 3, 9—21 C 40b
Ionas 1, 1—2, 1 X 3
Ionas 2, 2—11 X 11
Ionas 3, 1—4, 11 X 16b
Sophon 3, 14—19 C 198b
Zach 8, 7—13 X 41b
Zach 8, 19—23 X 51b
Zach 9, 9—15 C 199
Sirach 2, 1—6 Q 8
Matth 1, 1—17 E 15 G 215b
Matth 1, 18—25 E 16b G 217
Matth 2, 1—12 E 29b G 227b
Matth 2, 13—23 E 62
Matth 2, 16—20 L 10 N 137
Matth 2, 16—23 E 149b
Matth 3, 1—10 L 35
Matth 3, 1—12 E 37b
Matth 3, 1—17 L 41b
Matth 3, 13—17 L 51
Matth 4, 1—11 H 21b X 118b
Matth 4, 12—17 E 56
Matth 4, 12—22 Y 45
Matth 4, 23—5, 16 G 72b Y 62
Matth 5, 3—12 G 153
Matth 5, 17—20 N 84b
Matth 5, 17—24 X 88b
Matth 5, 25—30 L 83
Matth 5, 25—37 X 65
Matth 5, 31—37 L 118b
Matth 5, 38—48 X 67b
Matth 6, 1—18 H 8 X 31b
Matth 6, 19—24 G 61 Y 51b
Matth 6, 19—33 H 15b X 72b
Matth 6, 25—33 G 61b Y 52b
Matth 6, 34—7, 12 H 10 X 68b
Matth 7, 6—12 X 5
Matth 7, 7—12 G 143b N 62b
Matth 7, 13—20 N 294
Matth 7, 13—21 X 114
Matth 7, 21—25 G 165b N 43b
Matth 7, 22—29 H 11 X 69b
Matth 7, 24—29 N 283b
Matth 8, 5—12 L 34
Matth 8 11—13 G 184b
Matth 8, 11—17 Y 96
Matth 8, 14—17 G 180
Matth 9, 1—8 C 77b 116 G 200 H 48b
Matth 9, 9—13 N 150
Matth 9, 10—15 X 43
Matth 9, 18—26 N 151 V 15b
Matth 9, 27—33 L 137
Matth 9, 32—35 N 52b
Matth 9, 36—10, 4 N 53
Matth 9, 36—10, 8 N 31b
Matth 10, 1—7 N 230b
Matth 10, 2—8 N 152
Matth 10, 5—10 N 155
Matth 10, 16—22 G 28b 94b 109b N 56 103b Y 26b 61
Matth 10, 16—23 N 21
Matth 10, 17—22 G 65
Matth 10, 17—23 N 117
Matth 10, 19—23 N 242b
Matth 10, 24—28 N 116
Matth 10, 24—29 N 141b
Matth 10, 24—32 L 125 Y 14b
Matth 10, 24—33 G 16 64
Matth 10, 26—33 N 122b
Matth 10, 34—42 N 66 128b 160 Y 41
Matth 10, 37—42 N 123b

Matth 11, 1—10 G 9
Matth 11, 2—10 N 161 b
Matth 11, 2—15 L 100
Matth 11, 11—15 E 124 N 162 b
Matth 11, 20—30 X 93 b
Matth 11, 25—30 N 118 X 19 b Y 109
Matth 12, 1—8 G 20 b L 133 b Y 18 b
Matth 12, 9—14 N 129 b 132 b
Matth 12, 9—15 G 24 b Y 22 b
Matth 12, 15—21 G 25 b 211 b Y 23
Matth 12, 15—23 G 229
Matth 12, 15—28 E 54 b
Matth 12, 24—34 X 36 b
Matth 12, 31—34 G 16 b
Matth 12, 35—40 N 94 b 232
Matth 12, 35—45 X 9 b
Matth 12, 35—50 E 100 G 136 b L 104
Matth 12, 38—42 N 108 b
Matth 12, 46—50 N 231 b
Matth 13, 24—43 E 120 G 55 b
Matth 13, 44—52 E 79 b 111 G 49
Matth 13, 47—52 E 3
Matth 14, 1—12 E 132 G 132 b
Matth 15, 1—11 N 99
Matth 15, 1—20 H 23 b X 173 b
Matth 15, 21—28 G 24
Matth 15, 21—31 C 2 b
Matth 15, 29—31 N 100 282 b
Matth 15, 32—38 X 90 b
Matth 15, 32—16, 4 X 21 b
Matth 15, 39—16, 11 X 108
Matth 16, 6—12 N 191
Matth 16, 13—17 N 138 b 244
Matth 16, 13—19 G 126 L 30 N 189 b
Matth 16, 13—20 N 171 b
Matth 16, 17—20 N 166 b 263 b
Matth 16, 24—28 G 57 b H 89 N 61 b 167
Matth 17, 1—5 E 72 b 242 G 105 N 217 b
Matth 17, 1—9 G 131 b Y 110
Matth 17, 10—13 N 138
Matth 17, 14—20 N 267
Matth 17, 19—23 G 91 b
Matth 17, 24—27 G 92 b
Matth 18, 1—5 N 182 210
Matth 18, 1—6 E 143 N 143 b
Matth 18, 10—14 G 58 N 181 b
Matth 18, 10—17 G 21
Matth 18, 10—20 E 144 G 193 b
Matth 18, 12—17 N 259 b
Matth 18, 15—18 N 207
Matth 18, 15—20 G 41 Y 5 b
Matth 18, 18—22 G 123
Matth 18, 21—27 N 142 b
Matth 18, 23—35 X 172
Matth 19, 1—8 L 78 Y 81
Matth 19, 1—12 E 64
Matth 19, 3—12 L 54
Matth 19, 16—26 N 127
Matth 19, 16—30 X 96
Matth 19, 27—30 N 8 b
Matth 20, 1—15 X 175 b
Matth 20, 1—16 H 25
Matth 20, 20—28 C 175 L 63 N 19 b
Matth 21, 1—17 C 220 H 71 b
Matth 21, 28—32 H 31 b X 184 b 199 b Y 2
Matth 21, 33—46 C 8 67 H 41 b Y 2 b
Matth 22, 1—10 N 37
Matth 22, 1—14 C 11 H 33
Matth 22, 15—22 G 169
Matth 22, 23—30 N 211 b
Matth 22, 41—46 G 229 b L 136 b Y 77
Matth 23, 1—8 G 197 b Y 11 b
Matth 23, 1—12 L 121 N 273
Matth 23, 1—39 C 124 b H 51
Matth 23, 13—39 C 62 b
Matth 23, 20—35 E 246 b
Matth 24, 36—44 G 41 b N 316
Matth 24, 42—47 G 68 b L 25 b Y 113 b
Matth 24, 45—51 Y 73 b
Matth 25, 1—13 E 255 b G 42 82 L 144 b
Matth 25, 14—23 G [1]60 204 b L 109 N 72 V 57 Y 21 b
Matth 25, 31—40 N 311
Matth 25, 31—46 G 33 108
Matth 26, 6—13 E 249 G 146 b N 77 b V 25 b
Marc 1, 1—11 E 39 L 43 b
Marc 1, 12—15 H 17 X 115
Marc 1, 19—22 G 117
Marc 1, 29—34 Y 19 b
Marc 1, 34—39 G 177
Marc 2, 1—7 N 194 b
Marc 2, 13—17 N 147
Marc 2, 18 E 3 b
Marc 2, 18—22 E 80 b
Marc 2, 23—28 G 127 N 147 b 170 b
Marc 3, 7—12 N 27 X 216
Marc 3, 13—27 N 9 b
Marc 3, 23—35 Y 35
Marc 3, 27—35 N 98
Marc 4, 1—9 G 19 b Y 18 36
Marc 4, 10—12 G 63 b Y 55
Marc 4, 21—29 N 14 b X 54
Marc 4, 25—29 Y 15 b
Marc 4, 25—34 G 154
Marc 4, 35—41 N 223 X 210 b
Marc 5, 1—17 Y 55 b
Marc 5, 18—24 Y 57
Marc 6, 1—6 N 76 b Y 68
Marc 6, 6—11 N 239
Marc 6, 6—13 G 150
Marc 6, 6—15 Y 69
Marc 6, 14—29 E 140 b
Marc 6, 31—34 L 129
Marc 6, 45—52 N 185
Marc 6, 45—56 Y 86 b
Marc 6, 47—52 N 57
Marc 7, 1—15 Y 88
Marc 7, 1—20 C 92 b
Marc 7, 24—30 Y 92
Marc 7, 31—37 G 128 b Y 93
Marc 8, 10—21 X 23
Marc 8, 15—21 Y 100
Marc 8, 22—26 C 137 b H 60 N 205 b Y 100 b
Marc 8, 22—29 G 123 b
Marc 8, 27—29 N 236
Marc 8, 27—30 N 112 b
Marc 8, 27—32 L 7 b
Marc 8, 27—33 N 34 48
Marc 8, 34—9, 1 G 29 95 b 110 Y 27
Marc 9, 2—7 G 117 b N 221
Marc 9, 2—10 E 78
Marc 9, 14—19 G 182
Marc 9, 14—24 C 34 b N 200
Marc 9, 14—29 G 162 b
Marc 9, 25—29 X 78
Marc 9, 28—32 G 45 Y 39

Marc 9, 30—34 N 263
Marc 9, 33—37 G 207 N 308 b
Marc 9, 33—41 N 3 b
Marc 9, 33—50 X 38 b
Marc 9, 38—42 N 186 307
Marc 9, 38—45 N 80 b
Marc 9, 43—50 N 186 b X 112
Marc 10, 1—12 C 42 b
Marc 10, 13—21 L 8
Marc 10, 17—21 G 45 b Y 46
Marc 10, 17—22 N 33
Marc 10, 17—27 X 85 b 165 b
Marc 10, 23—31 Y 47 b
Marc 10, 24—31 G 46
Marc 10, 29—31 N 206 b
Marc 10, 29—34 N 26
Marc 10, 32—34 Y 114
Marc 10, 35—45 G 119 Y 115
Marc 10, 46—52 C 121
Marc 11, 1—11 C 222 H 73
Marc 11, 11—15 N 192
Marc 11, 22—25 H 2 X 29
Marc 11, 22—26 N 175 b
Marc 11, 27—33 G 89 b
Marc 12, 1—12 C 80 b
Marc 12, 18—25 N 247 b
Marc 12, 18—27 C 177 b N 287 b
Marc 12, 28—34 C 54 b G 120 N 248 b
Marc 12, 28—36 K 180 b
Marc 12, 35—40 G 120 b
Marc 12, 37—44 G 188
Marc 12, 41—44 G 191
Marc 12, 41—13, 2 N 111 b
Marc 13, 9—13 G 112 b H 89 b Y 119
Marc 13, 32—37 G 166 b N 83 b 317
Marc 13, 33—37 X 26 b
Marc 14, 6—9 N 256 b
Marc 14, 6—11 Y 97
Marc 16, 2—8 H 75 b
Marc 16, 12—20 K 172
Luc 1, 26—38 E 13 b G 196 b H 101
Luc 1, 39—56 E 108 b G 140 L 107 b
Luc 1, 57—80 E 129 b
Luc 2, 1—20 E 22 G 220
Luc 2, 4—7 N 133 b
Luc 2, 15—20 E 46 b L 18 b N 134 Y 30
Luc 2, 21—24 L 19
Luc 2, 21—39 E 52 b
Luc 2, 22—39 Y 33 b
Luc 2, 25—39 L 21 b
Luc 2, 40—52 E 47 b Y 30 b
Luc 3, 1—18 E 35 L 39 b
Luc 3, 21 22 L 48 b
Luc 3, 23—38 E 24 G 222 b
Luc 4, 1—13 H 17 b 22 b X 115 b 119 b 146 b
Luc 4, 14—22 E 87 b N 246 b
Luc 4, 22—30 C 84 b
Luc 4, 31—37 C 1 N 296 b
Luc 5, 1—7 N 299 b
Luc 5, 1—11 K 114
Luc 5, 12—16 X 62
Luc 5, 27—32 L 124 b
Luc 6, 6—11 L 87 Y 91 b
Luc 6, 12—19 N 297 b
Luc 6, 12—20 N 28
Luc 6, 12—23 L 126
Luc 6, 13—18 G 7
Luc 6, 17—23 L 26 b N 67 196 b Y 10 b 64
Luc 6, 18—21 Q 74 b
Luc 6, 22—23 Q 74 a
Luc 6, 24—34 X 48 b
Luc 6, 27—38 H 15 b N 7 X 74
Luc 6, 32—36 N 71
Luc 6, 35—38 X 50 b
Luc 6, 39—49 X 110 b
Luc 6, 45—48 N 58
Luc 7, 1—8 N 302
Luc 7, 11—17 L 136 N 104 b
Luc 7, 18—23 L 75 Y 78 b
Luc 7, 28—35 E 123
Luc 7, 29—35 G 4
Luc 7, 36—43 N 253
Luc 7, 36—50 G 7 b H 95 b L 140 b
Luc 7, 38 50 E 5
Luc 8, 1—3 E 250 L 140
Luc 8, 10—15 G 79
Luc 8, 16—21 G 69 N 146 226
Luc 8, 22—25 G 79 b N 227 X 52 b
Luc 8, 26—37 G 83
Luc 8, 37—42 G 84 b N 227 b
Luc 8, 40—44 N 243
Luc 8, 40—48 N 268
Luc 8, 42—56 G 88
Luc 8, 49—56 G 103 b Y 108
Luc 9, 1—6 G 91 Y 95 b
Luc 9, 7—11 E 133 b
Luc 9, 7—12 N 165 b
Luc 9, 12—17 C 30 G 94 Y 99
Luc 9, 18—22 C 86 b G 101 N 92 b Y 105
Luc 9, 27—32 N 172 b
Luc 9, 28—35 N 216 b
Luc 9, 28—36 E 70
Luc 9, 37—43 C 47 G 113 b
Luc 9, 43—50 G 114
Luc 9, 51—60 K 170 b
Luc 9, 57—62 G 116 X 201
Luc 10, 1—9 G 144 b N 93 b Y 104
Luc 10, 1—11 G 87
Luc 10, 8—16 G 147 b
Luc 10, 17—20 N 107
Luc 10, 19—24 L 53 Y 85 b
Luc 10, 21—24 G 122 b 151 N 307 b
Luc 10, 25—29 G 161
Luc 10, 38—42 E 99 G 164 N 234 b V 74
Luc 11, 1—8 G 168 N 15 b
Luc 11, 1—10 X 63 b
Luc 11, 5—8 N 235 b
Luc 11, 9—13 G 172 L 118
Luc 11, 14—20 G 174
Luc 11, 14—23 N 269
Luc 11, 14—26 X 164
Luc 11, 20—26 N 107 b
Luc 11, 20—28 E 6 b H 97
Luc 11, 24—26 G 175
Luc 11, 27—33 N 252
Luc 11, 29—36 X 15 b
Luc 11, 33—36 X 127
Luc 11, 37—51 L 4 b
Luc 11, 42—45 G 182 b
Luc 11, 43—51 E 241
Luc 11, 45—52 C 95
Luc 11, 52—12, 1 G 126 b
Luc 11, 53—12, 12 G 99 b H 94
Luc 12, 1—5 G 190
Luc 12, 2—5 N 49
Luc 12, 2—7 N 176 b
Luc 12, 4—12 L 17 132 b N 89
Luc 12, 11—15 G 193
Luc 12, 13—15 N 88 b

Luc 12, 16—21 C 28
Luc 12, 22—31 C 9b G 201 H 32 X 83
Luc 12, 32—38 N 87b
Luc 12, 32—44 L 114 Y 7
Luc 12, 39—48 G 135
Luc 12, 41—50 N 4b X 44b
Luc 12, 49—59 G 212
Luc 12, 54—59 G 28 X 129b Y 26
Luc 13, 1—3 X 2b
Luc 13, 1—5 C 82b G 215 X 28b
Luc 13, 1—9 N 221b
Luc 13, 6—9 C 44b X 12
Luc 13, 10—17 C 48b G 171 L 15
Luc 13, 18—22 N 156b X 145
Luc 13, 22—28 N 284
Luc 13, 22—30 N 278b
Luc 13, 22—35 C 122 H 49b
Luc 13, 23—28 N 180b
Luc 13, 23—30 L 23 N 44
Luc 13, 31—35 C 193
Luc 14, 1—6 L 59b N 102b
Luc 14, 7—14 L 60
Luc 14, 7—15 V 95 X 192b
Luc 14, 16—24 X 208b
Luc 14, 25—30 N 47 70b 201b
Luc 14, 25—35 L 64
Luc 14, 25—15, 2 N 22
Luc 14, 28—35 C 167
Luc 14, 31—35 N 202b
Luc 15, 1—7 L 65
Luc 15, 3—10 C 57 E 112b G 50 N 211
Luc 15, 11—32 H 29b X 182
Luc 16, 1—9 N 121 X 194b
Luc 16, 1—12 L 68b Y 39b
Luc 16, 13—17 L 70
Luc 16, 19 E 150b
Luc 16, 19—26 N 215b 272 274b
Luc 16, 19—31 C 3b 144b L 30b
Luc 17, 1—10 C 155
Luc 17, 3—10 X 29b
Luc 17, 5—10 G 141b
Luc 17, 11—19 L 74b Y 77b
Luc 17, 20—37 C 189
Luc 18, 1—8 C 66 G 38b H 40b X 79b
Luc 18, 9—17 L 79b
Luc 18, 18—22 L 81
Luc 18, 28—34 N 13b
Luc 18, 31—34 L 84
Luc 18, 35—42 X 218
Luc 18, 35—43 C 200b L 85
Luc 19, 1—10 C 212 H 61b L 27b
Luc 19, 11—17 L 110
Luc 19, 11—19 G 71b L 73
Luc 19, 11—28 L 88 X 124
Luc 19, 29—48 C 223b H 74
Luc 19, 45—20, 8 L 115
Luc 20, 1—8 G 48b Y 50b
Luc 20, 9—19 C 98b
Luc 20, 20—26 N 251 X 149b
Luc 20, 27—38 V 37b X 162
Luc 20, 41—47 L 119
Luc 21, 1—4 L 122
Luc 21, 5—11 N 317b
Luc 21, 7—11 L 122b
Luc 21, 12—15 N 52
Luc 21, 12—19 G 32 N 113 157
Luc 21, 16—22 N 75b
Luc 21, 20—26 L 129b
Luc 21, 27—33 L 128b
Luc 21, 34—38 H 2b N 320
Luc 22, 24—30 L 132b V 46
Luc 22, 27—30 N 264b
Luc 24, 36—53 K 178
Ioh 1, 1—13 G 157b 232b
Ioh 1, 1—17 G 37b L 11
Ioh 1, 6—17 L 36b
Ioh 1, 14—17 G 223b
Ioh 1, 14—18 E 25
Ioh 1, 18—34 E 44b L 46b
Ioh 1, 44—52 G 36b L 1
Ioh 2, 1—11 E 69b L 58
Ioh 2, 12—17 G 203b
Ioh 2, 12—25 X 25b
Ioh 3, 1—13 C 114b
Ioh 3, 1—21 Q 17b
Ioh 3, 14—21 C 111
Ioh 3, 17—21 N 289
Ioh 4, 1—42 C 17 H 37
Ioh 4, 4—10 N 303
Ioh 4, 19—23 C 21b H 40
Ioh 4, 43—51 N 304
Ioh 4, 43—54 E 65b L 55
Ioh 5, 1—18 C 76 H 47
Ioh 5, 19—28 V 3
Ioh 5, 24—30 Y 82
Ioh 5, 31—47 C 147b
Ioh 5, 39—47 L 67b
Ioh 6, 1—6 N 260b
Ioh 6, 16—21 N 261 Y 73
Ioh 6, 16—23 K 127b
Ioh 6, 24—33 K 129
Ioh 6, 35—39 V 101
Ioh 6, 35—46 C 169b K 136
Ioh 6, 39—44 V 28
Ioh 6, 47—51 N 257
Ioh 6, 47—71 C 100b
Ioh 6, 52—56 N 257b
Ioh 6, 57—60 L 116
Ioh 6, 57—69 K 149b
Ioh 6, 68—7, 5 N 312
Ioh 6, 70—7, 1 N 279b
Ioh 6, 70—7, 8 N 38b
Ioh 7, 14—19 N 39b
Ioh 7, 28—31 N 280 313
Ioh 7, 28—32 G 60
Ioh 7, 33—36 Y 83
Ioh 7, 37—43 L 139
Ioh 7, 37—44 K 190b N 42b
Ioh 8, 12—18 G 17b K 138 Y 16
Ioh 8, 12—20 C 36b
Ioh 8, 19—26 G 3
Ioh 8, 21—27 C 56
Ioh 8, 21—30 K 139
Ioh 8, 28—42 E 89 H 82
Ioh 8, 31—39 X 131b
Ioh 8, 31—50 K 146b
Ioh 8, 34—40 L 32b
Ioh 8, 42—50 G 12 Y 12
Ioh 8, 51—59 G 13 K 151b
Ioh 9, 1—41 C 133 H 56b
Ioh 10, 1—16 G 77b
Ioh 10, 22—38 E 97 H 87b
Ioh 11, 1—45 C 205b
Ioh 11, 38—45 L 103 V 88
Ioh 12, 1—11 C 210b H 60b
Ioh 12, 12—19 C 226 H 75b
Ioh 12, 16—19 N 195b
Ioh 12, 20—26 G 67b 129b L 4 V 66
Ioh 12, 26—33 N 65
Ioh 12, 26—36 E 91 G 34b H 83
Ioh 12, 27—36 N 289b

Ioh 12, 28—36 G 104
Ioh 12, 35—40 N 60 b
Ioh 12, 35—50 K 158
Ioh 12, 36—43 C 157 b Y 72
Ioh 12, 44—50 G 11 b N 293 X 151 Y 29
Ioh 13, 13—17 N 240 b
Ioh 13, 16—20 N 295
Ioh 14, 1—6 G 177 b
Ioh 14, 1—12 G 156 b
Ioh 14, 8—11 G 179 b
Ioh 14, 8—13 K 182
Ioh 14, 13—17 N 239 b
Ioh 14, 13—21 Y 6 b
Ioh 14, 21—25 K 160 b
Ioh 14, 26—15, 4 K 192
Ioh 15, 4—6 G 185 b
Ioh 15, 4—8 K 161 b
Ioh 15, 7—12 N 177 b
Ioh 15, 9—17 K 168 b
Ioh 15, 15—19 G 187
Ioh 15, 17—25 G 74 Y 67
Ioh 15, 26—16, 15 K 201 b
Ioh 16, 23—27 G 101 b Y 105 b
Ioh 16, 23—33 K 188 b
Ioh 17, 1—13 G 208
Ioh 20, 1—18 Π 80
Ioh 20, 24—31 K 126
Ioh 21, 1—14 K 116
Ioh 21, 15—25 L 13 b
Act 1, 1—4 G 139 b L 107
Act 1, 1—8 N 164 b
Act 1, 1—14 E 106 K 175 b Y 102 b
Act 1, 12—14 N 234
Act 2, 1—21 K 198 b
Act 2, 22—28 L 120 b
Act 2, 22—33 H 79
Act 2, 29—35 V 100
Act 2, 29—38 L 38 b
Act 2, 32—36 L 128
Act 2, 36—38 L 86 b Y 90 b
Act 2, 38—47 X 8
Act 2, 39—43 G 159 b N 271 b
Act 2, 42—45 X 63
Act 2, 43—47 N 91 b
Act 3, 1—3 G 206 b
Act 3, 1—5 L 13 52 b
Act 3, 1—7 N 30 b 55 b
Act 3, 1—9 N 25
Act 3, 9—11 L 102 b
Act 3, 17—21 L 132
Act 3, 22—26 X 24 b
Act 3, 24—26 G 189
Act 4, 11—14 Y 76 b
Act 4, 13—16 X 85
Act 4, 19—22 X 217
Act 4, 24—26 G 156
Act 4, 32—35 N 209 b
Act 4, 32—5, 11 K 133 b
Act 4, 33—35 G 63 Y 54 b
Act 4, 36—5, 2 X 79
Act 5, 3—5 X 90
Act 5, 12—16 L 124 N 64 154 214 b 229 b Y 21
Act 5, 17—21 G 36
Act 5, 21—25 G 90 b Y 94 b
Act 5, 34—36 X 44
Act 6, 1—4 N 250 b
Act 6, 5—7 L 135 b
Act 6, 8—15 G 67
Act 6, 11—7, 2 N 136
Act 6, 15—7, 4 L 82 b
Act 7, 2—7 N 286 b
Act 7, 8—22 E 127 b
Act 7, 17—22 L 67
Act 7, 20—34 E 60 b
Act 7, 23—34 E 12 H 100
Act 7, 26—29 G 93 b Y 98 b
Act 7, 26—32 N 220
Act 7, 31—35 G 59 b Y 60
Act 7, 37—39 G 165
Act 7, 37—43 Y 10
Act 7, 38—43 G 44 Y 38
Act 7, 44—46 G 214
Act 7, 44—8, 2 E 76
Act 7, 49—53 L 143 b
Act 7, 59—8, 2 L 3
Act 8, 3—7 X 53 b
Act 8, 3—8 N 101 b
Act 8, 5—13 E 68 b
Act 8, 9—17 C 113
Act 8, 14—21 N 193 b
Act 8, 18—21 G 181
Act 8, 26—33 L 62
Act 9, 10—19 G 6
Act 9, 17—19 N 262 b
Act 9, 19—21 G 122
Act 9, 19—22 N 189 282 315
Act 9, 22—25 C 147 L 9 b
Act 9, 22—26 N 51
Act 9, 22—31 E 148
Act 9, 31—35 G 203 N 174 b
Act 9, 32—35 G 192 b N 6 b 242
Act 10, 1—20 E 117 b G 53 b
Act 10, 7—14 N 184
Act 10, 9—12 X 50
Act 10, 17—20 N 301
Act 10, 21—27 G 195 b
Act 10, 25—28 C 29 b
Act 10, 25—29 G 149 b
Act 10, 25—33 N 18 b
Act 10, 34—38 L 57 b N 120 b
Act 10, 34—43 E 95 b Π 86 b
Act 11, 2—5 G 167 b X 194
Act 11, 2—6 L 7
Act 11, 2—8 N 36 b
Act 11, 11—18 G 40 Y 5
Act 11, 12—15 C 44 G 134 b
Act 11, 19—23 N 266
Act 11, 19—26 L 113
Act 11, 25—30 N 41 b
Act 11, 26—28 X 210
Act 11, 26—30 Y 85
Act 12, 1—24 E 137
Act 12, 6—9 G 125
Act 12, 6—11 N 225
Act 12, 11—17 G 23
Act 12, 12—15 X 95 b
Act 12, 25—13, 2 N 145 b
Act 12, 25—13, 3 N 245 b
Act 12, 25—13, 5 N 126
Act 12, 25—13, 12 Π 92 b
Act 13, 6—12 G 86
Act 13, 13—17 G 219
Act 13, 13—18 Y 28 b
Act 13, 13—23 E 20 b G 10 b
Act 13, 25—28 N 292
Act 13, 26—28 L 34
Act 13, 26—33 E 28 b G 226
Act 13, 26—39 K 144 b
Act 13, 36—41 G 231 b
Act 13, 44—46 N 319
Act 13, 47—52 N 169 b
Act 14, 2—4 G 199 b

Act 14,2—7 N 131 b
Act 14,5—10 Y 112 b
Act 14,8—18 G 98 b
Act 14,8—23 K 155 b
Act 14,11—18 G 27 Y 24 b
Act 14,19—22 X 38
Act 14,20 23 Y 66 b
Act 14,24—28 L 21
Act 15,4—9 C 192
Act 15,4—11 Y 32 b
Act 15,6—11 N 199
Act 15,6—12 N 12 b
Act 15,12—17 X 21
Act 15,13—18 G 118 b N 46 b
Act 15,13—20 N 97
Act 15,14—22 E 51
Act 15,21—26 E 245 b
Act 15,22 23 X 110
Act 15,22—24 N 306
Act 15,22—26 L 72
Act 15,22—29 G 70 b 107
Act 15,32—35 G 211
Act 15,36 Q 70
Act 15,36—38 C 55 b
Act 15,36—40 Q 69 b
Act 15,40—16,3 Q 69 a
Act 15,41—16,3 G 143
Act 16,8—12 N 255 b
Act 16,16—24 G 31
Act 16,24—28 N 140 b
Act 16,25—34 E 34
Act 16,37—39 G 128
Act 17,10—12 X 126
Act 17,14—18 N 86 b
Act 17,15—18 N 149 b
Act 17,16—18 L 138 b
Act 17,16—34 E 85 K 123
Act 17,22—26 N 159 b 277 b
Act 17,30—34 X 15
Act 18,9—11 C 82
Act 18,12—14 G 170 b
Act 18,22—25 L 25
Act 18,24—28 L 46
Act 18,24—19,6 E 43 b Y 43 b
Act 19,11—13 C 86
Act 19,14—17 N 295* b
Act 19,18—22 Y 71 b
Act 19,23—25 C 169
Act 20,1—5 N 238
Act 20,1—16 K 186
Act 20,13—16 L 117 b
Act 20,17—21 L 29 77 b N 69 b Y 80 b
Act 20,36—38 N 259
Act 21,1—4 X 27 b
Act 21,1—9 G 81
Act 21,5—14 E 254
Act 21,8—10 C 48
Act 21,15—19 N 110 b X 31
Act 21,15—20 N 204 b
Act 21,15—26 H 7
Act 21,27—30 X 67
Act 21,27—34 G 15 Y 14
Act 21,35—39 G 19 Y 17 b
Act 21,37—22,1 N 179 b
Act 21,40—22,4 X 71 b
Act 21,40—22,16 H 14
Act 22,1—5 G 48 Y 49 b
Act 22,1—15 K 166
Act 22,6—9 L 16 b
Act 22,17—20 C 2 157
Act 22,17—21 G 103 X 113 b Y 107 b
Act 22,17—24 N 79 b
Act 22,22—24 G 115 b
Act 22,27—29 G 131
Act 22,29—30 G 146
Act 22,30—23,3 G 152 b
Act 23,1—3 G 162
Act 23,1—5 X 117 b
Act 23,1—11 H 20 b
Act 23,6—8 X 163 b
Act 23,10—12 G 176
Act 23,12 35 X 169
Act 23,16—18 G 179
Act 23,23—26 G 184
Act 23,31—35 G 186 b
Act 24,1—23 H 28 X 179 b
Act 24,10—12 C 36
Act 24,24—25,12 C 6 b
Act 25,13—15 G 173 b
Act 25,13—16 N 74 b
Act 25,13—26,1 C 15 H 35 b
Act 25,17—22 N 115
Act 25,23 24 C 177
Act 25,23—26 N 310
Act 26,1—3 C 94 b
Act 26,1—18 C 60
Act 26,19—27,8 C 73 b H 45 b
Act 26,29—27,3 G 112 Y 117 b
Act 27,1 2 X 200 b
Act 27,9 10 X 131
Act 27,9—26 C 118 b
Act 27,16—20 C 100
Act 27,27—37 C 131 b H 55 b
Act 27,38—28,10 C 203
Act 27,42—28,1 N 106
Act 28,1—3 X 150 b
Act 28,7 8 X 146
Act 28,11—20 G 76 b
Act 28,11—31 C 217 H 65
Act 28,23—26 N 60
Iac 1,1—3 G 214
Iac 1,1—4 X 66 b 84 b
Iac 1,1—6 L 52
Iac 1,1—8 N 96 131 265 b
Iac 1,1—12 G 66
Iac 1,9—12 G 118
Iac 1,12—15 N 295*
Iac 1,13—15 C 168 b X 71
Iac 1,13—18 N 114 b
Iac 1,13—21 H 13
Iac 1,16—18 G 159 L 24 b
Iac 1,16—21 Y 84
Iac 1,19 20 G 170 b
Iac 1,22—24 X 113
Iac 1,22—25 C 85 b
Iac 1,27 G 181
Iac 2,1—3 X 38 117 b
Iac 2,1—13 H 19 b
Iac 2,5—8 C 146 b
Iac 2,14—16 G 189
Iac 2,14—17 L 33 b
Iac 2,14—18 N 135 b 286
Iac 2,14—19 N 54 b
Iac 2,14—26 X 168
Iac 2,18—23 G 43 b Y 37 b
Iac 2,24—26 L 127 b
Iac 3,1—5 G 102 b Y 107
Iac 3,1—12 H 26 b X 178
Iac 3,5—12 Y 70 b
Iac 3,7 8 X 95
Iac 3,13 14 X 209 b
Iac 3,13—4,6 C 5 b
Iac 4,1—2 X 150 b

Iac 4,7—10 C 81 b
Iac 4,7—11 L 86 Y 90 b
Iac 4,7—17 C 14 H 35
Iac 4,11 X 217
Iac 4,11—17 G 14 b Y 13 b
Iac 5,7 G 134 b
Iac 5,7—8 C 192 G 149
Iac 5,7—11 C 59
Iac 5,8—14 N 17 b
Iac 5,9—15 G 5 b
Iac 5,9—20 L 111 b
Iac 5,10—20 E 135
Iac 5,16 17 X 194
Iac 5,16—20 G 10 b Y 28
Petr α 1,1—2 G 167 b X 27 b
Petr α 1,2—5 C 47 b
Petr α 1,2—12 K 184 b
Petr α 1,3—6 G 195 b
Petr α 1,4—6 X 126
Petr α 1,6—9 G 125
Petr α 1,10—12 G 115 b
Petr α 1,13—14 G 131 199
Petr α 1,13—16 G 81
Petr α 1,13—17 N 35 b
Petr α 1,13—21 C 117 b
Petr α 1,14—21 N 168 b
Petr α 1,17—18 G 152 165
Petr α 1,17—21 L 117
Petr α 1,22—23 G 176 L 3
Petr α 1,22—25 L 102 N 164 250 V 99 b
Petr α 1,25—2,2 G 184
Petr α 1,25—2,4 L 135
Petr α 1,25—2,6 C 202
Petr α 1,25—2,12 E 146 b
Petr α 2,3—6 L 71 b N 193
Petr α 2,3—9 N 174
Petr α 2,3—10 G 70
Petr α 2,6—8 G 127 b
Petr α 2,9—11 L 61 b
Petr α 2,11 12 L 20 b
Petr α 2,11—16 N 125 281
Petr α 2,11—21 E 126 b
Petr α 2,11—25 E 93 b H 85 b
Petr α 3,5—9 N 85 b
Petr α 3,5—15 E 252 b
Petr α 3,8—10 G 155 b
Petr α 3,8—14 Y 59 b 117
Petr α 3,8—15 G 30 b 111 b
Petr α 3,10 11 G 173
Petr α 3,10—15 C 29 N 140
Petr α 3,14—15 G 143
Petr α 3,14—17 N 258 b Y 102
Petr α 3,14—18 N 78 b
Petr α 3,15—22 K 174
Petr α 3,15—4,6 H 77 b
Petr α 3,17—20 X 24 b
Petr α 3,18—20 N 145
Petr α 3,18—21 N 224 b
Petr α 3,18—22 G 35 b
Petr α 4,1—5 G 85 b
Petr α 4,1—6 N 208 b
Petr α 4,1—11 C 215 b G 97 b Π 64 91 b
Petr α 4,3 X 44
Petr α 4,3—5 N 309 b
Petr α 4,3—6 N 50 b
Petr α 4,3—11 X 13 b
Petr α 4,7—10 N 300 b X 109 b
Petr α 4,7—11 N 188 b
Petr α 4,8—11 G 26 b Y 24
Petr α 4,12 13 L 16 b
Petr α 4,12—14 C 44
Petr α 4,12—15 L 130 b N 105 b
Petr α 4,12—19 Y 9 43
Petr α 4,15—17 C 55 b
Petr α 5,1—5 N 198 b 314 b
Petr α 5,1—11 G 75 b 106
Petr α 5,10—14 N 179
Petr β 1,1 2 G 206 b X 30 b
Petr β 1,1—4 G 39 b N 69 Y 4 b 32
Petr β 1,1—11 H 6
Petr β 1,4—6 X 49 b
Petr β 1,4—8 N 6 46
Petr β 1,4—9 N 91
Petr β 1,12 13 L 6 b
Petr β 1,12—16 L 38
Petr β 1,12—17 E 28 G 225 b N 30 219
Petr β 1,12—18 G 22 b Y 20 b
Petr β 1,12—19 E 33
Petr β 1,12—21 E 50 74 b
Petr β 1,19—21 N 59 b
Petr β 1,19—2,9 E 244
Petr β 1,20—21 C 94 b
Petr β 2,1—3 G 63 Y 54
Petr β 2,2—4 X 200 b
Petr β 2,9—10 X 145 b
Petr β 2,14—16 G 90 b
Petr β 2,14—17 Y 94
Petr β 2,18—22 Y 75 b
Petr β 3,1—5 L 123 b
Petr β 3,1—18 C 71 H 43 b
Petr β 3,8 9 L 66 b
Petr β 3,8—10 C 156 b
Petr β 3,9 11 L 138 b
Petr β 3,14—18 Y 111 b
Ioh α 1,1—2 L 12 b
Ioh α 1,1—2,6 E 10 H 99
Ioh α 1,5 6 G 210 b
Ioh α 1,8 9 X 53 b
Ioh α 1,8—2,3 N 101
Ioh α 2,1 2 X 130 b
Ioh α 2,7—11 N 24 b
Ioh α 2,7—17 E 84 K 121
Ioh a 2,12—14 C 112 b X 20 b
Ioh α 2,12—17 N 158 b
Ioh α 2,14—15 L 9 b
Ioh α 2,15—19 G 18 b Y 17
Ioh α 2,18—21 N 237 b 276 b
Ioh α 2,18—23 N 119 b
Ioh α 2,20—23 L 57
Ioh α 2,20 24 N 318 b
Ioh α 2,20—25 E 66 b
Ioh α 2,20—3,1 K 197
Ioh α 2,24 25 G 202 b
Ioh α 2,27—3,3 K 132
Ioh α 3,1—2 G 146
Ioh α 3,2—5 C 36
Ioh α 3,2—6 N 41 271
Ioh α 3,3—8 L 76 b
Ioh α 3,4—6 G 162
Ioh α 3,4—8 Y 80
Ioh α 3,7—11 N 305 b
Ioh α 3,8—9 G 178 b
Ioh α 3,8—12 N 291 b
Ioh α 3,13—15 G 186 b
Ioh α 3,13—16 C 176 b L 82
Ioh α 3,13—24 K 143
Ioh α 3,17—20 G 93 Y 98
Ioh α 3,18 24 N 74
Ioh α 3,20—23 N 162
Ioh α 4,1—6 G 218 b N 63 b
Ioh α 4,1—14 E 19

*

Ioh α 4,7 9 G 192
Ioh α 4,7—10 C 2 L 143 N 149 245
Ioh α 4,7—13 K 154 b
Ioh α 4,15—19 G 231
Ioh α 4,16—20 N 255
Ioh α 4,16—21 N 110
Ioh α 4,19 21 N 241 b
Ioh α 4,20 5,4 G 47 b Y 49
Ioh α 5,1—10 L 45
Ioh α 5,5—20 E 41 b
Ioh α 5,12—15 G 59
Ioh α 5,13—21 C 130 b H 55
Ioh α 5,14—17 N 153 b
Ioh α 5,14—19 N 229
Ioh α 5,16—18 L 120
Ioh β E 59 104 b
Ioh β 1—3 G 139 b L 106 b
Ioh β 1—5 N 233 b
Ioh β 1—7 N 203 b
Ioh β 8 9 X 90
Ioh β 10—13 N 183 b
Ioh γ K 164 b
Ioh γ 1 2 L 29
Ioh γ 1—4 X 63
Ioh γ 1—8 G 121 b
Ioh γ 2—6 Q 71 b
Ioh γ 6—10 Q 71 a
Ioh γ 10—12 Q 70 b
Ioh γ 13—15 Q 70 a
Iudas 1—3 X 79
Iudas 1—6 N 11 b
Iudas 1 13 X 6 b
Iudas 1 14 E 115 b G 52
Iudas 9—14 N 213 b
Iudas 17—19 X 163 b
Iudas 20—25 Y 65 b
Iudas 22—25 C 99 b
Rom 1,1—7 G 183 b
Rom 1,18—21 X 78 b
Rom 1,18—25 G 130 b N 23 b
Rom 1,26 28 X 37 b
Rom 1,26—32 G 148 b
Rom 2,1—6 G 170
Rom 2,7 11 L 85 b Y 90
Rom 2,12—14 C 94
Rom 2,12—16 G 180 b
Rom 2,17—21 L 138
Rom 3,1—4 X 89 b
Rom 3,1—31 E 7 b
Rom 3,1—4,3 H 97 b
Rom 4,1—5 X 130
Rom 4,6—9 X 150
Rom 4,14—18 C 43 b
Rom 4,23—5,5 G 85
Rom 5,1—5 N 54
Rom 5,3—9 G 155
Rom 5,6—15 V 86 b
Rom 6,3—14 E 66 b
Rom 6,8—18 V 98
Rom 6,17—23 X 6
Rom 8,2—4 V 32 b
Rom 8,4—11 V 36
Rom 8,5—11 L 130
Rom 8,12—16 X 193 b
Rom 8,12—17 N 280 b
Rom 8,18—23 N 139 b 158
Rom 8,28—34 L 33
Rom 8,28—39 G 29 b
Rom 9,1—5 G 145 b
Rom 9,15—18 X 43 b
Rom 9,15—21 N 90
Rom 10,4—7 C 168
Rom 10,4—9 X 24
Rom 10,4—11 N 29
Rom 10,5—10 L 12
Rom 10,16—20 N 58 b
Rom 11,25—29 G 213 b
Rom 12,1—3 N 305 X 66
Rom 12,6—10 X 62 b
Rom 13,1—7 X 70 b
Rom 13,1—14 H 12
Rom 13,8—12 G 151 b
Rom 14,1—5 X 112 b
Rom 14,1—8 N 16 b
Rom 14,11—14 C 146
Rom 14,19—22 X 49 b
Rom 14,19—23 N 5 b
Rom 14,19—15,2 X 116 b
Rom 14,19—15,7 H 18 b
Rom 15,15—19 N 244 b
Rom 15,30—33 N 300 b
Rom 15,30—16,16 E 250 b
Rom 16,17—20 N 265 X 94 b
Cor α 1,1—9 L 37
Cor α 1,1—17 E 31 b
Cor α 1,1—31 E 92 H 84
Cor α 1,26—31 N 100 b
Cor α 2,1—8 C 201 b
Cor α 2,12—16 G 202 N 45 b
Cor α 3,9—23 Y 58
Cor α 4,1—5 N 40
Cor α 4,16—20 X 53
Cor α 5,9—11 X 125 b
Cor α 6,1—6 G 172 b
Cor α 6,12—20 Y 70
Cor α 7,17—24 Y 79 b
Cor α 7,25—31 G 18 Y 16 b
Cor α 9,1—7 N 152 b 228 b
Cor α 9,1—8 N 11
Cor α 9,11—17 G 43
Cor α 9,23—10,4 N 73
Cor α 10,1—6 C 112
Cor α 10,1—7 L 56 b
Cor α 10,12—17 L 24
Cor α 10,14—17 C 47 b
Cor α 12,1—31 K 193 b
Cor α 12,28—31 L 123
Cor α 12,31—13,3 X 216 b
Cor α 12,31—13,8 N 212 b
Cor α 12,31—13,10 L 142
Cor α 13,11—14,5 E 145 b
Cor α 14,5 6 C 156
Cor α 14,18—21 C 85
Cor α 14,18—22 N 241
Cor α 14,26—33 G 39 Y 4
Cor α 14,34—40 G 115
Cor α 15,1—23 V 7 b
Cor α 15,23—38 V 63 b
Cor α 15,23—49 H 76
Cor α 15,34—38 N 249 b
Cor α 15,39—49 V 23 b
Cor α 15,50—58 V 14
Cor α 15,57—16,8 K 183
Cor α 16,1—8 L 51 b
Cor α 16,1—11 G 65 b
Cor α 16,1—24 E 57
Cor β 1,15—20 L 101 b
Cor β 2,14—17 G 210
Cor β 3,7—17 G 9 b
Cor β 4,5—7 C 176
Cor β 4,5—13 Y 65
Cor β 4,10—5,10 V 53 b
Cor β 4,16—5,3 N 309
Cor β 5,11—15 N 148 b

Cor β 5, 11—17 V 72b
Cor β 5, 11—6, 13 E 81b
Cor β 6, 1—4 N 258
Cor β 6, 2—13 H 26 X 176b
Cor β 6, 14—16 X 27
Cor β 7, 2—11 X 166b
Cor β 9, 6—9 X 84
Cor β 10, 1—8 G 110b Y 116
Cor β 10, 1—18 Π 90
Cor β 10, 7—11 N 144
Cor β 10, 7—12 N 223b
Cor β 10, 7—18 G 4b
Cor β 10, 13—18 G 62b
Cor β 11, 16—20 X 30b
Cor β 11, 16—28 H 5
Cor β 12, 10—19 G 25b
Gal 1, 11—17 N 95b
Gal 1, 18—24 G 118
Gal 2, 4—7 L 76
Gal 2, 14—17 L 127
Gal 3, 15—20 G 218
Gal 3, 15—29 E 17b
Gal 4, 19—25 G 230
Gal 5, 16—21 G 158b
Gal 5, 16—6, 2 C 57b
Gal 5, 22—26 N 261b
Gal 5, 22—6, 2 G 178
Gal 5, 25—6, 5 G 198b
Gal 6, 7—13 G 13b Y 13
Eph 2, 1—7 X 20
Eph 2, 8—13 N 192b
Eph 3, 1—7 L 28b
Eph 3, 8—21 K 152b
Eph 4, 1—4 X 200
Eph 4, 1—7 C 117
Eph 4, 17—19 X 209b
Eph 4, 20—5, 14 K 118
Eph 4. 25—32 N 163 270
Eph 5, 6—14 N 168
Eph 6, 10—16 N 35
Eph 6, 10—20 Q 14b
Eph 6, 10—24 C 12b H 33b
Phil 1, 1—11 G 74b
Phil 1, 26—29 N 182b
Phil 2, 1—3 C 28b
Phil 2, 12—17 G 69b
Phil 2, 12—18 L 70b
Phil 2, 22—25 C 35b
Phil 3, 1—8 L 19b Y 31b
Phil 3, 1—12 E 48b
Phil 3, 20—4, 3 G 121
Phil 3, 20—4, 9 G 133 L 110b 134
Phil 4, 4—8 G 186
Phil 4, 4—9 C 5
Phil 4, 8—10 L 61
Phil 4, 8—14 N 197b
Phil 4, 10—23 G 80
Col 1, 12—22 V 93
Col 1, 12—23 E 73
Col 1, 21—23 G 167
Col 1, 21—29 X 12b
Col 2, 6—19 K 130
Col 3, 1—7 N 78
Col 3, 1—17 K 141
Col 3, 5—17 C 129 H 54
Col 4, 2—9 G 142
Col 4, 2—11 Y 42
Col 4, 12—18 Y 101
Thess α 2, 1—8 G 21b Y 20
Thess α 4, 1—3 C 81b
Thess α 5, 11—15 G 161
Thess β 2, 1—17 C 68b H 42b
Thess β 2, 9—13 X 145b
Thess β 3, 1—7 N 187b
Tim α 1, 12—16 N 295b
Tim α 2, 1—4 C 99b
Tim α 3, 13—16 K 173b
Tim α 4, 9—16 N 207b
Tim α 5, 17—25 G 105b
Tim α 6, 2—5 N 203
Tim α 6, 3—10 Y 111
Tim α 6, 11—16 N 113b
Tim β 1, 14—2, 2 N 50
Tim β 2, 3—10 L 16 N 105 Y 83b
Tim β 2, 14—18 G 90 Y 93b
Tim β 2, 19—21 G 92b Y 97b
Tim β 2, 19—22 N 68
Tim β 3, 1—7 N 314 318b
Tim β 3, 1—9 C 191 G 58b
Tim β 3, 10—17 N 118b
Titus 1, 10—16 N 236b
Titus 2, 11—3, 7 E 40b L 44
Philemon 1—7 N 178
Hebr 1, 1—9 G 224
Hebr 1, 1—2, 4 E 26 113b G 50b
Hebr 2, 5—9 L 9
Hebr 2, 5—12 G 194
Hebr 3, 1—5 L 6
Hebr 4, 14—5, 3 N 124b
Hebr 5, 4—10 G 124b
Hebr 5, 10—14 L 119b
Hebr 6, 1—8 G 47 Y 48
Hebr 7, 1—7 N 190
Hebr 7, 1—10 Y 74b
Hebr 7, 18 Q 74a
Hebr 7, 18—21 Q 73b
Hebr 7, 18—25 G 102 Y 106b
Hebr 7, 19—25 G 188b
Hebr 7, 22—26 Q 73a
Hebr 7, 26—28 L 81b Q 72b
Hebr 7, 28—8, 3 Q 72a
Hebr 9, 1—10 G 138 L 105b
Hebr 9, 1—12 E 103
Hebr 9, 6—10 N 173
Hebr 9, 11—14 N 233
Hebr 9, 11—28 C 213 Π 62b
Hebr 9, 15—20 N 85
Hebr 9, 17—23 N 254b
Hebr 11, 1—4 X 163
Hebr 11, 8—10 G 164b 175b 192
Hebr 11, 8—12 N 135 285
Hebr 11, 11—13 N 109b
Hebr 11, 17—27 E 243
Hebr 11, 32—37 L 2
Hebr 11, 32—38 N 276
Hebr 11, 32—40 E 134 Y 8b
Hebr 11, 32—12, 2 E 124b
Hebr 12, 1—5 N 130
Hebr 12, 1—14 G 96
Hebr 12, 5—9 C 55
Hebr 12, 12—17 L 66
Hebr 12, 18—24 N 218b
Hebr 12, 21—24 G 35
Hebr 12, 21—26 Y 23b 53b
Hebr 12, 25—27 L 116b
Hebr 12, 28—13, 2 N 63
Hebr 12, 28—13, 4 X 109
Hebr 13, 3—6 G 127b
Hebr 13, 7—10 C 1b
Hebr 13, 7—11 Y 27b
Hebr 13, 7—13 G 205b
Hebr 13, 7—21 V 43
Hebr 13, 8—21 K 162b
Hebr 13, 17—25 Y 36b.

Der liturgiker muß wünschen, einen überblick über das gesammte liturgische material der koptischen kirche zu erhalten, da nur aus den vollständigen akten ein einblick in die leitenden gedanken dieser liturgie gewonnen werden kann. wer sich mit der kritik des bibeltextes abgibt, wird den liturgikern die erfüllung jenes wunsches nach kräften erleichtern, da fast gewiß ist, daß die ganze bibel durch die liturgien verteilt steht, und daher die koptische übersetzung derjenigen bücher des kanons, welche in sonderhandschriften uns nicht erhalten sind, aus den vollständigen liturgien vollständig wird hergestellt werden können.

was ich im vorstehenden gegeben, erleichtert jedem, der alte manuscripte der koptischen liturgie zur verfügung hat, wenigstens für die in Goettingen vertretenen teile der liturgie, seine codices zum besten der kritik des bibeltextes auszubeuten.

Bruchstücke der koptischen übersetzung des alten testaments.

von

Paul de Lagarde.

In der königlichen gesellschaft der wissenschaften vorgelegt am 1 Februar 1879.

In einem von dem verstorbenen minister HvMühler erforderten berichte über meine Septuagintastudien habe ich am 16 Juni 1870 als das erste, was auf dem mir zugewiesenen gebiete not tut, und was zu liefern ich beabsichtige und beschäftigt sei, die gewinnung der in den einzelnen kirchenprovinzen umlaufenden bibelformen bezeichnet. ich habe nach 1871 mich genötigt gesehen, vorläufig über die herstellung der recensionen Hesychs und Lucians nicht hinauszudenken: für diese, an und für sich schon hinlänglich umfängliche und mühselige arbeit sind mir — zum teil von leuten, von denen ich ausdrückliche förderung zu erwarten berechtigt war — so viele hindernisse in den weg geworfen worden, daß ich nur langsam von der stelle rücke.

was ich jetzt vorlege, ist das vorspiel eines armseligen versuchs mit bettelhaft geringen mitteln wenigstens eine teilweise antwort auf eine frage zu erzwingen, welche wer in Paris Neapel Rom leben dürfte, one erhebliche mühe zu erledigen im stande sein würde. um den in Aegypten einst üblichen bibeltext festzustellen, können wir der aegyptischen bibelübersetzungen nicht entraten: die oberaegyptische ist vor allem notwendig, aber auch die niederaegyptische kann nicht entbehrt werden. von jener habe ich in der pfingstwoche 1852 die mir durch den damaligen herzog, nachmaligen könig Iohann von Sachsen und seine tochter, die frau herzogin Elisabeth von Genua, zugekommene abschrift kopiert, welche APeyron von dem turiner Ecclesiasticus und der turiner weisheit Salomonis angefertigt hatte: da ich nach Turin zu reisen nicht in der lage bin, vermag ich nicht, die kopie, welche vor der drucklegung nach den originalen revidiert werden muß, zu veröffentlichen. ich habe 1875 ein drittel des oberaegyptischen psalters aus einem codex des Lord de la Zouch gedruckt, mit welchem drucke ein forscher Bernardin Peyrons gleichzeitiges specimen vergleichen wird: bis heute wartete ich vergeblich darauf, meine (aus not in lateinische schrift gekleidete) arbeit benutzt oder auch nur erwänt zu sehen. besser als für das çaïdische sind wir für das baḥîrische daran, aber vollständige collationen fehlen uns.

was von der baḥîrischen übertragung der historischen bücher des alten testaments mir zugänglich gewesen ist, stelle ich mit einigen beilagen auf den folgenden blättern zusammen. meine quellen sind die goettinger handschriften: das euchologium = ⲡⲓϫⲱⲙ ⲉϥⲉⲣϩⲁⲛⲁⲛⲧⲟⲕⲧⲓⲛ ⲉ̀ϫⲉⲛ ⲛⲓⲉⲩⲭⲏ ⲥⲟⲟⲩⲁⲃ ⲡⲓⲙⲉⲣⲟⲥ ⲛ̀ϩⲟⲩⲓⲧ ⲥⲟⲃⲧ ⲛⲓϫⲓⲛⲫⲱϣ ⲛ̀ⲛⲓⲥⲧⲁⲩⲣⲱⲧⲏ ⲛ̀ⲛⲓⲧⲱⲧⲉⲣ ⲛ̀ⲕⲗⲏⲣⲓⲕⲟⲥ ⲛⲉⲙ ⲛⲓⲟⲩⲏⲃ ⲛⲉⲙ ⲛⲓⲥⲙⲟⲩ ⲛ̀ⲧⲉ ⲛⲓϩⲃⲱⲥ ⲙ̀ⲙⲟⲛⲁⲭⲟⲥ ⲛⲉⲙ ⲛⲓⲉⲛⲑⲣⲟⲛⲓⲥⲙⲟⲥ ⲛ̀ⲧⲉ ⲛⲓⲉⲡⲓⲥⲕⲟⲡⲟⲥ ⲛⲉⲙ ⲡⲁⲅⲓⲁⲥⲙⲟⲥ ⲙ̀ⲡⲙⲩⲣⲟⲛ ⲛⲉⲙ ϯⲉⲕⲕⲗⲏⲥⲓⲁ كتاب يشتمل على الصلوات المقدسة الجزء الاول لاجل رسامات المختارين لدرجات اعل الاكليروس والكهنة وتبريك ثياب الرهبان وتقديس الميرون والكنيسة und ⲡⲓⲙⲉⲣⲟⲥ ⲙ̀ⲙⲁϩⲥⲛⲁⲩϯ ⲛ̀ⲧⲉ ⲡⲓⲉⲩⲭⲟⲗⲟⲅⲓⲟⲛ ⲫⲏ ⲉ̀ⲧⲉϥⲉⲣϩⲁⲛⲁⲛⲧⲟⲕⲧⲓⲛ ⲉ̀ϫⲉⲛ ⲛⲓⲉⲩⲭⲏ ⲥⲟⲟⲩⲁⲃ ⲉ̀ⲧⲟⲩϫⲉⲙⲙⲱⲟⲩ ϧⲉⲛ ⲡⲓⲙⲁϩ fehlt im Berliner exemplare] ⲛ̀ⲧⲉ ⲡⲁⲓ ϫⲱⲙ ⲫⲁⲓ الجز الثاني من الفخولوجيون الذى يشتمل على الصلوات المقدسة الموجودة بفهرس هذا الكتاب. das nach dem schlußblatte zu Rom 1762 gedruckt wurde: das ritnale = ⲡⲓϫⲱⲙ ⲛ̀ⲧⲉ ϯⲙⲉⲧⲣⲉϥϣⲉⲙϣⲓ ⲛ̀ⲙⲙⲩⲥⲧⲏⲣⲓⲟⲛ ⲉ̅ⲑ̅ⲩ̅ ⲛⲉⲙ ϩⲁⲛϫⲓⲛϩⲱⲥ ⲛ̀ⲧⲉ ⲛⲓ ⲣⲉϥⲙⲱⲟⲩⲧ ⲛⲉⲙ ϩⲁⲛϫⲓⲛϩⲱⲥ ⲛⲉⲙ ⲡⲓⲕⲁⲧⲁⲙⲉⲣⲟⲥ [bestätigt das oben 5 gesagte ⲛ̀ⲁⲃⲟⲧ كتاب خدمة الاسرار المقدسة وتجانيز الموتى والبهوسات [oben 14] والقطمارس الشهري. das nach dem schlußblatte zu Rom 1763 erschien: die Berliner handschrift msc orientale in folio 446, welche von HBrugsch aus Aegypten mitgebracht worden, aber ein produkt des neunzehnten jarhunderts ist: Raphael Tukis 1744 zu Rom erschienene ausgabe des koptischen psalters. es soll aus dem mitgeteilten auf die form geschlossen werden, in welcher die sogenannten vorderen propheten und die Paralipomena in Aegypten gelesen worden sind. ich überneme jetzt nicht mehr, als akten zu beschaffen: das urteil wünsche ich selbst zu sprechen, aber in weiterem zusammenhange als er in der beschränkung eines akademischen vortrages und in diesen dunkeln, bedrückenden und zerstreuenden tagen zu bewältigen ist. wer die liturgien der aegyptischen kirche vollständig zur verfügung hat, wird die akten ergänzen können, bevor ich aus inen entscheide.

die trennung der wörter ist schwerlich allen anforderungen gemäß: doch ist zur zeit auf diesem felde schlechthin niemand in der lage anforderungen zu machen, zu begründen und zu erfüllen. welche ich als mir unerfüllbar oder gleichgültig bei seite schiebe: für meine zwecke genügte eine gestalt des textes wie ich sie biete.

Iosue 3

⁷ⲟⲩⲟϩ ⲡⲉϫⲉ ⲡϭⲟⲓⲥ ⲛ̀ⲓⲏⲥⲟⲩ ϫⲉ ϧⲉⲛ ⲫⲟⲟⲩ ⲛ̀ⲉ̀ϩⲟⲟⲩ ϯⲛⲁⲉⲣ ϩⲏⲧⲥ ⲛ̀ϭⲓⲥⲓ ⲙ̀ⲙⲟⲕ ⲙ̀ⲡⲉⲙⲑⲟ
ⲛ̀ⲛⲉⲛϣⲏⲣⲓ ⲙ̀ⲡⲓⲥⲣⲁⲏⲗ ⲧⲏⲣⲟⲩ ϫⲉ ϩⲓⲛⲁ ⲛ̀ⲥⲉⲉ̀ⲙⲓ ϫⲉ ⲕⲁⲧⲁ ⲫⲣⲏϯ ⲉⲧ ⲁⲓϣⲱⲡⲓ ⲛⲉⲙ ⲙⲱⲩ̀ⲥⲏⲥ
ⲡⲁⲓ ⲣⲏϯ ϯⲛⲁϣⲱⲡⲓ ⲛⲉⲙⲁⲕ ϩⲱⲕ ⁸ⲟⲩⲟϩ ϯⲛⲟⲩ ϩⲟⲛϩⲉⲛ ⲛ̀ⲛⲓⲟⲩⲏⲃ ⲥⲟⲕⲉ ϯⲕⲩⲃⲱⲧⲟⲥ ⲛ̀ⲧⲉ
ϯⲇⲓⲁ̀ⲑⲏⲕⲏ ⲉⲕϫⲱ ⲙ̀ⲙⲟⲥ ⲛⲱⲟⲩ ϫⲉ ⲁ̀ⲣⲉⲧⲉⲛϣⲁⲛ ϣⲉ ⲛⲱⲧⲉⲛ ⲉ̀ϧⲟⲩⲛ ⲉ̀ⲡⲓⲙⲱⲟⲩ ⲛ̀ⲧⲉ ⲡⲓⲟⲣⲇⲁⲛⲏⲥ ⲧⲉⲧⲉⲛⲟ̀ϩⲓ ⲉ̀ⲣⲁⲧⲉⲛ ⲑⲏⲛⲟⲩ ϧⲉⲛ ⲡⲓⲟⲣⲇⲁⲛⲏⲥ ⁹ⲟⲩⲟϩ ⲡⲉϫⲉ ⲓⲏⲥⲟⲩ ⲛ̀ⲛⲉⲛϣⲏⲣⲓ
ⲙ̀ⲡⲓⲥⲣⲁⲏⲗ ϫⲉ ϯ ⲙ̀ⲡⲉⲧⲉⲛⲟⲩⲟⲓ ⲙ̀ⲛⲁⲓ ⲙⲁ ⲉ̀ϧⲟⲩⲛ ⲉ̀ⲣⲟⲓ ⲛ̀ⲧⲉⲧⲉⲛⲥⲱⲧⲉⲙ ⲙ̀ⲡⲥⲁϫⲓ ⲙ̀ⲡϭⲟⲓⲥ
ⲫⲛⲟⲩϯ ¹⁰ϧⲉⲛ ⲫⲁⲓ ⲧⲉⲧⲉⲛⲛⲁⲉ̀ⲙⲓ ϫⲉ ⲫⲛⲟⲩϯ ⲉⲧ ⲟⲛϧ ⲛⲉⲙⲱⲧⲉⲛ ⲟⲩⲟϩ ϧⲉⲛ ⲟⲩϥⲱϯ-ⲉ̀ⲃⲟⲗ
ϥⲛⲁϥⲱϯ-ⲉ̀ⲃⲟⲗ ϧⲁ ⲧⲉⲧⲉⲛϩⲏ ⲙ̀ⲡⲓⲭⲁⲛⲁⲛⲉⲟⲥ ⲛⲉⲙ ⲭⲉⲧⲧⲉⲟⲥ ⲛⲉⲙ ⲫⲉⲣⲉⲍⲉⲟⲥ ⲛⲉⲙ ⲉⲩⲉ̀ⲟⲥ
ⲛⲉⲙ ⲁ̀ⲙⲟⲣⲣⲉⲟⲥ ⲛⲉⲙ ⲅⲉⲣⲅⲉⲥⲉⲟⲥ ⲛⲉⲙ ⲓⲉⲃⲟⲩⲥⲉⲟⲥ ¹¹ϩⲏⲡⲡⲉ ⲓⲥ ⲛ̀ϫⲉ ϯⲕⲓⲃⲱⲧⲟⲥ ⲛ̀ⲧⲉ ϯⲇⲓⲁ̀-
ⲑⲏⲕⲏ ⲙ̀ⲡϭⲟⲓⲥ ⲙ̀ⲡⲕⲁϩⲓ ⲧⲏⲣϥ ⲥⲉⲛⲁⲉⲣ ϫⲓⲛⲓⲟⲣ ⲙ̀ⲡⲓⲟⲣⲇⲁⲛⲏⲥ ϩⲓ ⲧϩⲏ ⲙ̀ⲙⲱⲧⲉⲛ ¹²ϯⲛⲟⲩ
ⲇⲉ ϭⲓ ⲉ̀ⲃⲟⲗ ϧⲉⲛ ⲑⲏⲛⲟⲩ ⲙ̀ⲓ̅ⲃ̅ ⲛ̀ⲣⲱⲙⲓ ⲉ̀ⲃⲟⲗ ϧⲉⲛ ⲛⲉⲛϣⲏⲣⲓ ⲙ̀ⲡⲓⲥⲣⲁⲏⲗ ⲟⲩⲣⲱⲙⲓ ⲕⲁⲧⲁ ⲫⲩⲗⲏ
¹³ⲟⲩⲟϩ ⲉ̀ⲣⲉ ⲛⲓⲟⲩⲏⲃ ⲟ̀ϩⲓ ⲉ̀ⲣⲁⲧⲟⲩ ⲛⲏ ⲉⲧ ϥⲁⲓ ϧⲁ ϯⲕⲓⲃⲱⲧⲟⲥ ⲛ̀ⲧⲉ ϯⲇⲓⲁ̀ⲑⲏⲕⲏ ⲙ̀ⲡϭⲟⲓⲥ
ⲙ̀ⲡⲕⲁϩⲓ ⲧⲏⲣϥ ϧⲉⲛ ⲫⲙⲱⲟⲩ ⲛ̀ⲧⲉ ⲡⲓⲟⲣⲇⲁⲛⲏⲥ ⲛⲁⲩⲱ̀ϣⲉⲙ ⲫⲙⲱⲟⲩ ⲇⲉ ⲉⲧ ϣⲟⲩⲟ̀ ⲉ̀ϩⲣⲏⲓ
ⲡⲁⲕⲏⲛ ⲉϥϣⲟⲩⲟ̀ ⲉ̀ϧⲣⲏⲓ ¹⁴ⲟⲩⲟϩ ⲡⲓⲗⲁⲟⲥ ⲁϥⲧⲱⲛϥ ϧⲉⲛ ⲛⲟⲩⲙⲁⲛϣⲱⲡⲓ ⲉ̀ⲣⲟⲩ ⲉⲣ ϫⲓⲛⲓⲟⲣ
ⲙ̀ⲡⲓⲟⲣⲇⲁⲛⲏⲥ ⲛⲓⲟⲩⲏⲃ ⲇⲉ ⲁⲩⲧⲁⲗⲟ ⲉ̀ϫⲱⲟⲩ ⲛ̀ϯⲕⲓⲃⲱⲧⲟⲥ ⲛ̀ϯⲇⲓⲁ̀ⲑⲏⲕⲏ ⲙ̀ⲡϭⲟⲓⲥ ϩⲓ ⲧϩⲏ
ⲙ̀ⲙⲱⲟⲩ ¹⁵ϧⲉⲛ ⲡϫⲓⲛⲟⲣⲟⲩ ⲓⲛⲓ ⲇⲉ ⲉ̀ϧⲟⲩⲛ ⲛ̀ϯⲕⲓⲃⲱⲧⲟⲥ ⲉ̀ⲡⲓⲟⲣⲇⲁⲛⲏⲥ ⲛ̀ϫⲉ ⲛⲓⲟⲩⲏⲃ ⲉⲧϥⲁⲓ
ϧⲁ ϯⲕⲩⲃⲱⲧⲟⲥ ⲛ̀ⲧⲉ ϯⲇⲓⲁ̀ⲑⲏⲕⲏ ⲙ̀ⲡϭⲟⲓⲥ ⲁⲩϫⲟⲗⲕⲟⲩ ⲁⲩⲱⲙⲥ ⲛ̀ⲟⲩⲙⲉⲣⲟⲥ ϧⲉⲛ ⲫⲙⲱⲟⲩ
ⲙ̀ⲡⲓⲟⲣⲇⲁⲛⲏⲥ ⲛⲁϥⲙⲉϩ ⲇⲉ ⲙ̀ⲙⲱⲟⲩ ϣⲁ ⲛⲉϥⲥⲫⲟⲧⲟⲩ ⲙ̀ⲫⲣⲏϯ ⲛ̀ⲛⲓⲉ̀ϩⲟⲟⲩ ⲛ̀ⲧⲉ ⲡⲓⲱⲥϧ
ⲛ̀ⲥⲟⲩⲟ̀ ¹⁶ⲟⲩⲟϩ ⲉⲧ ⲁⲩϭⲣⲟ ⲉ̀ⲙⲁϣⲱ ϣⲁ ⲉ̀ϩⲣⲏⲓ ⲉ̀ ⲡⲥⲁ ⲛ̀ⲕⲁⲣⲓⲁⲑⲓⲁⲣⲓⲙ ⲙ̀ⲫⲙⲱⲟⲩ ⲉⲧ ϣⲟⲩⲟ̀
ⲉ̀ϩⲣⲏⲓ ⲁϥϧⲁϯ-ⲉ̀ⲃⲟⲗ ⲉ̀ ⲫⲓⲟⲙ ⲛ̀ⲁ̀ⲣⲁⲃⲁ ⲫⲓⲟⲙ ⲛ̀ⲛⲓϩⲙⲟⲩ ϣⲁ ⲛ̀ⲧⲉϥⲙⲟⲩⲛⲕ ⲉ̀ⲡⲧⲏⲣϥ ⲟⲩⲟϩ
ⲡⲓⲗⲁⲟⲥ ⲛⲁϥⲟ̀ϩⲓ ⲉ̀ⲣⲁⲧϥ ⲙ̀ⲡⲉⲙⲑⲟ ⲛ̀ⲓⲉⲣⲓⲭⲱ ¹⁷ⲟⲩⲟϩ ⲛⲓⲟⲩⲏⲃ ⲉⲧ ⲁⲩϥⲁⲓ ϧⲁ ϯⲕⲓⲃⲱⲧⲟⲥ
ⲛ̀ϯⲇⲓⲁ̀ⲑⲏⲕⲏ ⲙ̀ⲡϭⲟⲓⲥ ⲟ̀ϩⲓ ⲉ̀ⲣⲁⲧⲟⲩ ϩⲓϫⲉⲛ ⲛⲏ ⲉⲧ ϣⲟⲩⲟ̀ ϧⲉⲛ ⲑⲙⲏϯ ⲙ̀ⲡⲓⲟⲣⲇⲁⲛⲏⲥ ⲟⲩⲟϩ
ⲛⲉⲛϣⲏⲣⲓ ⲙ̀ⲡⲓⲥⲣⲁⲏⲗ ⲉ̀ϫⲉⲛ ⲓⲟⲣ ⲁⲩⲙⲟϣⲓ ϧⲉⲛ ⲛⲉⲧϣⲟⲩⲟ̀ ϣⲁ ⲛ̀ⲧⲉ ⲡⲓⲗⲁⲟⲥ ⲉⲣ ϫⲓⲛⲓⲟⲣ
ⲙ̀ⲡⲓⲟⲣⲇⲁⲛⲏⲥ

Iosue 4

¹ⲡϭⲟⲓⲥ ⲇⲉ ⲁϥⲥⲁϫⲓ ⲛⲉⲙ ⲓⲏⲥⲟⲩ ⲉϥϫⲱ ⲙ̀ⲙⲟⲥ ⲙⲉⲛⲉⲛⲥⲁ ⲟⲣⲉ ⲡⲓⲗⲁⲟⲥ ⲧⲏⲣϥ ⲉⲣ ϫⲓⲛⲓⲟⲣ
ⲙ̀ⲡⲓⲟⲣⲇⲁⲛⲏⲥ ²ϫⲉ ϭⲓ ⲛ̀ϩⲁⲛⲣⲱⲙⲓ ⲉ̀ⲃⲟⲗ ϧⲉⲛ ⲡⲓⲗⲁⲟⲥ ⲟⲩⲣⲱⲙⲓ ⲕⲁⲧⲁ ⲫⲩⲗⲏ ³ⲛ̀ⲧⲉⲕϩⲟⲛϩⲉⲛ
ⲛ̀ⲧⲟⲧⲟⲩ ⲛ̀ⲥⲉⲱ̀ⲗⲓ ⲉ̀ⲃⲟⲗ ϧⲉⲛ ⲡⲓⲙⲁ ϧⲉⲛ ⲑⲙⲏϯ ⲙ̀ⲡⲓⲟⲣⲇⲁⲛⲏⲥ ⲙ̀ⲓ̅ⲃ̅ ⲛ̀ⲱ̀ⲛⲓ ⲉⲩⲟⲩⲟϫ ⲟⲩⲟϩ
ⲛⲁⲓ ⲙⲁⲣⲟⲩⲭⲁⲩ ⲛ̀ϧⲣⲏⲓ ϩⲓ ⲟⲩⲥⲟⲛ ϧⲉⲛ ⲛⲉⲧⲉⲛⲙⲁ ⲛ̀ϣⲱⲡⲓ ⲙ̀ⲡⲓⲕⲱϯ ⁴ⲟⲩⲟϩ ϧⲉⲛ ⲡϫⲓⲛⲟⲣⲉ
ⲓⲏⲥⲟⲩ ⲙⲟⲩϯ ⲙ̀ⲡⲓ̅ⲃ̅ ⲛ̀ⲣⲱⲙⲓ ⲉ̀ⲃⲟⲗ ϧⲉⲛ ⲛⲏ ⲉⲧ ⲟⲓ ⲛ̀ⲛⲉⲛϣⲏⲣⲓ ⲙ̀ⲡⲓⲥⲣⲁⲏⲗ ⲟⲩⲣⲱⲙⲓ ⲕⲁⲧⲁ
ⲫⲩⲗⲏ ⁵ⲁϥⲥⲁϫⲓ ⲛⲉⲙⲱⲟⲩ ⲉϥϫⲱ ⲙ̀ⲙⲟⲥ ϫⲉ ϯ ⲙ̀ⲡⲉⲧⲉⲛⲟⲩⲟⲓ ϩⲓ ⲧϩⲏ ⲙ̀ⲙⲟⲓ ⲙ̀ⲡⲉⲙⲑⲟ-ⲉ̀ⲃⲟⲗ
ⲙ̀ⲡϭⲟⲓⲥ ϧⲉⲛ ⲑⲙⲏϯ ⲙ̀ⲡⲓⲟⲣⲇⲁⲛⲏⲥ ⲟⲩⲟϩ ⲙⲁⲣⲉ ⲡⲟⲩⲁⲓ ⲙ̀ⲙⲱⲧⲉⲛ ϭⲓ ⲉ̀ⲃⲟⲗ ϧⲉⲛ ⲡⲓⲙⲁ
ⲉ̀ⲧⲉⲙⲙⲁⲩ ⲛ̀ⲟⲩⲱ̀ⲛⲓ ⲛ̀ⲧⲉϥⲧⲁⲗⲟϥ ⲉ̀ϫⲉⲛ ⲧⲉϥⲛⲁϩⲃⲓ ⲕⲁⲧⲁ ⲡⲓ̅ⲃ̅ ⲙ̀ⲫⲩⲗⲏ ⲛ̀ⲧⲉ ⲡⲓⲥⲣⲁⲏⲗ ⁶ϫⲉ

ϩⲓⲛⲁ ⲛ̀ⲧⲉ ⲛⲁⲓ ϣⲱⲡⲓ ⲛⲱⲧⲉⲛ ⲉⲩⲙⲏⲓⲛⲓ ⲉϥⲭⲏ-ⲉ̀ϧⲣⲏⲓ ⲛ̀ⲥⲏⲟⲩ ⲛⲓⲃⲉⲛ ϫⲉ ϩⲓⲛⲁ ⲁϥϣⲁⲛ ϣⲉⲛⲕ
ⲛ̀ⲣⲁⲥϯ ⲛ̀ϫⲉ ⲛⲉⲛϣⲏⲣⲓ ⲉϥϫⲱ ⲙ̀ⲙⲟⲥ ϫⲉ ⲟⲩ ⲡⲉ ⲛⲁⲓ ⲱ̀ⲛⲓ ⲉⲧ ⲭⲏ-ⲉ̀ϧⲣⲏⲓ ⲛⲱⲧⲉⲛ 7 ⲛ̀ⲑⲟⲕ
ϩⲱⲕ ⲥⲛⲉ̀ⲉⲣ ⲟⲩⲱ̀ ⲙ̀ⲡⲉⲕϣⲏⲣⲓ ⲉⲕϫⲱ ⲙ̀ⲙⲟⲥ ⲛⲁϥ ϫⲉ ⲥⲟⲃⲉ ϫⲉ ⲁϥⲙⲟⲩⲛⲕ ⲛ̀ϫⲉ ⲡⲓⲟⲣⲇⲁⲛⲏⲥ
ⲛ̀ⲛⲁⲣⲟ ϧⲁ ⲧϩⲏ ⲛ̀ϯⲕⲩⲃⲱⲧⲟⲥ ⲛ̀ϯⲇⲓⲁ̀ⲑⲏⲕⲏ ⲙ̀ⲡϭⲟⲓⲥ ⲙ̀ⲡⲕⲁϩⲓ ⲧⲏⲣϥ ⲉ̀ ⲟⲣⲉⲥ ϫⲓⲛⲟⲣ ⲙ̀ⲙⲟϥ
ⲟⲩⲟϩ ⲛⲁⲓ ⲱ̀ⲛⲓ ⲉⲩⲉ̀ϣⲱⲡⲓ ⲛⲱⲧⲉⲛ ⲛ̀ⲟⲩⲉⲣ-ⲫⲙⲉⲩⲓ ϧⲉⲛ ⲛⲉⲛϣⲏⲣⲓ ⲙ̀ⲡⲓⲥⲣⲁⲏⲗ ϣⲁ ⲉ̀ⲛⲉϩ 8 ⲟⲩⲟϩ
ⲁⲩⲓ̀ⲣⲓ ⲛ̀ϫⲉ ⲛⲉⲛϣⲏⲣⲓ ⲙ̀ⲡⲓⲥⲣⲁⲏⲗ ⲕⲁⲧⲁ ⲫⲣⲏϯ ⲉⲧ ⲁϥϩⲟⲛϩⲉⲛ ⲛ̀ⲧⲟⲧϥ ⲛ̀ⲓⲏⲥⲟⲩ ⲟⲩⲟϩ ϧⲉⲛ
ⲡϫⲓⲛⲟⲣⲟⲩ ⲱ̀ⲗⲓ ⲙ̀ⲓ̅ⲃ̅ ⲛ̀ⲱ̀ⲛⲓ ⲉ̀ⲃⲟⲗ ϧⲉⲛ ⲑⲙⲏϯ ⲙ̀ⲡⲓⲟⲣⲇⲁⲛⲏⲥ ⲕⲁⲧⲁ ⲫⲣⲏϯ ⲉⲧ ⲁ̀ ⲡϭⲟⲓⲥ
ϩⲟⲛϩⲉⲛ ⲉ̀ⲧⲟⲧϥ ⲛ̀ⲓⲏⲥⲟⲩ ϧⲉⲛ ⲡϫⲓⲛⲟⲣⲟⲩ ⲛⲏⲓ ⲇⲉ ⲉⲩⲉⲣ ϫⲓⲛⲟⲣ ⲧⲏⲣⲟⲩ ⲛ̀ϫⲉ ⲛⲉⲛϣⲏⲣⲓ
ⲙ̀ⲡⲓⲥⲣⲁⲏⲗ ⲉⲩⲱ̀ⲗⲓ ⲙ̀ⲙⲱⲟⲩ ⲛⲉⲙⲱⲟⲩ ⲉ̀ϩⲣⲏⲓ ⲉ̀ⲧⲟⲩⲡⲁⲣⲉⲙⲃⲟ̀ⲗⲏ ⲁⲩⲭⲁⲩ ϧⲉⲛ ⲡⲓⲙⲁ ⲉ̀ⲧⲉⲙ-
ⲙⲁⲩ 9 ⲓⲏⲥⲟⲩ ⲇⲉ ⲁϥⲧⲁϩⲟ ⲉ̀ⲣⲁⲧⲟⲩ ⲛ̀ ⲡⲉ ⲓ̅ⲃ̅ ⲛ̀ⲱ̀ⲛⲓ ϧⲉⲛ ⲡⲓⲙⲁ ⲉⲧ ⲟⲩⲙⲟⲩϯ ⲉ̀ⲣⲟϥ ϫⲉ
ⲭⲁⲧⲟⲩ ⲛ̀ⲛⲓϭⲁⲗⲁⲩϫ ⲛ̀ⲛⲓⲟⲩⲏⲃ ⲛⲏ ⲉⲧ ϥⲁⲓ ϧⲁ ϯⲕⲩⲃⲱⲧⲟⲥ ⲛ̀ϯⲇⲓⲁ̀ⲑⲏⲕⲏ ⲙ̀ⲡϭⲟⲓⲥ ⲟⲩⲟϩ
ⲥⲉⲭⲏ-ⲉ̀ϧⲣⲏⲓ ϧⲉⲛ ⲡⲓⲙⲁ ⲉ̀ⲧⲉⲙⲙⲁⲩ ϣⲁ ⲉ̀ϧⲣⲏⲓ ⲉ̀ⲫⲟⲟⲩ ⲛ̀ⲉ̀ϩⲟⲟⲩ

Iosue 23

1 ⲟⲩⲟϩ ⲓⲏⲥⲟⲩ ⲛⲉ ⲁϥⲉⲣ ϧⲉⲗⲗⲟ ⲡⲉ ⲉ̀ ⲁϥⲁⲓⲁⲓ ϧⲉⲛ ⲛⲉϥⲉ̀ϩⲟⲟⲩ 2 ⲟⲩⲟϩ ⲁϥⲙⲟⲩϯ ⲛ̀ϫⲉ
ⲓⲏⲥⲟⲩ ⲉ̀ⲛⲉⲛϣⲏⲣⲓ ⲙ̀ⲡⲓⲥⲣⲁⲏⲗ ⲛⲉⲙ ⲛⲟⲩϧⲉⲗⲗⲟⲓ ⲛⲉⲙ ⲛⲟⲩⲁⲣⲭⲱⲛ ⲛⲉⲙ ⲛⲟⲩⲥⲁϧ ⲛⲉⲙ ⲛⲟⲩ-
ⲣⲉϥϯϩⲁⲡ ⲟⲩⲟϩ ⲡⲉϫⲁϥ ⲛⲱⲟⲩ ϫⲉ ⲁ̀ⲛⲟⲕ ⲁⲓⲉⲣ ϧⲉⲗⲗⲟ ⲟⲩⲟϩ ⲁⲓⲁⲓ ϧⲉⲛ ⲛⲁⲉ̀ϩⲟⲟⲩ 3 ⲛ̀ⲑⲱⲧⲉⲛ
ⲇⲉ ⲁ̀ⲣⲉⲧⲉⲛⲛⲁⲩ ⲉ̀ϩⲱⲃ ⲛⲓⲃⲉⲛ ⲉⲧ ⲁϥⲁⲓⲧⲟⲩ ⲛ̀ϫⲉ ⲡϭⲟⲓⲥ ⲡⲉⲛⲛⲟⲩϯ ⲛ̀ⲛⲁⲓ ⲉⲑⲛⲟⲥ ⲧⲏⲣⲟⲩ
ⲉ̀ⲃⲟⲗ ϩⲁ ⲡⲉⲧⲉⲛϩⲟ ϫⲉ ⲡϭⲟⲓⲥ ⲡⲉⲛⲛⲟⲩϯ ⲡⲉⲑϯ ⲉ̀ϩⲣⲏⲓ ⲉ̀ϫⲱⲛ 4 ⲁ̀ⲛⲁⲩ ⲓⲥ ϩⲏⲡⲡⲉ ⲁⲓϯ ⲛⲱⲧⲉⲛ
ⲛ̀ⲛⲓⲉⲑⲛⲟⲥ ⲉⲧ ⲁⲩⲥⲱϫⲡ ϧⲉⲛ ⲡⲉⲧⲉⲛⲕⲗⲏⲣⲟⲥ ⲉ̀ϧⲟⲩⲛ ⲉ̀ⲛⲉⲧⲉⲛⲫⲩⲗⲏ ⲓⲥϫⲉⲛ ⲡⲓⲟⲣⲇⲁⲛⲏⲥ
ⲛⲓⲉⲑⲛⲟⲥ ⲧⲏⲣⲟⲩ ⲁⲓϥⲟⲧⲟⲩ-ⲉ̀ⲃⲟⲗ ⲟⲩⲟϩ ⲓⲥϫⲉⲛ ⲡⲓⲛⲓϣϯ ⲛ̀ⲓⲟⲙ ⲉⲩⲉ̀ϣⲱⲡⲓ ⲉϥⲟⲓ ⲛ̀ⲑⲱϣ ϣⲁ
ⲡⲓⲙⲁⲛϩⲱⲧⲡ 5 ⲡϭⲟⲓⲥ ⲇⲉ ⲡⲉⲛⲛⲟⲩϯ ⲛ̀ⲑⲟϥ ⲉϥⲉ̀ϥⲟⲧⲟⲩ-ⲉ̀ⲃⲟⲗ ϧⲁ ⲧϩⲏ ⲙ̀ⲡⲉⲧⲉⲛϩⲟ ϣⲁⲧⲟⲩ-
ⲧⲁⲕⲟ ⲉϥⲉ̀ⲟⲩⲱⲣⲡ ⲛⲱⲟⲩ ⲛ̀ⲛⲓⲑⲏⲣⲓⲟⲛ ⲛ̀ⲁⲅⲣⲓⲟⲛ ϣⲁⲧⲉϥϥⲟⲧⲟⲩ-ⲉ̀ⲃⲟⲗ ϧⲁ ⲧϩⲏ ⲙ̀ⲡⲉⲧⲉⲛϩⲟ
ⲟⲩⲟϩ ⲁ̀ⲣⲓⲕⲗⲏⲣⲟⲛⲟⲙⲓⲛ ⲛ̀ⲡⲕⲁϩⲓ ⲕⲁⲧⲁ ⲫⲣⲏϯ ⲉⲧ ⲁϥⲥⲁϫⲓ ⲛⲉⲙⲱⲧⲉⲛ ⲛ̀ϫⲉ ⲡϭⲟⲓⲥ ⲡⲉⲛⲛⲟⲩϯ
6 ϫⲉⲙ ⲛⲟⲙϯ ⲟⲩⲛ ⲉ̀ⲙⲁϣⲱ ⲁ̀ⲣⲉϩ ⲉ̀ⲓ̀ⲣⲓ ⲛ̀ϩⲱⲃ ⲛⲓⲃⲉⲛ ⲉⲧ ⲥϧⲏⲟⲩⲧ ϩⲓ ⲡϫⲱⲙ ⲛ̀ⲧⲉ ⲫⲛⲟⲙⲟⲥ
ⲙ̀ⲙⲱⲩ̀ⲥⲏⲥ ϩⲓⲛⲁ ⲛ̀ⲧⲉⲧⲉⲛϣⲧⲉⲙⲣⲓⲕⲓ ⲉ̀ⲟⲩⲓⲛⲁⲙ ⲟⲩⲇⲉ ϫⲁϭⲏ 7 ϩⲟⲡⲱⲥ ⲛ̀ⲧⲉⲧⲉⲛϣⲧⲉⲙϣⲉ-
ⲉ̀ϧⲟⲩⲛ ⲉ̀ⲛⲁⲓ ⲉⲑⲛⲟⲥ ⲉⲧ ⲁⲩⲥⲱϫⲡ ⲟⲩⲟϩ ⲫⲣⲁⲛ ⲛ̀ⲛⲟⲩⲛⲟⲩϯ ⲛ̀ⲛⲟⲩϫⲟϥ ϧⲉⲛ ⲑⲏⲛⲟⲩ ⲟⲩⲇⲉ
ⲛ̀ⲡⲉⲧⲉⲛⲟⲩⲱϣⲧ ⲙ̀ⲙⲱⲟⲩ ⲟⲩⲇⲉ ⲛ̀ⲡⲉⲧⲉⲛϣⲉⲙϣⲓ ⲙ̀ⲙⲱⲟⲩ 8 ⲁⲗⲗⲁ ⲉ̀ⲣⲉⲧⲉⲛⲉ̀ⲧⲥⲙⲟⲛⲛⲟⲩ
ⲉ̀ⲡϭⲟⲓⲥ ⲡⲉⲛⲛⲟⲩϯ ⲕⲁⲧⲁ ⲫⲣⲏϯ ⲉⲧ ⲁ̀ⲣⲉⲧⲉⲛⲁⲓⲥ ϣⲁ ⲉ̀ϧⲟⲩⲛ ⲉ̀ ⲡⲁⲓ ⲉ̀ϩⲟⲟⲩ 9 ⲟⲩⲟϩ ⲉϥⲉ̀ϥⲟⲧⲟⲩ-
ⲉ̀ⲃⲟⲗ ⲛ̀ϫⲉ ⲡϭⲟⲓⲥ ⲉ̀ⲃⲟⲗ ϩⲁ ⲡⲉⲧⲉⲛϩⲟ ϩⲁⲛⲛⲓϣϯ ⲛ̀ⲉⲑⲛⲟⲥ ⲟⲩⲟϩ ⲉⲩϫⲟⲣ ⲟⲩⲟϩ ⲙ̀ⲡⲉ ϩⲗⲓ ⲟ̀ϩⲓ
ⲉ̀ⲣⲁⲧϥ ⲙ̀ⲡⲉⲧⲉⲛⲙ̀ⲑⲟ ϣⲁ ⲉ̀ϧⲟⲩⲛ ⲉ̀ ⲡⲁⲓ ⲉ̀ϩⲟⲟⲩ 10 ⲟⲩⲁⲓ ⲉ̀ⲃⲟⲗ ϧⲉⲛ ⲑⲏⲛⲟⲩ ⲁϥϭⲟϫⲓ ⲛ̀ⲥⲁ
ⲟⲩϣⲟ ϫⲉ ⲡϭⲟⲓⲥ ⲡⲉⲛⲛⲟⲩϯ ⲡⲉⲑϯ ⲉ̀ϩⲣⲏⲓ ⲉ̀ϫⲱⲛ ⲕⲁⲧⲁ ⲫⲣⲏϯ ⲉⲧ ⲁϥϫⲟⲥ ⲛⲁⲛ 11 ⲟⲩⲟϩ
ⲉ̀ⲣⲉⲧⲉⲛⲉ̀ⲁ̀ⲣⲉϩ ⲉ̀ⲙⲁϣⲱ ⲉ̀ⲙⲉⲛⲣⲉ ⲡϭⲟⲓⲥ ⲡⲉⲛⲛⲟⲩϯ 12 ⲉ̀ϣⲱⲡ ⲅⲁⲣ ⲛ̀ⲧⲉⲧⲉⲛⲫⲉⲛϩⲟⲛⲛⲟⲩ ⲛ̀ⲧⲉ-
ⲧⲉⲛⲙⲟⲩϫⲧ ⲛⲉⲙ ⲛⲓⲉⲑⲛⲟⲥ ⲉⲧ ⲁⲩⲥⲱϫⲡ ⲛⲉⲙⲱⲧⲉⲛ ⲟⲩⲟϩ ⲛ̀ⲧⲉⲧⲉⲛϣⲟⲙ ⲉ̀ⲣⲱⲟⲩ ⲛ̀ⲧⲉⲧⲉⲛ-
ⲙⲟⲩϫⲧ ⲛ̀ϧⲏⲧⲟⲩ ⲟⲩⲟϩ ⲛ̀ⲑⲱⲟⲩ ϧⲉⲛ ⲑⲏⲛⲟⲩ 13 ⲁ̀ⲣⲓⲉ̀ⲙⲓ ϫⲉ ⲛ̀ⲛⲉϥⲟⲩⲁϩ ⲧⲟⲧϥ ⲛ̀ϫⲉ ⲡϭⲟⲓⲥ
ⲉ̀ϥⲓϯ ⲛ̀ ⲛⲁⲓ ⲉⲑⲛⲟⲥ ⲉ̀ⲃⲟⲗ ϧⲁ ⲧϩⲏ ⲙ̀ⲡⲉⲧⲉⲛϩⲟ ⲟⲩⲟϩ ⲉⲩⲉ̀ϣⲱⲡⲓ ⲛⲱⲧⲉⲛ ⲉⲩⲫⲁϣ ⲛⲉⲙ
ⲟⲩⲥⲕⲁⲛⲇⲁⲗⲟⲛ ⲛⲉⲙ ϩⲁⲛⲛⲉϥⲧ ϧⲉⲛ ⲛⲉⲧⲉⲛⲟⲓⲃⲥ ⲛⲉⲙ ϩⲁⲛⲥⲟⲩⲣⲓ ϧⲉⲛ ⲛⲉⲧⲉⲛⲃⲁⲗ ϣⲁⲛⲧⲉⲧⲉⲛ-
ⲧⲁⲕⲟ ⲉ̀ⲃⲟⲗ ϩⲁ ⲡⲓⲕⲁϩⲓ ⲛ̀ⲁ̀ⲅⲁⲑⲟⲛ ⲫⲏ ⲉⲧ ⲁϥⲧⲏⲓϥ ⲛⲱⲧⲉⲛ ⲛ̀ϫⲉ ⲡϭⲟⲓⲥ ⲡⲉⲛⲛⲟⲩϯ 14 ⲁ̀ⲛⲟⲕ
ⲇⲉ ϯⲛⲁϣⲉ ⲛⲏⲓ ϩⲓ ⲡⲓⲙⲱⲓⲧ ⲕⲁⲧⲁ ⲫⲣⲏϯ ⲛ̀ⲛⲏ ⲧⲏⲣⲟⲩ ⲉⲧ ϩⲓϫⲉⲛ ⲡⲓⲕⲁϩⲓ ⲟⲩⲟϩ ⲉ̀ⲣⲉⲧⲉⲛⲉ̀ⲉ̀ⲙⲓ
ϧⲉⲛ ⲡⲉⲧⲉⲛϩⲏⲧ ⲛⲉⲙ ⲧⲉⲧⲉⲛⲯⲩⲭⲏ ϫⲉ ⲙ̀ⲡⲉ ⲟⲩⲥⲁϫⲓ ⲛ̀ⲟⲩⲱⲧ ϩⲉⲓ ⲉ̀ⲃⲟⲗ ϧⲉⲛ ⲛⲓⲥⲁϫⲓ ⲧⲏⲣⲟⲩ ⲉⲧ ⲁϥϫⲟⲧⲟⲩ ⲛⲁⲛ ⲛ̀ϫⲉ ⲡϭⲟⲓⲥ ⲡⲉⲛⲛⲟⲩϯ ⲕⲁⲧⲁ ϩⲱⲃ ⲛⲓⲃⲉⲛ ⲉⲧ ⲉⲣ ⲛⲟϥⲣⲓ ⲛⲁⲛ
ⲁⲩϣⲱⲡⲓ ⲧⲏⲣⲟⲩ

Iudicum 11

³⁰ⲟⲩⲟϩ ⲓⲉⲫⲑⲁⲉ̀ ⲁϥⲱϣ ⲛ̀ⲟⲩⲉⲩⲭⲏ ⲙ̀ⲡϭⲟⲓⲥ ⲟⲩⲟϩ ⲡⲉϫⲁϥ ϫⲉ ⲉ̀ϣⲱⲡ ⲛ̀ⲧⲉ ⲡϭⲟⲓⲥ ϯ
ⲛ̀ⲛⲉⲛϣⲏⲣⲓ ⲛ̀ⲁⲙⲙⲱⲛ ⲉ̀ϧⲣⲏⲓ ⲉ̀ⲛⲁϫⲓϫ ³¹ⲉⲥⲉ̀ϣⲱⲡⲓ ⲫⲏ ⲉⲑ ⲛⲁⲓ-ⲉ̀ⲃⲟⲗ ⲉ̀ϩⲣⲁⲓ ⲉ̀ⲃⲟⲗ ϧⲉⲛ ⲫⲣⲟ
ⲛ̀ⲧⲉ ⲡⲏⲓ ϧⲉⲛ ⲡϫⲓⲛⲟⲣⲓ ⲧⲁⲥⲑⲟ ϧⲉⲛ ⲟⲩϩⲓⲣⲏⲛⲏ ⲉ̀ⲃⲟⲗ ϩⲁ ⲛⲉⲛϣⲏⲣⲓ ⲛ̀ⲁⲙⲙⲱⲛ ⲉϥⲉ̀ϣⲱⲡⲓ
ⲙ̀ⲡϭⲟⲓⲥ ⲟⲩⲟϩ ⲥⲉⲉ̀ⲉⲛϥ ⲛ̀ϩⲣⲏⲓ ⲛ̀ⲟⲩϭⲗⲓⲗ ⲙ̀ⲡϭⲟⲓⲥ ³²ⲟⲩⲟϩ ⲁϥⲉⲣ ϫⲓⲛⲟⲣ ⲛ̀ϫⲉ ⲓⲉⲫⲑⲁⲉ̀ ϩⲁ
ⲛⲉⲛϣⲏⲣⲓ ⲛ̀ⲁⲙⲙⲱⲛ ⲉ̀ϯ ⲟⲩⲉ̀ⲃⲟⲩ ⲟⲩⲟϩ ⲁϥⲧⲏⲓⲧⲟⲩ ⲛ̀ϫⲉ ⲡϭⲟⲓⲥ ⲉ̀ϧⲣⲏⲓ ⲉ̀ⲛⲉϥϫⲓϫ ³³ⲁϥϣⲁⲣⲓ
ⲇⲉ ⲉ̀ⲣⲱⲟⲩ ϧⲉⲛ ⲟⲩⲛⲓϣϯ ⲛ̀ⲉⲣϧⲟⲧ ⲓⲉϫⲉⲛ ⲁ̀ⲣⲟⲏⲣ ϣⲁⲧⲉⲕⲓ ⲉ̀ⲁⲣⲛⲱⲛ ϧⲉⲛ ⲧⲏⲛ ϫⲓⲧ ⲙ̀ⲃⲁⲕⲓ
ⲛⲉⲙ ϣⲁ ⲉ̀ⲃⲉⲗⲭⲁⲣⲓⲙ ⲛ̀ⲟⲩⲛⲓϣϯ ⲛ̀ⲉⲣϧⲟⲧ ⲉ̀ⲙⲁϣⲱ ⲟⲩⲟϩ ⲁⲩⲑⲉⲃⲓⲟ̀ ⲛ̀ϫⲉ ⲛⲉⲛϣⲏⲣⲓ ⲛ̀ⲁⲙ-
ⲙⲱⲛ ⲉ̀ⲃⲟⲗ ϩⲁ ⲡϩⲟ ⲛ̀ⲛⲉⲛϣⲏⲣⲓ ⲙ̀ⲡⲓⲥⲣⲁⲏⲗ ³⁴ⲟⲩⲟϩ ⲁϥⲧⲁⲥⲑⲟ ⲛ̀ϫⲉ ⲓⲉⲫⲑⲁⲉ̀ ⲉ̀ⲙⲁⲥⲥⲏⲫⲁ
ⲉ̀ϧⲟⲩⲛ ⲉ̀ⲡⲉϥⲏⲓ ⲟⲩⲟϩ ϩⲏⲡⲡⲉ ⲓⲥ ⲧⲉϥϣⲉⲣⲓ ⲛⲁⲥⲛⲏⲟⲩ-ⲉ̀ⲃⲟⲗ ⲉ̀ϩⲣⲁϥ ⲡⲉ ϧⲉⲛ ϩⲁⲛⲕⲉⲙⲕⲉⲙ
ⲛⲉⲙ ϩⲁⲛⲭⲟⲣⲟⲥ ⲉ̀ ⲟⲩϣⲉⲣⲓ ⲙ̀ⲙⲁⲩⲁⲧ ⲧⲉ ⲙ̀ⲙⲉⲛⲣⲓⲧ ⲛ̀ⲧⲁϥ ⲡⲉ ⲙ̀ⲙⲟⲛⲧⲉϥ ϣⲉⲣⲓ ⲙ̀ⲙⲁⲩ
ⲡⲉ ⲟⲩⲇⲉ ϣⲏⲣⲓ ⲉ̀ⲃⲏⲗ ⲉ̀ⲣⲟⲥ ³⁵ⲟⲩⲟϩ ⲁⲥϣⲱⲡⲓ ⲉⲧ ⲁϥⲛⲁⲩ ⲉ̀ⲣⲟⲥ ⲁϥⲫⲱϧ ⲛ̀ⲛⲉϥϩⲃⲱⲥ ⲟⲩⲟϩ
ⲡⲉϫⲁϥ ϫⲉ ⲟⲩⲟⲓ ⲛⲏⲓ ⲥⲉⲙⲉⲓ ⲧⲁϣⲉⲣⲓ ⲁ̀ⲣⲉϭⲓ ⲁ̀ⲟⲩⲱ̀ ⲙ̀ⲙⲟⲓ ϧⲉⲛ ⲟⲩϭⲣⲟⲡ ⲁ̀ⲣⲉϣⲱⲡⲓ ⲙ̀ⲡⲉⲙⲑⲟ
ⲛ̀ⲛⲁⲃⲁⲗ ⲟⲩⲟϩ ⲁ̀ⲛⲟⲕ ⲁⲓⲟⲩⲱⲛ ⲛ̀ⲣⲱⲓ ⲛⲁϩⲣⲉⲛ ⲡϭⲟⲓⲥ ⲙ̀ⲙⲟⲛ ϣϫⲟⲙ ⲉ̀ϫⲱⲗ-ⲉ̀ⲃⲟⲗ ³⁶ⲟⲩⲟϩ
ⲡⲉϫⲁⲥ ⲛⲁϥ ϫⲉ ⲡⲁⲓⲱⲧ ⲓⲉϫⲉ ⲁⲕⲟⲩⲱⲛ ⲉ̀ⲣⲱⲕ ϧⲁⲣⲟⲓ ⲛⲁϩⲣⲉⲛ ⲡϭⲟⲓⲥ ⲁ̀ⲣⲓⲟⲩⲓ̀ ⲙ̀ⲙⲟⲓ ⲕⲁⲧⲁ
ⲫⲣⲏϯ ⲉⲧ ⲁⲥⲓ ⲉ̀ⲃⲟⲗ ϧⲉⲛ ⲣⲱⲕ ⲟⲩⲟϩ ⲛ̀ⲛⲉⲕϫⲱⲗ-ⲉ̀ⲃⲟⲗ ⲙ̀ⲡϭⲟⲓⲥ ⲙⲉⲛⲉⲛⲥⲁ ⲑⲣⲉϥ ⲓ̀ⲣⲓ ⲛⲁⲕ
ⲛ̀ϫⲉ ⲡϭⲟⲓⲥ ⲛ̀ⲟⲩϭⲓ ⲙ̀ⲡϣⲓϣ ⲉ̀ⲃⲟⲗ ϧⲉⲛ ⲛⲉⲕϫⲁϫⲓ ⲛ̀ⲛⲉⲛϣⲏⲣⲓ ⲛ̀ⲁⲙⲙⲱⲛ ³⁷ⲟⲩⲟϩ ⲡⲉϫⲁⲥ
ⲙ̀ⲡⲉⲥⲓⲱⲧ ϫⲉ ⲁ̀ⲣⲓⲟⲩⲓ̀ ⲛⲏⲓ ϯⲛⲟⲩ ⲡⲁⲓⲱⲧ ⲙ̀ⲡⲁⲓ ⲥⲁϫⲓ ⲭⲁⲧ ⲛ̀ⲁ̀ⲃⲟⲧ ⲥⲛⲁⲩ ⲛ̀ⲧⲁϣⲉ ⲛⲏⲓ
ⲛ̀ⲧⲁⲣⲓⲙⲓ ⲉ̀ϫⲉⲛ ⲛⲓⲧⲱⲟⲩ ⲉ̀ϩⲣⲏⲓ ⲉ̀ϫⲉⲛ ⲧⲁⲙⲉⲧⲡⲁⲣⲑⲉⲛⲟⲥ ⲁ̀ⲛⲟⲕ ⲛⲉⲙ ⲛⲁϣⲫⲉⲣⲓ ³⁸ⲟⲩⲟϩ
ⲡⲉϫⲁϥ ⲛⲁⲥ ϫⲉ ⲙⲁϣⲉ ⲛⲉ ⲟⲩⲟϩ ⲁϥⲭⲁⲥ ⲛ̀ⲁ̀ⲃⲟⲧ ⲥⲛⲁⲩ ⲉⲥⲣⲓⲙⲓ ⲛ̀ⲑⲟⲥ ⲛⲉⲙ ⲛⲉⲥϣⲫⲉⲣⲓ ⲟⲩⲟϩ
ⲁⲥⲣⲓⲙⲓ ⲉ̀ϫⲉⲛ ⲧⲉⲥⲙⲉⲧⲡⲁⲣⲑⲉⲛⲟⲥ ⲉ̀ϫⲉⲛ ⲛⲓⲧⲱⲟⲩ ³⁹ⲟⲩⲟϩ ⲁⲥϣⲱⲡⲓ ⲙⲉⲛⲉⲛⲥⲁ ⲡⲓⲁ̀ⲃⲟⲧ ⲥⲛⲁⲩ
ⲁⲥⲓ ϩⲁ ⲡⲉⲥⲓⲱⲧ ⲁϥϫⲱⲕ ⲛ̀ⲧⲉϥⲉⲩⲭⲏ ⲛⲁϥ ⲉ̀ⲃⲟⲗ ⲑⲏ ⲉⲧ ⲁϥⲱϣ ⲙ̀ⲙⲟⲥ ⲟⲩⲟϩ ⲛ̀ⲑⲟⲥ ⲙ̀ⲡⲉⲥ-
ⲥⲟⲩⲉⲛ ϩ̀ⲗⲓ ⲟⲩⲟϩ ⲁⲥϣⲱⲡⲓ ⲛ̀ⲟⲩϩⲱⲛ ϧⲉⲛ ⲡⲓⲥⲣⲁⲏⲗ ⁴⁰ⲓⲉϫⲉⲛ ⲡⲓⲉ̀ϩⲟⲟⲩ ϣⲁ ⲡⲓⲉ̀ϩⲟⲟⲩ ⲛⲁⲩϣⲉ
ⲛⲱⲟⲩ ⲛ̀ϫⲉ ⲛⲓϣⲉⲣⲓ ⲛ̀ⲧⲉ ⲡⲓⲥⲣⲁⲏⲗ ⲉⲩⲉⲣ ⲑⲣⲏⲛⲓ ⲛ̀ⲧϣⲉⲣⲓ ⲛ̀ⲧⲉ ⲓⲉⲫⲑⲁⲉ̀ ⲡⲓⲅⲁⲗⲁⲁⲇⲓⲧⲏⲥ
ⲉ̀ϫⲉⲛ ϥⲧⲱⲟⲩ ⲛ̀ⲉ̀ϩⲟⲟⲩ ϧⲉⲛ ϯⲣⲟⲙⲡⲓ

Regnorum I 2

¹ⲟⲩⲟϩ ⲡⲉϫⲁⲥ ϫⲉ ⲁϥⲧⲁϫⲣⲟ ⲛ̀ϫⲉ ⲡⲁϩⲏⲧ ϧⲉⲛ ⲡϭⲟⲓⲥ ⲁϥϭⲓⲥⲓ ⲛ̀ϫⲉ ⲡⲁⲧⲁⲡ ϧⲉⲛ ⲡⲁⲛⲟⲩϯ
ⲁϥⲟⲩⲱϣⲥ ⲛ̀ϫⲉ ⲣⲱⲓ ⲉ̀ϩⲣⲏⲓ ⲉ̀ϫⲉⲛ ⲛⲁϫⲁϫⲓ ⲁⲓⲟⲩⲛⲟϥ ϧⲉⲛ ⲡⲉⲕⲟⲩϫⲁⲓ ²ϫⲉ ⲙ̀ⲙⲟⲛ ϩ̀ⲗⲓ
ⲉϥⲟⲩⲁⲃ ⲙ̀ⲫⲣⲏϯ ⲙ̀ⲡϭⲟⲓⲥ ⲙ̀ⲙⲟⲛ ϩ̀ⲗⲓ ⲉϥⲟⲓ ⲛ̀ⲑⲙⲏⲓ ⲙ̀ⲫⲣⲏϯ ⲙ̀ⲡⲉⲛⲛⲟⲩϯ ⲟⲩⲟϩ ⲙ̀ⲙⲟⲛ ϩ̀ⲗⲓ
ⲉϥⲟⲩⲁⲃ ⲉ̀ⲃⲏⲗ ⲉ̀ⲣⲟⲕ ³ⲙ̀ⲡⲉⲣϣⲟⲩϣⲟⲩ ⲙ̀ⲙⲱⲧⲉⲛ ⲟⲩⲇⲉ ⲙ̀ⲡⲉⲣⲥⲁϫⲓ ⲛ̀ϩⲁⲛⲥⲁϫⲓ ⲉⲩϭⲟⲥⲓ
ⲟⲩⲇⲉ ⲙ̀ⲡⲉⲛⲑⲣⲉⲥ ⲓ̀ ⲉ̀ⲃⲟⲗ ϧⲉⲛ ⲣⲱⲧⲉⲛ ⲛ̀ϫⲉ ⲟⲩⲙⲉⲧϧⲉⲣⲟⲩⲱ̀ ϫⲉ ⲫⲛⲟⲩϯ ⲛ̀ⲧⲉ ⲛⲉⲙⲓ ⲡⲉ
ⲡϭⲟⲓⲥ ⲟⲩⲟϩ ⲫⲛⲟⲩϯ ⲡⲉⲧⲥⲟⲃϯ ⲛ̀ⲛⲉϥϩⲃⲏⲟⲩⲓ̀ ⁴ⲧⲫⲓϯ ⲛ̀ⲧⲉ ⲛⲓϫⲱⲣⲓ ⲁⲥϣⲱⲡⲓ ⲟⲩⲟϩ ⲛⲏ ⲉⲧ
ϣⲱⲛⲓ ⲁⲩⲙⲟⲣⲟⲩ ⲛ̀ⲟⲩϫⲟⲙ ⁵ⲛⲏ ⲉⲧ ⲥⲏⲟⲩ ⲙ̀ⲡⲱⲓⲕ ⲁⲩⲉⲣ ϧⲁⲉ̀ ⲟⲩⲟϩ ⲛⲏ ⲉⲧ ϩⲟⲕⲉⲣ ⲁⲩⲭⲱ
ⲙ̀ⲡⲓⲕⲁϩⲓ ⲛ̀ⲥⲱⲟⲩ ϫⲉ ϯⲁϭⲣⲏⲛ ⲁⲥⲙⲓⲥⲉ ⲍ̅ ⲟⲩⲟϩ ⲑⲏ ⲉⲧ ⲟϣ ⲛ̀ϣⲏⲣⲓ ⲁⲥϣⲱⲛⲓ ⁶ⲡϭⲟⲓⲥ ⲡⲉⲧ-
ϧⲱⲧⲉⲃ ⲟⲩⲟϩ ϥⲛⲁⲧⲁⲛϧⲟ ϥⲱ̀ⲗⲓ ⲉ̀ⲁⲙⲉⲛϯ ⲟⲩⲟϩ ϥⲓⲛⲓ ⲉ̀ⲡϣⲱⲓ ⁷ⲡϭⲟⲓⲥ ⲡⲉⲧⲓ̀ⲣⲓ ⲛ̀ϩⲏⲕⲓ ⲟⲩⲟϩ
ϥⲓ̀ⲣⲓ ⲛ̀ⲣⲁⲙⲁⲟ̀ ϥⲑⲉⲃⲓⲟ̀ ⲟⲩⲟϩ ϥϭⲓⲥⲓ ⁸ϥⲧⲁϩⲟ ⲛ̀ⲟⲩϩⲏⲕⲓ ⲉ̀ⲣⲁⲧϥ ⲉ̀ⲃⲟⲗ ϩⲁ ⲡⲕⲁϩⲓ ϥⲧⲟⲩⲛⲟⲥ
ⲛ̀ⲟⲩϫⲱⲃ ⲉ̀ⲃⲟⲗ ϩⲁ ⲟⲩⲕⲟⲡⲣⲓⲁ̀ ⲉ̀ⲑⲣⲉϥ ϩⲉⲙⲥⲓ ⲛⲉⲙ ⲛⲓⲁⲣⲭⲱⲛ ⲛ̀ⲧⲉ ⲡⲉϥⲗⲁⲟⲥ ⲟⲩⲟϩ ⲟⲩⲑⲣⲟ-
ⲛⲟⲥ ⲛ̀ⲧⲉ ⲡⲱⲟⲩ ϥⲑⲣⲟ ⲙ̀ⲙⲱⲟⲩ ⲉ̀ⲣ ⲕⲗⲏⲣⲟⲛⲟⲙⲓⲛ ⲙ̀ⲙⲟϥ ⁹ⲉϥϯ ⲛ̀ⲛⲓⲉⲩⲭⲏ ⲛ̀ⲛⲏ ⲉⲧ ⲧⲱⲃϩ
ⲙ̀ⲙⲟϥ ⲟⲩⲟϩ ⲁϥⲥⲙⲟⲩ ⲉ̀ⲧⲣⲟⲙⲡⲓ ⲛ̀ⲧⲉ ⲡⲓⲑⲙⲏⲓ ϫⲉ ⲛ̀ⲛⲉϥϫⲉⲙϫⲟⲙ ⲛ̀ϫⲉ ⲟⲩⲣⲱⲙⲓ ⲛ̀ϫⲱⲣⲓ
¹⁰ⲡϭⲟⲓⲥ ⲉϥⲉ̀ⲑⲣⲉ ⲛⲉϥϫⲁϫⲓ ϣⲱⲛⲓ ⲡϭⲟⲓⲥ ϥⲟⲩⲁⲃ ⲙ̀ⲡⲉⲛⲑⲣⲉϥ ϣⲟⲩϣⲟⲩ ⲙ̀ⲙⲟϥ ⲛ̀ϫⲉ ⲡⲓⲥⲁⲃⲉ
ϧⲉⲛ ⲧⲉϥⲥⲃⲱ ⲟⲩⲇⲉ ⲙ̀ⲡⲉⲛⲑⲣⲉ ⲡⲓϫⲱⲣⲓ ϣⲟⲩϣⲟⲩ ⲙ̀ⲙⲟϥ ϧⲉⲛ ⲧⲉϥⲙⲉⲧϫⲱⲣⲓ ⲟⲩⲇⲉ ⲙ̀ⲡⲉⲛ-

ⲟⲣⲉ ⲡⲓⲣⲁⲙⲁⲟ̀ ϣⲟⲩϣⲟⲩ ⲙ̀ⲙⲟϥ ϧⲉⲛ ⲧⲉϥⲙⲉⲧⲣⲁⲙⲁⲟ̀ ⲁⲗⲗⲁ ⲛ̀ϧⲣⲏⲓ ϧⲉⲛ ⲫⲁⲓ ⲙⲁⲣⲉϥϣⲟⲩ-
ϣⲟⲩ ⲙ̀ⲙⲟϥ ⲛ̀ϫⲉ ⲫⲏ ⲥⲟⲛⲁϣⲟⲩϣⲟⲩ ⲉ̀ⲟⲣⲉϥ ⲕⲁϯ ⲛ̀ⲧⲉϥⲥⲟⲩⲉⲛ ⲡ̅ϭ̅ⲥ̅ ⲟⲩⲟϩ ⲛ̀ⲧⲉϥⲓ̀ⲣⲓ ⲛ̀ⲟⲩ-
ϩⲁⲡ ⲛⲉⲙ ⲟⲩⲙⲉⲑⲙⲏⲓ ϧⲉⲛ ⲑⲙⲏϯ ⲙ̀ⲡⲕⲁϩⲓ ⲡ̅ϭ̅ⲥ̅ ⲁϥϣⲉ ⲛⲁϥ ⲉ̀ϩⲣⲏⲓ ⲉ̀ⲛⲓⲫⲏⲟⲩⲓ̀ ⲟⲩⲟϩ ⲁϥⲉⲣ
ϧⲁⲣⲁⲃⲁⲓ ⲛ̀ⲑⲟϥ ⲟⲩⲑⲙⲏⲓ ⲡⲉ ϥⲛⲁϯ ϩⲁⲡ ⲉ̀ⲛⲁⲧ ⲙ̀ⲡⲕⲁϩⲓ ⲟⲩⲟϩ ϥⲛⲁϯ ⲛ̀ⲟⲩϫⲟⲙ ⲛ̀ⲛⲉⲛⲟⲩ-
ⲣⲱⲟⲩ ⲟⲩⲟϩ ϥⲛⲁϭⲓⲥⲓ ⲙ̀ⲡⲧⲁⲡ ⲛ̀ⲧⲉ ⲡⲉϥⲭⲣⲓⲥⲧⲟⲥ

Regnorum I 16

¹ⲟⲩⲟϩ ⲡⲉϫⲉ ⲡ̅ϭ̅ⲥ̅ ⲛ̀ⲥⲁⲙⲟⲩⲏⲗ ...... ϫⲉ ⲙⲟϩ ⲙ̀ⲡⲉⲕⲧⲁⲡ ⲛ̀ⲛⲉϩ ⲟⲩⲟϩ ⲁ̀ⲙⲟⲩ ⲛ̀ⲧⲁ-
ⲟⲩⲟⲣⲡⲕ ϩⲁ ⲓⲉⲥⲥⲉ ϣⲁ ⲃ̀ⲏⲑⲗⲉⲉⲙ ϫⲉ ⲁⲓⲛⲁⲩ ϧⲉⲛ ⲛⲉϥϣⲏⲣⲓ ⲉϥⲉⲣ ϣⲁⲩ ⲛⲏⲓ ⲉ̀ⲣ ⲟⲩⲣⲟ ²ⲟⲩⲟϩ
ⲡⲉϫⲉ ⲥⲁⲙⲟⲩⲏⲗ ⲡⲱⲥ ϯⲛⲁϣⲉ ⲛⲏⲓ ⲟⲩⲟϩ ⲉϥⲉ̀ⲥⲱⲧⲉⲙ ⲛ̀ϫⲉ ⲥⲁⲟⲩⲗ ⲟⲩⲟϩ ⲉϥⲉ̀ϧⲟⲑⲃⲉⲧ ⲙ̀ⲙⲟⲓ
ⲡⲉϫⲉ ⲡ̅ϭ̅ⲥ̅ ϭⲓ ⲙ̀ⲡⲓⲙⲁⲥⲓ ⲛ̀ⲛⲓⲉ̀ϩⲱⲟⲩ ϧⲉⲛ ⲧⲉⲕϫⲓϫ ⲟⲩⲟϩ ⲉⲕⲉ̀ϫⲱ ⲁⲓ̀ ⲉ̀ⲛϫⲓⲛϣⲱⲧ ⲙ̀ⲡ̅ϭ̅ⲥ̅
ⲛ̀ⲟⲩϣⲟⲩϣⲱⲟⲩϣⲓ ³ⲟⲩⲟϩ ⲉⲕⲉ̀ⲑⲱϩⲉⲙ ⲛ̀ⲓⲉⲥⲥⲉ ⲛⲉⲙ ⲛⲉϥϣⲏⲣⲓ ⲉ̀ϧⲟⲩⲛ ⲉ̀ⲡⲓϣⲟⲩϣⲱⲟⲩϣⲓ ⲟⲩⲟϩ
ϯⲛⲁⲧⲁⲙⲟⲕ ⲉ̀ⲫⲏ ⲉⲧ ⲉⲕⲛⲁⲁⲓⲧⲟⲩ ⲉⲕⲉ̀ⲑⲱϩⲥ ⲙ̀ⲫ̀ⲣⲏϯ ⲙ̀ⲫⲏ ⲉ̀ ϯⲛⲁϫⲟϥ ⲛⲁⲕ ⁴ⲟⲩⲟϩ ⲁϥⲓ̀ⲣⲓ
ⲛ̀ϫⲉ ⲥⲁⲙⲟⲩⲏⲗ ⲛ̀ϩⲱⲃ ⲛⲓⲃⲉⲛ ⲉⲧ ⲁϥⲥⲁϫⲓ ⲙ̀ⲙⲱⲟⲩ ⲛⲉⲙⲁϥ ⲛ̀ϫⲉ ⲡ̅ϭ̅ⲥ̅ ⲟⲩⲟϩ ⲁϥⲓ̀ ⲉ̀ϩⲣⲏⲓ
ⲉ̀ⲃⲏⲑⲗⲉⲉⲙ ⲁⲩⲉⲣ ϣ̀ⲫⲏⲣⲓ ⲛ̀ϫⲉ ⲛⲓⲡⲣⲉⲥⲃⲩⲧⲉⲣⲟⲥ ⲛ̀ⲧⲉ ϯⲃⲁⲕⲓ ⲟⲩⲟϩ ⲡⲉϫⲱⲟⲩ ϫⲉ ⲧϩⲓⲣⲏⲛⲏ
ⲙ̀ⲡⲉⲕϫⲓⲛⲓ̀-ⲉ̀ϧⲟⲩⲛ ⲡⲉⲑⲛⲁⲩ ⁵ⲟⲩⲟϩ ⲡⲉϫⲁϥ ϫⲉ ⲧϩⲓⲣⲏⲛⲏ ⲁⲓ̀ ⲉ̀ϣⲱⲧ ⲛ̀ⲟⲩϣⲟⲩϣⲱⲟⲩϣⲓ
ⲙ̀ⲡ̅ϭ̅ⲥ̅ ⲙⲁ ⲧⲟⲩⲃⲉ ⲑⲏⲛⲟⲩ ⲟⲩⲛⲟϥ ⲙ̀ⲙⲱⲧⲉⲛ ⲛⲉⲙⲏⲓ ⲙ̀ⲫⲟⲟⲩ ⲟⲩⲟϩ ⲁϥⲧⲟⲩⲃⲟ ⲛ̀ⲓⲉⲥⲥⲉ
ⲛⲉⲙ ⲛⲉϥϣⲏⲣⲓ ⲁϥⲑⲁϩⲙⲟⲩ ⲉ̀ⲡⲓϣⲟⲩϣⲱⲟⲩϣⲓ ⁶ⲟⲩⲟϩ ⲁⲥϣⲱⲡⲓ ⲉⲧ ⲁⲩⲓ̀-ⲉ̀ϧⲟⲩⲛ ⲁϥⲛⲁⲩ ⲉ̀ⲉ̀ⲗⲓⲁⲃ
ⲡⲉϫⲁϥ ϫⲉ ⲁⲗⲗⲁ ⲉϥϫⲏⲥ ⲙ̀ⲡⲉⲙⲑⲟ ⲙ̀ⲡ̅ϭ̅ⲥ̅ ⲛ̀ϫⲉ ⲡⲉϥⲭⲣⲓⲥⲧⲟⲥ ⁷ⲟⲩⲟϩ ⲡⲉϫⲉ ⲡ̅ϭ̅ⲥ̅ ⲟⲩⲃⲉ
ⲥⲁⲙⲟⲩⲏⲗ ϫⲉ ⲙ̀ⲡⲉⲣϫⲟⲩϣⲧ ⲉ̀ⲡⲉϥϩⲟ ⲟⲩⲇⲉ ⲧϩⲉⲝⲓⲥ ⲛ̀ⲧⲉ ⲧⲉϥⲙⲁⲓ̀ ϫⲉ ⲁ̀ⲛⲟⲕ ⲁⲓϣⲟϣϥ
ϫⲉ ⲙ̀ⲫ̀ⲣⲏϯ ⲁⲛ ⲉ̀ ϣⲁⲣⲉ ⲡⲓⲣⲱⲙⲓ ⲛⲁⲩ ϣⲁϥⲛⲁⲩ ⲛ̀ϫⲉ ⲫⲛⲟⲩϯ ϫⲉ ⲫ̀ⲣⲱⲙⲓ ϣⲁϥϫⲟⲩϣⲧ
ⲉ̀ⲡϩⲟ ⲫⲛⲟⲩϯ ⲇⲉ ⲛ̀ⲑⲟϥ ϣⲁϥϫⲟⲩϣⲧ ⲉ̀ⲡϩⲏⲧ ⁸ⲟⲩⲟϩ ⲁϥⲙⲟⲩϯ ⲛ̀ϫⲉ ⲓⲉⲥⲥⲉ ⲉ̀ⲁⲙⲓⲛⲁⲇⲁⲃ̀
ⲁϥⲥⲓⲛⲓ ⲙ̀ⲡⲉⲙⲑⲟ ⲛ̀ⲥⲁⲙⲟⲩⲏⲗ ⲟⲩⲟϩ ⲡⲉϫⲁϥ ϫⲉ ⲟⲩⲇⲉ ⲫⲁⲓ ⲙ̀ⲡⲉϥⲥⲟⲧⲡϥ ⲛ̀ϫⲉ ⲡ̅ϭ̅ⲥ̅ ⁹ⲟⲩⲟϩ
ⲁ̀ ⲓⲉⲥⲥⲉ ⲟⲣⲉϥ ⲥⲓⲛⲓ ⲛ̀ⲕⲉⲥⲁⲙⲁⲁ̀ ⲟⲩⲟϩ ⲡⲉϫⲁϥ ϫⲉ ⲙ̀ⲡⲉ ⲡ̅ϭ̅ⲥ̅ ⲥⲱⲧⲡ ⲙ̀ⲫⲁⲓ ⲭⲉⲧ ¹⁰ⲟⲩⲟϩ
ⲁ̀ ⲓⲉⲥⲥⲉ ⲑⲣⲟⲩ ⲥⲓⲛⲓ ⲛ̀ϫⲉ ⲍ̅ ⲛ̀ⲛⲉϥϣⲏⲣⲓ ⲙ̀ⲡⲉⲙⲑⲟ ⲛ̀ⲥⲁⲙⲟⲩⲏⲗ ⲟⲩⲟϩ ⲡⲉϫⲉ ⲥⲁⲙⲟⲩⲏⲗ ⲙ̀ⲡⲉ
ⲡ̅ϭ̅ⲥ̅ ⲥⲱⲧⲡ ⲛ̀ⲛⲁⲓ ¹¹ⲟⲩⲟϩ ⲡⲉϫⲉ ⲥⲁⲙⲟⲩⲏⲗ ⲟⲩⲃⲉ ⲓⲉⲥⲥⲉ ϫⲉ ⲁ̀ⲛⲁⲩ ⲟⲩⲟⲛ ⲛ̀ⲧⲁⲕ ⲡⲉ ⲟⲩⲁⲓ
ⲛ̀ⲡⲉⲕⲁ̀ⲗⲱⲟⲩⲓ̀ ⲟⲩⲟϩ ⲡⲉϫⲁϥ ϫⲉ ⲉ̀ⲧⲓ ⲟⲩⲟⲛ ⲡⲉ ⲕⲟⲩϫⲓ ϩⲏⲡⲡⲉ ⲉϥⲙⲟⲛⲓ ϧⲉⲛ ⲛⲓⲟϩⲓ ⲟⲩⲟϩ
ⲡⲉϫⲉ ⲥⲁⲙⲟⲩⲏⲗ ⲟⲩⲃⲉ ⲓⲉⲥⲥⲉ ϫⲉ ⲟⲩⲱⲣⲡ ⲟⲩⲟϩ ⲁ̀ⲛⲓⲧϥ ϫⲉ ⲟⲩⲛ ⲛ̀ⲛⲁⲛ̀ⲧⲟⲛ ⲁⲛ ϣⲁⲧⲉϥⲓ̀
¹²ⲁϥⲟⲩⲱⲣⲡ ⲛ̀ⲥⲱϥ ⲁϥⲉⲛϥ ⲟⲩⲟϩ ⲛ̀ⲑⲟϥ ⲛⲁϥⲟⲣⲟϣ ⲡⲉ ⲛⲉ ⲟⲩⲥⲁⲓⲉ̀ ⲡⲉ ϧⲉⲛ ⲛⲉϥⲃⲁⲗ ⲟⲩⲟϩ
ⲟⲩⲁ̀ⲅⲁⲑⲟⲥ ⲡⲉ ϧⲉⲛ ϯϩⲟⲣⲁⲥⲓⲥ ⲛ̀ⲧⲉ ⲡ̅ϭ̅ⲥ̅ ⲟⲩⲟϩ ⲡⲉϫⲉ ⲡ̅ϭ̅ⲥ̅ ⲛ̀ⲥⲁⲙⲟⲩⲏⲗ ϫⲉ ⲧⲱⲛⲕ ⲑⲱϩⲥ
ⲛ̀ⲇⲁⲩⲓⲇ ϫⲉ ⲛ̀ⲑⲟϥ ⲟⲩⲁ̀ⲅⲁⲑⲟⲥ ¹³ⲟⲩⲟϩ ⲁ̀ ⲥⲁⲙⲟⲩⲏⲗ ϭⲓ ⲙ̀ⲡⲓⲧⲁⲡ ⲛ̀ⲧⲉ ⲡⲓⲛⲉϩ ⲁϥⲑⲁϩⲥϥ
ϧⲉⲛ ⲑⲙⲏϯ ⲛ̀ⲛⲉϥⲥⲛⲏⲟⲩ ⲟⲩⲟϩ ⲁ̀ ⲡⲓⲡⲛⲉⲩⲙⲁ ⲛ̀ⲧⲉ ⲡ̅ϭ̅ⲥ̅ ϥⲟϫϥ ⲉ̀ϫⲉⲛ ⲇⲁⲩⲓⲇ ⲓⲥϫⲉⲛ ⲡⲓ-
ⲉ̀ϩⲟⲟⲩ ⲉ̀ⲧⲉⲙⲙⲁⲩ

Regnorum I 17

¹⁶ⲟⲩⲟϩ ⲁϥⲓ̀ ⲛ̀ϫⲉ ⲡⲓⲁⲗⲗⲟⲫⲩⲗⲟⲥ ⲉϥϧⲱⲛⲧ ⲙ̀ⲙⲟϥ ⲉ̀ϧⲟⲩⲛ ⲙ̀ⲫⲛⲁⲩ ⲛ̀ϣⲱⲣⲡ ⲛⲉⲙ ⲫⲛⲁⲩ
ⲛ̀ⲣⲟⲩϩⲓ ⲟⲩⲟϩ ⲁϥⲟ̀ϩⲓ ⲉ̀ⲣⲁⲧϥ ⲛ̀ϩⲙⲉ ⲛ̀ⲉ̀ϩⲟⲟⲩ ¹⁷ⲟⲩⲟϩ ⲡⲉϫⲉ ⲓⲉⲥⲥⲉ ⲛ̀ⲇⲁⲩⲓⲇ ⲡⲉϥϣⲏⲣⲓ ϫⲉ ϭⲓ
ⲙ̀ⲫⲁⲓ ϣⲓ ⲛ̀ⲁⲗⲫⲓⲧⲟⲛ ⲛ̀ⲛⲉⲕⲥⲛⲏⲟⲩ ⲛⲉⲙ ⲡⲁⲓ ⲙⲏⲧ ⲛ̀ⲱⲓⲕ ⲛ̀ⲧⲉⲕⲟ̀ⲗⲟⲩ ⲛ̀ϯⲡⲁⲣⲉⲙⲃⲟⲗⲏ ⲛ̀ⲧⲉⲕ-
ⲧⲏⲓⲧⲟⲩ ⲛ̀ⲛⲉⲕⲥⲛⲏⲟⲩ ¹⁸ⲟⲩⲟϩ ⲡⲁⲓ ⲙⲏⲧ ⲛ̀ϭⲉⲗⲓ ⲛ̀ⲉ̀ⲣⲱϯ ⲉⲕⲉ̀ϭⲓⲧⲟⲩ ⲉ̀ϧⲟⲩⲛ ⲉ̀ⲡⲓⲭⲓⲗⲓⲁⲣⲭⲟⲥ
ⲟⲩⲟϩ ⲛ̀ⲧⲉⲕϫⲉⲙ ⲡϣⲓⲛⲓ ⲛ̀ⲛⲉⲕⲥⲛⲏⲟⲩ ϧⲉⲛ ⲟⲩϩⲓⲣⲏⲛⲏ ⲟⲩⲟϩ ⲛ̀ⲧⲉⲕⲉ̀ⲙⲓ ϫⲉ ⲉⲩⲉⲣ ⲭⲣⲓⲁ̀ ⲛ̀ⲟⲩ
¹⁹ⲟⲩⲟϩ ϩⲏⲡⲡⲉ ⲛ̀ⲑⲱⲟⲩ ⲛⲉⲙ ⲥⲁⲟⲩⲗ ⲛⲉⲙ ⲣⲱⲙⲓ ⲛⲓⲃⲉⲛ ⲛ̀ⲧⲉ ⲡⲓⲥⲣⲁⲏⲗ ⲥⲉⲭⲏ ϧⲉⲛ ϯϧⲉⲗⲗⲟⲧ ⲛ̀ⲧⲉ
ⲡⲓϣϣⲏⲛ ⲉⲩϯ ⲛⲉⲙ ⲡⲓⲁⲗⲗⲟⲫⲩⲗⲟⲥ ²⁰ⲁϥϣⲟⲣⲡϥ ⲛ̀ϫⲉ ⲇⲁⲩⲓⲇ ⲙ̀ⲫⲛⲁⲩ ⲛ̀ϣⲱⲣⲡ ⲁϥⲭⲁ ⲛⲓⲉ̀ⲥⲱⲟⲩ
ϧⲁⲧⲉⲛ ⲡⲓⲣⲉϥⲁ̀ⲣⲉϩ ⲟⲩⲟϩ ⲁϥϭⲓⲧⲟⲩ ⲁϥϣⲉ ⲛⲁϥ ⲙ̀ⲫ̀ⲣⲏϯ ⲉⲧ ⲁϥϩⲟⲛϩⲉⲛ ⲛⲁϥ ⲛ̀ϫⲉ ⲓⲉⲥⲥⲉ

ⲛⲉϥⲙⲓⲧ ⲟⲩⲟϩ ⲁϥⲓ ⲉ̀ϯⲥⲧⲣⲟⲅⲅⲩⲗⲱⲥⲓⲥ ⲛⲉⲙ ⲉ̀ϧⲟⲩⲛ ⲉ̀ϯϫⲟⲙ ⲉⲑ ⲙⲟϣⲓ-ⲉ̀ⲃⲟⲗ ⲉ̀ⲡⲓⲃⲱⲧⲥ ⲟⲩⲟϩ
ⲛⲁⲩⲉ̀ϣⲗⲏⲗⲟⲩⲓ̀ ⲉ̀ⲃⲟⲗ ϧⲉⲛ ⲡⲓⲡⲟⲗⲉⲙⲟⲥ [21]ⲁⲩⲟ̀ϩⲓ ⲉ̀ⲣⲁⲧⲟⲩ ⲉ̀ⲡⲓⲃⲱⲧⲥ ⲛ̀ϫⲉ ⲡⲓⲥⲣⲁⲏⲗ ⲛⲉⲙ
ⲡⲓⲁⲗⲗⲟⲫⲩⲗⲟⲥ ⲙ̀ⲡⲉⲙⲑⲟ ⲛ̀ⲛⲟⲩⲉ̀ⲣⲏⲟⲩ [22]ⲟⲩⲟϩ ⲁ̀ ⲇⲁⲩⲓⲇ ⲭⲁ ⲡⲓⲥⲕⲉⲩⲟⲥ ⲉ̀ϧⲣⲏⲓ ϧⲉⲛ ⲧϫⲓϫ
ⲙ̀ⲡⲓⲣⲉϥⲉⲣ-ⲁ̀ⲣⲉϩ-ⲉ̀ⲡⲓⲥⲕⲉⲩⲟⲥ ⲟⲩⲟϩ ⲁϥϣⲉ ⲛⲁϥ ⲉ̀ϧⲟⲩⲛ ⲉ̀ϯⲑⲱⲟⲩⲧⲥ ⲟⲩⲟϩ ⲁϥϣⲉⲛ ⲛⲉϥⲥⲛⲏⲟⲩ
ⲉⲩϩⲓⲣⲏⲛⲏ [23]ⲟⲩⲟϩ ϩⲱⲥ ⲟⲩⲛ ⲉϥⲥⲁϫⲓ ⲛⲉⲙⲱⲟⲩ ϩⲏⲡⲡⲉ ⲓⲥ ⲡⲓⲣⲱⲙⲓ ⲛ̀ⲁ̀ⲙⲉⲥⲥⲉⲟⲥ ⲁϥⲓ-ⲉ̀ⲡϣⲱⲓ
ⲅⲟⲗⲓⲁⲑ ⲡⲉ ⲡⲉϥⲣⲁⲛ ⲡⲓⲫⲩⲗⲓⲥⲧⲓⲙⲟⲥ ⲉ̀ⲃⲟⲗ ϧⲉⲛ ⲅⲉⲑ ⲛ̀ⲧⲉⲛ ⲛⲓⲡⲁⲣⲁⲧⲁⲝⲓⲥ ⲛ̀ⲧⲉ ⲛⲓⲁⲗⲗⲟⲫⲩⲗⲟⲥ ⲁϥⲥⲁϫⲓ ⲕⲁⲧⲁ ⲛⲁⲓ ⲥⲁϫⲓ ⲟⲩⲟϩ ⲁϥⲥⲱⲧⲉⲙ ⲛ̀ϫⲉ ⲥⲁⲟⲩⲗ [24]ⲛⲉⲙ ⲣⲱⲙⲓ ⲛⲓⲃⲉⲛ ⲛ̀ⲧⲉ
ⲡⲓⲥⲣⲁⲏⲗ ⲟⲩⲟϩ ⲉⲧ ⲁⲩⲛⲁⲩ ⲉ̀ⲡⲓⲣⲱⲙⲓ ⲁⲩⲫⲱⲧ ⲉ̀ⲃⲟⲗ ϩⲁ ⲡⲉϥϩⲟ ⲟⲩⲟϩ ⲁⲩⲉⲣ ϩⲟϯ ⲉ̀ⲙⲁϣⲱ
[25]ⲟⲩⲟϩ ⲡⲉϫⲉ ⲡⲓⲣⲱⲙⲓ ⲛ̀ⲧⲉ ⲡⲓⲥⲣⲁⲏⲗ ϫⲉ ⲁⲛ ⲁ̀ⲣⲉⲧⲉⲛⲛⲁⲩ ⲉ̀ⲛⲁⲓ ⲣⲱⲙⲓ ⲉⲧ ⲁϥⲓ-ⲉ̀ⲡϣⲱⲓ ⲉⲧ
ⲁϥⲓ ⲉ̀ϯ ϣⲱϣ ⲙ̀ⲡⲓⲥⲣⲁⲏⲗ ⲡⲓⲣⲱⲙⲓ ⲉⲑ ⲛⲁ ϣⲁⲣⲓ ⲉ̀ⲣⲟϥ ⲡⲟⲩⲣⲟ ⲛⲁⲁⲓϥ ⲛ̀ⲣⲁⲙⲁⲟ̀ ϧⲉⲛ ⲟⲩⲛⲓϣϯ
ⲙ̀ⲙⲉⲧⲣⲁⲙⲁⲟ̀ ⲟⲩⲟϩ ϥⲛⲁϯ ⲛⲁϥ ⲙ̀ⲧⲉϥϣⲉⲣⲓ ⲟⲩⲟϩ ⲡⲏⲓ ⲙ̀ⲡⲉϥⲓⲱⲧ ϥⲛⲁⲁⲓϥ ⲛ̀ⲣⲉⲙϩⲉ ϧⲉⲛ
ⲡⲓⲥⲣⲁⲏⲗ [26]ⲟⲩⲟϩ ⲡⲉϫⲉ ⲇⲁⲩⲓⲇ ⲛ̀ⲛⲓⲣⲱⲙⲓ ⲉⲧ ⲟ̀ϩⲓ ⲉ̀ⲣⲁⲧⲟⲩ ⲛⲉⲙⲁϥ ⲉϥϫⲱ ⲙ̀ⲙⲟⲥ ϫⲉ ⲟⲩ ⲡⲉ ⲉⲑ
ⲛⲁϣⲱⲡⲓ ⲙ̀ⲡⲓⲣⲱⲙⲓ ⲉⲑ ⲛⲁϣⲁⲣⲓ ⲉ̀ⲡⲓⲁⲗⲗⲟⲫⲩⲗⲟⲥ ⲉ̀ⲧⲉⲙⲙⲁⲩ ⲟⲩⲟϩ ⲛ̀ⲧⲉϥⲱ̀ⲗⲓ ⲛ̀ⲟⲩϣⲱϣ ⲉ̀ⲃⲟⲗ
ϧⲉⲛ ⲡⲓⲥⲣⲁⲏⲗ ϫⲉ ⲛⲓⲙ ⲡⲉ ⲡⲁⲓⲁⲗⲗⲟⲫⲩⲗⲟⲥ ⲛ̀ⲁⲧⲥⲉⲃⲓ ϫⲉ ⲁϥϯ ϣⲱϣ ⲛ̀ϯⲑⲱⲟⲩⲧⲥ ⲙ̀ⲫⲛⲟⲩϯ
ⲉⲧ ⲟⲛϧ [27]ⲟⲩⲟϩ ⲡⲉϫⲉ ⲡⲓⲗⲁⲟⲥ ⲛⲁϥ ⲕⲁⲧⲁ ⲛⲁⲓ ⲥⲁϫⲓ ⲉϥϫⲱ ⲙ̀ⲙⲟⲥ ϫⲉ ⲛⲁⲓ ⲣⲏϯ ⲉⲑ ⲛⲁϣⲱⲡⲓ
ⲙ̀ⲡⲓⲣⲱⲙⲓ ⲉⲑ ⲛⲁϣⲁⲣⲓ ⲉ̀ⲣⲟϥ [28]ⲟⲩⲟϩ ⲁϥⲥⲱⲧⲉⲙ ⲉ̀ⲣⲟϥ ⲛ̀ϫⲉ ⲉ̀ⲗⲓⲁⲃ ⲡⲉϥⲥⲟⲛ ⲛ̀ⲛⲓϣϯ ⲉϥⲥⲁϫⲓ
ⲛⲉⲙ ⲡⲓⲣⲱⲙⲓ ⲟⲩⲟϩ ⲁϥϫⲱⲛⲧ ϧⲉⲛ ⲟⲩⲙ̀ⲃⲟⲛ ⲛ̀ϫⲉ ⲉ̀ⲗⲓⲁⲃ ⲉ̀ⲇⲁⲩⲓⲇ ⲟⲩⲟϩ ⲡⲉϫⲁϥ ⲛⲁϥ ϫⲉ
ⲉⲑⲃⲉ ⲟⲩ ⲁⲕⲓ-ⲉ̀ϧⲣⲏⲓ ⲟⲩⲟϩ ⲉⲧ ⲁⲕⲭⲁ ⲛⲓⲕⲟⲩϫⲓ ⲛ̀ⲉ̀ⲥⲱⲟⲩ ϧⲁⲧⲉⲛ ⲛⲓⲙ ϩⲓ ⲡϣⲁϥⲉ ⲁ̀ⲛⲟⲕ
ϯⲉⲙⲓ ⲛ̀ⲧⲉⲕⲙⲉⲧϭⲁⲥⲓ-ϩⲏⲧ ϫⲉ ⲉⲧ ⲁⲕⲓ-ⲉ̀ϧⲣⲏⲓ ⲉ̀ⲛⲁⲩ ⲉ̀ⲡⲓⲡⲟⲗⲉⲙⲟⲥ [29]ⲟⲩⲟϩ ⲡⲉϫⲉ ⲇⲁⲩⲓⲇ ϫⲉ
ⲟⲩ ⲡⲉ ⲉⲧ ⲁⲓⲁⲓϥ ϯⲛⲟⲩ ⲙⲏ ⲟⲩⲥⲁϫⲓ ⲁⲛ ⲡⲉ [30]ⲟⲩⲟϩ ⲁϥⲧⲁⲥⲑⲟ ⲉ̀ⲃⲟⲗ ϩⲁⲣⲟϥ ⲁϥⲓ ⲙ̀ⲡⲉⲙⲑⲟ
ⲛ̀ⲕⲉⲟⲩⲁⲓ ⲟⲩⲟϩ ⲁϥⲥⲁϫⲓ ⲛⲉⲙⲁϥ ⲕⲁⲧⲁ ⲛⲁⲓ ⲥⲁϫⲓ ⲟⲩⲟϩ ⲁϥⲉⲣ ⲟⲩⲱ̀ ⲛⲁϥ ⲛ̀ϫⲉ ⲡⲓⲭⲉⲧ ⲕⲁⲧⲁ
ⲛⲉⲥⲁϫⲓ ⲙ̀ⲡⲓϩⲟⲩⲓⲧ [31]ⲟⲩⲟϩ ⲁⲩⲥⲱⲧⲉⲙ ⲉ̀ⲛⲓⲥⲁϫⲓ ⲉⲧ ⲁ̀ ⲇⲁⲩⲓⲇ ⲥⲁϫⲓ ⲙ̀ⲙⲱⲟⲩ ⲟⲩⲟϩ ⲁⲩⲟ̀ⲗϥ
ϩⲁ ⲥⲁⲟⲩⲗ [32]ⲟⲩⲟϩ ⲡⲉϫⲉ ⲇⲁⲩⲓⲇ ⲟⲩⲃⲉ ⲥⲁⲟⲩⲗ ϫⲉ ⲙ̀ⲡⲉⲛⲑⲣⲉϥ ϩⲉⲙ ⲉ̀ϫⲱϥ ⲛ̀ϫⲉ ⲡϩⲏⲧ
ⲙ̀ⲡⲁϭⲟⲓⲥ ⲡⲟⲩⲣⲟ ϥⲛⲁϣⲉ ⲛⲁϥ ⲛ̀ϫⲉ ⲡⲉⲕⲃⲱⲕ ⲟⲩⲟϩ ⲛ̀ⲧⲉϥⲉ̀ⲃⲱⲧⲥ ⲛⲉⲙ ⲡⲓⲁⲗⲗⲟⲫⲩⲗⲟⲥ [33]ⲟⲩⲟϩ
ⲡⲉϫⲉ ⲥⲁⲟⲩⲗ ⲟⲩⲃⲉ ⲇⲁⲩⲓⲇ ϫⲉ ⲭⲛⲁϣϫⲉⲙϫⲟⲙ ⲁⲛ ⲉ̀ϣⲉ ⲛⲁⲕ ϩⲁⲣⲟϥ ⲉ̀ϯ ⲛⲉⲙⲁϥ ϫⲉ ⲛ̀ⲑⲟⲕ
ⲟⲩⲁ̀ⲗⲟⲩ ⲛ̀ⲑⲟⲕ ⲟⲩⲟϩ ⲛⲁⲓ ⲁⲗⲗⲟⲫⲩⲗⲟⲥ ⲛ̀ⲑⲟϥ ⲟⲩⲣⲱⲙⲓ ⲙ̀ⲃⲉⲧⲉ ⲓⲥϫⲉⲛ ⲧⲉϥⲙⲉⲧⲁ̀ⲗⲟⲩ [34]ⲟⲩⲟϩ
ⲡⲉϫⲉ ⲇⲁⲩⲓⲇ ⲟⲩⲃⲉ ⲥⲁⲟⲩⲗ ϫⲉ ⲛⲁⲣⲉ ⲡⲉⲕⲃⲱⲕ ⲙⲟⲛⲓ ⲛ̀ⲛⲓⲉ̀ⲥⲱⲟⲩ ⲛ̀ⲧⲉ ⲡⲉϥⲓⲱⲧ ⲟⲩⲟϩ ϣⲁϥⲓ
ⲛ̀ϫⲉ ⲡⲓⲙⲟⲩⲓ̀ ⲛⲉⲙ ϯⲗⲁⲃⲟⲓ ϣⲁⲩⲱ̀ⲗⲓ ⲛ̀ⲟⲩⲉ̀ⲥⲱⲟⲩ ϧⲉⲛ ⲡⲓⲟϩⲓ [35]ⲟⲩⲟϩ ϣⲁⲓⲓ̀ ⲉ̀ⲃⲟⲗ ⲥⲁ ⲫⲁϩⲟⲩ
ⲙ̀ⲙⲟϥ ⲟⲩⲟϩ ⲁⲓϣⲁⲣⲓ ⲉ̀ⲣⲟϥ ⲟⲩⲟϩ ϣⲁⲓⲑⲟⲛⲙⲉϥ ⲉ̀ⲃⲟⲗ ϧⲉⲛ ⲣⲱϥ ⲟⲩⲟϩ ⲁϥϣⲁⲛ ⲧⲱⲛϥ ⲉ̀ϧⲣⲏⲓ
ⲉ̀ϫⲱⲓ ϣⲁⲓⲁ̀ⲙⲟⲛⲓ ⲙ̀ⲙⲟϥ ϧⲉⲛ ⲧⲉϥϣⲃⲱⲃⲓ ⲟⲩⲟϩ ⲛ̀ⲧⲁϩⲓⲟⲩⲓ̀ ⲉ̀ⲣⲟϥ ⲛ̀ⲧⲁϧⲟⲑⲃⲉϥ [36]ⲟⲩⲟϩ ⲡⲓⲙⲟⲩⲓ
ⲛⲉⲙ ϯⲗⲁⲃⲟⲓ ϣⲁⲣⲉ ⲡⲉⲕⲃⲱⲕ ϩⲓⲟⲩⲓ̀ ⲉ̀ⲣⲱⲟⲩ ⲟⲩⲟϩ ⲉϥⲉ̀ϣⲱⲡⲓ ⲛ̀ϫⲉ ⲡⲓⲁⲗⲗⲟⲫⲩⲗⲟⲥ ⲛ̀ⲁⲧⲥⲉⲃⲓ
ⲙ̀ⲫⲣⲏϯ ⲛ̀ⲟⲩⲁⲓ ⲛ̀ⲛⲁⲓ ⲙⲏ ϯⲛⲁϣⲉ ⲛⲏⲓ ⲁⲛ ⲛ̀ⲧⲁϣⲁⲣⲓ ⲉ̀ⲣⲟϥ ⲟⲩⲟϩ ⲛ̀ⲧⲁⲱ̀ⲗⲓ ⲛ̀ⲟⲩϣⲱϣ ⲙ̀ⲫⲟⲟⲩ
ⲉ̀ⲃⲟⲗ ϧⲉⲛ ⲡⲓⲥⲣⲁⲏⲗ ϫⲉ ⲛⲓⲙ ⲡⲉ ⲫⲁⲓ ⲡⲓⲁⲧⲥⲉⲃⲓ ⲫⲁⲓ ⲉⲧ ⲁϥϯ ϣⲱϣ ⲛ̀ϯⲑⲱⲟⲩⲧⲥ ⲛ̀ⲧⲉ
ⲫⲛⲟⲩϯ ⲉⲧ ⲟⲛϧ [37]ⲡϭⲟⲓⲥ ⲫⲏ ⲉⲧ ⲁϥⲛⲁϩⲙⲉⲧ ⲉ̀ⲃⲟⲗ ϧⲉⲛ ⲧϫⲓϫ ⲙ̀ⲡⲓⲙⲟⲩⲓ̀ ⲛⲉⲙ ⲉ̀ⲃⲟⲗ
ϧⲉⲛ ⲧϫⲓϫ ⲛ̀ϯⲗⲁⲃⲟⲓ ⲛ̀ⲑⲟϥ ⲉϥⲉ̀ⲛⲁϩⲙⲉⲧ ⲉ̀ⲃⲟⲗ ϧⲉⲛ ⲧϫⲓϫ ⲙ̀ⲡⲓⲁⲗⲗⲟⲫⲩⲗⲟⲥ ⲛ̀ⲁⲧⲥⲉⲃⲓ ⲟⲩⲟϩ
ⲡⲉϫⲉ ⲥⲁⲟⲩⲗ ⲟⲩⲃⲉ ⲇⲁⲩⲓⲇ ϫⲉ ⲙⲁϣⲉ ⲛⲁⲕ ⲉϥⲉ̀ϣⲱⲡⲓ ⲛⲉⲙⲁⲕ ⲛ̀ϫⲉ ⲡϭⲟⲓⲥ [38]ⲟⲩⲟϩ ⲁ̀ ⲥⲁⲟⲩⲗ
ⲙⲟⲣ ⲛ̀ⲇⲁⲩⲓⲇ ϧⲉⲛ ⲡⲉϥⲙⲟϫϧ ⲁϥϯ ⲛⲁϥ ⲛ̀ⲟⲩⲡⲉⲣⲓⲕⲉⲫⲁⲗⲉ̀ⲁ ϩⲓϫⲉⲛ ⲧⲉϥⲁ̀ⲫⲉ [39]ⲟⲩⲟϩ ⲁϥϧⲟⲛϥ
ⲛ̀ⲧⲉϥⲥⲏϥⲓ ⲥⲁ ⲡϣⲱⲓ ⲙ̀ⲡⲉϥⲙⲟϫϧ ⲟⲩⲟϩ ⲁϥϧⲟⲥⲓ ⲉϥⲙⲟϣⲓ ⲛ̀ⲟⲩⲥⲟⲡ ⲛⲉⲙ ⲥⲛⲁⲩ ⲉϥⲛⲉϩ
ⲉ̀ⲣⲱⲟⲩ ⲁⲛ ⲟⲩⲟϩ ⲡⲉϫⲉ ⲇⲁⲩⲓⲇ ⲟⲩⲃⲉ ⲥⲁⲟⲩⲗ ϫⲉ ϯⲛⲁϣϫⲉⲙϫⲟⲙ ⲁⲛ ⲉ̀ⲙⲟϣⲓ ϧⲁ ⲛⲁⲓ ϫⲉ
ϯⲛⲉϩ ⲉ̀ⲣⲱⲟⲩ ⲁⲛ ⲟⲩⲟϩ ⲁⲩⲟ̀ⲗⲟⲩ ⲉ̀ⲃⲟⲗ ϩⲓⲱⲧϥ [40]ⲟⲩⲟϩ ⲁϥⲱ̀ⲗⲓ ⲙ̀ⲡⲉϥϣⲃⲱⲧ ϧⲉⲛ ⲧⲉϥϫⲓϫ ⲟⲩⲟϩ
ⲁϥⲥⲱⲧⲡ ⲛⲁϥ ⲛ̀ϯⲟⲩ ⲛ̀ⲱⲛⲓ ⲉⲩⲉ̀ⲗⲉϫⲗⲱϫ ⲉ̀ⲃⲟⲗ ϧⲉⲛ ⲡⲓⲙⲟⲩ ⲛ̀ⲥⲱⲣⲉⲙ ⲟⲩⲟϩ ⲁϥⲭⲁⲩ ⲛ̀ϧⲣⲏⲓ

ϧⲉⲛ ⲡⲉϥⲕⲁⲧⲟⲥ ⲙ̀ⲙⲁⲛ-ⲉ̀ⲥⲱⲟⲩ ⲫⲏ ⲉ̀ ⲛⲁϥ ⲛ̀ⲧⲁϥ ⲙ̀ⲙⲁⲩ ⲉ̀ⲥⲱⲕⲓ ⲉ̀ⲣⲟϥ ⲟⲩⲟϩ ⲁϥⲭⲱ ⲛ̀ⲧⲉϥ-
ⲥⲫⲉⲛⲧⲟⲛⲏ ϧⲉⲛ ⲧⲉϥϫⲓϫ ⲟⲩⲟϩ ⲁϥⲓ̀ ϩⲁ ⲡⲓⲣⲱⲙⲓ ⲛ̀ⲁⲗⲗⲟⲫⲩⲗⲟⲥ ⁴²ⲟⲩⲟϩ ⲁϥⲛⲁⲩ ⲛ̀ϫⲉ ⲅⲟⲗⲓⲁⲑ
ⲉ̀ⲇⲁⲩⲓⲇ ⲟⲩⲟϩ ⲁϥϣⲟϣϥ ϫⲉ ⲛ̀ⲑⲟϥ ⲟⲩⲁ̀ⲗⲟⲩ ⲡⲉ ⲟⲩⲟϩ ⲛ̀ⲑⲟϥ ⲛⲁϥⲧⲟⲣϣ ⲡⲉ ⲛⲉⲙ ⲟⲙⲉⲧ-
ⲥⲁⲓⲉ̀ ⲛ̀ⲧⲉ ⲛⲉϥⲃ̀ⲁⲗ ⁴³ⲟⲩⲟϩ ⲡⲉϫⲉ ⲡⲓⲁⲗⲗⲟⲫⲩⲗⲟⲥ ⲟⲩⲃⲉ̀ ⲇⲁⲩⲓⲇ ϫⲉ ⲙⲏ ⲁ̀ⲛⲟⲕ ⲙ̀ⲫⲣⲏϯ ⲛ̀ⲟⲩ-
ⲟⲩϩⲱⲣ ⲁ̀ⲛⲟⲕ ϫⲉ ⲛ̀ⲑⲟⲕ ⲭⲛⲏⲟⲩ ϩⲁⲣⲟⲓ ϧⲉⲛ ⲟⲩϣⲃ̀ⲱⲧ ⲛⲉⲙ ϩⲁⲛⲱ̀ⲛⲓ ⲟⲩⲟϩ ⲡⲉϫⲉ ⲇⲁⲩⲓⲇ
ϫⲉ ⲙ̀ⲙⲟⲛ ⲁⲗⲗⲁ ⲛ̀ϩⲟⲩⲟ ⲉ̀ϩⲟⲧⲉ ⲟⲩϩⲱⲣ ⲟⲩⲟϩ ⲁϥⲥⲁϩⲟⲩⲓ̀ ⲛ̀ϫⲉ ⲡⲓⲁⲗⲗⲟⲫⲩⲗⲟⲥ ⲉ̀ⲇⲁⲩⲓⲇ
ⲛ̀ϧⲣⲏⲓ ϧⲉⲛ ⲛⲉϥⲛⲟⲩϯ ⁴⁴ⲟⲩⲟϩ ⲡⲉϫⲉ ⲡⲓⲁⲗⲗⲟⲫⲩⲗⲟⲥ ⲉ̀ⲇⲁⲩⲓⲇ ϫⲉ ⲁ̀ⲙⲟⲓ ϩⲁⲣⲟⲓ ⲛ̀ⲧⲁϯ ⲛ̀ⲛⲉⲕ-
ⲁ̀ϥⲟⲩⲓ̀ ⲛ̀ⲛⲓϩⲁⲗⲁϯ ⲛ̀ⲧⲉ ⲧ̀ⲫⲉ ⲛⲉⲙ ⲛⲓⲑⲏⲣⲓⲟⲛ ⲛ̀ⲧⲉ ⲡⲕⲁϩⲓ ⁴⁵ⲟⲩⲟϩ ⲡⲉϫⲉ ⲇⲁⲩⲓⲇ ⲟⲩⲃⲉ̀ ⲡⲓⲁⲗⲗⲟⲫⲩⲗⲟⲥ ϫⲉ ⲛ̀ⲑⲟⲕ ⲭⲛⲏⲟⲩ ⲉ̀ϧⲟⲩⲛ ϩⲁⲣⲟⲓ ϧⲉⲛ ⲟⲩⲥⲏϥⲓ ⲛⲉⲙ ⲟⲩⲛⲁⲩⲓ̀ ⲛⲉⲙ ⲟⲩϩⲟⲡⲗⲟⲛ
ⲁ̀ⲛⲟⲕ ⲇⲉ ϯϧⲏⲛⲧ ϣⲁⲣⲟⲕ ϧⲉⲛ ⲫ̀ⲣⲁⲛ ⲙ̀ⲡϭⲟⲓⲥ ⲥⲁⲃ̀ⲁⲱⲑ ⲫ̀ⲛⲟⲩϯ ⲛ̀ⲧⲉ ϯⲑⲱⲟⲩⲧⲥ ⲛ̀ⲧⲉ
ⲡⲓⲥⲣⲁⲏⲗ ⲫⲏ ⲉⲧ ⲁⲕϯ ϣⲱϣ ⲛⲁϥ ⲙ̀ⲫⲟⲟⲩ ⁴⁶ⲟⲩⲟϩ ⲉ̀ⲣⲉ ⲫ̀ⲛⲟⲩϯ ⲙⲁϣⲟⲁⲙ ⲛ̀ⲣⲱⲕ ⲙ̀ⲫⲟⲟⲩ
ϧⲉⲛ ⲧ̀ϫⲓϫ ⲟⲩⲟϩ ϯⲛⲁϧⲟⲟⲃⲉⲕ ⲛ̀ⲧⲁⲱ̀ⲗⲓ ⲛ̀ⲧⲉⲕⲛⲁϩⲃ̀ⲓ ⲉ̀ⲃⲟⲗ ⲙ̀ⲙⲟⲕ ⲟⲩⲟϩ ⲉⲓⲉ̀ϯ ⲛ̀ⲛⲉⲕⲕⲉⲗⲓ
ⲛⲉⲙ ⲛⲉⲛⲕⲉⲗⲓ ⲛ̀ϯⲡⲁⲣⲉⲙⲃ̀ⲟⲗⲏ ⲛ̀ⲧⲉ ⲡⲓⲁⲗⲗⲟⲫⲩⲗⲟⲥ ⲛ̀ϧⲣⲏⲓ ϧⲉⲛ ⲡⲁⲓ ⲉ̀ϩⲟⲟⲩ ⲛ̀ⲛⲓϩⲁⲗⲁϯ ⲛ̀ⲧⲉ
ⲧ̀ⲫⲉ ⲛⲉⲙ ⲛⲓⲑⲏⲣⲓⲟⲛ ⲧⲏⲣⲟⲩ ⲛ̀ⲧⲉ ⲡⲕⲁϩⲓ ⲟⲩⲟϩ ⲉϥⲉ̀ⲉ̀ⲙⲓ ⲛ̀ϫⲉ ⲡⲕⲁϩⲓ ⲧⲏⲣϥ ϫⲉ ⲫ̀ⲛⲟⲩϯ
ϣⲟⲡ ϧⲉⲛ ⲡⲓⲥⲣⲁⲏⲗ ⁴⁷ⲟⲩⲟϩ ⲉⲥⲉ̀ⲙⲓ ⲛ̀ϫⲉ ⲑⲁⲓ ⲑⲱⲟⲩⲧⲥ ⲧⲏⲣⲥ ϫⲉ ⲙ̀ⲡⲁⲣⲉ ⲡϭⲟⲓⲥ ⲛⲟϩⲉⲙ ϧⲉⲛ
ⲧⲥⲏϥⲓ ⲛⲉⲙ ⲟⲩⲛⲁⲩⲓ̀ ϫⲉ ⲟⲩⲏ ⲡⲓⲡⲟⲗⲉⲙⲟⲥ ⲫⲁ ⲡϭⲟⲓⲥ ⲡⲉ ⲟⲩⲟϩ ⲡϭⲟⲓⲥ ⲉϥⲉ̀ϯ ⲑⲏⲛⲟⲩ ⲉ̀ϧⲣⲏⲓ
ⲉ̀ⲛⲉⲛϫⲓϫ ⁴⁸ⲟⲩⲟϩ ⲁϥⲧⲱⲛϥ ⲛ̀ϫⲉ ⲡⲓⲁⲗⲗⲟⲫⲩⲗⲟⲥ ⲁϥϣⲉ ⲛⲁϥ ⲉ̀ϩⲣⲉⲛ ⲇⲁⲩⲓⲇ ⁴⁹ⲟⲩⲟϩ ⲁ̀ ⲇⲁⲩⲓⲇ
ⲥⲟⲩⲧⲉⲛ ⲧⲉϥϫⲓϫ ⲉ̀ⲃⲟⲗ ⲛ̀ϧⲣⲏⲓ ϧⲉⲛ ⲡⲉϥⲕⲁⲧⲟⲥ ⲟⲩⲟϩ ⲁϥϭⲓ ⲉ̀ⲃⲟⲗ ⲙ̀ⲙⲁⲩ ⲛ̀ⲟⲩⲱ̀ⲛⲓ ⲛ̀ⲟⲩⲱⲧ
ⲟⲩⲟϩ ⲁϥⲧⲉⲛⲟⲩϣϥ ϧⲉⲛ ϯⲥⲫⲉⲛⲧⲟⲛⲏ ⲟⲩⲟϩ ⲁϥϣⲁⲣⲓ ⲉ̀ⲣⲟϥ ϧⲉⲛ ⲧⲉϥⲧⲉϩⲛⲓ ⲟⲩⲟϩ ⲁϥϩⲉⲓ
ϩⲓϫⲉⲛ ⲡⲉϥϩⲟ ϩⲓϫⲉⲛ ⲡⲓⲕⲁϩⲓ ⁵¹ⲟⲩⲟϩ ⲁϥϭⲟϫⲓ ⲛ̀ϫⲉ ⲇⲁⲩⲓⲇ ⲁϥⲟ̀ϩⲓ ⲉ̀ⲣⲁⲧϥ ϩⲓ ϫⲱϥ ⲟⲩⲟϩ
ⲁϥⲱ̀ⲗⲓ ⲛ̀ⲧⲉϥⲥⲏϥⲓ ⲁϥϧⲟⲟⲃⲉϥ ⲁϥⲱ̀ⲗⲓ ⲛ̀ⲧⲉϥⲁ̀ⲫⲉ ⲉ̀ⲃⲟⲗ ⲙ̀ⲙⲟϥ ⲟⲩⲟϩ ⲉⲧ ⲁⲩⲛⲁⲩ ⲛ̀ϫⲉ ⲛⲓⲁⲗⲗⲟⲫⲩⲗⲟⲥ ϫⲉ ⲁϥⲙⲟⲩ ⲛ̀ϫⲉ ⲡⲟⲩⲣⲉⲙ ⲛ̀ϫⲟⲙ ⲁⲩⲫⲱⲧ ⁵²ⲟⲩⲟϩ ⲁⲩⲧⲱⲟⲩⲛⲟⲩ ⲛ̀ϫⲉ ⲛⲓⲣⲱⲙⲓ
ⲛ̀ⲧⲉ ⲡⲓⲥⲣⲁⲏⲗ ⲛⲉⲙ ⲓⲟⲩⲇⲁ ⲉⲩϣⲗⲏⲗⲟⲩⲓ̀ ⲟⲩⲟϩ ⲁⲩϭⲟϫⲓ ⲛ̀ⲥⲱⲟⲩ ϣⲁ ⲉ̀ϩⲣⲏⲓ ⲉ̀ⲫⲓⲟⲙ ⲛⲉⲙ
ⲡⲓⲙⲱⲓⲧ-ⲉ̀ϧⲟⲩⲛ ⲛ̀ⲧⲉ ⲅⲉⲑ ⲛⲉⲙ ϣⲁ ⲉ̀ϧⲟⲩⲛ ⲉ̀ϯⲡⲩⲗⲏ ⲛ̀ⲧⲉ ⲁⲥⲕⲁⲗⲱⲛ ⲟⲩⲟϩ ⲁⲩϩⲉⲓ ⲛ̀ϫⲉ
ϩⲁⲛϧⲱⲧⲉⲃ̀ ⲛ̀ⲧⲉ ⲛⲓⲁⲗⲗⲟⲫⲩⲗⲟⲥ ϧⲉⲛ ⲡⲓⲙⲱⲓⲧ ⲛ̀ⲧⲉ ⲛⲓⲡⲩⲗⲏ ⲛⲉⲙ ϣⲁ ⲉ̀ϩⲣⲏⲓ ⲉ̀ⲅⲉⲑ ⲛⲉⲙ
ϣⲁ ⲉ̀ϩⲣⲏⲓ ⲉ̀ⲁⲕⲕⲁⲣⲱⲛ ⁵³ⲟⲩⲟϩ ⲁⲩⲧⲁⲥⲑⲟ ⲛ̀ϫⲉ ⲛⲓⲣⲱⲙⲓ ⲛ̀ⲧⲉ ⲡⲓⲥⲣⲁⲏⲗ ⲁⲩϭⲟϫⲓ ⲥⲁ ⲫⲁϩⲟⲩ
ⲛ̀ⲛⲓⲁⲗⲗⲟⲫⲩⲗⲟⲥ ⲟⲩⲟϩ ⲛⲁⲩϩⲱⲙⲓ ⲉ̀ϩⲣⲏⲓ ⲉ̀ϫⲉⲛ ⲛⲟⲩⲡⲁⲣⲉⲙⲃ̀ⲟⲗⲏ ⁵⁴ⲟⲩⲟϩ ⲁ̀ ⲇⲁⲩⲓⲇ ϭⲓ ⲛ̀ⲧⲁ̀ⲫⲉ
ⲙ̀ⲡⲓⲁⲗⲗⲟⲫⲩⲗⲟⲥ ⲁϥⲉⲛⲥ ⲉ̀ϩⲣⲏⲓ ⲉ̀ⲓⲉⲣⲟⲩⲥⲁⲗⲏⲙ ⲟⲩⲟϩ ⲛⲉϥⲥⲕⲉⲩⲟⲥ ⲁϥⲭⲁⲩ ϧⲁ ⲡⲉϥⲙⲁⲛϣⲱⲡⲓ

Regnorum I 18

⁶ⲟⲩⲟϩ ⲁⲩⲓ̀ ⲉ̀ⲃⲟⲗ ⲛ̀ϫⲉ ⲛⲓϩⲓⲟ̀ⲙⲓ ⲉⲩϩⲱⲥ ⲉ̀ϧⲟⲩⲛ ⲉ̀ϩⲣⲉⲛ ⲇⲁⲩⲓⲇ ⲉ̀ⲃⲟⲗ ϧⲉⲛ ⲛⲓⲃⲁⲕⲓ ⲧⲏⲣⲟⲩ
ⲛ̀ⲧⲉ ⲡⲓⲥⲣⲁⲏⲗ ⲛ̀ϧⲣⲏⲓ ϧⲉⲛ ϩⲁⲛⲕⲉⲙⲕⲉⲙ ⲛⲉⲙ ⲟⲩⲣⲁϣⲓ ⲛⲉⲙ ϩⲁⲛⲕⲩⲙⲃ̀ⲁⲗⲟⲛ ⁷ⲟⲩⲟϩ ⲛⲁⲩϩⲱⲥ
ⲛ̀ϫⲉ ⲛⲓϩⲓⲟ̀ⲙⲓ ⲁⲩϫⲱ ⲙ̀ⲙⲟⲥ ϫⲉ ⲥⲁⲟⲩⲗ ⲁϥϣⲁⲣⲓ ϧⲉⲛ ⲛⲉϥⲁⲛⲁⲛϣⲟ ⲟⲩⲟϩ ⲇⲁⲩⲓⲇ ⲁϥϣⲁⲣⲓ
ϧⲉⲛ ⲛⲉϥⲁⲛⲁⲛⲑⲃⲁ ⁸ⲟⲩⲟϩ ⲁ̀ ⲡⲓⲥⲁϫⲓ ϣⲱⲡⲓ ⲉϥϩⲱⲟⲩ ⲉ̀ⲙⲁϣⲱ ⲛⲁϩⲣⲉⲛ ⲛⲉⲛⲃ̀ⲁⲗ ⲛ̀ⲥⲁⲟⲩⲗ
ⲥⲟⲃ̀ⲉ ⲡⲓⲥⲁϫⲓ ⲟⲩⲟϩ ⲡⲉϫⲁϥ ϫⲉ ⲁⲩϯ ⲛ̀ⲛⲓⲁⲛⲁⲛⲑⲃⲁ ⲛ̀ⲇⲁⲩⲓⲇ ⲟⲩⲟϩ ⲁ̀ⲛⲟⲕ ϩⲱ ⲁⲩϯ ⲛ̀ⲛⲓⲁⲛ-
ⲁⲛϣⲟ ⲛⲏⲓ ⁹ⲟⲩⲟϩ ⲁϥϣⲱⲡⲓ ⲛ̀ϫⲉ ⲥⲁⲟⲩⲗ ⲉϥϫⲟⲩϣⲧ ⲛ̀ⲥⲁ ⲇⲁⲩⲓⲇ ⲓⲉϫⲉⲛ ⲡⲓⲉ̀ϩⲟⲟⲩ ⲉⲧⲉⲙⲙⲁⲩ

Regnorum I 23

²⁶ⲟⲩⲟϩ ⲁϥⲙⲟϣⲓ ⲛ̀ϫⲉ ⲥⲁⲟⲩⲗ ⲛⲉⲙ ⲛⲉϥⲣⲱⲙⲓ ⲥⲁ ⲡⲉⲫⲓⲣ ⲙ̀ⲡⲓⲧⲱⲟⲩ ⲥⲁ ⲙ̀ⲛⲁⲓ ⲟⲩⲟϩ ⲇⲁⲩⲓⲇ
ⲛⲉⲙ ⲛⲉϥⲣⲱⲙⲓ ⲥⲁ ⲡⲉⲫⲓⲣ ⲙ̀ⲡⲓⲧⲱⲟⲩ ⲥⲁ ⲙ̀ⲛⲁⲓ ⲟⲩⲟϩ ⲛⲁⲣⲉ ⲇⲁⲩⲓⲇ ϩⲱⲃ̀ⲥ ⲙ̀ⲙⲟϥ ⲡⲉ ⲉ̀ϣⲉ
ⲛⲁϥ ⲉ̀ⲃⲟⲗ ϩⲁ ⲡϩⲟ ⲛ̀ⲥⲁⲟⲩⲗ ⲟⲩⲟϩ ⲥⲁⲟⲩⲗ ⲛⲉⲙ ⲛⲓⲣⲱⲙⲓ ⲉⲑ ⲛⲉⲙⲁϥ ⲁⲩⲑⲱⲟⲩϯ ⲉ̀ⲇⲁⲩⲓⲇ
ⲛⲉⲙ ⲛⲉϥⲣⲱⲙⲓ ⲉ̀ⲟⲩⲱϣⲧ ⲉ̀ⲧⲁϩⲱⲟⲩ ²⁷ⲟⲩⲟϩ ⲁϥⲓ̀ ⲛ̀ϫⲉ ⲟⲩⲣⲉⲙ ⲛ̀ϩⲱⲃ̀ ϩⲁ ⲥⲁⲟⲩⲗ ⲉϥϫⲱ
ⲙ̀ⲙⲟⲥ ϫⲉ ⲙⲉ ⲙ̀ⲙⲟⲕ ⲁ̀ⲙⲟⲩ ϫⲉ ⲁⲩⲟⲩⲟϩ ⲛ̀ϫⲉ ⲛⲓⲁⲗⲗⲟⲫⲩⲗⲟⲥ ϩⲓϫⲉⲛ ⲡⲓⲕⲁϩⲓ ²⁸ⲟⲩⲟϩ ⲁϥ-

ⲧⲁⲥⲑⲟ ⲛ̀ϫⲉ ⲥⲁⲟⲩⲗ ⲉ̀ϣⲧⲉⲙϭⲟϫⲓ ⲛ̀ⲥⲁ ⲇⲁⲩⲓⲇ ⲟⲩⲟϩ ⲁϥϣⲉ ⲛⲁϥ ⲉ̀ϩⲣⲉⲛ ⲛⲓⲁⲗⲗⲟⲫⲩⲗⲟⲥ
ⲉⲑⲃⲉ ⲫⲁⲓ ⲁⲩⲙⲟⲩϯ ⲉ̀ⲫⲣⲁⲛ ⲙ̀ⲡⲓⲙⲁ ⲉ̀ⲧⲉⲙⲙⲁⲩ ϫⲉ ϯⲡⲉⲧⲣⲁ ⲉⲧ ⲁⲩⲫⲁϣⲉ

Regnorum I 24

¹ⲟⲩⲟϩ ⲁϥⲧⲱⲛϥ ⲛ̀ϫⲉ ⲇⲁⲩⲓⲇ ⲉ̀ⲃⲟⲗ ⲙ̀ⲙⲁⲩ ⲟⲩⲟϩ ⲁϥϩⲉⲙⲥⲓ ϧⲉⲛ ⲛⲉⲧϫⲛⲟⲩ ⲉⲛⲅⲁⲇⲇⲓ ²ⲟⲩⲟϩ
ⲁⲥϣⲱⲡⲓ ⲉⲧ ⲁϥⲧⲁⲥⲑⲟ ⲛ̀ϫⲉ ⲥⲁⲟⲩⲗ ⲥⲁ ⲙⲉⲛϩⲉⲛ ⲛ̀ⲛⲓⲁⲗⲗⲟⲫⲩⲗⲟⲥ ⲟⲩⲟϩ ⲁⲩⲧⲁⲙⲟϥ ⲉⲩϫⲱ
ⲙ̀ⲙⲟⲥ ϫⲉ ϩⲏⲡⲡⲉ ⲓⲥ ⲇⲁⲩⲓⲇ ϥⲭⲏ ϧⲉⲛ ⲡϣⲁϥⲉ ⲉⲛⲅⲁⲇⲇⲓ ³ⲟⲩⲟϩ ⲁϥϭⲓ ⲛ̀ϣⲟⲙⲉⲛⲧ ⲛ̀ϣⲟ
ⲛ̀ⲣⲱⲙⲓ ⲛⲉⲙⲁϥ ⲉⲩⲥⲟⲡ ⲉ̀ⲃⲟⲗ ϧⲉⲛ ⲡⲓⲥⲣⲁⲏⲗ ⲧⲏⲣϥ ⲟⲩⲟϩ ⲁϥϣⲉ ⲛⲁϥ ⲉ̀ⲕⲱϯ ⲛ̀ⲥⲁ ⲇⲁⲩⲓⲇ
ⲛⲉⲙ ⲛⲉϥⲣⲱⲙⲓ ϩⲓϫⲉⲛ ⲡϩⲟ ⲛ̀ⲥⲁⲇⲉⲙ ⁴ⲟⲩⲟϩ ⲁϥⲓ̀ ⲉ̀ⲛⲓⲁ̀ⲅⲉⲗⲏ ⲛ̀ⲧⲉ ⲛⲓⲟϩⲓ ⲛ̀ⲉ̀ⲥⲱⲟⲩ ⲛⲏ ⲉⲧ
ϩⲓϫⲉⲛ ⲡⲓⲙⲱⲓⲧ ⲟⲩⲟϩ ⲛⲉ ⲟⲩⲟⲛ ⲟⲩⲉ̀ⲃⲏⲃ ⲙ̀ⲙⲁⲩ ⲡⲉ ⲟⲩⲟϩ ⲁ̀ ⲥⲁⲟⲩⲗ ϣⲉ ⲛⲁϥ ⲉ̀ϧⲟⲩⲛ ⲉ̀ⲙⲁⲩ
ϫⲉ ⲛ̀ⲧⲉϥⲉⲣ ⲧⲉϥϣⲓϣ ⲛ̀ϩⲉⲙⲥⲓ ⲟⲩⲟϩ ⲇⲁⲩⲓⲇ ⲛⲉⲙ ⲛⲓⲣⲱⲙⲓ ⲉⲑ ⲛⲉⲙⲁϥ ⲛⲁⲩ ⲥⲁϧⲟⲩⲛ
ⲙ̀ⲡⲓⲉ̀ⲃⲏⲃ ⲉⲩϩⲉⲙⲥⲓ ⁵ⲟⲩⲟϩ ⲡⲉϫⲉ ⲛⲓⲣⲱⲙⲓ ⲛ̀ⲧⲉ ⲇⲁⲩⲓⲇ ⲛⲁϥ ϫⲉ ϩⲏⲡⲡⲉ ⲓⲥ ⲡⲓⲉ̀ϩⲟⲟⲩ ⲉⲧ ⲁ̀
ⲡϭⲟⲓⲥ ϫⲟⲥ ⲛⲁⲕ ϫⲉ ϯⲛⲁϯ ⲙ̀ⲡⲉⲕϫⲁϫⲓ ⲉ̀ϧⲣⲏⲓ ⲉ̀ⲛⲉⲕϫⲓϫ ⲟⲩⲟϩ ⲉⲕⲉ̀ⲓ̀ⲣⲓ ⲛⲁϥ ⲙ̀ⲫⲣⲏϯ ⲉⲑ ⲣⲁⲛⲉ
ⲛ̀ⲛⲉⲕⲃⲁⲗ ⲟⲩⲟϩ ⲁϥⲧⲱⲛϥ ⲛ̀ϫⲉ ⲇⲁⲩⲓⲇ ⲁϥⲱ̀ⲗⲓ ⲙ̀ⲡⲓⲧⲉⲛϩ ⲛ̀ⲧⲉ ⲡϩⲃⲱⲥ ⲛ̀ⲥⲁⲟⲩⲗ ⲛ̀ⲭⲱⲡ
⁶ⲟⲩⲟϩ ⲁⲥϣⲱⲡⲓ ⲙⲉⲛⲉⲛⲥⲁ ⲛⲁⲓ ⲁ̀ ⲡϩⲏⲧ ⲛ̀ⲇⲁⲩⲓⲇ ϯ ⲙ̀ⲕⲁϩ ⲛⲁϥ ϫⲉ ⲁϥⲱ̀ⲗⲓ ⲙ̀ⲡⲓⲧⲉⲛϩ ⲛ̀ⲧⲉ
ⲡⲉϥϩⲃⲱⲥ ⁷ⲟⲩⲟϩ ⲡⲉϫⲉ ⲇⲁⲩⲓⲇ ⲛ̀ⲛⲉϥⲣⲱⲙⲓ ϫⲉ ⲙ̀ⲡⲉⲥϣⲱⲡⲓ ⲛⲏⲓ ⲉ̀ⲃⲟⲗ ϩⲓⲧⲉⲛ ⲡϭⲟⲓⲥ ⲉ̀ⲑⲣⲓ
ⲓⲣⲓ ⲙ̀ⲛⲁⲓ ⲥⲁϫⲓ ⲙ̀ⲡⲁϭⲟⲓⲥ ⲡⲓⲭⲣⲓⲥⲧⲟⲥ ⲛ̀ⲧⲉ ⲡϭⲟⲓⲥ ⲉ̀ⲑⲣⲓ ⲓⲛⲓ ⲛ̀ⲧⲁϫⲓϫ ⲉ̀ϩⲣⲏⲓ ⲉ̀ϫⲱϥ ϫⲉ
ⲟⲩⲭⲣⲓⲥⲧⲟⲥ ⲛ̀ⲧⲉ ⲡϭⲟⲓⲥ ⲡⲉ ⲫⲁⲓ ⁸ⲟⲩⲟϩ ⲇⲁⲩⲓⲇ ⲁϥⲑⲉⲥⲧ ⲡϩⲏⲧ ⲛ̀ⲛⲉϥⲣⲱⲙⲓ ϧⲉⲛ ⲛⲁⲓ ⲥⲁϫⲓ
ⲟⲩⲟϩ ⲙ̀ⲡⲉϥⲧⲏⲓⲥ ⲛⲱⲟⲩ ⲉ̀ⲑⲣⲟⲩ ⲧⲱⲟⲩⲛⲟⲩ ⲉ̀ϫⲉⲛ ⲥⲁⲟⲩⲗ ⲉ̀ϧⲟⲟⲃⲉϥ ⲟⲩⲟϩ ⲁϥⲧⲱⲛϥ ⲛ̀ϫⲉ
ⲥⲁⲟⲩⲗ ⲁϥⲓ̀ ⲉ̀ϧⲣⲏⲓ ϩⲓ ⲡⲉϥⲙⲱⲓⲧ ⁹ⲟⲩⲟϩ ⲁϥⲓ̀ ⲉ̀ⲃⲟⲗ ϧⲉⲛ ⲡⲉϥⲃⲏⲃ ⲛ̀ϫⲉ ⲇⲁⲩⲓⲇ ⲥⲁ ⲙⲉⲛϩⲉⲛ
ⲛ̀ⲥⲁⲟⲩⲗ ⲉϥϫⲱ ⲙ̀ⲙⲟⲥ ϫⲉ ⲡⲁϭⲟⲓⲥ ⲡⲟⲩⲣⲟ ⲟⲩⲟϩ ⲁϥϫⲟⲩϣⲧ ⲛ̀ϫⲉ ⲥⲁⲟⲩⲗ ⲥⲁ ⲫⲁϩⲟⲩ ⲙ̀ⲙⲟϥ
ⲟⲩⲟϩ ⲁϥϩⲓⲧϥ ϩⲓϫⲉⲛ ⲡⲉϥϩⲟ ϩⲓϫⲉⲛ ⲡⲕⲁϩⲓ ⲛ̀ϫⲉ ⲇⲁⲩⲓⲇ ⲟⲩⲟϩ ⲁϥⲟⲩⲱϣⲧ ⲛⲁϥ ¹⁰ⲟⲩⲟϩ
ⲡⲉϫⲉ ⲇⲁⲩⲓⲇ ⲛ̀ⲥⲁⲟⲩⲗ ϫⲉ ⲉⲑⲃⲉ ⲟⲩ ⲕⲥⲱⲧⲉⲙ ⲛ̀ⲥⲁ ⲛⲉⲛⲥⲁϫⲓ ⲙ̀ⲡⲁⲓ ⲗⲁⲟⲥ ⲉⲩϫⲱ ⲙ̀ⲙⲟⲥ
ϫⲉ ⲇⲁⲩⲓⲇ ⲕⲱϯ ⲛ̀ⲥⲁ ⲧⲉⲕⲯⲩⲭⲏ ¹¹ϩⲏⲡⲡⲉ ⲛ̀ϧⲣⲏⲓ ϧⲉⲛ ⲡⲁⲓ ⲉ̀ϩⲟⲟⲩ ⲁⲩⲛⲁⲩ ⲛ̀ϫⲉ ⲛⲉⲕⲃⲁⲗ
ⲙ̀ⲫⲣⲏϯ ⲉⲧ ⲁ̀ ⲡϭⲟⲓⲥ ⲧⲏⲓⲕ ⲙ̀ⲫⲟⲟⲩ ⲉ̀ϧⲣⲏⲓ ⲉ̀ⲛⲁϫⲓϫ ⲉ̀ϧⲟⲩⲛ ϧⲉⲛ ⲡⲓⲃⲏⲃ ⲟⲩⲟϩ ⲙ̀ⲡⲓⲟⲩⲱϣ
ⲉ̀ϧⲟⲟⲃⲉⲕ ⲁⲓϯ ⲁ̀ⲥⲟ ⲉ̀ⲣⲟⲕ ⲟⲩⲟϩ ⲡⲉϫⲏⲓ ϫⲉ ⲛ̀ⲛⲁⲓⲛⲓ ⲛ̀ⲛⲁϫⲓϫ ⲉ̀ϫⲉⲛ ⲡⲁϭⲟⲓⲥ ϫⲉ ⲟⲩⲭⲣⲓⲥⲧⲟⲥ
ⲛ̀ⲧⲉ ⲡϭⲟⲓⲥ ⲡⲉ ⲫⲁⲓ ¹²ⲟⲩⲟϩ ϩⲏⲡⲡⲉ ⲓⲥ ⲡⲧⲉⲛϩ ⲛ̀ⲧⲉ ⲡⲉⲕϩⲃⲱⲥ ⲟⲩⲟϩ ⲙ̀ⲡⲓϧⲟⲟⲃⲉⲕ ⲟⲩⲟϩ
ⲁ̀ⲣⲓ ⲉ̀ⲙⲓ ⲟⲩⲟϩ ⲁ̀ⲛⲁⲩ ⲙ̀ⲫⲟⲟⲩ ϫⲉ ⲙ̀ⲙⲟⲛ ⲟⲩⲕⲁⲕⲓⲁ̀ ϧⲉⲛ ⲛⲁϫⲓϫ ⲟⲩⲇⲉ ⲟⲩⲙⲉⲧⲁ̀ⲥⲉⲃⲏⲥ ⲟⲩⲇⲉ
ⲟⲩϣⲱϣϥ ⲟⲩⲟϩ ⲙ̀ⲡⲓⲉⲣ ⲛⲟⲃⲓ ⲉ̀ⲣⲟⲕ ⲟⲩⲟϩ ⲛ̀ⲑⲟⲕ ⲕⲥⲱⲛϩ ⲛ̀ⲧⲁⲯⲩⲭⲏ ⲉ̀ϭⲓⲧⲥ ¹³ⲉϥⲉ̀ϯ ϩⲁⲡ
ⲛ̀ϫⲉ ⲡϭⲟⲓⲥ ⲟⲩⲧⲱⲓ ⲛⲉⲙⲁⲕ ⲡϭⲟⲓⲥ ⲉϥⲉ̀ϭⲓ ⲙ̀ⲡⲁⲙ̀ⲡϣⲓϣ ⲉ̀ⲃⲟⲗ ⲙ̀ⲙⲟⲕ ⲧⲁϫⲓϫ ⲇⲉ ⲛ̀ⲛⲁⲥⲛⲉ
ⲉ̀ϩⲣⲏⲓ ⲉ̀ϫⲱⲕ ¹⁴ⲕⲁⲧⲁ ⲫⲣⲏϯ ⲉ̀ ϣⲁⲩϫⲉ ϯⲡⲁⲣⲁⲃⲟⲗⲏ ⲛ̀ⲁⲣⲭⲉⲟⲥ ϫⲉ ⲫⲛⲟⲃⲓ ϣⲁϥⲓ̀ ⲉ̀ϩⲣⲏⲓ
ⲉ̀ϫⲉⲛ ⲛⲓⲁ̀ⲛⲟⲙⲟⲥ ⲟⲩⲟϩ ⲧⲁϫⲓϫ ⲛ̀ⲛⲉⲥϣⲱⲡⲓ ϩⲓ ϫⲱⲕ ¹⁵ⲟⲩⲟϩ ϯⲛⲟⲩ ⲉⲕⲛⲏⲟⲩ ⲉ̀ⲃⲟⲗ ⲉⲕϭⲟϫⲓ
ⲥⲁ ⲫⲁϩⲟⲩ ⲛ̀ⲛⲓⲙ ⲛ̀ⲑⲟⲕ ⲡⲟⲩⲣⲟ ⲙ̀ⲡⲓⲥⲣⲁⲏⲗ ⲕϭⲟϫⲓ ⲥⲁ ⲫⲁϩⲟⲩ ⲛ̀ⲛⲓⲙ ⲉⲕϭⲟϫⲓ ⲥⲁ ⲫⲁϩⲟⲩ
ⲛ̀ⲟⲩⲟⲩϩⲟⲣ ⲉϥⲙⲱⲟⲩⲧ ⲛⲉⲙ ⲥⲁ ⲫⲁϩⲟⲩ ⲛ̀ⲟⲩⲫⲓⲛ ⲛ̀ⲟⲩⲱⲧ ¹⁶ⲡϭⲟⲓⲥ ⲉϥⲉ̀ϣⲱⲡⲓ ⲛ̀ⲟⲩⲣⲉϥϯ-ϩⲁⲡ
ⲛⲉⲙ ⲟⲩⲣⲉϥϭⲓ-ⲙ̀ⲡϣⲓϣ ⲟⲩⲧⲱⲓ ⲛⲉⲙⲁⲕ ⲉϥⲉ̀ⲛⲁⲩ ⲛ̀ϫⲉ ⲡϭⲟⲓⲥ ⲟⲩⲟϩ ⲉϥⲉ̀ϯ ϩⲁⲡ ⲉ̀ⲡⲁϩⲁⲡ
ⲟⲩⲟϩ ⲉϥⲉ̀ϭⲓ ⲙ̀ⲡⲁⲙ̀ⲡϣⲓϣ ⲉ̀ⲃⲟⲗ ϧⲉⲛ ⲧⲉⲕϫⲓϫ ¹⁷ⲟⲩⲟϩ ⲁⲥϣⲱⲡⲓ ⲉⲧ ⲁ̀ ⲇⲁⲩⲓⲇ ϫⲉⲕ ⲛⲁⲓ ⲥⲁϫⲓ
ⲉ̀ⲃⲟⲗ ⲉϥⲥⲁϫⲓ ⲛⲉⲙ ⲥⲁⲟⲩⲗ ⲟⲩⲟϩ ⲡⲉϫⲉ ⲥⲁⲟⲩⲗ ϫⲉ ⲧⲉⲕⲥⲙⲏ ⲧⲉ ⲑⲁⲓ ⲡⲁϣⲏⲣⲓ ⲇⲁⲩⲓⲇ ⲟⲩⲟϩ
ⲁϥϥⲁⲓ ⲛ̀ⲧⲉϥⲥⲙⲏ ⲉ̀ⲡϣⲱⲓ ⲛ̀ϫⲉ ⲥⲁⲟⲩⲗ ⲟⲩⲟϩ ⲁϥⲣⲓⲙⲓ ¹⁸ⲟⲩⲟϩ ⲡⲉϫⲉ ⲥⲁⲟⲩⲗ ⲛ̀ⲇⲁⲩⲓⲇ ϫⲉ ⲛ̀ⲑⲟⲕ
ⲟⲩⲑⲙⲏⲓ ⲉ̀ϩⲟⲧⲉⲣⲟⲓ ϫⲉ ⲛ̀ⲑⲟⲕ ⲁⲕϯ ϣⲉⲃⲓⲱ ⲛⲏⲓ ⲛ̀ϩⲁⲛⲛⲉⲑⲛⲁⲛⲉⲩ ⲁ̀ⲛⲟⲕ ⲇⲉ ⲁⲓϯ ϣⲉⲃⲓⲱ ⲛⲁⲕ
ⲛ̀ϩⲁⲛⲡⲉⲧϩⲱⲟⲩ ¹⁹ⲟⲩⲟϩ ⲁⲕⲧⲁⲙⲟⲓ ⲙ̀ⲫⲟⲟⲩ ⲉ̀ⲛⲓⲁ̀ⲅⲁⲑⲟⲛ ⲉⲧ ⲁⲕⲁⲓⲧⲟⲩ ⲛⲏⲓ ⲙ̀ⲫⲣⲏϯ ⲉⲧ ⲁ̀
ⲡϭⲟⲓⲥ ⲙⲁϣⲟⲗⲙ ⲉ̀ⲣⲟⲓ ⲙ̀ⲫⲟⲟⲩ ϧⲉⲛ ⲛⲉⲕϫⲓϫ ⲟⲩⲟϩ ⲙ̀ⲡⲉⲕϧⲟⲟⲃⲉⲧ ²⁰ⲟⲩⲟϩ ⲓⲉϫⲉⲛ ⲟⲩⲟⲛ
ⲟⲩⲁⲓ ⲛⲁϫⲉⲙ ⲡⲉϥϫⲁϫⲓ ϧⲉⲛ ⲟⲩϩⲟϫϩⲉϫ ⲟⲩⲟϩ ⲛ̀ⲧⲉϥⲟⲩⲟⲣⲡϥ ⲉ̀ⲃⲟⲗ ϧⲉⲛ ⲟⲩⲙⲱⲓⲧ ⲉ̀ⲛⲁⲛⲉϥ

ⲟⲩⲟϩ ⲡϭⲟⲓⲥ ⲉϥⲉϯ ϣⲉⲃⲓⲱ ⲛⲁϥ ⲛ̀ϩⲁⲛⲁ̀ⲅⲁⲑⲟⲛ ⲕⲁⲧⲁ ⲫⲣⲏϯ ⲉⲧ ⲁⲕⲓ̀ⲣⲓ ⲛ̀ⲑⲟⲕ ⲙ̀ⲫⲟⲟⲩ [21]ⲟⲩⲟϩ
ϯⲛⲟⲩ ϩⲏⲡⲡⲉ ⲁ̀ⲛⲟⲕ ϯⲉ̀ⲙⲓ ϫⲉ ϧⲉⲛ ⲟⲩⲙⲉⲧⲟⲩⲣⲟ ⲭⲛⲁⲉⲣ ⲟⲩⲣⲟ ⲟⲩⲟϩ ⲉⲥⲉ̀ⲥⲉⲙⲛⲓ ϧⲉⲛ ⲧⲉⲕϫⲓϫ ⲛ̀ϫⲉ ϯⲙⲉⲧⲟⲩⲣⲟ ⲛ̀ⲧⲉ ⲡⲓⲥⲣⲁⲏⲗ [22]ⲟⲩⲟϩ ϯⲛⲟⲩ ⲱⲣⲕ ⲛⲏⲓ ϧⲉⲛ ⲡϭⲟⲓⲥ ϫⲉ ⲭⲛⲁϥⲱⲧϯ
ⲙ̀ⲡⲁϫⲣⲟϫ ⲉ̀ⲃⲟⲗ ⲁⲛ ⲙⲉⲛⲉⲛⲥⲱⲓ ⲟⲩⲟϩ ⲭⲛⲁⲧⲁⲕⲟ ⲙ̀ⲡⲁⲣⲁⲛ ⲁⲛ ⲉ̀ⲃⲟⲗ ϧⲉⲛ ⲡⲏⲓ ⲙ̀ⲡⲁⲓⲱⲧ
[23]ⲟⲩⲟϩ ⲁϥⲱⲣⲕ ⲛ̀ϫⲉ ⲇⲁⲩⲓⲇ ⲛ̀ⲥⲁⲟⲩⲗ ⲟⲩⲟϩ ⲁϥϣⲉ ⲛⲁϥ ⲛ̀ϫⲉ ⲥⲁⲟⲩⲗ ⲉ̀ⲡⲉϥⲙⲁ ⲟⲩⲟϩ ⲇⲁⲩⲓⲇ
ⲛⲉⲙ ⲛⲉϥⲣⲱⲙⲓ ⲁⲩϣⲉ ⲛⲱⲟⲩ ⲉ̀ϯⲙⲉⲥⲥⲏⲣⲁ ⲑⲏ ⲉⲧ ϫⲏⲟⲩ

Regnorum II 1

[17]ⲟⲩⲟϩ ⲁϥⲉⲣ ϩⲏⲃⲓ ⲛ̀ϫⲉ ⲇⲁⲩⲓⲇ ⲙ̀ⲡⲁⲓ ϩⲏⲃⲓ ⲉ̀ϩⲣⲏⲓ ⲉ̀ϫⲉⲛ ⲥⲁⲟⲩⲗ ⲛⲉⲙ ⲉ̀ϫⲉⲛ ⲓⲱⲛⲁⲑⲁⲛ
ⲡⲉϥϣⲏⲣⲓ [18]ⲟⲩⲟϩ ⲁϥϫⲟⲥ ⲉ̀ⲧⲥⲁⲃⲉ ⲛⲉⲛϣⲏⲣⲓ ⲙ̀ⲓⲟⲩⲇⲁ ⲟⲩⲟϩ ⲡⲉϫⲁϥ [19]ⲁ̀ⲣⲓⲧϥ ⲛ̀ⲟⲩⲥⲧⲩⲗⲏ
ⲙ̀ⲡⲓⲥⲣⲁⲏⲗ ⲉ̀ϩⲣⲏⲓ ⲉ̀ϫⲉⲛ ⲛⲏ ⲉⲧ ⲁⲩⲙⲟⲩ ⲛ̀ⲛⲓϧⲱⲧⲉⲃ ⲉⲩ ϩⲓϫⲉⲛ ⲛⲉⲕⲙⲁ ⲉⲧ ϭⲟⲥⲓ ⲡⲱⲥ
ⲁⲩϩⲉⲓ ⲛ̀ϫⲉ ϩⲁⲛϫⲱⲣⲓ [20]ⲙ̀ⲡⲉⲣⲧⲁⲙⲉ ⲛ̀ⲅⲉⲑ ⲟⲩⲇⲉ ⲙ̀ⲡⲉⲣϩⲓ ϣⲉⲛⲛⲟⲩϥⲓ ϧⲉⲛ ⲛⲓⲙⲱⲓⲧ-ⲉ̀ⲃⲟⲗ
ⲛ̀ⲧⲉ ⲁⲥⲕⲁⲗⲱⲛ ⲙⲏⲡⲟⲧⲉ ⲛ̀ⲧⲟⲩⲟⲩⲛⲟϥ ⲙ̀ⲙⲱⲟⲩ ⲛ̀ϫⲉ ⲛⲓϣⲉⲣⲓ ⲛ̀ⲧⲉ ⲛⲓⲁ̀ⲗⲗⲟⲫⲩⲗⲟⲥ ⲙⲏⲡⲟⲧⲉ
ⲛ̀ⲧⲟⲩⲟⲥⲗⲏⲗ ⲙ̀ⲙⲱⲟⲩ ⲛ̀ϫⲉ ⲛⲓϣⲉⲣⲓ ⲛ̀ⲧⲉ ⲛⲓⲁⲧⲥⲉⲃⲓ [21]ⲛⲓⲧⲱⲟⲩ ⲛ̀ⲧⲉ ⲅⲉⲗⲃⲟⲩⲉ̀ ⲙ̀ⲡⲉⲛⲟⲣⲉ
ⲙⲟⲩⲛϩⲱⲟⲩ ⲟⲩⲇⲉ ⲙⲱϯ ⲓ̀ ⲉ̀ϫⲉⲛ ⲑⲏⲛⲟⲩ ⲛⲉⲙ ⲛⲓⲟϩⲓ ⲛ̀ⲧⲉ ⲛⲓⲁ̀ⲡⲁⲣⲭⲏ ϫⲉ ⲁⲥϩⲉⲓ ⲙ̀ⲙⲁⲩ
ⲛ̀ϫⲉ ⲧϣⲉⲃϣⲓ ⲛ̀ⲧⲉ ⲛⲓϫⲱⲣⲓ ⲧϣⲉⲃϣⲓ ⲛ̀ⲥⲁⲟⲩⲗ ⲙ̀ⲡⲟⲩⲑⲁϩⲥ ⲛ̀ⲛⲉϩ [22]ⲉ̀ⲃⲟⲗ ϩⲁ ⲡⲉⲥⲛⲟϥ ⲛ̀ⲧⲉ
ⲛⲓϧⲱⲧⲉⲃ ⲛⲉⲙ ⲉ̀ⲃⲟⲗ ϩⲁ ⲡⲱⲓⲧ ⲛ̀ⲧⲉ ⲛⲓϫⲱⲣⲓ ⲙ̀ⲫⲣⲏϯ ⲛ̀ϯⲫⲓϯ ⲛ̀ⲧⲉ ⲓⲱⲛⲁⲑⲁⲛ ⲙ̀ⲡⲉⲥⲧⲁⲥⲑⲟ
ⲉ̀ⲫⲁϩⲟⲩ ⲉⲥϣⲟⲩⲓⲧ ⲟⲩⲟϩ ϯⲥⲏϥⲓ ⲛ̀ⲧⲉ ⲥⲁⲟⲩⲗ ⲙ̀ⲡⲉⲥⲧⲁⲥⲑⲟ ⲉⲥϣⲟⲩⲓⲧ [23]ⲥⲁⲟⲩⲗ ⲛⲉⲙ ⲓⲱⲛⲁⲑⲁⲛ
ⲛⲓⲙⲉⲛⲣⲁϯ ⲟⲩⲟϩ ⲛⲉⲥⲁⲓⲱ̀ⲟⲩ ⲙ̀ⲡⲟⲩϯ ⲟⲩⲱ̀-ⲉ̀ⲃⲟⲗ ⲛ̀ϧⲣⲏⲓ ϧⲉⲛ ⲡⲟⲩⲱⲛϧ ⲟⲩⲟϩ ϧⲉⲛ ⲡⲟⲩⲕⲉⲙⲟⲩ
ⲙ̀ⲡⲟⲩϯ ⲟⲩⲱ̀-ⲉ̀ⲃⲟⲗ ⲉⲥⲉⲥⲁⲓⲱ̀ⲟⲩ ⲉ̀ϩⲟⲧⲉ ⲛⲓⲁ̀ϧⲱⲙ ⲟⲩⲟϩ ⲁⲩϣⲱⲡⲓ ⲉ̀ϫⲱⲣ ⲉ̀ϩⲟⲧⲉ ⲛⲓⲙⲟⲩⲓ̀ [24]ⲛⲓ-
ϣⲉⲣⲓ ⲛ̀ⲧⲉ ⲡⲓⲥⲣⲁⲏⲗ ⲣⲓⲙⲓ ⲉ̀ϫⲉⲛ ⲥⲁⲟⲩⲗ ⲫⲏ ⲉⲧ ϯ ϩⲓⲱⲧ ⲑⲏⲛⲟⲩ ⲛ̀ϩⲁⲛⲕⲟⲕⲕⲟⲥ ⲛⲉⲙ ⲛⲉⲧⲉⲛ-
ⲥⲟⲗⲥⲉⲗ ⲫⲏ ⲉⲧ ⲓⲛⲓ-ⲉ̀ϩⲣⲏⲓ ⲛ̀ⲟⲩⲥⲟⲗⲥⲉⲗ ⲛ̀ⲛⲟⲩⲃ ϩⲓϫⲉⲛ ⲛⲉⲧⲉⲛϩⲉⲃⲥⲱ [25]ⲡⲱⲥ ⲁⲩϩⲉⲓ ⲛ̀ϫⲉ
ϩⲁⲛϫⲱⲣⲓ ϧⲉⲛ ⲑⲙⲏϯ ⲙ̀ⲡⲓⲡⲟⲗⲉⲙⲟⲥ ⲓⲱⲛⲁⲑⲁⲛ ⲁⲩⲙⲁϣⲕ ⲉⲩⲙⲟⲩ [26]ϯⲙⲟⲕϩ ⲛ̀ϩⲏⲧ ϧⲁⲣⲟⲕ
ⲡⲁⲥⲟⲛ ⲓⲱⲛⲁⲑⲁⲛ ⲁⲕϣⲱⲡⲓ ⲉ̀ⲡⲁⲥⲱⲕ ⲛ̀ⲧⲟⲧ ⲉ̀ⲙⲁϣⲱ ⲁ̀ ⲧⲉⲕⲁ̀ⲅⲁⲡⲏ ϣⲱⲡⲓ ⲛⲏⲓ ⲉ̀ⲟⲩϣⲫⲏⲣⲓ
ⲉ̀ϩⲟⲧⲉ ⲧⲁⲅⲁⲡⲏ ⲛ̀ϩⲁⲛϩⲓⲟ̀ⲙⲓ [27]ⲡⲱⲥ ⲁⲩϩⲉⲓ ⲛ̀ϫⲉ ϩⲁⲛϫⲱⲣⲓ ⲟⲩⲟϩ ⲁⲩⲧⲁⲕⲟ ⲛ̀ϫⲉ ϩⲁⲛⲥⲕⲉⲩⲟⲥ
ⲙ̀ⲡⲟⲗⲉⲙⲓⲕⲟⲛ

Regnorum II 6

[1]ⲟⲩⲟϩ ⲁ̀ ⲇⲁⲩⲓⲇ ⲑⲱⲟⲩϯ ⲛ̀ϧⲉⲗϣⲓⲣⲓ ⲛⲓⲃⲉⲛ ⲛ̀ⲧⲉ ⲡⲓⲥⲣⲁⲏⲗ ⲉⲩⲉⲣ ϣⲉ̀ⲃ ⲛ̀ϣⲟ [2]ⲟⲩⲟϩ
ⲁϥⲧⲱⲛϥ ⲛ̀ϫⲉ ⲇⲁⲩⲓⲇ ⲁϥϣⲉ ⲛⲁϥ ⲛⲉⲙ ⲡⲓⲗⲁⲟⲥ ⲧⲏⲣϥ ⲉⲑ ⲛⲉⲙⲁϥ ⲛⲉⲙ ⲉ̀ⲃⲟⲗ ϧⲉⲛ ⲛⲓⲁⲣⲭⲱⲛ ⲛ̀ⲧⲉ ⲓⲟⲩⲇⲁ ϩⲓ ⲡⲓⲙⲱⲓⲧ-ⲉ̀ⲡϣⲱⲓ ϫⲉ ⲛ̀ⲧⲟⲩⲓ̀ⲛⲓ ⲛ̀ϯⲕⲓⲃⲱⲧⲟⲥ ⲛ̀ⲧⲉ ⲫⲛⲟⲩϯ ⲉ̀ⲡϣⲱⲓ
ⲉ̀ⲃⲟⲗ ⲙ̀ⲙⲁⲩ ⲑⲏ ⲉⲧ ⲟⲩⲙⲟⲩϯ ⲉ̀ϫⲱⲥ ⲙ̀ⲫⲣⲁⲛ ⲙ̀ⲡϭⲟⲓⲥ ⲛ̀ⲧⲉ ⲛⲓϫⲟⲙ ⲉϥϩⲉⲙⲥⲓ ϩⲓϫⲉⲛ ⲛⲓⲭⲉⲣⲟⲩⲃⲓⲙ ⲉⲧ ⲭⲏ ϩⲓ ϫⲱⲥ [3]ⲟⲩⲟϩ ⲁⲩⲧⲁⲗⲟ ⲛ̀ϯⲕⲓⲃⲱⲧⲟⲥ ⲛ̀ⲧⲉ ⲡϭⲟⲓⲥ ⲉ̀ⲟⲩⲙ̀ⲃⲉⲣⲉϩⲓ ⲙ̀ⲃⲉⲣⲓ
ⲁⲩⲟⲗⲥ ⲉ̀ⲃⲟⲗ ϧⲉⲛ ⲡⲏⲓ ⲛ̀ⲁⲙⲓⲛⲁⲇⲁⲃ ⲫⲏ ⲉⲧ ⲭⲏ ϧⲉⲛ ϯⲕⲁⲗⲁⲙⲫⲟ ⲟⲩⲟϩ ⲟ̀ⲍⲁ ⲛⲉⲙ ⲛⲉϥⲥⲛⲏⲟⲩ
ⲛⲉⲛϣⲏⲣⲓ ⲛ̀ⲁⲙⲓⲛⲁⲇⲁⲃ ⲛⲁⲩⲓ̀ⲛⲓ ⲙ̀ⲡⲓⲙ̀ⲃⲉⲣⲉϩⲓ [4]ⲛⲉⲙ ϯⲕⲓⲃⲱⲧⲟⲥ ⲟⲩⲟϩ ⲛⲉϥⲥⲛⲏⲟⲩ ⲛⲁⲩⲙⲟϣⲓ
ϧⲁ ϫⲱⲥ ⲛ̀ϯⲕⲓⲃⲱⲧⲟⲥ [5]ⲟⲩⲟϩ ⲇⲁⲩⲓⲇ ⲛⲉⲙ ⲛⲉⲛϣⲏⲣⲓ ⲙ̀ⲡⲓⲥⲣⲁⲏⲗ ⲛⲁⲩⲥⲱⲃⲓ ⲙ̀ⲡⲉⲙⲑⲟ ⲙ̀ⲡϭⲟⲓⲥ
ϧⲉⲛ ϩⲁⲛⲟⲣⲅⲁⲛⲟⲛ ⲉⲩϩⲱⲧⲡ ϧⲉⲛ ⲟⲩϫⲟⲙ ⲛⲉⲙ ϩⲁⲛϩⲱⲇⲏ ⲛⲉⲙ ϩⲁⲛⲕⲩⲛⲁⲣⲁ ⲛⲉⲙ ϩⲁⲛⲛⲁⲃⲗⲁ ⲛⲉⲙ ϩⲁⲛⲕⲉⲙⲕⲉⲙ ⲛⲉⲙ ϩⲁⲛⲕⲩⲙⲃⲁⲗⲟⲛ ⲛⲉⲙ ϩⲁⲛⲥⲏⲃⲓ ⲛ̀ϫⲱⲓ [6]ⲟⲩⲟϩ ⲁⲩⲓ̀ ϣⲁ ⲡⲓϭ-
ⲛⲱⲟⲩ ⲛ̀ⲧⲉ ⲛⲁⲭⲱⲣ ⲟⲩⲟϩ ⲁϥⲥⲟⲩⲧⲉⲛ ⲧⲉϥϫⲓϫ ⲉ̀ⲃⲟⲗ ⲛ̀ϫⲉ ⲟ̀ⲍⲁ ⲉ̀ϯⲕⲓⲃⲱⲧⲟⲥ ⲛ̀ⲧⲉ ⲫⲛⲟⲩϯ
ⲉ̀ⲧⲁϩⲛⲟ ⲙ̀ⲙⲟⲥ ⲟⲩⲟϩ ⲁϥⲁ̀ⲙⲟⲛⲓ ⲙ̀ⲙⲟⲥ ϫⲉ ⲛⲉ ⲁϥϯ ϭⲗⲁϩ ⲛⲁⲥ ⲡⲉ ⲛ̀ϫⲉ ⲡⲓⲙⲁⲥⲓ [7]ⲟⲩⲟϩ ⲁϥⲙ̀-
ⲃⲟⲛ ϧⲉⲛ ⲟⲩϫⲱⲛⲧ ⲛ̀ϫⲉ ⲡϭⲟⲓⲥ ⲉ̀ⲟ̀ⲍⲁ ⲟⲩⲟϩ ⲁϥⲣⲁϧⲧ ⲙ̀ⲙⲟϥ ⲙ̀ⲙⲁⲩ ⲛ̀ϫⲉ ⲡϭⲟⲓⲥ ⲟⲩⲟϩ ⲁϥⲙⲟⲩ
ⲙ̀ⲙⲁⲩ ϧⲁⲧⲉⲛ ϯⲕⲓⲃⲱⲧⲟⲥ ⲛ̀ⲧⲉ ⲡϭⲟⲓⲥ ⲙ̀ⲡⲉⲙⲑⲟ ⲙ̀ⲫⲛⲟⲩϯ [8]ⲟⲩⲟϩ ⲁϥⲉⲣ ⲙ̀ⲕⲁϩ ⲛ̀ϩⲏⲧ ⲛ̀ϫⲉ
ⲇⲁⲩⲓⲇ ϫⲉ ϧⲉⲛ ⲟⲩϣⲱⲧ-ⲉ̀ⲃⲟⲗ ⲁ̀ ⲡϭⲟⲓⲥ ϥⲓⲧϯ-ⲉ̀ⲃⲟⲗ ⲛ̀ⲟ̀ⲍⲁ ⲟⲩⲟϩ ⲁⲩⲙⲟⲩϯ ⲉ̀ⲡⲓⲙⲁ ⲉ̀ⲧⲉⲙ̀ⲙⲁⲩ

ϫⲉ ⲡⲓϥⲱϯ-ⲉ̀ⲃⲟⲗ ⲛ̀ⲧⲉ ⲟ̀ⲍⲁ ϣⲁ ⲉ̀ϧⲟⲩⲛ ⲉ̀ⲫⲟⲟⲩ ⲛ̀ⲉ̀ϩⲟⲟⲩ ⲫⲁⲓ 9 ⲟⲩⲟϩ ⲁϥⲉⲣ ϩⲟϯ ⲛ̀ϫⲉ ⲇⲁⲩⲓⲇ
ϧⲁ ⲧϩⲏ ⲙ̀ⲡϭⲟⲓⲥ ϧⲉⲛ ⲡⲓⲉ̀ϩⲟⲟⲩ ⲉ̀ⲧⲉⲙ̀ⲙⲁⲩ ⲉϥϫⲱ ⲙ̀ⲙⲟⲥ ϫⲉ ⲡⲱⲥ ϥⲛⲁⲓ̀-ⲉ̀ϧⲟⲩⲛ ⲉ̀ⲛⲁⲓ
ⲛ̀ϫⲉ ϯⲕⲓⲃⲱⲧⲟⲥ ⲛ̀ⲧⲉ ⲡϭⲟⲓⲥ 10 ⲟⲩⲟϩ ⲛⲁϥⲟⲩⲱϣ ⲁⲛ ⲡⲉ ⲛ̀ϫⲉ ⲇⲁⲩⲓⲇ ⲉ̀ⲟⲣⲉⲥ ⲣⲓⲕⲓ ⲛⲁϩⲣⲁϥ
ⲛ̀ϫⲉ ϯⲕⲓⲃⲱⲧⲟⲥ ⲛ̀ⲧⲉ ϯⲇⲓⲁ̀ⲑⲏⲕⲏ ⲛ̀ⲧⲉ ⲡϭⲟⲓⲥ ⲉ̀ϧⲟⲩⲛ ⲉ̀ⲑⲃⲁⲕⲓ ⲛ̀ⲧⲉ ⲇⲁⲩⲓⲇ ⲟⲩⲟϩ ⲁϥⲟⲣⲉⲥ
ⲣⲓⲕⲓ ⲛ̀ϫⲉ ⲇⲁⲩⲓⲇ ⲉ̀ϧⲟⲩⲛ ⲉ̀ⲡⲏⲓ ⲛ̀ⲁ̀ⲃⲉⲇⲇⲁⲣⲁ ⲡⲓⲅⲉⲑⲉⲟⲥ 11 ⲟⲩⲟϩ ⲁⲥϩⲉⲙⲥⲓ ⲛ̀ϫⲉ ϯⲕⲓⲃⲱⲧⲟⲥ
ⲛ̀ⲧⲉ ⲡϭⲟⲓⲥ ϧⲉⲛ ⲡⲏⲓ ⲛ̀ⲁ̀ⲃⲉⲇⲇⲁⲣⲁ ⲡⲓⲅⲉⲑⲉⲟⲥ ⲅ̅ ⲛ̀ⲁ̀ⲃⲟⲧ ⲟⲩⲟϩ ⲁ̀ ⲡϭⲟⲓⲥ ⲥⲙⲟⲩ ⲉ̀ⲡⲏⲓ ⲛ̀ⲁ̀ⲃⲉⲇ-
ⲇⲁⲣⲁ ⲛⲉⲙ ⲛⲏ ⲉ̀ⲧⲉ ⲛ̀ⲧⲁϥ ⲧⲏⲣⲟⲩ ⲉⲑⲃⲉ ϯⲕⲓⲃⲱⲧⲟⲥ ⲛ̀ⲧⲉ ⲡϭⲟⲓⲥ 12 ⲟⲩⲟϩ ⲁⲩⲧⲁⲙⲉ ⲡⲟⲩⲣⲟ
ⲉⲩϫⲱ ⲙ̀ⲙⲟⲥ ϫⲉ ⲁ̀ ⲡϭⲟⲓⲥ ⲥⲙⲟⲩ ⲉ̀ⲡⲏⲓ ⲛ̀ⲁ̀ⲃⲉⲇⲇⲁⲣⲁ ⲛⲉⲙ ⲛⲏ ⲉ̀ⲧⲉⲛ̀ⲧⲁϥ ⲧⲏⲣⲟⲩ ⲉⲑⲃⲉ
ϯⲕⲓⲃⲱⲧⲟⲥ ⲛ̀ⲧⲉ ϯⲇⲓⲁ̀ⲑⲏⲕⲏ ⲛ̀ⲧⲉ ⲡϭⲟⲓⲥ ⲟⲩⲟϩ ⲁϥϣⲉ ⲛⲁϥ ⲛ̀ϫⲉ ⲇⲁⲩⲓⲇ ⲁϥⲓ̀ⲛⲓ-ⲉ̀ⲡϣⲱⲓ
ⲛ̀ϯⲕⲓⲃⲱⲧⲟⲥ ⲛ̀ⲧⲉ ⲡϭⲟⲓⲥ ⲉ̀ⲃⲟⲗ ϧⲉⲛ ⲡⲏⲓ ⲛ̀ⲁ̀ⲃⲉⲇⲇⲁⲣⲁ ⲉ̀ϧⲟⲩⲛ ⲉ̀ⲑⲃⲁⲕⲓ ⲛ̀ⲇⲁⲩⲓⲇ ϧⲉⲛ ⲟⲩⲟⲩⲛⲟϥ
ⲛⲉⲙ ⲟⲩⲑⲉⲗⲏⲗ 13 ⲟⲩⲟϩ ⲛⲁⲩⲭⲏ ⲛⲉⲙⲱⲟⲩ ⲡⲉ ⲉⲩⲱ̀ⲗⲓ ⲛ̀ϯⲕⲓⲃⲱⲧⲟⲥ ⲛ̀ⲧⲉ ⲡϭⲟⲓⲥ ⲛ̀ϫⲉ ⲍ̅
ⲛ̀ⲭⲟⲣⲟⲥ ⲛⲉⲙ ϩⲁⲛϣⲟⲩϣⲱⲟⲩϣⲓ ⲕ̅ ⲙ̀ⲙⲁⲥⲓ ⲛⲉⲙ ϩⲁⲛϩⲓⲏⲃ 14 ⲟⲩⲟϩ ⲇⲁⲩⲓⲇ ⲛⲁϥⲕⲱⲗϩ ϧⲉⲛ
ϩⲁⲛⲟⲣⲅⲁⲛⲟⲛ ⲉⲩϩⲱⲧⲡ ⲙ̀ⲡⲉⲙⲑⲟ ⲙ̀ⲡϭⲟⲓⲥ ⲟⲩⲟϩ ⲛⲉ ⲟⲩⲟⲛ ⲥⲧⲟ̀ⲗⲏ ⲧⲟⲓ ϩⲓⲱⲧϥ ⲛ̀ⲇⲁⲩⲓⲇ
ⲉⲥⲟⲓ ⲛ̀ⲁⲟⲩⲓ̀ⲁⲟⲩⲁⲛ 15 ⲟⲩⲟϩ ⲇⲁⲩⲓⲇ ⲛⲉⲙ ⲡⲏⲓ ⲧⲏⲣϥ ⲙ̀ⲡⲓⲥⲣⲁⲏⲗ ⲁⲩⲓ̀ⲛⲓ-ⲉ̀ⲡϣⲱⲓ ⲛ̀ϯⲕⲓⲃⲱⲧⲟⲥ
ⲛ̀ⲧⲉ ⲡϭⲟⲓⲥ ϧⲉⲛ ⲟⲩϧⲣⲱⲟⲩ ⲛⲉⲙ ⲟⲩⲥⲙⲏ ⲛ̀ⲥⲁⲗⲡⲓⲅⲅⲟⲥ 16 ⲟⲩⲟϩ ⲁⲥϣⲱⲡⲓ ⲉⲧ ⲁⲥⲓ̀-ⲉ̀ⲡϣⲱⲓ
ⲛ̀ϫⲉ ϯⲕⲓⲃⲱⲧⲟⲥ ⲛ̀ⲧⲉ ⲡϭⲟⲓⲥ ⲉ̀ⲑⲃⲁⲕⲓ ⲛ̀ⲇⲁⲩⲓⲇ ⲟⲩⲟϩ ⲁ̀ ⲙⲉⲗⲭⲟⲗ ⲧϣⲉⲣⲓ ⲛ̀ⲥⲁⲟⲩⲗ ϫⲟⲩϣⲧ
ⲉ̀ⲃⲟⲗ ϧⲉⲛ ϯϣⲟⲩϣⲧ ⲁⲥⲛⲁⲩ ⲉ̀ⲡⲟⲩⲣⲟ ⲇⲁⲩⲓⲇ ⲉϥϭⲟⲥϫⲉⲥ ⲟⲩⲟϩ ⲉϥⲉⲣ ⲕⲱⲗϩ ⲛ̀ϫⲓϫ ⲙ̀ⲡⲉⲙⲑⲟ
ⲙ̀ⲡϭⲟⲓⲥ ⲟⲩⲟϩ ⲁⲥϣⲟϣϥ ϧⲉⲛ ⲡⲉⲥϩⲏⲧ 17 ⲟⲩⲟϩ ⲁⲩⲓ̀ⲛⲓ ⲛ̀ϯⲕⲓⲃⲱⲧⲟⲥ ⲛ̀ⲧⲉ ⲡϭⲟⲓⲥ ⲉ̀ϧⲟⲩⲛ ⲁⲩⲭⲁⲥ
ϧⲉⲛ ⲡⲉⲥⲙⲁ ϧⲉⲛ ϯⲥⲕⲏⲛⲏ ⲑⲏ ⲉⲧ ⲁϥⲧⲁϫⲣⲟⲥ ⲛⲁⲥ ⲛ̀ϫⲉ ⲇⲁⲩⲓⲇ ⲟⲩⲟϩ ⲁ̀ ⲇⲁⲩⲓⲇ ⲓⲛⲓ
ⲛ̀ϩⲁⲛϭⲗⲓⲗ ⲉ̀ϩⲣⲏⲓ ⲛⲉⲙ ϩⲁⲛϩⲓⲣⲏⲛⲓⲕⲟⲛ ⲙ̀ⲡⲉⲙⲑⲟ ⲙ̀ⲡϭⲟⲓⲥ 18 ⲟⲩⲟϩ ⲉⲧ ⲁϥⲟⲩⲱ̀ ⲛ̀ϫⲉ ⲇⲁⲩⲓⲇ
ⲉϥⲓ̀ⲛⲓ-ⲉ̀ϩⲣⲏⲓ ⲛ̀ϩⲁⲛϭⲗⲓⲗ ⲛⲉⲙ ϩⲁⲛϩⲓⲣⲏⲛⲓⲕⲟⲛ ⲁϥⲥⲙⲟⲩ ⲉ̀ⲡⲓⲗⲁⲟⲥ ϧⲉⲛ ⲫⲣⲁⲛ ⲙ̀ⲡϭⲟⲓⲥ ⲛ̀ⲧⲉ
ⲛⲓϫⲟⲙ 19 ⲟⲩⲟϩ ⲁϥⲫⲱϣ ⲙ̀ⲡⲓⲗⲁⲟⲥ ⲧⲏⲣϥ ϧⲉⲛ ϯϫⲟⲙ ⲧⲏⲣⲥ ⲛ̀ⲧⲉ ⲡⲓⲥⲣⲁⲏⲗ ⲓⲥϫⲉⲛ ⲇⲁⲛ
ϣⲁ ⲃⲏⲣⲥⲁⲃⲉⲉ̀ ⲓⲥϫⲉⲛ ⲟⲩⲣⲱⲙⲓ ϣⲁ ⲟⲩⲥϩⲓⲙⲓ ⲁϥϯ ⲛ̀ⲟⲩⲕⲟⲗⲗⲩⲣⲓⲥ ⲛ̀ⲱⲓⲕ ⲙ̀ⲡⲓⲟⲩⲁⲓ ⲡⲓⲟⲩⲁⲓ
ⲙ̀ⲙⲱⲟⲩ ⲛⲉⲙ ⲟⲩⲉⲥⲭⲁⲣⲓⲧⲏⲥ ⲛⲉⲙ ⲟⲩϫⲟⲗ ⲛ̀ⲗⲁⲕⲁⲛⲧ ⲟⲩⲟϩ ⲁϥϣⲉ ⲛⲁϥ ⲛ̀ϫⲉ ⲡⲓⲗⲁⲟⲥ ⲧⲏⲣϥ
ⲡⲓⲟⲩⲁⲓ ⲡⲓⲟⲩⲁⲓ ⲉ̀ϧⲟⲩⲛ ⲉ̀ⲡⲉϥⲏⲓ 20 ⲟⲩⲟϩ ⲁϥⲧⲁⲥⲑⲟ ⲛ̀ϫⲉ ⲇⲁⲩⲓⲇ ⲉ̀ⲥⲙⲟⲩ ⲉ̀ⲡⲉϥⲏⲓ

Regnorum III 2

1 ⲟⲩⲟϩ ⲁⲩϧⲱⲛⲧ-ⲉ̀ϧⲟⲩⲛ ⲛ̀ϫⲉ ⲛⲓⲉ̀ϩⲟⲟⲩ ⲛ̀ⲇⲁⲩⲓⲇ ⲉ̀ⲑⲣⲉϥ ⲙⲟⲩ ⲟⲩⲟϩ ⲁϥϩⲟⲛϩⲉⲛ ⲉ̀ⲧⲟⲧϥ
ⲛ̀ⲥⲟⲗⲟⲙⲱⲛ ⲡⲉϥϣⲏⲣⲓ ⲉϥϫⲱ ⲙ̀ⲙⲟⲥ 2 ϫⲉ ϩⲏⲡⲡⲉ ϯⲛⲁϣⲉ ⲛⲏⲓ ϩⲓ ⲫⲙⲱⲓⲧ ⲙ̀ⲡⲕⲁϩⲓ ⲧⲏⲣϥ
ⲟⲩⲟϩ ⲉⲕⲉ̀ϣϫⲉⲙϫⲟⲙ ⲟⲩⲟϩ ⲉⲕⲉ̀ϣⲱⲡⲓ ⲉⲩⲣⲱⲙⲓ 3 ⲟⲩⲟϩ ⲉⲕⲉ̀ⲁ̀ⲣⲉϩ ⲉ̀ϯϫⲓⲛⲁ̀ⲣⲉϩ ⲛ̀ⲧⲉ ⲡϭⲟⲓⲥ
ⲡⲉⲕⲛⲟⲩϯ ⲉ̀ⲑⲣⲉⲕ ⲙⲟϣⲓ ϩⲓ ⲛⲉϥⲙⲱⲓⲧ ⲉ̀ⲁ̀ⲣⲉϩ ⲉ̀ⲛⲉϥⲉⲛⲧⲟⲗⲏ ⲛⲉⲙ ⲛⲉϥⲙⲉⲑⲙⲏⲓ ⲛⲉⲙ ⲛⲉϥϩⲁⲡ
ⲛⲏ ⲉⲧ ⲥϧⲏⲟⲩⲧ ϩⲓ ⲫⲛⲟⲙⲟⲥ ⲙ̀ⲙⲱⲩ̀ⲥⲏⲥ ϩⲓⲛⲁ ⲛ̀ⲧⲉⲕⲕⲁϯ ⲉ̀ⲛⲏ ⲉⲧ ⲕⲛⲁⲁⲓⲧⲟⲩ ⲕⲁⲧⲁ ϩⲱⲃ
ⲛⲓⲃⲉⲛ ⲉ̀ϯⲛⲁϩⲉⲛϩⲱⲛⲕ ⲉ̀ⲣⲱⲟⲩ 4 ϩⲓⲛⲁ ⲛ̀ⲧⲉ ⲡϭⲟⲓⲥ ⲥⲉⲙⲛⲉ ⲙ̀ⲡⲉϥⲥⲁϫⲓ ⲉⲧ ⲁϥϫⲟϥ ⲉϥϫⲱ
ⲙ̀ⲙⲟⲥ ϫⲉ ⲉ̀ϣⲱⲡ ⲁ̀ⲣⲉϣⲁⲛ ⲛⲉⲕϣⲏⲣⲓ ⲁ̀ⲣⲉϩ ⲉ̀ⲡⲟⲩⲙⲱⲓⲧ ⲉ̀ⲙⲟϣⲓ ⲙ̀ⲡⲁⲙ̀ⲑⲟ ϧⲉⲛ ⲟⲩⲙⲉⲑⲙⲏⲓ
ϧⲉⲛ ⲡⲟⲩϩⲏⲧ ⲧⲏⲣϥ ⲛⲉⲙ ⲧⲟⲩⲯⲩⲭⲏ ⲧⲏⲣⲥ ⲛ̀ⲛⲟⲩϥⲉⲧ ⲣⲱⲙⲓ ⲛ̀ⲧⲁⲕ ⲉ̀ⲃⲟⲗ ϩⲓϫⲉⲛ ⲡⲓⲑⲣⲟⲛⲟⲥ
ⲙ̀ⲡⲓⲥⲣⲁⲏⲗ 10 ⲟⲩⲟϩ ⲉⲧ ⲁϥⲉⲛⲕⲟⲧ ⲛ̀ϫⲉ ⲇⲁⲩⲓⲇ ⲛⲉⲙ ⲛⲉϥⲓⲟϯ ⲟⲩⲟϩ ⲁⲩⲑⲟⲙⲥϥ ϧⲉⲛ ⲑⲃⲁⲕⲓ
ⲛ̀ⲇⲁⲩⲓⲇ

Regnorum III 8

1 ⲟⲩⲟϩ ⲁⲥϣⲱⲡⲓ ⲉⲧ ⲁ̀ ⲥⲟⲗⲟⲙⲱⲛ ⲟⲩⲱ̀ ⲉϥⲕⲱⲧ ⲙ̀ⲡⲏⲓ ⲙ̀ⲡϭⲟⲓⲥ ⲛⲉⲙ ⲡⲉϥⲏⲓ ⲙⲉⲛⲉⲛⲥⲁ
ϫⲱⲧ ⲛ̀ⲣⲟⲙⲡⲓ ⲧⲟⲧⲉ ⲁ̀ ⲥⲟⲗⲟⲙⲱⲛ ⲑⲱⲟⲩϯ ⲛ̀ⲛⲓⲡⲣⲉⲥⲃⲩⲧⲉⲣⲟⲥ ⲧⲏⲣⲟⲩ ⲛ̀ⲧⲉ ⲡⲓⲥⲣⲁⲏⲗ ⲛⲉⲙ
ⲛⲓⲁ̀ⲫⲏⲟⲩⲓ̀ ⲧⲏⲣⲟⲩ ⲛ̀ⲧⲉ ⲛⲓϣⲃⲱⲧ ⲉⲧ ϭⲟⲥⲓ ⲛ̀ⲧⲉ ⲛⲉⲛⲓⲟϯ ⲛ̀ⲛⲉⲛϣⲏⲣⲓ ⲙ̀ⲡⲓⲥⲣⲁⲏⲗ ⲟⲩⲟϩ ⲁ̀
ⲡⲟⲩⲣⲟ ⲥⲟⲗⲟⲙⲱⲛ ⲓ̀ ⲉ̀ⲥⲓⲱⲛ ⲉ̀ⲓ̀ⲛⲓ-ⲉ̀ⲡϣⲱⲓ ⲛ̀ϯⲕⲩⲃⲱⲧⲟⲥ ⲛ̀ⲧⲉ ϯⲇⲓⲁ̀ⲑⲏⲕⲏ ⲛ̀ⲧⲉ ⲡϭⲟⲓⲥ ⲉ̀ⲃⲟⲗ

ϧⲉⲛ ⲑⲃⲁⲕⲓ ⲛ̀ⲇⲁⲩⲓⲇ ⲉ̀ⲧⲉ ⲑⲁⲓ ⲧⲉ ⲥⲓⲱⲛ ²ϧⲉⲛ ⲡⲓⲁ̀ⲃⲟⲧ ⲁ̀ⲑⲁⲛⲓⲙ ³ⲟⲩⲟϩ ⲁ̀ ⲛⲓⲟⲩⲏⲃ ⲱ̀ⲗⲓ
ⲛ̀ϯⲕⲩⲃⲱⲧⲟⲥ ⁴ⲛⲉⲙ ϯⲥⲕⲏⲛⲏ ⲛ̀ⲧⲉ ϯⲙⲉⲧⲙⲉⲑⲣⲉ ⲛⲉⲙ ⲛⲓⲥⲕⲉⲩⲟⲥ ⲉⲑ ⲟⲩⲁⲃ ⲛⲁⲓ ⲉⲧ ⲁⲩϣⲱⲡⲓ
ϧⲉⲛ ϯⲥⲕⲏⲛⲏ ⲛ̀ⲧⲉ ϯⲙⲉⲧⲙⲉⲑⲣⲉ ⁵ⲛⲉⲙ ⲡⲟⲩⲣⲟ ⲛⲉⲙ ⲡⲓⲥⲣⲁⲏⲗ ⲧⲏⲣϥ ⲛⲁⲩⲙⲟϣⲓ ϧⲁ ϫⲱⲥ
ⲡⲉ ⲛ̀ϯⲕⲩⲃⲱⲧⲟⲥ ⲉⲩϣⲱⲧ ⲛ̀ϩⲁⲛⲉ̀ⲥⲱⲟⲩ ⲛⲉⲙ ϩⲁⲛⲉ̀ϩⲱⲟⲩ ⲙ̀ⲙⲟⲛ ⲏⲡⲓ ⲧⲟⲓ ⲉ̀ⲣⲱⲟⲩ ⁶ⲟⲩⲟϩ ⲁ̀
ⲛⲓⲟⲩⲏⲃ ⲱ̀ⲗⲓ ⲛ̀ϯⲕⲩⲃⲱⲧⲟⲥ ⲉ̀ϧⲟⲩⲛ ⲉ̀ⲡⲉⲥⲙⲁ ⲉ̀ⲡⲧⲁⲃⲓⲣ ⲛ̀ⲧⲉ ⲡⲏⲓ ⲛⲉⲑⲟⲩⲁⲃ ⲛ̀ⲧⲉ ⲛⲏ ⲉⲑ
ⲟⲩⲁⲃ ⲥⲁ ⲡⲉⲥⲏⲧ ⲛ̀ⲛⲓⲧⲉⲛϩ ⲛ̀ⲧⲉ ⲛⲓⲭⲉⲣⲟⲩⲃⲓⲙ ⁷ⲛⲁⲣⲉ ⲛⲓⲧⲉⲛϩ ⲛ̀ⲧⲉ ⲛⲓⲭⲉⲣⲟⲩⲃⲓⲙ ⲫⲟⲣϣ-
ⲉ̀ⲃⲟⲗ ⲉ̀ϫⲉⲛ ⲡⲓⲙⲁ ⲛ̀ⲧⲉ ϯⲕⲩⲃⲱⲧⲟⲥ ⲛⲉⲙ ⲉ̀ϫⲉⲛ ⲛⲏ ⲉⲑ ⲟⲩⲁⲃ ⲛ̀ⲧⲁⲥ ⲥⲁ ⲡϣⲱⲓ ⁸ⲟⲩⲟϩ
ⲛⲁⲥϭⲟⲥⲓ ⲡⲉ ⲛ̀ⲛⲏ ⲉⲧ ⲧⲟⲩⲃⲏⲟⲩⲧ ⲟⲩⲟϩ ⲛⲁⲩⲟⲩⲱⲛϩ-ⲉ̀ⲃⲟⲗ ⲛ̀ϫⲉ ⲛⲓⲁ̀ⲫⲏⲟⲩⲓ̀ ⲛ̀ⲧⲉ ⲛⲏ ⲉⲧ
ⲁⲩⲧⲟⲩⲃⲱⲟⲩ ⲉ̀ⲃⲟⲗ ϧⲉⲛ ⲛⲏ ⲉⲑ ⲟⲩⲁⲃ ⲙ̀ⲡⲉⲙⲑⲟ ⲙ̀ⲡⲓⲧⲁⲃⲓⲣ ⲟⲩⲟϩ ⲛⲁⲩⲟⲩⲱⲛϩ-ⲉ̀ⲃⲟⲗ ⲁⲛ ⲡⲉ
ⲥⲁ ⲃⲟⲗ ⁹ⲡⲉ ⲙ̀ⲙⲟⲛ ϩⲗⲓ ⲡⲉ ϧⲉⲛ ϯⲕⲩⲃⲱⲧⲟⲥ ⲉ̀ⲃⲏⲗ ⲉ̀ϯⲡⲗⲁⲝ ⲃ̄ϯ ⲛ̀ⲱⲛⲓ ⲛⲓⲡⲗⲁⲝ ⲛ̀ⲧⲉ
ϯⲇⲓⲁ̀ⲑⲏⲕⲏ ⲛⲏ ⲉⲧ ⲁ̀ ⲙⲱⲩ̀ⲥⲏⲥ ⲭⲁⲩ ϧⲉⲛ ⲭⲱⲣⲏⲃ ⲛⲏ ⲉⲧ ⲁ̀ ⲡϭⲟⲓⲥ ⲥⲉⲙⲛⲏⲧⲟⲩ ⲛⲉⲙ
ⲛⲉⲛϣⲏⲣⲓ ⲙ̀ⲡⲓⲥⲣⲁⲏⲗ ⲉⲩⲛⲏⲟⲩ ⲉ̀ⲃⲟⲗ ϧⲉⲛ ⲡⲕⲁϩⲓ ⲛ̀ⲭⲏⲙⲓ ¹⁰ⲟⲩⲟϩ ⲁⲥϣⲱⲡⲓ ⲉⲧ ⲁⲩⲓ̀-ⲉ̀ⲃⲟⲗ ⲛ̀ϫⲉ
ⲛⲓⲟⲩⲏⲃ ⲉ̀ⲃⲟⲗ ϧⲉⲛ ⲛⲉⲑⲟⲩⲁⲃ ⲟⲩⲟϩ ⲁ̀ ϯϭⲏⲡⲓ ⲙⲟϩ ⲙ̀ⲡⲏⲓ ¹¹ⲟⲩⲟϩ ⲛⲁⲩϣϫⲉⲙϫⲟⲙ ⲁⲛ ⲡⲉ ⲛ̀ϫⲉ
ⲛⲓⲟⲩⲏⲃ ⲉ̀ⲟϩⲓ ⲉ̀ⲣⲁⲧⲟⲩ ⲉ̀ϣⲉⲙϣⲓ ⲉ̀ⲃⲟⲗ ϩⲁ ⲡϩⲟ ⲛ̀ϯϭⲏⲡⲓ ϫⲉ ⲟⲩⲱ̀ⲟⲩ ⲛ̀ⲧⲉ ⲡϭⲟⲓⲥ ⲁϥⲙⲟϩ ⲙ̀ⲡⲏⲓ
¹²ⲧⲟⲧⲉ ⲡⲉϫⲉ ⲥⲟⲗⲟⲙⲱⲛ ϫⲉ ⲡϭⲟⲓⲥ ⲁϥϫⲟⲥ ϫⲉ ⲉ̀ϥⲉ̀ϣⲱⲡⲓ ϧⲉⲛ ⲟⲩⲅⲛⲟⲫⲟⲥ ¹³ϧⲉⲛ ⲟⲩⲕⲱⲧ ⲁⲓⲕⲱⲧ
ⲛⲁⲕ ⲛ̀ⲟⲩⲏⲓ ⲛ̀ⲧⲉ ⲡⲉⲕⲙⲁⲛϣⲱⲡⲓ ⲟⲩⲟϩ ⲟⲩⲧⲁϫⲣⲟ ⲛ̀ⲧⲉ ⲡⲉⲕⲙⲁ ⲛ̀ϩⲉⲙⲥⲓ ϣⲁ ⲉ̀ⲛⲉϩ ¹⁴ⲟⲩⲟϩ ⲁ̀
ⲡⲟⲩⲣⲟ ⲧⲁⲥⲑⲟ ⲙ̀ⲡⲉϥϩⲟ ⲁϥⲥⲙⲟⲩ ⲛ̀ϫⲉ ⲡⲟⲩⲣⲟ ⲉ̀ⲡⲓⲥⲣⲁⲏⲗ ⲧⲏⲣϥ ⲟⲩⲟϩ ϯⲉⲕⲕⲗⲏⲥⲓⲁ̀ ⲧⲏⲣⲥ ⲛ̀ⲧⲉ
ⲡⲓⲥⲣⲁⲏⲗ ⲛⲁⲥⲟ̀ϩⲓ ⲉ̀ⲣⲁⲧⲥ ⲡⲉ ¹⁵ⲟⲩⲟϩ ⲡⲉϫⲁϥ ϫⲉ ϥⲥⲙⲁⲣⲱⲟⲩⲧ ⲛ̀ϫⲉ ⲡϭⲟⲓⲥ ⲫⲛⲟⲩϯ ⲙ̀ⲡⲓⲥⲣⲁⲏⲗ
ⲫⲏ ⲉⲧ ⲁϥⲥⲁϫⲓ ⲉ̀ⲃⲟⲗ ϧⲉⲛ ⲣⲱϥ ⲛ̀ⲇⲁⲩⲓⲇ ⲡⲁⲓⲱⲧ ⲟⲩⲟϩ ⲁϥϫⲟⲕϥ ⲉ̀ⲃⲟⲗ ϧⲉⲛ ⲛⲉϥϫⲓϫ ⲉϥϫⲱ
ⲙ̀ⲙⲟⲥ ¹⁶ϫⲉ ⲓⲥϫⲉⲛ ⲡⲓⲉ̀ϩⲟⲟⲩ ⲉⲧ ⲁⲓⲓ̀ⲛⲓ ⲙ̀ⲡⲁⲗⲁⲟⲥ ⲉ̀ⲃⲟⲗ ϧⲉⲛ ⲡⲕⲁϩⲓ ⲛ̀ⲭⲏⲙⲓ ⲙ̀ⲡⲓⲥⲱⲧⲡ
ⲛ̀ⲟⲩⲃⲁⲕⲓ ϧⲉⲛ ϯϭⲓⲙ ⲛ̀ⲧⲉ ⲡⲓⲥⲣⲁⲏⲗ ⲉ̀ⲕⲱⲧ ⲛ̀ⲟⲩⲏⲓ ⲉ̀ⲑⲣⲉϥ ϣⲱⲡⲓ ⲙ̀ⲙⲁⲩ ⲛ̀ϫⲉ ⲡⲁⲣⲁⲛ ⲟⲩⲟϩ
ⲁⲓⲥⲱⲧⲡ ⲛ̀ⲓⲉⲣⲟⲩⲥⲁⲗⲏⲙ ⲉ̀ⲑⲣⲉϥ ϣⲱⲡⲓ ⲙ̀ⲙⲁⲩ ⲛ̀ϫⲉ ⲡⲁⲣⲁⲛ ⲟⲩⲟϩ ⲁⲓⲥⲱⲧⲡ ⲛ̀ⲇⲁⲩⲓⲇ ⲉ̀ⲑⲣⲉϥ
ϣⲱⲡⲓ ⲛ̀ϩⲏⲅⲟⲩⲙⲉⲛⲟⲥ ⲉ̀ϫⲉⲛ ⲡⲁⲗⲁⲟⲥ ⲡⲓⲥⲣⲁⲏⲗ ¹⁷ⲟⲩⲟϩ ⲁⲥⲓ̀ ⲉ̀ϫⲉⲛ ⲡϩⲏⲧ ⲛ̀ⲇⲁⲩⲓⲇ ⲡⲁⲓⲱⲧ
ⲉ̀ⲕⲱⲧ ⲛ̀ⲟⲩⲏⲓ ϧⲉⲛ ⲫⲣⲁⲛ ⲙ̀ⲡϭⲟⲓⲥ ⲫⲛⲟⲩϯ ⲙ̀ⲡⲓⲥⲣⲁⲏⲗ ¹⁸ⲟⲩⲟϩ ⲡⲉϫⲉ ⲡϭⲟⲓⲥ ⲛ̀ⲇⲁⲩⲓⲇ ⲡⲁⲓⲱⲧ
ϫⲉ ⲫⲙⲁ ϫⲉ ⲁⲥⲓ̀ ⲉ̀ϫⲉⲛ ⲡⲉⲕϩⲏⲧ ⲉ̀ⲕⲱⲧ ⲛ̀ⲟⲩⲏⲓ ϧⲉⲛ ⲡⲁⲣⲁⲛ ⲕⲁⲗⲱⲥ ⲁⲕⲁⲓⲥ ϫⲉ ⲁⲥⲓ̀ ⲉ̀ϫⲉⲛ
ⲡⲉⲕϩⲏⲧ ¹⁹ⲡⲗⲏⲛ ⲛ̀ⲑⲟⲕ ⲁⲛ ⲉⲑ ⲛⲁⲕⲱⲧ ⲙ̀ⲡⲏⲓ ⲛⲏⲓ ⲁⲗⲗⲁ ⲡⲉⲕϣⲏⲣⲓ ⲉⲑ ⲛⲁⲓ̀ ⲉ̀ⲃⲟⲗ ϧⲉⲛ
ⲛⲉⲕⲥⲫⲓⲣⲱⲟⲩⲓ̀ ⲫⲁⲓ ⲉϥⲉ̀ⲕⲱⲧ ⲛⲏⲓ ⲛ̀ⲟⲩⲏⲓ ϧⲉⲛ ⲡⲁⲣⲁⲛ ²⁰ⲟⲩⲟϩ ⲁ̀ ⲡϭⲟⲓⲥ ⲧⲟⲩⲛⲟⲥ ⲡⲉϥⲥⲁϫⲓ
ⲉⲧ ⲁϥⲥⲁϫⲓ ⲙ̀ⲙⲟϥ ⲟⲩⲟϩ ⲁⲓⲧⲱⲛⲧ ⲛ̀ⲧϣⲉⲃⲓⲱ̀ ⲛ̀ⲇⲁⲩⲓⲇ ⲡⲁⲓⲱⲧ ⲁⲓϩⲉⲙⲥⲓ ϩⲓϫⲉⲛ ⲡⲓⲑⲣⲟⲛⲟⲥ
ⲙ̀ⲡⲓⲥⲣⲁⲏⲗ ⲕⲁⲧⲁ ⲫⲣⲏϯ ⲉⲧ ⲁ̀ ⲡϭⲟⲓⲥ ⲥⲁϫⲓ ⲟⲩⲟϩ ⲁⲓⲕⲱⲧ ⲛ̀ⲟⲩⲏⲓ ϧⲉⲛ ⲫⲣⲁⲛ ⲙ̀ⲡϭⲟⲓⲥ
ⲫⲛⲟⲩϯ ⲙ̀ⲡⲓⲥⲣⲁⲏⲗ ²¹ⲟⲩⲟϩ ⲁⲓⲭⲱ ⲙ̀ⲙⲁⲩ ⲛ̀ⲟⲩⲙⲁ ⲛ̀ϯⲕⲩⲃⲱⲧⲟⲥ ⲫⲏ ⲉⲧ ⲁ̀ ϯⲇⲓⲁ̀ⲑⲏⲕⲏ ⲛ̀ⲧⲉ
ⲡϭⲟⲓⲥ ⲭⲏ ⲛ̀ϧⲏⲧⲥ ⲑⲏ ⲉⲧ ⲁ̀ ⲡϭⲟⲓⲥ ⲥⲉⲙⲛⲏⲧⲥ ⲛⲉⲙ ⲛⲉⲛⲓⲟϯ ⲉⲩⲛⲏⲟⲩ ⲉ̀ⲃⲟⲗ ϧⲉⲛ ⲡⲕⲁϩⲓ
ⲛ̀ⲭⲏⲙⲓ ²²ⲟⲩⲟϩ ⲁϥⲟ̀ϩⲓ ⲉ̀ⲣⲁⲧϥ ⲛ̀ϫⲉ ⲥⲟⲗⲟⲙⲱⲛ ⲙ̀ⲡⲉⲙⲑⲟ ⲙ̀ⲡⲓⲙⲁⲛⲉⲣϣⲱⲟⲩϣⲓ ⲛ̀ⲧⲉ ⲡϭⲟⲓⲥ
ⲙ̀ⲡⲉⲙⲑⲟ ⲛ̀ϯⲉⲕⲕⲗⲏⲥⲓⲁ̀ ⲧⲏⲣⲥ ⲛ̀ⲧⲉ ⲡⲓⲥⲣⲁⲏⲗ ⲟⲩⲟϩ ⲁϥⲫⲱⲣϣ ⲛ̀ⲛⲉϥϫⲓϫ ⲉ̀ⲡϣⲱⲓ ⲉ̀ⲧⲫⲉ
²³ⲡⲉϫⲁϥ ϫⲉ ⲡϭⲟⲓⲥ ⲫⲛⲟⲩϯ ⲛ̀ⲧⲉ ⲡⲓⲥⲣⲁⲏⲗ ⲙ̀ⲙⲟⲛ ⲟⲩⲟⲛ ⲙ̀ⲡⲉⲕⲣⲏϯ ⲛ̀ⲑⲟⲕ ⲡⲉ ⲫⲛⲟⲩϯ ⲉⲧ
ϧⲉⲛ ⲧⲫⲉ ⲉ̀ⲡϣⲱⲓ ⲛⲉⲙ ϩⲓϫⲉⲛ ⲡⲓⲕⲁϩⲓ ⲉ̀ⲡⲉⲥⲏⲧ ⲉⲕⲉ̀ⲁ̀ⲣⲉϩ ⲉ̀ⲟⲩⲇⲓⲁ̀ⲑⲏⲕⲏ ⲛⲉⲙ ⲟⲩⲛⲁⲓ ⲙ̀ⲡⲉⲕ-
ⲃⲱⲕ ⲫⲏ ⲉⲑ ⲛⲁⲙⲟϣⲓ ⲙ̀ⲡⲉⲕⲙ̀ⲑⲟ ϧⲉⲛ ⲡⲉϥϩⲏⲧ ⲧⲏⲣϥ ²⁴ⲛⲏ ⲉⲧ ⲁⲕⲁ̀ⲣⲉϩ ⲉ̀ⲣⲱⲟⲩ ⲙ̀ⲡⲉⲕ-
ⲃⲱⲕ ⲇⲁⲩⲓⲇ ⲡⲁⲓⲱⲧ ⲟⲩⲟϩ ⲁⲕⲥⲁϫⲓ ϧⲉⲛ ⲣⲱⲕ ⲛⲉⲙ ⲁⲕϫⲟⲛⲟⲩ ⲉ̀ⲃⲟⲗ ϧⲉⲛ ⲛⲉⲕϫⲓϫ ⲙ̀ⲫⲣⲏϯ
ⲙ̀ⲡⲁⲓ ⲉ̀ϩⲟⲟⲩ ²⁵ⲟⲩⲟϩ ϯⲛⲟⲩ ⲡϭⲟⲓⲥ ⲙ̀ⲡⲓⲥⲣⲁⲏⲗ ⲁ̀ⲣⲉϩ ⲉ̀ⲡⲉⲕⲃⲱⲕ ⲇⲁⲩⲓⲇ ⲡⲁⲓⲱⲧ ⲛ̀ⲛⲏ ⲉⲧ
ⲁⲕϫⲟⲧⲟⲩ ⲛⲁϥ ⲉⲕϫⲱ ⲙ̀ⲙⲟⲥ ϫⲉ ⲛ̀ⲛⲟⲩϥⲉⲧ ⲟⲩⲣⲱⲙⲓ ⲛ̀ⲧⲁⲕ ⲉ̀ⲃⲟⲗ ⲉϥϩⲉⲙⲥⲓ ⲙ̀ⲡⲁⲙ̀ⲑⲟ
ϩⲓϫⲉⲛ ⲡⲓⲑⲣⲟⲛⲟⲥ ⲙ̀ⲡⲓⲥⲣⲁⲏⲗ ⲡⲗⲏⲛ ⲁⲩϣⲁⲛ ⲁ̀ⲣⲉϩ ⲛ̀ϫⲉ ⲛⲉⲕϣⲏⲣⲓ ⲉ̀ⲛⲁⲙⲱⲧ ⲉ̀ⲣⲟⲟⲩ ⲙⲟϣⲓ
ⲙ̀ⲡⲁⲙ̀ⲑⲟ ⲕⲁⲧⲁ ⲫⲣⲏϯ ⲉⲧ ⲁⲕⲙⲟϣⲓ ⲙ̀ⲡⲁⲙ̀ⲑⲟ ²⁶ⲟⲩⲟϩ ϯⲛⲟⲩ ⲡϭⲟⲓⲥ ⲫⲛⲟⲩϯ ⲙ̀ⲡⲓⲥⲣⲁⲏⲗ

ⲙⲁⲣⲉ ⲡⲉⲕⲥⲁϫⲓ ϣⲱⲡⲓ ⲉϥϣⲉⲛϩⲟⲧ ⲛ̀ⲇⲁⲩⲓⲇ ⲡⲁⲓⲱⲧ 27ϫⲉ ⲧⲁⲫⲙⲏⲓ ⲫⲛⲟⲩϯ ⲛⲁϣⲱⲡⲓ ⲛⲉⲙ
ⲛⲓⲣⲱⲙⲓ ϩⲓϫⲉⲛ ⲡⲓⲕⲁϩⲓ ⲓⲥϫⲉ ⲧⲫⲉ ⲛⲉⲙ ⲧⲫⲉ ⲛ̀ⲧⲉ ⲧⲫⲉ ⲥⲉⲛⲁⲣⲁϣⲕ ⲁⲛ ⲡ̀ⲗⲏⲛ ⲡⲁⲓ ⲏⲓ
ⲉⲧ ⲁⲓⲕⲟⲧϥ ⲙ̀ⲡⲉⲕⲣⲁⲛ 28ⲟⲩⲟϩ ⲉⲕⲉ̀ϫⲟⲩϣⲧ ⲉ̀ϧⲣⲏⲓ ⲉ̀ϫⲉⲛ ⲡⲁⲧⲱⲃϩ ⲡ̀ϭⲟⲓⲥ ⲫⲛⲟⲩϯ ⲙ̀ⲡⲓⲥⲣⲁⲏⲗ
ⲉ̀ⲑⲣⲉⲕ ⲥⲱⲧⲉⲙ ⲉ̀ⲡⲟⲩⲛⲟϥ ⲛⲉⲙ ϯⲡⲣⲟⲥⲉⲩⲭⲏ ⲉ̀ⲧⲉ ⲡⲉⲕⲃⲱⲕ ⲉⲣ ⲡⲣⲟⲥⲉⲩⲭⲉⲥⲑⲉ ⲙ̀ⲙⲟⲥ
ⲉ̀ⲡϣⲱⲓ ϩⲁⲣⲟⲕ ⲙ̀ⲡⲉⲕⲙ̀ⲑⲟ ⲙ̀ⲫⲟⲟⲩ 29ⲉ̀ⲑⲣⲉ ⲛⲉⲕⲃⲁⲗ ϣⲱⲡⲓ ⲉⲩⲟⲩⲏⲛ ⲉ̀ϫⲉⲛ ⲡⲁⲓ ⲏⲓ ⲙ̀ⲡⲓⲉ̀ϩⲟⲟⲩ
ⲛⲉⲙ ⲡⲓⲉ̀ϫⲱⲣϩ ϧⲉⲛ ⲡⲓⲙⲁ ⲉⲧ ⲁⲕϫⲟⲥ ϫⲉ ⲉ̀ⲣⲉ ⲡⲁⲣⲁⲛ ϣⲱⲡⲓ ⲙ̀ⲙⲁⲩ ⲉ̀ⲡϫⲓⲛⲥⲱⲧⲉⲙ ⲉ̀ⲧⲁ-
ⲡⲣⲟⲥⲉⲩⲭⲏ ⲟⲛ ⲉ̀ⲧⲉ ⲡⲉⲕⲃⲱⲕ ⲉⲣ ⲡⲣⲟⲥⲉⲩⲭⲉⲥⲑⲉ ⲙ̀ⲙⲟⲥ ϧⲉⲛ ⲡⲁⲓ ⲙⲁ ⲙ̀ⲡⲓⲉ̀ϩⲟⲟⲩ ⲛⲉⲙ
ⲡⲓⲉ̀ϫⲱⲣϩ 30ⲟⲩⲟϩ ⲉⲕⲉ̀ⲥⲱⲧⲉⲙ ⲙ̀ⲡⲓⲧⲱⲃϩ ⲙ̀ⲡⲉⲕⲃⲱⲕ ⲛⲉⲙ ⲡⲉⲕⲗⲁⲟⲥ ⲡⲓⲥⲣⲁⲏⲗ ϧⲉⲛ ⲛⲏ ⲉⲧ
ⲟⲩⲛⲁⲧⲱⲃϩ ⲉⲑⲃⲏⲧⲟⲩ ϧⲉⲛ ⲡⲁⲓ ⲙⲁ ⲟⲩⲟϩ ⲛ̀ⲑⲟⲕ ⲉⲕⲉ̀ⲥⲱⲧⲉⲙ ϧⲉⲛ ⲡⲓⲙⲁ ⲛ̀ⲧⲉ ⲡⲉⲕⲙⲁⲛϣⲱⲡⲓ ϧⲉⲛ ⲧⲫⲉ ⲟⲩⲟϩ ⲉⲕⲉ̀ⲓ̀ⲣⲓ ⲟⲩⲟϩ ⲉⲕⲉ̀ⲭⲱ-ⲉ̀ⲃⲟⲗ 31ⲉ̀ⲣⲉϣⲁⲛ ⲫⲟⲩⲁⲓ ⲫⲟⲩⲁⲓ ⲡⲱⲟⲩ ⲁϥⲉⲣ
ⲛⲟⲃⲓ ⲉ̀ⲡⲉϥϣ̀ⲫⲏⲣ ⲟⲩⲟϩ ⲁϥϣⲁⲛ ϭⲓ ⲛ̀ⲟⲩⲥⲁϩⲟⲩⲓ̀ ⲉ̀ϩⲣⲏⲓ ⲉ̀ϫⲱϥ ⲉ̀ⲥⲁϩⲟⲩⲓ̀ ⲉ̀ⲣⲟϥ ⲟⲩⲟϩ ⲙ̀ⲡⲉϥ-
ⲟⲩⲱⲛϩ-ⲉ̀ⲃⲟⲗ ⲙ̀ⲡⲉⲙⲑⲟ ⲙ̀ⲡⲉⲕⲙⲁⲛⲉⲣϣⲱⲟⲩϣⲓ ϧⲉⲛ ⲡⲁⲓ ⲏⲓ 32ⲛ̀ⲑⲟⲕ ⲉⲕⲉ̀ⲥⲱⲧⲉⲙ ⲉ̀ⲃⲟⲗ ϧⲉⲛ
ⲧⲫⲉ ⲉⲕⲉ̀ⲓ̀ⲣⲓ ⲟⲩⲟϩ ⲉⲕⲉ̀ϯ ϩⲁⲡ ⲉ̀ⲡⲉⲕⲗⲁⲟⲥ ⲡⲓⲥⲣⲁⲏⲗ ⲉ̀ⲉⲣ ⲙ̀ⲡⲓⲣⲉϥⲉⲣ-ⲁ̀ⲛⲟⲙⲓⲛ ⲙ̀ⲡⲓⲁ̀ⲛⲟⲙⲟⲥ
ⲟⲩⲟϩ ⲉ̀ϯ ⲉ̀ⲡⲉϥⲙⲱⲓⲧ ⲉ̀ϫⲉⲛ ⲧⲉϥⲁ̀ⲫⲉ ⲛⲉⲙ ⲉ̀ⲑⲙⲁⲓⲟ̀ ⲡⲑⲙⲏⲓ ⲉ̀ϯ ⲛⲁϥ ⲕⲁⲧⲁ ⲧⲉϥⲙⲉⲑⲙⲏⲓ
33ϧⲉⲛ ⲡϫⲓⲛⲑⲣⲉϥ ⲥⲗⲁϯ ⲛ̀ϫⲉ ⲡⲉⲕⲗⲁⲟⲥ ⲙ̀ⲡⲉⲙⲑⲟ ⲛ̀ϩⲁⲛϫⲁϫⲓ ϫⲉ ⲟⲩⲛ ⲥⲉⲛⲁⲉⲣ ⲛⲟⲃⲓ ⲉ̀ⲣⲟⲕ
ⲟⲩⲟϩ ⲉⲩⲉ̀ⲕⲟⲧⲟⲩ ⲉⲩⲉ̀ⲟⲩⲱⲛϩ-ⲉ̀ⲃⲟⲗ ⲙ̀ⲡⲉⲕⲣⲁⲛ ⲉⲑ ⲟⲩⲁⲃ ⲟⲩⲟϩ ⲉⲩⲉ̀ⲉⲣ ⲡⲣⲟⲥⲉⲩⲍⲁⲥⲑⲉ ⲟⲩⲟϩ
ⲉⲩⲉ̀ⲧⲱⲃϩ ϧⲉⲛ ⲡⲉⲕⲏⲓ ⲫⲁⲓ 34ⲟⲩⲟϩ ⲛ̀ⲑⲟⲕ ⲉⲕⲉ̀ⲥⲱⲧⲉⲙ ⲉ̀ⲃⲟⲗ ϧⲉⲛ ⲧⲫⲉ ⲉⲕⲉ̀ⲭⲱ-ⲉ̀ⲃⲟⲗ ⲛ̀ⲛⲓ-
ⲛⲟⲃⲓ ⲛ̀ⲧⲉ ⲡⲉⲕⲗⲁⲟⲥ ⲡⲓⲥⲣⲁⲏⲗ ⲟⲩⲟϩ ⲉⲕⲉ̀ⲧⲁⲥⲑⲱⲟⲩ ⲉ̀ϧⲟⲩⲛ ⲉ̀ⲡⲕⲁϩⲓ ⲉⲧ ⲁⲕⲧⲏⲓϥ ⲛ̀ⲛⲟⲩⲓⲟϯ
35ϧⲉⲛ ⲡϫⲓⲛⲧⲁϩⲛⲟ ⲛ̀ⲧⲫⲉ ⲟⲩⲟϩ ⲛ̀ⲧⲉ ϣⲧⲉⲙ ⲙⲟⲩⲛϩⲱⲟⲩ ϣⲱⲡⲓ ϫⲉ ⲟⲩⲛ ⲥⲉⲛⲁⲉⲣ ⲛⲟⲃⲓ
ⲉ̀ⲣⲟⲕ ⲟⲩⲟϩ ⲉⲩⲉ̀ⲉⲣ ⲡⲣⲟⲥⲉⲩⲭⲉⲥⲑⲉ ϧⲉⲛ ⲡⲁⲓ ⲙⲁ ⲟⲩⲟϩ ⲉⲩⲉ̀ⲟⲩⲱⲛϩ-ⲉ̀ⲃⲟⲗ ⲙ̀ⲡⲉⲕⲣⲁⲛ ⲉⲑ ⲟⲩⲁⲃ
ⲟⲩⲟϩ ⲉⲩⲉ̀ⲧⲁⲥⲑⲱⲟⲩ ⲉ̀ⲃⲟⲗ ϩⲁ ⲛⲟⲩⲛⲟⲃⲓ ⲉ̀ϣⲱⲡ ⲁⲕϣⲁⲛ ⲑⲉⲃⲓⲟ̀ⲟⲩ 36ⲟⲩⲟϩ ⲉⲕⲉ̀ⲥⲱⲧⲉⲙ ⲉ̀ⲃⲟⲗ
ϧⲉⲛ ⲧⲫⲉ ⲉⲕⲉ̀ⲭⲱ-ⲉ̀ⲃⲟⲗ ⲛ̀ⲛⲓⲛⲟⲃⲓ ⲛ̀ⲧⲉ ⲡⲉⲕⲃⲱⲕ ⲛⲉⲙ ⲡⲉⲕⲗⲁⲟⲥ ⲡⲓⲥⲣⲁⲏⲗ ϫⲉ ⲭⲛⲁⲧⲁⲙⲱⲟⲩ
ⲉ̀ⲡⲓⲙⲱⲓⲧ ⲉⲑⲛⲁⲛⲉϥ ⲉ̀ⲙⲟϣⲓ ϩⲓⲱⲧϥ ⲟⲩⲟϩ ⲉⲕⲉ̀ϯ ⲛ̀ⲟⲩⲙⲟⲩⲛϩⲱⲟⲩ ϩⲓϫⲉⲛ ⲡⲕⲁϩⲓ ⲫⲏ ⲉⲧ
ⲁⲕⲧⲏⲓϥ ⲙ̀ⲡⲉⲕⲗⲁⲟⲥ ⲡⲓⲥⲣⲁⲏⲗ ⲛ̀ⲟⲩⲕ̀ⲗⲏⲣⲟⲛⲟⲙⲓⲁ̀ 37ⲟⲩϩⲉⲃⲱⲛ ⲁϥϣⲁⲛ ϣⲱⲡⲓ ⲓⲉ ⲟⲩⲙⲟⲩ
ⲁϥϣⲁⲛ ϣⲱⲡⲓ ⲓⲉ ϥⲛⲁϣⲱⲡⲓ ⲛ̀ϫⲉ ⲟⲩⲣⲱⲕϩ ⲓⲉ ⲟⲩⲃⲣⲟⲩⲭⲟⲥ ⲓⲉ ⲟⲩⲉⲧⲛⲉϣ ⲁⲩϣⲁⲛ ϣⲱⲡⲓ
ⲟⲩⲟϩ ⲉ̀ϣⲱⲡ ⲉ̀ⲣⲉϣⲁⲛ ⲡⲉϥϫⲁϫⲓ ϩⲉϫϩⲱϫϥ ϧⲉⲛ ⲟⲩⲓ̀ ⲛ̀ⲛⲉϥⲃⲁⲕⲓ ⲟⲩⲉⲩⲁⲛⲧⲏⲙⲁ ⲛⲓⲃⲉⲛ
ⲙ̀ⲙⲕⲁϩ ⲛⲓⲃⲉⲛ 38ⲡⲣⲟⲥⲉⲩⲭⲏ ⲛⲓⲃⲉⲛ ⲧⲱⲃϩ ⲛⲓⲃⲉⲛ ⲁⲩϣⲁⲛ ϣⲱⲡⲓ ⲛ̀ⲣⲱⲙⲓ ⲛⲓⲃⲉⲛ ⲉ̀ⲣⲉϣⲁⲛ
ⲫⲟⲩⲁⲓ ⲫⲟⲩⲁⲓ ⲁϥⲉ̀ⲙⲓ ⲙ̀ⲡⲓⲉⲣϧⲟⲧ ϧⲉⲛ ⲡⲉϥϩⲏⲧ ⲟⲩⲟϩ ⲛ̀ⲧⲉϥⲫⲱⲣϣ ⲛ̀ⲛⲉϥϫⲓϫ ⲉ̀ⲃⲟⲗ ϧⲉⲛ ⲡⲁⲓ ⲏⲓ
39ⲛ̀ⲑⲟⲕ ⲉⲕⲉ̀ⲥⲱⲧⲉⲙ ⲉ̀ⲃⲟⲗ ϧⲉⲛ ⲧⲫⲉ ⲉ̀ⲃⲟⲗ ϧⲉⲛ ⲡⲉⲕⲙⲁⲛϣⲱⲡⲓ ⲉⲧ ⲥⲉⲃⲧⲱⲧ ⲟⲩⲟϩ ⲉⲕⲉ̀ⲓ̀ⲣⲓ
ⲟⲩⲟϩ ⲉⲕⲉ̀ϯ ⲙ̀ⲡⲓⲣⲱⲙⲓ ⲕⲁⲧⲁ ⲫⲣⲏϯ ⲙ̀ⲡⲉϥϩⲏⲧ ⲉⲧ ⲉⲕⲉ̀ⲙⲓ ⲉ̀ⲡⲉϥⲙⲱⲓⲧ ⲉⲧ ⲉⲕⲉ̀ⲙⲓ ⲉ̀ⲡⲉϥϩⲏⲧ
ϫⲉ ⲛ̀ⲑⲟⲕ ⲙ̀ⲙⲟⲕ ⲉⲧ ⲥⲱⲟⲩⲛ ⲙ̀ⲡϩⲏⲧ ⲛ̀ⲧⲉ ⲛⲓϣⲏⲣⲓ ⲧⲏⲣⲟⲩ ⲛ̀ⲧⲉ ⲛⲓⲣⲱⲙⲓ 40ϩⲟⲡⲱⲥ ⲛ̀ⲧⲟⲩⲉⲣ
ϩⲟϯ ϧⲁ ⲧⲉⲕϩⲏ ⲛ̀ⲛⲓⲉ̀ϩⲟⲟⲩ ⲧⲏⲣⲟⲩ ⲉⲧ ⲟⲩⲛⲁⲱⲛϧ ⲙ̀ⲙⲱⲟⲩ ϩⲓϫⲉⲛ ⲡⲓⲕⲁϩⲓ ⲫⲏ ⲉ̀ⲧⲉ ⲛ̀ⲑⲟⲕ
ⲉⲧ ⲁⲕⲧⲏⲓϥ ⲛ̀ⲛⲟⲩⲓⲟϯ 41ⲟⲩⲟϩ ⲡⲓϣⲉⲙⲙⲟ ⲫⲏ ⲉ̀ⲧⲉ ⲛ̀ⲟⲩ-ⲉ̀ⲃⲟⲗ-ϧⲉⲛ-ⲡⲉⲕⲗⲁⲟⲥ ⲁⲛ ⲡⲉ 42ⲟⲩⲟϩ
ⲉⲩⲉ̀ⲉⲣ ⲡⲣⲟⲥⲉⲩⲭⲉⲥⲑⲉ ϧⲉⲛ ⲡⲁⲓ ⲙⲁ 43ⲟⲩⲟϩ ⲛ̀ⲑⲟⲕ ⲉⲕⲉ̀ⲥⲱⲧⲉⲙ ⲉ̀ⲃⲟⲗ ϧⲉⲛ ⲧⲫⲉ ⲉ̀ⲃⲟⲗ ϧⲉⲛ
ⲡⲉⲕⲙⲁⲛϣⲱⲡⲓ ⲉⲧ ⲥⲉⲃⲧⲱⲧ ⲟⲩⲟϩ ⲉⲕⲉ̀ⲓ̀ⲣⲓ ⲛ̀ϩⲱⲃ ⲛⲓⲃⲉⲛ ⲉⲧ ⲁϥⲛⲁⲧⲱⲃϩ ⲙ̀ⲙⲟϥ ⲛ̀ϫⲉ ⲡⲓϣⲉⲙⲙⲟ ϩⲟⲡⲱⲥ ⲛ̀ⲧⲟⲩⲥⲟⲩⲉⲛ ⲡⲉⲕⲣⲁⲛ ⲉⲑ ⲟⲩⲁⲃ ⲛ̀ϫⲉ ⲛⲓⲗⲁⲟⲥ ⲧⲏⲣⲟⲩ ⲛ̀ⲧⲉ ⲡⲕⲁϩⲓ ⲟⲩⲟϩ
ⲛ̀ⲧⲟⲩⲉⲣ ϩⲟϯ ϧⲁ ⲧⲉⲕϩⲏ ⲙ̀ⲫⲣⲏϯ ⲙ̀ⲡⲉⲕⲗⲁⲟⲥ ⲡⲓⲥⲣⲁⲏⲗ ⲟⲩⲟϩ ⲛ̀ⲧⲟⲩⲉ̀ⲙⲓ ⲧⲏⲣⲟⲩ ϫⲉ ⲡⲉⲕⲣⲁⲛ ⲉⲑ ⲟⲩⲁⲃ ⲛ-ⲉⲧ-ⲟⲩⲙⲟⲩϯ-ⲉ̀ⲣⲟϥ ⲉ̀ϩⲣⲏⲓ ⲉ̀ϫⲉⲛ ⲡⲁⲓ ⲏⲓ ⲉⲧ ⲁⲓⲕⲟⲧϥ 44ϫⲉ ϥⲛⲁⲓ-ⲉ̀ⲃⲟⲗ
ⲛ̀ϫⲉ ⲡⲉⲕⲗⲁⲟⲥ ⲉ̀ⲡⲓⲡⲟⲗⲉⲙⲟⲥ ⲉ̀ϫⲉⲛ ⲛⲟⲩϫⲁϫⲓ ϧⲉⲛ ⲡⲓⲙⲱⲓⲧ ⲉⲧ ⲁⲕⲛⲁⲧⲁⲥⲑⲱⲟⲩ ϩⲓⲱⲧϥ
ⲟⲩⲟϩ ⲉⲩⲉ̀ⲧⲱⲃϩ ϧⲉⲛ ⲫⲣⲁⲛ ⲙ̀ⲡϭⲟⲓⲥ ϩⲓ ⲡⲓⲙⲱⲓⲧ ⲛ̀ⲧⲉ ϯⲃⲁⲕⲓ ⲑⲏ ⲉⲧ ⲁⲕⲥⲟⲧⲡⲥ ⲛⲉⲙ ⲡⲓⲏⲓ
ⲉⲧ ⲁⲓⲕⲟⲧϥ ⲙ̀ⲡⲉⲕⲣⲁⲛ ⲉⲧ ⲥⲙⲁⲣⲱⲟⲩⲧ 45ⲟⲩⲟϩ ⲉⲕⲉ̀ⲥⲱⲧⲉⲙ ⲉ̀ⲃⲟⲗ ϧⲉⲛ ⲧⲫⲉ ⲙ̀ⲡⲟⲩⲧⲱⲃϩ

ⲛⲉⲙ ⲧⲟⲩⲡⲣⲟⲥⲉⲩⲭⲏ ⲟⲩⲟϩ ⲉⲕⲉ̀ⲓ̀ⲣⲓ ⲙ̀ⲡⲟⲩⲟⲙⲁⲓⲟ̀ 46ϫⲉ ⲥⲉⲛⲁⲉⲣ ⲛⲟⲃⲓ ⲉ̀ⲣⲟⲕ ⲟⲩⲟϩ ⲙ̀ⲙⲟⲛ ⲣⲱⲙⲓ
ϫⲉ ϥⲛⲁⲉⲣ ⲛⲟⲃⲓ ⲁⲛ ⲟⲩⲟϩ ⲉⲕⲉ̀ⲓⲛⲓ-ⲉ̀ϩⲣⲏⲓ ⲉ̀ϫⲱⲟⲩ ⲟⲩⲟϩ ⲉⲕⲉ̀ⲧⲏⲓⲧⲟⲩ ⲙ̀ⲡⲉⲙⲑⲟ ⲛ̀ⲛⲟⲩϫⲁϫⲓ
ⲟⲩⲟϩ ⲉⲩⲉ̀ⲉⲣ ⲉ̀ⲭⲙⲁⲗⲱⲧⲉⲩⲓⲛ ⲙ̀ⲙⲱⲟⲩ ⲛ̀ϫⲉ ⲛⲏ ⲉⲧ ⲉⲣ ⲉ̀ⲭⲙⲁⲗⲱⲧⲉⲩⲓⲛ ⲛ̀ⲟⲩⲕⲁϩⲓ ⲉϥⲟⲩⲏⲟⲩ
ⲓⲉ ⲛⲉⲙ ⲉϥϧⲉⲛⲧ 47ⲟⲩⲟϩ ⲉⲩⲉ̀ⲧⲁⲥⲑⲟ ⲙ̀ⲡⲟⲩϩⲏⲧ ϧⲉⲛ ⲡⲕⲁϩⲓ ⲉⲧ ⲁⲩⲟⲩⲟⲑⲃⲟⲩ ⲉ̀ⲣⲟϥ ⲟⲩⲟϩ
ⲉⲩⲉ̀ⲧⲁⲥⲑⲟ ⲉⲩⲉ̀ϯϩⲟ ⲙ̀ⲙⲟⲕ ϧⲉⲛ ⲡⲕⲁϩⲓ ⲛ̀ⲧⲉ ⲛⲟⲩⲟⲩⲱ̀ⲧⲉⲃ-ⲉ̀ⲃⲟⲗ ⲉⲩϫⲱ ⲙ̀ⲙⲟⲥ ϫⲉ ⲁⲛⲉⲣ
ⲛⲟⲃⲓ ⲁⲛⲉⲣ ⲁ̀ⲛⲟⲙⲓⲁ ⲁⲛϭⲓ ⲛ̀ϫⲟⲛⲥ 48ⲟⲩⲟϩ ⲛ̀ⲧⲟⲩⲕⲟⲧⲟⲩ ϩⲁⲣⲟⲕ ϧⲉⲛ ⲡⲟⲩϩⲏⲧ ⲧⲏⲣϥ ⲛⲉⲙ
ϧⲉⲛ ⲧⲟⲩⲯⲩⲭⲏ ⲧⲏⲣⲥ ϧⲉⲛ ⲡⲕⲁϩⲓ ⲛ̀ⲧⲉ ⲛⲟⲩϫⲁϫⲓ ⲫⲏ ⲉⲧ ⲁⲩⲟⲩⲟⲑⲃⲟⲩ ⲉ̀ⲣⲟϥ ⲟⲩⲟϩ ⲉⲩⲉ̀-
ϯϩⲟ ⲉ̀ⲛϣⲱⲓ ϩⲁⲣⲟⲕ ⲉ̀ⲡⲓⲙⲱⲓⲧ ⲛ̀ⲧⲉ ⲡⲟⲩⲕⲁϩⲓ ⲫⲏ ⲉⲧ ⲁⲕⲧⲏⲓϥ ⲛ̀ⲛⲟⲩⲓⲟϯ ⲛⲉⲙ ϯⲃⲁⲕⲓ ⲉⲧ
ⲁⲕⲥⲟⲧⲡⲥ ⲛⲉⲙ ⲡⲏⲓ ⲉⲧ ⲁⲓⲕⲟⲧϥ ⲙ̀ⲡⲉⲕⲣⲁⲛ 49ⲟⲩⲟϩ ⲉⲕⲉ̀ⲥⲱⲧⲉⲙ ⲉ̀ⲃⲟⲗ ϧⲉⲛ ⲧⲫⲉ ⲉ̀ⲃⲟⲗ
ϧⲉⲛ ⲡⲉⲕⲙⲁⲛϣⲱⲡⲓ ⲉⲧ ⲥⲉⲃⲧⲱⲧ 50ⲟⲩⲟϩ ⲉⲕⲉ̀ⲭⲱ-ⲉ̀ⲃⲟⲗ ⲛ̀ⲛⲟⲩϭⲓ-ⲛ̀ϫⲟⲛⲥ ⲛⲏ ⲉⲧ ⲁⲩⲉⲣ
ⲛⲟⲃⲓ ⲉ̀ⲣⲟⲕ ⲛ̀ϧⲏⲧⲟⲩ ⲛⲉⲙ ⲕⲁⲧⲁ ⲛⲓϣⲱϥⲧ ⲧⲏⲣⲟⲩ ⲉⲧ ⲁⲩϣⲟϥⲧ ⲙ̀ⲙⲱⲟⲩ ⲟⲩⲟϩ ⲉⲕⲉ̀ⲧⲏⲓⲧⲟⲩ
ⲉ̀ϩⲁⲛⲛⲁⲓ ⲛⲉⲙ ϩⲁⲛⲙⲉⲧϣⲉⲛϩⲏⲧ ⲙ̀ⲡⲉⲙⲑⲟ ⲛ̀ⲛⲏ ⲉⲧ ⲁⲩⲉⲣ ⲉ̀ⲭⲙⲁⲗⲱⲧⲉⲩⲓⲛ ⲙ̀ⲙⲱⲟⲩ ⲟⲩⲟϩ
ⲉⲕⲉ̀ϣⲉⲛϩⲏⲧ ϧⲁⲣⲱⲟⲩ 51ϫⲉ ⲡⲉⲕⲗⲁⲟⲥ ⲡⲉ ⲛⲉⲙ ⲧⲉⲕⲕⲗⲏⲣⲟⲛⲟⲙⲓⲁ̀ ⲛⲏ ⲉⲧ ⲁⲕⲉ̀ⲛⲟⲩ ⲉ̀ⲃⲟⲗ
ϧⲉⲛ ⲡⲕⲁϩⲓ ⲛ̀ⲭⲏⲙⲓ ⲉ̀ⲃⲟⲗ ϧⲉⲛ ⲡⲓⲙⲁ ⲛ̀ⲟⲩⲣⲱⲕϩ ⲙ̀ⲃⲉⲛⲓⲡⲓ 52ⲟⲩⲟϩ ⲙⲁⲣⲟⲩϣⲱⲡⲓ ⲉ̀ⲟⲩⲏⲛ
ⲛ̀ϫⲉ ⲛⲉⲕⲃⲁⲗ ⲟⲩⲟϩ ⲛⲉⲕⲙⲁϣϫ ⲉⲩⲥⲱⲧⲉⲙ ⲉ̀ⲡϯϩⲟ ⲛ̀ⲧⲉ ⲡⲉⲕⲃⲱⲕ ⲛⲉⲙ ⲉ̀ϩⲣⲏⲓ ⲉ̀ϫⲉⲛ ⲡϯϩⲟ
ⲛ̀ⲧⲉ ⲡⲉⲕⲗⲁⲟⲥ ⲡⲓⲥⲣⲁⲏⲗ ⲟⲩⲟϩ ⲉⲕⲉ̀ⲥⲱⲧⲉⲙ ⲉ̀ⲣⲱⲟⲩ ϧⲉⲛ ϩⲱⲃ ⲛⲓⲃⲉⲛ ⲉⲧ ⲟⲩⲛⲁⲧⲟⲃϩⲕ ⲉⲑⲃⲏⲧⲟⲩ 53ϫⲉ ⲛ̀ⲑⲟⲕ ⲡⲉ ⲉⲧ ⲁⲕⲟⲩⲟⲑⲃⲟⲩ ⲉ̀ⲃⲟⲗ ⲉⲩⲕⲗⲏⲣⲟⲛⲟⲙⲓⲁ̀ ⲛⲁⲕ ⲉ̀ⲃⲟⲗ ⲉ̀ϩⲟⲧⲉ ⲛⲓⲗⲁⲟⲥ
ⲧⲏⲣⲟⲩ ⲛ̀ⲧⲉ ⲡⲕⲁϩⲓ ⲙ̀ⲫⲣⲏϯ ⲉⲧ ⲁⲕⲥⲁϫⲓ ϧⲉⲛ ⲧϫⲓϫ ⲙ̀ⲡⲉⲕⲃⲱⲕ ⲙⲱⲩ̀ⲥⲏⲥ ϧⲉⲛ ⲡϫⲓⲛⲟⲣⲉⲕ
ⲉ̀ⲛⲓ ⲛ̀ⲛⲉⲛⲓⲟϯ ⲉ̀ⲃⲟⲗ ϧⲉⲛ ⲭⲏⲙⲓ ⲡϭⲟⲓⲥ ⲡϭⲟⲓⲥ ⲧⲟⲧⲉ ⲁϥⲥⲁϫⲓ ⲛ̀ϫⲉ ⲥⲟⲗⲟⲙⲱⲛ ⲉ̀ϫⲉⲛ ⲡⲏⲓ
ⲉⲧ ⲁϥⲟⲩⲱ̀ ⲉϥⲕⲱⲧ ⲙ̀ⲙⲟϥ ⲫⲣⲏ ⲁϥⲥⲉⲙⲛⲏⲧϥ ϧⲉⲛ ⲧⲫⲉ ⲛ̀ϫⲉ ⲡϭⲟⲓⲥ ⲁϥϫⲟⲥ ⲉ̀ⲟⲣⲉϥ ϣⲱⲡⲓ ϧⲉⲛ
ⲟⲩⲅⲛⲟⲫⲟⲥ ⲉⲩⲕⲱⲧ ⲙ̀ⲡⲁⲏⲓ ⲟⲩⲏⲓ ⲉϥⲉ̀ⲥⲓⲱ̀ⲟⲩ ⲛⲁⲕ ⲉ̀ⲟⲣⲉϥ ϣⲱⲡⲓ ϧⲉⲛ ⲟⲩⲙⲉⲧⲃⲉⲣⲓ ⲙⲏ ⲓⲥ
ⲫⲁⲓ ⲥϧⲏⲟⲩⲧ ⲁⲛ ϩⲓ ⲡϫⲱⲙ ⲛ̀ⲧⲉ ϯⲱⲇⲏ 54ⲟⲩⲟϩ ⲁⲥϣⲱⲡⲓ ⲉⲧ ⲁϥⲟⲩⲱ̀ ⲛ̀ϫⲉ ⲥⲟⲗⲟⲙⲱⲛ
ⲉϥⲉⲣ ⲡⲣⲟⲥⲉⲩⲭⲉⲥⲑⲉ ⲉ̀ⲡϭⲟⲓⲥ ⲛ̀ⲧⲁⲓ ⲡⲣⲟⲥⲉⲩⲭⲏ ⲧⲏⲣⲥ ⲛⲉⲙ ⲡⲁⲓ ϯϩⲟ ⲁϥⲧⲏⲓϥ ⲉ̀ⲃⲟⲗ ϩⲁ
ⲡϩⲟ ⲙ̀ⲡⲓⲙⲁⲛⲉⲣϣⲱⲟⲩϣⲓ ⲛ̀ⲧⲉ ⲡϭⲟⲓⲥ ⲉϥϩⲓⲟⲩⲓ̀ ⲉ̀ϫⲉⲛ ⲛⲉϥⲕⲉⲗⲓ ⲟⲩⲟϩ ⲉ̀ⲣⲉ ⲛⲉϥϫⲓϫ ⲫⲟⲣϣ-
ⲉ̀ⲃⲟⲗ ⲉ̀ⲡϣⲱⲓ ⲉ̀ⲧⲫⲉ 55ⲟⲩⲟϩ ⲁϥⲟ̀ϩⲓ ⲉ̀ⲣⲁⲧϥ ⲁϥⲥⲙⲟⲩ ⲉ̀ϯⲉⲕⲕⲗⲏⲥⲓⲁ̀ ⲧⲏⲣⲥ ⲛ̀ⲧⲉ ⲡⲓⲥⲣⲁⲏⲗ
ϧⲉⲛ ⲟⲩⲛⲓϣϯ ⲛ̀ⲥⲙⲏ ⲉϥϫⲱ ⲙ̀ⲙⲟⲥ 56ϫⲉ ϥⲥⲙⲁⲣⲱⲟⲩⲧ ⲛ̀ϫⲉ ⲡϭⲟⲓⲥ ⲙ̀ⲫⲟⲟⲩ ⲫⲏ ⲉⲧ ⲁϥϯ
ⲛ̀ⲟⲩⲙⲁⲛⲉⲙⲧⲟⲛ ⲙ̀ⲡⲉϥⲗⲁⲟⲥ ⲡⲓⲥⲣⲁⲏⲗ ⲕⲁⲧⲁ ϩⲱⲃ ⲛⲓⲃⲉⲛ ⲉⲧ ⲁϥⲥⲁϫⲓ ⲙ̀ⲙⲱⲟⲩ ⲙ̀ⲡⲉϥⲉⲓⲙⲓ
ⲛ̀ϫⲉ ⲟⲩⲥⲁϫⲓ ⲉ̀ⲃⲟⲗ ϧⲉⲛ ⲛⲓⲥⲁϫⲓ ⲧⲏⲣⲟⲩ ⲛ̀ⲁⲅⲁⲑⲟⲛ ⲛⲏ ⲉⲧ ⲁϥⲥⲁϫⲓ ⲙ̀ⲙⲱⲟⲩ ϧⲉⲛ ⲧϫⲓϫ
ⲙ̀ⲙⲱⲩ̀ⲥⲏⲥ ⲡⲉϥⲃⲱⲕ 57ⲉ̀ⲣⲉ ⲡϭⲟⲓⲥ ⲡⲉⲛⲛⲟⲩϯ ⲉϥⲉ̀ϣⲱⲡⲓ ⲛⲉⲙⲁⲛ ⲙ̀ⲫⲣⲏϯ ⲉ̀ ⲛⲁϥϣⲱⲡⲓ ⲛⲉⲙ
ⲛⲉⲛⲓⲟϯ ⲛ̀ⲛⲉϥⲭⲁⲛ ⲛ̀ⲥⲱϥ ⲟⲩⲇⲉ ⲛ̀ⲛⲉϥⲧⲁⲥⲑⲟⲛ ⲉ̀ⲃⲟⲗ 58ⲉϥⲉ̀ⲣⲓⲕⲓ ⲛ̀ⲛⲉⲛϩⲏⲧ ⲉ̀ⲟⲣⲉⲛ ⲙⲟϣⲓ ϩⲓ
ⲛⲉϥⲙⲱⲓⲧ ⲧⲏⲣⲟⲩ ⲛⲉⲙ ⲉ̀ⲁⲣⲉϩ ⲛ̀ⲛⲉϥⲉⲛⲧⲟⲗⲏ ⲧⲏⲣⲟⲩ ⲛⲉⲙ ⲛⲉϥϩⲱⲛ ⲧⲏⲣⲟⲩ ⲉⲧ ⲁϥϩⲟⲛϩⲉⲛ
ⲛ̀ⲛⲉⲛⲓⲟϯ ⲉ̀ⲣⲱⲟⲩ 59ⲟⲩⲟϩ ⲉⲩⲉ̀ϣⲱⲡⲓ ⲛ̀ϫⲉ ⲛⲁⲓ ⲥⲁϫⲓ ⲉⲧ ⲁⲓϯϩⲟ ⲙ̀ⲙⲱⲟⲩ ⲙ̀ⲡⲉⲙⲑⲟ ⲙ̀ⲡϭⲟⲓⲥ
ⲡⲉⲛⲛⲟⲩϯ ⲙ̀ⲫⲟⲟⲩ ⲉⲩϧⲉⲛⲧ ⲉ̀ⲡϭⲟⲓⲥ ⲡⲉⲛⲛⲟⲩϯ ⲙ̀ⲡⲓⲉ̀ϩⲟⲟⲩ ⲛⲉⲙ ⲡⲓⲉ̀ϫⲱⲣϩ ⲉ̀ⲓ̀ⲣⲓ ⲙ̀ⲡϩⲁⲡ
ⲛ̀ⲧⲉ ⲡⲉⲕⲃⲱⲕ ⲛⲉⲙ ⲡϩⲁⲡ ⲛ̀ⲧⲉ ⲡⲉⲕⲗⲁⲟⲥ ⲡⲓⲥⲣⲁⲏⲗ ⲟⲩⲥⲁϫⲓ ⲛ̀ⲧⲉ ⲟⲩⲉ̀ϩⲟⲟⲩ ϧⲉⲛ ⲡⲉϥⲉ̀ϩⲟⲟⲩ
60ϩⲟⲡⲱⲥ ⲛ̀ⲧⲟⲩⲉ̀ⲙⲓ ⲛ̀ϫⲉ ⲛⲓⲗⲁⲟⲥ ⲧⲏⲣⲟⲩ ⲛ̀ⲧⲉ ⲡⲕⲁϩⲓ ϫⲉ ⲡϭⲟⲓⲥ ⲛ̀ⲑⲟϥ ⲡⲉ ⲫⲛⲟⲩϯ ⲟⲩⲟϩ
ⲙ̀ⲙⲟⲛ ⲕⲉ ⲛⲟⲩϯ ⲉ̀ⲃⲏⲗ ⲉ̀ⲣⲟϥ 61ⲟⲩⲟϩ ⲉⲩⲉ̀ϣⲱⲡⲓ ⲛ̀ϫⲉ ⲛⲉⲛϩⲏⲧ ⲉⲩϫⲏⲕ-ⲉ̀ⲃⲟⲗ ϩⲁ ⲡϭⲟⲓⲥ
ⲡⲉⲛⲛⲟⲩϯ ⲟⲩⲟϩ ⲉ̀ⲙⲟϣⲓ ϧⲉⲛ ⲟⲩⲧⲟⲩⲃⲟ ⲛ̀ϧⲣⲏⲓ ϧⲉⲛ ⲛⲉϥⲟⲩⲁϩⲥⲁϩⲛⲓ ⲛⲉⲙ ⲉ̀ⲁⲣⲉϩ ⲛ̀ⲛⲉϥⲉⲛ-
ⲧⲟⲗⲏ ⲕⲁⲧⲁ ⲫⲣⲏϯ ⲙ̀ⲡⲁⲓ ⲉ̀ϩⲟⲟⲩ 62ⲟⲩⲟϩ ⲡⲟⲩⲣⲟ ⲥⲟⲗⲟⲙⲱⲛ ⲛⲉⲙ ⲛⲉⲛϣⲏⲣⲓ ⲙ̀ⲡⲓⲥⲣⲁⲏⲗ
ⲁⲩϣⲱⲧ ⲛ̀ⲟⲩϣⲟⲩϣⲱⲟⲩϣⲓ ⲙ̀ⲡⲉⲙⲑⲟ ⲙ̀ⲡϭⲟⲓⲥ 63ⲟⲩⲟϩ ⲡⲟⲩⲣⲟ ⲥⲟⲗⲟⲙⲱⲛ ⲁϥϣⲱⲧ ⲛ̀ⲛⲓϣⲟⲩ-
ϣⲱⲟⲩϣⲓ ⲛ̀ⲧⲉ ⲡⲓϩⲓⲣⲏⲛⲓⲕⲟⲛ ⲛⲏ ⲉⲧ ⲁϥϣⲁⲧⲟⲩ ⲙ̀ⲡϭⲟⲓⲥ ⲉⲩⲓ̀ⲣⲓ ⲛ̀ϫⲱⲧ ⲥⲛⲁⲩ ⲛ̀ϣⲟ ⲛ̀ⲉ̀ϩⲉ
ⲟⲩⲟϩ ⲛⲓⲉ̀ⲥⲱⲟⲩ ϣⲉ ϫⲟⲩⲧ ⲛ̀ϣⲟ ⲟⲩⲟϩ ⲁϥⲓ̀ⲣⲓ ⲙ̀ⲡⲁⲓⲕ ⲉ̀ⲡⲏⲓ ⲙ̀ⲡϭⲟⲓⲥ ⲛ̀ϫⲉ ⲡⲟⲩⲣⲟ ⲛⲉⲙ ⲛⲉⲛ-

ϣⲏⲣⲓ ⲙ̀ⲡⲓⲥⲣⲁⲏⲗ ⲧⲏⲣⲟⲩ 64 ⲛ̀ϧⲣⲏⲓ ϧⲉⲛ ⲡⲓⲉ̀ϩⲟⲟⲩ ⲉ̀ⲧⲉⲙ̀ⲙⲁⲩ ⲁ̀ ⲡⲟⲩⲣⲟ ⲁϥⲧⲟⲩⲃⲟ ⲛ̀ⲑⲙⲏϯ
ⲛ̀ϯⲁⲩⲗⲏ ⲑⲏ ⲉⲧ ⲭⲏ ⲙ̀ⲡⲉⲙⲑⲟ ⲙ̀ⲡⲓⲏⲓ ⲙ̀ⲡϭⲟⲓⲥ ⲉ̀ ⲁϥⲑⲁⲙⲓⲟ ⲙ̀ⲡⲓϭⲗⲓⲗ ⲙ̀ⲙⲁⲩ ⲛⲉⲙ ⲛⲓϣⲟⲩϣⲱⲟⲩϣⲓ ⲛⲉⲙ ⲛⲓⲱⲧ ⲛ̀ⲧⲉ ⲛⲓϩⲓⲣⲏⲛⲓⲕⲟⲛ ϫⲉ ⲟⲩⲛ ⲡⲓⲙⲁⲛⲉⲣϣⲱⲟⲩϣⲓ ⲛ̀ϩⲟⲙⲧ ⲫⲏ ⲉⲧ ⲭⲏ
ⲙ̀ⲡⲉⲙⲑⲟ ⲙ̀ⲡϭⲟⲓⲥ ⲛⲉ ⲟⲩⲕⲟⲩϫⲓ ⲙ̀ⲙⲟⲛ ϣϫⲟⲙ ⲉ̀ⲣⲁϣϥ ⲛ̀ⲛⲓⲧⲁⲗⲟ̀ ⲛⲉⲙ ⲛⲓϭⲗⲓⲗ ⲛⲉⲙ ⲛⲓϣⲟⲩϣⲱⲟⲩϣⲓ ⲛ̀ⲧⲉ ⲛⲓϩⲓⲣⲏⲛⲓⲕⲟⲛ 65 ⲟⲩⲟϩ ⲁϥⲓ̀ⲣⲓ ⲛ̀ϫⲉ ⲥⲟⲗⲟⲙⲱⲛ ⲙ̀ⲡϣⲁⲓ ϧⲉⲛ ⲡⲓⲉ̀ϩⲟⲟⲩ ⲉ̀ⲧⲉⲙ̀ⲙⲁⲩ
ⲛⲉⲙ ⲡⲓⲥⲣⲁⲏⲗ ⲧⲏⲣϥ ⲛⲉⲙⲁϥ ϧⲉⲛ ⲟⲩⲛⲓϣϯ ⲛ̀ⲑⲱⲟⲩⲧⲥ ⲓⲉϫⲉⲛ ⲡⲓⲙⲱⲓⲧ-ⲉ̀ϧⲟⲩⲛ ⲛ̀ⲧⲉ ⲛ̀ⲉⲙⲁⲑ
ϣⲁ ⲡⲓⲁⲣⲟ ⲛ̀ⲧⲉ ⲭⲏⲙⲓ ⲙ̀ⲡⲉⲙⲑⲟ ⲙ̀ⲡϭⲟⲓⲥ ⲡⲉⲛⲛⲟⲩϯ ϧⲉⲛ ⲡⲏⲓ ⲉⲧ ⲁϥⲕⲟⲧϥ ⲉϥⲟⲩⲱⲙ ⲟⲩⲟϩ
ⲉϥⲥⲱ ⲉϥⲟⲩⲛⲟϥ ⲙ̀ⲙⲟϥ ⲙ̀ⲡⲉⲙⲑⲟ ⲙ̀ⲡϭⲟⲓⲥ ⲡⲉⲛⲛⲟⲩϯ ⲛ̀ϣⲁϣϥ ⲛ̀ⲉ̀ϩⲟⲟⲩ 66 ⲟⲩⲟϩ ϧⲉⲛ ⲡⲓⲉ̀ϩⲟⲟⲩ
ⲙ̀ⲙⲁϩϣⲙⲏⲛ ⲁϥⲥⲙⲟⲩ ⲛ̀ϫⲉ ⲡⲓⲗⲁⲟⲥ ⲉ̀ⲡⲟⲩⲣⲟ ⲟⲩⲟϩ ⲁϥⲟⲩⲱⲣⲡ ⲙ̀ⲡⲓⲗⲁⲟⲥ ⲉ̀ⲃⲟⲗ ⲟⲩⲟϩ ⲁⲩϣⲉ
ⲛⲱⲟⲩ ⲫⲟⲩⲁⲓ ⲫⲟⲩⲁⲓ ⲉ̀ⲡⲉϥⲙⲁⲛϣⲱⲡⲓ ϧⲉⲛ ⲟⲩϩⲓⲣⲏⲛⲏ ⲉⲩⲣⲁϣⲓ ϧⲉⲛ ⲡⲟⲩϩⲏⲧ ⲉ̀ⲡⲁⲛⲉϥ ⲉ̀ϧⲣⲏⲓ
ⲉ̀ϫⲉⲛ ⲛⲓⲁ̀ⲅⲁⲑⲟⲥ ⲧⲏⲣⲟⲩ ⲉⲧ ⲁ̀ ⲡϭⲟⲓⲥ ⲁⲓⲧⲟⲩ ⲛⲉⲙ ⲇⲁⲩⲓⲇ ⲡⲉϥⲃⲱⲕ ⲛⲉⲙ ⲡⲉϥⲗⲁⲟⲥ ⲡⲓⲥⲣⲁⲏⲗ

Regnorum III 9

1 ⲟⲩⲟϩ ⲁⲥϣⲱⲡⲓ ⲉⲧ ⲁϥⲟⲩⲱ ⲛ̀ϫⲉ ⲥⲟⲗⲟⲙⲱⲛ ⲉϥⲕⲱⲧ ⲙ̀ⲡⲏⲓ ⲙ̀ⲡϭⲟⲓⲥ ⲛⲉⲙ ⲡⲏⲓ ⲙ̀ⲡⲟⲩⲣⲟ
ⲛⲉⲙ ⲛⲓϩⲃⲏⲟⲩⲓ̀ ⲧⲏⲣⲟⲩ ⲛ̀ⲧⲉ ⲥⲟⲗⲟⲙⲱⲛ ⲛⲏ ⲉⲧ ⲁϥⲟⲩⲁϣ ⲉ̀ⲑⲁⲙⲓⲟⲟⲩ 2 ⲟⲩⲟϩ ⲁϥⲟⲩⲟⲛϩϥ
ⲛ̀ϫⲉ ⲡϭⲟⲓⲥ ⲉ̀ⲥⲟⲗⲟⲙⲱⲛ ⲙ̀ⲫⲙⲁϩⲥⲟⲛⲃ̄ ⲙ̀ⲫⲣⲏϯ ⲉⲧ ⲁϥⲟⲩⲟⲛϩϥ ⲉ̀ⲣⲟϥ ϧⲉⲛ ⲅⲁⲃⲁⲱⲛ 3 ⲟⲩⲟϩ
ⲡⲉϫⲉ ⲡϭⲟⲓⲥ ⲛⲁϥ ϫⲉ ⲁⲓⲥⲱⲧⲉⲙ ⲉ̀ⲧⲥⲙⲏ ⲛ̀ⲧⲉ ⲧⲉⲕⲡⲣⲟⲥⲉⲩⲭⲏ ⲛⲉⲙ ⲡⲉⲕⲧⲱⲃϩ ⲉⲧ ⲁⲕⲧⲱⲃϩ
ⲙ̀ⲙⲟϥ ⲙ̀ⲡⲁⲙ̀ⲑⲟ ⲁⲓⲓ̀ⲣⲓ ⲛⲁⲕ ⲕⲁⲧⲁ ⲧⲉⲕⲡⲣⲟⲥⲉⲩⲭⲏ ⲧⲏⲣⲥ ⲁⲓⲧⲟⲩⲃⲟ ⲙ̀ⲡⲁⲓ ⲏⲓ ⲉⲧ ⲁⲕⲕⲟⲧϥ
ⲉ̀ⲡϫⲓⲛⲭⲱ ⲙ̀ⲡⲁⲣⲁⲛ ⲙ̀ⲙⲁⲩ ϣⲁ ⲉ̀ⲛⲉϩ ⲟⲩⲟϩ ⲛⲁⲃⲁⲗ ⲉⲩⲉ̀ϣⲱⲡⲓ ⲙ̀ⲙⲁⲩ ⲛⲉⲙ ⲡⲁϩⲏⲧ ⲛ̀ⲛⲓ-
ⲉ̀ϩⲟⲟⲩ ⲧⲏⲣⲟⲩ

Regnorum III 17

2 ⲟⲩⲟϩ ⲁ̀ ⲟⲩⲥⲁϫⲓ ⲛ̀ⲧⲉ ⲡϭⲟⲓⲥ ⲓ̀ ϩⲁ ⲏ̀ⲗⲓⲁⲥ 3 ϫⲉ ⲙⲁϣⲉ ⲛⲁⲕ ⲉ̀ⲃⲟⲗ ⲧⲁⲓ ⲥⲁ ⲡⲉⲓⲉ̀ⲃⲧ ⲟⲩⲟϩ
ⲭⲱⲕ ϧⲉⲛ ⲡⲓⲭⲓⲙⲁⲣⲣⲟⲥ ⲛ̀ⲧⲉ ⲭⲟⲣⲣⲁⲑ ⲫⲏ ⲉⲧ ⲭⲏ ϩⲓϫⲉⲛ ⲡϩⲟ ⲙ̀ⲡⲓⲟⲣⲇⲁⲛⲏⲥ 4 ⲟⲩⲟϩ
ⲉⲥⲉ̀ϣⲱⲡⲓ ⲉⲕⲉ̀ⲥⲉ ⲙ̀ⲙⲱⲟⲩ ⲉ̀ⲃⲟⲗ ϧⲉⲛ ⲡⲓⲭⲓⲙⲁⲣⲣⲟⲥ ⲟⲩⲟϩ ⲁⲓⲉ̀ϩⲟⲛϩⲉⲛ ⲉ̀ⲧⲟⲧⲟⲩ ⲛ̀ⲛⲓⲁ̀ⲃⲱⲕ ⲟⲩⲟϩ
ⲉⲩⲉ̀ϣⲁⲛⲟⲩϣⲕ ⲙ̀ⲙⲁⲩ 5 ⲟⲩⲟϩ ⲁϥⲓ̀ⲣⲓ ⲛ̀ϫⲉ ⲏ̀ⲗⲓⲁⲥ ⲕⲁⲧⲁ ⲡⲥⲁϫⲓ ⲙ̀ⲡϭⲟⲓⲥ ⲟⲩⲟϩ ⲁϥϩⲉⲙⲥⲓ
ϧⲉⲛ ⲡⲓⲭⲓⲙⲁⲣⲣⲟⲥ ⲛ̀ⲧⲉ ⲭⲟⲣⲣⲁⲑ ϩⲓϫⲉⲛ ⲡϩⲟ ⲛ̀ⲧⲉ ⲡⲓⲟⲣⲇⲁⲛⲏⲥ 6 ⲟⲩⲟϩ ⲛⲁⲣⲉ ⲛⲓⲁ̀ⲃⲱⲕ ⲓⲛⲓ
ⲛⲁϥ ⲛ̀ϩⲁⲛⲱⲓⲕ ⲙ̀ⲫⲛⲁⲩ ⲛ̀ϣⲱⲣⲡ ⲛⲉⲙ ⲟⲩⲁϥ ⲙ̀ⲫⲛⲁⲩ ⲛ̀ⲣⲟⲩϩⲓ ⲟⲩⲟϩ ⲛⲁϥⲥⲉ ⲙ̀ⲙⲱⲟⲩ ⲡⲉ ⲉ̀ⲃⲟⲗ
ϧⲉⲛ ⲡⲓⲭⲓⲙⲁⲣⲣⲟⲥ 7 ⲟⲩⲟϩ ⲁⲥϣⲱⲡⲓ ⲙⲉⲛⲉⲛⲥⲁ ϩⲁⲛⲉ̀ϩⲟⲟⲩ ⲁϥϣⲱⲟⲩⲓ̀ ⲛ̀ϫⲉ ⲡⲓⲭⲓⲙⲁⲣⲣⲟⲥ
ϫⲉ ⲙ̀ⲡⲉ ⲙⲟⲩⲛϩⲱⲟⲩ ϣⲱⲡⲓ ϩⲓϫⲉⲛ ⲡⲕⲁϩⲓ 8 ⲟⲩⲟϩ ⲁ̀ ⲟⲩⲥⲁϫⲓ ⲛ̀ⲧⲉ ⲡϭⲟⲓⲥ ϣⲱⲡⲓ ϩⲁ ⲏ̀ⲗⲓⲁⲥ
9 ϫⲉ ⲧⲱⲛⲕ ⲙⲁϣⲉ ⲛⲁⲕ ⲉ̀ϧⲣⲏⲓ ⲉ̀ⲥⲁⲣⲉⲫⲑⲁ ⲛ̀ⲧⲉ ϯⲥⲩⲇⲱⲛⲓⲁ̀ ϩⲏⲡⲡⲉ ⲁⲓϩⲟⲛϩⲉⲛ ⲉ̀ⲧⲟⲧⲥ ⲛ̀ⲟⲩ-
ⲥϩⲓⲙⲓ ⲛ̀ⲭⲏⲣⲁ ⲙ̀ⲙⲁⲩ ⲉ̀ⲑⲣⲉⲥ ϣⲁⲛⲟⲩϣⲕ 10 ⲟⲩⲟϩ ⲁϥⲧⲱⲛϥ ⲁϥϣⲉ ⲛⲁϥ ⲉ̀ϧⲣⲏⲓ ⲉ̀ⲥⲁⲣⲉⲫⲑⲁ
ⲟⲩⲟϩ ⲁϥⲓ̀ ϣⲁ ϯⲡⲩⲗⲏ ⲛ̀ⲧⲉ ϯⲃⲁⲕⲓ ⲟⲩⲟϩ ⲓⲥ ⲟⲩⲥϩⲓⲙⲓ ⲛ̀ⲭⲏⲣⲁ ⲛⲁⲥⲥⲱⲕⲓ ⲛ̀ϩⲁⲛⲣⲱⲕϩ ⲙ̀ⲙⲁⲩ
ⲟⲩⲟϩ ⲁϥⲱϣ-ⲉ̀ⲃⲟⲗ ⲥⲁ ⲙⲉⲛϩⲱⲥ ⲛ̀ϫⲉ ⲏ̀ⲗⲓⲁⲥ ⲟⲩⲟϩ ⲡⲉϫⲁϥ ⲛⲁⲥ ϫⲉ ϭⲓ ⲛⲏⲓ ⲛ̀ⲟⲩⲕⲟⲩϫⲓ ⲙ̀ⲙⲱⲟⲩ
ⲉ̀ϧⲣⲏⲓ ⲉ̀ⲟⲩⲙⲟⲕⲓ ⲛ̀ⲧⲁⲥⲱ 11 ⲁⲥϣⲉ ⲛⲁⲥ ⲁⲥⲓⲛⲓ ⲙ̀ⲡⲓⲙⲱⲟⲩ ⲁϥⲱϣ-ⲉ̀ⲃⲟⲗ ⲥⲁ ⲙⲉⲛϩⲱⲥ ⲛ̀ϫⲉ
ⲏ̀ⲗⲓⲁⲥ ⲟⲩⲟϩ ⲡⲉϫⲁϥ ⲛⲁⲥ ϫⲉ ϯ ⲛⲏⲓ ⲛ̀ⲟⲩⲗⲱⲙⲓ ⲛ̀ⲱⲓⲕ ϧⲉⲛ ⲧⲉϫⲓϫ ϩⲓⲛⲁ ⲛ̀ⲧⲁⲟⲩⲱⲙ 12 ⲟⲩⲟϩ
ⲡⲉϫⲉ ϯⲥϩⲓⲙⲓ ϫⲉ ϥⲟⲛϧ ⲛ̀ϫⲉ ⲡϭⲟⲓⲥ ⲡⲉⲕⲛⲟⲩϯ ϫⲉ ⲁⲛ ⲟⲩⲟⲛϯ ϩⲗⲓ ⲛ̀ⲧⲉⲛⲥⲫⲓⲧⲉⲛ ⲙ̀ⲙⲁⲩ
ⲉ̀ⲃⲏⲗ ⲉ̀ⲟⲩϧⲟⲣⲡⲥ ⲛ̀ⲱⲓⲕ ϧⲉⲛ ϯϩⲩⲇⲣⲓⲁ̀ ⲛⲉⲙ ⲟⲩⲕⲟⲩϫⲓ ⲛ̀ⲛⲉϩ ϧⲉⲛ ⲡⲓⲕⲁⲯⲁⲕⲏⲥ ⲟⲩⲟϩ ϩⲏⲡⲡⲉ
ϯⲥⲱⲕⲓ ⲛ̀ⲡⲣⲱⲕϩ ⲟⲩⲟϩ ϯⲛⲁϣⲉ ⲛⲏⲓ ⲉ̀ϧⲟⲩⲛ ⲛ̀ⲧⲁⲑⲁⲙⲓⲟϥ ⲛⲏⲓ ⲛⲉⲙ ⲛⲁϣⲏⲣⲓ ⲉⲛⲉ̀ⲟⲩⲱⲙ
ⲟⲩⲟϩ ⲉⲛⲉ̀ⲙⲟⲩ 13 ⲟⲩⲟϩ ⲡⲉϫⲉ ⲏ̀ⲗⲓⲁⲥ ϫⲉ ϫⲉⲙ ⲛⲟⲙϯ ⲙⲁϣⲉ ⲡⲉ ⲟⲩⲟϩ ⲙⲁⲑⲁⲙⲓⲟϥ ⲕⲁⲧⲁ
ⲡⲉⲥⲁϫⲓ ⲁⲗⲗⲁ ⲙⲁⲑⲁⲙⲓⲟ̀ ⲛⲏⲓ ⲛ̀ϣⲟⲣⲡ ⲛ̀ϧⲏⲧϥ ⲛ̀ⲟⲩⲕⲟⲩϫⲓ ⲛ̀ⲕⲉⲛⲥⲫⲓⲧⲉⲛ ⲁ̀ⲛⲓⲧϥ ⲛⲏⲓ ⲉ̀ⲃⲟⲗ
ⲛ̀ⲑⲟ ϫⲉ ⲛⲉⲙ ⲛⲉϣⲏⲣⲓ ⲉ̀ⲣⲉⲧⲉⲛⲉ̀ⲑⲁⲙⲓⲟ̀ ⲙ̀ⲙⲱⲧⲉⲛ ⲉ̀ⲛϧⲁⲉ̀ 14 ϫⲉ ⲛⲁⲓ ⲛⲉ ⲛⲏ ⲉⲧ ⲉϥϫⲱ ⲙ̀ⲙⲱⲟⲩ
ⲛ̀ϫⲉ ⲡϭⲟⲓⲥ ⲫⲛⲟⲩϯ ⲙ̀ⲡⲓⲥⲣⲁⲏⲗ ϫⲉ ϯϩⲩⲇⲣⲓⲁ̀ ⲛ̀ⲧⲉ ⲡⲓⲱⲓⲕ ⲛ̀ⲛⲉⲥⲙⲟⲩⲛⲕ ⲟⲩⲟϩ ⲡⲓⲕⲁⲯⲁⲕⲏⲥ

ⲛ̀ⲧⲉ ⲡⲓⲛⲉϩ ⲛ̀ⲛⲉϥϭⲉⲃⲟⲛ ϣⲁ ⲡⲉ̀ϩⲟⲟⲩ ⲛ̀ⲧⲉ ⲡϭⲟⲓⲥ ⲛⲁϯ ⲙ̀ⲡⲓⲙⲟⲩⲛϩⲱⲟⲩ ϩⲓϫⲉⲛ ⲡⲓⲕⲁϩⲓ ¹⁵ⲟⲩⲟϩ
ⲁⲥϣⲉ ⲛⲁⲥ ⲛ̀ϫⲉ ϯⲥϩⲓⲙⲓ ⲁⲥⲑⲁⲙⲓⲟ ⲁⲥϯ ⲛⲁϥ ⲟⲩⲟϩ ⲁⲥⲟⲩⲱⲙ ⲛ̀ⲑⲟⲥ ⲛⲉⲙⲁϥ ⲛⲉⲙ ⲛⲉⲥϣⲏⲣⲓ
¹⁶ⲟⲩⲟϩ ϯⲟⲩⲇⲣⲓⲁ̀ ⲛ̀ⲧⲉ ⲡⲓⲱⲓⲧ ⲙ̀ⲡⲁⲥⲙⲟⲩⲛⲕ ⲟⲩⲟϩ ⲡⲓⲕⲁⲯⲁⲕⲏⲥ ⲛ̀ⲧⲉ ⲡⲓⲛⲉϩ ⲙ̀ⲡⲉϥϭⲉⲃⲟⲛ
ⲕⲁⲧⲁ ⲡⲥⲁϫⲓ ⲙ̀ⲡϭⲟⲓⲥ ⲫⲏ ⲉⲧ ⲁϥⲥⲁϫⲓ ⲙ̀ⲙⲟⲥ ϧⲉⲛ ⲧϫⲓϫ ⲛ̀ⲏ̀ⲗⲓⲁⲥ ¹⁷ⲟⲩⲟϩ ⲁⲥϣⲱⲡⲓ ⲙⲉⲛⲉⲛⲥⲁ ⲛⲁⲓ ⲁϥϣⲱⲡⲓ ⲛ̀ϫⲉ ⲡϣⲏⲣⲓ ⲛ̀ϯⲭⲏⲣⲁ ⲧϭⲟⲓⲥ ⲙ̀ⲡⲓⲏⲓ ⲟⲩⲟϩ ⲧⲉϥⲓⲁ̀ⲃⲓ ⲛⲁⲥϫⲟⲣ ⲡⲉ ⲉ̀ⲙⲁϣⲱ
ϣⲁⲧⲉ ϣⲧⲉⲙ ⲡⲛⲉⲩⲙⲁ ⲥⲱϫⲡ ⲛ̀ϧⲏⲧϥ ¹⁸ⲟⲩⲟϩ ⲡⲉϫⲁⲥ ⲛ̀ⲏ̀ⲗⲓⲁⲥ ϫⲉ ⲁ̀ϧⲱⲕ ⲛⲉⲙⲏⲓ ϩⲱⲕ
ⲫⲣⲱⲙⲓ ⲙ̀ⲫⲛⲟⲩϯ ϫⲉ ⲁⲕⲓ-ⲉ̀ϧⲟⲩⲛ ϩⲁⲣⲟⲓ ⲉ̀ⲉⲣ ⲫⲙⲉⲩⲓ̀ ⲛ̀ⲧⲁⲁ̀ⲇⲓⲕⲓⲁ̀ ⲟⲩⲟϩ ⲉ̀ϧⲱⲧⲉⲃ ⲙ̀ⲡⲁϣⲏⲣⲓ
¹⁹ⲟⲩⲟϩ ⲡⲉϫⲉ ⲏ̀ⲗⲓⲁⲥ ⲛ̀ϯⲥϩⲓⲙⲓ ϫⲉ ⲙⲁ ⲡⲉϣⲏⲣⲓ ⲛⲏⲓ ⲟⲩⲟϩ ⲁⲥⲟ̀ⲗϥ ⲉ̀ⲃⲟⲗ ϧⲉⲛ ⲕⲉⲛⲥ ⲟⲩⲟϩ
ⲁϥⲟ̀ⲗϥ ⲉ̀ⲡϣⲱⲓ ⲉ̀ⲡⲓⲙⲁ ⲉⲧ ϭⲟⲥⲓ ⲉ̀ ⲛⲁϥϩⲉⲙⲥⲓ ⲛ̀ϧⲏⲧϥ ⲟⲩⲟϩ ⲁϥϣⲁⲧⲟϥ ⲉ̀ϩⲣⲏⲓ ⲉ̀ϫⲉⲛ ⲡⲉϥϭⲗⲟϫ
²⁰ⲟⲩⲟϩ ⲁϥⲱϣ-ⲉ̀ⲃⲟⲗ ⲛ̀ϫⲉ ⲏ̀ⲗⲓⲁⲥ ⲟⲩⲟϩ ⲡⲉϫⲁϥ ϫⲉ ⲟⲩⲟⲓ ⲛⲏⲓ ⲡⲁϭⲟⲓⲥ ⲡⲓⲙⲉⲥⲟⲣⲉ ⲛ̀ϯⲭⲏⲣⲁ
ⲑⲏ ⲁ̀ⲛⲟⲕ ⲉ̀ϯϣⲟⲡ ⲛⲉⲙⲁⲥ ⲛ̀ⲑⲟⲕ ⲁⲕϯ ⲙ̀ⲕⲁϩ ⲙ̀ⲡⲉⲥϣⲏⲣⲓ ⲉ̀ⲛϫⲓⲛϧⲟⲑⲃⲉϥ ²¹ⲟⲩⲟϩ ⲁϥⲛⲓϥⲓ-
ⲉ̀ϧⲟⲩⲛ ϧⲉⲛ ⲡϩⲟ ⲙ̀ⲡⲓⲁ̀ⲗⲟⲩ ⲛ̀ⲅ̅ ⲛ̀ⲥⲟⲡ ⲟⲩⲟϩ ⲁϥⲱϣ-ⲉ̀ⲃⲟⲗ ⲟⲩⲃⲉ̀ ⲡϭⲟⲓⲥ ⲟⲩⲟϩ ⲡⲉϫⲁϥ ϫⲉ
ⲡϭⲟⲓⲥ ⲫⲛⲟⲩϯ ⲙⲁⲣⲉ ⲧⲯⲩⲭⲏ ⲙ̀ⲡⲁⲓ ⲁ̀ⲗⲟⲩ ⲕⲟⲧⲥ ⲉ̀ⲣⲟϥ ²²ⲟⲩⲟϩ ⲁⲥϣⲱⲡⲓ ⲙ̀ⲡⲁⲓⲣⲏϯ ⲟⲩⲟϩ
ⲁϥⲱϣ-ⲉ̀ⲃⲟⲗ ⲛ̀ϫⲉ ⲡⲓⲁ̀ⲗⲟⲩ ²³ⲟⲩⲟϩ ⲁϥⲉⲛϥ ⲉ̀ⲡⲉⲥⲏⲧ ⲉ̀ⲃⲟⲗ ϧⲉⲛ ⲡⲓⲙⲁ ⲉ̀ⲧⲉ ⲙ̀ⲡϣⲱⲓ ⲉ̀ϧⲟⲩⲛ
ⲉ̀ⲡⲓⲏⲓ ⲟⲩⲟϩ ⲁϥⲧⲏⲓϥ ⲛ̀ⲧⲉϥⲙⲁⲩ ⲟⲩⲟϩ ⲡⲉϫⲉ ⲏ̀ⲗⲓⲁⲥ ϫⲉ ⲁ̀ⲛⲁⲩ ϫⲉ ϥⲟⲛϧ ⲛ̀ϫⲉ ⲡⲉϣⲏⲣⲓ ²⁴ⲟⲩⲟϩ
ⲡⲉϫⲉ ϯⲥϩⲓⲙⲓ ⲛ̀ⲏ̀ⲗⲓⲁⲥ ϫⲉ ϩⲏⲡⲡⲉ ⲁⲓⲉ̀ⲙⲓ ϫⲉ ⲛ̀ⲑⲟⲕ ⲟⲩⲣⲱⲙⲓ ⲛ̀ⲧⲉ ⲫⲛⲟⲩϯ ⲟⲩⲟϩ ⲡⲥⲁϫⲓ ⲙ̀ⲡϭⲟⲓⲥ
ϥⲭⲏ ϧⲉⲛ ⲣⲱⲕ ϥⲟⲓ ⲙ̀ⲙⲉⲑⲙⲏⲓ

Regnorum IV 4

⁸ⲟⲩⲟϩ ⲁϥϣⲱⲡⲓ ⲛ̀ϫⲉ ⲟⲩⲉ̀ϩⲟⲟⲩ ⲁϥⲥⲓⲛⲓ ⲛ̀ϫⲉ ⲉ̀ⲗⲓⲥⲥⲉⲟⲥ ⲉ̀ⲥⲩⲛⲁⲙ ⲟⲩⲟϩ ⲛⲉ ⲟⲩⲟⲛ ⲟⲩⲛⲓϣϯ
ⲛ̀ⲥϩⲓⲙⲓ ⲙ̀ⲙⲁⲩ ⲡⲉ ⲟⲩⲟϩ ⲁⲥⲁ̀ⲙⲟⲛⲓ ⲙ̀ⲙⲟϥ ⲉ̀ⲟⲩⲱⲙ ⲛ̀ⲟⲩⲱⲓⲕ ⲟⲩⲟϩ ⲁⲥϣⲱⲡⲓ ⲉⲧ ⲁϥⲛⲉⲕ
ⲉϥⲛⲁ-ⲉ̀ϧⲟⲩⲛ ⲉ̀ⲙⲁⲩ ⲟⲩⲟϩ ⲉϥⲛⲏⲟⲩ-ⲉ̀ⲃⲟⲗ ⲁϥⲣⲓⲕⲓ ⲉ̀ⲙⲁⲩ ⲉ̀ⲟⲩⲱⲙ ⲛ̀ⲟⲩⲱⲓⲕ ⁹ⲟⲩⲟϩ ⲡⲉϫⲉ
ϯⲥϩⲓⲙⲓ ⲙ̀ⲡⲉⲥϩⲁⲓ ϫⲉ ⲓⲥ ⲁⲓⲉ̀ⲙⲓ ϫⲉ ⲟⲩⲣⲱⲙⲓ ⲛ̀ⲧⲉ ⲫⲛⲟⲩϯ ⲡⲉ ⲫⲁⲓ ⲉϥⲟⲩⲁⲃ ⲉϥⲛⲏⲟⲩ ϩⲁⲣⲟⲛ
ⲉϥⲙⲏⲛ ¹⁰ⲙⲁⲣⲉⲛⲑⲁⲙⲓⲟ ⲛⲁϥ ⲛ̀ⲟⲩⲕⲟⲩϫⲓ ⲙ̀ⲙⲁ ⲥⲁ ⲡϣⲱⲓ ⲟⲩⲟϩ ⲛ̀ⲧⲉⲛⲭⲁ ⲟⲩϭⲗⲟϫ ⲛⲁϥ
ⲙ̀ⲙⲁⲩ ⲛⲉⲙ ⲟⲩⲧⲣⲁⲡⲉⲍⲁ ⲛⲉⲙ ⲟⲩϫⲟⲧⲉ ⲛⲉⲙ ⲟⲩⲗⲩⲭⲛⲓⲁ̀ ⲟⲩⲟϩ ⲉⲥⲉ̀ϣⲱⲡⲓ ⲁϥϣⲁⲛⲓ̀-ⲉ̀ϧⲟⲩⲛ
ϩⲁⲣⲟⲛ ⲉϥⲉ̀ⲣⲓⲕⲓ-ⲉ̀ϧⲟⲩⲛ ⲉ̀ⲙⲁⲩ ¹¹ⲟⲩⲟϩ ⲁϥϣⲱⲡⲓ ⲛ̀ϫⲉ ⲟⲩⲉ̀ϩⲟⲟⲩ ⲟⲩⲟϩ ⲁϥϣⲉ ⲛⲁϥ ⲉ̀ϧⲟⲩⲛ
ⲉ̀ⲙⲁⲩ ⲟⲩⲟϩ ⲁϥⲣⲓⲕⲓ-ⲉ̀ϧⲟⲩⲛ ⲉ̀ⲡⲓⲙⲁ ⲉ̀ⲧⲉ ⲙ̀ⲡϣⲱⲓ ⲟⲩⲟϩ ⲁϥⲉⲛⲕⲟⲧ ⲙ̀ⲙⲁⲩ ¹²ⲟⲩⲟϩ ⲡⲉϫⲁϥ
ⲛ̀ⲅⲓⲉ̀ⲍⲓ ⲡⲉϥⲁ̀ⲗⲟⲩ ϫⲉ ⲙⲟⲩϯ ⲛⲏⲓ ⲉ̀ϯⲥⲩⲛⲁⲙⲁⲛⲓⲧⲏⲥ ⲟⲩⲟϩ ⲁϥⲙⲟⲩϯ ⲉ̀ⲣⲟⲥ ⲟⲩⲟϩ ⲁⲥⲟ̀ϩⲓ ⲉ̀ⲣⲁⲧⲥ
ⲙ̀ⲡⲉϥⲙ̀ⲑⲟ ¹³ⲟⲩⲟϩ ⲡⲉϫⲁϥ ⲛⲁⲥ ϫⲉ ⲁ̀ⲣⲉⲥⲉⲙⲛⲓ ⲙ̀ⲡⲁⲓ ⲛⲓϣϯ ⲛ̀ⲣⲱϣⲓ̀ ⲛⲁⲛ ⲟⲩ ϫⲉ ⲡⲉⲧⲉϣϣⲉ
ⲛ̀ⲁⲓϥ ⲡⲉ ⲓⲉϫⲉ ⲟⲩⲟⲛⲧⲉ ⲟⲩⲥⲁϫⲓ ⲙ̀ⲙⲁⲩ ϩⲁ ⲡⲟⲩⲣⲟ ⲓⲉ ϩⲁ ⲡⲓⲁⲣⲭⲱⲛ ⲛ̀ⲧⲉ ϯϫⲟⲙ ⲛ̀ⲑⲟⲥ
ϫⲉ ⲡⲉϫⲁⲥ ϫⲓ ⲙ̀ⲙⲟⲛ ⲁⲓϣⲟⲡ ⲁ̀ⲛⲟⲕ ϧⲉⲛ ⲑⲙⲏϯ ⲙ̀ⲡⲁⲗⲁⲟⲥ ¹⁴ⲟⲩⲟϩ ⲡⲉϫⲁϥ ⲛ̀ⲅⲓⲉ̀ⲍⲓ ⲡⲉϥⲁ̀-
ⲗⲟⲩ ϫⲉ ⲟⲩ ⲡⲉⲧⲉϣϣⲉ ⲛ̀ⲁⲓϥ ⲛⲁⲥ ⲟⲩⲟϩ ⲡⲉϫⲉ ⲅⲓⲉ̀ⲍⲓ ⲡⲉϥⲁ̀ⲗⲟⲩ ϫⲉ ⲡⲉ ⲙⲁⲗⲗⲟⲛ ⲙ̀ⲙⲟⲛⲧⲉⲥ
ϣⲏⲣⲓ ⲙ̀ⲙⲁⲩ ⲟⲩⲟϩ ⲡⲉⲥϩⲁⲓ ⲁϥⲉⲣ ϧⲉⲗⲗⲟ ¹⁵ⲟⲩⲟϩ ⲡⲉϫⲁϥ ϫⲉ ⲙⲟⲩϯ ⲉ̀ⲣⲟⲥ ⲟⲩⲟϩ ⲁⲥⲟ̀ϩⲓ ⲉ̀ⲣⲁⲧⲥ
ϧⲁⲧⲉⲛ ⲡⲣⲟ ¹⁶ⲟⲩⲟϩ ⲡⲉϫⲉ ⲉ̀ⲗⲓⲥⲥⲉⲟⲥ ⲛⲁⲥ ϫⲉ ϧⲉⲛ ⲡⲁⲓ ⲥⲏⲟⲩ ⲙ̀ⲫⲣⲏϯ ⲉ̀ ⲧⲁⲓ ⲟⲩⲛⲟⲩ ⲉ̀ⲣⲉⲱⲛϧ
ⲛ̀ⲑⲟ ⲉ̀ⲣⲉⲉⲣ ⲃⲟⲕⲓ ⲛ̀ⲟⲩϣⲏⲣⲓ ⲛ̀ⲑⲟⲥ ϫⲉ ⲡⲉϫⲁⲥ ϫⲉ ⲙ̀ⲫⲱⲣ ⲡⲁϭⲟⲓⲥ ⲙ̀ⲡⲉⲣⲉⲙⲱⲃ̀ⲓ ⲛ̀ⲧⲉⲕⲃⲱⲕⲓ ¹⁷ⲟⲩⲟϩ
ⲁⲥⲉⲣ ⲃⲟⲕⲓ ⲛ̀ϫⲉ ϯⲥϩⲓⲙⲓ ⲁⲥⲙⲓⲥⲓ ⲛ̀ⲟⲩϣⲏⲣⲓ ϧⲉⲛ ⲡⲓⲥⲏⲟⲩ ⲙ̀ⲫⲣⲏϯ ⲛ̀ϯⲟⲩⲛⲟⲩ ⲉⲥⲟⲛϧ ⲕⲁⲧⲁ
ⲫⲣⲏϯ ⲉⲧ ⲁϥⲥⲁϫⲓ ⲛⲉⲙⲁⲥ ⲛ̀ϫⲉ ⲉ̀ⲗⲓⲥⲥⲉⲟⲥ ¹⁸ⲟⲩⲟϩ ⲁϥⲉⲣ ⲛⲓϣϯ ⲛ̀ϫⲉ ⲡⲓⲁ̀ⲗⲟⲩ ⲟⲩⲟϩ ⲁⲥϣⲱⲡⲓ
ⲉⲧ ⲁϥⲓ-ⲉ̀ⲃⲟⲗ ⲛ̀ϫⲉ ⲡⲓⲁ̀ⲗⲟⲩ ϣⲁ ⲡⲉϥⲓⲱⲧ ϩⲁ ⲛⲓϭⲁⲓ-ⲱⲥϧ ¹⁹ⲟⲩⲟϩ ⲡⲉϫⲁϥ ⲙ̀ⲡⲉϥⲓⲱⲧ ϫⲉ
ⲧⲁⲁ̀ⲫⲉ ⲧⲁⲁ̀ⲫⲉ ⲟⲩⲟϩ ⲡⲉϫⲁϥ ⲙ̀ⲡⲓⲁ̀ⲗⲟⲩ ϫⲉ ⲁ̀ⲗⲓⲧϥ ϭⲓⲧϥ ⲛ̀ⲧⲉϥⲙⲁⲩ ²⁰...... ⲟⲩⲟϩ ⲁϥⲉⲛⲕⲟⲧ ⲉ̀ϫⲉⲛ ⲛⲉⲥⲁ̀ⲗⲱϫ ϣⲁ ⲫⲛⲁⲩ ⲙ̀ⲙⲉⲣⲓ ⲟⲩⲟϩ ⲁϥⲙⲟⲩ ²¹ⲟⲩⲟϩ ⲁⲥⲟ̀ⲗϥ ⲉ̀ⲡϣⲱⲓ ⲁⲥϣⲁⲧⲟϥ
ϩⲓϫⲉⲛ ⲡⲓⲙⲁⲛⲉⲛⲕⲟⲧ ⲙ̀ⲡⲓⲣⲱⲙⲓ ⲛ̀ⲧⲉ ⲫⲛⲟⲩϯ ⲁⲥϣⲟⲗⲙ ⲉ̀ⲣⲟϥ ⲟⲩⲟϩ ⲁⲥⲓ-ⲉ̀ⲃⲟⲗ ²²ⲁⲥⲙⲟⲩϯ
ⲉ̀ⲡⲉⲥϩⲁⲓ ⲡⲉϫⲁⲥ ⲛⲁϥ ϫⲉ ⲟⲩⲉⲣⲡ ⲟⲩⲁⲓ ⲛ̀ⲛⲓⲁ̀ⲗⲱⲟⲩⲓ̀ ⲛⲏⲓ ⲛⲉⲙ ⲟⲩⲓ̀ ϧⲉⲛ ⲛⲓⲉ̀ⲱ ⲛ̀ⲧⲁϣⲉ ⲛⲏⲓ

ϣⲁ ⲡⲓⲣⲱⲙⲓ ⲛ̀ⲧⲉ ⲫⲛⲟⲩϯ ⲟⲩⲟϩ ⲛ̀ⲧⲁⲧⲁⲥⲟⲟ 23ⲟⲩⲟϩ ⲡⲉϫⲁϥ ϫⲉ ⲡⲓϩⲱⲃ ⲟⲩ ⲡⲉ ϫⲉ ⲧⲁⲣⲁϣⲉ
ⲡⲉ ϩⲁⲣⲟϥ ⲙ̀ⲫⲟⲟⲩ ⲟⲩⲇⲉ ⲥⲟⲩⲁⲓ ⲁⲛ ⲡⲉ .... ⲛ̀ⲑⲟⲥ ⲇⲉ ⲡⲉϫⲁⲥ ϫⲉ ⲧϩⲓⲣⲏⲛⲏ 24ⲟⲩⲟϩ
ⲁⲥϧⲱⲕ ⲛ̀ϯⲉ̀ⲱ ⲟⲩⲟϩ ⲡⲉϫⲁⲥ ⲙ̀ⲡⲓⲁ̀ⲗⲟⲩ ϫⲉ ⲙⲟϣⲓ ⲛⲁⲕ ⲙ̀ⲡⲉⲣⲧⲁϩⲛⲟ ⲙ̀ⲙⲟⲓ ⲉ̀ⲗⲁⲓ ϫⲉ ⲁⲓϣⲁⲛ
ϫⲟⲥ ⲛⲁⲕ 25ϫⲉ ⲁ̀ⲙⲟⲩ ⲥⲛⲉ̀ⲙⲟϣⲓ ⲟⲩⲟϩ ⲥⲛⲉ̀ⲓ ϩⲁ ⲡⲓⲣⲱⲙⲓ ⲛ̀ⲧⲉ ⲫⲛⲟⲩϯ

Paralipomenon I 15

2ⲧⲟⲧⲉ ⲡⲉϫⲉ ⲇⲁⲩⲓⲇ ϫⲉ ⲙ̀ⲙⲟⲛ ⲫⲏ ⲉⲑ ⲛⲁⲧⲱⲟⲩⲛ ⲛ̀ϯⲕⲩⲃⲱⲧⲟⲥ ⲛ̀ⲧⲉ ⲫⲛⲟⲩϯ ⲉ̀ⲃⲏⲗ
ⲉ̀ⲛⲓⲗⲉⲩⲓ̀ⲧⲏⲥ ϫⲉ ⲛ̀ⲑⲱⲟⲩ ⲁϥⲥⲟⲧⲡⲟⲩ ⲛ̀ϫⲉ ⲫⲛⲟⲩϯ ⲉ̀ⲣⲟⲩ ϥⲁⲓ ⲙ̀ⲙⲟⲥ ⲟⲩⲟϩ ⲉ̀ϣⲉⲙϣⲓ
ⲙ̀ⲡⲉϥⲙ̀ⲑⲟ ϣⲁ ⲉ̀ⲛⲉϩ 3ⲟⲩⲟϩ ⲁ̀ ⲇⲁⲩⲓⲇ ⲑⲱⲟⲩϯ ⲙ̀ⲡⲓⲗⲁⲟⲥ ⲧⲏⲣϥ ⲉ̀ⲣⲟⲩ ⲉⲓⲛⲓ-ⲉ̀ϩⲣⲏⲓ ⲛ̀ϯⲕⲩ-
ⲃⲱⲧⲟⲥ ⲛ̀ⲧⲉ ⲫⲛⲟⲩϯ ⲉ̀ⲡⲓⲙⲁ ⲉⲧ ⲁϥⲥⲉⲃⲧⲱⲧϥ ⲛⲁⲥ 4ⲟⲩⲟϩ ⲁ̀ ⲇⲁⲩⲓⲇ ⲑⲱⲟⲩϯ ⲛ̀ⲛⲉⲛϣⲏⲣⲓ
ⲛ̀ⲁ̀ⲁⲣⲱⲛ ⲛⲉⲙ ⲛⲓⲗⲉⲩⲓ̀ⲧⲏⲥ 5ⲉ̀ⲃⲟⲗ ϧⲉⲛ ⲕⲁⲁⲑ ⲟⲩⲣⲓⲏⲗ ⲡⲓⲁⲣⲭⲱⲛ ⲛⲉⲙ ⲛⲉϥⲥⲛⲏⲟⲩ ϣⲉ ϫⲟⲩⲧ
6ⲉ̀ⲃⲟⲗ ϧⲉⲛ ⲛⲉⲛϣⲏⲣⲓ ⲙ̀ⲙⲉⲣⲁⲣⲓ ⲁ̀ⲥⲁⲓⲁ̀ ⲡⲁⲣⲭⲱⲛ ⲛⲉⲙ ⲛⲉϥⲥⲛⲏⲟⲩ ⲥⲛⲁⲩ ϣⲉ ϫⲟⲩⲧ 7ⲛⲉⲛ-
ϣⲏⲣⲓ ⲛ̀ⲅⲉⲣⲥⲱⲙ ⲓⲱⲏⲗ ⲡⲟⲩⲁⲣⲭⲱⲛ ⲛⲉⲙ ⲛⲉϥⲥⲛⲏⲟⲩ ⲉⲩⲟⲓ ⲛ̀ϣⲉ ⲙⲁⲛ 8ⲛⲉⲛϣⲏⲣⲓ ⲛ̀ⲉ̀ⲗⲓⲥⲁ-
ⲫⲁⲛ ⲡⲟⲩⲁⲣⲭⲱⲛ ⲡⲉ ⲥⲉⲙⲉⲓⲁ̀ ⲛⲉⲙ ⲛⲉϥⲥⲛⲏⲟⲩ ⲉⲩⲉⲣ ⲥⲛⲁⲩ ϣⲉ 9ⲛⲉⲛϣⲏⲣⲓ ⲛ̀ⲭⲉⲃⲣⲱⲛ
ⲉ̀ⲗⲓⲏⲗ ⲡⲟⲩⲁⲣⲭⲱⲛ ⲛⲉⲙ ⲛⲉϥⲥⲛⲏⲟⲩ ⲉⲩⲉⲣ ϧⲙⲏⲛ 10ⲛⲉⲛϣⲏⲣⲓ ⲛ̀ⲟ̀ⲍⲓⲏⲗ ⲁ̀ⲙⲓⲛⲁⲇⲁⲃ ⲡⲟⲩⲁⲣⲭⲱⲛ ⲛⲉⲙ ⲛⲉϥⲥⲛⲏⲟⲩ ⲉⲩⲉⲣ ϣⲉ ⲛⲉⲙ ⲙⲏⲧⲥⲛⲁⲩ 11ⲟⲩⲟϩ ⲁ̀ ⲇⲁⲩⲓⲇ ⲙⲟⲩϯ ⲉ̀ⲥⲁⲇⲱⲕ ⲛⲉⲙ
ⲁ̀ⲃⲓⲁ̀ⲑⲁⲣ ⲛⲓⲟⲩⲏⲃ ⲛⲉⲙ ⲛⲓⲗⲉⲩⲓ̀ⲧⲏⲥ ⲟⲩⲣⲓⲏⲗ ⲛⲉⲙ ⲁ̀ⲥⲁⲓⲁ̀ ⲛⲉⲙ ⲓⲱⲏⲗ ⲛⲉⲙ ⲥⲉⲙⲉⲓⲁ̀ ⲛⲉⲙ
ⲁ̀ⲙⲓⲛⲁⲇⲁⲃ 12ⲟⲩⲟϩ ⲡⲉϫⲁϥ ⲛⲱⲟⲩ ϫⲉ ⲛ̀ⲑⲱⲧⲉⲛ ⲛⲓⲁⲣⲭⲱⲛ ⲛ̀ⲧⲉ ϯⲙⲉⲧⲓⲱⲧ ⲛ̀ⲧⲉ ⲛⲓⲗⲉⲩⲓ̀-
ⲧⲏⲥ ⲙⲁⲧⲟⲩⲃⲉ̀ⲥ ⲑⲏⲛⲟⲩ ⲛ̀ⲑⲱⲧⲉⲛ ⲛⲉⲙ ⲛⲉⲧⲉⲛⲥⲛⲏⲟⲩ ⲟⲩⲟϩ ⲁ̀ⲛⲟⲩⲓ̀-ⲉ̀ϩⲣⲏⲓ ⲛ̀ϯⲕⲓⲃⲱⲧⲟⲥ
ⲛ̀ⲧⲉ ⲡϭⲟⲓⲥ ⲫⲛⲟⲩϯ ⲙ̀ⲡⲓⲥⲣⲁⲏⲗ ⲉ̀ⲡⲓⲙⲁ ⲉⲧ ⲁⲓⲥⲉⲃⲧⲱⲧϥ ⲛⲁⲥ 13ϫⲉ ⲛⲁⲓ ⲙⲁ ⲅⲁⲣ ⲙ̀ⲡⲉ-
ⲧⲉⲛϣⲱⲡⲓ ⲉ̀ⲧⲓ ⲛ̀ⲟⲩⲁⲃ ⲟⲩⲟϩ ⲁ̀ ⲫⲛⲟⲩϯ ⲓ̀ⲣⲓ ⲛ̀ϧⲏⲧⲉⲛ ⲛ̀ⲟⲩϣⲟⲧϣⲉⲧ ϫⲉ ⲙ̀ⲡⲉⲛⲕⲱϯ ⲛ̀ⲥⲁ
ⲫⲛⲟⲩϯ ϧⲉⲛ ⲟⲩⲕⲁϯ 14ⲟⲩⲟϩ ⲁⲩⲧⲟⲩⲃⲟ ⲛ̀ϫⲉ ⲛⲓⲟⲩⲏⲃ ⲛⲉⲙ ⲛⲓⲗⲉⲩⲓ̀ⲧⲏⲥ ⲉ̀ⲛϫⲓⲛⲓⲛⲓ-ⲉ̀ϩⲣⲏⲓ
ⲉ̀ϯⲕⲓⲃⲱⲧⲟⲥ ⲛ̀ⲧⲉ ⲡϭⲟⲓⲥ ⲫⲛⲟⲩϯ ⲙ̀ⲡⲓⲥⲣⲁⲏⲗ 15ⲟⲩⲟϩ ⲁⲩϭⲓ ⲛ̀ϫⲉ ⲛⲉⲛϣⲏⲣⲓ ⲛ̀ⲛⲓⲗⲉⲩⲓ̀ⲧⲏⲥ ⲛ̀ϯⲕⲓ-
ⲃⲱⲧⲟⲥ ⲛ̀ⲧⲉ ⲫⲛⲟⲩϯ ⲙ̀ⲫⲣⲏϯ ⲉⲧ ⲁϥϩⲟⲛϩⲉⲛ ⲛ̀ϫⲉ ⲙⲱⲩ̀ⲥⲏⲥ ϧⲉⲛ ⲡⲥⲁϫⲓ ⲙ̀ⲫⲛⲟⲩϯ ⲙ̀ⲫⲣⲏϯ
ⲉⲧ ⲥϧⲏⲟⲩⲧ ⲉ̀ⲣⲟⲩ ϥⲁⲓ ⲙ̀ⲙⲟⲥ ϧⲉⲛ ϩⲁⲛⲁ̀ⲛⲁⲫⲟⲣⲉⲩⲥ 16ⲟⲩⲟϩ ⲡⲉϫⲉ ⲇⲁⲩⲓⲇ ⲛ̀ⲛⲓⲁⲣⲭⲱⲛ
ⲛ̀ⲧⲉ ⲛⲓⲟⲩⲏⲃ ⲛⲉⲙ ⲛⲓⲗⲉⲩⲓ̀ⲧⲏⲥ ϫⲉ ⲙⲁⲧⲁϩⲉ ⲛⲉⲧⲉⲛⲥⲛⲏⲟⲩ ⲉ̀ⲣⲁⲧⲟⲩ ⲛⲓⲯⲁⲗⲧⲱⲇⲟⲥ ϧⲉⲛ
ϩⲁⲛⲟⲣⲅⲁⲛⲟⲛ ⲛ̀ⲧⲉ ⲡⲓϩⲱⲇⲏ ⲛⲉⲙ ϩⲁⲛⲕⲓⲛⲩⲣⲁ ⲛⲉⲙ ⲛⲓⲕⲩⲙⲃⲁⲗⲟⲛ ⲉ̀ⲣⲟⲩ ϭⲓⲥⲓ ⲛ̀ⲧⲟⲩⲥⲙⲏ
ϧⲉⲛ ⲟⲩⲥⲙⲏ ⲛ̀ⲧⲉ ⲟⲩⲟⲩⲛⲟϥ 17ⲟⲩⲟϩ ⲁ̀ ⲛⲓⲗⲉⲩⲓ̀ⲧⲏⲥ ⲧⲁϩⲉ ⲉ̀ⲙⲁⲛ ⲉ̀ⲣⲁⲧϥ ⲡϣⲏⲣⲓ ⲛ̀ⲓⲱⲏⲗ ⲉ̀ⲃⲟⲗ
ϧⲉⲛ ⲛⲟⲩⲥⲛⲏⲟⲩ ⲁ̀ⲥⲁⲫ ⲡϣⲏⲣⲓ ⲙ̀ⲃⲁⲣⲁⲭⲓⲁ̀ ⲛⲉⲙ ⲉ̀ⲃⲟⲗ ϧⲉⲛ ⲛⲉⲛϣⲏⲣⲓ ⲙ̀ⲙⲉⲣⲁⲣⲓ ⲛⲉϥⲥⲛⲏⲟⲩ
ⲁⲓⲑⲁⲛ ⲡϣⲏⲣⲓ ⲛ̀ⲕⲓⲥⲥⲟⲥ 18ⲛⲉⲙ ⲛⲟⲩⲥⲛⲏⲟⲩ ⲛⲉⲙⲱⲟⲩ ⲉⲩⲟⲓ ⲙ̀ⲙⲁϩⲃ̅ ⲍⲁⲭⲁⲣⲓⲁⲥ ⲛⲉⲙ ⲟ̀ⲍⲓⲏⲗ ⲛⲉⲙ
ⲥⲉⲙⲓⲣⲁⲙⲱⲑ ⲛⲉⲙ ⲓⲉⲓⲏⲗ ⲛⲉⲙ ⲉ̀ⲗⲓⲱ̀ⲏⲗ ⲛⲉⲙ ⲉ̀ⲗⲓⲁⲃ ⲛⲉⲙ ⲃ̀ⲁⲛⲁⲓⲁ̀ ⲛⲉⲙ ⲙⲁⲁⲥⲁ ⲛⲉⲙ ⲙⲁⲑⲑⲁⲑⲓⲁⲥ
ⲛⲉⲙ ⲉ̀ⲗⲉⲫⲓⲁ̀ ⲛⲉⲙ ⲙⲉⲭⲉⲛⲓⲁⲥ ⲛⲉⲙ ⲁ̀ⲃⲇⲉⲇⲟⲙ ⲛⲉⲙ ⲓⲉⲓⲏⲗ ⲛⲉⲙ ⲟ̀ⲍⲓⲁⲥ ⲛⲓⲁ̀ⲡⲟⲧ 19ⲛⲉⲙ ⲛⲓⲯⲁⲗⲧⲱⲇⲟⲥ ⲉ̀ⲙⲁⲛ ⲛⲉⲙ ⲁ̀ⲥⲁⲫ ⲛⲉⲙ ⲁⲓⲑⲁⲛ ϧⲉⲛ ϩⲁⲛⲕⲩⲙⲃⲁⲗⲟⲛ ⲛ̀ϩⲟⲙⲧ ⲉ̀ⲣⲟⲩ ⲥⲱⲧⲉⲙ ⲉ̀ⲣⲱⲟⲩ
20ⲍⲁⲭⲁⲣⲓⲁⲥ ⲛⲉⲙ ⲟ̀ⲍⲓⲏⲗ ⲛⲉⲙ ⲥⲉⲙⲓⲣⲁⲙⲱⲑ ⲛⲉⲙ ⲓⲉⲓⲏⲗ ⲛⲉⲙ ⲱ̀ⲛⲓ ⲛⲉⲙ ⲉ̀ⲗⲓⲁⲃ ⲛⲉⲙ ⲙⲁⲁⲥⲁⲓⲁ̀
ⲛⲉⲙ ⲃ̀ⲁⲛⲁⲓⲁ̀ ϧⲉⲛ ϩⲁⲛⲛⲁⲃⲗⲁ ⲥⲟⲃⲉ ϫⲉ ⲁ̀ⲗⲓⲙⲱⲑ 21ⲛⲉⲙ ⲙⲁⲧⲧⲁⲑⲓⲁ̀ ⲛⲉⲙ ⲁ̀ⲗⲟⲫⲁⲗⲟⲥ ⲛⲉⲙ
ⲙⲁⲕⲉⲛⲓⲁ̀ ⲛⲉⲙ ⲁ̀ⲃⲇⲉⲇⲟⲙ ⲛⲉⲙ ⲓⲉⲓⲏⲗ ⲛⲉⲙ ⲟ̀ⲍⲓⲁⲥ ϧⲉⲛ ϩⲁⲛⲕⲓⲛⲩⲣⲁⲥ ⲛⲉⲙ ⲁ̀ⲙⲁⲥⲉⲛⲓⲑ ⲉ̀ⲛϫⲓⲛϯ
ϫⲟⲙ 22ⲛⲉⲙ ⲭⲱⲛⲉⲛⲓⲁⲥ ⲡⲓⲁⲣⲭⲱⲛ ⲛ̀ⲧⲉ ⲛⲓⲗⲉⲩⲓ̀ⲧⲏⲥ ⲛⲁϥϩⲱⲥ ϧⲉⲛ ϩⲁⲛϩⲱⲇⲏ ϫⲉ ⲛⲉ ⲟⲩ-
ⲕⲁⲧⲏⲧ ⲡⲉ 23ⲟⲩⲟϩ ⲃ̀ⲁⲣⲁⲭⲓⲁⲥ ⲛⲉⲙ ⲉ̀ⲗⲕⲁⲛⲁ ⲛⲓⲁ̀ⲡⲟⲧ ⲛ̀ϯⲕⲓⲃⲱⲧⲟⲥ 24ⲟⲩⲟϩ ⲥⲟⲙⲛⲓⲁ̀ ⲛⲉⲙ
ⲓⲱⲥⲁⲫⲁⲧ ⲛⲉⲙ ⲛⲁⲑⲁⲛⲁⲏⲗ ⲛⲉⲙ ⲁⲙⲁⲥⲁⲓ ⲛⲉⲙ ⲍⲁⲭⲁⲣⲓⲁⲥ ⲛⲉⲙ ⲃ̀ⲁⲛⲁⲓⲁ̀ ⲛⲉⲙ ⲉ̀ⲗⲓⲉ̀ⲍⲉⲣ
ⲛⲓⲟⲩⲏⲃ ⲛⲁⲩⲉⲣ ⲥⲁⲗⲡⲓⲍⲓⲛ ϧⲁⲧⲉⲛ ϯⲕⲓⲃⲱⲧⲟⲥ ⲛ̀ⲧⲉ ⲫⲛⲟⲩϯ ⲟⲩⲟϩ ⲁ̀ⲃⲇⲉⲇⲟⲙ ⲛⲉⲙ ⲓⲉⲓⲁ ⲛⲓⲁ̀-
ⲡⲟⲧ ⲛ̀ⲧⲉ ϯⲕⲓⲃⲱⲧⲟⲥ ⲛ̀ⲧⲉ ⲫⲛⲟⲩϯ 25ⲛⲉ ⲇⲁⲩⲓⲇ ⲡⲉ ⲛⲉⲙ ⲛⲓⲡⲣⲉⲥⲃⲩⲧⲉⲣⲟⲥ ⲛ̀ⲧⲉ ⲡⲓⲥⲣⲁⲏⲗ
ⲛⲉⲙ ⲛⲓⲭⲓⲗⲓⲁⲣⲭⲟⲥ ⲁⲩⲓ̀ⲛⲓ ⲛ̀ϯⲕⲓⲃⲱⲧⲟⲥ ⲛ̀ⲧⲉ ϯⲇⲓⲁ̀ⲑⲏⲕⲏ ⲛ̀ⲧⲉ ⲫⲛⲟⲩϯ ⲉ̀ⲃⲟⲗ ϧⲉⲛ ⲡⲏⲓ ⲛ̀ⲁⲃ-

ϫⲉϫⲟⲙ ϧⲉⲛ ⲟⲩⲧⲟⲩⲛⲟϥ 26ⲟⲩⲟϩ ⲁⲥϣⲱⲡⲓ ϧⲉⲛ ⲡϫⲓⲛⲟⲣⲉ ⲫⲛⲟⲩϯ ϯ ⲛⲟⲙϯ ⲛ̀ⲛⲓⲗⲉⲩⲓⲧⲏⲥ
ⲛⲏ ⲉⲧ ϥⲁⲓ ⲛ̀ϯⲕⲓⲃⲱⲧⲟⲥ ⲛ̀ⲧⲉ ϯⲇⲓⲁⲑⲏⲕⲏ ⲛ̀ⲧⲉ ⲫⲛⲟⲩϯ ⲁⲩϣⲱⲧ ⲛ̀ϣⲁϣϥ ⲙ̀ⲙⲁⲥⲓ ⲛⲉⲙ
ϣⲁϣϥ ⲛ̀ⲱⲓⲗⲓ 27ⲟⲩⲟϩ ⲇⲁⲩⲓⲇ ⲛⲁϥϧⲏⲕ ⲡⲉ ⲛ̀ⲟⲩⲥⲧⲟⲗⲏ ⲛ̀ϣⲉⲛⲥ ⲛⲉⲙ ⲛⲓⲗⲉⲩⲓⲧⲏⲥ ⲧⲏⲣⲟⲩ
ⲛⲏ ⲉⲧ ϥⲁⲓ ⲛ̀ϯⲕⲓⲃⲱⲧⲟⲥ ⲛ̀ⲧⲉ ϯⲇⲓⲁⲑⲏⲕⲏ ⲛ̀ⲧⲉ ⲡϭⲟⲓⲥ ⲛⲉⲙ ⲛⲓⲯⲁⲗⲙⲱⲇⲟⲥ ⲛⲉⲙ ⲭⲱⲛⲉⲛⲓⲁ̀
ⲡⲁⲣⲭⲱⲛ ⲛ̀ⲧⲉ ϯⲱⲇⲏ ⲛ̀ⲧⲉ ⲛⲏ ⲉⲧ ϩⲱⲥ ⲟⲩⲟϩ ⲟⲩⲥⲧⲟⲗⲏ ⲛ̀ϣⲉⲛⲥ ⲛⲁⲥϯ ϩⲓⲱⲧϥ ⲛ̀ⲇⲁⲩⲓⲇ ⲡⲉ
28ⲟⲩⲟϩ ⲡⲓⲥⲣⲁⲏⲗ ⲧⲏⲣϥ ⲛⲁϥⲭⲏ ⲛⲉⲙⲁϥ ⲉϥⲓⲛⲓ ⲛ̀ϯⲕⲩⲃⲱⲧⲟⲥ ⲉ̀ⲡϣⲱⲓ ⲛ̀ⲧⲉ ϯⲇⲓⲁⲑⲏⲕⲏ ⲛ̀ⲧⲉ
ⲡϭⲟⲓⲥ ϧⲉⲛ ⲟⲩⲁⲛⲓⲙ ⲛⲉⲙ ⲟⲩⲥⲁⲗⲡⲓ ⲛⲉⲙ ϩⲁⲛⲥⲁⲗⲡⲓⲅⲅⲟⲥ ⲛⲉⲙ ϩⲁⲛⲕⲩⲙⲃⲁⲗⲟⲛ ⲉⲩⲱϣ-ⲉ̀ⲃⲟⲗ
ⲛⲉⲙ ϩⲁⲛⲛⲁⲃⲗⲁ ⲛⲉⲙ ϩⲁⲛⲕⲓⲛⲩⲣⲁ 29ⲟⲩⲟϩ ⲛⲁⲩⲓⲛⲓ ⲡⲉ ⲛ̀ϯⲕⲓⲃⲱⲧⲟⲥ ⲛ̀ⲧⲉ ϯⲇⲓⲁⲑⲏⲕⲏ ⲛ̀ⲧⲉ
ⲡϭⲟⲓⲥ ⲟⲩⲟϩ ⲁϥⲓ ϣⲁ ⲑ̀ⲃⲁⲕⲓ ⲛ̀ⲇⲁⲩⲓⲇ ⲟⲩⲟϩ ⲁⲥϣⲱⲡⲓ ⲉⲧ ⲁ̀ ϯⲕⲓⲃⲱⲧⲟⲥ ⲛ̀ⲧⲉ ϯⲇⲓⲁⲑⲏⲕⲏ
ⲛ̀ⲧⲉ ⲡϭⲟⲓⲥ ⲓ ⲉ̀ϧⲟⲩⲛ ⲉ̀ⲑⲃⲁⲕⲓ ⲛ̀ⲇⲁⲩⲓⲇ ⲟⲩⲟϩ ⲙⲉⲗⲭⲟⲗ ⲧϣⲉⲣⲓ ⲛ̀ⲥⲁⲟⲩⲗ ⲁⲥϫⲟⲩϣⲧ ⲉ̀ⲃⲟⲗ
ϧⲉⲛ ⲡⲓϣⲟⲩϣⲧ ⲁⲥⲛⲁⲩ ⲉ̀ⲡⲟⲩⲣⲟ ⲇⲁⲩⲓⲇ ⲉϥϭⲟⲥϫⲉⲥ ⲟⲩⲟϩ ⲉϥⲥⲱⲃⲓ ⲟⲩⲟϩ ⲁⲥϣⲟϣϥ ϧⲉⲛ
ⲧⲉⲥⲯⲩⲭⲏ

Paralipomenon I 16

1ⲟⲩⲟϩ ⲁⲩⲓⲛⲓ ⲛ̀ϯⲕⲓⲃⲱⲧⲟⲥ ⲛ̀ⲧⲉ ϯⲇⲓⲁⲑⲏⲕⲏ ⲛ̀ⲧⲉ ⲡϭⲟⲓⲥ ⲉ̀ϧⲟⲩⲛ ⲟⲩⲟϩ ⲁⲩⲭⲁ ⲙ̀ⲙⲟⲥ ϧⲉⲛ
ⲑⲙⲏϯ ⲛ̀ϯⲥⲕⲏⲛⲏ ⲡⲓⲙⲁ ⲉⲧ ⲁϥⲧⲁϫⲣⲟϥ ⲛ̀ϫⲉ ⲇⲁⲩⲓⲇ ⲟⲩⲟϩ ⲁⲩⲓⲛⲓ-ⲉ̀ϧⲣⲏⲓ ⲛ̀ϩⲁⲛϭⲗⲓⲗ ⲥⲱⲃⲉ
ⲟⲩⲛⲟϩⲉⲙ ⲙ̀ⲡⲉⲙⲑⲟ ⲙ̀ⲡϭⲟⲓⲥ 2ⲟⲩⲟϩ ⲉⲧ ⲁϥⲟⲩⲱ ⲛ̀ϫⲉ ⲇⲁⲩⲓⲇ ⲁϥⲓⲛⲓ-ⲉ̀ϧⲣⲏⲓ ⲙ̀ⲡⲓϭⲗⲓⲗ ⲁϥⲥⲙⲟⲩ ⲉ̀ⲡⲓⲗⲁⲟⲥ ⲧⲏⲣϥ ϧⲉⲛ ⲫⲣⲁⲛ ⲙ̀ⲡϭⲟⲓⲥ 3ⲟⲩⲟϩ ⲁϥⲫⲱϣ ⲉ̀ϩⲣⲁϥ ⲙ̀ⲡⲓⲗⲁⲟⲥ ⲧⲏⲣϥ ⲓⲥϫⲉⲛ
ⲟⲩⲣⲱⲙⲓ ϣⲁ ⲟⲩⲥϩⲓⲙⲓ ⲁϥϯ ⲛ̀ⲟⲩⲱⲓⲕ ⲛ̀ⲁⲃⲣⲉⲙ ⲙ̀ⲫⲣⲏⲙⲓ ⲙ̀ⲯⲩⲭⲏ ⲛⲓⲃⲉⲛ ⲛⲉⲙ ⲟⲩⲁⲙⲟⲣⲓ-
ⲧⲏⲥ 4ⲟⲩⲟϩ ⲁϥⲟⲩⲱϣ ⲙ̀ⲡⲉⲙⲑⲟ ⲛ̀ϯⲕⲓⲃⲱⲧⲟⲥ ⲛ̀ⲧⲉ ϯⲇⲓⲁⲑⲏⲕⲏ ⲙ̀ⲡϭⲟⲓⲥ ⲉ̀ⲃⲟⲗ ϧⲉⲛ ⲛⲓⲗⲉⲩⲓⲧⲏⲥ ⲉ̀ϣϣⲉⲙϣⲓ ⲛⲉⲙ ⲉ̀ⲱϣ-ⲉ̀ⲃⲟⲗ ⲛⲉⲙ ⲉ̀ⲥⲙⲟⲩ ⲉ̀ⲡϭⲟⲓⲥ ⲫⲛⲟⲩϯ ⲙ̀ⲡⲓⲥⲣⲁⲏⲗ 5ⲁ̀ⲥⲁⲫ ⲡⲓϩⲏⲅⲟⲩ-
ⲙⲉⲛⲟⲥ ⲟⲩⲟϩ ⲡⲓⲙⲁϩⲃ̅ ⲡⲉ ⲍⲁⲭⲁⲣⲓⲁⲥ ⲛⲉⲙ ⲓⲓⲏⲗ ⲛⲉⲙ ⲥⲉⲙⲓⲣⲁⲙⲱⲑ ⲛⲉⲙ ⲓⲉⲓⲏⲗ ⲛⲉⲙ ⲙⲁⲧ-
ⲧⲁⲑⲓⲁⲥ ⲛⲉⲙ ⲉ̀ⲗⲓⲁⲃ ⲛⲉⲙ ⲃ̀ⲁⲛⲁⲓⲁⲥ ⲛⲉⲙ ⲁ̀ⲃⲇⲉⲇⲟⲙ ⲟⲩⲟϩ ⲓⲉⲓⲏⲗ ϧⲉⲛ ⲛⲓⲟⲣⲅⲁⲛⲟⲛ ⲛⲉⲙ ϩⲁⲛⲛⲁⲃⲗⲁ ⲛⲉⲙ ϩⲁⲛⲕⲓⲛⲩⲣⲁ ⲟⲩⲟϩ ⲁ̀ⲥⲁⲫ ϧⲉⲛ ϩⲁⲛⲕⲩⲙⲃⲁⲗⲟⲛ ⲉⲩⲱϣ-ⲉ̀ⲃⲟⲗ 6ⲟⲩⲟϩ ⲃ̀ⲁⲛⲁⲓⲁⲥ
ⲛⲉⲙ ⲟ̀ⲍⲓⲏⲗ ⲛⲓⲟⲩⲏⲃ ϧⲉⲛ ϩⲁⲛⲥⲁⲗⲡⲓⲅⲅⲟⲥ ⲛ̀ⲥⲛⲟⲩ ⲛⲓⲃⲉⲛ ⲙ̀ⲡⲉⲙⲑⲟ ⲛ̀ϯⲕⲓⲃⲱⲧⲟⲥ ⲛ̀ⲧⲉ ϯⲇⲓⲁⲑⲏⲕⲏ ⲛ̀ⲧⲉ ⲫⲛⲟⲩϯ 7ϧⲉⲛ ⲡⲓⲙⲁ ⲉ̀ⲧⲉⲙⲙⲁⲩ ⲧⲟⲧⲉ ⲁϥⲟⲩⲱϣ ⲛ̀ϫⲉ ⲇⲁⲩⲓⲇ ⲉ̀ϩⲱⲥ ⲙ̀ⲡϭⲟⲓⲥ
ⲛ̀ϣⲟⲣⲡ ϧⲉⲛ ⲛⲉⲛϫⲓϫ ⲛ̀ⲁⲥⲁⲫ ⲛⲉⲙ ⲛⲉϥⲥⲛⲏⲟⲩ 8ⲟⲩⲱⲛϩ-ⲉ̀ⲃⲟⲗ ⲙ̀ⲡϭⲟⲓⲥ ⲟⲩⲟϩ ⲙⲟⲩϯ ⲉ̀ⲡⲉϥ-
ⲣⲁⲛ ⲙⲁⲧⲁⲙⲉ ⲛⲓⲉⲑⲛⲟⲥ ⲛ̀ⲛⲉϥϩⲃⲏⲟⲩⲓ̀ 9ϩⲱⲥ ⲉ̀ⲣⲟϥ ⲟⲩⲟϩ ⲥⲙⲟⲩ ⲉ̀ⲣⲟϥ ⲥⲁϫⲓ ⲛⲉⲙ ⲟⲩⲟⲛ
ⲛⲓⲃⲉⲛ ⲛ̀ⲛⲉϥϣⲫⲏⲣⲓ ⲧⲏⲣⲟⲩ ⲛⲏ ⲉⲧ ⲁϥⲁⲓⲧⲟⲩ ⲛ̀ϫⲉ ⲡϭⲟⲓⲥ 11ⲕⲱϯ ⲛ̀ⲥⲁ ⲡϭⲟⲓⲥ ⲟⲩⲟϩ ϫⲉⲙ
ⲛⲟⲙϯ ⲕⲱϯ ⲛ̀ⲥⲁ ⲡⲉϥϩⲟ ⲛ̀ⲥⲛⲟⲩ ⲛⲓⲃⲉⲛ 12ⲁ̀ⲣⲓ ⲫⲙⲉⲩⲓ̀ ⲛ̀ⲛⲉϥϣⲫⲏⲣⲓ ⲧⲏⲣⲟⲩ ⲉⲧ ⲁϥⲁⲓⲧⲟⲩ
ⲛⲉϥⲙⲏⲓⲛⲓ ⲛⲉⲙ ⲛⲓϩⲁⲡ ⲛ̀ⲧⲉ ⲣⲱϥ 13ⲡϫⲣⲟϫ ⲛ̀ⲁⲃⲣⲁⲁⲙ ⲡⲉ ⲛⲉϥⲉ̀ⲃⲓⲁⲓⲕ ⲛⲉⲙ ⲛⲉⲛϣⲏⲣⲓ ⲛ̀ⲓⲁ-
ⲕⲱⲃ ⲡⲉ ⲡⲉⲥⲱⲧⲡ ⲛ̀ⲧⲁϥ 14ⲛ̀ⲑⲟϥ ⲡⲉ ⲡϭⲟⲓⲥ ⲡⲉⲛⲛⲟⲩϯ ⲛⲉϥϩⲁⲡ ϩⲓϫⲉⲛ ⲡⲓⲕⲁϩⲓ ⲧⲏⲣϥ 15ⲧⲉⲛ-
ⲓ̀ⲣⲓ ⲙ̀ⲫⲙⲉⲩⲓ̀ ⲛ̀ⲧⲉϥⲇⲓⲁⲑⲏⲕⲏ ϣⲁ ⲉ̀ⲛⲉϩ ⲡⲉϥⲥⲁϫⲓ ⲉⲧ ⲁϥⲥⲁϫⲓ ⲙ̀ⲙⲟϥ ϣⲁ ϩⲁⲛϣⲟ ⲛ̀ϫⲱⲟⲩ
16ⲫⲏ ⲉⲧ ⲁϥⲥⲉⲙⲛⲏⲧϥ ⲛⲉⲙ ⲁ̀ⲃⲣⲁⲁⲙ ⲛⲉⲙ ⲡⲓⲁ̀ⲛⲁϣ ⲛ̀ⲧⲁϥ ⲛ̀ⲓⲥⲁⲁⲕ 17ⲁϥⲧⲁϩⲟ ⲉ̀ⲣⲁⲧϥ ⲛ̀ⲓⲁ-
ⲕⲱⲃ ⲉⲩⲟⲩⲁϩⲥⲁϩⲛⲓ ⲛⲉⲙ ⲡⲓⲥⲣⲁⲏⲗ ⲉⲩⲇⲓⲁⲑⲏⲕⲏ ϣⲁ ⲉ̀ⲛⲉϩ 18ⲉϥϫⲱ ⲙ̀ⲙⲟⲥ ϫⲉ ϯⲛⲁϯ ⲛⲁⲕ
ⲙ̀ⲡⲓⲕⲁϩⲓ ⲛ̀ⲭⲁⲛⲁⲁⲛ ⲟⲩⲛⲟϩ ⲛ̀ⲣⲱϣ ⲛ̀ⲧⲉ ⲧⲉⲕⲕⲗⲏⲣⲟⲛⲟⲙⲓⲁ̀ 19ϧⲉⲛ ⲡϫⲓⲛⲑⲣⲟⲩ ϣⲱⲡⲓ ⲉⲩⲟⲓ
ⲛ̀ⲕⲟⲩϫⲓ ϧⲉⲛ ⲧⲟⲩⲏⲡⲓ ⲉⲩⲟⲓ ⲛ̀ⲕⲟⲩϫⲓ ⲟⲩⲟϩ ⲛ̀ⲣⲉⲙⲛ̀ϫⲱⲓⲗⲓ ⲛ̀ϧⲏⲧϥ 20ⲟⲩⲟϩ ⲁⲩⲥⲓⲛⲓ ⲉ̀ⲃⲟⲗ ϧⲉⲛ
ⲟⲩⲉⲑⲛⲟⲥ ⲉ̀ⲟⲩⲉⲑⲛⲟⲥ ⲛⲉⲙ ⲉ̀ⲃⲟⲗ ϧⲉⲛ ⲟⲩⲙⲉⲧⲟⲩⲣⲟ ⲉ̀ϧⲟⲩⲛ ⲉ̀ ⲕⲉ ⲗⲁⲟⲥ 21ⲙ̀ⲡⲉϥⲭⲁ ⲣⲱⲙⲓ
ⲉ̀ϭⲓⲧⲟⲩ ⲛ̀ϫⲟⲛⲥ ⲟⲩⲟϩ ⲁϥⲥⲟϩⲓ ⲛ̀ϩⲁⲛⲟⲩⲣⲱⲟⲩ ⲉ̀ϩⲣⲏⲓ ⲉ̀ϫⲱⲟⲩ 22ϫⲉ ⲙ̀ⲡⲉⲣϭⲓ ⲛⲉⲙ ⲛⲁⲭⲣⲓⲥⲧⲟⲥ
ⲟⲩⲟϩ ⲙ̀ⲡⲉⲣⲉⲣ ⲡⲉⲧϩⲱⲟⲩ ϧⲉⲛ ⲛⲁⲡⲣⲟⲫⲏⲧⲏⲥ 23ϩⲱⲥ ⲉ̀ⲡϭⲟⲓⲥ ϧⲉⲛ ⲟⲩϩⲱⲥ ⲙ̀ⲃⲉⲣⲓ ϩⲱⲥ
ⲉ̀ⲡϭⲟⲓⲥ ⲡⲓⲕⲁϩⲓ ⲧⲏⲣϥ ϩⲓ ϣⲉⲛⲛⲟⲩϥⲓ ⲙ̀ⲡⲉϥⲟⲩϫⲁⲓ ⲛ̀ⲉ̀ϩⲟⲟⲩ ϧⲁ ⲧⲟⲩ ⲛ̀ⲉ̀ϩⲟⲟⲩ 24ⲥⲁϫⲓ ⲙ̀ⲡⲉϥ-
ⲱ̀ⲟⲩ ϧⲉⲛ ⲛⲓⲉⲑⲛⲟⲥ ⲛⲉⲙ ⲛⲉϥϣⲫⲏⲣⲓ ϧⲉⲛ ⲛⲓⲗⲁⲟⲥ ⲧⲏⲣⲟⲩ 25ϫⲉ ⲟⲩⲛⲓϣϯ ⲡⲉ ⲡϭⲟⲓⲥ ⲟⲩⲟϩ

ϥⲥⲙⲁⲣⲱⲟⲩⲧ ⲉ̀ⲙⲁϣⲱ ϥⲟⲓ ⲛ̀ϩⲟϯ ⲉ̀ϫⲉⲛ ⲛⲓⲛⲟⲩϯ ⲧⲏⲣⲟⲩ 26ϫⲉ ⲛⲓⲛⲟⲩϯ ⲧⲏⲣⲟⲩ ⲛ̀ⲧⲉ
ⲛⲓⲉⲑⲛⲟⲥ ϩⲁⲛⲇⲉⲙⲱⲛ ⲛⲉ ⲟⲩⲟϩ ⲡⲉⲛⲛⲟⲩϯ ⲁϥⲑⲁⲙⲓⲟ̀ ⲛ̀ⲛⲓⲫⲏⲟⲩⲓ̀ 27ⲟⲩⲱ̀ⲟⲩ ⲛⲉⲙ ⲟⲩϣⲟⲩϣⲟⲩ
ⲥⲉϫⲏ ⲙ̀ⲡⲉϥⲙ̀ⲑⲟ-ⲉ̀ⲃⲟⲗ ⲟⲩϫⲟⲙ ⲛⲉⲙ ⲟⲩⲥⲙⲟⲩ ⲉⲧ ϧⲉⲛ ⲡⲉϥⲙⲁ 28ⲙⲁⲓⲉⲧⲏⲛⲟⲩ ⲛ̀ⲧⲉ ⲛⲓⲉⲑⲛⲟⲥ
ⲙⲟⲓ ⲛ̀ⲟⲩⲱ̀ⲟⲩ ⲙ̀ⲡϭⲟⲓⲥ ⲛⲉⲙ ⲟⲩϫⲟⲙ 29ⲙⲟⲓ ⲛ̀ⲟⲩⲱ̀ⲟⲩ ⲙ̀ⲡⲉϥⲣⲁⲛ ϭⲓ ⲛⲏⲧⲉⲛ ⲛ̀ϩⲁⲛⲧⲁⲓⲟ̀
ⲟⲩⲟϩ ⲁ̀ⲛⲓⲧⲟⲩ ⲙ̀ⲡⲉⲙⲑⲟ ⲙ̀ⲡϭⲟⲓⲥ ⲟⲩⲟϩ ⲟⲩⲱϣⲧ ⲙ̀ⲡϭⲟⲓⲥ ϧⲉⲛ ⲛⲉϥⲁⲩⲗⲏⲟⲩ ⲉⲑ ⲟⲩⲁⲃ 30ⲙⲁ-
ⲣⲉϥⲉⲣ ϩⲟϯ ⲛ̀ϫⲉ ⲡⲕⲁϩⲓ ⲧⲏⲣϥ ϧⲁ ⲧϩⲏ ⲙ̀ⲡϩⲟ ⲙ̀ⲡϭⲟⲓⲥ ⲙⲁⲣⲉϥⲧⲁϩⲟϥ ⲉ̀ⲣⲁⲧϥ ⲛ̀ϫⲉ ⲡⲕⲁϩⲓ
ⲟⲩⲟϩ ⲙ̀ⲡⲉⲛⲟⲣⲉϥ ⲕⲓⲙ 31ⲙⲁⲣⲉⲥⲟⲩⲛⲟϥ ⲛ̀ϫⲉ ⲧⲫⲉ ⲟⲩⲟϩ ⲙⲁⲣⲉ ⲡⲕⲁϩⲓ ⲑⲉⲗⲏⲗ ⲙⲁⲣⲟⲩϫⲟⲥ
ϧⲉⲛ ⲛⲓⲉⲑⲛⲟⲥ ϫⲉ ⲁ̀ ⲡϭⲟⲓⲥ ⲉⲣ ⲟⲩⲣⲟ 32ⲙⲁⲣⲉϥϣⲱϣ-ⲉ̀ⲃⲟⲗ ⲛ̀ϫⲉ ⲫⲓⲟⲙ ⲛⲉⲙ ⲡⲉϥⲙⲟϩ ⲧⲏⲣϥ
ⲛⲉⲙ ⲛⲓϣϣⲏⲛ ⲧⲏⲣⲟⲩ ⲛ̀ⲧⲉ ⲧⲕⲟⲓ ⲛⲉⲙ ϩⲱⲃ ⲛⲓⲃⲉⲛ ⲉ̀ⲧⲉ ⲛ̀ϧⲏⲧⲟⲩ 33ⲧⲟⲧⲉ ⲉⲩⲉ̀ⲑⲉⲗⲏⲗ ⲛ̀ϫⲉ
ⲛⲓϣⲏⲣⲓⲟⲛ ⲧⲏⲣⲟⲩ ⲛ̀ⲧⲉ ⲡⲓⲇⲣⲩⲙⲟⲥ ⲉ̀ⲃⲟⲗ ϧⲁ ⲧϩⲏ ⲙ̀ⲡϭⲟⲓⲥ ϫⲉ ϥⲛⲏⲟⲩ ⲉ̀ϯ ϩⲁⲡ ⲉ̀ⲡⲕⲁϩⲓ
34ⲟⲩⲱⲛϩ-ⲉ̀ⲃⲟⲗ ⲙ̀ⲡϭⲟⲓⲥ ϫⲉ ⲟⲩⲁ̀ⲅⲁⲑⲟⲥ ⲡⲉ ϫⲉ ⲡⲉϥⲛⲁⲓ ϣⲟⲡ ϣⲁ ⲉ̀ⲛⲉϩ 35ⲟⲩⲟϩ ⲁ̀ϫⲟⲥ ϫⲉ
ⲛⲁϩⲙⲉⲛ ⲫⲛⲟⲩϯ ⲛ̀ⲧⲉ ⲡⲉⲛⲟⲩϫⲁⲓ ⲥⲱⲧⲉⲛ ⲛ̀ⲧⲟⲧⲟⲩ ⲛ̀ⲛⲓⲉⲑⲛⲟⲥ ⲉ̀ⲡϫⲓⲛⲥⲙⲟⲩ ⲉ̀ⲡⲉⲕⲣⲁⲛ ⲉⲑ
ⲟⲩⲁⲃ ⲟⲩⲟϩ ⲉ̀ⲣⲉⲛ ϣⲟⲩϣⲟⲩ ⲙ̀ⲙⲟⲛ ϧⲉⲛ ⲛⲉⲕⲥⲙⲟⲩ 36ϥⲥⲙⲁⲣⲱⲟⲩⲧ ⲛ̀ϫⲉ ⲡϭⲟⲓⲥ ⲫⲛⲟⲩϯ
ⲙ̀ⲡⲓⲥⲣⲁⲏⲗ ⲓⲥϫⲉⲛ ϯⲛⲟⲩ ⲛⲉⲙ ϣⲁ ⲉ̀ⲛⲉϩ ⲟⲩⲟϩ ⲉϥⲉ̀ϫⲟⲥ ⲛ̀ϫⲉ ⲡⲓⲗⲁⲟⲥ ⲧⲏⲣϥ ϫⲉ ⲁ̀ⲙⲏⲛ ⲟⲩⲟϩ
ⲉⲧ ⲁϥⲥⲙⲟⲩ ⲉ̀ⲡϭⲟⲓⲥ 37ⲁϥⲥⲱϫⲡ ⲙ̀ⲙⲁⲩ ⲛ̀ⲁⲥⲁⲫ ⲛⲉⲙ ⲛⲉϥⲥⲛⲏⲟⲩ ⲛ̀ⲧⲟⲩϣⲉⲙϣⲓ ⲙ̀ⲡⲉⲙⲑⲟ
ⲛ̀ϯⲕⲩⲃⲱⲧⲟⲥ ⲛ̀ϯⲇⲓⲁ̀ⲑⲏⲕⲏ ⲛ̀ⲧⲉ ⲫⲛⲟⲩϯ ⲛ̀ⲥⲏⲟⲩ ⲛⲓⲃⲉⲛ ⲉ̀ⲧⲉ ⲫⲁⲓ ⲡⲉ ⲡⲓⲉ̀ϩⲟⲟⲩ ⲡⲓⲉ̀ϩⲟⲟⲩ

Paralipomenon I 28

2ⲟⲩⲟϩ ⲁϥⲟ̀ϩⲓ ⲉ̀ⲣⲁⲧϥ ⲛ̀ϫⲉ ⲇⲁⲩⲓⲇ ϧⲉⲛ ⲑⲙⲏϯ ⲛ̀ϯⲉⲕⲕⲗⲏⲥⲓⲁ̀ ⲟⲩⲟϩ ⲡⲉϫⲁϥ ϫⲉ ⲥⲱⲧⲉⲙ
ⲉ̀ⲣⲟⲓ ⲛⲁⲥⲛⲏⲟⲩ ⲟⲩⲟϩ ⲡⲁⲗⲁⲟⲥ ⲁ̀ⲛⲟⲕ ⲅⲁⲣ ⲁⲓⲓ̀ ⲉ̀ϫⲉⲛ ⲡⲁϩⲏⲧ ⲉ̀ⲕⲱⲧ ⲛ̀ⲟⲩⲏⲓ ⲉ̀ⲟⲩⲙⲁⲛⲉⲙⲧⲟⲛ
ⲛ̀ϯⲕⲩⲃⲱⲧⲟⲥ ⲛ̀ⲧⲉ ϯⲇⲓⲁ̀ⲑⲏⲕⲏ ⲛ̀ⲧⲉ ⲫⲛⲟⲩϯ ⲛⲉⲙ ⲟⲩⲙⲁⲓ̀ⲥⲉⲙⲛⲓ ⲛ̀ⲧⲉ ⲛⲉϥϭⲁⲗⲁⲩϫ ⲟⲩⲟϩ
ⲁⲓⲥⲟⲃϯ ⲛ̀ⲟⲩⲙⲏϣ ⲛ̀ϣⲗⲁⲩ ⲛ̀ⲧⲉ ⲡⲕⲱⲧ ⲙ̀ⲙⲓⲛⲓ 3ⲟⲩⲟϩ ⲡⲉϫⲉ ⲡϭⲟⲓⲥ ⲛⲏⲓ ϫⲉ ⲛ̀ⲛⲉⲕⲕⲱⲧ ⲛⲏⲓ
ⲛ̀ⲟⲩⲏⲓ ⲛ̀ⲑⲟⲕ ⲉ̀ⲡϫⲓⲛⲙⲟⲩϯ ⲉ̀ⲡⲁⲣⲁⲛ ⲉ̀ϩⲣⲏⲓ ⲉ̀ϫⲱϥ ϫⲉ ⲛ̀ⲑⲟⲕ ⲟⲩⲣⲱⲙⲓ ⲙ̀ⲡⲟⲗⲉⲙⲓⲥⲧⲏⲥ ⲛ̀ⲑⲟⲕ
ⲟⲩⲟϩ ⲁⲕⲫⲱⲛ ⲛ̀ⲟⲩⲙⲏϣ ⲛ̀ⲥⲛⲟϥ ⲉ̀ⲃⲟⲗ 4ⲟⲩⲟϩ ⲁ̀ ⲡϭⲟⲓⲥ ⲫⲛⲟⲩϯ ⲥⲱⲧⲡ ⲛ̀ϧⲏⲧ ⲉ̀ⲃⲟⲗ ⲟⲩⲧⲉ
ⲡⲏⲓ ⲧⲏⲣϥ ⲛ̀ⲧⲉ ⲡⲁⲓⲱⲧ ⲉ̀ⲟⲣⲓ ϣⲱⲡⲓ ⲛ̀ⲟⲩⲣⲟ ⲉ̀ϫⲉⲛ ⲡⲓⲥⲣⲁⲏⲗ ⲧⲏⲣϥ ϣⲁ ⲉ̀ⲛⲉϩ ⲟⲩⲟϩ ϧⲉⲛ
ⲓⲟⲩⲇⲁⲥ ⲟⲛ ⲁϥⲣⲁⲛⲁϥ ⲛ̀ϫⲉ ⲧⲙⲉⲧⲟⲩⲣⲟ ⲟⲩⲟϩ ⲉ̀ⲃⲟⲗ ϧⲉⲛ ⲓⲟⲩⲇⲁⲥ ⲁϥⲥⲱⲧⲡ ϧⲉⲛ ⲡⲏⲓ
ⲙ̀ⲡⲁⲓⲱⲧ ⲁϥⲟⲩⲱϣ ⲛ̀ϧⲏⲧ ⲉ̀ⲟⲣⲓ ⲉⲣ ⲟⲩⲣⲟ ⲉ̀ϫⲉⲛ ⲡⲓⲥⲣⲁⲏⲗ ⲧⲏⲣϥ 5ⲟⲩⲟϩ ϧⲉⲛ ⲛⲁϣⲏⲣⲓ ⲧⲏⲣⲟⲩ ϫⲉ ⲁ̀ ⲡϭⲟⲓⲥ ϯ ⲛ̀ⲟⲩⲙⲏϣ ⲛ̀ϣⲏⲣⲓ ⲛⲏⲓ ⲁϥⲥⲱⲧⲡ ⲛ̀ⲥⲟⲗⲟⲙⲱⲛ ⲡⲁϣⲏⲣⲓ ⲉ̀ⲟⲣⲉϥ ϩⲉⲙⲥⲓ
ϩⲓϫⲉⲛ ⲡⲓⲑⲣⲟⲛⲟⲥ ⲛ̀ⲧⲉ ϯⲙⲉⲧⲟⲩⲣⲟ ϩⲓϫⲉⲛ ⲡⲓⲥⲣⲁⲏⲗ 6ⲟⲩⲟϩ ⲡⲉϫⲉ ⲡϭⲟⲓⲥ ⲫⲛⲟⲩϯ ⲛⲏⲓ ϫⲉ
ⲥⲟⲗⲟⲙⲱⲛ ⲉⲑ ⲛⲁⲕⲱⲧ ⲙ̀ⲡⲁⲏⲓ ⲛⲉⲙ ⲧⲁⲁⲩⲗⲏ ϫⲉ ⲟⲩⲏⲓ ⲁⲓⲥⲱⲧⲡ ⲛ̀ϧⲏⲧϥ ⲉ̀ⲟⲣⲉϥ ϣⲱⲡⲓ
ⲛⲏⲓ ⲛ̀ⲟⲩϣⲏⲣⲓ ⲟⲩⲟϩ ⲁ̀ⲛⲟⲕ ϩⲱ ⲉⲓⲉ̀ϣⲱⲡⲓ ⲛⲁϥ ⲉⲩⲓⲱⲧ 7ⲉⲓⲉ̀ⲧⲟⲩⲛⲟⲥ ⲛ̀ⲧⲉϥⲙⲉⲧⲟⲩⲣⲟ ϣⲁ
ⲉ̀ⲛⲉϩ ⲉ̀ϣⲱⲛ ⲁϥϣⲁⲛ ⲁ̀ⲣⲉϩ ⲉ̀ⲛⲁⲉⲛⲧⲟⲗⲏ ⲛⲉⲙ ⲛⲁϩⲁⲡ ⲙ̀ⲫⲣⲏϯ ⲙ̀ⲡⲁⲓ ⲉ̀ϩⲟⲟⲩ 8ϯⲛⲟⲩ ϫⲉ
ϩⲓⲡⲡⲉ ⲙ̀ⲡⲉⲙⲑⲟ ⲛ̀ϯⲉⲕⲕⲗⲏⲥⲓⲁ̀ ⲛ̀ⲧⲉ ⲡϭⲟⲓⲥ ⲉ̀ⲣⲉⲧⲉⲛⲥⲙⲟⲩ ⲉ̀ⲡϭⲟⲓⲥ ⲡⲉⲛⲛⲟⲩϯ ⲟⲩⲟϩ ⲉ̀ⲣⲉⲧⲉⲛ-
ⲁ̀ⲣⲉϩ ⲉ̀ⲛⲉⲛⲧⲟⲗⲏ ⲧⲏⲣⲟⲩ ⲛ̀ⲧⲉ ⲫⲛⲟⲩϯ ϩⲓⲛⲁ ⲛ̀ⲧⲉⲧⲉⲛⲉⲣ ⲕⲗⲏⲣⲟⲛⲟⲙⲓⲛ ⲙ̀ⲡⲓⲕⲁϩⲓ ⲟⲩⲟϩ
ⲉ̀ⲣⲉⲧⲉⲛⲉ̀ⲧⲏⲓϥ ⲛ̀ⲕⲗⲏⲣⲟⲛⲟⲙⲓⲁ̀ ⲛ̀ⲛⲉⲧⲉⲛϣⲏⲣⲓ ⲙⲉⲛⲉⲛⲥⲱⲧⲉⲛ ϣⲁ ⲉ̀ⲛⲉϩ 9ⲟⲩⲟϩ ϯⲛⲟⲩ ⲡⲁϣⲏⲣⲓ
ⲥⲟⲗⲟⲙⲱⲛ ⲥⲟⲩⲉⲛ ⲫⲛⲟⲩϯ ⲛ̀ⲧⲉ ⲡⲉⲕⲓⲱϯ ⲟⲩⲟϩ ⲁ̀ⲣⲓ ⲃⲱⲕ ⲛⲁϥ ϧⲉⲛ ⲟⲩϩⲏⲧ ⲛ̀ⲟⲩⲱⲧ ⲉϥϫⲏⲕ-
ⲉ̀ⲃⲟⲗ ⲛⲉⲙ ⲟⲩⲯⲩⲭⲏ ⲉⲥⲟⲩⲧⲱⲛ ϫⲉ ⲡϭⲟⲓⲥ ⲡⲉⲧⲉⲣ ⲇⲟⲕⲓⲙⲁⲍⲓⲛ ⲛ̀ϩⲏⲧ ⲛⲓⲃⲉⲛ ⲟⲩⲟϩ ⲉϥ-
ⲥⲱⲟⲩⲛ ⲙ̀ⲙⲉⲩⲓ̀ ⲛⲓⲃⲉⲛ ⲉ̀ϣⲱⲛ ⲁⲕϣⲁⲛ ⲕⲱϯ ⲛ̀ⲥⲱϥ ⲉⲕⲉ̀ϫⲉⲙϥ ⲉ̀ϣⲱⲛ ⲁⲕϣⲁⲛ ⲭⲁϥ ⲛ̀ⲥⲱⲕ
ⲉϥⲉ̀ⲭⲁⲕ ⲛ̀ⲥⲱϥ ϣⲁ ⲉ̀ⲛⲉϩ 10ⲁⲛⲁⲩ ϫⲉ ϯⲛⲟⲩ ⲁ̀ ⲡϭⲟⲓⲥ ⲥⲟⲧⲡⲕ ⲉ̀ⲕⲱⲧ ⲛⲁϥ ⲛ̀ⲟⲩⲏⲓ ⲉ̀ⲟⲩⲙⲁ
ⲉϥⲟⲩⲁⲃ ⲛ̀ⲧⲁϥ ϫⲉⲙ ⲛⲟⲙϯ ⲟⲩⲟϩ ⲁ̀ⲣⲓⲟⲩⲓ̀ 11ⲟⲩⲟϩ ⲁ̀ ⲇⲁⲩⲓⲇ ⲡⲟⲩⲣⲟ ⲧⲁⲙⲉ ⲥⲟⲗⲟⲙⲱⲛ
ⲡⲉϥϣⲏⲣⲓ ⲉ̀ⲡⲓⲥⲙⲟⲧ ⲛ̀ⲧⲉ ⲡⲓⲉⲣⲫⲉⲓ ⲛⲉⲙ ⲛⲟⲩϣ ⲛ̀ⲛⲉϥⲏⲓ ⲛⲉⲙ ⲛⲉϥⲥⲁϧⲟⲧ ⲛⲉⲙ ⲛⲉϥⲙⲁ ⲉⲧ
ⲥⲁ ⲡϣⲱⲓ ⲛⲉⲙ ⲛⲉϥⲁ̀ⲡⲟⲑⲏⲕⲏ ⲉⲧ ⲥⲁϧⲟⲩⲛ ⲛⲉⲙ ⲡⲏⲓ ⲛ̀ⲧⲉ ⲡⲓⲭⲁ-ⲛⲟⲃⲓ-ⲉ̀ⲃⲟⲗ 12ⲛⲉⲙ ⲛⲟⲩϣ

ⲉ̀ⲛⲁϥⲭⲏⲛ ϧⲉⲛ ⲡⲉϥⲡⲛⲉⲩⲙⲁ ⲉⲑⲃⲉ ⲛⲓⲁⲩⲗⲏⲟⲩ ⲛ̀ⲧⲉ ⲡⲏⲓ ⲙ̀ⲡϭⲟⲓⲥ ⲛⲉⲙ ⲛⲓⲡⲁⲥⲧⲟⲫⲟⲣⲓⲟⲛ
ⲧⲏⲣⲟⲩ ⲉⲧ ⲛⲏϯ ⲛ̀ⲛⲓⲁ̀ⲡⲟⲑⲏⲕⲏ ⲛ̀ⲧⲉ ⲡⲏⲓ ⲙ̀ⲡϭⲟⲓⲥ ⲛⲉⲙ ⲛⲓⲁ̀ⲡⲟⲑⲏⲕⲏ ⲛ̀ⲧⲉ ⲛⲏ ⲉⲑ ⲟⲩⲁⲃ
13ⲛⲉⲙ ⲛⲓⲕⲁⲧⲁⲗⲩⲙⲁ ⲉ̀ⲧⲉ ⲛⲁⲓ ⲡⲉ ⲛⲓⲙⲁⲛⲟⲩⲱϩ ⲛⲉⲙ ⲡⲓⲱⲛⲥ ⲛ̀ⲧⲉ ⲛⲓⲧⲁⲝⲓⲥ ⲛ̀ⲧⲉ ⲛⲓⲟⲩⲏⲃ
ⲛⲉⲙ ⲛⲓⲗⲉⲩⲓ̀ⲧⲏⲥ ϧⲉⲛ ϩⲱⲃ ⲛⲓⲃⲉⲛ ⲛ̀ϣⲉⲙϣⲓ ⲛ̀ⲧⲉ ⲡⲏⲓ ⲙ̀ⲡϭⲟⲓⲥ 14ⲛⲉⲙ ⲡⲓϣⲓ ⲛ̀ⲧⲉ ⲛⲓⲛⲟⲩⲃ
ⲛⲓⲛⲟⲩⲃ ⲛⲉⲙ ⲡⲓϩⲁⲧ 15ⲛⲉⲙ ⲛⲓⲗⲩⲭⲛⲓⲁ̀ ⲛⲉⲙ ⲛⲓϧⲏⲃⲥ ⲁϥϯ ⲙ̀ⲡⲟⲩϣⲓ ⲛⲁϥ 16ⲛⲁⲓⲣⲏϯ ⲡⲓϣⲓ
ⲛ̀ⲧⲉ ⲛⲓⲧⲣⲁⲡⲉⲍⲁ ⲁϥⲧⲏⲓⲧⲟⲩ ⲛⲁϥ ⲛⲓⲧⲣⲁⲡⲉⲍⲁ ⲛ̀ⲧⲉ ϯⲡⲣⲟⲑⲉⲥⲓⲥ ϯⲟⲩⲓ̀ ϯⲟⲩⲓ̀ ⲛ̀ⲧⲉ ⲛⲓⲧⲣⲁⲡⲉⲍⲁ ⲛⲁⲥⲟⲓ ⲛ̀ⲛⲟⲩⲃ ⲛⲁⲓ ⲣⲏϯ ⲟⲛ ⲛⲁ ⲡⲓϩⲁⲧ 17ⲛⲉⲙ ⲛⲓⲕⲣⲉⲁⲩⲣⲁ ⲛⲉⲙ ⲛⲓⲕⲱⲛⲓⲛ ⲛ̀ⲟⲩⲱ̀ⲧⲉⲛ-
ⲉ̀ⲃⲟⲗ ⲛ̀ⲧⲏⲓⲟⲩ ⲛⲉⲙ ⲛⲓⲫⲓⲁ̀ⲗⲏ ⲛ̀ⲛⲟⲩⲃ ⲛⲉⲙ ⲡⲓϣⲓ ⲛ̀ⲧⲉ ⲛⲓⲛⲟⲩⲃ ⲛⲉⲙ ⲡⲓϩⲁⲧ ⲛⲉⲙ ⲛⲓⲁ̀ⲫⲟⲧ
ⲛⲉⲙ ⲡⲓϣⲓ ⲙ̀ⲡⲟⲩⲁⲓ ⲡⲟⲩⲁⲓ ⲙ̀ⲙⲱⲟⲩ 18ⲛⲉⲙ ⲫⲁ ⲡⲓⲙⲁⲛⲉⲣϣⲱⲟⲩϣⲓ ⲛ̀ⲛⲟⲩⲃ ⲛ̀ⲧⲉ ⲛⲓⲥⲑⲟⲓ-
ⲛⲟⲩϥⲓ ⲉⲧ ⲥⲱⲧⲡ ⲛⲉⲙ ⲡⲓⲥⲙⲟⲧ ⲛ̀ⲛⲓϩⲁⲣⲙⲁ ⲛ̀ⲧⲉ ⲛⲓⲭⲉⲣⲟⲩⲃⲓⲙ ⲛⲏ ⲉ̀ⲧⲉ ⲛⲟⲩⲧⲉⲛϩ ⲫⲏⲣϣ-
ⲉ̀ⲃⲟⲗ ⲉⲩⲉⲣ ϧⲏⲓⲃⲓ ⲛ̀ϯⲕⲩⲃⲱⲧⲟⲥ ⲛ̀ⲧⲉ ϯⲇⲓⲁ̀ⲑⲏⲕⲏ ⲛ̀ⲧⲉ ⲡϭⲟⲓⲥ 19ⲉⲩⲥϧⲏⲟⲩⲧ ⲧⲏⲣⲟⲩ ⲉ̀ⲃⲟⲗ
ϩⲓⲧⲉⲛ ⲧϫⲓϫ ⲙ̀ⲡϭⲟⲓⲥ ⲟⲩⲟϩ ⲁ̀ ⲇⲁⲩⲓⲇ ⲧⲁⲙⲉ ⲥⲟⲗⲟⲙⲱⲛ ⲡⲉϥϣⲏⲣⲓ ⲉ̀ⲡⲓⲥⲙⲟⲧ ⲛ̀ⲧⲉ ϯϫⲓⲛⲉⲣ
ϩⲱⲃ ⲛⲉⲙ ⲡⲟⲱϣ ⲕⲁⲧⲁ ⲡⲓⲕⲁϯ ⲉⲧ ⲁϥϣⲱⲡⲓ ⲛ̀ϧⲏⲧϥ 20ⲟⲩⲟϩ ⲡⲉϫⲉ ⲇⲁⲩⲓⲇ ⲛ̀ⲥⲟⲗⲟⲙⲱⲛ
ⲡⲉϥϣⲏⲣⲓ ϫⲉ ϯ ϭⲣⲟ ⲙ̀ⲙⲟⲕ ⲟⲩⲟϩ ⲙ̀ⲡⲉⲣⲉⲣ ϩⲟϯ ⲟⲩⲇⲉ ⲙ̀ⲡⲉⲣⲛⲟⲩϣⲡ ϫⲉ ⲟⲩⲏⲓ ⲡϭⲟⲓⲥ
ⲡⲁⲛⲟⲩϯ ⲭⲏ ⲛⲉⲙⲁⲕ ⲟⲩⲟϩ ⲛ̀ⲛⲉϥⲭⲁⲕ ⲛ̀ⲥⲱϥ ϣⲁⲧⲉⲕϫⲱⲕ-ⲉ̀ⲃⲟⲗ ⲛ̀ϩⲱⲃ ⲛⲓⲃⲉⲛ ⲛ̀ϣⲉⲙϣⲓ ⲛ̀ⲧⲉ
ⲡⲏⲓ ⲙ̀ⲡϭⲟⲓⲥ ⲟⲩⲟϩ ϩⲏⲡⲡⲉ ⲁⲩⲧⲁⲙⲟⲕ ⲉ̀ϩⲱⲃ ⲛⲓⲃⲉⲛ ⲛⲉⲙ ⲡⲉⲥⲙⲟⲧ ⲙ̀ⲡⲟⲱϣ ⲙ̀ⲡⲉⲣⲫⲉⲓ ⲛⲉⲙ
ⲡⲉϥⲥⲁϧⲛⲓⲧ ⲛⲉⲙ ⲡⲉϥⲙⲁ ⲉⲧ ⲥⲁ ⲡϣⲱⲓ ⲛⲉⲙ ⲡⲉϥⲁ̀ⲡⲟⲑⲏⲕⲏ ⲉⲧ ⲥⲁϧⲟⲩⲛ ⲛⲉⲙ ⲡⲏⲓ ⲛ̀ⲧⲉ
ⲡⲓⲗⲁⲥⲧⲏⲣⲓⲟⲛ ⲛⲉⲙ ⲡⲉⲥⲙⲟⲧ ⲛ̀ⲧⲉ ⲡⲏⲓ ⲙ̀ⲡϭⲟⲓⲥ 21ⲟⲩⲟϩ ϩⲏⲡⲡⲉ ⲓⲥ ⲛⲓⲧⲁⲝⲓⲥ ⲛ̀ⲧⲉ ⲛⲓⲟⲩⲏⲃ
ⲛⲉⲙ ⲛⲓⲗⲉⲩⲓ̀ⲧⲏⲥ ⲉ̀ⲣⲟⲩ ⲓ̀ⲣⲓ ⲛ̀ϣⲉⲙϣⲓ ⲛⲓⲃⲉⲛ ⲛ̀ⲧⲉ ⲡⲏⲓ ⲙ̀ⲡϭⲟⲓⲥ ⲫⲛⲟⲩϯ ⲟⲩⲟϩ ⲉⲩⲉ̀ϣⲱⲡⲓ
ⲛⲉⲙⲁⲕ ⲛ̀ϫⲉ ⲛⲓⲥⲁϧ ⲧⲏⲣⲟⲩ ⲛⲉⲙ ⲟⲩⲟⲛ ⲛⲓⲃⲉⲛ ⲉⲧ ϧⲟⲧϧⲉⲧ ϧⲉⲛ ϯⲥⲟⲫⲓⲁ̀ ϧⲉⲛ ⲧⲉⲭⲛⲏ
ⲛⲓⲃⲉⲛ ⲟⲩⲟϩ ⲛⲓⲁⲣⲭⲱⲛ ⲛⲉⲙ ⲡⲓⲗⲁⲟⲥ ⲧⲏⲣϥ ⲥⲉⲛⲁⲥⲱⲧⲉⲙ ⲛ̀ⲥⲁ ⲥⲁϫⲓ ⲛⲓⲃⲉⲛ ⲛ̀ⲧⲁⲕ

Paralipomenon I 29

1ⲟⲩⲟϩ ⲡⲉϫⲉ ⲡⲟⲩⲣⲟ ⲇⲁⲩⲓⲇ ⲛ̀ϯⲉⲕⲕⲗⲏⲥⲓⲁ̀ ⲧⲏⲣⲥ ϫⲉ ⲥⲟⲗⲟⲙⲱⲛ ⲡⲁϣⲏⲣⲓ ⲫⲁⲓ ⲉⲧ ⲁ̀ ⲫⲛⲟⲩϯ
ⲥⲟⲧⲡϥ ⲛ̀ϧⲏⲧϥ ⲟⲩⲁ̀ⲗⲟⲩ ⲡⲉ ⲟⲩⲟϩ ϥϫⲏⲛ ⲟⲩⲟϩ ⲡⲓϩⲱⲃ ⲟⲩⲛⲓϣϯ ⲡⲉ ⲡ̀ⲏⲓ ⲡⲓϩⲱⲃ ⲫⲁ ⲟⲩⲣⲱⲙⲓ ⲁⲛ ⲡⲉ ⲁⲗⲗⲁ ⲫⲁ ⲡϭⲟⲓⲥ ⲫⲛⲟⲩϯ ⲡⲉ 2ⲟⲩⲟϩ ⲕⲁⲧⲁ ϯϫⲟⲙ ⲧⲏⲣⲥ ⲁⲓⲥⲟⲃϯ ⲉ̀ϧⲟⲩⲛ
ⲉ̀ⲡⲏⲓ ⲙ̀ⲡϭⲟⲓⲥ ⲡⲁⲛⲟⲩϯ ⲛ̀ⲟⲩⲛⲟⲩⲃ ⲛⲉⲙ ⲟⲩϩⲁⲧ ⲛⲉⲙ ⲟⲩϩⲟⲙⲧ ⲛⲉⲙ ⲟⲩⲃⲉⲛⲓⲡⲓ ⲛⲉⲙ ⲡⲓϣⲉ
ⲛⲉⲙ ϩⲁⲛⲱⲛⲓ ⲉⲩⲟⲛⲧ ⲟⲩⲟϩ ⲉⲩϫⲏⲕ-ⲉ̀ⲃⲟⲗ ⲛⲉⲙ ϩⲁⲛⲛⲓϣϯ ⲛ̀ⲱⲛⲓ ⲉ̀ⲛⲁϣⲉⲛⲥⲟⲩⲉ̀ⲛⲟⲩ ⲛⲉⲙ ⲱ̀ⲛⲓ
ⲛⲓⲃⲉⲛ ⲉⲧ ⲧⲁⲓⲏⲟⲩⲧ ⲛⲉⲙ ⲟⲩⲇⲟⲛⲁⲧⲓⲟⲛ ⲉϥⲟϣ 3ⲟⲩⲟϩ ϧⲉⲛ ⲡϫⲓⲛⲟⲣⲓ ϯ ⲙⲁϯ ⲉ̀ϧⲟⲩⲛ ⲉ̀ⲡⲏⲓ
ⲙ̀ⲡϭⲟⲓⲥ ⲡⲁⲛⲟⲩϯ ⲉ̀ⲧⲓ ⲉϥϣⲟⲡ ⲛⲏⲓ ⲛ̀ϫⲉ ⲟⲩⲛⲟⲩⲃ ⲛⲉⲙ ⲟⲩϩⲁⲧ ⲉ̀ ⲁⲓⲟⲗⲙⲉϥ ⲟⲩⲟϩ ϩⲏⲡⲡⲉ
ⲁⲓϯ ⲉ̀ϧⲟⲩⲛ ⲉ̀ⲡⲏⲓ ⲙ̀ⲡⲁⲛⲟⲩϯ ⲉ̀ ⲟⲩϭⲓⲥⲓ ⲥⲁⲃⲟⲗ ⲛ̀ⲛⲏ ⲉⲧ ⲁⲓⲥⲉⲃⲧⲱⲧⲟⲩ ⲉ̀ⲡⲏⲓ ⲙ̀ⲫⲏ ⲉⲑ ⲟⲩⲁⲃ
4ⲅ̅ ⲛ̀ϣⲟ ⲛ̀ϫⲓⲛϭⲱⲣ ⲛ̀ⲛⲟⲩⲃ ⲉ̀ⲃⲟⲗ ϧⲉⲛ ⲥⲟⲩⲫⲓⲣ ⲛⲉⲙ ⲍ̅ ⲛ̀ϣⲟ ⲛ̀ϫⲓⲛϭⲱⲣ ⲛ̀ϩⲁⲧ ⲛ̀ⲥⲱⲧⲡ ⲉ̀ⲗⲁⲗⲱ
ⲉ̀ⲡϫⲟⲓ ⲛ̀ⲧⲉ ⲡⲉⲣⲫⲉⲓ 5ⲉ̀ⲃⲟⲗ ϩⲓⲧⲉⲛ ⲛⲉⲛϫⲓϫ ⲛ̀ⲧⲉ ⲛⲓⲧⲉⲭⲛⲓⲧⲏⲥ ⲟⲩⲟϩ ⲛⲓⲙ ⲉⲧ ⲉⲣ ⲟⲩⲱⲧ
ⲙ̀ⲫⲟⲟⲩ ⲉ̀ϫⲉⲛ ⲛⲉϥϫⲓϫ ⲉ̀ⲃⲟⲗ ⲙ̀ⲡϭⲟⲓⲥ 6ⲟⲩⲟϩ ⲁⲩⲉⲣ ⲟⲩⲱⲧ ⲛ̀ϩⲏⲧ ⲛ̀ϫⲉ ⲛⲓⲁⲣⲭⲱⲛ ⲛ̀ⲧⲉ
ⲛⲉⲛϣⲏⲣⲓ ⲙ̀ⲡⲓⲥⲣⲁⲏⲗ ⲛⲉⲙ ⲛⲓⲁⲣⲭⲱⲛ ⲧⲏⲣⲟⲩ ⲛ̀ⲧⲉ ⲛⲓⲙⲉⲧⲓⲱⲧ ⲛⲉⲙ ⲛⲓⲭⲓⲗⲓⲁⲣⲭⲟⲥ ⲛⲉⲙ
ⲛⲓⲡⲣⲟⲥⲧⲁⲧⲏⲥ ⲛ̀ⲧⲉ ⲛⲓϩⲃⲏⲟⲩⲓ̀ ⲛⲉⲙ ⲛⲓⲟⲓⲕⲟⲛⲟⲙⲟⲥ ⲛ̀ⲧⲉ ⲡⲟⲩⲣⲟ 7ⲟⲩⲟϩ ⲁⲩϯ ⲛ̀ⲛⲓϩⲃⲏⲟⲩⲓ̀
ⲛ̀ⲧⲉ ⲡⲏⲓ ⲙ̀ⲡϭⲟⲓⲥ ⲉ̅ ⲛ̀ϣⲟ ⲛ̀ϫⲓⲛϭⲱⲣ ⲛ̀ⲛⲟⲩⲃ ⲛⲉⲙ ⲡ̅ ⲛ̀ϫⲓⲛϭⲱⲣ ⲛ̀ϩⲟⲙⲧ ⲛ̀ⲣ̅ ⲛ̀ϣⲟ ⲇⲉ ⲛ̀ϫⲓⲛ-
ϭⲱⲣ ⲙ̀ⲃⲉⲛⲓⲡⲓ 8ⲟⲩⲟⲛ ⲛⲓⲃⲉⲛ ⲉⲧ ⲁϥϫⲉⲙⲟⲩ ⲱ̀ⲛⲓ ⲛⲓⲃⲉⲛ ⲉⲧ ⲧⲁⲓⲏⲟⲩⲧ ⲛ̀ⲧⲟⲧϥ ⲁⲩⲧⲏⲓⲧⲟⲩ
ⲉ̀ϧⲟⲩⲛ ⲉ̀ⲡⲏⲓ ⲙ̀ⲫⲛⲟⲩϯ ⲉ̀ⲃⲟⲗ ϩⲓⲧⲉⲛ ⲧϫⲓϫ ⲛ̀ⲓⲉⲏⲗ ⲛ̀ⲅⲉⲇⲥⲱⲛ 9ⲟⲩⲟϩ ⲁϥⲟⲩⲛⲟϥ ⲛ̀ϫⲉ ⲡϩⲏⲧ
ⲙ̀ⲡⲓⲗⲁⲟⲥ ϧⲉⲛ ⲡϭⲟⲓⲥ ⲡⲟⲩⲛⲟⲩϯ ⲟⲩⲟϩ ⲁϥⲟⲩⲛⲟϥ ⲛ̀ϫⲉ ⲇⲁⲩⲓⲇ ⲡⲟⲩⲣⲟ ϧⲉⲛ ⲟⲩϩⲏⲧ ⲉϥϫⲏⲕ-
ⲉ̀ⲃⲟⲗ 10ⲟⲩⲟϩ ⲁϥⲥⲙⲟⲩ ⲉ̀ⲡϭⲟⲓⲥ ⲛ̀ϫⲉ ⲡⲟⲩⲣⲟ ⲇⲁⲩⲓⲇ ⲙ̀ⲡⲉⲙⲑⲟ ⲛ̀ϯⲉⲕⲕⲗⲏⲥⲓⲁ̀ ⲧⲏⲣⲥ ⲉϥϫⲱ
ⲙ̀ⲙⲟⲥ ϫⲉ ϥⲥⲙⲁⲣⲱⲟⲩⲧ ⲛ̀ϫⲉ ⲡϭⲟⲓⲥ ⲫⲛⲟⲩϯ ⲙ̀ⲡⲓⲥⲣⲁⲏⲗ ⲡⲉⲛⲓⲱⲧ ⲓⲥϫⲉⲛ ⲉ̀ⲛⲉϩ ⲛⲉⲙ ϣⲁ

ⲉ̀ⲛⲉϩ 11 ⲑⲱⲕ ⲡϭⲟⲓⲥ ⲧⲉ ϯⲙⲉⲧⲟⲩⲣⲟ ⲛⲉⲙ ϯⲙⲉⲧⲛⲓϣϯ ⲛⲉⲙ ϯϫⲟⲙ ⲛⲉⲙ ⲡⲓϣⲟⲩϣⲟⲩ ⲛⲉⲙ
ⲡⲓϭⲣⲟ ⲛ̀ⲑⲟⲕ ⲅⲁⲣ ⲉⲧ ⲟⲓ ⲛ̀ⲛⲏⲃ ⲉ̀ⲛⲏ ⲉⲧ ϧⲉⲛ ⲧⲫⲉ ⲉ̀ⲛϣⲱⲓ ⲛⲉⲙ ϩⲓϫⲉⲛ ⲡⲓⲕⲁϩⲓ ⲉ̀ⲛⲉⲥⲏⲧ ⲉ̀ⲃⲟⲗ
ⲅⲁⲣ ϧⲁ ⲧϩⲏ ⲙ̀ⲡⲉⲕϩⲟ ⲥⲉϣ̀ⲑⲟⲣⲧⲉⲣ ⲛ̀ϫⲉ ⲟⲩⲣⲟ ⲛⲓⲃⲉⲛ ⲛⲉⲙ ϣ̀ⲗⲟⲗ 12 ⲟⲩⲟϩ ⲉⲩⲉ̀ϩⲱⲥ ⲉ̀ⲣⲟⲕ ⲛ̀ϫⲉ
ⲣⲱⲙⲓ ⲛⲓⲃⲉⲛ ⲁⲥⲭⲏ ⲅⲁⲣ ϧⲁ ⲧⲟⲧⲕ ⲛ̀ϫⲉ ϯⲙⲉⲧⲣⲁⲙⲁⲟ̀ ⲛⲉⲙ ⲡⲓⲱ̀ⲟⲩ ⲛ̀ⲑⲟⲕ ⲅⲁⲣ ⲉⲧ ⲟⲓ ⲛ̀ⲁⲣⲭⲱⲛ
ⲉ̀ⲛⲓⲭⲁⲓ ⲛⲓⲃⲉⲛ ⲛⲉⲙ ⲉ̀ϫⲉⲛ ⲁⲣⲭⲏ ⲛⲓⲃⲉⲛ ⲥⲭⲏ ϧⲉⲛ ⲧⲉⲕϫⲓϫ ⲛ̀ϫⲉ ⲟⲩϫⲟⲙ ⲛⲉⲙ ⲟⲩⲙⲉⲧϫⲱⲣⲓ
ⲛ̀ⲑⲟⲕ ⲉⲧ ϭⲟⲥⲓ ⲟⲩⲟϩ ⲉⲧ ⲑⲉⲃⲓⲟ̀ ⲛ̀ⲑⲟⲕ ⲉⲧ ϯ ϫⲟⲙ ⲛⲱⲟⲩ ⲧⲏⲣⲟⲩ ⲡϭⲟⲓⲥ ⲡⲓⲡⲁⲛⲧⲟⲕⲣⲁⲧⲱⲣ
13 ϯⲛⲟⲩ ⲧⲉⲛⲟⲩⲟⲛϩⲕ ⲉ̀ⲃⲟⲗ ⲟⲩⲟϩ ⲧⲉⲛⲥⲙⲟⲩ ⲉ̀ⲫⲣⲁⲛ ⲙ̀ⲡⲉⲕⲱ̀ⲟⲩ 14 ⲁ̀ⲛⲟⲕ ⲛⲓⲙ ⲁ̀ⲛⲟⲕ ⲡϭⲟⲓⲥ
ⲓⲥ ⲛⲓⲙ ⲡⲉ ⲡⲁⲗⲁⲟⲥ ϫⲉ ⲉⲛⲛⲁϣϫⲉⲙϫⲟⲙ ⲛ̀ⲉⲣ ⲟⲩⲟⲧ ⲛⲁⲕ ⲛ̀ⲛⲁⲓ ϫⲉ ⲛ̀ⲭⲁⲓ ⲛⲓⲃⲉⲛ ⲛⲟⲩⲕ ⲡⲉ
ⲟⲩⲟϩ ⲁⲛϯ ⲛⲁⲕ ⲉ̀ⲃⲟⲗ ϧⲉⲛ ⲛⲏ ⲉ̀ⲧⲉ ⲛⲟⲩⲕ 15 ϫⲉ ⲁ̀ⲛⲟⲛ ϩⲁⲛⲣⲉⲙⲛ̀ϫⲱⲓⲗⲓ ⲙ̀ⲡⲉⲕⲙ̀ⲑⲟ ⲙ̀ⲫⲣⲏϯ
ⲛ̀ⲛⲉⲛⲓⲟϯ ⲧⲏⲣⲟⲩ ⲛ̀ϣⲟⲣⲡ ⲟⲩⲟϩ ⲛⲉⲛⲉ̀ϩⲟⲟⲩ ⲁⲩ ⲙ̀ⲫⲣⲏϯ ⲛ̀ⲟⲩϧⲏⲓⲃⲓ ϩⲓϫⲉⲛ ⲡⲓⲕⲁϩⲓ ϫⲉ ⲙ̀ⲙⲟⲛ
ϩⲩⲡⲟⲙⲟⲛⲏ ϣⲟⲡ 16 ⲡϭⲟⲓⲥ ⲡⲉⲛⲛⲟⲩϯ ⲁⲓⲥⲟⲃϯ ⲛ̀ⲟⲩⲙⲏϣ ⲉ̀ⲡϫⲓⲛⲕⲱⲧ ⲛ̀ⲟⲩⲏⲓ ⲙ̀ⲡⲉⲕⲣⲁⲛ ⲉⲑ
ⲟⲩⲁⲃ ϫⲉ ϩⲁⲛ ⲉ̀ⲃⲟⲗ ϧⲉⲛ ⲧⲉⲕϫⲓϫ ⲧⲏⲣⲟⲩ ⲛⲉ 17 ⲁⲓⲉ̀ⲙⲓ ⲡϭⲟⲓⲥ ϫⲉ ⲛ̀ⲑⲟⲕ ⲉⲧ ⲉⲣ ⲉ̀ⲧⲁⲍⲓⲛ
ⲛ̀ϩⲏⲧ ⲛⲓⲃⲉⲛ ⲉⲕⲙⲉⲓ ⲛ̀ϯⲇⲓⲕⲉⲟ̀ⲥⲩⲛⲏ ϧⲉⲛ ⲟⲩⲙⲉⲧⲁⲧⲕⲁⲕⲓⲁ̀ ⲛ̀ⲧⲉ ⲡⲁϩⲏⲧ ⲁⲓⲉⲣ ⲟⲩⲟⲧ ϧⲉⲛ
ⲛⲁⲓ ⲧⲏⲣⲟⲩ ϯⲛⲟⲩ ϫⲉ ϩⲏⲡⲡⲉ ⲡⲉⲕⲗⲁⲟⲥ ⲛⲏ ⲉⲧ ⲁⲩϫⲉⲙⲟⲩ ϧⲉⲛ ⲡⲁⲓ ⲙⲁ ⲙ̀ⲫⲟⲟⲩ ⲁⲓⲛⲁⲩ
ⲉ̀ⲣⲱⲟⲩ ϧⲉⲛ ⲟⲩⲑⲉⲗⲏⲗ ⲛ̀ϩⲏⲧ ϧⲉⲛ ⲡϭⲟⲓⲥ ⲡⲟⲩⲛⲟⲩϯ ⲉⲩⲉⲣ ⲟⲩⲟⲧ 18 ⲫⲛⲟⲩϯ ⲛ̀ⲧⲉ ⲛⲉⲛⲓⲟϯ
ⲁⲃⲣⲁⲁⲙ ⲛⲉⲙ ⲓ̀ⲥⲁⲁⲕ ⲛⲉⲙ ⲓⲁⲕⲱⲃ ⲁ̀ⲣⲉϩ ⲛ̀ⲛⲁⲓ ⲙⲉⲩⲓ̀ ⲉⲑⲛⲁⲛⲉⲩ ϧⲉⲛ ⲡϩⲏⲧ ⲙ̀ⲡⲁⲓ ⲗⲁⲟⲥ
ⲛ̀ⲥⲏⲟⲩ ⲛⲓⲃⲉⲛ ⲥⲟⲩⲧⲱⲛ ⲛ̀ⲛⲟⲩϩⲏⲧ ⲉ̀ϧⲟⲩⲛ ⲉ̀ⲣⲟⲕ ⲡϭⲟⲓⲥ 19 ⲟⲩⲟϩ ⲥⲟⲗⲟⲙⲱⲛ ⲡⲁϣⲏⲣⲓ ⲙⲟⲓ
ⲛⲁϥ ⲛ̀ⲟⲩϩⲏⲧ ⲛ̀ⲁ̀ⲅⲁⲑⲟⲛ ⲉ̀ⲡϫⲓⲛⲁ̀ⲣⲉϩ ⲉ̀ⲛⲉⲕⲉⲛⲧⲟⲗⲏ ⲛⲉⲙ ⲛⲉⲕⲛⲟⲙⲟⲥ ⲛⲉⲙ ⲛⲉⲕⲟⲩⲁϩⲥⲁϩⲛⲓ
ⲟⲩⲟϩ ⲛ̀ⲧⲉϥⲓⲣⲓ ⲛ̀ⲟⲩⲥⲟⲃϯ ⲉ̀ⲡⲕⲱⲧ ⲙ̀ⲡⲉⲕⲏⲓ 20 ⲟⲩⲟϩ ⲡⲉϫⲉ ⲡⲟⲩⲣⲟ ⲇⲁⲩⲓⲇ ⲛ̀ϯⲉⲕⲕⲗⲏⲥⲓⲁ̀ ⲧⲏⲣⲥ
ⲛ̀ⲧⲉ ⲡⲓⲥⲣⲁⲏⲗ ϫⲉ ⲥⲙⲟⲩ ⲉ̀ⲡϭⲟⲓⲥ ⲡⲉⲧⲉⲛⲛⲟⲩϯ ⲟⲩⲟϩ ⲁⲩⲥⲙⲟⲩ ⲉ̀ⲡϭⲟⲓⲥ ⲫⲛⲟⲩϯ ⲛ̀ⲧⲉ ⲛⲟⲩⲓⲟϯ
ⲛ̀ϫⲉ ϯⲉⲕⲕⲗⲏⲥⲓⲁ̀ ⲧⲏⲣⲥ ⲛ̀ⲧⲉ ⲡⲓⲥⲣⲁⲏⲗ ⲁⲩⲕⲉⲗϫ ⲕⲉⲗⲓ ⲟⲩⲟϩ ⲁⲩⲥⲙⲟⲩ ⲉ̀ⲡϭⲟⲓⲥ ⲫⲛⲟⲩϯ ⲛⲉⲙ
ⲡⲟⲩⲣⲟ 21 ⲟⲩⲟϩ ⲁ̀ ⲡⲟⲩⲣⲟ ⲇⲁⲩⲓⲇ ϣⲱⲧ ⲛ̀ⲟⲩϣⲟⲩϣⲱⲟⲩϣⲓ ⲙ̀ⲫⲛⲟⲩϯ ϧⲉⲛ ⲡⲉϥⲣⲁⲥϯ ⲙ̀ⲡⲉ-
ϩⲟⲟⲩ ⲛ̀ϩⲟⲩⲓⲧ ⲁϥⲓⲛⲓ ⲛ̀ϩⲁⲛϭⲗⲓⲗ ⲉ̀ϩⲣⲏⲓ ⲙ̀ⲡϭⲟⲓⲥ ⲟⲩϣⲟ ⲙ̀ⲙⲁⲥⲓ ⲛⲉⲙ ⲟⲩϣⲟ ⲛ̀ⲱⲓⲗⲓ ⲛⲉⲙ
ⲟⲩϣⲟ ⲛ̀ϩⲓⲏⲃ ⲛⲉⲙ ⲛⲟⲩⲟⲩⲱⲧⲉⲛ-ⲉ̀ⲃⲟⲗ ⲛⲉⲙ ϩⲁⲛⲙⲏϣ ⲛ̀ϣⲟⲩϣⲱⲟⲩϣⲓ ⲙ̀ⲡⲓⲗⲁⲟⲥ 22 ⲁⲩⲟⲩⲱⲙ
ⲟⲩⲟϩ ⲁⲩⲥⲱ ⲙ̀ⲡⲉⲙ̀ⲑⲟ ⲙ̀ⲡϭⲟⲓⲥ ϧⲉⲛ ⲟⲩⲛⲓϣϯ ⲛ̀ⲣⲁϣⲓ

Paralipomenon II 3

1 ⲟⲩⲟϩ ⲁϥⲉⲣ ϩⲏⲧⲥ ⲛ̀ϫⲉ ⲥⲟⲗⲟⲙⲱⲛ ⲉ̀ⲕⲱⲧ ⲙ̀ⲡⲏⲓ ⲙ̀ⲡϭⲟⲓⲥ ϧⲉⲛ ⲓⲉⲣⲟⲩⲥⲁⲗⲏⲙ ϧⲉⲛ ⲡⲓⲧⲱⲟⲩ ⲛ̀ⲧⲉ ⲡⲓⲁ̀ⲙⲟⲣⲣⲉⲟⲥ ⲡⲓⲙⲁ ⲉⲧ ⲁ̀ ⲡϭⲟⲓⲥ ⲟⲩⲟⲛϩϥ ⲉ̀ⲇⲁⲩⲓⲇ ⲡⲉϥⲓⲱⲧ ⲙ̀ⲙⲁⲩ ⲡⲓⲙⲁ ⲉⲧ
ⲁϥⲥⲉⲃⲧⲱⲧϥ ϧⲉⲛ ⲡⲓϭⲛⲓⲱⲟⲩ ⲛ̀ⲧⲉ ⲟⲣⲛⲁⲛ ⲡⲓⲉ̀ⲃⲟⲩⲥⲉⲟⲥ 2 ⲟⲩⲟϩ ⲁϥⲉⲣ ϩⲏⲧⲥ ⲛ̀ⲕⲱⲧ ϧⲉⲛ
ⲡⲓⲁ̀ⲃⲟⲧ ⲙ̀ⲙⲁϩⲃ̅ ϧⲉⲛ ϯⲙⲁϩⲇ̅ ⲛ̀ⲣⲟⲙⲡⲓ ⲛ̀ⲧⲉ ⲧⲉϥⲙⲉⲧⲟⲩⲣⲟ 3 ⲟⲩⲟϩ ϧⲉⲛ ⲛⲁⲓ ⲁϥⲉⲣ ϩⲏⲧⲥ
ⲛ̀ϫⲉ ⲥⲟⲗⲟⲙⲱⲛ ⲉ̀ⲕⲱⲧ ⲙ̀ⲡⲏⲓ ⲙ̀ⲡϭⲟⲓⲥ ⲧⲉϥϣⲓ̀ ⲇⲉ ⲉⲥⲓ̀ⲣⲓ ⲛ̀ⲥⲉ ⲙ̀ⲙⲁϩⲓ ⲟⲩⲟϩ ⲛⲉϥⲟⲩⲟⲥⲑⲉⲛ
ϫⲱⲧ ⲙ̀ⲙⲁϩⲓ 4 ⲛⲉⲙ ⲡⲓⲉ̀ⲗⲁⲙ ⲙ̀ⲡⲉⲙ̀ⲑⲟ ⲙ̀ⲡⲏⲓ ⲉϥⲟⲓ ⲛ̀ϫⲱⲧ ⲙ̀ⲙⲁϩⲓ ⲛ̀ϣⲓ̀ ⲟⲩⲟϩ ⲛⲉϥϭⲓⲥⲓ
ⲉϥⲓ̀ⲣⲓ ⲛ̀ϣⲉ ϫⲱⲧ ⲙ̀ⲙⲁϩⲓ ⲟⲩⲟϩ ⲁϥⲗⲁⲗⲱϥ ⲛ̀ⲛⲟⲩⲃ̀ ⲉϥⲧⲟⲩⲃⲏⲟⲩⲧ ⲥⲁϧⲟⲩⲛ ⲛⲉⲙ ⲥⲁⲃⲟⲗ
5 ⲟⲩⲟϩ ⲡⲓⲛⲓϣϯ ⲛ̀ⲏⲓ ⲁϥⲧⲁϫⲣⲟϥ ϧⲉⲛ ϩⲁⲛϣⲉⲛⲥⲓϥⲓ ⲟⲩⲟϩ ⲁϥⲗⲁⲗⲱϥ ⲛ̀ⲛⲟⲩⲃ̀ ⲉ̀ⲃⲟⲗ ϧⲉⲛ ⲟⲩ-
ⲛⲟⲩⲃ̀ ⲛ̀ⲕⲁⲑⲁⲣⲟⲥ ⲁϥⲫⲱⲧϩ ⲛ̀ϧⲏⲧϥ ⲛ̀ϩⲁⲛⲃⲉⲛⲓ ⲛⲉⲙ ⲛⲏ ⲉⲧ ⲁ̀ϣⲓ-ⲉ̀ϩⲣⲏⲓ 6 ⲁϥⲥⲟⲗⲥⲉⲗ ⲙ̀ⲡⲏⲓ
ⲉ̀ⲃⲟⲗ ϧⲉⲛ ϩⲁⲛⲱ̀ⲛⲓ ⲉⲩⲧⲁⲓⲏⲟⲩⲧ ⲉ̀ⲛⲁϣⲉⲛⲥⲟⲩⲉ̀ⲛⲟⲩ ⲛⲉⲙ ⲉ̀ⲃⲟⲗ ϧⲉⲛ ⲡⲓⲛⲟⲩⲃ̀ ⲉⲧ ⲧⲟⲩⲃⲏⲟⲩⲧ
ⲛ̀ⲧⲉ ⲫⲁⲣⲟⲩⲓⲙ 7 ⲟⲩⲟϩ ⲁϥⲗⲁⲗⲉ ⲡⲏⲓ ⲛ̀ⲛⲟⲩⲃ̀ ⲛⲉⲙ ⲡⲓϫⲟⲓ ⲛ̀ⲧⲉ ⲡⲏⲓ ⲛⲉⲙ ⲛⲉϥⲡⲩⲗⲱⲛ ⲛⲉⲙ
ⲛⲉϥⲙⲁⲛϫⲟⲩϣⲧ-ⲉ̀ⲃⲟⲗ ⲛ̀ⲧⲁϥ ⲛⲉⲙ ⲛⲉϥⲟⲩⲉϫⲣⲱⲟⲩⲓ̀ ⲁϥⲟϣϫⲟⲩ ⲛ̀ⲛⲟⲩⲃ̀ ⲟⲩⲟϩ ⲁϥⲫⲱⲧϩ ⲛ̀ϩⲁⲛ-
ⲭⲉⲣⲟⲩⲃⲓⲙ ϩⲓϫⲱⲟⲩ ⲛⲉⲙ ϩⲓ ⲡⲓϫⲟⲓ 8 ⲁϥⲑⲁⲙⲓⲟ̀ ⲙ̀ⲡⲓⲙⲁ ⲉⲑ ⲟⲩⲁⲃ ⲛ̀ⲧⲉ ⲛⲏ ⲉⲑ ⲟⲩⲁⲃ ⲙ̀ⲡⲉⲙ̀ⲑⲟ
ⲙ̀ⲡⲏⲓ ⲧⲉϥϣⲓ̀ ⲉⲥⲟⲓ ⲛ̀ϫⲱⲧ ⲙ̀ⲙⲁϩⲓ ⲛⲉⲙ ⲛⲉϥⲟⲩⲟⲥⲑⲉⲛ ⲁϥⲟⲩⲟϣϫϥ ⲛ̀ⲛⲟⲩⲃ̀ ⲉϥⲧⲟⲩⲃⲏⲟⲩⲧ
ⲁϥⲫⲱⲧϩ ⲛ̀ⲭⲉⲣⲟⲩⲃⲓⲙ ⲥⲟⲟⲩ ϣⲉ ⲛ̀ϫⲓⲛϭⲏⲣ ⲛ̀ⲛⲟⲩⲃ̀ 9 ⲟⲩⲟϩ ⲡⲓϥⲓⲧ ⲛ̀ϣⲓ ⲙ̀ⲡⲟⲩⲁⲓ ⲡⲟⲩⲁⲓ ⲡⲉ

ⲧⲁⲓⲟⲩ ⲛ̀ⲥⲓⲕⲗⲟⲥ ⲛ̀ⲛⲟⲩⲃ̀ ⲟⲩⲟϩ ⲁϥⲗⲁⲗⲉ ⲥⲁ ⲛϣⲱⲓ ⲙ̀ⲙⲱⲟⲩ ⲛ̀ⲛⲟⲩⲃ̀ [10]ⲟⲩⲟϩ ⲁϥⲑⲁⲙⲓⲟ ⲛ̀ϩⲁⲛⲭⲉ-
ⲣⲟⲩⲃⲓⲙ ϧⲉⲛ ⲡⲓⲙⲁ ⲉⲑⲟ ⲟⲩⲁⲃ̀ ⲛ̀ⲧⲉ ⲛⲏ ⲉⲑⲟ ⲟⲩⲁⲃ ⲉ̀ⲃⲟⲗ ϧⲉⲛ ϩⲁⲛϣⲉ ⲟⲩⲟϩ ⲁϥⲗⲁⲗⲱⲟⲩ
ⲛ̀ⲛⲟⲩⲃ [11]ⲟⲩⲟϩ ⲛⲓⲧⲉⲛϩ ⲛ̀ⲧⲉ ⲛⲓⲭⲉⲣⲟⲩⲃⲓⲙ ⲉⲩⲫⲟⲣϣ-ⲉ̀ⲃⲟⲗ ⲧϣⲙⲏ ⲙ̀ⲡⲟⲩⲁⲓ ⲡⲟⲩⲁⲓ ⲛ̀ⲧⲉ
ⲛⲓⲧⲉⲛϩ ⲉⲩⲟⲓ ⲛ̀ϫⲱⲧ ⲙ̀ⲙⲁϩⲓ ⲉⲩⲫⲟⲣϣ-ⲉ̀ⲃⲟⲗ ⲉⲩϭⲓ ⲛⲉⲙ ⲡⲓϫⲟⲓ ⲛ̀ⲧⲉ ⲡⲏⲓ ⲟⲩⲟϩ ⲡⲓⲭⲉⲣⲟⲩ-
ⲃⲓⲙ ⲙ̀ⲙⲁϩⲃ̄ ⲛⲁⲓ ϣⲏⲣⲓ ⲛⲉ ⲉ̀ⲣⲉ ⲛⲟⲩⲧⲉⲛϩ ϭⲓ ⲛⲉⲙ ⲟⲩⲟⲛ ⲙ̀ⲙⲱⲟⲩ ⲉⲩϯ ⲛⲉⲙ ⲡⲓϫⲟⲓ ⲛ̀ⲧⲉ
ⲡⲏⲓ [13]ⲟⲩⲟϩ ⲛⲓⲧⲉⲛϩ ⲛ̀ⲧⲉ ⲛⲓⲭⲉⲣⲟⲩⲃⲓⲙ ⲉⲩⲫⲟⲣϣ-ⲉ̀ⲃⲟⲗ ⲉⲩⲟ̀ϩⲓ ⲉ̀ⲣⲁⲧⲟⲩ ⲉ̀ϫⲉⲛ ⲛⲟⲩϭⲁⲗⲁⲩϫ
ⲟⲩⲟϩ ⲛⲟⲩϩⲟ ⲛⲁⲩϫⲟⲩϣⲧ ⲡⲉ ⲉ̀ⲡⲏⲓ [14]ⲟⲩⲟϩ ⲁϥⲑⲁⲙⲓⲟ ⲙ̀ⲡⲓⲕⲁⲧⲁⲡⲉⲧⲁⲥⲙⲁ ⲉ̀ⲃⲟⲗ ϧⲉⲛ
ⲟⲩϩⲩⲁⲕⲓⲛⲑⲓⲛⲟⲛ ⲛⲉⲙ ⲟⲩⲕⲟⲕⲕⲓⲛⲟⲛ ⲛⲉⲙ ⲟⲩϣⲉⲛⲥ ⲟⲩⲟϩ ⲁϥⲥⲱϧⲓ ⲛ̀ⲟⲩⲥⲱϧⲓ ⲛ̀ⲭⲉⲣⲟⲩⲃⲓⲙ [15]ⲟⲩⲟϩ
ⲁϥⲑⲁⲙⲓⲟ ⲛ̀ⲥⲧⲩⲗⲟⲥ ⲃ̄ ⲙ̀ⲡⲉⲙⲑⲟ ⲙ̀ⲡⲏⲓ ⲥⲁⲃⲟⲗ ⲉ̀ⲃⲟⲗ ⲙ̀ⲙⲁⲛ ϯⲟⲩ ⲙ̀ⲙⲁϩⲓ ⲙ̀ⲡⲟⲩϭⲓⲥⲓ
ⲡⲟⲩⲁⲓ ⲡⲟⲩⲁⲓ ⲛⲉⲙ ⲛⲟⲩⲕⲉⲫⲁⲗⲏ ⲉⲩⲟⲓ ⲛ̀ϯⲟⲩ ⲙ̀ⲙⲁϩⲓ [16]ⲟⲩⲟϩ ⲁϥⲑⲁⲙⲓⲟ ⲛ̀ϩⲁⲛⲥⲉⲣⲉⲥⲉⲣⲱⲟ
ϧⲉⲛ ⲡⲓⲇⲁⲃⲓⲣ ⲧⲁⲓⲟⲩ ⲙ̀ⲙⲁϩⲓ ⲟⲩⲟϩ ⲁϥⲭⲁⲩ ϩⲓϫⲉⲛ ⲛⲓⲁ̀ⲫⲛⲟⲩⲓ̀ ⲛ̀ⲧⲉ ⲛⲓⲥⲧⲩⲗⲟⲥ ⲟⲩⲟϩ ⲁϥⲑⲁⲙⲓⲟ ⲛ̀ϣⲉ ⲛ̀ⲣⲉⲙⲙⲁⲛ ⲁϥⲭⲁⲩ ⲉ̀ϫⲉⲛ ⲛⲏ ⲉⲧ ⲁ̀ϣⲓ-ⲉ̀ϩⲣⲏⲓ [17]ⲁϥⲧⲁϩⲉ ⲛⲓⲥⲧⲩⲗⲟⲥ ⲉ̀ⲣⲁⲧⲟⲩ
ⲟⲩⲁⲓ ⲥⲁ ⲟⲩⲓ̀ⲛⲁⲙ ⲛⲉⲙ ⲟⲩⲁⲓ ⲥⲁ ϫⲁϭⲏ ⲟⲩⲟϩ ⲁϥⲙⲟⲩϯ ⲉ̀ⲫⲣⲁⲛ ⲙ̀ⲫⲏ ⲉⲧ ⲥⲁ ⲟⲩⲓ̀ⲛⲁⲙ ϫⲉ
ⲡⲓⲧⲁϩⲟ-ⲉ̀ⲣⲁⲧϥ ⲟⲩⲟϩ ⲫⲏ ⲉⲧ ⲥⲁ ϫⲁϭⲏ ϫⲉ ϯϫⲟⲙ

Paralipomenon II 4

[1]ⲟⲩⲟϩ ⲁϥⲑⲁⲙⲓⲟ ⲙ̀ⲡⲓⲙⲁⲛⲉⲣϣⲱⲟⲩϣⲓ ⲉϥⲟⲓ ⲛ̀ϫⲱⲧ ⲙ̀ⲙⲁϩⲓ ⲛ̀ⲧⲉϥϣⲓⲏ ⲛⲉⲙ ϫⲱⲧ ⲙ̀ⲙⲁϩⲓ
ⲛ̀ⲟⲩⲟⲥⲉⲛ ⲛⲉⲙ ⲙⲏⲧ ⲙ̀ⲙⲁϩⲓ ⲛ̀ϭⲓⲥⲓ [2]ⲟⲩⲟϩ ⲁϥⲑⲁⲙⲓⲟ ⲙ̀ⲫⲓⲟⲙ ⲛ̀ϩⲟⲙⲧ ⲛ̀ϫⲱϣ ⲉϥⲓ̀ⲣⲓ ⲙ̀ⲙⲏⲧ
ⲙ̀ⲙⲁϩⲓ ⲛ̀ϧⲏⲧϥ ⲉϥⲕⲱϯ ⲛⲉⲙ ⲉ̄ ⲙ̀ⲙⲁϩⲓ ⲛ̀ϭⲓⲥⲓ ⲟⲩⲟϩ ⲉϥⲓ̀ⲣⲓ ⲙ̀ⲙⲁⲛ ⲙ̀ⲙⲁϩⲓ [3]ⲉⲩⲕⲱϯ ⲙ̀ⲡⲓⲗⲟⲩⲧⲏⲣ
ⲉϥⲕⲱϯ ⲛⲉⲙ ⲛⲓⲙⲱⲟⲩ ⲉⲩⲛⲏⲟⲩ ⲉ̀ⲃⲟⲗ ϧⲉⲛ ⲃ̄ ⲙ̀ⲙⲟⲩⲓ̀ ϧⲉⲛ ⲟⲩϫⲓⲛⲟⲩⲱ̀ⲧⲉⲛ ⲛ̀ϩⲟⲙⲧ [4]ⲁϥⲑⲁⲙⲓⲟ
ⲙ̀ⲡⲓⲙⲓⲧⲥⲛⲁⲩ ⲙ̀ⲙⲁⲥⲓ ⲅ̄ ⲅⲁⲣ ⲉⲩϫⲟⲩϣⲧ ⲉ̀ⲡⲉⲙϩⲓⲧ ⲅ̄ ⲉⲩϫⲟⲩϣⲧ ⲉ̀ⲫⲣⲏⲥ ⲅ̄ ⲉⲩϫⲟⲩϣⲧ
ⲉ̀ⲡⲉⲙⲉⲛⲧ ⲅ̄ ⲉⲩϫⲟⲩϣⲧ ⲉ̀ⲡⲓⲉⲃⲧ ⲛⲉⲙ ⲫⲓⲟⲙ ⲥⲁ ⲛϣⲱⲓ ⲙ̀ⲙⲱⲟⲩ ⲧⲏⲣⲟⲩ ⲟⲩⲟϩ ⲉ̀ⲣⲉ ⲛⲟⲩⲫⲁ-
ϩⲟⲩ ⲙ̀ⲙⲱⲟⲩ ⲧⲏⲣⲟⲩ ⲫⲟⲛϩ ⲉ̀ϧⲟⲩⲛ [5]ⲡⲟⲩⲙⲟⲧ ⲇⲉ ⲛ̀ⲧⲉ ⲫⲓⲟⲙ ⲉϥⲓ̀ⲣⲓ ⲛ̀ⲟⲩϣⲟⲡ ⲟⲩⲟϩ
ⲡⲉϥⲥⲫⲟⲧⲟⲩ ⲉϥⲟⲓ ⲙ̀ⲫⲣⲏϯ ⲙ̀ⲡⲉⲥⲙⲟⲧ ⲛ̀ⲟⲩⲁ̀ⲫⲟⲧ ⲉϥⲫⲟⲣϣ-ⲉ̀ⲃⲟⲗ ⲛ̀ⲛⲓⲃ ⲛ̀ϣϣⲏⲛ ⲛ̀ⲫⲱⲧϩ ⲉϥⲱ̀ⲗⲓ
ⲛ̀ϣⲟⲙⲧ ⲛ̀ϣⲟ ⲙ̀ⲙⲉⲧⲣⲓⲧⲏⲥ ⲟⲩⲟϩ ⲁϥϫⲱⲕ-ⲉ̀ⲃⲟⲗ [6]ⲟⲩⲟϩ ⲁϥⲑⲁⲙⲓⲟ ⲙ̀ⲙⲏⲧ ⲛ̀ⲗⲟⲩⲧⲏⲣ ⲁϥⲭⲁ
ϯⲟⲩ ⲥⲁ ⲟⲩⲓ̀ⲛⲁⲙ ⲛⲉⲙ ϯⲟⲩ ⲥⲁ ϫⲁϭⲏ ϫⲉ ⲛ̀ⲧⲟⲩⲓⲱ-ⲉ̀ⲃⲟⲗ ⲛ̀ϧⲏⲧⲟⲩ ⲛ̀ⲛⲓϩⲃⲏⲟⲩⲓ̀ ⲛ̀ⲧⲉ ⲛⲓϭⲗⲓⲗ
ⲟⲩⲟϩ ⲛ̀ⲧⲟⲩϫⲟⲕⲙⲟⲩ ⲛ̀ϧⲏⲧⲟⲩ ⲫⲓⲟⲙ ⲇⲉ ⲉ̀ⲟⲣⲟⲩ ⲓⲁⲩ-ⲉ̀ⲃⲟⲗ ⲛ̀ϧⲏⲧϥ ⲛ̀ϫⲉ ⲛⲓⲟⲩⲏⲃ [7]ⲟⲩⲟϩ
ⲁϥⲑⲁⲙⲓⲟ ⲙⲏⲧ ⲛ̀ⲗⲩⲭⲛⲓⲁ̀ ⲛ̀ⲛⲟⲩⲃ̀ ⲕⲁⲧⲁ ⲛⲟⲩϩⲁⲡ ⲁϥⲭⲁⲩ ϧⲉⲛ ⲡⲉⲣⲫⲉⲓ ϯⲟⲩ ⲥⲁ ⲟⲩⲓ̀ⲛⲁⲙ
ⲛⲉⲙ ϯⲟⲩ ⲥⲁ ϫⲁϭⲏ [8]ⲟⲩⲟϩ ⲁϥⲑⲁⲙⲓⲟ ⲛ̀ϣⲉ ⲙ̀ⲫⲩⲁ̀ⲗⲏ ⲛ̀ⲛⲟⲩⲃ̀ [9]ⲁϥⲑⲁⲙⲓⲉ̀ ⲛⲓⲁⲩⲗⲏ ⲛ̀ⲧⲉ
ⲛⲓⲟⲩⲏⲃ ⲛⲉⲙ ϯⲛⲓϣϯ ⲛ̀ⲁⲩⲗⲏ ⲛⲉⲙ ⲛⲉⲥⲣⲱⲟⲩ ⲛⲉⲙ ⲛⲉⲥϣⲟⲩϣⲧ ⲉⲩⲟⲙⲁⲓⲛⲟⲩⲧ ⲛ̀ⲛⲉⲃ ⲛ̀ϩⲟⲙⲧ
[10]ⲟⲩⲟϩ ⲫⲓⲟⲙ ⲁϥⲭⲁϥ ⲥⲁ ⲡⲉⲥⲫⲓⲣ ⲛ̀ⲟⲩⲓ̀ⲛⲁⲙ ⲛ̀ⲧⲉ ⲡⲏⲓ ⲥⲁ ⲡⲉⲓⲉⲃⲧ [11]ⲟⲩⲟϩ ⲁϥⲑⲁⲙⲓⲟ ⲛ̀ϫⲉ
ⲭⲓⲣⲁⲙ ⲛ̀ⲛⲓⲕⲣⲉⲁⲅⲣⲁ ⲛⲉⲙ ⲛⲓϣⲟⲩⲣⲏ ⲛⲉⲙ ϯⲉⲥⲭⲁⲣⲁ ⲛ̀ⲧⲉ ⲡⲓⲙⲁⲛⲉⲣϣⲱⲟⲩϣⲓ ⲛⲉⲙ ⲛⲉϥⲥⲕⲉⲩⲟⲥ ⲧⲏⲣⲟⲩ ⲟⲩⲟϩ ⲁ̀ ⲭⲓⲣⲁⲙ ϫⲱⲕ ⲙ̀ⲡⲓϩⲱⲃ ⲧⲏⲣϥ ⲉ̀ⲃⲟⲗ ⲫⲏ ⲉⲧ ⲁϥⲑⲁⲙⲓⲟϥ ⲛ̀ϫⲉ
ⲡⲟⲩⲣⲟ ⲥⲟⲗⲟⲙⲱⲛ ϧⲉⲛ ⲡⲏⲓ ⲙ̀ⲫⲛⲟⲩϯ [12]ⲟⲩⲟϩ ⲁϥⲑⲁⲙⲓⲟ ⲛ̀ⲥⲧⲩⲗⲟⲥ ⲃ̄ ⲉⲩⲭⲏ ϩⲓϫⲱⲟⲩ ⲛ̀ϫⲉ
ⲛⲓⲱⲙ̀ⲗⲁⲟⲟⲥ ⲛⲉⲙ ⲛⲓⲭⲱⲑⲁⲣⲉⲑ ⲛⲏ ⲉⲧ ⲭⲏ ϩⲓϫⲉⲛ ⲛⲓⲥⲧⲩⲗⲟⲥ ⲛⲉⲙ ⲛⲉⲙⲟⲧ ⲛ̀ⲧⲉ ϯⲗⲩⲭ-
ⲛⲓⲁ̀ ⲛ̀ⲛⲟⲩⲃ̀ [13]ⲛⲉⲙ ϥⲧⲱⲟⲩ ϣⲉ ⲛ̀ϣⲕⲉⲗⲕⲓⲗ ⲛ̀ⲛⲟⲩⲃ̀ ⲛⲉⲙ ⲟⲩϣⲏⲛ ⲉϥϩⲱⲃⲥ ⲛ̀ϯⲱⲙ̀ⲗⲁⲟ ⲃ̄ϯ ⲛ̀ⲧⲉ
ⲛⲓⲭⲱⲑⲁⲣⲉⲑ ⲛⲏ ⲉⲧ ⲥⲁ ⲛϣⲱⲓ ⲛ̀ⲛⲓⲥⲧⲩⲗⲟⲥ [14]ⲟⲩⲟϩ ⲁϥⲑⲁⲙⲓⲟ ⲙ̀ⲓ̄ ⲙ̀ⲙⲉⲭⲱⲛⲱⲑ [15]ⲛⲉ ⲫⲓⲟⲙ
ⲛ̀ⲧⲉ ⲡⲓⲙⲓⲧⲥⲛⲁⲩ ⲙ̀ⲙⲁⲥⲓ ⲉⲧ ⲥⲁ ⲡⲉⲥⲏⲧ ⲙ̀ⲙⲟϥ [16]ⲛⲉⲙ ⲛⲏ ⲉ̀ϣⲁⲩⲉⲣ-ⲛⲉⲣⲙⲓ-ⲉ̀ⲃⲟⲗ ⲙ̀ⲙⲱⲟⲩ
ⲛⲉⲙ ⲛⲏ ⲉ̀ ϣⲁⲩⲧⲁⲗⲉ ϣⲟⲩϣⲱⲟⲩϣⲓ ⲉ̀ⲡϣⲱⲓ ϩⲓϫⲱⲟⲩ ⲛⲉⲙ ⲛⲓⲗⲉⲃⲏⲥ ⲛⲉⲙ ⲛⲓⲕⲣⲉⲁⲅⲣⲁ ⲛⲉⲙ
ⲛⲉⲥⲕⲉⲩⲟⲥ ⲧⲏⲣⲟⲩ ⲛⲏ ⲉⲧ ⲁϥⲑⲁⲙⲓⲱⲟⲩ ⲛ̀ϫⲉ ⲭⲓⲣⲁⲙ ⲁϥⲉ̀ⲛⲟⲩ ϩⲁ ⲥⲟⲗⲟⲙⲱⲛ ⲡⲟⲩⲣⲟ ⲉ̀ⲡⲏⲓ
ⲙ̀ⲡϭⲟⲓⲥ ⲉ̀ⲃⲟⲗ ϧⲉⲛ ⲟⲩϩⲟⲙⲧ ⲉϥⲧⲟⲩⲃⲏⲟⲩⲧ [17]ⲉ̀ⲃⲟⲗ ϧⲉⲛ ⲡⲓⲡⲉⲣⲓⲭⲱⲣⲟⲥ ⲛ̀ⲧⲉ ⲡⲓⲓⲟⲣⲇⲁⲛⲏⲥ
ⲟⲩⲟϩ ⲁϥⲟⲩⲟⲑⲃⲟⲩ ⲛ̀ϫⲉ ⲡⲟⲩⲣⲟ ϧⲉⲛ ⲡⲏⲓ ⲛ̀ⲥⲟⲩⲭⲱⲑ ⲛⲉⲙ ⲁ̀ⲙⲉⲥⲁⲣⲓⲇⲁⲑⲁ [19]ⲟⲩⲟϩ ⲁϥⲑⲁ-

ⲙⲓⲟ̀ ⲛ̀ϫⲉ ⲥⲟⲗⲟⲙⲱⲛ ⲛ̀ⲛⲓⲥⲕⲉⲩⲟⲥ ⲧⲏⲣⲟⲩ ϧⲉⲛ ⲡⲏⲓ ⲙ̀ⲡϭⲟⲓⲥ ⲛⲉⲙ ⲡⲓⲙⲁⲛⲉⲣϣⲱⲟⲩϣⲓ ⲛ̀ⲛⲟⲩⲃ̀
ⲛⲉⲙ ϯⲧⲣⲁⲡⲉⲍⲁ ⲛ̀ⲧⲉ ⲛⲓⲱⲓⲕ ⲉⲧ ⲭⲏ ϩⲓϫⲉⲛ ϯⲡⲣⲟⲑⲉⲥⲓⲥ 20ⲛⲉⲙ ⲛⲓⲗⲩⲭⲛⲓⲁ̀ ⲛⲉⲙ ⲛⲓϧⲏⲃⲥ
ⲛ̀ⲧⲉ ⲡⲓⲟⲩⲱⲓⲛⲓ ⲕⲁⲧⲁ ⲡⲟⲩϩⲁⲡ ⲙ̀ⲡⲉⲙⲑⲟ ⲙ̀ⲡⲓⲧⲁⲃⲓⲣ ⲉⲩⲧⲟⲩⲃⲏⲟⲩⲧ 21ⲛⲉⲙ ⲛⲓⲉ̀ϭⲗⲩ ⲛⲉⲙ
ⲛⲓϫⲏ ⲛⲉⲙ ⲛⲓϣⲟⲩⲣⲏ ⲛⲉⲙ ⲛⲓⲥⲉ̀ⲃ ⲧⲏⲣⲟⲩ ⲉ̀ⲃⲟⲗ ϧⲉⲛ ⲟⲩⲛⲟⲩⲃ̀ ⲉϥⲧⲟⲩⲃⲏⲟⲩⲧ 22ⲛⲉⲙ ⲛⲓⲥⲉ̀ⲃ
ⲉⲧ ⲥⲁϧⲟⲩⲛ ⲙ̀ⲡⲏⲓ ⲫⲏ ⲉⲑ ⲟⲩⲁⲃ̀ ⲛ̀ⲧⲉ ⲛⲏ ⲉⲑ ⲟⲩⲁⲃ̀ ⲟⲩⲟϩ ⲛⲓⲥⲉⲃ ⲛ̀ⲧⲉ ⲡⲓⲉⲣⲫⲉⲓ

Paralipomenon II 5

1ⲟⲩⲟϩ ⲁⲩϫⲱⲕ-ⲉ̀ⲃⲟⲗ ⲛ̀ϩⲱⲃ ⲛⲓⲃⲉⲛ ⲉⲧ ⲁϥⲑⲁⲙⲓⲱⲟⲩ ⲛ̀ϫⲉ ⲡⲟⲩⲣⲟ ⲥⲟⲗⲟⲙⲱⲛ ϧⲉⲛ ⲡⲏⲓ
ⲙ̀ⲡϭⲟⲓⲥ ⲟⲩⲟϩ ⲁϥⲓⲛⲓ ⲉ̀ϧⲟⲩⲛ ⲛ̀ϫⲉ ⲥⲟⲗⲟⲙⲱⲛ ⲛⲏ ⲉⲑ ⲟⲩⲁⲃ̀ ⲛ̀ⲧⲉ ⲇⲁⲩⲓⲇ ⲡⲉϥⲓⲱⲧ ⲛ̀ⲛⲟⲩⲃ̀
ⲛⲉⲙ ϩⲁⲧ ⲟⲩⲟϩ ⲛⲓⲥⲕⲉⲩⲟⲥ ⲁϥϩⲓⲧⲟⲩ ⲉ̀ϧⲟⲩⲛ ⲉ̀ⲡⲓⲁ̀ϩⲱⲣ ⲛ̀ⲧⲉ ⲡϭⲟⲓⲥ 2ⲧⲟⲧⲉ ⲥⲟⲗⲟⲙⲱⲛ ⲁϥⲑⲱⲟⲩϯ ⲛ̀ⲛⲓⲡⲣⲉⲥⲃⲩⲧⲉⲣⲟⲥ ⲛⲉⲙ ⲛⲓⲁⲣⲭⲱⲛ ⲧⲏⲣⲟⲩ ⲛ̀ⲧⲉ ⲛⲓⲫⲩⲗⲏ ⲛ̀ⲛⲓⲙⲉⲧⲛⲓϣϯ ⲛ̀ⲛⲉⲛϣⲏⲣⲓ
ⲙ̀ⲡⲓⲥⲣⲁⲏⲗ ⲉ̀ⲓⲉⲣⲟⲩⲥⲁⲗⲏⲙ ϫⲉ ⲛ̀ⲧⲟⲩⲓⲛⲓ-ⲉ̀ⲡϣⲱⲓ ⲛ̀ϯⲕⲩⲃⲱⲧⲟⲥ ⲛ̀ⲧⲉ ϯⲇⲓⲁ̀ⲑⲏⲕⲏ ⲛ̀ⲧⲉ ⲡϭⲟⲓⲥ
ⲉ̀ⲃⲟⲗ ϧⲉⲛ ⲑⲃⲁⲕⲓ ⲛ̀ⲇⲁⲩⲓⲇ ⲉ̀ⲧⲉ ⲑⲁⲓ ⲧⲉ ⲥⲓⲱⲛ 3ⲟⲩⲟϩ ⲁϥⲑⲱⲟⲩϯ ϩⲁ ⲡⲟⲩⲣⲟ ⲛ̀ϫⲉ ⲡⲓⲥⲣⲁⲏⲗ
ⲧⲏⲣϥ ϧⲉⲛ ⲡϣⲁⲓ ⲫⲁⲓ ⲡⲉ ⲡⲓⲁ̀ⲃⲟⲧ ⲙ̀ⲙⲁϩϣⲁϣϥ 4ⲟⲩⲟϩ ⲁⲩⲓ̀ ⲛ̀ϫⲉ ⲛⲓⲡⲣⲉⲥⲃⲩⲧⲉⲣⲟⲥ ⲧⲏⲣⲟⲩ
ⲛ̀ⲧⲉ ⲡⲓⲥⲣⲁⲏⲗ ⲟⲩⲟϩ ⲁⲩϭⲓ ⲛ̀ⲛⲓⲗⲉⲩⲓ̀ⲧⲏⲥ ⲧⲏⲣⲟⲩ ⲛ̀ⲧⲟⲩⲉ̀ⲛⲟⲩ ⲉ̀ⲡϣⲱⲓ ⲛ̀ϯⲕⲩⲃⲱⲧⲟⲥ 5ⲛⲉⲙ
ϯⲥⲕⲏⲛⲏ ⲛ̀ⲧⲉ ϯⲙⲉⲧⲙⲉⲑⲣⲉ ⲛⲉⲙ ⲛⲓⲥⲕⲉⲩⲟⲥ ⲧⲏⲣⲟⲩ ⲉⲑ ⲟⲩⲁⲃ̀ ⲛ̀ⲧⲉ ϯⲥⲕⲏⲛⲏ ⲟⲩⲟϩ ⲁⲩⲉ̀ⲛⲟⲩ
ⲉ̀ⲡϣⲱⲓ ⲛ̀ϫⲉ ⲛⲓⲟⲩⲏⲃ ⲛⲉⲙ ⲛⲓⲗⲉⲩⲓ̀ⲧⲏⲥ 6ⲛⲉⲙ ⲡⲟⲩⲣⲟ ⲉⲩⲥⲟⲡ ⲛⲉⲙⲱⲟⲩ ⲟⲩⲟϩ ϯⲥⲩⲛⲁⲅⲱⲅⲏ
ⲧⲏⲣⲥ ⲛ̀ⲧⲉ ⲡⲓⲥⲣⲁⲏⲗ ⲛⲉⲙ ⲛⲏ ⲉⲧ ⲉⲣ ϩⲟϯ ⲛⲉⲙ ⲛⲏ ⲉⲧ ⲁⲩⲑⲱⲟⲩϯ ϩⲁ ⲡⲟⲩⲣⲟ ⲥⲟⲗⲟⲙⲱⲛ
ⲛⲁⲩⲭⲏ ϧⲁ ϫⲱⲥ ⲡⲉ ⲛ̀ϯⲕⲩⲃⲱⲧⲟⲥ ⲉⲩϣⲱⲧ ⲛ̀ϩⲁⲛⲙⲁⲥⲓ ⲛⲉⲙ ϩⲁⲛⲉ̀ⲥⲱⲟⲩ ⲉ̀ⲧⲉ ⲙ̀ⲙⲟⲛⲧⲟⲩ ⲏ̀ⲡⲓ
7ⲟⲩⲟϩ ⲁⲩⲟ̀ⲗⲓ ⲛ̀ϫⲉ ⲛⲓⲟⲩⲏⲃ ⲛ̀ϯⲕⲩⲃⲱⲧⲟⲥ ⲛ̀ⲧⲉ ϯⲇⲓⲁ̀ⲑⲏⲕⲏ ⲛ̀ⲧⲉ ⲡϭⲟⲓⲥ ⲉ̀ϧⲟⲩⲛ ⲉ̀ⲡⲉⲥⲙⲁ ⲉ̀ⲡⲓⲧⲁⲃⲓⲣ
ⲛ̀ⲧⲉ ⲡⲏⲓ ⲉ̀ϧⲟⲩⲛ ⲉ̀ⲡⲓⲙⲁ ⲉⲑ ⲟⲩⲁⲃ̀ ⲛ̀ⲧⲉ ⲛⲏ ⲉⲑ ⲟⲩⲁⲃ̀ ⲥⲁ ⲡⲉⲥⲏⲧ ⲛ̀ⲛⲓⲭⲉⲣⲟⲩⲃⲓⲙ 8ⲟⲩⲟϩ ⲛⲁⲣⲉ
ⲛⲓⲧⲉⲛϩ ⲛ̀ⲧⲉ ⲛⲓⲭⲉⲣⲟⲩⲃⲓⲙ ⲫⲟⲣϣ-ⲉ̀ⲃⲟⲗ ϩⲓϫⲉⲛ ⲡⲓⲙⲁ ⲛ̀ⲧⲉ ϯⲕⲩⲃⲱⲧⲟⲥ ⲛⲁⲣⲉ ⲛⲓⲭⲉⲣⲟⲩⲃⲓⲙ
ϩⲱⲃⲥ-ⲉ̀ⲃⲟⲗ ϩⲓϫⲱⲥ ⲛⲉⲙ ⲉ̀ϫⲉⲛ ⲛⲉⲥⲁ̀ⲛⲁⲫⲟⲣⲟⲛ ⲥⲁ ⲡϣⲱⲓ ⲙ̀ⲙⲱⲟⲩ 9ⲛⲁⲩϣⲁⲩ ⲅⲁⲣ ⲡⲉ ⲛ̀ϫⲉ
ⲛⲓⲁ̀ⲛⲁⲫⲟⲣⲟⲛ ⲟⲩⲟϩ ⲛⲓⲁ̀ⲛⲁⲫⲟⲣⲟⲛ ⲛⲁⲣⲉ ⲛⲟⲩⲁ̀ⲫⲛⲟⲩⲓ̀ ⲛⲏⲟⲩ ⲉ̀ⲃⲟⲗ ϧⲉⲛ ⲛⲏ ⲉⲑ ⲟⲩⲁⲃ̀ ⲙ̀ⲡⲉⲙ-
ⲑⲟ ⲙ̀ⲡⲓⲧⲁⲃⲓⲣ ⲛⲁⲩϫⲟⲩϣⲧ ⲥⲁⲃⲟⲗ ⲁⲛ ⲡⲉ ⲟⲩⲟϩ ⲛⲁⲩⲭⲏ ⲙ̀ⲙⲁⲩ ⲡⲉ ϣⲁ ⲉ̀ϧⲟⲩⲛ ⲉ̀ⲫⲟⲟⲩ
10ⲟⲩⲟϩ ⲛⲉ ⲙ̀ⲙⲟⲛ ϩⲗⲓ ϧⲉⲛ ϯⲕⲩⲃⲱⲧⲟⲥ ⲡⲉ ⲉ̀ⲃⲏⲗ ⲉ̀ϯⲡⲗⲁⲝ ⲃ̅ ⲛ̀ⲱⲛⲓ ⲛⲏ ⲉⲧ ⲁ̀ ⲙⲱⲩ̀ⲥⲏⲥ
ⲭⲁⲩ ⲙ̀ⲙⲁⲩ ϧⲉⲛ ⲭⲱⲣⲏⲃ̀ ⲛⲏ ⲉⲧ ⲁ̀ ⲫⲛⲟⲩϯ ⲥⲉⲙⲛⲏⲧⲟⲩ ⲛⲉⲙ ⲛⲉⲛϣⲏⲣⲓ ⲙ̀ⲡⲓⲥⲣⲁⲏⲗ ⲉⲩⲛⲏⲟⲩ ⲉ̀ⲃⲟⲗ ϧⲉⲛ ⲡⲕⲁϩⲓ ⲛ̀ⲭⲏⲙⲓ 11ⲟⲩⲟϩ ⲁⲥϣⲱⲡⲓ ϧⲉⲛ ⲡϫⲓⲛⲟⲣⲉ ⲛⲓⲟⲩⲏⲃ ⲓ̀ ⲉ̀ⲃⲟⲗ ϧⲉⲛ
ⲛⲏ ⲉⲑ ⲟⲩⲁⲃ̀ ϫⲉ ⲟⲩⲟⲛ ⲛⲓⲟⲩⲏⲃ ⲧⲏⲣⲟⲩ ⲉⲧ ⲁⲩϫⲉⲙⲟⲩ ⲁⲩⲧⲟⲩⲃⲱⲟⲩ ϫⲉ ⲛⲁⲩⲟⲛϣ ⲁⲛ ⲡⲉ
ⲕⲁⲧⲁ ⲛⲟⲩⲉ̀ϩⲟⲟⲩ ⲛ̀ϣⲉⲙϣⲓ 12ⲟⲩⲟϩ ⲛⲓⲗⲉⲩⲓ̀ⲧⲏⲥ ⲧⲏⲣⲟⲩ ⲛⲉⲙ ⲛⲓⲟⲩⲏⲃ ⲛⲉⲙ ⲛⲓⲯⲁⲗⲧⲱⲇⲟⲥ
ⲧⲏⲣⲟⲩ ⲛⲉⲛϣⲏⲣⲓ ⲛ̀ⲁ̀ⲥⲁⲫ ⲛⲉⲙ ⲉ̀ⲙⲁⲛ ⲛⲉⲙ ⲓ̀ⲇⲓⲑⲟⲩⲛ ⲛⲉⲙ ⲛⲉϥϣⲏⲣⲓ ⲛⲉⲙ ⲛⲉϥⲥⲛⲏⲟⲩ ⲉ̀
ⲟⲩⲟⲛ ϩⲁⲛⲥⲧⲟⲗⲏ ⲛ̀ϣⲉⲛⲥ ⲧⲟⲓ ϩⲓⲱⲧⲟⲩ ⲡⲉ ϧⲉⲛ ϩⲁⲛⲕⲩⲙⲃⲁⲗⲟⲛ ⲛⲉⲙ ϩⲁⲛⲛⲁⲃⲗⲁ ⲛⲉⲙ
ϩⲁⲛⲕⲓⲛⲩⲣⲁ ⲉⲩϩⲱⲥ ⲛ̀ϧⲏⲧⲟⲩ ⲙ̀ⲡⲉⲙⲑⲟ ⲙ̀ⲡⲓⲙⲁⲛⲉⲣϣⲱⲟⲩϣⲓ ⲟⲩⲟϩ ⲉⲩ ⲛⲉⲙⲱⲟⲩ ⲛ̀ϫⲉ ϣⲉ
ϫⲟⲩⲧ ⲛ̀ⲟⲩⲏⲃ ⲉⲩⲉⲣ ⲥⲁⲗⲡⲓⲍⲓⲛ ϧⲉⲛ ϯⲥⲁⲗⲡⲓⲅⲝ 13ⲟⲩⲟϩ ⲁⲥϣⲱⲡⲓ ϧⲉⲛ ⲡϫⲓⲛⲟⲣⲟⲩ ⲉⲣ ⲥⲁⲗⲡⲓⲍⲓⲛ ⲟⲩⲟϩ ⲛ̀ⲧⲟⲩⲉⲣ ⲯⲁⲗⲓⲛ ϧⲉⲛ ⲡϫⲓⲛⲟⲣⲟⲩ ⲙⲟⲩϯ ϧⲉⲛ ⲟⲩϧⲣⲱⲟⲩ ⲛ̀ⲟⲩⲱⲧ ⲉ̀ⲣⲟⲩ ⲟⲩⲱⲛϩ-
ⲉ̀ⲃⲟⲗ ⲟⲩⲟϩ ⲛ̀ⲧⲟⲩⲥⲙⲟⲩ ⲉ̀ⲡϭⲟⲓⲥ ⲟⲩⲟϩ ⲉⲧ ⲁⲩϭⲓⲥⲓ ⲛ̀ⲧⲟⲩⲥⲙⲏ ϧⲉⲛ ⲛⲓⲥⲁⲗⲡⲓⲅⲝ ⲛⲉⲙ ⲛⲓⲕⲩⲙⲃⲁⲗⲟⲛ ⲛⲉⲙ ⲛⲓⲟⲣⲅⲁⲛⲟⲛ ⲛⲉⲙ ϩⲁⲛϩⲱⲇⲏ ⲛⲁⲩϫⲱ ⲙ̀ⲙⲟⲥ ϫⲉ ⲟⲩⲱⲛϩ-ⲉ̀ⲃⲟⲗ ⲙ̀ⲡϭⲟⲓⲥ ϫⲉ
ⲟⲩⲁ̀ⲅⲁⲑⲟⲥ ⲡⲉ ϫⲉ ⲡⲉϥⲛⲁⲓ ϣⲟⲡ ϣⲁ ⲉ̀ⲛⲉϩ ⲟⲩⲟϩ ⲁϥⲙⲟϩ ⲛ̀ϫⲉ ⲡⲏⲓ ⲉ̀ⲃⲟⲗ ϧⲉⲛ ⲟⲩϭⲏⲡⲓ ⲛ̀ⲱⲟⲩ
ⲛ̀ⲧⲉ ⲡϭⲟⲓⲥ 14ⲟⲩⲟϩ ⲛⲁⲩϣϫⲉⲙϫⲟⲙ ⲁⲛ ⲡⲉ ⲛ̀ϫⲉ ⲛⲓⲟⲩⲏⲃ ⲛ̀ⲧⲉ ⲡϭⲟⲓⲥ ⲉ̀ⲟϩⲓ ⲉ̀ⲣⲁⲧⲟⲩ ⲉ̀ϣⲉⲙϣⲓ
ⲉ̀ⲃⲟⲗ ϩⲁ ⲡϩⲟ ⲛ̀ϯϭⲏⲡⲓ ϫⲉ ⲁ̀ ⲡ̀ⲱⲟⲩ ⲛ̀ⲧⲉ ⲡϭⲟⲓⲥ ⲙⲟϩ ⲙ̀ⲡⲏⲓ ⲛ̀ⲧⲉ ⲫⲛⲟⲩϯ

Paralipomenon II 6

1ⲟⲩⲟϩ ⲡⲉϫⲉ ⲥⲟⲗⲟⲙⲱⲛ ϫⲉ ⲡϭⲟⲓⲥ ⲁϥϫⲟⲥ ⲉ̀ⲣⲉϥ ϣⲱⲡⲓ ϧⲉⲛ ⲟⲩⲅⲛⲟⲫⲟⲥ 2ⲟⲩⲟϩ ⲁ̀ⲛⲟⲕ

ⲁⲓⲕⲱⲧ ⲛ̀ⲟⲩⲏⲓ ⲙ̀ⲡⲉⲕⲣⲁⲛ ⲉϥⲟⲩⲁⲃ ⲛⲁⲕ ⲡϭⲟⲓⲥ ⲉϥⲉⲥⲉⲃⲧⲱⲧ ⲉ̀ⲑⲣⲉⲕ ϣⲱⲡⲓ ⲙ̀ⲙⲁⲩ ϣⲁ ⲉ̀ⲛⲉϩ
3ⲟⲩⲟϩ ⲁ̀ ⲡⲟⲩⲣⲟ ⲧⲁⲥⲑⲟ ⲙ̀ⲡⲉϥϩⲟ ⲁϥⲥⲙⲟⲩ ⲉ̀ϯⲉⲕⲕⲗⲏⲥⲓⲁ̀ ⲧⲏⲣⲥ ⲛ̀ⲧⲉ ⲡⲓⲥⲣⲁⲏⲗ ⲛⲁⲥⲟ̀ϩⲓ ⲉ̀ⲣⲁⲧⲥ
ⲡⲉ ⲛ̀ϫⲉ ϯⲉⲕⲕⲗⲏⲥⲓⲁ̀ ⲧⲏⲣⲥ 4ⲟⲩⲟϩ ⲡⲉϫⲁϥ ϫⲉ ϥⲥⲙⲁⲣⲱⲟⲩⲧ ⲛ̀ϫⲉ ⲡϭⲟⲓⲥ ⲫⲛⲟⲩϯ ⲙ̀ⲡⲓⲥⲣⲁⲏⲗ
ⲫⲏ ⲉⲧ ⲁϥⲥⲁϫⲓ ⲉ̀ⲃⲟⲗ ϧⲉⲛ ⲣⲱϥ ⲛ̀ⲇⲁⲩⲓⲇ ⲡⲁⲓⲱⲧ ⲟⲩⲟϩ ⲁϥϫⲟⲕⲟⲩ ⲉ̀ⲃⲟⲗ ⲙ̀ⲡⲉⲧⲉⲛⲙ̀ⲑⲟ ϧⲉⲛ
ⲛⲁϫⲓϫ ⲕⲁⲧⲁ ⲫⲣⲏϯ ⲉⲧ ⲁϥϫⲟⲥ ⲛ̀ϫⲉ ⲡϭⲟⲓⲥ 5ϫⲉ ⲓⲥϫⲉⲛ ⲡⲓⲉ̀ϩⲟⲟⲩ ⲉⲧ ⲁⲓⲓⲛⲓ ⲙ̀ⲡⲁⲗⲁⲟⲥ
ⲉ̀ⲃⲟⲗ ϧⲉⲛ ⲡⲕⲁϩⲓ ⲛ̀ⲭⲏⲙⲓ ⲙ̀ⲡⲓⲥⲱⲧⲡ ⲛ̀ⲟⲩⲃⲁⲕⲓ ⲉ̀ⲃⲟⲗ ϧⲉⲛ ⲛⲓⲫⲩⲗⲏ ⲧⲏⲣⲟⲩ ⲛ̀ⲧⲉ ⲡⲓⲥⲣⲁⲏⲗ
ⲉ̀ⲡϫⲓⲛⲕⲱⲧ ⲛ̀ⲟⲩⲏⲓ ⲛⲏⲓ ⲉ̀ⲑⲣⲉϥ ϣⲱⲡⲓ ⲙ̀ⲙⲁⲩ ⲛ̀ϫⲉ ⲡⲁⲣⲁⲛ ⲟⲩⲟϩ ⲙ̀ⲡⲓⲥⲱⲧⲡ ⲛ̀ⲟⲩⲣⲱⲙⲓ
ⲉ̀ⲟⲩϩⲏⲅⲟⲩⲙⲉⲛⲟⲥ ϩⲓϫⲉⲛ ⲡⲁⲗⲁⲟⲥ ⲡⲓⲥⲣⲁⲏⲗ 6ⲟⲩⲟϩ ⲁⲓⲥⲱⲧⲡ ⲉ̀ⲓⲉⲣⲟⲩⲥⲁⲗⲏⲙ ⲉ̀ⲡϫⲓⲛϫⲱ ⲙ̀ⲡⲁ-
ⲣⲁⲛ ⲙ̀ⲙⲁⲩ ⲟⲩⲟϩ ⲁⲓⲥⲱⲧⲡ ⲛ̀ⲇⲁⲩⲓⲇ ⲉ̀ⲑⲣⲉϥ ϣⲱⲡⲓ ⲛ̀ϩⲏⲅⲟⲩⲙⲉⲛⲟⲥ ⲉ̀ϫⲉⲛ ⲡⲁⲗⲁⲟⲥ ⲡⲓⲥⲣⲁⲏⲗ
ⲡⲉϫⲉ ⲡϭⲟⲓⲥ 7ⲟⲩⲟϩ ⲁⲥϣⲱⲡⲓ ⲉⲧ ⲁⲥⲓ ⲉ̀ϫⲉⲛ ⲡϩⲏⲧ ⲙ̀ⲡⲁⲓⲱⲧ ⲇⲁⲩⲓⲇ ⲉ̀ⲡϫⲓⲛⲕⲱⲧ ⲛ̀ⲟⲩⲏⲓ
ⲙ̀ⲫⲣⲁⲛ ⲙ̀ⲡϭⲟⲓⲥ ⲫⲛⲟⲩϯ ⲙ̀ⲡⲓⲥⲣⲁⲏⲗ 8ⲟⲩⲟϩ ⲡⲉϫⲉ ⲡϭⲟⲓⲥ ⲛ̀ⲇⲁⲩⲓⲇ ⲡⲁⲓⲱⲧ ϫⲉ ⲫⲙⲁ ϫⲉ
ⲁⲥⲓ ⲉ̀ϫⲉⲛ ⲡⲉⲕϩⲏⲧ ⲉ̀ⲕⲱⲧ ⲛ̀ⲟⲩⲏⲓ ⲙ̀ⲡⲁⲣⲁⲛ ⲕⲁⲗⲱⲥ ⲁⲥⲓ ⲉ̀ϫⲉⲛ ⲡⲉⲕϩⲏⲧ 9ⲡⲗⲏⲛ ⲛ̀ⲑⲟⲕ ⲁⲛ
ⲉⲑ ⲛⲁⲕⲱⲧ ⲙ̀ⲡⲓⲏⲓ ⲛⲏⲓ ⲁⲗⲗⲁ ⲡⲉⲕϣⲏⲣⲓ ⲡⲉ ⲫⲏ ⲉⲑ ⲛⲁⲓ̀ ⲉ̀ⲃⲟⲗ ϧⲉⲛ ⲧⲉⲕϯⲡⲓ ⲫⲁⲓ ⲉⲑ ⲛⲁⲕⲱⲧ ⲛ̀ⲟⲩⲏⲓ ⲙ̀ⲡⲁⲣⲁⲛ 10ⲟⲩⲟϩ ⲁ̀ ⲡϭⲟⲓⲥ ⲧⲟⲩⲛⲉⲥ ⲡⲉϥⲥⲁϫⲓ ⲉⲧ ⲁϥⲥⲁϫⲓ ⲙ̀ⲙⲟϥ ⲉ̀ⲑⲣⲓ ϣⲱⲡⲓ
ⲛ̀ϣⲉⲃⲓⲱ ⲛ̀ⲇⲁⲩⲓⲇ ⲡⲁⲓⲱⲧ ⲟⲩⲟϩ ⲁⲓϩⲉⲙⲥⲓ ϩⲓϫⲉⲛ ⲡⲓⲑⲣⲟⲛⲟⲥ ⲛ̀ⲧⲉ ϯⲙⲉⲧⲟⲩⲣⲟ ⲉ̀ϫⲉⲛ ⲡⲓⲗⲁⲟⲥ
ⲙ̀ⲡⲓⲥⲣⲁⲏⲗ ⲟⲩⲟϩ ⲁⲓⲕⲱⲧ ⲙ̀ⲡⲓⲏⲓ ⲙ̀ⲫⲣⲁⲛ ⲙ̀ⲡϭⲟⲓⲥ ⲫⲛⲟⲩϯ ⲙ̀ⲡⲓⲥⲣⲁⲏⲗ 11ⲟⲩⲟϩ ⲁⲓⲭⲱ ⲙ̀ⲙⲁⲩ
ⲛ̀ϯⲕⲩⲃⲱⲧⲟⲥ ⲑⲁⲓ ⲉⲧ ⲉϥϣⲟⲡ ⲛ̀ϧⲏⲧⲥ ⲛ̀ϫⲉ ϯⲇⲓⲁ̀ⲑⲏⲕⲏ ⲉⲧ ⲁϥⲥⲉⲙⲛⲏⲧⲥ ⲛ̀ϫⲉ ⲡϭⲟⲓⲥ ⲛⲉⲙ
ⲡⲓⲥⲣⲁⲏⲗ 12ⲟⲩⲟϩ ⲁϥⲟ̀ϩⲓ ⲉ̀ⲣⲁⲧϥ ⲙ̀ⲡⲉⲙⲑⲟ ⲙ̀ⲡⲓⲙⲁⲛⲉⲣϣⲱⲟⲩϣⲓ ⲛ̀ⲧⲉ ⲡϭⲟⲓⲥ ⲙ̀ⲡⲉⲙⲑⲟ ⲛ̀ϯⲉⲕ-
ⲕⲗⲏⲥⲓⲁ̀ ⲧⲏⲣⲥ ⲛ̀ⲧⲉ ⲡⲓⲥⲣⲁⲏⲗ ⲟⲩⲟϩ ⲁϥⲫⲱⲣϣ ⲛ̀ⲛⲉϥϫⲓϫ ⲉ̀ⲃⲟⲗ ⲉ̀ⲡϣⲱⲓ ⲉ̀ⲧⲫⲉ 14ⲡⲉϫⲁϥ ϫⲉ ⲡϭⲟⲓⲥ
ⲫⲛⲟⲩϯ ⲙ̀ⲡⲓⲥⲣⲁⲏⲗ ⲙ̀ⲙⲟⲛ ⲕⲉ ⲛⲟⲩϯ ⲉϥⲟ̀ⲛⲓ ⲙ̀ⲙⲟⲕ ⲟⲩⲇⲉ ϧⲉⲛ ⲧⲫⲉ ⲟⲩⲇⲉ ϩⲓϫⲉⲛ ⲡⲕⲁϩⲓ
ⲉⲕⲁ̀ⲣⲉϩ ⲛ̀ⲧⲉⲕⲇⲓⲁ̀ⲑⲏⲕⲏ ⲛⲉⲙ ⲡⲉⲕⲛⲁⲓ ⲛ̀ⲛⲉⲕⲁ̀ⲗⲱⲟⲩⲓ̀ ⲛⲁⲓ ⲉⲑ ⲛⲁⲙⲟϣⲓ ⲙ̀ⲡⲉⲕⲙ̀ⲑⲟ ϧⲉⲛ ⲟⲩϩⲏⲧ
ⲉϥⲥⲟⲩⲧⲱⲛ 15ⲙ̀ⲫⲣⲏϯ ⲉⲧ ⲁⲕⲁ̀ⲣⲉϩ ⲛ̀ⲇⲁⲩⲓⲇ ⲡⲁⲓⲱⲧ ⲟⲩⲟϩ ⲛⲏ ⲉⲧ ⲁⲕⲥⲁϫⲓ ⲙ̀ⲙⲱⲟⲩ ⲁⲕϫⲟ-
ⲕⲟⲩ ⲛⲁϥ ⲉ̀ⲃⲟⲗ ⲙ̀ⲫⲣⲏϯ ⲙ̀ⲡⲁⲓ ⲉ̀ϩⲟⲟⲩ 16ϯⲛⲟⲩ ⲡϭⲟⲓⲥ ⲫⲛⲟⲩϯ ⲙ̀ⲡⲓⲥⲣⲁⲏⲗ ⲁ̀ⲣⲉϩ ⲉ̀ⲛⲏ ⲉⲧ
ⲁⲕⲥⲁϫⲓ ⲙ̀ⲙⲱⲟⲩ ⲛⲉⲙ ⲡⲉⲕⲁ̀ⲗⲟⲩ ⲇⲁⲩⲓⲇ ⲉⲕϫⲱ ⲙ̀ⲙⲟⲥ ϫⲉ ⲛ̀ⲛⲉϥⲙⲟⲩⲛⲕ ⲛ̀ϫⲉ ⲟⲩⲣⲱⲙⲓ
ⲛ̀ⲧⲁⲕ ⲉϥϩⲉⲙⲥⲓ ϩⲓϫⲉⲛ ⲡⲓⲑⲣⲟⲛⲟⲥ ⲙ̀ⲡⲓⲥⲣⲁⲏⲗ ⲡⲗⲏⲛ ⲁ̀ⲣⲉϣⲁⲛ ⲛⲉⲕϣⲏⲣⲓ ⲁ̀ⲣⲉϩ ⲉ̀ⲛⲁⲉⲛⲧⲟⲗⲏ
ⲟⲩⲟϩ ⲛ̀ⲥⲉⲙⲟϣⲓ ϩⲓ ⲛⲁⲙⲱⲓⲧ ⲙ̀ⲫⲣⲏϯ ⲉⲧ ⲁⲕⲙⲟϣⲓ ⲙ̀ⲡⲁⲙ̀ⲑⲟ 17ϯⲛⲟⲩ ⲡϭⲟⲓⲥ ⲫⲛⲟⲩϯ ⲙ̀ⲡⲓⲥ-
ⲣⲁⲏⲗ ⲙⲁⲣⲉϥϣⲱⲡⲓ ⲉϥⲧⲉⲛϩⲟⲧ ⲛ̀ϫⲉ ⲡⲉⲕⲥⲁϫⲓ ⲫⲏ ⲉⲧ ⲁⲕⲥⲁϫⲓ ⲙ̀ⲙⲟϥ ⲛⲉⲙ ⲡⲉⲕⲁ̀ⲗⲟⲩ ⲡⲁⲓⲱⲧ
ⲇⲁⲩⲓⲇ 18ϫⲉ ⲁ̀ⲗⲏⲑⲱⲥ ⲫⲛⲟⲩϯ ⲛⲁϣⲱⲡⲓ ⲛⲉⲙ ⲛⲓⲣⲱⲙⲓ ϩⲓϫⲉⲛ ⲡⲕⲁϩⲓ ⲓⲥϫⲉ ⲧⲫⲉ ⲛⲉⲙ
ⲧⲫⲉ ⲛ̀ⲧⲉ ⲧⲫⲉ ⲛⲁ ⲡϭⲟⲓⲥ ⲛⲉ ⲟⲩⲟϩ ⲧⲫⲉ ⲭⲏ ⲛⲉⲙⲁⲕ ⲟⲩⲟϩ ⲛⲓⲙ ⲡⲉ ⲡⲁⲓ ⲏⲓ ⲉⲧ ⲁⲓⲕⲟⲧϥ
ⲕⲁⲧⲁ ⲧⲁⲙⲉⲧϩⲏⲕⲓ 19ⲉⲕⲉ̀ϫⲟⲩϣⲧ ⲉ̀ϫⲉⲛ ϯⲡⲣⲟⲥⲉⲩⲭⲏ ⲙ̀ⲡⲉⲕⲁ̀ⲗⲟⲩ ⲛⲉⲙ ⲡⲉϥⲧⲱⲃϩ ⲡϭⲟⲓⲥ
ⲡⲁⲛⲟⲩϯ ⲉ̀ⲑⲣⲉⲕ ⲥⲱⲧⲉⲙ ⲉ̀ⲡⲁⲧⲱⲃϩ ⲛⲉⲙ ⲧⲁⲡⲣⲟⲥⲉⲩⲭⲏ ⲑⲏ ⲉ̀ ϯⲛⲁⲉⲣ ⲡⲣⲟⲥⲉⲩⲭⲉⲥⲑⲉ ⲙ̀ⲙⲟⲥ
ⲙ̀ⲡⲉⲕⲙ̀ⲑⲟ ⲙ̀ⲡⲁⲓ ⲉ̀ϩⲟⲟⲩ ⲙ̀ⲫⲟⲟⲩ 20ⲙⲁⲣⲉ ⲛⲉⲕⲃⲁ̀ⲗ ϣⲱⲡⲓ ⲉⲩⲟⲩⲱⲛ ⲉ̀ϫⲉⲛ ⲡⲁⲓ ⲏⲓ ⲙ̀ⲡⲓⲉ̀ϩⲟⲟⲩ
ⲛⲉⲙ ⲡⲓⲉ̀ϫⲱⲣϩ ϧⲉⲛ ⲡⲁⲓ ⲧⲟⲡⲟⲥ ⲫⲁⲓ ⲉⲧ ⲁⲕϫⲟⲥ ϫⲉ ⲡⲉⲕⲣⲁⲛ ⲉϥⲉ̀ⲙⲟⲩϯ ⲉ̀ⲣⲟϥ ⲙ̀ⲙⲁⲩ
21ⲟⲩⲟϩ ⲉⲕⲉ̀ⲥⲱⲧⲉⲙ ⲙ̀ⲡⲧⲱⲃϩ ⲙ̀ⲡⲉⲕⲁ̀ⲗⲟⲩ ⲛⲉⲙ ⲡⲉⲕⲗⲁⲟⲥ ⲡⲓⲥⲣⲁⲏⲗ ⲉ̀ϣⲱⲡ ⲁⲩϣⲁⲛ ⲉⲣ ⲡⲣⲟⲥⲉⲩⲭⲉⲥⲑⲉ ϧⲉⲛ ⲡⲁⲓ ⲙⲁ ⲛ̀ⲑⲟⲕ ⲉⲕⲉ̀ⲥⲱⲧⲉⲙ ⲉ̀ⲃⲟⲗ ϧⲉⲛ ⲡⲉⲕⲙⲁⲛϣⲱⲡⲓ ⲉⲧ ⲥⲉⲃⲧⲱⲧ ⲛ̀ⲧⲉ
ⲧⲫⲉ ⲉⲕⲉ̀ⲥⲱⲧⲉⲙ ⲟⲩⲟϩ ⲉⲕⲉ̀ⲭⲱ-ⲉ̀ⲃⲟⲗ ⲛ̀ⲛⲟⲩⲛⲟⲃⲓ ⲉⲧ ⲁⲩⲁⲓⲧⲟⲩ 22ⲉ̀ϣⲱⲡ ⲁ̀ⲣⲉϣⲁⲛ ⲟⲩⲣⲱⲙⲓ
ⲉⲣ ⲛⲟⲃⲓ ⲉ̀ⲡⲉϥϣⲫⲏⲣ ⲟⲩⲟϩ ⲛ̀ⲧⲉϥϭⲓ ⲛ̀ⲟⲩⲥⲁϩⲟⲩⲓ̀ ⲉ̀ϩⲣⲏⲓ ⲉ̀ϫⲱϥ ⲉ̀ⲑⲣⲉϥ ⲥⲁϩⲟⲩⲓ̀ ⲙ̀ⲙⲟϥ ⲟⲩⲟϩ
ⲛ̀ⲧⲉϥⲥⲁϩⲟⲩⲓ̀ ⲉ̀ⲣⲟϥ ⲟⲩⲟϩ ⲛ̀ⲧⲉϥⲓ̀ ⲙ̀ⲡⲉⲙⲑⲟ ⲙ̀ⲡⲁⲓ ⲏⲓ ⲫⲁⲓ 23ⲛ̀ⲑⲟⲕ ⲉⲕⲉ̀ⲥⲱⲧⲉⲙ ⲉ̀ⲃⲟⲗ ϧⲉⲛ
ⲧⲉⲕⲫⲉ ⲉⲕⲉ̀ⲓ̀ⲣⲓ ⲟⲩⲟϩ ⲉⲕⲉ̀ϯ ϩⲁⲡ ⲛ̀ⲛⲉⲕⲉ̀ⲃⲓⲁⲓⲕ ⲉ̀ⲡϫⲓⲛϯ ϣⲉⲃⲓⲱ ⲙ̀ⲡⲓⲁ̀ⲛⲟⲙⲟⲥ ⲕⲁⲧⲁ ⲡⲉϥⲙⲱⲓⲧ
ⲉ̀ϫⲉⲛ ⲧⲉϥⲁ̀ⲫⲉ ⲟⲩⲟϩ ⲉ̀ⲑⲙⲁⲓⲟ̀ ⲡⲑⲙⲏⲓ ⲉ̀ϯ ϣⲉⲃⲓⲱ ⲛⲁϥ ⲕⲁⲧⲁ ⲧⲉϥⲙⲉⲑⲙⲏⲓ 24ⲟⲩⲟϩ ⲉ̀ϣⲱⲡ
ⲁϥϣⲁⲛ ϧⲟⲙϧⲉⲙ ⲛ̀ϫⲉ ⲡⲉⲕⲗⲁⲟⲥ ⲡⲓⲥⲣⲁⲏⲗ ⲙ̀ⲡⲉⲙⲑⲟ ⲛ̀ⲛⲉϥϫⲁϫⲓ ⲁⲩϣⲁⲛ ⲉⲣ ⲛⲟⲃⲓ ⲉ̀ⲣⲟⲕ

ⲟⲩⲟϩ ⲛ̀ⲧⲟⲩⲕⲟⲧⲟⲩ ⲛ̀ⲧⲟⲩⲟⲩⲱⲛϩ-ⲉ̀ⲃⲟⲗ ⲙ̀ⲡⲉⲕⲣⲁⲛ ⲛ̀ⲧⲟⲩⲧⲱⲃϩ ⲙ̀ⲡⲉⲕⲣⲁⲛ ⲉⲑ ⲟⲩⲁⲃ ⲟⲩⲟϩ
ⲛ̀ⲧⲟⲩⲉⲣ ⲡⲣⲟⲥⲉⲩⲭⲉⲥⲑⲉ ⲙ̀ⲡⲉⲕⲙ̀ⲑⲟ ϧⲉⲛ ⲡⲁⲓ ⲏⲓ 25ⲛ̀ⲑⲟⲕ ⲉⲕⲉ̀ⲥⲱⲧⲉⲙ ⲉ̀ⲃⲟⲗ ϧⲉⲛ ⲧⲫⲉ ⲉⲕⲉ̀-
ⲭⲱ-ⲉ̀ⲃⲟⲗ ⲛ̀ⲛⲓⲛⲟⲃⲓ ⲛ̀ⲧⲉ ⲡⲉⲕⲗⲁⲟⲥ ⲡⲓⲥⲣⲁⲏⲗ ⲉⲕⲉ̀ⲧⲁⲥⲑⲱⲟⲩ ⲉ̀ⲡⲓⲕⲁϩⲓ ⲉⲧ ⲁⲕⲧⲏⲓϥ ⲛⲱⲟⲩ
ⲛⲉⲙ ⲛⲟⲩⲓⲟϯ 26ϧⲉⲛ ⲡϫⲓⲛⲧⲁⲣⲉⲛ ⲛ̀ⲧⲫⲉ ⲉ̀ϣⲧⲉⲙⲟⲣⲥ ⲙⲟⲩⲛϩⲱⲟⲩ ϣⲱⲡⲓ ϫⲉ ⲥⲉⲛⲁⲉⲣ ⲛⲟⲃⲓ
ⲉ̀ⲣⲟⲕ ⲟⲩⲟϩ ⲁⲩϣⲁⲛ ⲧⲱⲃϩ ϧⲉⲛ ⲡⲁⲓ ⲙⲁ ⲟⲩⲟϩ ⲛ̀ⲧⲟⲩⲥⲙⲟⲩ ⲉ̀ⲡⲉⲕⲣⲁⲛ ⲟⲩⲟϩ ⲛ̀ⲧⲟⲩⲧⲁⲥⲑⲱⲟⲩ
ⲉ̀ⲃⲟⲗ ϩⲁ ⲛⲟⲩⲛⲟⲃⲓ ⲉⲑⲃⲉ ϫⲉ ⲁⲕⲑⲉⲃⲓⲱⲟⲩ 27ⲛ̀ⲑⲟⲕ ⲡϭⲟⲓⲥ ⲉⲕⲉ̀ⲥⲱⲧⲉⲙ ⲉ̀ⲃⲟⲗ ϧⲉⲛ ⲧⲫⲉ ⲉⲕⲉ̀ⲭⲱ
ⲛ̀ⲛⲓⲛⲟⲃⲓ ⲛ̀ⲧⲉ ⲛⲉⲕⲃ̀ⲁⲗⲱⲟⲩⲓ ⲛⲱⲟⲩ ⲉ̀ⲃⲟⲗ ⲛⲉⲙ ⲡⲉⲕⲗⲁⲟⲥ ⲡⲓⲥⲣⲁⲏⲗ ⲉⲕⲉ̀ⲧⲁⲙⲱⲟⲩ ⲉ̀ⲡⲓⲙⲱⲓⲧ
ⲉⲑⲛⲁⲛⲉϥ ⲫⲏ ⲉⲧ ⲟⲩⲛⲁⲙⲟϣⲓ ϩⲓⲱⲧϥ ⲉⲕⲉ̀ϯ ⲛ̀ⲟⲩⲙⲟⲩⲛϩⲱⲟⲩ ϩⲓϫⲉⲛ ⲡⲓⲕⲁϩⲓ ⲫⲏ ⲉⲧ ⲁⲕⲧⲏⲓϥ
ⲙ̀ⲡⲉⲕⲗⲁⲟⲥ ⲡⲓⲥⲣⲁⲏⲗ ⲉⲩⲕⲗⲏⲣⲟⲛⲟⲙⲓⲁ̀ 28ⲟⲩϩⲉ̀ⲃⲱⲛ ⲁϥϣⲁⲛ ϣⲱⲡⲓ ϩⲓϫⲉⲛ ⲡⲓⲕⲁϩⲓ ⲓⲉ ⲟⲩⲙⲟⲩ
ⲁϥϣⲁⲛ ϣⲱⲡⲓ ⲓⲉ ⲟⲩϫⲓⲛⲫⲉϩ ⲛⲉⲙ ⲓⲕⲧⲉⲣⲟⲥ ⲓⲉ ⲟⲩⲣⲱⲕϩ ⲓⲉ ⲟⲩϣϫⲉ ⲓⲉ ⲟⲩⲉ̀ⲣⲟⲩⲭⲟⲥ ⲁϥϣⲁⲛ
ϩⲟϫϩⲉϫ ⲙ̀ⲡⲉⲕⲗⲁⲟⲥ ⲙ̀ⲡⲉⲙⲑⲟ ⲛ̀ⲛⲟⲩϫⲁϫⲓ ⲉ̀ϧⲟⲩⲛ ⲉ̀ⲛⲟⲩⲃⲁⲕⲓ ⲕⲁⲧⲁ ⲟⲩϫⲓⲛⲉⲣϩⲱⲃ ⲛⲓⲃⲉⲛ
ⲛⲉⲙ ⲉⲣϧⲱⲧ ⲛⲓⲃⲉⲛ ⲛⲉⲙ ⲙ̀ⲕⲁϩ ⲛⲓⲃⲉⲛ 29ⲛⲉⲙ ⲡⲣⲟⲥⲉⲩⲭⲏ ⲛⲓⲃⲉⲛ ⲛⲉⲙ ⲧⲱⲃϩ ⲛⲓⲃⲉⲛ
ⲁⲩϣⲁⲛ ϣⲱⲡⲓ ⲛ̀ⲧⲉ ⲛⲓⲣⲱⲙⲓ ⲛⲉⲙ ⲡⲉⲕⲗⲁⲟⲥ ⲡⲓⲥⲣⲁⲏⲗ ⲉ̀ϣⲱⲡ ⲁ̀ⲣⲉϥϣⲁⲛ ⲡⲓⲣⲱⲙⲓ ⲥⲟⲩⲉⲛ
ⲡⲉϥⲛⲟⲃⲓ ⲛⲉⲙ ⲡⲉϥⲙ̀ⲕⲁϩ ⲛⲉⲙ ⲡⲉϥⲁϭⲛⲓ ⲛ̀ⲧⲉϥⲫⲱⲣϣ ⲛ̀ⲛⲉϥϫⲓϫ ⲉ̀ⲃⲟⲗ ϧⲉⲛ ⲡⲁⲓ ⲏⲓ 30ⲛ̀ⲑⲟⲕ
ⲉⲕⲉ̀ⲥⲱⲧⲉⲙ ⲉ̀ⲃⲟⲗ ϧⲉⲛ ⲡⲉⲕⲙⲁⲛϣⲱⲡⲓ ⲉⲧ ⲥⲉⲃⲧⲱⲧ ⲛ̀ⲧⲉ ⲧⲫⲉ ⲟⲩⲟϩ ⲛ̀ⲧⲉⲕⲧⲁⲗϭⲱⲟⲩ ⲉⲕⲉ̀ϯ
ⲙ̀ⲡⲓⲣⲱⲙⲓ ⲕⲁⲧⲁ ⲛⲉϥⲙⲱⲓⲧ ⲙ̀ⲫⲣⲏϯ ⲉⲧ ⲁⲕⲥⲱⲟⲩⲛ ⲙ̀ⲡⲟⲩϩⲏⲧ ϫⲉ ⲛ̀ⲑⲟⲕ ⲙ̀ⲙⲁⲩⲁⲧⲕ ⲉⲧ
ⲥⲱⲟⲩⲛ ⲙ̀ⲡϩⲏⲧ ⲛ̀ⲛⲓϣⲏⲣⲓ ⲛ̀ⲧⲉ ⲛⲓⲣⲱⲙⲓ 31ϩⲟⲡⲱⲥ ⲛ̀ⲧⲟⲩⲉⲣ ϩⲟϯ ϧⲁ ⲧⲉⲕϩⲏ ⲛ̀ⲛⲓⲉ̀ϩⲟⲟⲩ ⲧⲏⲣⲟⲩ ⲉⲧ ⲟⲩⲛⲁⲱⲛϧ ⲙ̀ⲙⲱⲟⲩ ϩⲓϫⲉⲛ ⲡⲓⲕⲁϩⲓ ⲫⲏ ⲉⲧ ⲁⲕⲧⲏⲓϥ ⲛ̀ⲛⲟⲩⲓⲟϯ 32ⲟⲩⲟϩ ϣⲉⲙⲙⲟ
ⲛⲓⲃⲉⲛ ⲉ̀ⲧⲉ ⲛ̀ⲟⲩ ⲉ̀ⲃⲟⲗ ϧⲉⲛ ⲡⲉⲕⲗⲁⲟⲥ ⲡⲓⲥⲣⲁⲏⲗ ⲁⲛ ⲡⲉ ⲛ̀ⲧⲉϥⲓ ⲉ̀ⲃⲟⲗ ϧⲉⲛ ⲟⲩⲕⲁϩⲓ ⲉϥⲟⲩⲏⲟⲩ
ⲉⲑⲃⲉ ⲡⲉⲕⲛⲓϣϯ ⲛ̀ⲣⲁⲛ ⲛⲉⲙ ⲧⲉⲕϫⲓϫ ⲉⲧ ⲁⲙⲁϩⲓ ⲛⲉⲙ ⲡⲉⲕϣⲱⲃϣ ⲉⲧ ϭⲟⲥⲓ ⲟⲩⲟϩ ⲛ̀ⲧⲟⲩ-
ⲧⲱⲃϩ ⲙ̀ⲡⲉⲕⲣⲁⲛ ⲉⲑ ⲟⲩⲁⲃ ϧⲉⲛ ⲡⲁⲓ ⲙⲁ 33ⲉⲕⲉ̀ⲥⲱⲧⲉⲙ ⲉ̀ⲃⲟⲗ ϧⲉⲛ ⲧⲫⲉ ⲉ̀ⲃⲟⲗ ϧⲉⲛ ⲡⲉⲕⲙⲁⲛϣⲱⲡⲓ ⲉⲧ ⲥⲉⲃⲧⲱⲧ ⲉⲕⲉ̀ⲓ̀ⲣⲓ ⲕⲁⲧⲁ ϩⲱⲃ ⲛⲓⲃⲉⲛ ⲉⲧ ⲁⲩⲛⲁⲧⲟⲃϩⲕ ⲉⲑⲃⲏⲧⲟⲩ ⲛ̀ϫⲉ ⲛⲓϣⲉⲙ-
ⲙⲱⲟⲩ ϩⲓⲛⲁ ⲛ̀ⲧⲟⲩⲥⲟⲩⲉⲛ ⲡⲉⲕⲣⲁⲛ ⲉⲑ ⲟⲩⲁⲃ ⲛ̀ϫⲉ ⲛⲓⲗⲁⲟⲥ ⲧⲏⲣⲟⲩ ⲛ̀ⲧⲉ ⲡⲓⲕⲁϩⲓ ⲟⲩⲟϩ ⲛ̀ⲧⲟⲩⲉⲣ
ϩⲟϯ ϧⲁ ⲧⲉⲕϩⲏ ⲙ̀ⲫⲣⲏϯ ⲙ̀ⲡⲉⲕⲗⲁⲟⲥ ⲡⲓⲥⲣⲁⲏⲗ ⲟⲩⲟϩ ⲟⲛ ⲛ̀ⲧⲟⲩⲉ̀ⲙⲓ ϫⲉ ⲁⲩⲙⲟⲩϯ ⲟⲩⲃⲉ
ⲡⲉⲕⲣⲁⲛ ⲉ̀ϩⲣⲏⲓ ⲉ̀ϫⲉⲛ ⲡⲁⲓ ⲏⲓ ⲉⲧ ⲁⲓⲕⲟⲧϥ 34ⲉ̀ϣⲱⲡ ⲇⲉ ⲁ̀ⲣⲉϣⲁⲛ ⲡⲉⲕⲗⲁⲟⲥ ϣⲉ ⲛⲁϥ ⲉ̀ⲃⲟⲗ
ⲉ̀ⲡⲓⲡⲟⲗⲉⲙⲟⲥ ⲉ̀ϫⲉⲛ ⲛⲟⲩϫⲁϫⲓ ϩⲓ ⲡⲓⲙⲱⲓⲧ ⲉⲧ ⲉⲕⲛⲁⲟⲩⲟⲣⲡⲟⲩ ϩⲓⲱⲧϥ ⲟⲩⲟϩ ⲛ̀ⲧⲟⲩⲧⲱⲃϩ
ⲉ̀ⲡϣⲱⲓ ϩⲁⲣⲟⲕ ⲕⲁⲧⲁ ⲡⲁⲓ ⲙⲱⲓⲧ ⲛ̀ⲧⲉ ⲧⲁⲓ ⲃⲁⲕⲓ ⲛⲉⲙ ⲡⲁⲓ ⲏⲓ ⲉⲧ ⲁⲓⲕⲟⲧϥ ⲙ̀ⲡⲉⲕⲣⲁⲛ
35ⲟⲩⲟϩ ⲉⲕⲉ̀ⲥⲱⲧⲉⲙ ⲉ̀ⲃⲟⲗ ϧⲉⲛ ⲧⲫⲉ ⲉ̀ⲛⲟⲩⲧⲱⲃϩ ⲛⲉⲙ ⲧⲟⲩⲡⲣⲟⲥⲉⲩⲭⲏ ⲉⲕⲉ̀ⲓ̀ⲣⲓ ⲙ̀ⲡⲟⲩⲑⲙⲁⲓⲟ̀
36ϫⲉ ⲥⲉⲛⲁⲉⲣ ⲛⲟⲃⲓ ⲉ̀ⲣⲟⲕ ⲟⲩⲟϩ ⲙ̀ⲙⲟⲛ ⲣⲱⲙⲓ ϫⲉ ϥⲛⲁⲉⲣ ⲛⲟⲃⲓ ⲁⲛ ⲉⲕⲉ̀ϣⲁⲣⲓ ⲉ̀ⲣⲱⲟⲩ ⲟⲩⲟϩ
ⲉⲕⲉ̀ⲧⲏⲓⲧⲟⲩ ⲉ̀ϧⲣⲏⲓ ⲛ̀ⲛⲉⲛϫⲓϫ ⲛ̀ⲛⲟⲩϫⲁϫⲓ ⲉⲩⲉⲣⲉ̀ⲭⲙⲁⲗⲱⲧⲉⲩⲓⲛ ⲙ̀ⲙⲱⲟⲩ ⲉ̀ⲛⲓⲕⲁϩⲓ ⲛ̀ⲛⲟⲩϫⲁϫⲓ
ϧⲉⲛ ⲟⲩⲉ̀ⲭⲙⲁⲗⲱⲥⲓⲁ̀ ⲉ̀ⲟⲩⲕⲁϩⲓ ⲉϥⲟⲩⲏⲟⲩ ⲓⲉ ⲉϥϧⲉⲛⲧ 37ⲟⲩⲟϩ ⲛ̀ⲧⲟⲩⲕⲟⲧⲟⲩ ⲙ̀ⲡⲟⲩϩⲏⲧ ϧⲉⲛ
ⲡⲓⲕⲁϩⲓ ⲉⲧ ⲟⲩⲉⲣ ⲉ̀ⲭⲙⲁⲗⲱⲧⲉⲩⲓⲛ ⲙ̀ⲙⲱⲟⲩ ⲙ̀ⲙⲁⲩ ⲕⲉ ⲅⲁⲣ ⲉⲩⲉ̀ⲕⲟⲧⲟⲩ ⲛ̀ⲧⲟⲩⲧⲱⲃϩ ⲙ̀ⲡⲉⲕ-
ⲣⲁⲛ ⲡϭⲟⲓⲥ ⲉⲩϫⲱ ⲙ̀ⲙⲟⲥ ϫⲉ ⲁⲛⲉⲣ ⲛⲟⲃⲓ ⲁⲛϭⲓ ⲛ̀ϫⲟⲛⲥ ⲁⲛⲉⲣ ⲁ̀ⲛⲟⲙⲓⲁ 38ⲟⲩⲟϩ ⲛ̀ⲧⲟⲩⲕⲟ-
ⲧⲟⲩ ϩⲁⲣⲟⲕ ϧⲉⲛ ⲡⲟⲩϩⲏⲧ ⲧⲏⲣϥ ⲛⲉⲙ ⲧⲟⲩⲯⲩⲭⲏ ⲧⲏⲣⲥ ϧⲉⲛ ⲡⲓⲕⲁϩⲓ ⲛ̀ⲧⲉ ⲛⲏ ⲉⲧ ⲁⲩⲉⲣ
ⲉ̀ⲭⲙⲁⲗⲱⲧⲉⲩⲓⲛ ⲙ̀ⲙⲱⲟⲩ ⲛ̀ⲧⲟⲩⲧⲱⲃϩ ϧⲉⲛ ⲫⲙⲱⲓⲧ ⲛ̀ⲧⲉ ⲧⲟⲩⲃⲁⲕⲓ ⲛⲉⲙ ⲡⲟⲩⲕⲁϩⲓ ⲫⲏ ⲉⲧ
ⲁⲕⲧⲏⲓϥ ⲛ̀ⲛⲟⲩⲓⲟϯ ⲛⲉⲙ ⲧⲁⲓ ⲃⲁⲕⲓ ⲉⲧ ⲁⲕⲥⲟⲧⲡⲥ ⲛⲉⲙ ⲡⲁⲓ ⲏⲓ ⲉⲧ ⲁⲓⲕⲟⲧϥ ⲙ̀ⲡⲉⲕⲣⲁⲛ ⲉⲑ
ⲟⲩⲁⲃ 39ⲟⲩⲟϩ ⲉⲕⲉ̀ⲥⲱⲧⲉⲙ ⲉ̀ⲃⲟⲗ ϧⲉⲛ ⲧⲫⲉ ⲉ̀ⲧⲟⲩⲡⲣⲟⲥⲉⲩⲭⲏ ⲛⲉⲙ ⲡⲟⲩⲧⲱⲃϩ ⲉⲕⲉ̀ⲓ̀ⲣⲓ ⲛ̀ϩⲁⲛ-
ϩⲁⲡ ⲟⲩⲟϩ ⲉⲕⲉ̀ⲭⲱ-ⲉ̀ⲃⲟⲗ ⲙ̀ⲡⲉⲕⲗⲁⲟⲥ ⲉⲧ ⲁϥⲉⲣ ⲛⲟⲃⲓ ⲉ̀ⲣⲟⲕ 40ϯⲛⲟⲩ ⲙⲁⲣⲟⲩϣⲱⲡⲓ ⲛ̀ϫⲉ
ⲛⲉⲕⲃⲁⲗ ⲉⲩϫⲟⲩϣⲧ ϩⲓϫⲉⲛ ⲛⲉⲕⲉ̀ⲃⲓⲁⲓⲕ ⲛⲉⲙ ⲛⲉⲕⲙⲁϣϫ ⲉⲩⲥⲱⲧⲉⲙ ⲉ̀ⲧⲟⲩⲡⲣⲟⲥⲉⲩⲭⲏ ϧⲉⲛ ⲡⲁⲓ
ⲧⲟⲡⲟⲥ 41ϯⲛⲟⲩ ⲫⲛⲟⲩϯ ⲧⲱⲛⲕ ⲉ̀ⲡⲉⲕⲙ̀ⲧⲟⲛ ⲛ̀ⲑⲟⲕ ⲛⲉⲙ ϯⲕⲩⲃⲱⲧⲟⲥ ⲛ̀ⲧⲉ ⲧⲉⲕϫⲟⲙ ⲛⲉⲕⲟⲩⲏⲃ
ⲡϭⲟⲓⲥ ⲫⲛⲟⲩϯ ⲙⲁⲣⲟⲩϯ ϩⲓⲱⲧⲟⲩ ⲛ̀ⲟⲩⲟⲩϫⲁⲓ ⲟⲩⲟϩ ⲙⲁⲣⲟⲩⲟⲩⲛⲟϥ ⲙ̀ⲙⲱⲟⲩ ⲛ̀ϫⲉ ⲛⲉⲕϣⲏⲣⲓ

ϧⲉⲛ ϩⲁⲛⲁ̀ⲅⲁⲑⲟⲛ 42ⲡϭⲟⲓⲥ ⲫⲛⲟⲩϯ ⲙ̀ⲡⲉⲣⲫⲱⲛϩ ⲙ̀ⲡⲉⲕϩⲟ ⲥⲁⲃⲟⲗ ⲙ̀ⲙⲟⲛ ⲁ̀ⲣⲓ ⲫⲙⲉⲩⲓ̀ ⲛ̀ⲛⲉⲕ-
ⲛⲁⲓ ⲛⲉⲙ ⲇⲁⲩⲓⲇ ⲛⲁⲙⲏⲧ ⲛⲉⲕⲃⲱⲕ

Paralipomenon II 7

1ⲟⲩⲟϩ ⲉⲧ ⲁϥⲟⲩⲱ̀ ⲉϥⲧⲱⲃϩ ⲛ̀ϫⲉ ⲡⲟⲩⲣⲟ ⲥⲟⲗⲟⲙⲱⲛ ⲁϥⲓ̀ ⲉ̀ⲡⲉⲥⲏⲧ ⲉ̀ⲃⲟⲗ ϧⲉⲛ ⲧⲫⲉ ⲛ̀ϫⲉ
ⲟⲩⲭⲣⲱⲙ ⲟⲩⲟϩ ⲁϥⲟⲩⲱⲙ ⲛ̀ⲛⲓϭⲗⲓⲗ ⲛⲉⲙ ⲛⲓϣⲟⲩϣⲱⲟⲩϣⲓ ⲟⲩⲟϩ ⲁ̀ ⲡⲏⲓ ⲙⲟϩ ⲉ̀ⲃⲟⲗ ϧⲉⲛ
ⲟⲩⲱ̀ⲟⲩ ⲛ̀ⲧⲉ ⲡϭⲟⲓⲥ 2ⲟⲩⲟϩ ⲙ̀ⲡⲟⲩϣϫⲉⲙ ⲛ̀ϫⲉ ⲛⲓⲟⲩⲏⲃ ⲉ̀ϣⲉ-ⲉ̀ϧⲟⲩⲛ ⲉ̀ⲡⲏⲓ ⲙ̀ⲫⲛⲟⲩϯ ⲙ̀ⲡⲓⲥⲏⲟⲩ
ⲧⲏⲣϥ ⲉ̀ⲧⲉⲙⲙⲁⲩ ϫⲉ ⲁ̀ ⲡⲱⲟⲩ ⲙ̀ⲡϭⲟⲓⲥ ⲙⲟϩ ⲙ̀ⲡⲏⲓ 3ⲟⲩⲟϩ ⲁ̀ ⲛⲉⲛϣⲏⲣⲓ ⲧⲏⲣⲟⲩ ⲙ̀ⲡⲓⲥⲣⲁⲏⲗ
ⲛⲁⲩ ⲉ̀ⲡⲓⲭⲣⲱⲙ ⲉϥⲛⲏⲟⲩ ⲉ̀ⲡⲉⲥⲏⲧ ⲛⲉⲙ ⲡⲱⲟⲩ ⲛ̀ⲧⲉ ⲡϭⲟⲓⲥ ϩⲓϫⲉⲛ ⲡⲏⲓ ⲟⲩⲟϩ ⲁⲩϩⲉⲓ ϩⲓϫⲉⲛ
ⲡⲟⲩϩⲟ ⲉ̀ϫⲉⲛ ⲡⲓⲗⲓⲑⲟⲥⲧⲣⲱⲧⲟⲛ ⲁⲩⲟⲩⲱϣⲧ ⲙ̀ⲡⲉⲙⲑⲟ ⲙ̀ⲡϭⲟⲓⲥ ⲟⲩⲟϩ ⲁⲩⲥⲙⲟⲩ ⲉ̀ⲡϭⲟⲓⲥ ϫⲉ
ⲟⲩⲁ̀ⲅⲁⲑⲟⲥ ⲡⲉ ϫⲉ ⲡⲉϥⲛⲁⲓ ϣⲟⲡ ϣⲁ ⲉ̀ⲛⲉϩ 4ϫⲉ ⲁ̀ ⲡⲟⲩⲣⲟ ⲛⲉⲙ ⲡⲓⲗⲁⲟⲥ ⲧⲏⲣϥ ⲁⲩϣⲱⲧ
ⲛ̀ⲛⲓϣⲟⲩϣⲱⲟⲩϣⲓ ⲙ̀ⲡⲉⲙⲑⲟ ⲙ̀ⲡϭⲟⲓⲥ 5ⲟⲩⲟϩ ⲁ̀ ⲡⲟⲩⲣⲟ ⲥⲟⲗⲟⲙⲱⲛ ϣⲱⲧ ⲛ̀ϫⲱⲧ ⲥⲛⲁⲩ ⲛ̀ϣⲟ
ⲙ̀ⲙⲁⲥⲓ ⲛⲉⲙ ϣⲉ ϫⲱⲧ ⲛ̀ϣⲟ ⲛ̀ⲉ̀ⲥⲱⲟⲩ ⲟⲩⲟϩ ⲁϥⲓ̀ⲣⲓ ⲙ̀ⲡⲓⲁⲓⲕ ⲛ̀ⲧⲉ ⲡⲏⲓ ⲙ̀ⲡϭⲟⲓⲥ ⲛⲉⲙ ⲡⲓⲗⲁⲟⲥ
ⲧⲏⲣϥ 6ⲟⲩⲟϩ ⲁⲩⲟ̀ϩⲓ ⲉ̀ⲣⲁⲧⲟⲩ ⲛ̀ϫⲉ ⲛⲓⲟⲩⲏⲃ ⲉ̀ϫⲉⲛ ⲛⲓⲙⲁⲛⲁ̀ⲣⲉϩ ⲛⲉⲙ ⲛⲓⲗⲉⲩⲓ̀ⲧⲏⲥ ϧⲉⲛ ϩⲁⲛⲟⲣⲅⲁⲛⲟⲛ ⲛ̀ⲧⲉ ⲛⲓϩⲱⲇⲏ ⲛⲏ ⲉⲧ ⲁϥⲑⲁⲙⲓⲱ̀ⲟⲩ ⲛ̀ϫⲉ ⲡⲟⲩⲣⲟ ⲇⲁⲩⲓⲇ ⲉⲩⲟⲩⲱⲛϩ-ⲉ̀ⲃⲟⲗ ⲙ̀ⲡϭⲟⲓⲥ
ϫⲉ ⲟⲩⲁ̀ⲅⲁⲑⲟⲥ ⲡⲉ ϫⲉ ⲡⲉϥⲛⲁⲓ ϣⲟⲡ ϣⲁ ⲉ̀ⲛⲉϩ ⲛⲁⲩϩⲱⲥ ⲡⲉ ϧⲉⲛ ⲛⲓϩⲱⲇⲏ ⲛ̀ⲧⲉ ⲇⲁⲩⲓⲇ ϧⲉⲛ
ⲛⲟⲩϫⲓϫ ⲟⲩⲟϩ ⲛⲁⲩⲉⲣ ⲥⲁⲗⲡⲓⲍⲓⲛ ⲛ̀ϫⲉ ⲛⲓⲟⲩⲏⲃ ϧⲉⲛ ⲟⲩⲥⲁⲗⲡⲓⲅⲝ ⲙ̀ⲡⲟⲩⲙ̀ⲑⲟ ⲟⲩⲟϩ ⲛⲁϥⲟ̀ϩⲓ
ⲉ̀ⲣⲁⲧϥ ⲛ̀ϫⲉ ⲡⲓⲥⲣⲁⲏⲗ ⲧⲏⲣϥ 7ⲟⲩⲟϩ ⲁ̀ ⲥⲟⲗⲟⲙⲱⲛ ⲧⲟⲩⲃⲟ ⲛ̀ϯⲁⲩⲗⲏ ⲉⲧ ϧⲉⲛ ⲑⲙⲏϯ ⲙ̀ⲡⲏⲓ
ⲙ̀ⲡϭⲟⲓⲥ ⲉⲧ ⲁϥⲓ̀ⲣⲓ ⲙ̀ⲙⲁⲩ ⲛ̀ⲛⲓϭⲗⲓⲗ ⲛⲉⲙ ⲛⲓⲱⲧ ⲛ̀ⲧⲉ ⲛⲓⲟⲩϫⲁⲓ ϫⲉ ⲛⲁϥⲱ̀ⲗⲓ ⲁⲛ ⲡⲉ ⲛ̀ϫⲉ
ⲡⲓⲙⲁⲛⲉⲣϣⲱⲟⲩϣⲓ ⲛ̀ϩⲟⲙⲧ ⲫⲏ ⲉⲧ ⲁϥⲑⲁⲙⲓⲟ̀ ⲛ̀ϫⲉ ⲥⲟⲗⲟⲙⲱⲛ ⲛⲁϥⲱ̀ⲗⲓ ⲁⲛ ⲡⲉ ⲛ̀ⲛⲓϣⲟⲩϣⲱⲟⲩϣⲓ
ⲛⲉⲙ ⲛⲓⲱⲧ ⲛⲉⲙ ⲡⲓⲙⲁⲛⲛⲁ 8ⲟⲩⲟϩ ⲁϥⲉⲣ ϣⲁⲓ ⲛ̀ϫⲉ ⲡⲟⲩⲣⲟ ⲥⲟⲗⲟⲙⲱⲛ ⲙ̀ⲡⲓⲥⲏⲟⲩ ⲉ̀ⲧⲉⲙⲙⲁⲩ
ⲛ̀ϣⲁϣϥ ⲛ̀ⲉ̀ϩⲟⲟⲩ ⲛⲉⲙ ⲡⲓⲥⲣⲁⲏⲗ ⲧⲏⲣϥ ⲛⲉⲙⲁϥ ϧⲉⲛ ⲟⲩⲛⲓϣϯ ⲛ̀ⲑⲟⲩⲱⲧⲥ ⲉⲥⲟϣ ⲉ̀ⲙⲁϣⲱ ⲓⲥϫⲉⲛ
ⲡⲓⲙⲱⲓⲧ-ⲉ̀ϧⲟⲩⲛ ⲛ̀ⲧⲉ ⲛ̀ⲉⲙⲁⲑ ϣⲁ ⲉ̀ϧⲣⲏⲓ ⲉ̀ⲡⲓⲙⲟⲩⲛⲥⲱⲣⲉⲙ ⲛ̀ⲧⲉ ⲭⲏⲙⲓ 9ⲟⲩⲟϩ ϧⲉⲛ ⲡⲓⲙⲁϩⲏ̄
ⲛ̀ⲉ̀ϩⲟⲟⲩ ⲁϥⲓ̀ⲣⲓ ⲛ̀ϣⲁⲓ ϧⲉⲛ ⲡⲟⲩϫⲓⲛⲙⲟϣⲓ-ⲉ̀ⲃⲟⲗ ϫⲉ ⲛⲁ ⲡⲁⲓⲕ ⲡⲉ ⲛ̀ⲧⲉ ⲡⲓⲙⲁⲛⲉⲣϣⲱⲟⲩϣⲓ ⲟⲩⲟϩ
ⲁϥⲓ̀ⲣⲓ ⲛ̀ⲍ̄ ⲛ̀ⲉ̀ϩⲟⲟⲩ ⲛ̀ϣⲁⲓ 10ϧⲉⲛ ⲟⲩⲥⲟⲩϫⲱⲧ ϣⲟⲙⲧ ⲙ̀ⲡⲓⲁ̀ⲃⲟⲧ ⲙ̀ⲙⲁϩϣⲁϣϥ ⲟⲩⲟϩ ⲁϥⲟⲩⲱⲣⲡ
ⲙ̀ⲡⲓⲗⲁⲟⲥ ⲉ̀ⲃⲟⲗ ⲫⲟⲩⲁⲓ ⲫⲟⲩⲁⲓ ⲉ̀ⲡⲉϥⲙⲁⲛϣⲱⲡⲓ ⲉⲩⲟⲩⲛⲟϥ ⲙ̀ⲙⲱⲟⲩ ϧⲉⲛ ⲡⲟⲩϩⲏⲧ ⲉ̀ϩⲣⲏⲓ ⲉ̀ϫⲉⲛ
ⲛⲓⲁ̀ⲅⲁⲑⲟⲛ ⲧⲏⲣⲟⲩ ⲉⲧ ⲁ̀ ⲡϭⲟⲓⲥ ⲁⲓⲧⲟⲩ ⲛⲉⲙ ⲡⲟⲩⲣⲟ ⲇⲁⲩⲓⲇ ⲛⲉⲙ ⲥⲟⲗⲟⲙⲱⲛ ⲛⲉⲙ ⲡⲓⲥⲣⲁⲏⲗ
ⲧⲏⲣϥ 11ⲟⲩⲟϩ ⲁ̀ ⲡⲟⲩⲣⲟ ⲥⲟⲗⲟⲙⲱⲛ ϫⲱⲕ ⲛ̀ϩⲱⲃ ⲛⲓⲃⲉⲛ ⲉ̀ⲃⲟⲗ ⲉⲧ ⲁϥⲟⲩⲱϣ ⲉ̀ⲁⲓⲧⲟⲩ ϧⲉⲛ
ⲧⲉϥⲯⲩⲭⲏ ⲉ̀ⲡⲏⲓ ⲙ̀ⲡϭⲟⲓⲥ ⲟⲩⲟϩ ⲁϥⲥⲙⲟⲩⲧⲉⲛ ⲁϥϫⲱⲕ ⲙ̀ⲡⲏⲓ ⲙ̀ⲡϭⲟⲓⲥ ⲉ̀ⲃⲟⲗ ⲛ̀ϫⲉ ⲥⲟⲗⲟⲙⲱⲛ
ⲛⲉⲙ ⲡⲉϥⲏⲓ ⲉⲩⲥⲟⲛ ϧⲉⲛ ϩⲱⲃ ⲛⲓⲃⲉⲛ 12ⲟⲩⲟϩ ⲁ̀ ⲡϭⲟⲓⲥ ⲟⲩⲟⲛϩϥ ⲉ̀ⲥⲟⲗⲟⲙⲱⲛ ϧⲉⲛ ⲡⲓⲉ̀ϫⲱⲣϩ ⲡⲉϫⲁϥ
ⲛⲁϥ ϫⲉ ⲁⲓⲥⲱⲧⲉⲙ ⲛ̀ⲧⲉⲕⲡⲣⲟⲥⲉⲩⲭⲏ ⲟⲩⲟϩ ⲁⲓⲥⲱⲧⲡ ⲡⲏⲓ ⲙ̀ⲡⲁⲓ ⲙⲁ ⲛ̀ⲟⲩⲏⲓ ⲛ̀ϣⲟⲩϣⲱⲟⲩϣⲓ
13ⲟⲩⲟϩ ⲉ̀ϣⲱⲡ ⲁⲓϣⲁⲛ ⲧⲁϩⲛⲟ ⲉ̀ⲧⲫⲉ ⲉ̀ϣⲧⲉⲙⲟⲣⲉ ⲙⲟⲩⲛϩⲱⲟⲩ ⲟⲩⲟϩ ⲉ̀ϣⲱⲡ ⲁⲓϣⲁⲛ ϩⲟⲛϩⲉⲛ
ⲉ̀ⲧⲟⲧϥ ⲙ̀ⲡⲓϣϫⲉ ⲉ̀ⲟⲩⲱⲙ ⲛ̀ⲛⲓϣϣⲏⲛ ⲛⲉⲙ ⲁⲓϣⲁⲛ ⲟⲩⲱⲣⲡ ⲛ̀ⲟⲩⲙⲟⲩ ⲉ̀ϫⲉⲛ ⲡⲁⲗⲁⲟⲥ 14ⲟⲩⲟϩ ⲉⲩⲉ̀-
ϣⲱⲡⲓ ⲉⲩⲥⲉⲃⲟⲕ ϧⲉⲛ ⲧⲟⲩⲙⲏⲓ ⲉ̀ⲧⲉ ⲛⲁⲓ ⲡⲉ ⲛⲏ ⲉⲧ ⲁⲓⲉ̀ⲛⲟⲩ ⲉ̀ⲃⲟⲗ ϧⲉⲛ ⲭⲏⲙⲓ ⲟⲩⲟϩ ⲁⲩⲙⲟⲩϯ
ⲙ̀ⲡⲁⲣⲁⲛ ⲉ̀ϩⲣⲏⲓ ⲉ̀ϫⲱⲟⲩ ⲁⲩϣⲁⲛ ⲧⲱⲃϩ ⲟⲩⲟϩ ⲛ̀ⲥⲉⲕⲱϯ ⲙ̀ⲡⲁϩⲟ ⲛ̀ⲧⲟⲩⲧⲁⲥⲑⲱⲟⲩ ⲉ̀ⲃⲟⲗ ϩⲁ
ⲛⲟⲩⲙⲱⲓⲧ ⲉⲧ ϩⲱⲟⲩ ⲁ̀ⲛⲟⲕ ⲉⲓⲉ̀ⲥⲱⲧⲉⲙ ⲉ̀ⲣⲱⲟⲩ ⲉ̀ⲃⲟⲗ ϧⲉⲛ ⲧⲫⲉ ⲉⲓⲉ̀ⲭⲱ ⲛ̀ⲛⲟⲩⲛⲟⲃⲓ ⲉ̀ⲃⲟⲗ
ⲟⲩⲟϩ ⲉⲓⲉ̀ⲟⲩϫⲁⲓ ⲙ̀ⲡⲟⲩⲕⲁϩⲓ ⲛⲉⲙ ⲛⲟⲩⲙ̀ⲕⲁⲩϩ ⲉⲩⲥⲟⲛ 15ⲛⲁⲃⲁⲗ ⲅⲁⲣ ⲉⲩⲉ̀ϣⲱⲡⲓ ⲉ̀ⲟⲩⲏⲛ ⲉ̀ϩⲣⲏⲓ
ⲉ̀ϫⲱⲟⲩ ⲟⲩⲟϩ ⲛⲁⲙⲁϣϫ ⲉⲩⲉ̀ⲥⲱⲧⲉⲙ ⲉ̀ⲡⲟⲩⲧⲱⲃϩ ϧⲉⲛ ⲡⲁⲓ ⲧⲟⲡⲟⲥ 16ϩⲏⲡⲡⲉ ⲁⲓⲥⲱⲧⲡ ⲙ̀ⲡⲁⲓ
ⲙⲁ ⲟⲩⲟϩ ⲁⲓⲧⲟⲩⲃⲟϥ ⲉ̀ⲟⲣⲉϥ ϣⲱⲡⲓ ⲙ̀ⲙⲁⲩ ⲛ̀ϫⲉ ⲡⲁⲣⲁⲛ ϣⲁ ⲉ̀ⲛⲉϩ ⲟⲩⲟϩ ⲉⲩⲉ̀ϣⲱⲡⲓ ⲙ̀ⲙⲁⲩ
ⲛ̀ϫⲉ ⲛⲁⲃⲁⲗ ⲛⲉⲙ ⲡⲁϩⲏⲧ ⲛ̀ⲛⲓⲉ̀ϩⲟⲟⲩ ⲧⲏⲣⲟⲩ

Proverbiorum 31

10ⲟⲩⲥϩⲓⲙⲓ ⲛ̀ϫⲱⲣⲓ ⲛⲓⲙ ⲉⲑ ⲛⲁϫⲉⲙⲥ ⲉⲥⲧⲁⲓⲏⲟⲩⲧ ⲉ̀ϩⲟⲧⲉ ϩⲁⲛⲱ̀ⲛⲓ ⲉ̀ⲛⲁϣⲉⲛⲥⲟⲩⲉ̀ⲛⲟⲩ ⲛ̀ϫⲉ

ⲑⲁⲓ ⲧⲉ ⲙ̀ⲙⲁⲓ ⲣⲏϯ 11ϣⲁϥⲉⲣ ⲑⲁⲣⲉⲓⲛ ⲉ̀ϩⲣⲏⲓ ⲉ̀ϫⲱⲥ ⲛ̀ϫⲉ ⲡϩⲏⲧ ⲙ̀ⲡⲉⲥϩⲁⲓ ⲑⲁⲓ ⲙ̀ ⲡⲁⲓ
ⲣⲏϯ ⲙ̀ⲡⲉⲥⲉⲣ ϧⲁⲉ̀ ⲛ̀ϩⲁⲛϣⲱⲗ ⲉ̀ⲛⲁⲛⲉⲩ 12ⲥⲉⲣ ϩⲱⲃ ⲅⲁⲣ ⲙ̀ⲡⲉⲥϩⲁⲓ ⲛ̀ⲟⲩⲁ̀ⲅⲁⲑⲟⲛ ⲟⲩⲟϩ ⲛ̀ⲟⲩ-
ⲡⲉⲧϩⲱⲟⲩ ⲁⲛ ⲙ̀ⲡⲉⲥⲱⲛϧ ⲧⲏⲣϥ 13ⲥⲉⲣ ϩⲱⲃ ϧⲉⲛ ⲟⲩⲥⲟⲣⲧ ⲛⲉⲙ ⲓⲁⲩ ϣⲁⲥⲑⲁⲙⲓⲟ̀ ⲛ̀ϣⲁⲩ
ϧⲉⲛ ⲛⲉⲥϫⲓϫ 14ⲁⲥϣⲱⲡⲓ ⲇⲉ ⲙ̀ⲫⲣⲏϯ ⲛ̀ⲟⲩϫⲟⲓ ⲉϥⲉⲣ ⲓⲉⲃ-ϣⲱⲧ ⲉ̀ⲃⲟⲗ ϩⲓ ⲫⲟⲩⲉⲓ ϣⲁⲥⲑⲱⲟⲩϯ
ⲇⲉ ⲛ̀ⲧⲉⲥⲙⲉⲧⲣⲁⲙⲁⲟ̀ 15ϣⲁⲥⲧⲱⲛⲥ ⲓⲉϫⲉⲛ ⲉ̀ϫⲱⲣϩ ϣⲁⲥϯ ϧⲣⲉ ⲛ̀ⲛⲁ ⲛⲉⲥⲏⲓ ⲛⲉⲙ ⲟⲩϩⲱⲃ
ⲛ̀ⲛⲉⲥⲃⲱⲕⲓ 16ⲁⲥϣⲁⲛ ⲛⲁⲩ ⲉ̀ⲟⲩⲓⲉⲫⲟⲩⲱⲓ ϣⲁⲥϣⲱⲡⲥ ⲉ̀ⲃⲟⲗ ϧⲉⲛ ⲡⲓⲟⲩⲧⲁϩ ⲛ̀ⲧⲉ ⲛⲉⲥϫⲓϫ ϣⲁⲥϫⲫⲟ
ⲛ̀ⲟⲩⲓⲟϩⲓ 17ϣⲁⲥⲙⲟⲩⲣ ⲛ̀ⲧⲉⲥϯⲡⲓ ϧⲉⲛ ⲟⲩϫⲟⲙ ⲟⲩⲟϩ ϣⲁⲥⲧⲁϫⲣⲟ ⲛ̀ⲛⲉⲥϫⲫⲟⲓ ⲉ̀ⲟⲩϩⲱⲃ 18ⲟⲩⲟϩ
ⲁⲥϭⲓ ϯⲡⲓ ϫⲉ ⲛⲁⲛⲉ ⲡⲓϩⲱⲃ ⲟⲩⲟϩ ⲙ̀ⲡⲁⲣⲉ ⲛⲉⲥϧⲏⲃⲥ ϭⲉⲛⲟ ⲉ̀ⲡⲉ̀ϫⲱⲣϩ ⲧⲏⲣϥ 19ⲛⲉⲥϫⲓϫ
ϣⲁⲥⲥⲟⲩⲧⲱⲛⲟⲩ ⲉ̀ⲃⲟⲗ ⲉ̀ⲛⲏ ⲉⲧ ⲉⲣ ⲛⲟϥⲣⲓ ⲟⲩⲟϩ ⲛⲉⲥⲁ̀ⲙⲁϩⲓ ϣⲁⲥⲧⲁϫⲣⲱⲟⲩ ⲉ̀ⲟⲩⲙ̀ⲃⲁⲓ 20ϣⲁⲥ-
ⲁ̀ⲟⲩⲱⲛ ⲛ̀ⲧⲟⲧⲥ ⲙ̀ⲫⲏ ⲉⲧ ⲉⲣ ϧⲁⲉ̀ ⲛⲉⲥⲟⲩⲧⲁϩ ⲇⲉ ϣⲁⲥⲥⲟⲩⲧⲱⲛϥ ⲉ̀ⲡϩⲏⲓ

Ecclesiastici 2

1ⲡⲁϣⲏⲣⲓ ⲓⲉϫⲉ ⲭⲛⲁϯ ⲙ̀ⲡⲉⲕⲟⲩⲟⲓ ⲉ̀ⲉⲣ ⲃⲱⲕ ⲙ̀ⲡϭⲟⲓⲥ ⲥⲉⲃⲧⲉ ⲧⲉⲕⲯⲩⲭⲏ ⲉ̀ϩⲁⲛⲡⲓⲣⲁⲥⲙⲟⲥ
2ⲥⲟⲩⲧⲉⲛ ⲡⲉⲕϩⲏⲧ ⲟⲩⲟϩ ϥⲁⲓ ⲉ̀ⲣⲟⲕ ⲛ̀ⲧⲉⲕϣⲧⲉⲙϫⲁⲛϫⲉⲛ ϧⲉⲛ ⲡⲥⲏⲟⲩ ⲛ̀ⲧⲉ ⲛⲉⲕϧⲓⲥⲓ 3ⲧⲱⲙⲕ
ⲉ̀ⲣⲟϥ ⲛ̀ⲧⲉⲕϣⲧⲉⲙϩⲉⲛⲕ ⲉ̀ⲃⲟⲗ ⲙ̀ⲙⲟϥ ϫⲉ ⲉⲕⲉ̀ⲁⲓⲁⲓ ϧⲉⲛ ⲧⲉⲕϧⲁⲉ̀ 4ϩⲱⲃ ⲛⲓⲃⲉⲛ ⲉⲑ ⲛⲏⲟⲩ
ⲉ̀ϫⲱⲕ ϣⲟⲡⲟⲩ ⲉ̀ⲣⲟⲕ ⲛ̀ⲧⲉⲕϣⲱⲡⲓ ⲛ̀ⲣⲉϥⲱ̀ⲟⲩⲛ̀ϩⲏⲧ ϧⲉⲛ ⲡⲕⲁϩⲓ ⲙ̀ⲡⲉⲕⲑⲉⲃⲓⲟ̀ 5ϫⲉ ϣⲁⲩⲉⲣ ⲇⲟⲕⲓⲙⲁⲍⲓⲛ ⲅⲁⲣ ⲙ̀ⲡⲓⲛⲟⲩⲃ̀ ϩⲓ ⲡⲓⲭⲣⲱⲙ ⲛⲓⲥⲱⲧⲡ ⲇⲉ ⲛ̀ⲧⲉ ⲛⲓⲣⲱⲙⲓ ϧⲉⲛ ⲟⲩϩⲟⲣⲱ ⲛ̀ⲑⲉⲃⲓⲟ̀
6ⲛⲁϩϯ ⲉ̀ⲣⲟϥ ⲟⲩⲟ̀ϩ ϥⲛⲁϣⲟⲡⲕ ⲉ̀ⲣⲟϥ ⲥⲟⲩⲧⲉⲛ ⲛⲉⲕⲙⲱⲓⲧ ⲛ̀ⲧⲉⲕⲉⲣ ϩⲉⲗⲡⲓⲥ ⲉ̀ⲣⲟϥ 7ⲛⲏ ⲉⲧ ⲉⲣ
ϩⲟϯ ϧⲁ ⲧϩⲏ ⲙ̀ⲡϭⲟⲓⲥ ϫⲟⲩϣⲧ ϧⲁ ⲧϩⲏ ⲙ̀ⲡⲉϥⲛⲁⲓ ⲙ̀ⲡⲉⲣⲣⲓⲕⲓ ϫⲉ ⲛ̀ⲛⲉⲧⲉⲛϩⲉⲓ 8ⲛⲏ ⲉⲧ ⲉⲣ
ϩⲟϯ ϧⲁ ⲧϩⲏ ⲙ̀ⲡϭⲟⲓⲥ ⲛⲁϩϯ ⲉ̀ⲣⲟϥ ⲟⲩⲟϩ ⲛ̀ⲛⲉⲧⲉⲛⲃⲉⲭⲉ ⲛ̀ⲛⲟⲩⲧⲁⲕⲟ 9ⲛⲏ ⲉⲧ ⲉⲣ ϩⲟϯ ϧⲁ
ⲧϩⲏ ⲙ̀ⲡϭⲟⲓⲥ ⲉⲣ ϩⲉⲗⲡⲓⲥ ⲛ̀ϩⲁⲛⲁ̀ⲅⲁⲑⲟⲛ ⲛⲉⲙ ⲟⲩⲱⲛϧ ⲛ̀ⲉ̀ⲛⲉϩ ⲛⲉⲙ ⲟⲩⲛⲁⲓ

Die texte, welche ich auf den vorhergehenden blättern zusammengestellt habe, sind in einer weise verderbt, welche jeder beschreibung spottet. daß sie nicht durchgreifender verbessert werden konnten, rürt nicht allein davon her, daß mir nur ganz junge handschriften und noch dazu in ungenügender anzal und außer inen nur drucke zu gebote standen, deren vorlagen nicht bekannt sind, aber ersichtlich nicht alt waren: es hat vor allem seinen grund darin, daß ich über das original der übersetzung nichts weiß und bei der unzugänglichkeit des entscheidenden materials vorläufig auch nichts ermitteln kann, mithin jede durchgreifende änderung unerlaubt ist, und daß ich weiter die zeit der übersetzung nicht kenne, und darum nicht zu beurteilen vermag, ob ich gutes koptisch herstellen darf oder nicht. in den christlich-arabischen handschriften der pariser bibliothek, des Vaticans und der Propaganda werden sich one frage bestimmte angaben darüber finden, wie die koptischen, aegyptisch-arabischen, aethiopischen versionen der bibel von einander abhangen und wann sie angefertigt sind. diese angaben müssen, wann sie einmal mitgetheilt sein werden, von zwei gesichtspunkten aus einer prüfung unterliegen: einmal nach dem character des in den handschriften betroffenen bibeltexts, sodann nach dem character der in diesen versionen angewandten sprache. es ist leider in hinblick auf die dreisten äußerungen unberufener nicht unnütz darauf hinzuweisen, daß über herkunft und wert der genannten dolmetschungen nur mitreden darf wer das material vollständig besitzt und beherrscht, die methode wissenschaftlicher untersuchung in aller strenge zu handhaben versteht, und alle drei in betracht kommenden sprachen — nicht bloß eine derselben — bequem liest. ich erinnere daran, daß ich 1856 in den reliquiae graece X XI ein beispiel davon gegeben, daß ein çaïdischer text ins aethiopische übertragen worden ist: verweise auf WWrights catalogue of the Ethiopic manuscripts in the British Museum *passim*, und füre aus HZotenbergs verzeichnisse der aethiopischen codices von Paris — man freut sich einen schriftsteller zu nennen, von dem jede spätere arbeit besser ist als die ihr vorhergehende — 3 B folgende erklärung Iob Ludolfs an: quando quidem diu satis multumque animum meum torserit ex quanam lingua quove interprete bibliae [so] aethiopicae factae sint, tandem (sint gratiae divinae misericordiae) reperi in martyrologio aethiopico manuscripto, quod asservatur in bibliotheca cancellarii Franciae claris verbis, quod eas Abu Salama, apostolus Aethiopum, ex arabico traduxerit. die von Zotenberg angefürte stelle aus Ludolfs gedrucktem commentarius 295 ist den deutschen zeitgenossen aus dem gedächtnisse geschwunden.

unter so bewandten umständen hüte ich mich wol, meine vermutungen über die vorliegenden stücke der koptischen bibel auszusprechen. natürlich aber habe ich auch jede durchgreifendere änderung meiner texte unterlassen, da diese im vorliegenden falle nur das urteil erschweren, weil den tatbestand verdunkeln würde: manche correctur ist noch wärend des drucks zurückgezogen worden. sonst bitte ich meine gesammelten abhandlungen 100 und die vorrede zum koptischen pentateuche zu vergleichen.

es erübrigt die angabe der fundorte und der *lesarten*, welche ich beseitigt habe. das wort lesarten denke ich in diesem zusammenhange allemal in anfürungszeichen. auf punkte, accente, worttrennung ist nicht gerücksichtigt worden, und ich bin nicht anfänger genug, um die bürgschaft dafür zu übernemen, daß nicht an dem gleich um der großen männer unserer zeit willen zusammenzufegenden kerichthaufen hier und da ein stäubchen spreu fehlen wird: gäbe es auf diesem gebiete sachverständige, so würden die ganzen *lesarten* ungesammelt — mindestens ungedruckt — geblieben sein. punkte über consonanten kann die göttinger typographie nicht ausdrücken one die zeilen zu sperren, und auch dann nur unsicher: *lesarten*, die sich auf solche punkte beziehen, werden daher nicht angemerkt, und derartige punkte in worten, welche aus andern gründen ausgeschrieben werden müssen, weggelassen. bitte dies zu merken.

Iosue 3, 7 — 4, 9

aus dem [falsch paginierten] euchologium I ⲫ̀ⲗⲇ = off. überschrift ⲉ̀ⲃⲟⲗϧⲉⲛ ⲓⲏⲥⲟⲩ ⲩⲓⲟⲩ ⲛⲁⲩⲏ v. 3 | 7 ⲉⲩⲉ̀ⲙⲓ | 8 das erste mal ⲙⲡⲓⲟⲣⲇⲁⲛⲟⲥ | 10 ϫⲉⲧⲉⲛⲛⲉⲉ̀ⲙⲓ | 10 ⲉⲩⲉⲉⲩⲟⲥ | 14 ϫϩⲱⲙ | 16 ⲛ̀ⲁⲣⲁⲃⲓⲁ̀ | 17 ϩⲓϫⲉⲛ ⲡⲓ ⲉϫϣⲟⲩⲱ̀ | 4 | 3 ⲛ̀ⲛⲉⲥⲱ̀ⲗⲓ | 6 ⲉⲩϫⲛ ⲉ̀ϧⲣⲏⲓ | 7 ⲉⲛⲉⲣ | 7 ⲛⲟϫⲉⲛ | 8 ⲁⲩϩⲟⲛϩⲉⲛ | 8 ⲙ̀ⲓ̈ⲃ̄ | 9 ⲉ̀ⲣⲟϥ ⲛ̀ϫⲉ ⲭⲁϫⲟⲩ | 9 ⲉⲉϫⲛ ⲉ̀ϧⲣⲏⲓ | 9 ende ⲛ̀ ϩⲟⲟⲩ

Iosue 23, 1—14

aus dem rituale ϫⲛⲇ. überschrift ⲉ̀ⲃⲟⲗϧⲉⲛ ⲓⲏⲥⲟⲩ ⲛⲁⲩⲏ ⲕⲉⲫⲓ ⲕⲅ. 2 ⲛⲟⲩϯⲣⲉϥϯϩⲁⲛ |

3 πετϩό | 4 ⲛⲓ ⲥⲱⲛⲟⲥ ⲧⲏⲣⲟⲩ | 4 ⲛ̀ⲫⲓⲟⲙ | 5 ϣⲁⲧⲟⲩϥⲟⲧⲟⲩ-ⲉ̀ⲃⲟⲗ zu lesen? | 7 ⲉ̀ⲛⲁⲓ ⲛⲓ ⲥⲱⲛⲟⲥ | 12 ⲛ̀ⲧⲉⲛⲫⲉⲛϩⲟⲛⲛⲟⲩ | 12 ⲛ̀ⲧⲉⲛϣⲟⲙ | 13 ϫⲉ ⲛ̀ⲑⲟϥ ⲟⲩⲁϩ | 13 ϣⲁⲛ ⲧⲉⲛⲧⲁⲕⲟ̀ | 14 ⲉ̀ⲣⲉⲧⲉⲛⲉ̀ⲙⲓ

Iudicum 11 30—40.

aus dem rituale ⲫⲙⲥ. überschrift ⲉ̀ⲃⲟⲗϧⲉⲛ ⲡϫⲱⲙ ⲛ̀ⲛⲓⲕⲣⲓⲧⲏⲥ: ⲕⲉⲫ ⲓⲁ: ⲥⲧⲓⲭ: ⲗ. 32 ⲓⲉⲫⲑⲁⲉ ⲉ̀ ϩⲁ | 33 ϣⲁⲕⲓ | 34 ⲙ̀ⲙⲁⲩⲁⲧ ⲉ̀ⲧⲉ | 36 ⲛ̀ⲛⲉⲕϣⲟⲗⲉ̀ⲃⲟⲗ | 37 ⲛⲁⲧⲁⲙⲉⲧⲡⲁⲣⲑⲉⲛⲟⲥ | 39 ⲙ̀ⲡⲉⲥⲥⲟⲩⲉⲛ | 40 ⲛ̀ⲅⲁⲗⲁⲁⲇⲓⲧⲏⲥ

Regnorum I 2, 1—10.

aus RTukis ausgabe des koptischen psalters, Rom 1744. die berliner handschrift Diez orient folio 37 war, als diese blätter gedruckt wurden, nicht zu erhalten: meine abschriften aus oxforder codices habe ich verloren. überschrift ϯⲡⲣⲟⲥⲉⲩⲭⲏ ⲛ̀ⲧⲉ ⲁⲛⲛⲁ ⲑⲙⲁⲩ ⲛ̀ⲥⲁⲙⲟⲩⲏⲗ ⲡⲓⲡⲣⲟⲫⲏⲧⲏⲥ. 3 ⲙⲁⲣⲟⲩϣⲟⲩϣⲟⲩ | 10 ⲉ̀ⲛⲉⲁⲧ ⲛⲕⲁϩⲓ

Regnorum I 16, 1—13

aus dem euchologium I ⲥⲙⲏ. überschrift ⲡⲁⲗⲓⲛ ϧⲉⲛ ϯⲙⲁϩⲉ̄ϯ ⲙ̀ⲙⲉⲧⲟⲩⲣⲟ ⲛ̀ⲧⲉ ⲡⲓϫⲓⲛⲑⲱϣϩⲉⲙ ⲛ̀ⲇⲁⲩⲓⲇ ⲉ̀ⲃⲟⲗϧⲉⲛ ⲡⲓⲙⲁϩⲃ̄ ⲙ̀ⲡⲓϫⲱⲙ ⲛ̀ⲧⲉ ⲛⲓⲟⲩⲣⲱⲟⲩ ⲓⲉ. 1 zeichen der lücke + Lagarde | 2 in runden klammern | 2 ϯⲛⲁϣⲉ ⲛⲁϥ ⲟⲩⲟϩ ⲉⲓⲉ̀ⲥⲱⲧⲉⲙ | 2 ⲥⲁⲟⲩⲗ 2 ⲉⲛ | 3 ist ⲙ̀ⲫⲣⲏϯ zu tilgen? | 7 ⲙ̀ⲡⲉϥϫⲟⲩϣⲧ | 7 ⲁⲓϣⲟϣϥ | 9 ⲥⲟⲡⲉϥ | 9 ⲛ̀ⲧⲉ ⲥⲁⲙⲁⲁ | 10 ⲥⲟⲡⲟⲩ | 10 ⲟⲩⲟϩ ⲡⲉϫⲉ bis ⲛ̀ⲛⲁⲓ in eckigen klammern | 11 ⲟⲩⲟⲡⲛ | 12 ⲁϥⲟⲩⲟⲡⲛ | 13 ⲙ̀ⲡⲓⲧⲁⲛ

Regnorum I 17, 16 — 54 18, 6—9

aus der göttinger handschrift X (oben 38 schreibe 125, 15[a]). überschrift ⲉ̀ⲃⲟⲗϧⲉⲛ ⲡϫⲱⲙ ⲛ̀ⲙⲃⲁⲥⲓⲗⲉⲟⲛ ⲉϥϫⲱ ⲙ̀ⲙⲟⲥ. 16 ⲛ̀ⲡ̄ⲓ̄, aber darüber arabisch אבנא | 17 ⲛⲁⲓ ⲓ̄, aber darüber arabisch האב | 18 ⲛⲁⲓ ⲓ̄ ϭⲉⲗⲓ | 18 ⲉ̀ⲛⲓϣϣⲓⲗⲓⲁⲣϧⲟⲥ X² | 20 ⲙ̀ⲡⲛⲁⲩ X² | 20 ⲙ̀ⲡⲣⲏϯ X² | 20 ⲉ̀ϯⲉⲧⲣⲟⲡⲓⲗⲟⲥⲓⲥ wo über dem (roten) punkte ein löchlein ist und ⲧ sonderbar aussieht | 21 ⲟⲩⲟ̀ϩⲓ | 21 ⲛ̀ⲛⲟⲩⲟⲣⲡⲟⲩ X¹ | 22 ⲉ̀ⲛⲓⲉ̀ⲛⲉⲩⲟⲥ ⲟⲩⲟϩ ⲟⲩⲟϩ ⲁϣⲉ, wo über ⲁϣⲉ ein ϥ nachgetragen ist: das erste ⲟⲩⲟϩ am ende, das andere am anfange einer seite: die erstere hat ⲁϥϣⲉ als custos | 23 ⲉⲛⲟ ⲛ̀ⲧⲉ | 26 das erste ⲛⲉ fehlt am ende einer seite | 27 ⲛⲓⲗⲁⲟⲥ Lagarde, ⲛⲉϥⲉⲟⲛ X | 28 das erste mal ⲉ̀ⲗⲓⲉ̀ X¹ | 28 ⲟⲩⲙ̀ⲃⲱⲛ | 29 ⲁⲓⲁⲁⲓϥ | 32 anfang ⲟⲩⲟϩ Lagarde, ⲟⲩ X | 33 ⲥⲁⲃⲟⲩⲗ | 33 ⲙ̀ⲃⲉⲧⲉ zu ändern habe ich nicht gewagt | 36 ⲙ̀ⲡⲣⲏϯ X² | 36 ⲛ̀ⲧⲁϣⲓⲁⲓ | 36 ⲛⲉ ⲛⲁⲓ ⲙⲁⲧⲉⲉⲃⲓ ⲛⲁⲓ X² | 37 ⲫⲛ X¹, ⲛⲛ X² | 37 ⲉϥⲛⲁϩⲙⲉⲧ one folgendes ⲉ̀ⲃⲟⲗ | 38 ⲛ̀ⲟⲩⲛⲉⲣⲛⲉⲫⲁⲗⲉ̀ⲁ | 38 ⲧⲉϥⲁ̀ⲛⲉ X² | 39 ⲉⲛⲁⲩ Lagarde, ⲉ̄ X aber in arabischer schrift ואנא darüber | 40 ⲛ̀ϯⲟⲩ Lagarde, ⲛ̀ⲉ̄ X aber arabisch ־־ד daneben mit tašdîd über ד | 40 ⲛⲉϥⲡⲁⲧⲟⲩⲉ | 41 ϫⲓϫ von ⲧⲉϥϫⲓϫ > X¹ | 46 ⲡⲣⲏ̀ⲣⲓⲛ | 46 ⲛ̀ϯⲡⲁⲣⲁⲃⲟⲗⲏ | 46 ⲧⲏⲉ X² | 48 vor ⲁϥϣⲉ + ⲉ̀ | 49 ⲛⲉϥⲡⲁⲧⲟⲩⲉ | 52 ⲉⲛⲟ wo ⲟ von erster hand auf etwas anderem | 52 ⲡⲓⲙⲁⲛⲓⲧ? | 52 ⲛ̀ⲧⲉ ⲛⲛⲏⲩⲗⲏ | 52 ⲉ̀ⲛⲟ | 52 ⲉ̀ⲁⲕⲕⲁⲣⲱⲛ | 54 ⲛⲁϥⲉⲛⲉⲩⲟⲥ X¹ | 54 ende und 18, 6 sind in X durch keinen zwischenraum getrennt: nur die zeile läuft aus 6 ϩⲁⲛⲕⲩⲙⲉ̀ⲃⲁⲗⲟⲛ

Regnorum I 23, 26 — 24, 23

aus der göttinger handschrift X. überschrift ⲉ̀ⲃⲟⲗϧⲉⲛ ⲛⲓⲃⲁⲥⲓⲗⲉⲟⲛ ⲛ̀ⲧⲉ ⲛⲓⲟⲩⲣⲱⲟⲩ. 23 | 26 das andere mal ⲥⲁⲙⲛⲁⲓ | 26 ϩⲱⲛⲉ X² | 27 ⲛ̀ϩⲱⲛ X² | 28 ⲛⲁⲓ X² | 28 ⲉ̀ⲛⲣⲁⲛ

X² | 24 | 1 ϧⲉⲛⲡⲁⲇⲁⲇⲓ | 2 ⲙⲉⲛϩⲉ | 2 ϧⲉⲛⲡⲁⲇⲁⲇⲓ | 3 ⲛ̀ⲛ̅, arabisch نسي darüber | 4 ⲟⲩⲃⲏⲛ X² | 4 ⲙ̀ⲡⲓⲃⲏⲛ X² | 5 ⲥⲛⲓⲡⲓ | 5 ⲙ̀ⲫⲣⲏϯ X² | 7 ⲉ̀ϫⲟϥ | 9 ⲛⲉϥϣⲏⲛ X² | 11 ⲙ̀ⲫⲣⲏϯ X² | 11 ⲛⲓⲃⲏⲛ X² | 11 ende ⲛⲁⲓ X² | 14 ⲕⲁⲧⲁ ⲫⲣⲏϯ X² | 14 ⲛ̀ⲁⲣϣⲉⲟⲥ X² | 14 ⲡⲛⲟⲃⲓ X² | 15 ⲉϥⲙⲙⲟⲩⲧ ⲛⲉⲙ ϩⲁ ⲫⲁϩⲟⲩ | 20 ⲕⲁⲧⲁ ⲫⲣⲏϯ X²

Regnorum II 1, 17—27

aus dem rituale ⲧⲕⲁ. überschrift ⲉ̀ⲃⲟⲗϧⲉⲛ ⲃⲁⲥⲓⲗⲉⲓⲱⲛ ⲃ̅ ⲕⲉⲫ: ⲁ̅. 22 sollte ⲙ̀ⲫⲣⲏϯ nicht getilgt werden müssen? | 22 das erste mal ⲙ̀ⲡⲉⲧⲁⲥⲟⲃ | 22 das erste mal ⲉ̀ⲥϣⲟⲩⲓⲧ | 23 ⲉⲧⲥⲉⲥⲁⲓⲱⲟⲩ | 23 ⲥⲉⲥⲁⲓⲱⲟⲩ

Regnorum II 6, 1—19

aus dem euchologium I ⲥⲛⲇ = D, ⲫⲙ = R, der berliner handschrift orient fol 446 blatt 1 ff = B. überschrift ⲉ̀ⲃⲟⲗϧⲉⲛ ϯⲙⲁϩⲃ̅ϯ ⲙ̀ⲙⲉⲧⲟⲩⲣⲟ ⲕⲉⲫ ⲋ D, ⲉ̀ⲃⲟⲗϧⲉⲛ ϯⲙⲁϩⲃ̅ϯ ⲙ̀ⲙⲉⲧⲟⲩⲣⲟ ⲉ̀ⲧⲉ ⲫⲁⲓ ⲡⲉ ⲡⲓϫⲱⲙ ⲛ̀ⲧⲉ ϯⲙⲉⲧⲟⲩⲣⲱⲟⲩ ⲃ̅ ⲕⲉⲫ ⲋ R, ϯⲙⲁϩⲃ̅ϯ ⲙ̀ⲙⲉⲧⲟⲩⲣⲟ B. auf ⲇ̅ⲁ̅ⲇ̅ ⲇ̅ⲁ̅ⲩ̅ⲇ̅ ⲇⲁⲩⲓⲇ neme ich keine rücksicht, ebensowenig auf die punctation, falls nicht irgend ein interesse an ihr haftet. was die hinter B gelegentlich in klammern beigefügten zalen bedeuten, wird sich unten ergeben. 1 ⲁ̀ ⲇⲁⲩⲓⲇ ⲑⲱⲟⲩϯ RB, ⲁϥⲓⲛⲓ ⲛ̀ϫⲉ ⲡⲟⲩⲣⲟ ⲇⲁⲩⲓⲇ ⲉ̀ϧⲟⲩⲛ D | 1 ⲛ̀ϧⲉⲗⲗⲱⲓⲣⲓ ⲛⲓⲃⲉⲛ R, ⲛ̀ϧⲉⲗⲗⲱⲓⲣⲓ ⲛⲓⲃⲉⲛ B (1) [nicht ⲛϧⲉⲗⲗⲱⲓⲣⲓ mit punktiertem ⲛ: das accusativzeichen fehlte, und der bestimmte artikel vor ⲛⲓⲃⲉⲛ wäre ein arger schnitzer: wer B einsicht, wird zugeben, daß ⲛϧⲉⲗⲗⲱⲓⲣⲓ zu lesen einem ersten anfänger möglich ist], ⲛ̀ⲛⲓϧⲉⲗⲗⲱⲓⲣⲓ D | 1 ⲁⲩⲉⲣ B (2) | 1 ⲟ̅ B | 2 ⲁϣⲉ D | 2 ⲛ̀ϯⲕⲩⲃⲱⲧⲟⲥ B | 3 ⲛ̀ϯⲕⲩⲃⲱⲧⲟⲥ B | 3 ⲉⲟⲩⲙ̀ⲃⲉⲣⲓϩⲓ B (3) | 3 ⲉ̀ⲃⲟⲗ nach ⲁⲩⲟⲗⲥ > B (4) | 3 ende ⲙ̀ⲡⲓⲃⲉⲣⲓϩⲓ DR | 4 ϯⲕⲩⲃⲱⲧⲟⲥ B | 4 ⲛ̀ϯⲕⲩⲃⲱⲧⲟⲥ B | 5 ⲉⲩϩⲱⲥ B (5) | 5 ϩⲁⲛⲕⲩⲑⲁⲣⲁ B | 5 ϩⲁⲛⲛⲁⲃⲗⲁ DR, ϩⲁⲛⲃⲁⲗ B (6) | 5 ϩⲁⲛⲕⲩⲙⲃⲟⲗⲟⲛ D, ϩⲁⲛⲕⲩⲙⲃⲁⲗⲟⲛ B (7) | 6 ϣⲁ B, ϩⲁ DR | 6 ⲛⲟ̀ⲛⲛⲟⲩ B | 6 ⲛ̀ⲧⲉ ⲛⲁⲭⲱⲣ DR, ⲧⲉⲛⲁ ⲭⲱⲣⲁ [so] B (8) | 6 ⲉ̀ϯⲕⲩⲃⲱⲧⲟⲥ B | 6 ⲟⲩⲟϩ ⲁϥⲁⲙⲟⲛⲓ ⲙ̀ⲙⲟⲥ > B (9) | 6 ⲛⲉ ⲁϥϯ DR, ⲛⲁϥϯ B | 6 ϭⲗⲁ B (10) | 6 ende ⲡⲉ > D | 7 ⲁϥⲥⲙⲃⲟⲛ B | 7 ⲁϥⲣⲁϧⲧϥ ohne ⲙ̀ⲙⲟϥ B | 7 das zweite ⲛⲟ̀ⲥ DR, ⲫϯ B | 7 vor ⲟⲩⲟϩ ⲁϥⲙⲟⲩ + ϫⲉ ⲁϥⲥⲟⲩⲧⲉⲛ ⲧⲉϥϫⲓϫ ⲉ̀ϯⲕⲓⲃⲱⲧⲟⲥ R | 7 ⲁϥⲙⲟⲩ DR, ⲁϥ B (11) | 7 ϯⲕⲩⲃⲱⲧⲟⲥ B | 8 ⲛ̀ϫⲉ ⲇⲁⲩⲓⲇ DR, ⲛ̀ⲇ̅ⲁ̅ⲇ̅ B (12): das darauf folgende ϫⲉ > B (13) | 8 ϥⲛⲏϯ ⲛ̀ⲟϫⲁ ⲉ̀ⲃⲟⲗ B | 8 ⲁϥⲙⲟⲩϯ B (14) DR | 8 ⲙ̀ⲙⲁ R | 8 ⲉ̀ⲧⲉ ⲙ̀ⲙⲁⲩ B | 8 ende ⲉ̀ϧⲟⲩⲛ ⲉ̀ⲛⲁⲓ ⲉ̀ϩⲟⲟⲩ B | 9 ⲉ̀ⲧⲉ ⲙ̀ⲙⲁⲩ B | 9 ϥⲛⲁⲓ Lagarde, ⲛⲁⲓ B (15), ⲉ̀ ⲛⲁⲓ DR | 9 ⲉ̀ϧⲟⲩⲛ ⲉ̀ⲛⲁⲓ > B (16) | 9 ϯⲕⲩⲃⲱⲧⲟⲥ B | 10 ⲛⲁϩⲣⲁϥ DR, ϩⲁⲣⲟϥ B | 10 ϯⲕⲩⲃⲱⲧⲟⲥ B | 10 ⲛ̀ⲧⲉ ⲇⲁⲩⲓⲇ DR, ⲛ̀ⲇⲁⲩⲓⲇ B | 10 ⲁϥⲥⲟⲣⲉⲥⲣⲓⲛ DR | 10 ⲛ̀ⲁⲃⲓⲇⲁⲇⲁⲣⲁ B | 10 ende ⲡⲓⲭⲁⲗⲇⲉⲟⲥ B (17) | 11 ϯⲕⲩⲃⲱⲧⲟⲥ B | 11 ⲛ̀ⲁⲃⲓⲇⲁⲇⲁⲣⲁ ⲡⲓⲭⲁⲗⲇⲉⲟⲥ B (18) | 11 ⲛ̀ⲅ̅ B, ϣⲟⲙⲧ R | 11 ⲥⲙⲟⲩ ⲉ̀ⲛⲓⲙ D (druckfehler) | 11 ⲛ̀ⲁⲃⲓⲇⲁⲇⲁⲣⲁ B | 11 ⲛⲏ ⲉⲧⲉⲛⲧⲁϥ D, ⲉⲧⲉⲛⲧⲁϥ ohne ⲛⲏ R | 11 ϯⲕⲩⲃⲱⲧⲟⲥ B | 12 ⲛ̀ⲁⲃⲓⲇⲁⲇⲁⲣⲁ B | 12 ϯⲕⲩⲃⲱⲧⲟⲥ B | 12 ⲛ̀ϯⲕⲩⲃⲱⲧⲟⲥ B | 12 ⲛ̀ⲁⲃⲓⲇⲁⲇⲁⲣⲁ B | 12 ϧⲉⲛ ⲟⲩ ⲛⲟϥ R | 12 ⲛⲉⲙ ⲟⲩⲟⲥⲗⲏⲗ > B | 13 ⲛⲁⲩⲭⲏ > R | 13 ⲛ̀ϯⲕⲩⲃⲱⲧⲟⲥ B | 13 ϣⲁϣϥ R | 13 ⲛ̀ⲭⲱⲣⲟⲥ B | 13 ϩⲁⲛϣⲟⲩϣⲱⲟⲩϣⲓ > B (19) | 13 ϫⲱⲧ R | 14 ⲁϥⲡⲱⲗϩ B | 14 ⲟⲩⲉⲥⲧⲟⲗⲏ B | 14 ⲛ̀ⲁⲃⲓⲁⲃⲁⲛ B, ⲛ̀ⲁⲟⲩⲓⲁⲃⲁⲛ D, ⲛ̀ⲁⲟⲩⲓⲁⲃⲁⲛ R | 15 ⲛ̀ϯⲕⲩⲃⲱⲧⲟⲥ B | 16 ϯⲕⲩⲃⲱⲧⲟⲥ B | 16 ⲛ̀ⲥⲁⲩⲟⲗ DR | 16 ⲡⲓϣⲟⲩϣⲧ B (20) | 16 ⲁϥⲉⲣ D: aber R = B | 16 ⲕⲱⲗϩ ⲛ̀ > B (21) | 16 ⲁⲥϣⲟϣϥ B (22) DR | 17 ⲛ̀ϯⲕⲩⲃⲱⲧⲟⲥ B | 17 ⲉ̀ϧⲟⲩⲛ BR, > D | 17 ⲁⲩⲭⲁⲥ ⲙ̀ⲡⲉⲥⲙⲁ B (23) | 17 ϯⲥⲕⲩⲛⲏ B | 17 nach dem ersten ⲁⲁⲩⲓⲁ + ⲓⲙ ⲛ̀ϩⲁⲛϭⲗⲓⲗ B (24) | 17 ⲙ̀ⲙⲉⲙⲟⲟ ⲙ̀ⲡϭⲥ ⲛⲉⲙ ϩⲁⲛϩⲓⲣⲏⲛⲓⲕⲟⲛ B | 18 ⲉⲧ bis ϩⲁⲛϩⲓⲣⲏⲛⲓϥⲕⲟⲛ > DR | 19 ⲉ̀ⲣⲉⲥⲁⲃⲉ B (25) | 19 ⲉϥϯ B | 19 ⲛ̀ⲟⲩⲕⲟⲩⲗⲗⲟⲩⲣⲓⲟⲛ B | 19 das ⲙⲟⲩⲁⲓ nach ⲙ̀ⲙⲟⲩⲁⲓ > R: D = B | 19 ⲟⲩⲍⲱⲗ B | 19 ⲧⲏⲣϥ > B | 20 ⲁⲁⲩⲓⲁ ⲉ̀ⲛⲉϩⲓ ⲉϥⲥⲙⲟⲩ ⲉ̀ⲫϯ B, ⲁⲁⲩⲓⲁ ⲉ̀ⲥⲙⲟⲩ ⲉ̀ⲛⲉϩⲓ ⲉϥⲉ̀ⲥⲙⲟⲩ ⲉ̀ⲫϯ R

Regnorum III 2, 1—4 10

aus dem rituale ⲧⲕⲥ. überschrift ⲉ̀ⲃⲟⲗϧⲉⲛ ⲃⲁⲥⲓⲗⲉⲟⲛ ⲅ̅ ⲕⲉⲫ: ⲉ̅. 2 ⲛⲁⲙⲏⲧ | 4 ⲙ̀ⲙⲟϣⲓ

Regnorum III 8, 1—21

aus der berliner handschrift blatt 7: überschrift ϯⲙⲁϩ ⲅ̅ ⲙ̀ⲙⲉⲧⲟⲩⲣⲱ (26) = B. und dem euchologium I ⲫⲟⲥ: überschrift ⲉ̀ⲃⲟⲗϧⲉⲛ ϯ ⲙⲁϩ ⲅ̅ ⲙ̀ⲙⲉⲧⲟⲩⲣⲟ ⲕⲉⲫ: ⲏ̅ = E. 1 ⲟⲩⲟϩ ⲉ̀ⲧⲁⲥϣⲱⲡⲓ B (27) | 1 ⲍⲱⲧ E, ⲏ̅ B | 1 ⲁ̀ nach ⲧⲟⲧⲉ > B (28) | 1 ⲙ̀ϣϣⲟⲃϯ E | 1 ⲉ̀ⲧⲉ > B (29) | 2 ⲛ̀ⲟⲁⲛⲓⲙ B (30) | 4 anfang bis zum andern ϯⲥⲕⲏⲛⲏ > B (31) 5 ⲛ̀ⲧⲉ ϯⲕⲩⲃⲱⲧⲟⲥ B | 6 ⲛ̀ⲧⲉ ⲛⲓ ⲥⲟⲟⲩⲁⲃ B (32) | 7 ϫⲉ ⲛⲁⲣⲉ B | 7 ⲙ̀ⲫⲱⲣϣ ⲉ̀ⲃⲟⲗ B (33) | 7 ⲛⲏ B, ⲛⲛ E (druckfehler) | 8 ⲛ̀ⲛⲏ E, ⲛⲏ B (34) | 8 ⲛ̀ⲧⲁⲫⲉ̀ⲓⲣ E | 9 ⲛⲛ ⲉⲧ ⲁ̀ vor ⲡϭⲟⲓⲥ E, ⲛⲉ̀ⲧⲉ B (35) | 10 ⲁ̀ E, ⲉ̀ B (36) | 11 vor ⲉ̀ϩⲟⲓ + ⲁ B[1] | 11 ⲉ̀ⲣⲁⲧⲟⲩ E 11 ϫⲉ ϯ ⲟⲩⲱ̀ⲟⲩ E | 12 das andere ϫⲉ > B | 14 ⲉϥⲥⲙⲟⲩ B (37) | 15 ϥⲥⲙⲁⲣⲱⲟⲩⲧ E | 15 ⲛⲁϫⲓϫ E | 16 ⲙ̀ⲡⲉⲥⲥⲱⲧⲡ E | 16 ϯⲥ̀ⲱⲧⲡ E, ⲛⲓϭⲏⲛ B (38) | 16 ⲉⲧⲕⲱⲧ B (39) | 16 ⲛ̀ϩⲏⲅⲟⲩⲙⲉⲛⲟⲥ B (40) | 17 ⲉⲧⲕⲱⲧ B (41) | 17 ⲡⲣⲁⲛ E | 19 ⲛ̀ⲑⲟⲕ B (42) | 19 ⲛⲏⲓ E, ⲛⲁⲓ B beide male (43 44) | 19 ende ⲫⲣⲁⲛ B (45) | 20 ⲡⲣⲁⲛ E | 21 ⲇⲓⲁ̀ⲑⲏⲕⲏ E | 21 ⲛⲁⲓⲟϯ E

Regnorum III 8, 22 — 66 9, 1—3

aus dem euchologium I ⲫϥⲁ. überschrift ⲧⲟⲧⲉ ⲙⲁⲣⲉϥⲟ̀ϩⲓ ⲉ̀ⲣⲁⲧϥ ⲛ̀ϫⲉ ⲡⲓ ⲉⲡⲓⲥⲕⲟⲡⲟⲥ ⲙ ⲡⲉⲙⲟ̀ ⲙ̀ⲡⲓ ⲙⲁⲛⲉⲣϣⲱⲟⲩϣⲓ [so] ⲛ̀ⲧⲟⲩϫⲟⲥ ⲉ̀ⲃⲟⲗϧⲉⲛ ⲛⲓ ϫⲱⲙ ⲛ̀ⲧⲉ ⲃⲁⲥⲓⲗⲉⲓⲱⲛ ⲅ̅: ⲕⲉⲫ: ⲏ̅. 30 ⲟⲩⲛⲁⲧⲙⲉ̀ϩⲕ | 32 ⲉ̀ⲡⲓⲟⲙⲓ | 35 ⲉⲩⲉⲣⲡⲣⲟⲥⲉⲩⲭⲉⲥⲑⲉ | 37 ⲓⲉ ⲛ̀ ⲟⲩⲙⲟⲩ | 37 ⲟⲩ ⲙ̀ ⲃⲣⲟⲩⲭⲟⲥ | 37 das letzte ⲓⲉ Lagarde, ⲛⲉⲙ das euchologium | 37 ϩⲉϫϩⲱϫϥ | 37 ⲥⲙⲕⲁϩ | 41 ⲡⲉⲛ̀ⲗⲟⲥ | 43 ⲁϥⲛⲁⲧⲙⲉ̀ϩⲕ | 43 ⲙ̀ⲡⲉⲕⲣⲁⲛ | 46 ⲟⲩⲟϩ ⲉⲩⲉⲣⲭⲙⲁⲗⲱⲧⲉⲩⲓⲛ | 47 ⲛⲟⲩⲱⲧⲉ̀ⲃⲟⲗ | 50 ⲁⲩϣⲟϣⲧ | 50 ⲁⲩⲉⲣⲭⲙⲁⲗⲱⲧⲉⲩⲓⲛ | 52 ⲟⲩⲛⲁⲧⲙⲉ̀ϩⲕ | 53 ⲡϫⲓⲛⲟⲣⲉⲛⲓⲛ | 53 ⲙ̀ ⲛⲁⲓ ⲟⲩ ⲛⲁⲓ ⲛⲓ ⲉϥⲉ̀ⲥⲙⲟⲩ | 59 ⲛⲓ ⲥϫⲟⲣϩ ⲉ̀ⲕⲓⲡⲓ | 60 ⲛ̀ϫⲉ L, ⲛ̀ⲧⲉ E | 61 ⲉ̀ⲛⲙⲟϣⲓ [so] | 64 ϥⲧⲟⲩⲃⲟ | 64 ⲛⲓϭⲗⲓⲗ | 64 ⲛ̀ϣⲟⲩϣⲟⲩϣⲓ | 65 ⲛ̀ⲟⲛⲧⲉ | 1 ⲉ̀ ⲉϥⲕⲱⲧ

Regnorum III 17, 2—24

aus der göttinger handschrift C. überschrift ⲉ̀ⲃⲟⲗϧⲉⲛ ⲡϫⲱⲙ ⲛ̀ⲙⲃⲁⲥⲓⲗⲉⲟⲛ ⲉϥⲍⲱⲙ̀ [so]. die verse 17—24 auch im rituale ⲫⲗⲟ = T, wo die überschrift ⲉ̀ⲃⲟⲗϧⲉⲛ ⲡϫⲱⲙ ⲙ̀ⲃⲁⲥⲓⲗⲉⲓⲱⲛ ⲛⲓ ⲙⲁϩϥⲧⲟⲟⲩ ⲕⲉⲫ: ⲓⲍ̅: ⲥⲧⲓⲭ: ⲓⲍ̅. 3 ⲉⲉ ⲛⲉⲓⲉ̀ⲃⲧ C | 3 4 5 6 7 ⲡⲓⲭⲓⲙⲁⲣⲟⲥ C | 3 ⲡⲭⲟⲣⲁⲑ C[1], ⲡⲓⲭⲟⲣⲁⲑ C[2] | 4 ⲥⲛⲉ̀ϣⲱⲡⲓ C | 4 ⲉ̀ⲧⲟⲩⲧⲟⲩ C | 9 ⲛⲁⲕ ⲉ̀ ⲉϩⲣⲏⲓ C 10 ⲉ̀ⲥⲉⲣⲥⲉ̀ⲧⲁ C | 10 ⲙⲉⲛⲉⲥⲉ C | 10 ϫⲓ von ⲛ̀ⲟⲩⲕⲟⲩϫⲓ > C[1] | 11 ϫⲉ hat c erster hand über der zeile in C | 12 ⲛⲉϫⲉ C[2], ⲛⲉ C[1] | 12 ϩⲩⲇⲣⲓⲁ̀ C | 12 ⲛⲓⲕⲉⲯⲁⲛⲏ C | 12 ϯⲥⲟⲛⲓ C | 12 natürlich, wie alle hdss, auch C ⲉ̀ⲛⲉⲟⲩⲱⲙ und ⲉ̀ⲛⲉⲙⲟⲩ, was, für die aussprache wichtig, wider die entstehung dieses futurs ist | 14 und 16 ⲡⲓⲯⲁⲛⲏ | 16 ⲙⲙⲱⲧ C[1] | 16 ⲟⲛⲉ̀ⲧⲁϥⲥⲁϫⲓ C | 17 ⲁϥϣⲱⲛⲓ T, ⲁϥϣⲱⲡⲓ C | 17 ⲧϭⲟⲓⲥ zweifelnd Lagarde, ⲛϭ̅ⲥ̅ C, ⲛ̀ⲧⲟϭ̅ T | 17 ⲙ̀ⲡⲏⲓ T | 17 ⲛ̀ⲧⲉϥⲓ̀ⲃⲓ ⲁⲉⲝⲟⲣ C | 18 ⲁ̀ϣⲟⲛ T | 19 ⲙⲁⲙⲉ ⲛϣⲏⲣⲓ C | 19 beide male ⲁⲉⲟ̀ⲗϥ C, beide male ⲁϥⲟ̀ⲗϥ T | 20 ⲡⲣⲉϥⲉⲣⲙⲉⲧⲣⲉ ⲛ̀ⲧⲉ ϯⲭⲏⲣⲁ T 20 ⲉ̀ϯϣⲱⲡⲓ T | 21 ⲁϥⲓ̀ⲛⲓϥ C | 21 ⲛ̀ϣⲟⲙⲧ T | 21 ⲛⲁⲛⲟⲩϯ T | 21 ⲙ̀ⲡⲓⲁ̀ⲗⲟⲩ C | 23 anfang ⲁⲩⲉⲛϥ T, ⲁϥⲟⲗϥ C | 23 ⲉ̀ⲧⲉ ⲁ̀ⲛϣⲱⲛ T, ⲉⲧ ⲥⲁⲛϣⲱⲛ C | 23 ⲉ̀ⲙⲙⲟ T | 23 ⲁ̀ⲛⲁⲩ ⲉ ⲁϥⲟⲛϧ T | 24 ⲉ̀ϩⲟⲓ T

Regnorum IV 4, 8—25

aus der göttinger handschrift C. überschrift ⲉ̀ⲃⲟⲗϧⲉⲛ ⲛⲓϫⲱ[ⲙ] unleserliche stelle ⲃⲁⲥⲓⲗⲉⲟⲛ ⲉϥϫⲱⲙ, wo das letzte ⲙ kaum noch zu sehen ist. 8 ⲉ̀ⲗⲓⲥⲥⲉⲟⲥ | 8 ⲁⲥⲉ̀ⲙⲟⲛⲓ | 8 ϥⲛⲛⲟⲩ ⲉ̀ⲃⲟⲗ mit punkt auf ϥ | 13 ⲛ̀ⲟⲩⲥⲁϫⲓ | 16 ⲉ̀ⲗⲓⲥⲥⲉⲟⲥ | 16 ⲉ̀ⲣⲉⲥⲣ ⲃⲱⲕⲓ 17 ⲁⲥⲉⲣⲃⲱⲕⲓ | 17 ⲉ̀ⲗⲓⲥⲥⲉⲟⲥ | 20 23 die punkte hätten wegbleiben müssen, da an andern stellen lücken — allerdings nicht so schlimme lücken — unbezeichnet geblieben sind

Paralipomenon I 15, 2 — 16, 37

aus der berliner handschrift = B blatt 13 und dem euchologium I ⲫⲙⲉ (falsche bezifferung) = E. überschrift in B ⲛⲓⲡⲁⲣⲁⲗⲓⲡⲟⲙⲉⲛⲟⲛ ⲛ̀ⲧⲉ ⲛⲓⲟⲩⲣⲱⲟⲩ, wozu später ⲛ̀ϩⲟⲩⲓⲧ gesetzt ist: in E ⲉ̀ⲃⲟⲗϧⲉⲛ ⲛⲓⲡⲁⲣⲁⲗⲓⲡⲟⲙⲉⲛⲟⲛ ⲛ̀ⲧⲉ ⲛⲓ ⲟⲩⲣⲱⲟⲩ ⲁ̅ ⲓ̅ⲉ̅

Paralipomenon I 15

2 ⲛ̀ⲛⲓⲗⲉⲩⲓ̈ⲧⲏⲥ E | 2 ⲟⲩⲟϩ vor ⲉ̀ϣⲉⲙϣⲓ > B | 3 ⲛ̀ϯⲕⲓⲃⲱⲧⲟⲥ E | 3 ⲁϥⲥⲉⲃⲧⲱⲧϥ E 4 ⲕⲁⲗⲟ E, ⲩⲁⲁⲇ B (46) | 4 ⲛⲉⲙ nach ⲛⲓⲁⲣⲭⲏⲛ E, ⲉ̀ⲃⲟⲗϧⲉⲛ B (47) | 5 ϫⲉ ϣⲏⲓ > B (48) 6 ⲁⲥⲁⲓⲁ̀ ⲛ̀ⲁⲣⲭⲏⲛ E (so), ⲣ̅ⲕ̅ ⲛ̀ⲁⲣⲭⲏⲛ ⲛⲉⲥⲁⲓⲁ B (49) | 6 ⲥⲛⲁⲩ ϣⲉ ϫⲱⲧ E, ⲥ̅ⲕ̅ B | 7 ⲩⲉⲇⲉⲱⲛ Lagarde, ⲩⲉⲇⲉⲱⲛ B (50), ⲩⲉⲣⲉⲱⲛ E | 7 ⲓⲟⲩⲏⲗ B 7 ⲛⲉⲙ > B (51) | 7 ⲛ̀ϣⲉ ⲙⲁⲛ E, ⲛ̀ⲣ̅ⲗ̅ B | 8 ⲛ̀ⲉⲗⲫⲁⲛ B (52) | 8 ⲛⲉ ⲥⲉⲙⲉⲓⲁ E, ⲛⲉⲥ ⲁ̀ⲙⲉ̀ⲁ B (53) | 8 ⲥⲛⲁⲩ ϣⲉ E, ⲥ̅ [also sechs!] B (54) | 9 ϧⲁⲙⲏⲥ E, ⲛ̅ B | 10 ⲛ̀ⲟ̀ⲍⲓⲏⲗ B | 10 ϣⲉ ⲛⲉⲙ ⲙⲉⲧⲥⲛⲁⲩ E (so), ⲉⲩⲉⲣ ⲣ̅ⲓ̅ⲃ̅ B | 11 ⲁ̀ⲃⲓⲟⲁⲣ B | 11 ⲟ̀ⲣⲓⲏⲗ B | 11 ⲥⲁⲙⲉⲓⲁ B | 12 ⲉ̀ϯⲕⲩⲃⲱⲧⲟⲥ B | 13 ⲩⲁⲣ E, ⲩⲣⲁ B [55] | 13 ⲉ̀ⲧⲉ ⲛ̀ⲟⲩⲁⲓ̀ E, ⲉ̀ⲧⲉⲛ ⲟⲩⲁⲓ̀ B (56) | 13 ⲛ̀ϧⲏⲧⲟⲩ B (57) | 14 ⲉ̀ⲡϫⲓⲛⲉ̀ϩⲣⲏⲓ B (58) E | 14 ⲉ̀ϯⲕⲩⲃⲱⲧⲟⲥ B, ⲛ̀ϯⲕⲓⲃⲱⲧⲟⲥ E | 15 ⲁⲩϭⲓ E, ⲁⲩⲟ̀ⲗⲓ B | 15 ⲛ̀ ⲗⲉⲩⲓ̈ⲧⲏⲥ E | 15 ⲛ̀ϯⲕⲩⲃⲱⲧⲟⲥ B | 15 ⲉϧⲛⲟⲩⲧ E (druckfehler) | 15 ende ϩⲁⲛⲁ̀ⲫⲱⲣⲟⲛ B (59) | 16 ϩⲁⲛⲕⲩⲑⲁⲣⲁ B | 16 ⲟⲩⲥⲙⲏ ⲛ̀ⲟⲩⲟⲩⲛⲟϥ B, ⲥⲙⲏ ⲛ̀ⲧⲉ ⲟⲩⲛⲟϥ E | 17 ⲛ̀ⲉ̀ⲙⲁⲛ E | 17 ⲛϣⲏⲣⲓ nach ⲉ̀ⲣⲁⲧϥ doppelt B (60) | 17 ⲁ̀ⲥⲁⲫ bis ⲛⲉϥⲥⲛⲏⲟⲩ > B (61) | 17 ⲁ̀ⲑⲁⲛ B (62) | 18 ⲁ̀ⲥⲓⲙⲓⲣⲁⲙⲱⲑ B (63) | 18 ⲓⲏⲗ B | 18 ⲉⲗⲓⲱⲏⲗ E, ⲁ̀ⲛⲓⲛ B (64) | 18 ⲃⲁⲛⲉⲁⲥ B (65) | 18 ⲙⲉⲁ̀ⲥⲁ B (66) | 18 ⲛⲉⲙ ⲙⲁⲑⲁⲑⲓⲁⲥ bis ⲙⲉⲭⲁⲛⲓⲁⲥ > E 18 ⲁ̀ⲃⲇⲉⲇⲱⲙ B (67), ⲉ̀ⲃⲇⲉⲇⲟⲙ E | 18 ⲓⲉⲓⲏⲗ B (68) | 18 ⲛⲓ ⲙⲛⲟⲧ E, ⲛⲉⲙ ⲛⲟⲩⲧ B (69) | 19 anfang ⲛⲉⲙ > B (70) | 19 ⲛⲓⲯⲁⲗⲙⲟⲧⲟⲥ B (71) | 19 ⲁⲓⲑⲁⲛ E, ⲛⲁⲑⲁⲛ B (72) | 19 ϩⲁⲛⲕⲩⲙⲃⲁⲗⲟⲛ B (73) | 20 ⲥⲉ̀ⲙⲓⲣⲁⲙⲱⲑ E, ⲥⲉⲙⲓⲣⲁ ⲛⲉⲙⲱⲑ B (74) | 20 ⲱⲛⲓ E, ⲁ̀ⲛⲁⲛⲓ B | 20 ⲙⲁⲁⲥⲁⲓⲁ E, ⲁⲁⲥⲉⲁ B (75) | 20 ⲃⲁⲛⲉⲁⲥ B | 20 ϩⲁⲛⲁⲃⲗⲁ B (76) | 20 ⲁⲗⲓⲙⲱⲑ E, ⲁ̀ⲗⲗⲓⲙⲱⲛ B (77) | 21 ⲙⲉⲧⲇⲁⲑⲓⲁⲥ B | 21 ⲁⲗⲟⲫⲁⲗⲟⲥ E, ⲉⲗⲫⲁⲗⲉⲧ B | 21 ⲙⲁⲕⲉⲭⲁⲛⲓⲁⲥ B | 21 ⲁⲃⲇⲉⲗⲱⲙ B (78) | 21 ⲉ̀ⲓⲏⲗ B | 21 ϧⲉⲛ ϩⲁⲛⲕⲓⲛⲩⲣⲁⲥ E, ⲛⲉⲙ ϩⲁⲛⲕⲩⲛⲏⲣⲁ B (79) | 21 ⲁ̀ⲙⲉⲥⲉⲛⲓⲁⲥ B (80) | 22 anfang ⲛⲉⲙ E, ⲛ̀ B (81) | 23 ⲉⲗⲕⲁⲛⲁ E | 23 ⲛⲉⲙⲛⲟⲩⲧ ⲛ̀ⲧⲉ ϯⲕⲩⲃⲱⲧⲟⲥ B (82), ⲛⲉ ⲙⲛⲟⲧ ⲛ̀ ϯⲕⲓⲃⲱⲧⲟⲥ E | 24 ⲟⲩⲟϩ ⲥⲟⲙⲛⲓⲁ̀ E, dafür ⲟⲩⲥⲟⲛⲛⲓⲁ̀ⲛⲁⲣⲭⲏ ϩⲓϫⲉⲛ ⲛⲓϩⲱϫⲏ ⲛ̀ϫⲉ ⲓⲉⲭⲱⲛⲓⲁⲥ B (83) | 24 ⲁⲙⲁⲥⲁⲓ E, ⲁ̀ⲥⲉ B (84) | 24 ⲃⲁⲛⲉⲁⲥ B | 24 ⲉ̀ⲗⲉⲍⲁⲣ B (85) | 24 ⲛⲁⲩⲉⲣ B, ⲛⲉⲥⲣ E | 24 ϯⲕⲩⲃⲱⲧⲟⲥ B | 24 ⲁ̀ⲃⲇⲉⲧⲱⲛ B (86) | 24 ⲓⲉⲓⲁ̀ B | 24 ⲛⲉⲙⲛⲟⲩⲧ B (87), ⲛⲓ ⲥⲙⲛⲟⲧ E | 24 ϯⲕⲩⲃⲱⲧⲟⲥ B | 25 ⲛⲉⲙ ⲇⲁⲩⲓⲇ ⲡⲉ E, ⲟⲩⲟϩ ⲁ̀ ⲇ̅ⲁ̅ⲇ̅ B | 25 ⲛ̀ϯⲕⲩⲃⲱⲧⲟⲥ B | 25 ⲛ̀ⲁ̀ⲃⲇⲉⲧⲱⲛ B | 26 ⲫⲛⲟⲩϯ ϯ E, ⲫ B (88) | 26 ⲛ̀ϯⲕⲩⲃⲱⲧⲟⲥ B | 26 ⲛ̀ⲍ̅ B | 26 ⲍ̅ B | 27 ⲛ̀ϯⲕⲩⲃⲱⲧⲟⲥ B 27 ⲛⲓⲯⲁⲗⲙⲱⲧⲟⲥ B | 27 ⲭⲱⲛⲉⲛⲓⲁⲥ B | 27 ϯϩⲱϫⲉ B (89) | 27 ⲛ̀ ⲧⲉⲛⲉⲧϩⲱⲥ E | 27

nact B, ϯ E | 28 ϯⲁⲇⲓⲁⲑⲏⲕⲏ B¹ | 78 ϩⲁⲛⲕⲩⲙⲃⲁⲗⲟⲛ B (90) | 28 ϩⲁⲛⲛⲁⲃⲗⲁ B (91) 28 ϩⲁⲛⲕⲩⲛⲏⲣⲁ B (92) | 29 ⲛ̀ϯⲕⲩⲃⲱⲧⲟⲥ B | 29 mitte ϯⲕⲩⲃⲱⲧⲟⲥ B | 29 ⲛ̀ⲥⲁⲩⲟⲗ E 29 ⲛϣⲟⲩϣⲧ BE, was ich anmerken muß | 29 ⲉⲥϭⲟⲥϫⲉⲥ B | 29 ⲁⲥϣⲟⲩϣϥ B (93), ⲁⲥϣⲟϣϥ E

Paralipomenon I 16

1 ⲛ̀ϯⲕⲩⲃⲱⲧⲟⲥ B | 1 ⲟⲩⲟϩ ⲁⲩϫⲁ E, ⲁⲩⲟⲩⲱϩ B (94) | 1 ⲛ̀ϯⲥⲕⲏⲛⲏ E, ϧⲉⲛ ϯⲥⲕⲩⲛⲏ B (95) | 1 vor ⲛ̀ϩⲁⲛϭⲗⲓⲗ hat E ⲉ̀ϩⲣⲏⲓ, nicht ⲉ̀ϧⲣⲏⲓ | 2 ⲙ̀ⲡⲉϭⲗⲓⲗ E | 3 ⲛⲁⲕⲣⲉⲙ B | 4 ⲛ̀ϯⲕⲓⲃⲱⲧⲟⲥ ⲛ̀ⲧⲉ > B, dafür danach ⲛ̀ϯⲇⲓⲁⲑⲏⲕⲏ (96) | 4 ⲙ̀ⲡϭⲟⲓⲥ > B | 4 ⲗⲉⲩⲓⲧⲏⲥ one artikel E | 4 ⲛⲉⲙ ⲟⲩ ⲉⲙⲓϣ ⲉ̀ⲃⲟⲗ B (97) | 5 ⲡⲓϩⲩⲅⲟⲩⲙⲉⲛⲟⲥ B | 5 ⲡⲉ E, ⲡⲉ B (98) | 5 ⲍⲁⲭⲁⲣⲓⲁⲥ B (99) | 5 ⲓⲉⲓⲗ B, ⲓⲉⲓⲗ E. danach kein ⲛⲉⲙ E | 5 ⲥⲁⲙⲁⲣⲓⲙⲱ B (100) | 5 ⲓⲉⲓⲗ B | 5 ⲙⲁⲧⲧⲁⲑⲓⲁⲥ E, ⲁⲧⲑⲁⲧⲓⲁⲥ B (101) | 5 ⲃⲉⲛⲉⲁⲥ B | 5 ⲁⲃⲉⲇⲉⲇⲟⲙ B | 5 ⲓⲉⲓⲗ B | 5 ϩⲁⲛⲛⲁⲃⲗⲁ B (102) | 5 ϩⲁⲛⲕⲩⲛⲏⲣⲁ B siehe oben | 5 ϩⲁⲛⲕⲩⲙⲃⲁⲗⲟⲛ B (103) | 6 ⲃⲁⲛⲁⲓⲁⲥ E, ⲃⲁⲛⲍⲁⲉ B (104) | 6 ϩⲁⲛⲥⲁⲗⲡⲓⲅⲅⲟⲥ E | 6 ⲛ̀ϯⲕⲩⲃⲱⲧⲟⲥ B | 7 ⲉ̀ⲧⲥⲁⲙⲙⲁⲩ B, der mit ⲧⲟⲧⲉ einen neuen absatz anhebt. letzteres tut auch E | 7 ⲉ̀ⲛϭⲥ E | 8 ⲉ̀ⲛⲉϥϩⲃⲏⲟⲩⲓ B | 9 ⲛⲉϥϣⲫⲏⲣⲓ B (105) | 12 ⲛⲓⲙⲏⲓⲛⲓ B | 13 als drittes wort ⲛⲉ B, ⲛⲉ E | 13 ⲛⲉϥⲁ̀ⲃⲓⲁⲓⲕ B (106) | 13 ⲛⲉⲙ > B | 13 ⲛⲉ ⲛⲓⲥⲱⲧⲡ E, ⲛⲉⲛ ⲥⲱⲧⲡ B (107) | 14 ⲡⲕⲁϩⲓ E | 14 ⲛ̀ⲧⲁϥⲇⲓⲁⲑⲏⲕⲏ B (108) | 17 ⲉ̀ⲟⲩⲁϩⲥⲁϩⲛⲓ B (109) 17 ⲛⲉⲙ ⲡⲓⲥⲣⲁⲏⲗ E, ⲙ̀ⲡⲓⲥⲣⲁⲏⲗ B, ⲙ̀ⲡⲕⲁϩⲓ E | 19 ϧⲉⲛ bis zum ersten ⲛ̀ⲕⲟⲩϫⲓ > B (110) | 19 das zweite ⲛ̀ⲕⲟⲩϫⲓ E, ⲛ̀ⲕⲟϫⲓ B (111) | 19 ⲟⲩⲟϩ > B (112) | 20 ⲁⲩⲥⲓⲛⲓ E, ⲁⲩⲥⲉⲙⲟϣⲓ B (113) | 20 ⲉ̀ⲟⲩⲉⲑⲛⲟⲥ E, ⲛ̀ⲟⲩⲉⲑⲛⲟⲥ B (114) | 20 ⲛⲉⲙ > B | 21 ⲟⲩⲟϩ > B 22 ⲟⲩⲟϩ > B | 23 ⲡⲕⲁϩⲓ B | 23 ϩⲓ ϣⲉⲛⲛⲟⲩϥⲓ ⲙ̀ⲡⲉϥⲟⲩϫⲁⲓ E, ⲥⲁϫⲓ ⲙ̀ⲡⲉϥⲱ̀ⲟⲩ B | 24 fehlt ganz in B (115) | 25 ⲟⲩⲟϩ > B | 29 das erste ⲟⲩⲟϩ > B | 29 ⲛⲉϥⲁⲩⲗⲏ E | 31 ⲑⲓⲗⲏⲙ B (116) | 32 ⲉⲧⲉⲛϧⲏⲧⲟⲩ E | 33 ⲉⲩⲉ̀ⲑⲉⲗⲏⲗ B (117) | 35 ⲙ̀ⲙⲟⲛ ϧⲉⲛ ⲛⲉⲕⲥⲙⲟⲩ > E | 35 ⲛⲉⲕⲥⲙⲟⲩ B | 36 ⲉϥϫⲟⲥ E | 37 ⲛⲉⲙ ⲛⲉϥⲥⲛⲏⲟⲩ ⲛ̀ⲧⲟⲩϣⲉⲙϣⲓ > B (118) 37 ⲛ̀ϯⲕⲩⲃⲱⲧⲟⲥ B | 37 ⲛ̀ⲉϩⲟⲟⲩ ⲙⲃⲉⲛ > B (119) | 37 ⲡⲉ̀ϩⲟⲟⲩ ⲙ̀ⲡⲉ̀ϩⲟⲟⲩ E

Paralipomenon I 28

aus der berliner handschrift blatt 33 (überschrift ⲉ̀ⲃⲟⲗϧⲉⲛ ⲛⲓⲡⲁⲣⲁⲗⲓⲡⲟⲙⲉⲛⲟⲛ ⲛ̀ⲧⲉ ⲛⲓⲟⲩⲣⲱⲟⲩ ⲛ̀ϩⲟⲩⲓⲧ, am rande ⲕⲏ) und dem euchologium I ⲫⲛⲉ (überschrift ⲉ̀ⲃⲟⲗϧⲉⲛ ⲛⲓⲡⲁⲣⲁⲗⲓⲡⲟⲙⲉⲛⲟⲛ ⲁ̅ ⲛ̀ⲧⲉ ⲛⲓⲟⲩⲣⲱⲟⲩ: ⲕ̅ⲏ̅). 1 für den ersten vers läßt B eine lücke | 2 ⲡⲁⲗⲁⲟⲥ B (120) | 2 ⲁⲉⲓ E [so], ⲉ̀ⲓ B (121) | 2 ⲉ̀ⲟⲩⲙⲁⲛ̀ϩⲉⲙⲧⲟⲛ B | 3 ⲡⲉϫⲁϥ E | 3 ⲛ̀ⲡⲉⲕⲕⲱⲧ E | 3 ⲙ̀ⲡⲟⲗⲉⲙⲓⲥⲧⲏⲥ B¹ | 3 ⲁⲕⲫⲱⲛ̀ B (122) | 4 ⲧⲏⲣϥ ⲙ̀ⲡⲁⲓⲱⲧ B | 4 ϫⲟⲛ B | 4 ⲁϥⲟⲩⲱϣ Lagarde, ⲁϥⲱϣ B(123)E. danach ⲛ̀ϧⲏⲧϥ B(124)E 4 ende ⲉ̀ϫⲉ B (125) | 5 ⲛⲁϣⲏⲣⲓ E, ⲛⲁⲣⲁϣⲓ B (126) | 6 ⲥⲱⲧⲡ B (127) | 7 ⲧⲉϥⲙⲉⲧⲟⲩⲣⲟ B (128) | 7 ⲙ̀ⲫⲁⲓ E | 8 ⲉ̀ⲛⲉⲧⲉⲛⲁ̀ⲣⲉϩ E, ⲁ̀ⲣⲉϩ B (129) | 8 ⲛ̀ⲧⲉⲛⲉⲣ E | 8 ⲙⲉⲛⲉⲛⲥⲱⲧⲉⲛ E | 9 ⲙ̀ⲫϯ E | 9 ⲛⲉⲙⲟϯ B | 9 ⲉ̀ϣⲱⲛ ⲁϣϣⲁⲛⲕⲱϯ B (130) | 9 das andere mal ⲉⲕϣⲱⲛ E | 9 ⲁⲕϣⲁⲛⲭⲁϥ ⲛ̀ⲥⲱⲕ B (131) | 11 ⲉ̀ⲥⲁⲗⲟⲙⲱⲛ E | 11 ⲛⲉⲙ nach ⲛⲉⲣⲫⲉⲓ > B | 11 ⲛⲓⲟⲩⲱϣ E | 11 mitte ⲙ̀ⲡⲉϥⲙⲓ B | 11 ⲛⲉϥⲁ̀ⲡⲟⲑⲏⲕⲏ B | 12 ⲉ̀ⲛⲁϥⲭⲏⲛ E | 12 ⲛⲓⲡⲛⲉⲩⲙⲁ B (132) | 12 ⲛⲓⲡⲁⲥⲧⲟⲫⲟⲣⲓⲟⲛ E 12 ⲕⲱϯ ⲉ̀ⲛⲓⲁ̀ⲡⲟⲑⲏⲕⲏ B | 12 ⲛ̀ⲧⲉ ⲡⲏⲓ ⲙ̀ⲡϭⲟⲓⲥ ⲛⲉⲙ ⲛⲓⲁ̀ⲡⲟⲑⲏⲕⲏ > B (133) | 12 ⲛⲓ ⲥⲟⲟⲩⲁϩ E | 13 anfang bis ⲛⲓⲙⲁⲛⲟⲩⲟϩ > B (134) | 16 ⲉ̀ⲛⲁⲥⲟⲓ B (135) | 16 ⲟⲛ ⲛⲉ ⲛⲓⲡⲁⲧ B (136) | 17 ⲛⲉⲁⲣⲓⲁⲣⲉⲁ B¹, ⲛⲓⲡⲣⲓⲁⲣⲉⲁ B² (137) | 17 ⲛⲓⲟⲩⲟⲟⲛ B 17 ⲡⲓⲁ̀ⲫⲟⲧ B (138) | 17 ⲙ̀ⲡⲓⲟⲩⲁⲓ ⲟⲩⲁⲓ B (139) 18 ⲛ̀ⲛⲟⲩⲃ > B (140) | 18 nach ⲛⲉⲟⲟⲓ + ⲛ̀ⲟⲩⲉⲟⲟⲓ B (141) | 18 nach ⲛⲟⲩⲃ + ⲛ̀ⲛⲟⲩⲃ B (142) | 18 ϧⲏⲃⲓ ⲉ̀ϫⲉⲛ ϯⲕⲩⲃⲱⲧⲟⲥ B | 19 ⲥⲁⲗⲱⲙⲱⲛ E | 20 beide male ⲡⲉⲙⲟϯ E | 20 ⲛ̀ⲧⲉ ⲡⲓⲗⲁⲥⲧⲏⲣⲓⲟⲛ B (143) | 20 als viertletztes wort fügt E ⲛⲉⲙⲁⲛ ein | 21 ⲥⲧⲉ̀ϣⲱⲛ E (one ⲓ hinten), ⲥⲉϣⲱⲛ B | 21 ⲧⲉⲭⲛⲓⲧⲏⲥ B(144)E | 21 ⲛ̀ⲥⲁ ⲥⲁϫⲓ E, ⲉ̀ⲛⲁⲥⲁϫⲓ B (145)

Paralipomenon I 29

fortsetzung des vorhergehenden in BE | 1 ⲛ̀ϧⲏⲧ B(146)E | 2 ⲛⲉⲙ ⲛⲓϣⲉ > B(147) 2 ⲛ̀ⲛⲁϣⲉⲛⲥⲟⲩⲉⲛⲟⲩ E | 2 ⲁⲃⲟⲗⲗⲓⲟϥ B (148) E | 3 ⲙ̀ⲡⲁⲛⲟⲩϯ ⲁ̀ ⲟⲩϭⲓⲥⲓ E | 4 anfang ⲛ̀ϫⲓⲛϭⲱⲣⲡ B (149) [so, hds 37¹ 5] | 4 ⲥⲟⲫⲓⲣ B | 4 ⲉ̀ⲗⲁ̀ⲗⲓⲙϥ B (150) E | 5 ⲉ̀ϫⲱⲕ E | 8 ⲟ̀ⲛⲓ Lagarde, ⲟⲩⲟⲛ B (151) E | 8 ⲁⲩⲧⲏⲓⲧⲟⲩ E | 8 ⲛ̀ⲓⲛⲓ̀ⲗ ⲛ̀ⲧⲉ ⲡⲉϫⲉⲱⲛ B (152), ⲛ̀ⲓⲉⲛ̀ⲗ ⲛ̀ⲧⲉ ⲡⲉⲣⲥⲱⲛ E | 9 ⲡⲟⲩⲣⲟ ⲇⲁⲇ B | 9 ⲛⲟⲩϩⲏⲧ B (153) | 11 ⲟⲩⲟⲩⲣⲟ B | 11 ⲛⲉⲙⲁⲛ > B | 11 ⲟⲩϣ̀ⲗⲟ̀ⲗ B, ⲟⲩϭ̀ⲗⲟ̀ⲗ E | 12 ⲁⲥⲭⲏ B, ⲁⲥⲕⲏ E | 12 ⲛⲉⲕϫⲓϫ B | 12 ⲧⲉⲕϫⲓϫ ⲧⲉ ⲛ̀ ⲟⲩ ϫⲟⲙ E | 12 ϭⲓⲥⲓ B (154) | 12 ⲟⲛⲓ̀ⲙ B (155) | 14 ⲛⲁⲓ ⲗⲁⲟⲥ B | 14 ⲁⲓⲛⲁϣϫⲉⲙϫⲟⲙ B (156) | 14 ⲛ̀ⲉⲣ ⲟⲩⲟⲓ B, ⲛ̀ⲣⲟⲩⲟⲓ E | 14 ⲉⲛⲭⲁⲓ B | 14 ⲛⲉⲙⲁⲛ ⲉ̀ⲧⲉ ⲛⲟⲩⲕ E | 15 nach ⲙ̀ⲡⲉⲕⲙ̀ⲑⲟ + ⲛ̀ϣⲟⲣⲡ B | 15 ⲛ̀ϣⲟⲣⲡ > B | 15 ende ϣⲱⲡ E | 16 ⲛⲉⲕϫⲓϫ B | 17 ⲇⲁⲍⲓⲛ B (157) | 17 ⲥⲕⲙⲉⲓ L, ⲥⲛⲉ̀ⲙⲓ B (158) E | 17 ⲛ̀ⲧⲉ ϯⲇⲓⲕⲉⲟ̀ⲥⲩⲛⲏ E | 17 ⲉ̀ⲣⲏⲟⲩ E, ⲉ̀ⲣⲏⲟⲩ ϫⲉ ⲥⲉⲣⲏⲟⲩⲧ B | 17 ϧⲉⲛ ⲟⲩⲟⲩⲛⲟϥ > B | 17 ⲛⲉⲛⲛⲟⲩϯ B | 17 ⲉ̀ⲩⲛⲁⲩ E | 17 ⲉⲩⲉⲣ ⲟⲩⲟⲓ > B | 18 ⲉ̀ⲛⲁⲓ B | 18 ⲛ̀ⲉⲛⲟⲩ ⲛⲉⲙⲁⲛ ⲥⲟⲩⲧⲱⲛ ⲛ̀ⲛⲟⲩϩⲏⲧ > B (159): in der phrase ⲛⲁⲥⲟⲩⲧⲉⲛ E | 18 ⲛϭⲟⲓⲥ > B, statt dessen ⲥⲟⲩⲧⲱⲛ ⲛⲟⲩϩⲏⲧ ⲉ̀ϧⲟⲩⲛ ⲉ̀ⲣⲟⲕ ⲛ̀ⲉⲛⲟⲩ ⲛⲉⲙⲁⲛ (160) | 19 ⲛⲉⲕⲛⲟⲙⲟⲥ E | 21 ⲛⲟⲣⲟ B (161) [so, handschrift 39² 2], ⲡⲟⲩⲣⲟ E 21 ⲙ̀ⲫⲛⲟⲩϯ ⲉ̀ⲛⲉϥⲣⲁⲥϯ B | 21 ⲟⲩⲱ̀ⲧⲉⲙⲉ̀ⲃⲟ̀ⲗ B (162), ⲛⲟⲩⲱⲧⲉⲙⲉ̀ⲃⲟ̀ⲗ E | 22 ⲙ̀ⲡⲉⲙⲑⲟ E, ⲙ̀ⲡⲉ B | 22 ⲙ̀ⲡϭⲟⲓⲥ ⲛ̀ⲛⲓϣϯ ϧⲉⲛ ⲟⲩⲣⲁϣⲓ B (163)

Paralipomenon II 3, 1 — 7, 16

aus der berliner handschrift blatt 23¹—32², welche aber nur bis 6, 30 ⲙ̀ⲫⲣⲏϯ reicht: aus dem euchologium I ⲫⲍⲇ — ⲫⲟⲥ, woselbst 6, 11 endet, ⲫⲛⲁ — ⲫϥⲃ, woselbst 6, 12 — 7, 16 = E und II ⲥⲙⲏ [gemeint ist ⲣⲙⲏ] — ⲣⲛⲟ, wo nur 3, 1 bis 6, 11 steht, = D. überschrift in B ⲛⲡⲁⲣ̀ⲗⲓⲡⲟⲙⲉⲛⲟⲛ ⲛ̀ⲧⲉ ⲛⲓⲟⲩⲣⲟ ⲉ̅, wo von erster hand ⲛⲡⲁⲣⲓ̀ⲗⲓⲡⲟⲙⲉⲛⲟⲛ corrigiert ist: in DE ⲉ̀ⲃⲟ̀ⲗϧⲉⲛ ⲛⲓ ⲡⲁⲣⲁ̀ⲗⲓⲡⲟⲙⲉⲛⲟⲛ ⲉ̅ ⲛ̀ⲧⲉ ⲛⲓ ⲟⲩⲣⲱⲟⲩ ⲅ̅

Paralipomenon II 3

1 ⲛⲟϥⲱⲧ F | 1 nach dem andern ⲙⲙⲁ + ⲅⲁⲣ B (164) DE | 1 ⲱⲣⲛⲁ B (165) | 1 ⲡⲓⲉ̀ⲃⲟⲩⲥⲥⲟⲥ B, ⲛ̀ⲓⲉ̀ⲃⲟⲩⲥⲥⲟⲥ DE | 3 ⲧⲉϥϭⲓⲛ̀ B (166) | 3 ⲥⲉⲓⲣⲓ B (167) DE | 3 ⲛ̀ⲝ̅ B | 3 ⲕ̅ B 4 ⲛ̀ⲕ̅ B | 4 ⲛ̀ⲣ̅ⲕ̅ B | 5 ⲁϥⲫⲟⲧϩ DE | 5 ⲛ̀ϩⲁⲛⲃⲁⲛ B (168) | 6 ⲉⲧ ⲧⲁⲓⲏ̀ⲟⲩⲧ DE | 6 ⲫⲁⲣⲟⲩⲉⲙ B (169) | 7 ⲛⲉϥⲡⲩ̀ⲗⲱⲛ E | 7 ⲛⲉϥⲙⲁⲓ̀ϫⲟⲩϣⲧⲉ̀ⲃⲟ̀ⲗ | B 8 ⲛ̀ⲧⲉ ⲛⲉⲥⲟⲩⲁⲃ B (170) | 8 ⲧⲉϥϣⲓⲏ̀ DE, ⲧⲉϥϭⲓⲥⲓ B (171) | 8 ⲛⲉϥⲟⲩⲉⲥⲱⲛ D | 8 ⲛ̀ⲕ̅ B | 8 ⲭ̅ B | 9 ⲛ̀ϣⲓ DE | 9 ⲛⲟⲩⲁⲓ L, > B (172) DE | 9 ⲛ̅ ⲛ̀ⲥⲩⲕⲗⲟⲥ B | 10 ⲟⲩⲟϩ ⲁϥⲑⲁⲙⲓⲟ ⲛ̀ > D zu anfang einer neuen seite | 21 ⲥⲉⲟⲓ DE, ⲥⲉⲟⲓ B (173) | 11 ⲛ̀ⲕ̅ B | 11 mitte ⲛⲓⲭⲉⲣⲟⲩⲃⲓⲙ B | 13 ⲫⲏⲣϣⲉ̀ⲃⲟ̀ⲗ B (174) | 14 ⲟⲩⲩ̀ⲁⲕⲩⲛⲑⲓⲛⲟⲛ B, ⲩ̀ⲁⲕⲓⲛⲑⲓⲛⲟⲛ DE | 14 ⲟⲩⲕⲟⲕⲕⲩⲕⲟⲛ B (175) [handschrift 24² 5] | 14 ⲁϥⲥⲁϧⲟⲩⲛ ⲛ̀ⲉⲛϧⲏ B (176) | 15 ⲛ̀ⲥⲧⲩ̀ⲗⲗⲟⲥ B | 15 ⲙ̀ⲡⲓⲙ DE, ⲙ̀ⲡⲓ B (177) | 15 ⲙ̀ⲗ̅ⲉ B | 15 ⲉ̀ⲛⲟⲩϭⲓⲥⲓ B | 15 ⲛ̀ⲟⲩⲕⲉⲫⲁ̀ⲗⲓⲥ one ⲛⲉⲙ davor B (178) | 15 ⲛ̀ⲛ̅ⲉ B (179) | 16 ⲛ̀ϩⲁⲛⲥⲁⲣⲉⲥⲉⲣⲱⲟ B | 16 ⲡⲓⲧⲁⲫⲣ B | 16 ⲧⲁⲓⲟⲩ ⲙ̀ⲙⲁϩⲓ > B | 16 ⲛⲓⲥⲧⲩ̀ⲗⲗⲟⲥ B | 16 ⲛ̀ⲣ̅ B | 16 ⲉ̀ϫⲉⲛ DE, ϩⲓϫⲉⲛ B | 16 ⲁ̀ϥϣⲓⲉ̀ϧⲣⲏⲓ B 17 ⲛⲓⲥⲧⲩ̀ⲗⲗⲟⲥ B

Paralipomenon II 4

1 ⲙ̀ⲡⲓⲙⲁⲛⲉⲣϣⲱⲟⲩϣⲓ B (180) | 1 ⲁϥⲟⲓ ⲛ̀ⲕ̅ B (181) | 1 ⲛ̀ⲧⲉϥϣⲓⲏ ⲛⲉⲙ ϫⲱⲧ ⲙ̀ⲙⲁϩⲓ B (182) | 1 ⲓ̅ B, ⲙⲉⲧ DE | 2 ⲙ̀ⲓ̅ B, ⲙ̀ⲙⲉⲧ DE | 2 ⲛ̀ϣⲓⲛⲧϥ ⲉϥⲕⲱϯ ⲛⲉⲙ ⲉ̅ ⲙ̀ⲙⲁϩⲓ > DE | 2 vor dem anderen ⲉϥⲓⲣⲓ + ⲉϥⲕⲱϯ DE | 2 ⲙ̀ⲗ̅ B | 2 ⲉ̀ⲡⲓⲗⲩⲧⲏⲣ B (183) | 4 ⲙ̀ⲡⲓⲓ̅ⲃ̅ ⲙ̀ⲙⲁϩⲓ B (184), ⲙ̀ⲡⲓⲙⲉⲧⲉⲛⲁⲩ ⲙ̀ⲙⲁⲥⲓ DE | 4 ⲅ̅ ⲉⲩϫⲟⲩϣⲧ ⲉ̀ⲫⲣⲏⲥ nach ⲉ̀ⲛⲉⲙⲉⲛⲧ B | 4 ⲛⲓⲫⲁϩⲟⲩ L, ⲥⲁⲫⲁϩⲟⲩ B (185), ⲉⲫⲁϩⲟⲩ DE | 5 ⲛⲓⲟ̀ⲙⲟⲧ DE | 5 ⲛⲉϥⲉⲫⲟⲧⲟⲩ DE | 5 ⲉϥⲟⲣⲓ ⲉ̀ⲃⲟⲗ D | 5 ⲛ̀ϣⲱϣⲉ̀ⲛⲉϥⲫⲱⲧϩ B (186), ⲛ̀ϣⲱϣ ⲛ̀ⲧⲉϥⲫⲟⲧϩ DE | 5 ⲛ̀ⲅ̅ B | 5 ⲉϥϫⲱⲕ ⲉ̀ⲃⲟⲗ DE | 5 ⲙ̀ⲓ̅ B, ⲙ̀ⲙⲉⲧ DE | 6 ⲉϥϫⲏ DE | 6 ⲧⲓⲟⲩ DE, ⲉ̅ B | 6 ⲛ̀ ⲥⲁⲟⲩⲓⲛⲁⲙ B (187) DE | 6 ⲛⲉⲙ ⲧⲓⲟⲩ DE, ⲛ̀ⲉ̅ B (188) | 6 ⲛ̀ⲥⲁ ϫⲁϭⲏ B (189) DE, danach ⲙ̀ⲙⲟϥ B | 6 ⲛ̀ⲧⲟⲩϫⲱⲕⲉⲙⲟⲩ DE | 7 ⲙ̀ⲓ̅ B (190), ⲙⲉⲧ E, ⲙ̀ⲙⲉⲧ D | 7 beide male ⲉ̅ B, ⲧⲓⲟⲩ DE | 8 ⲁϥⲑⲁⲙⲓⲉ̀ ⲣ̅ B | 9 ⲉ̀ⲡⲓⲁⲩⲗⲏ B (191), ⲛ̀ⲛⲓⲁⲩⲗⲏ DE | 9 ⲛ̀ϯⲁⲩⲗⲏ DE | 9 ⲉⲩⲑⲙⲏⲛⲟⲩⲧ B (192) | 11 ⲛ̀ⲭⲓⲣⲁⲙ B[1] | 11 ⲛ̀ⲛⲓⲥⲉⲣⲉⲁⲣⲁ B (193) [hds 26[1] 5] | 11 ⲛⲟⲩϣⲟⲩⲣⲏ B (194) | 11 ϯⲁⲥⲭⲁⲣⲁ B (195) | 11 ⲉ̀ⲃⲟⲗ ⲧⲏⲣϥ B (196) | 11 ⲁϥⲑⲁⲙⲓⲟϥ B, ⲁϥⲥⲉⲃⲧⲱⲧϥ DE | 12 ⲁϥⲑⲁⲙⲓⲉ̀ ⲥⲧⲩⲗⲗⲟⲥ B | 12 ⲛⲓⲭⲱⲗⲁⲑⲟⲥ B (197) | 12 ⲛⲉⲥⲧⲩⲗⲗⲟⲥ B | 12 ⲛⲉⲙⲟⲧ DE | 13 ⲩ̅ B | 13 ϥϩⲟⲃⲥ B (198) | 13 ⲉ̀ϯⲣⲁⲗⲁⲑ B (199) | 13 ⲛ̀ⲛⲓⲥⲧⲩⲗⲗⲟⲥ B | 14 ⲁϥⲑⲁⲙⲓⲉ̀ ⲓ̅ B | 14 ⲛ̀ⲙⲉⲭⲱⲛⲏⲟ DE | 15 ⲕⲁ B (200) | 15 ⲛⲓⲓ̅ⲃ̅ B, ⲛⲓ ⲙⲉⲧⲉⲛⲁⲩ E, ⲛⲙⲉⲧⲉⲛⲁⲩ D | 16 ⲛⲓ die beiden ersten male B, ⲛⲓ DE | 16 ϣⲁⲩⲉⲣ one ⲉ̀ davor B (201) | 16 ⲙ̀ⲙⲟⲩ B[1] | 16 ⲛⲓⲣⲉⲁⲩⲣⲁ B | 16 ⲁϥⲑⲁⲙⲓⲟ̀ DE | 16 ⲉϥⲧⲟⲩⲃⲏⲟⲩⲧ DE, ⲉϥⲟⲩⲏⲃ B (202) | 17 ⲛ̀ⲥⲟⲩⲭⲱⲟ DE, ⲛ̀ⲥⲁⲭⲱⲧ B | 17 ⲁ̀ⲙⲉⲥⲓⲣⲗⲁⲑⲟⲥ B (203) | 21 anfang bis ⲛϣⲟⲩⲣⲏ > B (204) | 21 ⲧⲏⲣⲟⲩ > B

Paralipomenon II 5

1 ⲛ̀ϫⲉ ϩⲱⲃ B (205) DE | 1 ⲉⲧ > B (206) DE | 1 vor ⲛⲓ ⲥⲑ ⲟⲩⲁⲃ + ⲛ̀ⲧⲉ B (207) | 1 das andere ⲉ̀ϣⲟⲩⲛ > B | 2 ⲧⲫⲩⲗⲏ B (208) | 2 ⲉ̀ⲧⲉ > B (209) | 3 ⲙ̀ⲙⲁϩⲍ̅ B | 4 ⲛ̀ⲗⲉⲩⲓⲧⲏⲥ DE | 4 ⲛ̀ⲧⲟⲩⲉ̀ⲛⲟⲩ > B (210): davor + ⲟⲩⲟϩ DE | 4 ⲛ̀ⲧⲉ ϯⲕⲩⲃⲱⲧⲟⲥ ⲉ̀ⲛϣⲏⲓ B (211) | 5 ϯⲥⲕⲩⲛⲏ B beide male | 5 ⲛⲓⲥⲕⲉⲩⲟⲥ B (212) | 6 ϯⲥⲕⲩⲛⲏⲥⲩⲛⲁⲅⲱⲅⲏ B[1] | 6 ⲉ̀ⲧⲉ > B | 6 ⲙ̀ⲙⲟⲛ ⲧⲟⲩⲏ̀ⲡⲓ DE | 7 ⲛ̀ⲧⲉ ϯⲇⲓⲁ̀ⲑⲏⲕⲏ > DE | 8 ⲛⲉⲥⲁ̀ⲛⲁⲫⲟⲣⲁ B | 9 ⲛⲁⲩϣⲏⲟⲩ B (213) | 9 ⲟⲩⲟϩ ⲛⲁⲣⲉ ⲛⲓⲁ̀ⲛⲁⲫⲟⲣⲟⲛ ⲛⲁⲣⲉ B (214) DE | 9 ⲥⲁⲃⲟⲗ DE, ⲉ̀ⲃⲟⲗ B | 9 ⲛⲓ ϣⲁ B (215) | 10 ⲉ̀ⲃⲟⲗ DE, ⲉ̀ⲃⲟⲗ B (216) | 10 ⲉ̀ⲡⲓⲡⲗⲁⲝ ⲃ̅ϯ DE | 10 hinter ⲭⲱⲣⲏⲃ nicht ⲛⲓ sondern ⲛⲁⲓ DE | 11 ⲓ bis zum andern ⲛⲓⲟⲩⲏⲃ > B (217) | 11 ϫⲉ ⲛⲉ ⲛⲁⲩⲟⲛϣ ⲁⲛ ⲛⲉ B (218), ϫⲉ ⲛⲁⲩⲁⲩⲟⲛϣ ⲁⲛ ⲛⲉ DE | 12 ⲛⲓⲯⲁⲗⲙⲱⲧⲟⲥ B | 12 ⲁ̀ⲥⲁⲫ ⲛⲉⲙ ⲏⲉⲙⲁⲛ ⲛⲉⲙ ϯⲑⲱⲛ B (219 220) | 12 ϩⲁⲛⲕⲩⲉ̀ⲃⲏⲗⲟⲛ B[1], ϩⲁⲛⲕⲩⲙⲉ̀ⲃⲏⲗⲟⲛ B[2] (221) | 12 ϩⲁⲛⲁⲃⲗⲁ B (221) | 12 ϩⲁⲛⲕⲩⲛⲏⲣⲁ B | 12 ⲣ̅ⲕ̅ B | 13 ⲛⲉⲥⲁⲗⲡⲓⲅⲝ D | 13 ⲛⲓⲕⲩⲙⲃⲁⲗⲱⲛ B (223) | 13 ⲛⲓϩⲱⲇⲏ B | 13 ⲛⲏⲓ E | 13 ⲛ̀ⲱⲟⲩ L, ⲛⲱⲟⲩ B (224), ⲛ̀ⲟⲩⲱⲟⲩ DE | 14 ⲛⲛⲟⲩϣϫⲉⲙϫⲟⲙ B (225) | 14 ϫⲉ ⲛⲉ ⲁ̀ B (226) E | 14 ⲛⲓⲟⲩ B[1] | 14 ⲛⲱ̀ⲟⲩ hat in B sein ⲱ von erster hand über der zeile

Paralipomenon II 6

1 ϫⲉ war ⲛ̀ϫⲉ in B | 2 ⲁϥⲥⲉⲃⲧⲱⲧ B (227) | 4 ⲣⲱϥ ⲛⲉⲙ ⲇ̅ⲁ̅ⲇ̅ B (228) | 5 ⲁⲓⲛⲓ DE | 5 ⲙ̀ⲡⲁⲓ ⲗⲁⲟⲥ B | 5 ⲉ̀ⲟⲩⲃⲁⲕⲓ B | 5 ⲉ̀ⲟⲩϩⲩⲅⲟⲩⲙⲉⲛⲟⲥ B (229), ⲛⲟⲩϩⲏⲅⲟⲩⲙⲉⲛⲟⲥ DE | 6 ⲛⲓⲗⲏⲙ B | 6 ⲟⲩⲟϩ ⲁⲓⲥⲱⲧⲡ ⲛ̀ⲇⲁⲩⲓⲇ > B (230): darin ⲛ̀ϫⲉ ⲇⲁⲩⲓⲇ E | 6 ⲛ̀ϩⲩⲅⲟⲩⲙⲉⲛⲟⲥ B (231) | 6 vor ⲛⲉϫⲉ + ⲟⲩⲟϩ als anfang eines neuen verses B (232) | 7 ⲟⲩⲟϩ ⲉ̀ⲧ ⲁϥϣⲱⲡⲓ ⲉ̀ⲧ ⲁⲥⲓ B (233) | 7 ⲁ̀ ⲧⲁⲥⲓ E | 9 ⲛ̀ⲑⲟⲛⲉ B[1] | 10 ⲧⲟⲩⲛⲟⲥ BDE |

10 ⲛⲓⲗⲁⲟⲥ ⲙⲡⲓⲥⲣⲁⲏⲗ B (234), ⲛⲗⲁⲟⲥ ⲙ̀ⲡⲓⲥ̅ⲗ̅ DE | 11 ⲱ von ⲁⲓⲭⲱ von erster hand über der zeile B | 11 ⲫⲁⲓ bis ϯⲇⲓⲁ̀ⲑⲏⲕⲏ > B (235) | 11 ⲛ̀ϫⲉ ⲡϭⲟⲓⲥ > B (236) | 12 ⲉ̀ⲃⲟⲗϧⲉⲛ ⲛⲓ (so) ⲡⲁⲣⲁⲗⲓⲡⲟⲙⲉⲛⲟⲛ ⲉ̅: ⲍ̅ E | 12 ⲛ̀ⲧⲉ ϯⲉⲕⲕⲗⲏⲥⲓⲁ̀ B | 14 ⲛ̀ⲧⲉⲛϯⲁ̀ⲇⲓⲁ̀ⲑⲏⲕⲏ B (237), der nur das erste ⲁ̀ nachmals gestrichen hat | 15 ⲁϥϫⲟⲕⲟⲩ B (238), ⲁⲩϫⲟⲕⲟⲩ E | 16 ⲁϥⲥⲁϫⲓ E | 16 ⲙ̀ⲡⲉⲕⲙⲟⲛⲕ B (239) | 16 ⲉⲣⲉϣⲁⲛ E | 16 ende ⲙ̀ⲡⲉⲕⲙ̀ⲑⲟ B (240) | 18 ⲁ̀ⲗⲏⲑⲱⲥ B (241) | 18 ⲓⲉϫⲉⲛ ⲫϯ E | 18 ⲫϯ ⲛⲉ ⲡϭ̅ⲥ̅ B (242): das danach folgende ⲛⲉ von erster hand über der zeile | 18 ⲟⲩⲟϩ ϯⲫⲉ B (243) | 18 ⲁⲓⲕⲟⲧϥ ⲛⲁⲕ E, ⲁϥⲙⲟⲧϥ B (244) [so, nicht ⲁϥⲕⲟⲧϥ: handschrift 31^1 13] | 19 ⲧⲁⲡⲣⲟⲥⲉⲩⲭⲏ B (245), ⲡⲣⲟⲥⲉⲩⲭⲏ E | 19 ⲛⲉϥⲧⲱⲃϩ E, ⲛⲁⲧⲱⲃϩ B (246) | 19 ⲉ̀ⲣⲟⲕ > E 19 ⲉ̀ⲛⲁⲧⲱⲃϩ E | 19 ⲉ̀ⲧⲁⲡⲣⲟⲥⲉⲩⲭⲏ ⲛⲉⲙ ⲛⲁⲧⲱⲃϩ B (247: folgt ja ⲟⲛ!) | 19 ⲟⲛ ⲉ̀ⲧⲉ ϯⲛⲁⲉⲣ B (248) | 19 ⲡⲣⲟⲥⲉⲩⲭⲉⲥⲉⲟⲥ E | 19 ⲙ̀ⲡⲉⲕⲙ̀ⲑⲟ bis 20 ⲙⲉ̀ϫⲱⲣϩ > B (249) | 20 ⲫⲁⲓ bis zum ersten ⲟⲩⲟϩ 21 > B (250) | 21 ⲡⲣⲟⲥⲉⲩⲭⲏⲥⲉⲟⲥ B (251) | 22 ⲛ̀ⲟⲩⲥⲁϩⲟⲩⲓ B, ⲛ̀ ⲟⲩⲁϩⲥⲁϩⲛⲓ E | 22 ⲉ̀ⲣⲟϥ ⲥⲁϩⲟⲩⲓ ⲙ̀ⲙⲟϥ > B (252) | 23 ⲉ̀ⲛϫⲓⲛϯ ϣⲉⲃⲓⲱ ϯⲙ̀ⲡⲓⲁ̀ⲛⲟⲙⲟⲥ B (253) | 23 ⲉ̀ⲑⲁⲙⲓⲉ̀ B (254) | 23 ⲙ̀ ⲡⲓ ⲑⲙⲏⲓ E | 24 ⲙ̀ⲡⲉϥϫⲁϫⲓ DE, ⲙ̀ⲡⲉⲕϫⲓϫ B (255) | 24 ⲛ̀ⲧⲟⲩⲧⲱⲃϩ bis ⲟⲩⲟϩ > B (256) | 24 ⲙ̀ⲡⲉⲕⲙ̀ⲑⲟ ϧⲉⲛ ⲛⲁⲓ ⲟⲩ ⲛⲓ E [so], ⲙ̀ⲡⲉⲕⲣⲁⲛ ⲉ̀ⲑⲟⲩⲁⲃ B (257) | 25 nach ⲫϯ + ⲟⲩⲟϩ B | 26 ⲙ̀ⲡⲉⲕⲣⲁⲛ ⲟⲩⲟϩ E, ⲉ̀ⲣⲟⲕ B 26 ⲁⲕⲑⲉⲃⲓⲱⲟⲩ B (258) | 27 ⲛⲉⲕⲁ̀ⲗⲱⲟⲩⲓ E, ⲛⲉⲕⲗⲁⲟⲥ B (259: es folgt ja ⲛⲱⲟⲩ) | 27 ⲛⲉⲕⲗⲁⲟⲥ E, ⲛⲉⲕⲁ̀ⲗⲱⲟⲩⲓ B | 27 ⲙⲡⲓⲥⲣⲁⲏⲗ > B | 27 ⲉⲩⲉⲣⲕⲗⲏⲣⲟⲛⲟⲙⲓⲁ̀ E | 28 hinter ⲟⲩⲙⲟⲩ + ⲓⲉ E | 28 das andere ⲁϥϣⲁⲛ ϣⲱⲡⲓ > B | 28 ⲟⲩϫⲓⲛⲫⲟϩ B (260): das ⲓⲉ vor ⲟⲩϫⲓⲛⲫⲉϩ > E | 28 ⲛⲉⲙ ⲓⲕⲧⲉⲣⲟⲥ > B (261) | 28 ⲟⲩⲙ̀ⲃⲣⲟⲭⲟⲥ B (262), danach + ⲓⲉ B (263): ⲟⲩ ⲙ̀ ⲃⲣⲟⲩⲭⲟⲥ E, danach + ⲓⲉ E | 28 ⲛ̀ϫⲉ ⲛⲉⲕⲗⲁⲟⲥ B (264) | 28 ⲉ̀ϧⲟⲩⲛ ⲉ̀ⲛⲟⲩⲃⲁⲕⲓ > B (265) | 28 ⲥⲙⲏⲛⲁϩ B | 29 ⲛ̀ⲧⲉ ⲛⲓⲣⲱⲙⲓ ⲛⲓⲃⲉⲛ ⲛⲉⲙ E | 30 mit ⲙ̀ⲫⲣⲏϯ hört B auf: custos ⲉ̀ | 31 ⲧⲛⲟⲩ E | 32 ⲛ̀ϣⲉⲙⲙⲟ E | 32 ⲉ̀ⲧⲉ ⲛ̀ⲟⲩ L, ⲛ̀ⲧⲉⲛⲟⲩ E | 33 ⲁⲩⲛⲁⲧⲱⲃ̀ϩⲕ E | 33 ⲙ̀ⲡⲉⲕⲣⲁⲛ E | 33 ⲟⲩⲁⲃ ⲛ̀ⲧⲉ ⲛⲓⲗⲁⲟⲥ E | 36 ⲙ̀ⲙⲟⲛ ⲟⲩⲣⲱⲙⲓ E | 36 ⲉⲩⲉⲣⲭⲙⲁⲗⲱⲧⲉⲩⲓⲛ E | 37 ⲭⲙⲁⲗⲱⲧⲉⲩⲓⲛ E | 38 ⲁⲓⲥⲟⲧⲏⲥ E

Paralipomenon II 7

2 ϫⲉ ⲛⲁ ⲉ̀ ⲛⲱⲟⲩ E | 4 ⲉⲩϣⲱⲧ E | 7 ⲙ̀ⲙⲁⲩ L, ⲛ̀ ⲛⲁⲩ E | 7 ⲁϥⲑⲁⲙⲓⲟ̀ ⲛ̀ⲥⲟⲗⲟⲙⲱⲛ E | 9 ⲛⲓⲙⲁⲉⲣϣⲱⲟⲩϣⲓ E | 10 ⲉⲩⲟⲩⲟⲛⲟϥ E | 10 ⲡⲟⲩⲣⲟ E | 11 nach ϫⲱⲕ + ⲉ̀ⲃⲟⲗ E: das folgende ⲉ̀ⲃⲟⲗ ist ebenfalls da | 13 ⲙ̀ⲙⲟⲩⲛϩⲱⲟⲩ E | 13 ⲟⲩⲱⲣⲡ E | 14 ⲛ̀ϫⲉ ⲡⲁⲣⲁⲛ E

Proverbiorum 31, 10—20

aus dem rituale ⲫⲗⲃ. überschrift ⲉ̀ⲃⲟⲗϧⲉⲛ ⲛⲓ ⲡⲁⲣⲟⲓⲙⲓⲁ̀ ⲛ̀ⲧⲉ ⲥⲟⲗⲟⲙⲱⲛ: ⲕⲉⲫ: ⲗⲁ: ⲓ. 11 ϣⲁϥⲉⲣⲟⲁⲣⲓⲛ | 12 ⲟⲩⲛ ⲟⲩ ⲡⲉⲧϩⲱⲟⲩ | 15 ϣⲁⲥϯⲧⲱⲛⲥ | 16 ⲉ̀ ⲟⲩⲓ ⲉ̀ ⲫⲟⲩⲓⲛ | 16 ⲉ̀ⲃⲟⲗ ⲧⲉ ϧⲉⲛ ⲛⲓ ⲟⲩ ⲧⲁϩ | 19 ϣⲁⲥⲟⲩⲧⲱⲛⲟⲩ

Ecclesiastici 2, 1—9

aus der nur bis 6 anfang gehenden göttinger handschrift Q und dem rituale ⲫⲗ = R. überschrift ⲉ̀ⲃⲟⲗϧⲉⲛ ⲛ̀ⲥⲟⲩ ⲛ̀ⲧⲉ ⲥⲓⲣⲁⲭ ⲕⲉⲫ: ⲃ̀ R: ⲉ̀ⲃⲟⲗ ϧⲉⲛ ⲛ̀ⲥⲟⲩ ⲛ̀ⲧⲉ ⲥⲓⲣⲁⲭ ⲉⲣⲉ ⲡⲉϥⲥⲙⲟⲩ ϣⲱⲡⲓ ⲛⲉⲙⲁⲛ ⲁ̀ⲙⲏⲛ Q. 2 ⲥⲟⲩⲧⲱⲛ R | 2 ⲛ̀ⲧⲉⲕϣⲧⲉⲙϩⲉⲛⲕϫⲁⲛϫⲉⲛ Q^1, ⲛ̀ⲧⲉⲕϣⲧⲉⲙϩⲁⲛϫⲉⲛ R | 2 ⲡⲉⲛⲟⲩ ⲙ̀ⲡⲉⲕϧⲓⲥⲓ Q | 3 ⲛ̀ⲧⲉⲕϣⲉⲙϩⲉⲛⲕ Q^1 | 3 ⲁⲕⲉ̀ⲁⲓⲁⲓ Q | 4 ϣⲱⲡⲟⲩ Q | 4 ⲛ̀ⲣⲉϥⲟⲩⲛ̀ϩⲏⲧ Q | 5 ϫⲉ ⲉϣⲁⲩⲉⲣ R, ϫⲉ ⲉ̀ϣⲁⲩⲉⲣ Q | 5 ϩⲓ Q, ϩⲓⲧⲉⲛ R | 5 ϫⲉ R, ϩⲱⲟⲩ Q | 5 ⲟⲩ ϩⲣⲱⲓ R, ⲟⲩϩⲃⲱⲛ Q | 6 mit ⲛⲁϩϯ ⲉ̀ⲣⲟϥ bricht Q ab.

Es erübrigt noch die zwei arbeiten zu erwänen, welche sich mit der meinigen, jetzt im wesentlichen beendigten, teilweise decken.

herr Ludwig Stern hat im vierzehnten jargange der zu Leipzig erscheinenden zeitschrift für aegyptische sprache und altertumskunde 119 120 angefangen die historischen stücke des berliner codex orient fol 446 abzudrucken, *nachdem* er *einige fehler der nicht sehr correcten handschrift verbessert.* über Regnorum β 6, 1—20 ist er am angefürten orte nicht vorgedrungen. seite 148 wird dann als neu erschienenes buch *HBrugsch-Bey der bau des tempels Salomos nach der koptischen bibelversion* verzeichnet, und daran die bemerkung geknüpft *durch diese veröffentlichung wird die fortsetzung des in der vorigen nummer begonnenen abdrucks der memphitisch-koptischen fragmente unnötig.*

soviel mir bekannt, sagt herr Brugsch in seinem so eben genannten, nunmer kurz zu besprechenden buche 2, *besitzt die koptische litteratur nur sehr geringe fragmente der historischen bücher der heiligen schrift, von denen bisher keines veröffentlicht worden ist.* hier sind aus versehen nach *schrift* die worte *alten testamentes* fortgelassen worden. GZoega hat 1810 im kataloge der koptischen handschriften Stephan Borgias 193 als vorhanden verzeichnet an çaïdischen fragmenten

Iosue 5, 10—12 10, 39—11, 7 14, 1—11 15, 7—18, 1 24, 29 bis ende
Iudicum 1, 10—20 1, 27—2, 17
Ruth 2, 11—14
Regnorum I 6, 11—10, 3 17, 33—19, 5 22, 21—23, 14 24, 21—25, 28
II 2, 10—3, 39 6, 6—11, 11 11, 23—15, 2 18, 1—12 21, 14—22, 11
III 19, 9—13
Tobit 4, 16—5, 9 11, 16 bis ende,

womit GPartheys in den monatsberichten der berliner akademie der wissenschaften vom 8 april 1869 veröffentlichter vortrag auf seite 289 zu vergleichen ist.

gedruckt hat Zoega 209 210 die çaïdische übertragung von Regnorum I 6, 11—7, 2.

dazu kommt das in England verstreute material, welches zu sammeln ich mir, falls sich muße und gelegenheit bietet, angelegen sein lassen werde, vor allem ein von mir schon vor vielen jaren erkannter palimpsest des brittischen museums add 17183, über welchen jetzt WWright in seinem catalogue 823 redet: vergleiche daselbst auch 815.

was die im besitze des herrn Brugsch gewesenen jetzt goettinger handschriften, was die noch in seinem besitze befindlichen tukischen drucke an einschlagendem geboten hätten, zeigen die vorstehenden blätter dieser abhandlung: statt etwa 944 zeilen hat herr Brugsch aus inen rund 406 zeilen mitgeteilt, also noch nicht die hälfte dessen, was in bequemster reichweite für ihn lag. was die von APeyron einmal erwänten Anaphorae hergehöriges enthalten, weiß ich nicht, da ich diese Anaphorae niemals zu gesichte bekommen habe.

die vorliegende handschrift heißt es bei herrn Brugsch 3 von dem oben von herrn Ludwig Stern als *nicht sehr correct* bezeichneten berliner codex *ist ziemlich correct aus einem älteren exemplare copiert, doch hier und da sind dem abschreibenden mönche einzelne confusionen und fehler mit unterlaufen.* dieselben erhellen aus den sogenannten lesarten, welche ich so eben verzeichnet habe: die *lesarten*, von denen durchaus niemandem — auch einem ersten anfänger nicht — zweifelhaft sein darf, daß sie fehler sind, habe ich (oben 92, 14) der reihe nach durchgezält. auf die 406 zeilen meines druckes, welche sich mit der ausgabe des herrn Brugsch decken, kommen 265 stellen, an denen ich die von herrn Brugsch unangetastet gelassene schreibung der berliner vorlage zu ändern für nötig befunden habe, und auch mit meiner ganz nebenher erworbenen kenntnis des aegyptischen habe ändern können, weil fehler und besserung des fehlers gleichmäßig auf der hand lag. zu diesen 265 schnitzern treten in demselben raume noch rund 100 fehler, welche ich kenne, aber mit meinen mitteln fortzuschaffen nicht in der lage war. es kommt also ungefär auf die zeile ein fehler: die meisten dieser fehler sind sogar außerordentlich massiv und fallen leicht in die augen. danach wird man die behauptung des gefeierten gelerten, die berliner handschrift sei *ziemlich correct*, zu würdigen im stande sein.

ich gestatte mir eine kleine weitere erläuterung.

Regn β 6, 5 spielen die Israeliten ἐν ὀργάνοις ἡρμοσμένοις = ⲉⲩⲥⲉⲩⲧⲱⲛ. bei bB sind die instrumente nicht *abgestimmt* ⲉⲩⲥⲉⲩⲧⲱⲛ, sondern *verborgen* ⲉⲩϩⲏⲡ.

Regn β 6, 5 benutzen die Israeliten zu iren musikalischen leistungen unter andern instrumenten auch νάβλας *nablien*. bei bB spielen sie statt auf ϩⲁⲛⲛⲁⲃⲗⲁ *nablien* auf ϩⲁⲛⲃⲁⲗ *augen*. die nablien kommen in bB regelmäßig schlecht weg.

Regn γ 8, 16 erklärt Yahwe, er habe nie eine stadt *in irgend einem stamme Israels* vorzugsweise geliebt. bB ϧⲉⲛ ⲛⲓϭⲏⲡⲓ *in den wolken Israels*. ich hatte trotz des sinnes, den ϭⲏⲡⲓ Sap 6, 21 7, 8 10, 14 hat, da es doch σκῆπτρον vertritt, lange zeit ⲛⲓϭⲏⲡⲓ für richtig gehalten, habe mich aber schließlich bei dem ⲫϭⲏⲡ Tukis beruhigt. ϭⲏⲡⲓ = νεφέλη Matth 17, 5 usw ist jedenfalls ein alltägliches, und hier unbedingt unrichtiges wort.

Paral α 15, 7 werden die nachkommen Gedsons aufgezält. bB lassen irer *sechs* sein = ϛ, wärend die fruchtbarkeit der übrigen ephemerien raten mußte eine höhere zal zu greifen. ϛ ist, wie Tuki zeigt, fehler für ⲥ = 200.

Paral α 16, 1 setzt man die bundeslade mitten im zelte ab, ἀπηρείσαντο αὐτήν. die hds ⲁⲩⲟⲩⲁϩ *sie fügten hinzu*, wofür herr Brugsch stillschweigend ⲁⲩⲟⲩⲱⲛϩ *sie offenbarten* gedruckt hat.

Paral α 28, 4 rümt sich David ἐν ἐμοὶ ἠθέλησεν (ὁ θεός). nach bB ⲁϥⲱϣ ⲛ̀ϧⲏⲧ: *er schrie in mir* statt ⲁϥⲟⲩⲱϣ ⲛ̀ϧⲏⲧ *er hatte lust an mir*.

Paral α 28, 5 von allen meinen kindern hat gott den Salomon erwält. bB ϧⲉⲛ ⲛⲁⲣⲁϣⲓ *von meinen freuden* statt ϧⲉⲛ ⲛⲁϣⲏⲣⲓ *von meinen kindern*.

Paral α 28, 18 baut Salomon in bB nicht einen goldnen altar zum rauchopfer, sondern einen altar für goldnen weihrauch.

Paral α 29, 8 wird berichtet wie wer kein gold und silber besaß und steine leisten konnte, für den bau des tempels um diese steine gebrandschatzt wurde. bB nicht ⲱⲛⲓ ⲛⲓⲃⲉⲛ *allerhand gestein*, sondern ⲟⲩⲟⲛ ⲛⲓⲃⲉⲛ *jegliches*.

Paral α 29, 17 *δικαιοσύνην ἀγαπᾷς*. bB nicht ⲉⲕⲙⲉⲓ *du liebst*, sondern ⲉⲕⲉ̀ⲙⲓ *du weißt*.

Paral β 3, 14 macht Salomon einen vorhang: *und er war darin als ein gewebe von Cherubim* bB = *καὶ ὕφανεν ἐν αὐτῷ Χερουβίμ*. es war so schwer nicht ⲁϥⲉⲁϫⲟⲩⲛ in ⲁϥⲉⲱϫⲓ zu verändern.

Paral β 4, 4 verfertigt Salomon die bekannten zwölf rinder, auf deren rücken das große wasserfaß für die priester ruhen soll. nach bB kommen nicht ⲙⲁⲥⲓ *kälber*, sondern ⲙⲁϩⲓ *ellen* zu stande.

änliches findet sich dutzendweise.

dazu treten grammatikalien wie Regn γ 8, 1 *und als es geschah, als Salomon*: vielmer *und es geschah, als Salomon*. Regn γ 8, 19 zweimal ⲛⲁⲓ *diese* oder *erbarmen* für ⲛⲏⲓ *mir*. Paral α 15, 29 wird David als weib behandelt (ⲁⲥϣⲟⲩϣⲟⲩϣⲥ), um von dem falschen ⲟⲩ abzusehen. Paral β 6, 14 erscheint in ⲛ̀ϯⲕⲉϯⲇⲓⲁ̀ⲑⲏⲕⲏ der artikel zweimal.

und so weiter.

herr Brugsch legt nach der vorrede großen wert darauf, daß er *mit kunstgerechter hand* als *ein leidlicher kenner der altaegyptischen schriftsprache im hinblick auf die ahnmutter des koptischen, möglicher weise zum nutzen des studierenden anfängers, den versuch gewagt hat, die grammatischen formen von der eigentlichen wortmaterie im drucke abzusondern und in ire letzten bestandteile zu zerlegen*. bereits RTuki hatte schüchtern solche versuche gemacht, Moriz Schwartze im psalter 1843 und in den evangelien 1847, PBoetticher in der apostelgeschichte 1851 und den briefen des neuen testamentes 1852, KAbel in den koptischen untersuchungen 1876 waren in zerlegung der koptischen worte ziemlich durchgreifend vorgegangen, so daß, da herr Brugsch alle diese bücher unzweifelhaft kennt, seine sätze nicht ganz leicht verständlich sind. die *im hinblicke* auf das altaegyptische von herrn Brugsch vorgenommene zerlegung selbst bedürfte wol eines commentars, da vieles von dem hier gebotenen, soferne es nicht schon Schwartze hat, von der koptischen, uns doch am nächsten liegenden seite des aegyptischen aus angesehen einen ganz wundersamen eindruck macht. ich gebe auch hier nur wenige beispiele.

Regn β 6, 3 ⲁϥ ϣⲉⲛⲁϥ, wo ⲛⲁϥ ein dativus ethicus ist: man sagt ⲁⲩϣⲉ ⲛⲱⲟⲩ ⲁⲛϣⲉ ⲛⲁⲛ usw, so daß ein nicht-hieroglyphiker ⲁϥϣⲉ ⲛⲁϥ schreiben würde. aber herr Brugsch schreibt auch Regn β 6, 13 19 ⲁϥ ϣⲉⲛⲁϥ, und änlich Paral α 16, 29 ϭⲓⲛⲛⲓⲧⲉⲛ.

Regn β 6, 5 ⲙ̀ ⲛⲉ ⲙ̀ⲑⲟ. so, wenn ich nicht irre, herr Brugsch durchgehends. Champollion hat in ⲙ̀ⲛⲉⲥⲙⲟⲟ ein wort für *phallus* erkannt, herr Brugsch in der zeitschrift für aegyptische sprache und altertumskunde I 21—27 31—38 und herr Goodwin ebenda II 39 haben Champollions satz bewiesen und erläutert. ist nun in ⲙ̀ⲛⲉⲥⲙⲟⲟ, wie herr Brugsch im September und October 1863 selbst lerte, der artikel enthalten, so darf in einem baḥîrischen texte nicht ⲙ̀ ⲛⲉ ⲙ̀ⲑⲟ getrennt werden, da als artikel nur im çaîdischen, niemals im baḥîrischen ⲛⲉ auftritt. vielmer wie ⲙ̀ⲃⲟⲛ ⲙ̀ⲙⲁϩ ⲁ̀ⲗⲁϭ ⲙ̇ⲧⲟⲛ mit dem artikel regelmäßig ⲛⲉⲙ̀ⲃⲟⲛ ⲛⲉⲙⲙⲁϩ ⲛⲉⲙ̀ⲗⲁϭ ⲛⲉⲙ̀ⲧⲟⲛ lauten, indem der halbvokal zum vollen vokale wird, so ist von ⲙ̀ⲙⲟ ein ⲛⲉⲙⲙⲟ zu erwarten, und eine schreibung ⲙ̀ⲛⲉ ⲙ̀ⲙⲟ unmöglich. der vocal ⲉ gehört mit ⲙ zusammen: wir haben aber e, nicht ẹ. nur weil ⲙ̀ⲙⲟ mit ⲛ in enge verbindung getreten ist, und darum wäre auch ⲙ̀ ⲛ ⲉⲙⲙⲟ widersinnig. 1Olshausen hat 223 c f לְבִיאֵל und בִּיל aus der wurzel אול erklärt: לְבִיאֵל entspricht dem ⲙ̀ⲛⲉⲙⲙⲟ genau, muß also der Hyksôszeit angehören: מול *beschneiden* wie MT in ⲙ̀ⲛⲉⲙⲙⲟ *phallus*.

Paral α 15, 12 ⲁ̀ ⲛⲓ ⲟⲩ ⲓ *bringet* = ἀνοίσετε.

Paral α 25, 18 ⲛⲉ ⲙⲙⲛⲟⲩⲧ, wo die hds ⲛⲉⲙ ⲛⲟⲩⲧ. vers 23 herr Brugsch wieder ⲛⲉ ⲙⲙⲛⲟⲩⲧ, wo die hds ⲛⲉⲙⲙⲛⲟⲩⲧ. es gibt keinen baḥirischen plural ⲛⲉ. der vorgang ist hier derselbe wie oben bei ⲙ̀ⲛⲉⲙⲙⲟ. denn θυρωρός = ⲙ̀ⲛⲟⲩⲧ Marc 13, 35 Ioh 10, 3 18, 16 17 oder ἀρχιδεσμοφύλαξ Gen 39, 22: alles von Peyron 101 citiert, dem ich die schreibung ⲙ̀ⲛⲟⲧ entnommen habe (çaïdisch ⲙ̅ⲛⲟⲟⲧⲉ).

Paral α 16, 18 ⲛ̀ⲧⲉ ⲧ ⲉⲕⲕⲗⲏⲣⲟⲛⲟⲙⲓⲁ̀ für nicht-hieroglyphiker sinnlos B.

Paral α 28, 28 ϫⲉ ⲟⲩ ⲏⲓ *denn ein haus* B: ϫⲉ ⲟⲩⲏⲓ *weil*.

Paral α 29, 3 ⲉ̀ⲧ ⲓⲉϥ ϣⲟⲛ für nicht-hieroglyphiker schlechthin sinnlos B: ⲉ̀ⲧⲓ ⲉϥϣⲟⲛ *noch ist* = ἔτι ἔστι.

Paral α 29, 4 zweimal — 7 dreimal — β 3, 8 einmal ϫⲓ ⲛ ϭⲱⲣ, wo ich ϫⲓⲛϭⲱⲣ schreibe. ϫⲓⲛϭⲱⲣ ist der alltägliche vertreter des hebräischen aus בִּכָּר entstandenen כִּכָּר *talent*, interessant schon darum, weil es die im tiberiensischen hebräisch nicht eingetretene, nach analogie von Σιδών ἀρραβών Ἀσκαλών in Palaestina zu erwartende trübung des â in ó zeigt. herr Brugsch setzt nicht Einmal, sondern sechsmal ϫⲓ ⲛ ϭⲱⲣ, behandelt also, da er von mir die deutung des infinitiv-index ϫⲓⲛ als ϫⲓ 'ⲛ angenommen hat, ϫⲓⲛϭⲱⲣ = כִּכָּר = τάλαντον als infinitiv eines nicht vorhandenen verbums ϭⲱⲣ. die gründe für dieses verfaren werden hieroglyphikern vielleicht klar sein, mir sind sie völlig unerfindlich, da ich (mit ich denke sämmtlichen gelerten, welche sich irgendwie mit semitischen sprachen abgeben) Olshausens lange vor Olshausen bekanntem paragraphen 189 b beipflichte, also ככר = כרכר setze. das ⲛ von ϫⲓⲛϭⲱⲣ erklärt sich als dissimilation.

Paral α 29, 5 ⲛⲓ ⲙⲉⲧ ⲉ̀ ⲣⲟⲩⲟⲧ *die zehn zu* ...... B: für das çaïdische, nicht baḥirische ⲣⲟⲩⲟⲧ suche man sich aus Peyron 154[1] eine bedeutung: *hilaris. splendidus. viridis?* ⲛⲓⲙ ⲉⲧ ⲉⲣ-ⲟⲩⲟⲧ *wer wagt* = τίς ὁ προθυμούμενος;

Paral α 29, 6 ⲁⲩ ⲉ̀ ⲣⲟⲩⲟⲧ B mit demselben zeitworte ⲣⲟⲩⲟⲧ: ⲁⲩⲉⲣ-ⲟⲩⲟⲧ προεθυμήθησαν.

Paral α 29, 10 ⲛⲉ ⲛⲉϩ B: ⲉⲛⲉϩ gehört doch wol mit ⲁⲛϩ ⲧⲁⲛϩⲉ zusammen.

Paral α 29, 11 ⲉ ⲛⲉ ⲉⲛⲧ B.

Paral α 29, 21 ⲛ̀ ϣⲟⲩ ϣⲱⲟⲩϣⲓ B.

Paral β 3, 13 ⲛⲟⲩϩⲟ ⲛⲁⲩϫⲟⲩϣⲧ ⲛⲉ *ire gesichter blickten*: ⲛⲟⲩ ϩⲟⲛ ⲁⲩ ϫⲟⲩϣⲧ ⲛⲉ B = *ire ausziehungen* [?] *haben geblickt*, wo ⲛⲉ das ⲛ hätte verstehn leren sollen.

Paral β 5, 6 ⲙ̀ⲙⲟⲛ ⲧⲟⲩ ⲏⲡⲓ B.

Paral β 5, 13 ϫⲉⲛⲉϥ ⲛⲁⲓ.

da die berliner handschrift orient fol 446, obschon nur etwa funfzig jare alt, von herrn Brugsch für wert erachtet worden ist, buchstäblich abgedruckt zu werden, wie dies den codices ABCDΔFΞSZ und andern der griechischen bibel begegnet ist, schien mir geboten, die stellen, in denen meine abschrift von der kopie und dem drucke des berümten hieroglyphikers abweicht, sorgfältig nach dem originale zu revidieren. ich lasse die discrepanzen in der punktierung als unerheblich bei seite, und glaube druckfehler annemen zu dürfen an den stellen Par α 15, 11 ⲟⲩⲁϩ: α 16, 32 ⲙ̀ⲃⲉⲛ: α 28, 18 mitte ⲛ̀ ⲛⲟⲩⲃ: α 29, 3 ⲙⲁⲧ: α 29, 9 ϧⲉⲛ: β 3, 7 ⲟⲩⲉϫϥϣⲱⲟⲩⲓ: β 4, 11 ⲟⲩⲁϩ: β 4, 16 ⲙ̀ ⲛ ⲡ̅ⲥ̅: β 4, 17 ⲟⲩⲁϩ ⲁϥ ⲟⲩⲟⲟⲃⲟⲩ: β 5, 1 ⲛ̀ϫⲉ ⲛ ⲟⲩⲣⲟ: β 5, 1 ⲟⲩⲁϩ: β 5, 6 ϯ ⲥⲩⲛⲁⲩⲙⲉⲛ: β 5, 9 ⲛⲟⲩ ⲁ̀ⲫⲛⲟⲩⲓ: β 5, 10 ⲉⲥⲙⲏⲛⲧⲟⲩ: β 6, 3 ⲟⲩⲁϩ: β 6, 21 ⲛ ⲓ̅ⲥ̅ⲗ̅: β 6, 23 ⲛⲉϥ ⲙⲱⲓⲧ. wirkliche abweichungen fand ich in den 406 zeilen des herrn Brugsch nur folgende 47 — zu b setze ich, gegen meine eignen augen und nerven wie billig mistrauisch, damit jedermann nachprüfen könne, blatt und zeile des codex —

Regn β 6, 1 ⲛ̀ϧⲉⲗϣⲏⲣⲓ 1^1 3: ⲛ ϧⲉⲗ ϣⲏⲣⲓ B
γ 8, 9 ⲛⲉ̀ⲧⲉ ⲛⲡ̅ⲥ̅ 7^2 ende: ⲛⲏ ⲉ̀ⲧⲉ ⲛ ⲡ̅ⲥ̅ B
Paral α 15 überschrift ⲛ̀ϩⲟⲩⲓⲧ 13^1 2: > B
α 15, 3 ⲛ̀ϯⲕⲩⲃⲱⲧⲟⲥ 13^1 10/11: ⲛ̀ ⲕⲩⲃⲱⲧⲟⲥ B
α 15, 6 ⲛⲉⲥⲁⲓⲁ 13^1 18: ⲛⲉⲥⲁⲓⲁⲓ B
α 15, 12 ⲛ̀ⲧⲉ ⲛⲓⲗⲉⲩⲓ̀ⲧⲏⲥ 13^2 14: ⲛ̀ⲧⲉ ⲗⲉⲩⲓ̀ⲧⲏⲥ B
α 15, 13 ⲩⲣⲁ 13^2 3 von unten: ⲩⲁⲣ B
α 15, 17 ⲉ̀ⲙⲁⲛ 14^2 1: ⲉ̀ⲙⲁⲩ B
α 15, 24 ⲓⲉⲓⲁ̀ ⲛⲓⲉⲙⲙⲛⲟⲩⲧ 15^1 4 von unten: ⲓⲉⲓⲁ̀ⲛ ⲛⲉ ⲙⲛⲟⲩⲧ B
α 15, 26 ⲛϫⲓⲛⲟⲣⲉϥⲫⲛⲟⲙϯ 15^2 4/5: ⲡ ϫⲓ ⲛ ⲟⲣⲉϥ ⲫ ⲛⲟⲙϯ B
α 15, 29 anfang ⲛ̀ⲇⲁⲩⲓⲇ 16^1 6: ⲛ̀ⲇ̅ⲁ̅ⲇ̅ B
α 16, 1 ⲁⲩⲟⲩⲱⲛϩ 16^1 17: ⲁⲩ ⲟⲩⲱⲛϩ B
α 16, 5 ⲁⲥⲁⲫ 16^2 14: ⲁⲥⲁⲫⲓ B
α 16, 7 ⲛ̀ϣⲟⲣⲡ 17^1 8: ⲛ ϣⲟⲣⲡ mit punkt auf dem ersten ⲛ B
α 16, 28 ⲛ̀ⲟⲩⲱ̀ⲟⲩ 18^1 18: ⲛ̀ ⲱ̀ⲟⲩ B
α 16, 37 ⲛ̀ϯⲇⲓⲁ̀ⲑⲏⲕⲏ 19^1 12/13: ⲛ̀ ⲇⲓⲁ̀ⲑⲏⲕⲏ B
α 28, 9 ⲁⲓϣⲁⲛⲕⲱϯ 34^2 4: ⲁⲕ ϣⲁⲛ ⲕⲱϯ B
α 28, 14 ⲙⲛⲟⲩⲃ 35^1 8: > B
α 28, 15 ⲛⲓⲗⲩⲭⲛⲓⲁ̀ 35^1 9: ⲛⲓ ⲗⲩⲭⲛⲓⲁ̀ B
α 26, 16 ϯⲡⲣⲟⲟⲉⲥⲓⲥ 35^1 13: ϯ ⲡⲣⲟⲑⲉⲥⲓⲥ B
α 28, 19 ⲉ̀ⲛⲓⲥⲙⲟⲩⲧ 35^2 12: ⲉ̀ ⲛⲓ ⲥⲙⲟⲧ B
α 29, 4 ⲛ̀ϫⲓⲛϫⲱⲣⲡ 37^1 5: ⲛ̀ ϫⲓ ⲛ ϭⲱⲣⲡ B
α 29, 9 ⲉϥϫⲏⲕ 37^2 13: ⲉϥ ϫⲉⲕ B
α 29, 21 ⲛⲟⲣⲟ 39^2 3: ⲛ ⲟⲩⲣⲟ B
β 3, 4 ⲉϥⲟⲓ ⲛ̀ⲛ̅ 23^1 16: ⲉϥ ⲟⲓ ⲛ̅ B
β 3, 4 ⲉϥⲧⲟⲩⲃⲏⲟⲩⲧ 23^1 3 von unten: ⲉϥ ⲧⲟⲩⲃⲏⲟⲩⲧⲥ B
β 3, 8 ⲁϥⲁϥⲫⲱⲧϩ $23^2/24^1$: ⲁϥⲫⲱⲧϩ B

β 3, 11 ⲛ̀ⲧⲉ ⲛⲓⲭⲉⲣⲟⲩⲃⲓⲙ 24¹ 10/11: ⲛ̀ⲧⲉ ⲭⲉⲣⲟⲩⲃⲓⲙ B
β 3, 14 ⲟⲩⲕⲟⲛⲕⲩⲛⲟⲛ 24² 5: ⲟⲩ ⲕⲟⲛⲕⲩⲛⲟⲛ B
β 3, 15 ⲛ̀ⲥⲧⲩⲗⲗⲟⲥ 24² 7/8: ⲛ̀ ⲥⲧⲩⲗⲟⲥ B
β 3, 17 ϫⲁϭⲏ 25¹ 3: ϫⲁϭⲁ B
β 4, 3 ⲙ̀ⲙⲟⲩⲓ̀ 25¹ 13: ⲙ̀ⲙⲙⲟⲩ ⲓ̀ B
β 4, 5 ⲥⲫⲓⲣⲓ 25² 1: ⲥⲫ ⲓⲣⲓ B
β 4, 8 ⲛ̀ⲥⲁ ϫⲁϭⲏ 25² 8: ⲥⲁ ϫⲁϭⲏ B
β 4, 11 ⲛ̀ⲛⲓⲥⲉⲣⲥⲁⲣⲥⲁ 26¹ 5: ⲛ̀ ⲛⲓ ⲥⲉⲣⲥⲁⲥⲁ B
β 4, 12 ⲛⲏ ⲉⲧ ⲭⲏ ϩⲓϫⲉⲛ 26¹ 15: ⲛⲏ ⲉⲧ ϫⲏ ϩⲓ ϫⲉ ⲛ B
β 4, 15 ⲛⲓⲡ̅ⲃ̅ 26² 1: ⲛⲓ ⲓ̅ⲃ̅ B
β 4, 22 ⲙ̀ⲛⲏⲓ ⲫⲏ 27¹ 3: ⲙ̀ ⲛ ⲏⲓ ⲧⲫⲏ B
β 5, 4 ⲁⲩⲓ̀ 27² 1: ⲁⲩ ⲓⲛⲓ B
β 5, 10 ⲭⲱⲣⲏⲃ 28¹ 17: ⲭⲱⲣⲉⲃ B
β 5, 12 ϩⲓⲱ̀ⲧⲟⲩ 28² 9: ϩⲓⲱ̀ⲧⲟⲩ B
β 6, 4 ϥⲉⲙⲁⲣⲱⲟⲩⲧ 29² 3: ⲥⲙⲁⲣⲱⲟⲩⲧ B
β 6, 18 ⲁϥⲙⲟⲧϥ 31¹ 13: ⲁϥ ⲕⲟⲧϥ B
β 6, 19 ⲡⲁⲛⲟⲩϯ 31¹ 17: ⲡⲁⲓ ⲛⲟⲩϯ B
β 6, 21 ⲙ̀ⲡⲉⲕⲕ̀ⲗⲟⲩ 31¹ 21: ⲡⲉⲕ ⲕ̀ⲗⲟⲩ B
β 6, 21 ⲡⲉⲕⲙⲁⲛϣⲱⲡⲓ 31² 4: ⲡⲉⲕ ⲙⲁ ⲛ ϣⲱⲡⲉ B
β 6, 29 anfang 32² 10 ⲛⲉⲙ ⲡⲣⲟⲥⲉⲩⲭⲏ ⲛⲓⲃⲉⲛ: > B.

zum schlusse ein wort über des herrn Brugsch satz *daß* ⲫϯ *eine abgekürzte schreibweise an stelle von* ⲫⲛⲟⲩϯ *„der gott“ sei, wie gewönlich angenommen wird, scheint zweifelhaft, seitdem wir wissen, daß die altaegyptische sprache den inbegriff des göttlichen durch den ausdruck pauti (oder phauti nach memphitischer aussprache, gleichsam* ⲫⲁⲩϯ) *wiedergibt.* sowie man jenes ⲫϯ mit fürwörtern verbindet, erscheint ⲛⲟⲩϯ ausgeschrieben: man findet ⲡⲁⲛⲟⲩϯ *mein gott* Psalm 21, 1 und oft, ⲡⲉⲕⲛⲟⲩϯ *dein gott* Psalm 41, 4 und oft, ⲡⲉⲛⲟⲩϯ Psalm 145, 10 *dein gott, o weib,* ⲡⲉϥⲛⲟⲩϯ Psalm 32, 12 *sein gott* und oft, und analog so weiter. ebenso heißt *der gott der götter* Psalm 135, 2 und sonst ⲫϯ ⲛ̀ⲧⲉ ⲛⲓⲛⲟⲩϯ. endlich zeugen die bekannten eigennamen *Παφνούτιος* = ⲡⲁ ⲫⲛⲟⲩϯ *der gott gehörige*, ϣⲉⲛⲟⲩϯ und änliche meines erachtens deutlich dafür, daß die auflösung des ⲫϯ durch ⲫⲛⲟⲩϯ gar nicht, vielleicht aber manches andere *zweifelhaft* ist. herr Brugsch hätte daraus, daß in meinen ihm ja wol bekannten ausgaben koptischer texte stets ⲫⲛⲟⲩϯ erscheint, dreist abnemen dürfen, daß die *gewönliche* lesung des ⲫϯ guten grund hat.

Regn δ 4, 17 ϧⲉⲛ schreibe ϧⲉⲛ

Gedruckt vom 9 December 1878 bis zum 25 März 1879.

ORIENTALIA

VON

PAUL DE LAGARDE.

ZWEITES HEFT.

Aus dem sechsundzwanzigsten bande der abhandlungen der königlichen gesellschaft der wissenschaften zu Göttingen.

Göttingen,
Dieterichsche verlags-buchhandlung.
1880.

Erklärung hebräischer wörter

von

Paul de Lagarde.

In der königlichen gesellschaft der wissenschaften vorgelegt am 1 Mai 1880.

Wer ein hebräisches wörterbuch schreiben will, hat zuerst für einen text des alten testaments zu sorgen, dem sämmtliche erreichbaren varianten der handschriften, übersezungen und grammatiker, und alle einem sachverständigen erwänungswert scheinenden conjecturen der kritiker untergelegt sind.

er hat danach aus den alten übersezungen, den nachbiblischen schriften der Juden, soweit dieselben der vor dem siege der arabischen cultur liegenden zeit angehören, den lexikographen des mittelalters und den schriften indoceltischer philologen und theologen eine vollständige übersicht über die tradition und über die deutungsversuche derer zu liefern, welche die tradition nicht kannten, oder aber eine tradition nicht hatten. natürlich wird er angeben, was kirchenväter und rabbiner über die aussprache der vokabeln brachten, und er muß neben der palaestinischen auch die babylonische vocalisation verzeichnen.

er hat danach das alte testament selbst zu studieren: seine bücher chronologisch zu ordnen: seine synonymik zu ergründen: durch systematische vergleichung der anderen semitischen dialekte festzustellen, was in der sogenannten hebräischen sprache semitisch, was hebräisch, was israelitisch, was jüdisch ist.

er hat die ergebnisse seiner forschung durch parallele untersuchungen der geschichte und der religion des alten testaments zu controllieren.

nichts von dem allen ist bisher geschehen: man begreift sogar nicht einmal, daß es geschehen müsse.

die aufgabe meines lebens wäre, soweit dieses leben wissenschaftliche aufgaben hat. gelöst. wenn ich nur einen teil der an erster stelle genannten arbeit. so gut es gehn will. geliefert hätte.

aber wer das ziel seit mehr als dreißig jaren im auge hat. sicht nicht nur das, was unter seinen füßen ist, und was er schritt für schritt hinter sich bringt. sondern wenigstens ab und zu auch den weg in der ferne sich bergan winden, den er selbst nie wandeln wird. möge was er so gesehen zu haben meint, dereinst sich denen als tatsache erweisen, welche daran vorübergehn werden.

mir scheint ratsamer was ich zum hebräischen lexicon zu bemerken habe, in eignen heften vorzulegen als es in commentare unterzustopfen.

איפה

APeyron verzeichnet 150 als oberaegyptisch ein weibliches ⲟⲩⲟⲓⲡⲉ, dem ويبة der Araber entlehnt sei. mit den citaten Zoega 355 SdeSacy Abdallatif 153. und läßt איפה der Hebräer und *οἰφί* der Alexandriner dem ⲟⲩⲟⲓⲡⲉ consonare: danach ein memphitisches, ebenfalls feminines ⲟⲩⲱⲓⲡⲓ aus Kircher 143. er unterläßt anzufüren, daß PEJablonsky opuscula I 182 183 und noch vor diesem der von ihm citierte anonymus der göttingischen zeitungen von gelehrten sachen »IX 549«. vermutlich IDMichaelis. איפה neben das koptische ⲱⲓⲡⲓ gestellt hat.

Zoega hat an der angefürten stelle seines katalogs das ⲟⲩ jenes ⲟⲩⲟⲓⲡⲉ als unbestimmten artikel angesehen. denn er sagt in der anmerkung ⲟⲓⲡⲉ ⲧ *modius, epha.* ein memphitisches ⲟⲩⲱⲓⲡⲓ dürfte ebenfalls zu beanstanden sein. Kirchers ϯⲟⲩⲱⲓⲡⲓ mag sein ⲟⲩ dem einflusse des entsprechenden الويبة danken. denn in meinen texten findet sich nur ⲱⲓⲡⲓ.

um dies zu erhärten. muß man nur beobachten. wie teilungszalen mit unmisverständlichen wörtern verbunden werden.

τὸ τέταρτον τοῦ εἴν Exod 29. 10 Num 15, 4 5 28. 5 6 = ⲫⲣⲉ̅ⲇ̅ ⲛ̀ⲟⲩϩⲓⲛ: *τὸ τρίτον τοῦ εἴν* Num 15. 6 = ⲫⲣⲉ̅ⲅ̅ ⲛ̀ⲟⲩϩⲓⲛ: *τὸ ἥμισυ τοῦ εἴν* Num 15, 9 10 = ⲡ̀ⲫⲁϣⲓ ⲛ̀ⲟⲩϩⲓⲛ. danach wird *τὸ δέκατον τοῦ οἰφεὶ* ⲫⲣⲉⲙⲏⲧ ⲛ̀ⲟⲩⲱⲓⲡⲓ heißen. wenn dem *οἰφεὶ* ⲱⲓⲡⲓ entspricht: sonst ⲫⲣⲉⲙⲏⲧ ⲛ̀ⲟⲩⲟⲩⲱⲓⲡⲓ. wir lesen aber stets nur ⲫⲣⲉⲙⲏⲧ ⲛ̀ⲟⲩⲱⲓⲡⲓ.

folglich ist ϯⲟⲩⲱⲓⲡⲓ ein fehler: es muß ϯⲱⲓⲡⲓ heißen, dem natürlich im Çaïd ein ⲧⲟⲓⲡⲉ entsprochen hat.

daß nun die Griechen in älterer zeit *οιφει*, nicht *ιφη υιφει υφι*, geschrieben, erhellt aus Epiphanius 26, 6. der bei Hultsch I 272. 8 9 sinnlose text ist durch S hergestellt worden. man konnte aber *οφεν* wol nur dann als original von *οιφει* ansehen, wenn *οιφει* in der anderen sylbe ein *ε* hatte. daß der einfall an sich wertlos ist, bedarf keiner auseinandersezung. ܐܘܦܢ = *ὀφὲν* meint den singular des bekannten duals חפנים Exod 9, 8 Levit 16, 12 Ezech 10, 2 7. in Eccles 4, 6 wird מלא חפנים für die säze des Epiphanius sehr erläuternd mit *πληρώματα δύο δρακῶν* gegeben.

wenn איפה richtig mit *χοῖνιξ* übersezt ist, so enthielt sie so viel mehl oder graupen, wie ein rüstiger mann an Einem tage verzehrte: Boeckh staatshaushaltung der Athener[2] I 128 396.

אל

Die lexikographen leiten, meines wissens mit nur einer einzigen ausname, אל von der wurzel אול ab. ich behaupte, daß es von אלי herstammt.

Wer sich über אל eine meinung bilden will, muß zuerst wissen, daß dies nomen sich auch im assyrischen, phoenicischen und homeritischen findet, daß es im syrischen und nord-arabischen nicht vorkommt.

Allerdings verzeichnen die arabischen wörterbücher إل (unter אלל) und ايل: man lese EWLane 137, um zu erfaren, daß von ايل die Araber selbst wissen, daß es in irer sprache nicht ursprünglich ist. إل bedeutet im arabischen *relationship*: gibt man ihm irgendwo den sinn *gott*, so ist das für das hebräische one belang, da אל nie, إل überall ein doppeltes L hat, mithin إل *gott* mit אל *gott* nicht verwant, sondern إل *gott* aus אל entlehnt ist.

PSmith behandelt 150 151 ܐܝܠ: niemand, der Smiths material übersieht, und dabei praktische kenntnis des aramäischen besizt, wird ܐܝܠ für echt-syrisch halten.

Wol aber ist אל phoenicisch. PSmith citiert als belag aus des Hieronymus briefe 136 Phoenicibus Il qui Hebraeis El. der brief an Marcella, welcher früher die nummer 136 trug, und bei Vallarsi die 25 trägt (I 128 129 Vallarsi[2]), enthält diese worte nicht. aber in dem stücke, welches Eusebius *προπαρασκευῇ* I 10 aus Sanchuniathon erhalten, wechselt 36c Viger = I 80, 13 Gaisford *Ἰλος Ἠλος Ἠλιος*. 37b = I 82 *Ἰλος Ἠλος Ὀλος*: zu 10c = 90,6 ist Valckenaer de Aristobulo 15 (= IV 351 355 Gaisford) nachzulesen.

so ganz one vorbehalt vermag ich dies nicht anzunemen.

wie gering der wert der ausgabe Gaisfords ist, weiß jeder der sie gebraucht hat: wie dürftig die für die *προπαρασκευή* zu gebote stehenden hülfsmittel sind, kann bekannt sein: die in einem codex vom jare 411 erhaltene syrische übersezung der bücher Eusebs *περὶ θεοφανείας*, welche große stücke der *προπαρασκευή* in einem besseren texte als dem Gaisfords zur verfügung stellt, werde ich gelegentlich nuzbar machen.

über Sanchuniathon selbst sind die akten noch nicht geschlossen. ich gebe zu bedenken, daß noch nicht erwogen worden, wie unfolgerichtig die umschreibungen semitischer vokabeln in dem stücke sind.

Das homeritische אל ist seit EOsiander ZDMG X 53 nie bezweifelt worden. seine aussprache ist sicher IL gewesen. da *Ἰλάσαρος* Strabos one frage mit recht von EOsiander ZDMG XX 237 für אלשרח gehalten wird, da wir وهبيل = נתניה oder יונתן überliefert finden, und *Χαριβαηλ* des Periplus insofern dazu stimmt, als *η* sicher wie *ι* gesprochen wurde: vergleiche nur das *λημα* und *λειμα* mancher zeugen Matth 27. 46 = لما, das mit dem syrischen *λεμα* und dem hebräischen *λαμα* wechselt.

Ueber das assyrische il schreibt mir Iulius Oppert — es ist selbstverständlich, daß man über assyrisches nur bei ihm fragt —:

> das assyrische zeichen, welches gott ausdrückt, ist eines der ersten, die erkannt worden sind. schon de Sacy, Grotefend, Löwenstern und de Saulcy waren über seine bedeutung nicht im unklaren. seinen sylbenwert AN hat erst Hincks 1849 gefunden. die assyrische aussprache ILU hat Rawlinson festgestellt, und in seinem 1851 veröffentlichten, leider unvollendet gebliebenen commentare zur inschrift von Behistûn veröffentlicht. er fürt daselbst die babylonischen ziegel an, welche für Babylon entweder die zeichen tor-gott BA KI = *land, erde* geben, oder diese ideographischen zeichen durch die sylbenzeichen BA BI I LU, BA BI LU, BAB BI LAV und änliche ersezen. Oppert fand dann 1855 in einem syllabare das zeichen AN durch ILU erklärt.

auf sumerisch heißt gott DINGIR oder DIMIR, was Rawlinson schon vor langer zeit mit dem mongolischen tenghri verglichen hat.

aber die aussprache ILU oder IL, plural ILĒ oder ILĀNI, ist keineswegs die primitive des zeichens AN, das einen achtstraligen stern vorstellt. Oppert glaubte früher, diese hieroglyphe bedeute stern, doch hat er selbst diese vermutung zurückgenommen. diese acht stralen bezeichnen wie im indischen die acht richtungen des himmels, und die hieroglyphe bedeutete ursprünglich himmel, auf sumerisch ANNA, woher der sylbenwert AN stammt: assyrisch lautet dasselbe zeichen dann SAMĒ: die gewönlichste bezeichnung des semitischen worts ist AN-E, das heißt, himmel mit dem phonetischen complemente E. so heißt AN KI nicht gott der erde, sondern ist der gewönliche ausdruck für himmel und erde.

verdoppelt — übereinander gesezt — hat AN/AN den sylbenwert NAP, was im medischen und susianischen gott bedeutet: dreimal gesetzt AN AN AN entsteht das zeichen stern, syllabisch MUL, assyrisch KAKKAB.

ich hatte vor 32 jaren den monatsnamen אלול ܐܝܠܘܠ mit אל in verbindung gebracht. ich weiß, seitdem im September 1865 Oppert ZDMG XX 180 eine liste der assyrischen monatsnamen gegeben, daß Ululu die urform von אלול ist, mithin אלול, mag Ululu selbst herstammen woher es will, mit אל nichts zu schaffen hat.

Für ausgemacht halte ich nach dem vorstehenden, daß אל bei Assyriern, Phoeniciern, Homeriten Il lautete, was wir so wie so ansezen müssen, wenn wir das tiberiensische אל (mit çêrê) ins semitische zurückfüren.

dabei kommen vielleicht noch βαίτυλος und βαιτύλιον in betracht: ich bin aber nicht kenntnisreich genug, um über sie zu reden.

Es fragt sich nun, wie man dies Il erklären soll.

Eusebius προπαρασκευὴ XI 6. 20 nennt ἐλωεὶμ und ἠλ verwant. ἐλωεὶμ παρὰ τὸ ἤλ. τοῦτο δὲ ἑρμηνεύουσιν ἰσχὺν καὶ δύναμιν.

Hieronymus im briefe an Marcella (25 oder 136 = I 129 Vallarsi[1]): primum nomen dei est El, quod Septuaginta deum, Aquila, ἐτυμολογίαν eius exprimens, ἰσχυρόν, id est fortem, interpretatur. am rande Gs findet sich dies ἰσχυρὸς häufig für אל.

die wurzeln עו und עי halte ich gar nicht für dreiconsonantig, sondern — seit jaren habe ich dies öffentlich gelehrt — für zweiconsonantig, erachte aber den langen vocal des ersten buchstaben für ursprünglich. grund: niemand vermag one künstelei הקים أقام oder קמת قمت aus aqwama qawamta zu erklären. zumal da צוח جرق مصب und die vielen änlichen genügend erhärten. daß ein waw als zweiter radical semitischen oren durchaus nicht fremdartig klang: مص und مصب sind unverwant.

damit fällt für mich die nötigung fort, אויל *narr*, und die berechtigung اول *erster* mit אל *gott* auf dieselbe wurzel zurückzufüren.

آل ist alltäglich als synonym von رجع: zwei beispiele in meinem psalterium Hieronymi 157 mitte: ECastle citiert aus Erpenius Iohann 16, 20 حزنكم يوول الى فرح = *ἡ λύπη ὑμῶν εἰς χαρὰν γενήσεται*. Philipp 1, 19 هذه الاشياء تؤول لي الى الحياة = *τοῦτό μοι ἀποβήσεται εἰς σωτηρίαν*, und aus dem Polyglotten-Araber Philipp 2. 23 اذا رايت ما تؤول اليه اموري = *ὡς ἂν ἀπίδω τὰ περὶ ἐμέ* (*wohin es mit mir hinaus will*). es ist billige gelehrsamkeit aus Harîri[2] 33. 4 النا للدهر الموقع und 421 ff ولى وآل zu citieren. nur stellen wie die lezt angefürte möchten den einen oder andern auf die bedeutung der wurzel zu weisen scheinen, welche man als die gebräuchliche ansieht, *stark sein*.

KAbel hat an andern orten und in PLindaus nord und süd IX 359 ff darauf aufmerksam gemacht, daß die ältesten sprachen an homonymen überreich sind. ich habe ihn daran erinnert, daß die Chinesen durch den accent buchstäblich gleich lautende sylben differenzieren, daß mithin die homonymie nicht so ausgedehnt gewesen zu sein braucht, wie es auf den ersten anblick scheint. nichts destoweniger muß ich auch für das semitische, das ja freilich keine einsylbige sprache, aber doch in der zal der wurzeln höchst beschränkt ist, an dem glauben festhalten, daß in den verschiedenen semitischen dialekten gleich aussehende wurzeln völlig unverwant sein können, weil sie ganz verschiedenen ursprungs sind. جاب *er brachte* (Dozy supplément 238) entstand aus جاء ب, und ist mit ursprünglichem جاب nicht zusammen zu werfen: auch ist denkbar, daß schon in der ältesten zeit ursprünglich einander fremde wurzeln sich vereinigt, wie das in ܪܕܐ = رضى = رأى und ܓܢܐ = جنء = جنى der fall gewesen ist. one daß die dilettanten es gemerkt haben. welchen wir in unsrer weisheit handwörterbücher zu schreiben gestatten.

die bedeutung *dick, stark sein* scheint mir die wurzel אול nicht gehabt zu haben: aus איל *widder*, איל *hirsch*, איל *hülfe* vermag ich sie nicht zu erschließen. und um איל *τερέβινθος* aus ihr herzuleiten bin ich vollends zu unbegabt. übrigens sind אין איל = ἀβοήθητος Psalm 88. 5 und אילות *βοήθεια* Psalm 22, 20 syriasmen: was PSmith bietet. reicht zum erweise dieser behauptung völlig aus.

es wäre neu. nachdem man sich überzeugt hat. daß die Aramäer אל *gott* nicht kennen. das hebräisch-assyrisch-homeritische אל gerade aus einer aramäischen wurzel erwachsen sein zu lassen.

wie alt איל *widder* und איל *hirsch* ist. kann man daraus erschließen, daß die Kopten (Ignaz de' Rossi etymologiae aegyptiacae 249 45) es als ⲱⲓⲗⲓ = ⲟⲓⲗⲉ und ⲉ̀ⲓⲟⲩⲗ kennen: leute. welche deutsch als muttersprache reden, sollten, um dies beiläufig zu bemerken. sich schämen. אילה mit *hindin* zu übersezen. welche bildung (man sagt hinde) mit kühin, stutin, rickin, hennin auf Einer linie steht. was selbst im heutigen Deutschland noch nicht gewagt wird.

אל *gott* als nächsten verwanten von איל *widder* und איל *hirsch* zu betrachten — nun. auch dazu gehört ein kräftiger glaube. den ich weder besize noch zu erwerben geneigt bin.

Sehen wir uns einmal nach analogien um.

אל *gott* behält sein ç̣ērê in der verbindungsform der einheit. vor dem suffixum der ersten person singularis und in beiden formen der mehrheit: alle anderen gestalten des wortes sind nicht nachweisbar.

unverglichen müssen bleiben כל = בעל als nicht eigentlich hebräisch: חך = حنك (vgl خعف = عنق Lagarde zu Prov 25. 10): עז = عنز: עת = עדת: רם = ראם: שש = سدس Lagarde armenische studien § 2129: שת. weil parallel mit שאן. und darum von שאה abzuleiten. חל hat neben sich חיל, wie חק neben sich חיק hat: כם scheint schreibefehler statt נם.

unverglichen müssen ferner bleiben אב אט אם איש את גז הד זר חן חץ חת כן כת לב מן נד נם נץ צל קן קץ שן תל.

ebenso רע von ידע. ein infinitiv: כַּף, das كاف neben sich hat. weil ein אאל undenkbar ist: ער נר מת זר גר. weil אל *gott* kaum ein neutro-passives particip sein kann: רע, weil es als fremdwort (von رعا = رضى) und noch dazu als ein von den Aramäern übernommenes fremdwort für das den Aramäern fremde אל nicht als analogie dienen darf.

desgleichen שם עץ בן und שת = است, weil sie in den verbindungsformen des plurals und בן wie שם vor suffixen den ersten consonanten nur mit halbem vocale sprechen: אר, da die herkunft dunkel, wie נא Isa 16, 6 und עט Ps 15, 2, da die formen mit suffixen und die plurale unbelegbar sind: נב, weil es schwer verstanden werden kann (vergleiche zu Regn γ 6, 9 Lagarde armenische studien § 199): יש und כן, weil sie keine nomina sind.

so bleiben גו Isa 50, 6 usw. שטים = סטים. und bedingungsweise כלים, der plural zu כלי, zu dem verglichen werden kann, daß ܡܐ ܡܐܢܐ auch als ܡܐܢ̈ܘܬܐ auftritt.

damit dürfte erwiesen sein, daß אל zur wurzel אלה gehört.

Wenn es sich nunmer darum handelt, die ursprüngliche bedeutung dieses אל zu finden, so müssen dem versuche es zu tun einige vorbehalte voranf geschickt werden.

falls אל ursprünglich den planeten Saturn bedeutet, und erst später die allgemeine bedeutung gott angenommen hat — man mag denken, der Saturn als fernster planet sei als lezte instanz am himmel angesehen worden, und so אל der name dessen geworden, der die weitgreifendste, ja allumfassende gewalt im himmel und auf erden besizt —, dann wird der sinn von אל ein anderer sein, als wenn der umgekehrte weg gegangen worden.

ich sehe keine möglichkeit, eine entscheidung für die eine oder die andere alternative zu treffen, da das gesammte system jenes uralten glaubens, dessen reste einer אל sein wird, mir unbekannt geblieben ist, und nur die einsicht in das ganze mir gewär dafür leisten würde, daß ich seine einzelnen teile nicht zu gröblich misverstanden habe.

sodann sollte man nie vergessen, daß die sprache und die religion nicht den bedürfnissen entsprungen sind, sich mit dem nicht-ich durch eine phrase abzufinden — phrasen kann der mensch nur brauchen und wendet sie nur an, wenn er weiß daß, er mag sie anwenden oder nicht, alles troz irer seinen geregelten gang geht —, daß sie vielmehr einer epoche entstammen, in welcher man durch tägliche kämpfe und versuche erobern und sich fügen lernte. in der ältesten sprache stand man, wenn es galt, göttlichen wesen einen namen beizulegen, lebendigen personen gegenüber: dieser personen namen flossen aus dem eindrucke, welchen die personen auf den nennenden machten. je genehmer eine etymologie derartiger wörter modernem empfinden ist, desto sicherer ist sie unrichtig.

also nur eine vermutung gebe ich, freilich eine vermutung, welche mich glaublich däucht.

fünf mal findet sich die redensart יש לאל ידי, Genesis 31, 29 Deut 28, 32 Mich 2, 1 Prov 3, 27 Nehem 5, 5. daß diese bedeutet *es steht in meiner gewalt*, ist zweifellos. daß nicht die famose wurzel אול dieses אל hervorgetrieben hat, ist mir sicher, da איל *widder* und איל *hirsch* nicht mit einem אל zusammenhangen werden, welches nicht — wir würden sagen: pferdekraft — sondern ethisches vermögen bezeichnet. der tractat ספרים 4, 9 hat ein böses gewissen, wenn er dieș אל als חול bezeichnet. es ist für mich mit אל *gott* identisch: beide bedeuten *das was in reichweite liegt*, אל *gott* vielleicht *den, welchem man zustrebt*. نشانه Hafis 187, 4. ich wiederhole, daß eine bestimmtere deutung von אל *gott* zur zeit noch unerlaubt ist.

אלה *er schwor* steht neben השבע, arabisch حلف neben قسم und آلى IV V und VIII: syrisch braucht man ܡܘܐ (daher — mit artikel — ܡܘܡܬܐ, was vielfach pluralpunkte erhält, aber eine bildung wie مرماة ist): aethiopisch መሐለ: — zum beweise, daß die anschauungen über den eid bei den Semiten sich oft verändert haben: denn diese vokabeln müssen jede eine andere auffassung der sache spiegeln, oder aber die ceremonie bezeichnen, welche den schwur begleitete und darstellte. vergleiche was ich über das persische سوگند خوردن in meinen beiträgen 18. 16 ff gelehrt habe.

השבע nun erläutert sich aus Genesis 21, 28 [Herodot γ 8] und den parallelen: אלה, wenn ich nicht irre, aus Genesis 24, 2 9 47, 29. bedeutete השבע *zwischen sieben opfertieren oder opfertierstücken eine heilige handlung vollziehen*. so muß אלה *hinstrecken, hinreichen nach* bedeutet haben.

diese vermutung wird bestätigt durch eine andere ableitung der wurzel אלה. durch die praeposition אל, mehrheit אלי, arabisch in längerer form إلى. arabisch, syrisch, hebräisch, aethiopisch auch kürzer ل ܠ ל ለ.

إلى deute ich ما يلي: ist es ein nomen, so ist klar, warum ܠ sowol accusativ als dativ bezeichnen kann: es bezeichnet eben keinen von beiden, sondern ܝܗܒ ܠܓܒܪܐ ist = er gab in die gegend des mannes. ܡܚܐ ܠܓܒܪܐ = er schlug los auf den mann.

und nun noch das phoenicische אלן *gott*, dessen aussprache alon Plautus bewart, dessen eigentliche gestalt zuerst der sarcophag des אשמנעזר geboten und der herzog de Luynes erkannt hat.

bei אלן an eine wurzel אול zu denken ist mindestens nicht notwendig. Olshausen nennt § 215[d] als nomina, welche durch -ân von holen wurzeln abgeleitet sind, ששן זדן לשן גחן, auch לצן und einige eigennamen: er verschweigt nicht, daß diese nomina (was bei einer abstammung von עו auffällig ist) in der verbindung und vor suffixen ihr erstes a verlieren, aber er hätte bedenken sollen, daß גחן vermutlich zu ܓܝܚܘܢ gehört, לשן sicher ܠܫܢܐ لسان ልሳን፡ neben sich hat, daß »eigennamen« wenig, »einige« eigennamen gar nichts beweisen. da wir אסן ארן גאן המן חזן חרן יגן עון צין רזן רצן שאן unzweifelhaft von wurzeln לי oder לו ableiten müssen, ist mindestens warscheinlicher, daß wir אלן ALON bei אלה unterzubringen haben. es zu deuten überlasse ich andern.

wenn ich vorhin גחן zu ܓܝܚܘܢ gestellt, so weiß ich, daß zu Gen 2. 13 גיחן die gelegentlich nach 12 verschlagenen worte *χάσματα ἢ ἐκχύτης ἢ στῆθος* gehören. nach Hieronymus onom I 6, 23 Geon pectus sive praeruptum, nach dem anonymus ebenda I 189. 98 *Γειων στῆθος ἢ χάσμα ἢ διατομὴ χάριτος*, Hoffmanns glosse 2865 ܓܝܚܘܢ ܢܗܪܐ ܡܦܨܥܢܐ ܕܡ ܡܚܕܝܐ النيل جيحان مفرج. wo der punctator mit unrecht die Cor β 9, 7 für *ἱλαρὸς* vorkommende steigerungsform von ܚܕܝ *er freute sich* suchte, da das aramäische acquivalent von חזה *brust* PSmith 1200 gemeint war, und man مفرج nicht als particip II Dozy II 248. sondern als übersezung jenes *διατομὴ* anzusehen haben dürfte: Lane 2361[1]. חן = *χάρις*, aber ג = *διατομή*?

בת

Epiphanius schreibt *περὶ μέτρων καὶ σταθμῶν* 21. 10 *βάδον*, nicht *βάτος*: er sagt, das wort sei *συνωνύμως τῷ ἐλαιοτριβείῳ καλούμενον βίϑ· βάδον γὰρ ἑρμηνεύεται ἐλαιοτριβεῖον*.

dagegen steht *βάδος* bei Epiphanius im griechischen und syrischen texte 21, 5 und *βάτος* in den *κεφάλαια* 3, 6. an lezterer stelle geben S^1 S^2 am rande ܒܕܐ. daneben gelegentlich *βάϑος*.

βάδος brauchen Lucas 16, 6 nach LSX (wo AB und viele andere *βάτος* haben): Iosephus archaeologie *η* 2, 9: Hesychius, der *βάτος* erst in zweiter linie auffürt.

G nimmt בת nicht originaliter herüber: בת *χοεὺς* Regn *γ* 7, [26] 38: *μέτρον* Paral *β* 2, 9 Ezechiel 45, 10: *μετρητὴς* Paral *β* 4, 5: *κεράμιον* Isaias 5, 10: *κοτύλη* Ezechiel 45, 14 — eine abscheuliche liste. durch Hieronymus IV 75^a (Vallarsi[1]) lernen wir, daß Isaias 5, 10 soli LXX transtulerunt laguncula (er meint *κεράμιον*, dessen syrisches aequivalent קולא [mit artikel קולתא] Epiphan §29, 1 32, 3 37, 2 [= *ὑδρία* Epiphan 54, 1 = جرّة Praetermissa 39, 84] = قلّة Dozy supplément II 387 das original zu Epiphans *κόλλαϑον* ist), omnes alii batum interpretati sunt, quod hebraice dicitur beth.

dies beth des Hieronymus ist identisch mit dem Regn *γ* 5, 25 für כר auftretenden *βαιϑ* oder *βεϑ*, wo andere *βαδων*, der Syrer meiner Fragmenta ܒܕܐ: Theodorets frage 21 zu *Βασιλειῶν γ* (I 304 Sirmond = I 466 Schulze) Nicephors catene II 677. hier hat G die richtige lesart aufbewart. batus, sagt Hieronymus IV 75^b, in liquidis speciebus dicitur, so daß er zum oele paßt, was der für trockene gegenstände bestimmte כר nicht tut. es ist nicht auszumachen, ob כר in בד oder in בת zu ändern ist.

zunächst steht fest, daß ܒܕ in meinen Geoponikern *ια* 13 seite 85, 22 ganz unverkennbar das werkzeug ist, mit dem man oliven presst. Hoffmanns glosse 2246 ܒܕܐ ܒܕ ܡܥܨܪܬܐ ܒ البذ وهو ما يرسل على ما يعصر السيم. Buxtorf belegt 260 das wort aus dem talmûd, RDozy supplément I 56 weist بد im sinne dieses ܒܕ im arabischen nach. das *ἐλαιοτριβεῖον* Epiphans ist mithin gerechtfertigt.

בת kann füglich eine zusammenziehung aus בדת sein: ein بدة *gewalt* kennen die wörterbücher.

βάδος entspräche dem masculinum ﻛﺮ, *βάθος* und *βάτος* dem femininum בת. und zwar wäre *βάθος* die ungelehrte, *βάτος* die gelehrte, auf die ungeschriebene verdoppelung des aus דת entstandenen ת rücksichtigende aussprache.

Epiphanius 26, 3 lehrt, im hebräischen sei *χοῖνιξ* männlichen geschlechts. er kann nur בת meinen. das allerdings bei Isaias 5. 10 wie sich gezient weiblich, aber bei Ezechiel 45, 10 nach Gesenius 251 männlich ist: aus Epiphaus worten wird folgen, daß im vierten jarhunderte das ת in בת völlig unverstanden, und בת nur männlich war. wer בת für männlich ansah, durfte nur *βάθος*, nicht *βάτος*, sagen.

die tochter heißt hebräisch בת mit a, arabisch بنت mit i: in בת geht a neben i und ε (*Γεθ*) her: so möchte *βεθ* sich erklären lassen. עתה *jezt*, ein accusativ von עת = עדת *zeit*, ist sehr belehrend für das verhältnis von ﻛﺮ בת *βεθ*. Gesenius nennt an einer stelle, wo sie nicht zu nennen waren, monumenta II 104, als beispiele der zusammenziehung von dt in t = tt לת aus לדת. אחת aus אחדת und andere.

doch ist auch möglich, wenn gleich sehr unwarscheinlich, daß *βεθ* gar nicht einem בת, sondern einem כר entspricht. auslautendes ת schreiben die übersezer nicht selten *θ*, wie auslautendes ג *χ*, um die anhauchung der buchstaben auszudrücken. dies ist so bekannt, daß umgekehrt *Γολιαθ* = גלית, weil der Syrer sein *θ* für identisch mit dem von *ιωθ* Lagarde psalterium Hieronymi XIV onomastica I 206, 75 oder von *ϥωι.ῥθ* = דויד nam, Fragmenta 65, 41 73, 20 und oft als ܕܘܝܕ, daß *δαλεθ* = דלת Praetermissa 148, 19 und oft als ܕܠܬ erscheint.

da nach dem gesagten ﻛﺮ der stempel ist, welcher in der presse auf das zu pressende niedergedrückt wird, dürfte ﻛﺮ mit כר *ἀναφορεὺς φορεὺς μοχλὸς διωστὴρ σκυτάλη* identisch sein.

der ﻛﺮ arbeitet sehr gewaltsam, denn oliven werden nicht so one mühe zerquetscht wie weinberen: folglich muß der ﻛﺮ eine starke stange gewesen sein, so daß כר füglich *tragestange*, *hebel*, *vorlegebalken* bedeuten konnte.

dadurch, daß *βάδος* neben בת steht, ist unwiderleglich bewiesen, daß das maß בת nicht unter die wurzel בתת gehört.

הלל und הודה

So weit meine kenntnis der einschlagenden litteratur reicht, hat man sich noch niemals daran erinnert, daß es etwas anderes ist, den psalter, etwas anderes, die psalmen auslegen. dasselbe was ich in den Symmicta I 55 im jare 1870 für die ersten stücke des jüdischen canons, was ich ebenda 142 im jare 1876 für das jezt erste buch unter den propheten getan habe, tue ich hier für das jezt erste stück unter den hagiographen: ich frage, wie der psalter als ganzes zu verstehn ist.

ihn für ein zufälliges aggregat von liedern zu halten geht nicht an.

die zuerst bei Hippolytus von Rom erwänte einteilung des psalters in fünf bücher muß vom sammler selbst herrüren, da niemand glauben wird, daß irgend welcher spätere ansehen genug besessen, die schlußformeln 41, 14 72, 19 89, 53 106, 48 zu bestandteilen des heiligen textes selbst zu machen, was dieselben one frage bereits für den ältesten griechischen übersezer allesammt, was die des vierten buches für den verfasser von Paral *α* 16, 36 gewesen. hat aber der sammler sein werk eingeteilt, so hat er auch nach einem plane geordnet.

die fünf teile des psalters können nicht ursprünglich fünf einzelne hymnenbücher gewesen sein. wären sie das gewesen, so würde gott, falls anders יהוה und אלהים nach bestimmten grundsäzen abwechseln, allemal in ganzen büchern, nicht aber in teilen von büchern, unter gleicher bezeichnung vorkommen. nun hat aber das dritte buch des psalters in 84 bis 89 mehr יהוה, wärend es in 42 bis 83 meist אלהים verwendet. außerdem findet sich in elohistischen teilen יהוה, in jahwistischen אלהים zum beweise dafür, daß der gebrauch von יהוה und אלהים nichts charakteristisches für die einzelnen bücher als einzelne bücher ist.

alles erklärt sich durch die annahme, daß die fünf teile des psalters für fünf verschiedene teile des gottesdienstes bestimmt gewesen sind.

wie es für die einzelnen Israeliten je nach den umständen einen אל oder אלה oder אלהים oder יהוה gab, so auch für die gemeinde: es kann füglich ein fest mit der anrufung von אלהים anheben, und mit der anrufung von יהוה schließen: es kann füglich an einem bestimmten punkte der liturgie für angezeigt gegolten haben, unter die nennung יהוה's die אלהים's, unter die nennung אלהים's die יהוה's zu mischen.

bekanntlich finden sich einzelne psalmen des einen buches in einem andern wieder. ich kann mir nicht denken, daß die synagoge dies nicht bemerkt haben sollte. hat sie es aber bemerkt, so würde sie die wiederholungen beseitigt haben, wenn dieselben nicht einen ihr bekannten zweck gehabt hätten. dieser zweck kann nur der gewesen sein, der gemeinde oder aber dem tempelchore ein an verschiedenen tagen des synagogenjares beim gottesdienste gebrauchtes lied jedesmal in der gestalt in die hand zu geben, in welcher es an dem einzelnen tage gebraucht wurde.

schon der umstand stimmt für meine auffassung günstig, daß die ersten lieder des psalters, in dem 1 und 2 als vorwort galten, nämlich 3 und 4, abendlieder sind: der jüdische tag hob mit dem abende an, daher mußte eine für den gottesdienst bestimmte sammlung an irer spize abendgebete haben. daß die psalmen 113 bis 118 bei dem paschagottesdienste angewandt werden, kann helfen, den zweck des psalters zu ergründen.

die sammlung ist natürlich eine sammlung einzelner lieder, welche vielleicht von dem sammler selbst nach bedarf bearbeitet oder aus eignen mitteln vervollständigt worden sind. der ursprüngliche sinn eines jezt im psalter stehenden gedichtes braucht durchaus nicht der zu sein, welchen der sammler ihm unterlegte, so wenig wie der von dem sammler ihm untergelegte sinn der gewesen zu sein braucht, welchen die christliche kirche mit ihm verband. das leben nimmt seine narung überall her, und macht dasjenige was es ergreift, eben dadurch sich nuzbar, daß es dasselbe sich amalgamiert: so lange es eine geschichte gibt, ist es so gehalten worden. was nicht erlaubt werden darf, ist nur das, daß der verstand, das heißt hier: die protestantische dogmatik, das sich anmaße, was das leben tun darf, und das andere, daß christliche theologie sich herausneme zu behaupten, der sinn, welchen die christliche kirche aus einem alten schriftstücke heraushört, weil sie ihn im herzen trägt, sei auch der ursprüngliche sinn des verfassers dieses schriftstückes, welcher christliche gedanken und empfindungen im herzen zu tragen schlechthin außer stande war.

wer den psalter verstehn will, muß die ordnung des gottesdienstes kennen, bei welchem der psalter in anwendung kam. wer die psalmen verstehn will, muß zuvor den psalter verstanden haben. weil one weiteres gewiß ist, daß der sammler des psalters diejenigen psalmen, welche nicht von vorne herein für die sammlung angefertigt wurden, so zurecht gemacht haben wird, daß sie seinem zwecke dienten, alle interpolationen und textumgestaltungen mithin nur nach der idee des psalters erkannt werden können.

der gottesdienst der synagoge hat sich merere male geändert. er wird ein anderer im tempel Salomons, ein anderer im tempel des Esdras, ein anderer im tempel des Herodes, ein anderer in den am ende der römischen republik und zu anfang der Caesarenherrschaft an so vielen orten zu findenden proseuchen gewesen sein.

in welche epoche gehört nun der psalter?

sicher nicht in die epoche der proseuchen, weil er notorisch älter ist, als alle nicht in Palaestina selbst gelegenen proseuchen, man müßte denn proseuchen auch den zur zeit des Ieremias und früher nach Aegypten geflüchteten Juden zuschreiben. es wird sich unten erklären, warum der name תהלים den namen ܡܙܡܘܪ̈ܐ مزامير መዝሙራት፡ zu derselben zeit plaz machte, in welcher an die stelle des zerstörten dritten tempels endgültig die von da ab synagogen genannten proseuchen traten.

da nun an die zeiten des tempels Salomons niemand denken darf, weil eine lange reihe von psalmen ersichtlich spät ist, so bleibt nur übrig den psalter als das im tempel des Esdras gebräuchliche gesangbuch anzusehen.

mithin wird, wer den psalter auslegen will, sich eine vorstellung von dem gottesdienste des zweiten tempels zu verschaffen haben.

ich hoffe wenigstens eine kleinigkeit dazu beitragen zu können, eine solche vorstellung zu ermöglichen. daß im talmûd und den ihm gleichwertigen schriften vieles hergehörige steht, weiß ich: leider bin ich außer stande diese bücher ganz durchzulesen, um es zu sammeln, und one eine ganz vollständige sammlung der vorhandenen notizen wird man sicheres nicht gewinnen.

Wir haben im jüdischen canon mehr als eine stelle, in welcher die musikeinrichtungen des hebräischen und jüdischen gottesdienstes erwänt werden. am sichersten wird sein, von Nehemias 12. 27 ff auszugehn, weil wir da eine im wesentlichen auf Nehemias selbst zurückzufürende urkunde vor uns haben.

es wird die einweihung des zweiten tempels beschrieben. bei dieser sind Leviten und priester tätig. die Leviten wonen im landbezirke von Ierusalem, heißen משוררים, und müssen, um bei der feier mitzuwirken, besonders beschickt werden. daraus folgt nicht notwendig, daß sie beim gewönlichen gottesdienste nichts zu tun hatten: jedes außerordentliche fest wie die tempelweihe war eigens anzusagen. die Leviten wirken mit drei instrumenten: מצלתים, נבלים und כנרת. hingegen die priester sind in Ierusalem selbst angesessen: beim feste brauchen sie nach 34 חצוצרת. den Leviten wird 27 nachgesagt, daß sie חנכה ושמחה ובתודת ובשיר machen, wonach wir berechtigt sind, die תודת und den שיר auf ire drei instrumente zu verteilen, und vermutungsweise die תודה den מצלתים, den שיר den נבלים und כנרת zuzugesellen.

Paral β 5, 12 ff spielen unter Salomon die לויים משוררים auf מצלתים, נבלים und כנרת: sie stehn dabei unter der leitung von Asaph, Haeman, und Iduthun. inen zur seite werden priester genannt, welche חצוצרת blasen. hier werden נבלים und כנרת deutlich als כלי שיר bezeichnet. man meint aus 13 herauslesen zu dürfen, daß den priestern und iren חצוצרת zukam להלל, wärend es der Leviten sache war להודת. schreibt der gewärsmann sorgfältig, so gehören die מצלתים dem Asaph, die נבלים dem Haeman, die כנרת dem Iduthun. aus Paral α 16. 5 ergibt sich wenigstens, daß dem Asaph in der tat die מצלתים eigneten: noch Esdr α 3. 10 haben die söne, das heißt: nachkommen, Asaphs מצלתים in händen.

Paral α 16, 1—3 ist = Regn β 6. 17—19 anfang: Paral α 16. 43 ist = Regn β 6, 19 ende 20 anfang. Paral α 16. 8—36 ist eine zusammenstellung von Psalm 105. 1—15 96 106. 1 47 48. so bleibt in der erzälung, wie David die stiftshütte nach Sion bringt, selbstständig nur Paral α 16, 4—7. hier haben wir schwerlich den ursprünglichen text vor uns. es erscheinen auch hier wieder מצלתים, נבלים, כנרת und חצוצרת, allein die חצוצרת sind

42 den Leviten überwiesen, wärend sie in den vorher angefürten stellen den priestern eigneten, und auch 6 von priestern geblasen werden. auch daß 4 den Leviten nachgesagt wird, sie seien ולהזכיר ולהודת ולהלל. fällt auf, da Paral β 5, 12 das הלל allein den priestern zuzustehn scheint: G las für ולהזכיר vermutlich משמיעים = ἀναφωνοῦντας, was durch das fehlen von καὶ sich als echt erweisen dürfte: 5 ist nach בכלי wol שיר ausgefallen: freilich G ἐν ὀργάνοις = בכלים. es wird nicht ratsam sein, auf einen abschnitt, in dem so viel bedenkliches zu tage liegt, irgend welche ansichten zu gründen. jedenfalls auch hier vier instrumente.

Paral α 25, 1 ff ist etwas verlässiger, aber auch in diesem abschnitte ist der text nicht unbeschädigt. denn von Haeman wird 5 להרים קרן ausgesagt, und bei Asaph wird ein instrument gar nicht genannt. die redensart הרים קרן hat Regn α 2, 10 Ps 75, 5 6 89, 18 92, 11 148, 14 Thren 2, 17 einen ganz bestimmten sinn (das horn blasen heißt Iosue 6, 5 משך בקרן), so daß unter vergleichung von Paral β 29, 15 (wo בדברי יהוה neben כמצות המלך steht) nur übersezt werden dürfte: um auf gottes geheiß (dem könige) mut zu machen. sollte nicht nach Paral α 15, 16 להרים בקול zu schreiben sein? als für die עבדה zur zeit Davids tätig werden 1 die söne Asaphs und Haeman und Iduthun, werden 6 Asaph, Iduthun, Haeman genannt. die instrumente sind dieselben, welche wir bisher stets gefunden, nur ist ire reihenfolge unsicher: 1 מצלתים.נבלים.כנרת: 6 מצלתים, נבלים, כנרת. vers 6 dürfte das richtige bieten. ich vermisse die erwänung der חצוצרת, die unterscheidung von Leviten und priestern.

eine wichtige notiz gibt endlich der abschnitt Par α 6, 18—32. im musikantenpersonale des hauses Jahwes werden zu Davids zeit Haeman der nachkomme Cahaths, Asaph der nachkomme Gersons, Aethan der nachkomme Meraris aufgezält. die drei hauptabteilungen der Levitenkaste sind mithin in der heiligen kapelle vertreten. איתן für ידותון begegnet hier zum ersten male.

das ergebnis der bisherigen auseinandersezung ließe sich so zusammenfassen: die בני אסף — Gersoniden — spielten bei der tempelmusik die מצלתים, die בני הימן — Cahathiden — die נבלים, die בני איתן oder בני ידותון — Merariden — die כנרת. die leistungen dieser drei abteilungen zusammen hießen הודת. נבלים und כנרת fürten den gemeinschaftlichen namen כלי שיר. den priestern stehn die חצוצרת zu: was sie mit diesen verübten, hieß הלל.

mir fällt nicht ein, in betreff von חצוצרה etymologische untersuchungen anzustellen. ח kann ح oder خ, ץ kann ص ض ظ und sogar ط sein: man kann חצוצר von חצר ableiten, und zwar als فعلعل für חצרצר oder als افعولل (Kosegarten grammatica arabica § 339. 3 383. oder aber man kann es zu صرصر stellen. an einer stelle, an der so viel sandbänke und strudel drohen, lenke ich mein schiff vorbei: beobachtung des sprachgebrauchs reicht übrigens für meine zwecke aus.

Num 10, 2 wird ausdrücklich angegeben, zu welchem behufe Moses die ersten חצוצרת angefertigt hat: היו לך למקרא העדה ולמסע את המחנת. es wird Num 10, 7 ausdrücklich vermerkt, daß wer תקע בחצוצרה, etwas anderes bezweckte als wer הריע בחצוצרה. und Num 10, 8 erscheinen die חצוצרת als ausdrückliches eigentum der Aharoniden. היו לכם לחקת עלם לדרתיכם. musik wurde mithin auf den חצוצרת nicht gemacht: man gab durch sie signale.

man sollte, wenn man wörter der semitischen dialekte vergleicht, Genesis 11, 6—9 nicht vergessen. die dort erzälte sage kann doch nur auf grund einer beobachtung entstanden sein, und beobachtet wird man haben, daß die semitischen dialekte, welche für Semiten naturgemäß als ausgangspunkt der erwägungen dienten, gelegentlich gleichen wurzeln und wörtern verschiedene bedeutung gaben: daß der Semitismus اضداد besizt. daß wir uns oft — troz der viel genannten türkischen übersezung des Qâmûs durchaus nicht immer: denn die bildung der semitischen idiome liegt jartausende vor unsrer zeit, ist in einer der unseren völlig unverwanten periode der entwickelung des menschengeschlechts vor sich gegangen, und zwar one zeugen und one deutlich redende denkmäler — daß wir uns oft die verschiedenen bedeutungen desselben wortes aus einer einzigen ableiten können, oder aber uns einbilden, sie ableiten zu können, beweist nichts gegen mich. etwa עשק und عشق, לחם und لحم, אבה und أبى, חסר und ܚܣܕ, הוחיל und ܐܘܚܠ waren den Semiten gerade in den jarhunderten, in welchen sich ire dialekte im großen und ganzen noch wenig unterschieden. rätsel. welche sie nicht lösten. sondern auf die Genesis 11 erzälte weise bei seite schoben.

in betracht kommt auch hier was ich 6 8 über אל handelnd erwänt habe.

ich lene es also ab. die nach allen seiten auseinander stralenden bedeutungen von הל ܗܠܠ jezt auch Numeri *κγ* 19 عل unter eine einzige zusammen zu quälen. welche notwendigerweise eine blaß kranke sein müßte. und seze הל *er leuchtete* und הל *er schrie* als grundverschiedene urwurzeln neben einander.

ASprenger lehrt im leben Muḥammads III 527 nach arabischen gewärsmännern. عل II bedeute »er sagte die formel لا اله الا الله«, hingegen هل IV »er sagte لبيك«: über die تلبية siehe die chroniken von Mekka 1 9. 9 16. 4.

die formel لا اله الا الله ist islamisch: wenn عل II heißt sie hersagen. so wird das eine neue wendung der bedeutung der wurzel sein. welche selbstverständlich nicht semitisch sein kann. zu bedenken bleibt die möglichkeit. daß dies هلل aus عيلل entstanden sei. und عيلل ist eine ableitung eben jener formel. gehört also gar nicht zur wurzel هل: ERoediger de origine . . . . arab libr v t histor interpr 105 nennt es neben بسمل حولق استرجع تمدل حسبل سبحل حيعل جعلف جعفل بلكف.

ܗܘܠܠܐ ist der gegensaz zu ܐܠܝܐ = קינה *totenklage*. außerdem der name einer psalmodie: הלול der jüdischen Aramäer das hochzeitslied.

mithin ist sicher. daß הל nicht jeden ruf. sondern den neu erwachendes leben grüßenden. vielleicht den verpflichtenden ruf bedeutet hat.

ich möchte علال 'ሀለለ: ist lehnwort aus diesem عل erklären. nicht aus dem andern. was *leuchten* übersezt wird. denn بدر und قمر wie ירח ወርኅ: مرت 'wozu تاريخ' und סהר شهر ܣܗܪܐ ሠሀሮ: und סין der Assyrier und Homeriten sind so dunkler ableitung. daß man darauf verzichten sollte. irgend einen mondnamen — der gewiß stets zu den ältesten wörtern gehört — überhaupt. und gar aus einer wurzel *leuchten* zu erklären: außerdem ist der neumond bei den Semiten gegenstand religiöser verehrung. und von vorne herein warscheinlich. daß er mit rücksicht auf diese genannt worden: drittens hat man, vorausgesezt daß علال alt ist. nicht das recht. es als einen infinitiv anzusehen. sondern man muß es mit الاه und änlichen auf Eine stufe stellen. das heißt. qitâl für maqtûl nemen. dann wäre علال der mit لبيك angerufene.

die priester hätten, wenn sie הללו בחצוצרת, dem volke angezeigt, daß sie den irgendwie sich zu erkennen gebenden Jahwe grüßten. welches analogon der wandlung im mess-opfer als erscheinung Jahwes angesehen worden ist. darf ich hier dahingestellt sein lassen.

לוי ist kein name wie die namen der übrigen patriarchen. sondern ein adjectiv. לוי bedeutet sowol Levi wie Levit: zu לוי לויים vergleiche צידן צידניים: es wird Exod 6, 19 הלוי gesagt wie Iud 11. 23 האמרי und Gen 10. 16 היבוסי.

das hauptwort. von welchem לוי abgeleitet sein muß. ist nicht mit unbedingter sicherheit anzugeben. da es männliche oder weibliche form gehabt haben. da es mit שם von وسم, mit גו von גוה. mit פאה = فئة und מאה = مئة, oder mit סאה σάτον analog gewesen sein kann. die wurzel wird ولى oder لوى sein. ich ziehe lezteres vor. stelle mithin לוי neben ܠܘ̈ܐ, welches ich lange vor GHoffmann ZDMG XXXII 753 als mehrheit, und zwar als mehrheit eines verschollenen ܠܘܐ = לוה angesehen habe.

ich erinnere, bevor ich weiter schreibe, daran. daß so wenig ein gotischer könig in Attilas tagen das war. was ein deutscher könig des jares 1880 ist. ganz genau so wenig ein כהן und לוי am Sinai das gewesen zu sein braucht und gewesen sein wird. was er unter Salomon und Esdras war: ich erinnere weiter daran. daß wir auf dem gebiete der wissenschaft allesammt darauf angewiesen sind zu combinieren, und daß ich mir in folge davon das recht nicht nemen lasse, ebenfalls zu combinieren. und meine combinationen auch dann vorzutragen, wann sie andern nicht gefallen. subjectivität gegen subjectivität: es fragt sich nur. welche der über das altertum forschenden subjectivitäten dem altertume, das heißt. dem ursprünglichen leben. innerlich am verwantesten ist: denn diese wird recht behalten.

ich habe. an נלוה הגר עליהם Isa 14. 1 und בן הנכר הנלוה אל יהוה Isa 56, 3 denkend, lange die ansicht mit mir umhergetragen. die Leviten seien diejenigen Aegypter gewesen. welche sich den aus dem Nilgebiete nach Asien zurückwandernden Semiten angeschlossen haben. denn daß

Aegypter mit Osarsiph-Moses gezogen sind, wissen wir aus Exodus 12, 38 (Num 11, 4?): so spät diese urkunde ist, verdient sie in dieser nachricht glauben, weil es gewiß keinem mitgliede des rassenstolzesten und dünkelhaftesten volkes der erde freude machte zu gestehn, daß sein blut nicht ganz rein blau sei. aegyptische art ist in Israel erkennbar genug: die erzälung von den paradiesesflüssen (Lagarde armenische studien § 14) die beschneidung (Symmicta I 117, 27 ff) und vieles andere bezeugen es. die erzälung Exod 2, 1—10 braucht keinen andern wert zu haben als die fabeln der Perser, daß Alexander der große ein son des Darius, die der Aegypter, daß er ein son des Nectanebus gewesen: war Moses nicht israelitischer, sondern aegyptischer herkunft, so erklärte sich, warum er in den לוים, seinen mit ihm gewanderten stammesgenossen, vorzugsweise seine stüze suchte und fand (umgekehrt, aber doch sehr vergleichbar die انصار Muḥammads): es erklärte sich, warum die Leviten die geistige leitung der israelitischen nation übernemen konnten — sie waren eben als Aegypter im besize einer höheren kultur als diejenigen, mit denen sie ausgezogen waren —: es erklärte sich, warum die Leviten im gelobten lande nicht als wirklicher stamm auftraten: es erklärte sich endlich, was die aegyptischen quellen über den auszug der Israeliten aus Aegypten aussagen. Symmicta II 35.

Israel ließ in alter zeit die bundeslade vor sich hergehn. die ארן bedurfte eines geleites: die לוים mögen die sie geleitenden gewesen sein. vergleiche Regn α 6, 15 β 15, 24.

mag man diese oder jene oder irgend welche andere erklärung des namens לוי für warscheinlich halten, mag man כהנים und לוים für ursprünglich nahezu oder ganz gleichwertig oder ungleichwertig erachten, das alles gilt in unserm zusammenhange gleich wenig, für den allein der umstand von belang ist, daß im cultus zu der zeit, von welcher ich rede, כהנים und לוים unterschieden wurden.

ich seze meinen versuch fort, in den cultushandlungen einen sinn zu finden, da ich nicht der meinung bin, daß nur um ire lungen zu üben, die כהנים geblasen, nur des vergnügens wegen die לוים musiciert haben.

wenn הלל, das den priestern eignete, semitisch ist, so ist das den

Leviten zustehende הודת nur aramäisch und spät-hebräisch. اودى und አወደየ፡ (Dillmann 934) zeigen andern sinn als ܐܘܕܝ und הודה: möglich, daß nach einem systematischen studium der semitischen symbolik ein weiteres verständnis gewonnen werden wird, wie etwa שבח ܫܒܚ *er pries gott* sich durch die annahme mit سبح *er schwamm* vereinigen läßt. daß beim تسبيح (dies ist natürlich lehnwort bewegungen, namentlich stellungen der hände und arme, vorgeschrieben waren, welche den bewegungen der schwimmenden glichen: beachte schon مسبحة Lane 1291 Ḥarîrî[2] 680, 8 und das verhältnis, in welchem አስተዋደየ፡ zu dem doch nahe verwanten ܐܫܬܘܕܝ steht.

mich däncht, הודת bezeichne die zustimmung der durch die Leviten vertretenen gemeinde zu dem Jahwen von den priestern gespendeten gruße. sie ist so vielstimmig und vieltönig wie möglich, um auszudrücken, daß alles einig ist, den rum des den Aharoniden sich zeigenden gottes zu verkünden.

ܬܘܕܝܬܐ ist εὐχαριστία auch in dem streng kirchlichen sinne dieses von Suicer[2] I 1269ff Bingham lat[3] VI 230 ff = englisch[5] V 210 ff behandelten wortes. je tiefer die kirche sank, desto mehr wurde ܬܘܕܝܬܐ und ܫܘܒܚܐ auf das bekenntnis zu einer dogmatischen formel beschränkt, wärend sie ursprünglich die anerkennung des offenbarten lebens gottes und den dank für dasselbe bedeutete.

wenn mir möglich wäre, hier auf die opfer des alten testaments mich einzulassen, so würde ich besprechen, daß nach Lev 7, 11—21 der זבח השלמים in drei arten zerfällt, זבח התודה, נדר und נדבה, und daß, da נדר und נדבה unzweifelhaft auf specialfälle gehn, תודה ein generale, der dank für die gesammte fürung des lebens durch gott, sein muß.

Es wird sich jezt auch ein versuch machen lassen die namen in den überschriften der psalmen zu deuten. wenn man Psalm 88 לבני קרח neben להימן האזרחי liest, und Psalm 39 לידיתון neben לדוד, wenn man in eilf überschriften לבני קרח findet, so hätte von vorne herein für verboten gelten müssen, diesen formeln den sinn unterzulegen, als nännten sie verfasser, in der art, in welcher Scribe und Meilhac zusammen gearbeitet, haben die בני קרח, oder הימן mit den בני קרח, oder דוד mit ידיתון sicher nicht zusammen gearbeitet. wollte man annemen. in Psalm 88 und 39 seien zwei ursprünglich allein lebende angaben später zusammengeflossen, für בני קרח reicht das nicht aus: niemand hätte meinen dürfen, daß ein ganzes geschlecht einzelne psalmen gedichtet. etwa wie das apostolische symbolum aus bekenntnissen der einzelnen zwölf zusammengewachsen sein soll.

ich vermute. לאסף wie לבני קרח und alle änlichen ausdrücke haben den psalm der auffürung durch eine bestimmte riege der tempelmusik zugewiesen. wo dann möglich war. daß ein und dasselbe gedicht sowol den בני קרח als dem chore des הימן zuerteilt wurde.

לדוד ist mir kein hindernis. so gut es in Oxford und Cambridge Queens' und Queen's College neben Gonville and Caius und Balliol und Oriel = Oratoriolum. so gut es unter den professoren den Regius neben Margaret's und Savilian und Laud's und Hulsean und Lord Almoner's gibt. ganz genau so gut konnte im tempelchore die eine abteilung nach David. die andere nach Aeman oder Core oder sonst wem heißen.

auch das rürt mich nicht. daß eine reihe von psalmen dem לדוד zusäze beifügen. welche das gedicht auf vorgänge aus des königs David leben beziehen. denn einmal sind diese zusäze augenscheinlich wertlos: David wird zum beispiele. als er vor Abessalom floh, wenn er in dieser lage überhaupt »dichtete«, Jahwen ganz andere dinge vorgetragen haben als wir im dritten psalme lesen: abgesehen davon, daß individuelle poesien kaum geeignet sind gemeindelieder zu werden. sodann sind die überschriften dem Syrer unbekannt, mithin nicht ursprünglicher bestandteil. ich will gar nicht sagen. der einzelnen psalmen. sondern: auch nur des tempelgesangbuches.

es erklärt sich in diesem zusammenhange weiter. wie תהלים dem namen مزامير ܡܙܡܘܪ̈ܐ መዝሙራት፡ plaz gemacht. תהלה – gebildet wie תפלה תחנה תחלה تصرة SdeSacy § 628 Olshausen § 213[b] — macht תהלת. wenn es im eigentlichen sinne gebraucht wird, תהלים. wenn es übertragen — nicht in bezug auf den inhalt, sondern auf die äußerliche verwendung bezeichnet — werden soll. immer aber wird תהלה und ספר תהלים etwas gewesen sein. was auf den tempeldienst beschränkt blieb: was den proseuchen zu brauchen verstattet war, trägt, däucht mich, deshalb die bezeichnung מזמר, und diese mußte תהלים verdrängen, nachdem nach dem falle des tempels der تهليل der priester unmöglich geworden, und nichts als מזמרים noch denkbar waren.

den namen יהוה sprach bekanntlich der hohe priester Einmal im jare auch zu einer epoche aus, in welcher er sonst durch ארני ersezt wurde: am versönungsfeste. es ist in der ordnung, daß die אגדת של פסח den تهليل hausvätern schon erlaubt hat, als die priester noch im tempel des הלל warteten. Israel steht in der meinung der damaligen theologie dem nicht-Israel so gegenüber, wie der כהן dem עם הארץ, dessen beauftragter vertreter der לוי war: der פסח ist der geburtstag des priestervolkes, daher jedem Israeliten an ihm der تهليل wenigstens dem namen nach verstattet wurde.

Sehen wir die stammlisten Paral α 6 näher an, so ergibt sich, daß von Levi bis auf Aethan (Levi und Aethan selbst mitgerechnet) 14 glieder gezält werden: von Levi bis Asaph sind irer 15, von Levi bis Haeman 22, wärend die hohenpriesterliste von Levi bis auf Achimaas, den zeitgenossen Davids, der also auch zeitgenosse von Asaph, Aethan und Haeman sein müßte, 15 geschlechter aufweist. daran kann kaum gezweifelt werden, daß man in Israel über die reihenfolge der hohenpriester namentlich in der zeit vor Saul bescheid wußte: daß Achimaas der eilfte hohepriester — ich sage nicht: nach Aharon — war, scheint mir eine sichere tatsache. die eilf geschlechter der Aharoniden, welche zu Davids zeit gezält wurden, geben eine gewär dafür, daß die genealogie Aethans und Asaphs im wesentlichen richtig ist, da sie ungefär ebenso viele glieder zwischen der zeit Davids und den anfängen der israelitischen geschichte rechnet wie die genealogie der Aharoniden. zugleich aber sehen wir, daß die auf Haeman auslaufende reihe falsch sein muß: es sind in ihr 7 oder 8 namen zu viel. doch können wir noch hinter die warheit kommen. Haeman ist ein enkel Samuels, und Samuels stammbaum ist auch Regn α 1, 1 erhalten. ich neme an, daß von Elcana, dem vater des großen Samuel, merere genealogien umliefen, die Paral α 6, 18—23 (wo Elcana dreimal vorkommt), statt als varianten neben einander gestellt zu werden, über einander geschoben sind. im volke wußte man offenbar das geschlecht Samuels nicht über die namen hinauszufüren, welche in diesen varianten genannt werden: diese namen allein halte ich für die namen von einzelpersönlichkeiten: was Paral *α* 6, 22 und 23 über sie hinausliegt, sind eponymen von **בתי אבת**, die von gelehrter forschung dem wirklich bekannten stammbaume aufgesezt wurden. ich schreibe die namen, welche ich für identisch halte, untereinander: in der lezten reihe sind die obersten glieder in der urkunde verstellt: **עמשי** und **עזריה** sind das eine aus dem andern oder beide aus einem dritten verlesen:

ציף	תחו			אליהוא	ירחם	אלקנה
ציף	תוח			אליאל	ירחם	אלקנה
			עמשי		מחת	אלקנה
	תחת	× צפניה	עזריה	יואל		אלקנה

so verlieren wir 8 namen, und finden. daß Haeman als der vierzehnte von Levi im hause Cahath gegolten hat, ganz wie Aethan als der vierzehnte von Levi im hause Merari galt, und Asaph der fünfzehnte von Levi unter den Gersoniden sein wollte.

mich däucht. wir sind mit den namen Asaph, Aethan, Haeman als den namen von musikmeistern unter David durchaus auf geschichtlichem boden. das haus Samuels ist schwerlich nach seinem höchsten glanze so tief in den schatten getreten, daß seine angehörigen der nation aus den augen gekommen wären: Haeman, Samuels enkel, wird sich nicht anzweifeln lassen. das gleichweitreichen aber der stammbäume von Haeman, Aethan und Asaph spricht für die gleichzeitigkeit der drei, also auch für die geschichtlichkeit Aethans und Asaphs. man wird im zusammenhange dieser tatsachen den namen **איתן** für echter halten als den anderswo an seiner stelle erscheinenden **ידותון**.

Regn *γ* 5, 11 heißt Salomon weiser als **איתן האזרחי והימן וכלכל ודרדע בני מחול**, wobei dahingestellt bleibt, ob diese vier gerade zeitgenossen Salomons waren: man sollte es fast nicht denken. **בני מחול** ließe sich wie **בנת השיר** Eccl 12, 4 deuten. und neben **מחלי** = *Μοολει* stellen.

die stelle erläutert und ergänzt sich aus Paral *α* 2, 4 ff. dort hat

זרח, ein son des erzvaters Iuda, fünf söne זמרי ואיתן והימן וכלכל ודרע. weiterhin erscheint עכר בן כרמי als naher verwanter der ebengenannten.

dadurch kommen wir auf Iosue 7, 18 und עכן בן כרמי בן זבדי בן זרח בן יהודה.

offenbar sind wir in einem ganz andern überlieferungskreise als vorher. dort Leviten, hier Iudäer oder *ἄφυλοι*: dort namen, die in erbämtern sich erhalten haben, hier namen, die halt- und zeitlos in der luft schweben, oder aber im höchsten altertume unterzubringen sind. der verfasser der urkunde, aus welcher Paral *α* 2, 4 Regn *γ* 5, 11 geschöpft, hat offenbar von Aethan und Haeman als stammvätern zweier für den tempeldienst wichtigen familien keine kenntnis: er kann diesen tempeldienst selbst nicht kennen. da Esdras בני אסף, also im grunde alle drei familien nennt, werden wir zu dem schlusse berechtigt sein, daß der verfasser von Regn *γ* 5 Par *α* 2 zu einer zeit geschrieben hat, in der vom tempeldienste keine rede war, also nach 586 und vor 450.

der name איתן ist nun völlig gesichert, da ihn zwei von einander unabhängige überlieferungen bieten. die vergleichung dieser überlieferungen ergibt aber noch mehr als das negative resultat, daß ידותון unhaltbar ist.

Da unmöglich jemand zu gleicher zeit von väterlicher seite von Levi und von Iuda abstammt, kann איתן האזרחי nicht wohl איתן der Levit sein, oder wir müssen unsere bisherigen ansichten über die Leviten aufgeben.

nach der darstellung der Genesis 38 hat Iuda von der Thamar zwei söne, פרץ und זרח: lezterer hatte eigentlich anspruch auf die erstgeburt, allein sein zwillingsbruder sah tatsächlich das licht der welt vor ihm. תמר ist das land, welches von den *φοίνικες* = תמרים *Φοινίκη* genannt wurde. in diesem sollte von rechts wegen זרח die erste rolle spielen, das heißt אזרח, der autochthone, Lev 16, 29 18, 26 vgl Ps 37, 35: tatsächlich aber ist פרץ herr, das heißt, der gewaltsam eingedrungene fremde, der *λῃστής*, wie die bekannte inschrift bei Procop *Βανδιλ β* 10 den Iosue nennt. allein Israel vermochte nicht die ureinwoner völlig oder auch nur zum größeren teile auszurotten, und so wonten Phares und Zare als zwillingsbrüder nebeneinander. heißen הימן und איתן Ps 88, 1 89, 1 Regn γ 5, 11 אזרחי, oder heißt זרח Paral α 2, 6 der vater von Haeman und Aethan, so bedeutet das, die — wie wir anderweitig wissen, im tempeldienste an hervorragender stelle bediensteten — familien Haeman und Aethan waren keine Israeliten, sondern Phoenicier. sie galten aber als בני יהודה, weil ire wonsize in dem Iuda zugewiesenen gebiete lagen. sie konnten aber auch לויים heißen, weil sie ämter beim gottesdienste bekleideten. die celtischen Halloren zu Halle gehören politisch zur provinz Sachsen, halten sich für Deutsche, und könnten, da sie seit unvordenklichen zeiten das recht und die pflicht haben, die in Halle gestorbenen zur gruft zu befördern, auch kirchendiener genannt werden.

חלף

חלף II mit dem objecte שמלה bedeutet Gen 41, 14 Regn β 12, 20 *er vertauschte* = ἤλλαξε. die Syrer brauchen ihr ܚܠܦ II ebenso. namentlich gilt inen ܚܠܦ II vom wechseln des geldes: PSmith hat aus seinem Cyrill 367, 16 ܡܫܚܠܦܢܐ ܕܟܣܦܐ *ἀργυραμοιβοί* citiert: ich berufe mich auf meinen Epiphanius § 54, 25. das ח der wurzel lautet im arabischen خ.

von חלף II bildet sich das von Buxtorf 772 behandelte חלוף *ἄλλαγμα*. die phoenicische gestalt dieses wortes erkenne ich in *ὁ νῦν κόλλυβος ἀλλαγή* Iulius Pollux ζ 170, *κόλλυβον λεπτόν τι νομισμάτιον* derselbe ϑ 72. die consonanten sind, da *χόλλυφος* für Griechen so unhörbar und unsprechbar war wie *ϑρίχα*, verändert worden. vgl *Θάψακος* mit תפסח.

in FPassows wörterbuche finde ich II 1777[2] der fünften ausgabe die bemerkung »das wort soll phoenikisch seyn«: alle näheren angaben fehlen.

יהוה

Unabhängig von IClericus habe ich im Januar 1868 יהוה als ein causativum erklärt: siehe meine Symmicta I 104, 8 ff psalterium iuxta Hebraeos Hieronymi 153—158 armenische studien § 214.

da man den für solche entdeckungen als publicum in betracht kommenden leuten alles doppelt und dreifach sagen muß, bemerke ich,

daß erstens infecta der vierten form durchaus keine »der alten zeit fremde abstraction der namenfindung« voraussezen, wie die von mir 1874 angefürten. ausgiebig concreten beispiele יאיר ܡܛܥܡ يعضيد يعقيد يقطين hinreichend erhärten:

daß zweitens es nichts gegen mich beweist. daß ein causativ von היה = הוה im hebräischen nicht vorkommt. man nimmt den mund voll wie ein commissionär, wenn man sagt »in den jartausenden. die wir überblicken können. nicht vorkommt«. denn das älteste stück hebräischer sprache. welches wir übrig haben. ist die um 900 vor Christus fallende inschrift des Mesa — von David oder gar von Moses ist uns sicher keine zeile übrig —: die hebräische sprache geht durch das babylonische exil, also nicht vierhundert jare nach jener inschrift, als lebende sprache unter: nur technische formeln dauern noch in der talmúᴅischen epoche: der gegen mich angerufene Aharon der son des Elias aus Nicomedien sprach als muttersprache neugriechisch. schrieb um 1350 unsrer aera hebräisch nicht anders als ein heute lebender pandit sanskrit oder ein italienischer priester lateinisch schreibt, und beweist für den sprachgebrauch Davids oder Mosis genau gar nichts: es fällt uns also gar nicht ein. »jartausende des lebens der hebräischen sprache überblicken« zu können. allerdings stammt die punctation des jüdischen canons schon aus dem siebenten jarhunderte unsrer zeitrechnung: von einem in dem unpunctierten talmúᴅ vorkommenden ausdrucke weiß kein mensch, wie er im altertume gesprochen worden, also auch nicht. zu welcher form ein talmúᴅisches מהוה zu ziehen ist. von كان gibt es kein اكان, obwol von dem mit كان identischen כן ein הכין alltäglich war: umgekehrt braucht man اعوى, wenn schon ההיה unbelegbar bleibt. man könnte meinen. es liege in der natur der dinge. daß von einem zur copula gewordenen zeitworte ein causativum gewönlich nicht gebildet werde, sondern wenn es vorkommt. emphatischen charakter tragen müsse: man könnte sogar das fehlen von ההוה und der übrigen formen der vierten als beweis dafür ansehen, daß יהוה als causativum gedacht wurde: dann würde der heilige name gehindert haben, die wurzel in der form zu brauchen. welche ihn hervorgebracht hatte:

daß drittens nach altem sprachgebrauche die zweite und die vierte form des verbums sich überall erheblich von einander unterscheiden: daß mithin, wenn wirklich ein הוה II im talmúᴅischen eherechte vorhanden war. dies so gewiß nichts gegen die existenz von הוה IV beweist, wie هان II gegen die existenz von هان IV:

daß es viertens eine petitio principii ist, gegen oder für eine deutung von יהוה daraus zu argumentieren, daß יהוה alt oder aber jung sei. wir wissen, daß könig Mesa um 900 vor Christus den יהוה als den israelitischen gott dem כמש als dem moabitischen entgegengestellt, daß der hexateuch als ganzes der zeit des Perikles angehört, daß über das alter der abschnitte Exodus 3 6 mit sicherheit nichts behauptet werden darf. darüber, ob יהוה ein aus dem Semitismus überkommener ausdruck oder aber ein theologumenon ist, und darüber, welcher zeit er angehört, falls er das leztere wäre, darüber wissen wir aus unsern urkunden nichts, vorausgesezt, daß wir diese urkunden mit der andern urkunden gegenüber überall geforderten kritik benuzen. vermuten läßt sich, daß יהוה nicht semitisch, sondern ein israelitisches theologumenon, und zwar kein besonders altes theologumenon ist. denn יהוה mag zur ersten oder zur vierten form gehören, immer nimmt man als die dem הוה zukommende bedeutung *sein* an. הוה hat aber gar nicht ursprünglich die bedeutung *sein*, sondern die bedeutung *fallen*. darüber hat ASchultens im jare 1748 zu Proverbien 10, 3 gehandelt, und WGesenius im jare 1829 im thesaurus 375 geschrieben, paene recepta opinio est, primam significationem esse in cadendo, so daß es unzulässig ist, für diesen gemeinplaz HLFleischer als vermeintlichen entdecker aufzuloben. es muß also הוה schon in metaphorischer bedeutung üblich gewesen sein, ehe es einen gottesnamen יהוה hergeben konnte. in semitischer zeit würde יהוה als IV den fäller, als I den faller bezeichnet haben. lezteres würde höchstens passen, wenn man יהוה als baetyl, ersteres nur, wenn man יהוה = מפיל als gewittergott ansehen wollte: für keine der beiden ansichten haben wir eine empfehlung. folglich ist יהוה ein theologumenon.

es gehört eine übermenschliche geduld dazu, gegen üblen willen zu kämpfen, wenn er mit einem so ungewönlich großen maße von leichtfertigkeit und unwissenheit vergesellschaftet ist, wie in dieser frage zu tage tritt.

vergleiche Lagarde Symmicta II 221.

was den vokal anlangt, mit welchem das infectum der ersten seinen praeformanten ausspricht, so sollte man einsehen, daß bei den Hebräern nicht alle zeitwörter über Einen kamm geschoren gewesen sind. sogenannte gutturale können beigetragen haben, einen fremdartigen vokal zu erhalten, geschaffen haben sie ihn nicht: so wenig ישנא sein a dem א dankt oder יירש das seine dem ר oder יברח das seine dem ח — wir haben eben verba mediae i vor uns —, ganz genau so wenig rürt das a von יחתה und anderen bei Olshausen § 210[a] verzeichneten von ח oder ע her. vielmehr wie ישב = وثب den praeformanten des imperfects mit i, קם mit a, אכל mit á, אזל und אתה mit i sprechen und seit unvordenklichen zeiten sprachen — die Aegypter werden es uns noch einmal erweisen —, ganz ebenso ist bei הוה den Hebräern die urform des imperfectum YHWAY noch in späten tagen geblieben und stets von (YAHWÎ oder) YAHWE so wesentlich verschieden gewesen, daß nicht etwa ein YAHWE ein archaisches YIHWE hat sein können.

כר

Da die arabischen wörterbücher unter كر ein hauptwort كر auffüren, welches ein maß trockner dinge bezeichnet, scheint zweifellos, daß כר mit كر identisch ist.

Zamażšarî sagt in der مقدمة الادب nur كر دوازده وسق, wo شست صاع = وسق, so daß der كر 720 صاع wäre. der Qâmûs I 647 beschränkt das wort auf Irâq كر بالضم مكيال للعراق وستة اوقار حمار وهو ستون قفيزا واربعون اردبا, woraus zu folgen scheint, daß die καπίθη = καπέζις = قفيز = կապիճ = קפיז = كويژ Lagarde armenische studien § 1108 Symmicta II 128 BZuckermann das jüdische maßsystem 38—40 sich zur ἀρτάβη so verhielt, daß 60 καπίθαι = 40 ἀρτάβαι waren.

da Lucas 16, 7 κόρος vorkommt, und da G auch an stellen, in denen nicht כר, sondern חמר im urtexte steht, κόρος verwendet, ist gewiß, daß der כר auch in südwestAsien, nicht bloß in Babylonien üblich gewesen ist.

dies folgt, die richtigkeit der gleichung כר = كر vorausgesezt, auch daraus, daß die Griechen κόρος mit Einem ρ schreiben. denn wenn حران = حرن = حران Κάρραι, das arabische מר = مر = μύρρα lautet, wird κόρος = כר derselben landschaft angehören, welche עזה Γάζα, צר Τύρος, כביר

Κάβειρος, כתים *Κίτιον*, כנר *κινύρα*, בת *βάθος* oder *βάτος*, כד *κάδος*. קב *κάβος* sprach, das heißt, es wird in Palaestina zu hause sein.

Epiphanius 21, 7 allerdings leitete כר nicht von כרר, sondern von כרה ab. zu seinem *χορ* vergleiche die glosse in meiner Genesis zu 2. 13. *λέγεται*, meint Epiphanius, *ἀπὸ τῆς τοῦ βουνοῦ ὑποθέσεως· χαρια γὰρ καλεῖται βουνάς· βουνισθέντες γὰρ οἱ τριάκοντα μόδιοι ποιοῦσι φορτίον καμήλου.*

ܟܪܝܐ ist vorhanden. Elias von Nisibis in meinen Praetermissa 79, 100 erklärt es طرام الحنطة: die vokale der handschriften habe ich nicht angemerkt. GHoffmanns glosse 4853 spricht *χιρια*: von weizen und gerste — roggen und hafer wurden eben nicht gebaut — bedeutet dies *χιρια* was von stroh — abfall, sollte ich für uns verständlicher sagen — auf dem worfelplaze gereinigt und an Einer stelle gesammelt wird (مكنسة *besen*) = حنطة منقاة oder كرى. des in Palaestina geborenen Juden Epiphanius landsmann, der die Paralipomena ins »chaldäische« übersezt hat, gibt *β* 31, 6 ערמת durch כירוון: andere landsleute. C¹C⁷, Exodus 8, 14 [= 10] Numeri 11, 32 חמרים durch כרוון, das im Exodus den vokal a für sein כ erhält, mithin genau zu Epiphans *χαρια* stimmt. schon der alte Ascher hat die von SDLuzzatto 54 bestätigte bemerkung gemacht, daß der traktat נדרים in der sprache von den übrigen traktaten des talmūd abweiche: SDLuzzatto nennt נדרים und נזיר palaestinisch, und נדרים 19² steht כרי für haufen. Nathan קיט² (1532) gibt nichts näheres. bemerke, daß für ܟܪܘܢ Exod 8, 14 nach FField hexapla I 163 eine glosse nötig ist, mithin ܟܪܘܢ später oder in manchen gegenden unverständlich war. PSmith 1806 1807.

كرى in Hoffmanns glosse ist der plural des im spanischen nach Dozy-Engelmann² 93 als alcora fortlebenden كرة, das sich zu √كرا verhält wie لغة zu لغا: was Kosegarten § 656 bietet, genügt nicht, weil امة شفة سنة schwerlich für اموة سنوة شفوة stehn. also nur كرة und ارة für die regel beweiskräftig sind: WWright² I § 299ᶜ nennt allerdings wie Kosegarten امة سنة شفة, aber هنة لثة لغة daneben. man denke noch an برة und ذرة. der plural كرى von كرة hat seine analogie an لغى von لغة: da كرة — pedantisch gesprochen — für كروة gilt, vergleiche man auch لحى حلى قرى von لحية حلية قرية. man lese auch Olshausen § 147ᵇ.

ist nun كرة von كرا möglich, so ist كر one tašdîd von كرا wenigstens höchst unwarscheinlich, denn يد stammt nicht von يدا, sondern die spätere sprache, welche trilittera als die regel erachtete, hat so getan, als stamme es davon oder von يدد. allenfalls darf man mit Olshausen 146ª שד = ثدى herziehen: bedenke עד von عدا: das von Olshausen 159 verzeichnete שד lobs = ثدى würde genau zu כר stimmen. nimmt man diese erklärung an, so würde das RR des iràqischen كر wie das DD des von Fleischer in den glossis habichtianis I 9 belegten, mir aus christlich arabischen handschriften sehr geläufigen يد = YADD anzusehen sein.

für die durch Epiphanius überlieferte erklärung des כר mag iren urhebern gesprochen haben, daß *κόρος* Levit 27, 16 Num 11, 32 Ezech 45, 13 von G für חמר gebraucht, und חמרים Exod 8, 11 = 10 den sinn von *θημωνία* hat, welches *θημωνία* ΑΘ Iob 21, 32 G Iob 5, 26 (dieser mit *ἅλωνος*) für גדיש, G Cant 7, 3 für ערמה, also so brauchen, wie Epiphanius es für sein *χαρια* wünschen muß: *σωρὸς δραγμάτων* Hesychius. כר wäre wie חמר *haufen*: erst danach ein bestimmtes maß.

G gibt Sophonias 2, 9 מכרה מלח *θημωνία ἅλωνος*. wo c *ἁλός* hat: SBochart hierozoicon γ 16 = opera³ II 872 weiß von der lesart *ἅλω[νος]* nur aus ע (عرمة البيدر), da er c oder einen abdruck von c benuzt, erläutert aber מכרה *θημωνία* aus כרוון C¹ Cᵀ Exod 8, 10 [= 14 und dem talmûdischen כרי. ich weiß, daß die classiker *θημονιά* gesprochen haben sollen.

לתך = *λεθέκ*.

Epiphanius erklärt 21, 8 *ἔπαρμα*. Gesenius im thesaurus 764 läßt לתך ab effundendo gesagt sein, was FMühlau und WVolck wiederholen: die etymologie steht mit der bekannten des lucus a non lucendo auf Einer höhe. ERoediger hat 96 zu Gesenius nichts nachzutragen gefunden, und Mühlau und Volck wissen, trozdem BZuckermanns buch über das jüdische maßsystem schon 1867 erschienen ist, noch 1878 aus 15 16 desselben nicht, daß der talmûd לתך merere male braucht.

Epiphans *ἔπαρμα* erläutert sich aus der von Zuckermann citierten stelle בבא מציעא 80, welche jeder jezt in ASammters übersezung 80 und in IMRabbinowicz législation civile du Thalmud III 355 nachlesen kann. es wird lonen Abûlwalîd 360, 9—12 anzusehen, dessen ثلثين وستة الالف درهم

= den ג אלפים ושש מאות אונקיאות Salomon Parchons 34[2] sind: das heißt, der כר = חמר ist auf 7200 nuzen gerechnet, denn der לתך ist der halbe כר = חמר. wenn Abûlwalîd den לתך für den فالج erklärt, so muß Lane 2437[1] verglichen werden, bei dem الكرّ المعدّل sich aus Epiphanius § 21, 19 erläutert. AMerx hat in seinem archive I eine jüdisch-arabische übersezung des Osee veröffentlicht, in der חמר = جريب գրիւ Lagarde armenische studien § 536) und לתך = نصف ist.

die wurzel לתך existiert im syrischen, one daß ich absähe, wie sie zur erklärung unsres wortes zu nuzen wäre. Hoffmanns glossen 5287 —5290 1955 7203 Athanasius 33, 16 46, 1 Praetermissa 113, 10.

עירד

Nach dem vorgange von Philipp Buttmann (mythologus I 152 ff) und ChrKIBunsen (es genügt sein bibelwerk, bibelurkunden I 51 ff, zu citieren) stellt man aus Genesis 4 5 jezt vielfach folgende tafel zusammen

יהוה	שת
אדם	אנש
קין	קינן
חנך	מהללאל
עירד	ירד
מחויאל	חנך
מתושאל	מתושלח
למך	למך

und macht darauf aufmerksam, daß die listen zwei namen, חנך und למך, geradezu gemein haben, daß קין dem קינן, עירד dem ירד, מחויאל dem מהללאל, מתושאל dem מתושלח sehr änlich sehe. man schließt aus diesen tatsachen, daß die hebräische überlieferung ursprünglich nur Eine genealogie der ältesten menschen gehabt, und erst später, nachdem sich in diese genealogie varianten eingeschlichen, zwei listen entstanden seien.

zuvörderst muß bemerkt werden, daß G in allen echten texten einen מתושאל gar nicht kennt, sondern den vater des Lamech, der von Cain abstammt, ganz wie den vater des von Enos hergeleiteten Lamech מתושלח nennt, wodurch die übereinstimmung noch größer wird.

Genesis 4, 18 *Μαθουσάλα* = ⲙⲁⲑⲟⲩⲥⲁⲗⲁ (auch die pariser handschriften nach AFallet one variante) = Մաթուսաղա (fast so auch der unter Ephraims von Edessa namen laufende armenische commentar 36. 15) = ማቱሳላ፡ in einem scholion von b. welches ich auch in meinem r gefunden, lesen wir: *παρὰ τοῖς ἑβδομήκοντα Μαθουσάλα κεῖται. τοῦτο δὲ πλάνη γραφική ἐστι. ὁ γὰρ Μαθουσάλα ἐκ τῆς συνεστώσης γενεᾶς ἐστὶ τοῦ Σήθ. ὁ* + *γὰρ* r *ἀπὸ τοῦ Κάιν Μαθουσαλὰ καλεῖται, ὃς ἐξώρισται μετὰ τῶν λοιπῶν.* diese worte stehn unter der aufschrift *ἀδήλου* auch in der catene des Nicephorus I 116, wo nur der nachkomme Cains *Μαθουσαλᾶ* geschrieben wird. dieser scholiast will also den frommen und den gottlosen durch den accent unterscheiden: später ist man dreister geworden. in Holmes 130 hat der rand mit roter farbe *παρὰ τοῖς ο Μαθουσαλα ἔκειτο, ὃ παραδιωρθώσαμεν, γραφικὴν εὑρόντες πλάνην οὖσαν. ὁ γὰρ Μαθουσαλα υἱός ἐστιν τοῦ Ἐνώχ, ἐκ τῆς συνεστώσης γενεᾶς τῶν ἀπὸ τοῦ Ἀδάμ, ὁ δὲ Μαθουσαὴλ ἀπόγονος ὢν τοῦ Κάιν ἐξόριστος ἀπὸ τῶν λοιπῶν τῶν ὄντων κτέ.* ziemlich dasselbe soll unter dem namen des Origenes codex 127 geben. Holmes merkt aus 16 130 134 *Μαθουσαηλα*, aus 71 *Μαθουσαηλ* an: et sic in primo loco cum *ηλ* a manu secunda in rasura, in secundo loco *Μαθουσαηλα* 131. ich habe in meinem r *μαθουσαηλ* als correctur des MCrusius gefunden. der Syrer Cerianis hat das bei ihm zu erwartende ܡܬܘܫܠܚ (monumenta II 16).

ob bei Iosephus *α* 2, 2 in allen handschriften *Μαθουσάλας* gelesen wird, hoffen wir aus BNieses ausgabe bald feststellen zu können. Philo *περὶ Κάιν ἐκγόνων* 21 (= I 239 Mangey) hat nicht allein *Μαθουσαλα* auch unter Cains nachkommen, sondern erklärt sogar *ἐξαποστολὴ τοῦ θανάτου*: da שלח in G oft genug durch *ἐξαπέστειλε* gegeben wird (KKircher 1992ff), ist völlig gewiß, daß Philo Genesis 4. 18 nicht מתושאל, sondern מתושלח gelesen. ein scholion in meinem r *Μαθουσαλα θάνατος ἐξαποστελλόμενος* will auf dieselben vokabeln hinaus, welche Philo suchte. *Μαθουσαλὰ* in meinen Onomastica I 203, 11 geht nach dem accente auf den Cainiten: die übersezung *διὰ πρόσωπον λαλήσας. ἀπεσταλμένος* ist nicht ganz verständlich. Hieronymus sezt ebenda I 8, 10 eine glosse Mathusale mortis emissio (so FH, concussio B) vel mortuus est et interrogavit zu Genesis 5. 21 — einer stelle, in welcher מתושלח von niemandem bezweifelt wird:

das mortuus est et interrogavit entspricht ebenso augenscheinlich dem מת ושאל = מתושאל der Genesis 4, 18 im synagogentexte und bei Origenes, wie mortis emissio das zu Genesis 4, 18 alter lesung gehörige ἐξαποστολὴ τοῦ θανάτου Philos ist.

über den מחויאל oder מחייאל unsres textes ist vorläufig nichts unbedingt sicheres zu sagen. Philo περὶ Κάιν ἐκγόνων 20 (= I 238) erklärt den namen, welchen er — oder tun es nur unsere drucke seiner werke? — Μεηλ schreibt, durch ἀπὸ ζωῆς θεοῦ, hat mithin מחיי אל in dem namen gesucht und Genesis 4, 18 unzweifelhaft nicht מהללאל gelesen. Hieronymus OS I S. 9 folgt dem Philo, wenn er außer quis est dominus deus = מי הוא יה אל zu Mauiahel ex vita deus sezt. bei Theophilus an Autolycus β 30 hat die venediger und hat die oxforder handschrift Μεηλ, wo Fell und Wolf Μαλελεηλ haben drucken lassen. Μαηλ, was mit Μεηλ identisch ist, bieten bei mir Aemr. eine fülle minuskeln bei Holmes, und der Armenier. dem מחויאל entspricht so ziemlich Μαουιηλ meines E, aus dem mir Ds μαουια und das bei Wilkins (aus dem huntingdonianus 33?), in folge davon bei mir, und in einem pariser codex Fallets auftretende ⲙⲉⲟⲩⲓⲁ verstümmelt scheint (Λ wurde Α gelesen). obwol Cyrill I 21[c] einen nominativ Μαουΐας und einen accusativ Μαουΐαν vorfürt. hat aber Holmes recht, die glosse seines 130 Μαουιναν ωϱγ forte pro ωϱιγ = ωϱιγενης zu deuten, so würde Μαουιαηλ (denn das muß μαουιναν meinen) eine correctur des dritten jarhunderts sein, für welche ich es von anfang an gehalten habe: Μαουηλ und Μαουιηλ wären ebenso verstümmelungen dieses origenischen Μαουιαηλ wie das schon erwänte Μαουια-ς Cyrills.

diesem Μεηλ und Μαουιαηλ steht nun in abz Μαλελεηλ, bei dem Aethiopen መላልኤል፡, in Fallets Copten ⲙⲉⲗⲉⲗⲉⲏⲗ gegenüber, welches dem sethitischen מהללאל ganz genau entspricht. mindestens also ist erwiesen, daß מחויאל nicht die einzige lesart in Genesis 4, 18 war: da wir schon drei namen in den beiden listen identisch fanden, und die annahme unmöglich scheint, daß in alter zeit ein Sethitenname absichtlich in die Cainitenreihe übertragen sein sollte, möchte ich Genesis 4, 18 מהללאל für ursprünglich erachten.

ich kann mir auch denken, warum מהללאל in Genesis 4. 18 beseitigt wurde: der name klang für einen Cainiten zu fromm: ist die deutung des מחויאל oder מחייאל *von gott geschlagen* richtig, so spricht sie für mich. denn einmal wird der frechste gottesleugner — und als solchen dachte man sich ja jeden Cainiten — sicher nicht ein neugeborenes kind *von gott geschlagen* nennen: das kann nur ein diaskeuast oder ein lexicograph für möglich halten. sodann ist מחה *er schlug* ein Aramaismus: ܡܚܐ = مخص steht für מחץ und ist von מחה = محا himmelweit verschieden. nur ein ganz später Hebräer, dem aramäisch muttersprache war, war im stande מחויאל *von gott geschlagen* zu bilden: die variante מחייאל scheint ursprünglicher, da קטול aramäisch ܩܛܝܠ lautet.

die Elohim-urkunde ist es, welche diesen sprachfehler begangen hat: sie muß aus aramaisierender zeit stammen. wenn G Genesis 4, 18 wirklich **Μαλελεηλ** gegen **Μαουιαηλ** oder **Μεηλ** bevorzugt hat, ist die Cainitenliste ihm nicht bloß aus dem buche, sondern aus dem leben bekannt gewesen.

mithin ist fast gewiß, daß nach G die beiden listen nicht zwei, sondern vier namen identisch haben.

dieser umstand gewinnt dadurch an bedeutung, daß G sich im namen עירד als höchst unterrichtet erweist. denn **Γαιδαδ** kann seines *γ* und seines *αι* wegen nicht lesefehler, sondern muß alte überlieferung sein.

Γαιδαδ ist eigentlich one variante überliefert. im armenischen Ephraim I 36. 15 ist գեդադ leicht aus վեդադ hergestellt: *γαϊδα* am rande meines r ist wol nur schreibefehler. ebenso Γαιδαλ einer handschrift bei Fallet. *γαιδας* bei Theophilus an Autolycus *β* 30 würde, wenn es auf handschriften beruht, graecisierung von *γαιδαδ* sein: գայեբիդադ der Armenier ist ein offenbarer fehler. zu dessen entstehung עירד Hs und Cerianis ܚܕܪ mitgewirkt haben mögen.

Philo *περὶ Κάιν ἐκγόνων* 19 (I 237) erklärt *ποίμνιον*. dies beweist, daß Philo עירד in einem hebräischen codex gelesen, und das vermeintlich oder wirklich gesehene עדר in einem wirklichen wörterbuche nachgeschlagen hat. עדר ist oft durch *ποίμνιον* übersezt: von **Γαιδαδ** konnte niemand auf *ποίμνιον* kommen.

Wie Iosephus den namen gesprochen hat, werden wir durch BNiese lernen. α 2, 2 liest man *Ιαρεδης*, in der lateinischen übersezung Iarad: ich vermute *Αιραδης* sei das richtige. hat Iosephus *Ιαρεδης* oder *Ιαραδ* geschrieben, so würde עירד der Cainiten mit ירד der Sethiten sich decken.

Hieronymus hat עירד, wol wegen der abweichung der hebräischen von der griechischen form, in seinem onomasticum ausgelassen. denn da die drei namen Irad Iram Iras in den verschiedenen handschriften dieses onomasticum an verschiedenen stellen stehn (in FH zwischen יובב Gen 10, 29 und ישכה Gen 11, 29 — wo sie alle drei unpassend sind —, in B zwischen יתת Gen 36, 40 und ימואל Gen 46, 10 — wo wenigstens Irad nicht geduldet werden durfte), so wird der schluß erlaubt sein, daß sie als zusaz eines gelehrten lesers, welcher sie vermißte, am rande eines exemplares nachgetragen waren, und von da her in verschiedenen abschriften an verschiedenen pläzen eingeschaltet worden sind. auch die erklärung von עירד durch civitatis descensio (עיר und ירד) stimmt nicht zu dem sonderbaren *Γαιδαδ τετειχισμένη* Onomastica I 180, 54 (woher das femininum?), dürfte also nicht alt sein.

G hat durch sein *Γαιδαδ* bewiesen, daß der name ihm noch aus lebendiger überlieferung bekannt war. *γομορ* = עמר (اغمار *δράγματα* Psalm 128, 7 in ע^{P}ע^{n}. vgl ע^{s} مغمر, C 129, 7 מעמר), *Χοδολλογομορ* = כדרלעמר, *Θαργαλ* = תרעל (sollte *Θαλγαλ* aus *Θαδγαλ* verlesen sein? jedenfalls haben alle zeugen *γ* für ע), *Ρεγμα* = רעמה, *Γομορρα* = עמרה, *Γάζα* = עזה, *Γαι* = עי, *Σογορα* = צער, *Γαιβαλ* = עיבל lehrt, daß diese namen den ältesten übersezern nicht bloß aus der rolle bekannt waren, welche sie zur übertragung vor sich hatten: die namen sind also nach mereren richtungen hin von bedeutendem werte. dasselbe was von inen gilt, wird auch von עירד gelten, wenn G dafür *Γαιδαδ* hat, nur daß allerdings ein fehler in unserem texte angenommen werden muß.

עירד ist nach analogie von הידד und עיבל zu sprechen: es gehört zu غد. Olshausen § 181^{a} Kosegarten § 676. *Καιναν* = קינן unsrer liste ist wol nur scheinbar analog, da es vermutlich nicht zu قن, sondern zu قين steht.

was Iosue der son Levis in בראשית רבה 23 über die namen der Cainiten insgesammt und עירד insbesondere vorträgt, unterneme ich nicht zu deuten. wann werden wir von den ältesten denkmälern der nachbiblischen litteratur der Juden brauchbare ausgaben besizen, die so one unnüze gelehrsamkeit bearbeitet sind wie MSZuckermandels תוספה?

wenn die Cainiten wirklich dieselben namen tragen wie die Sethiten, muß *Γαιδαδ* als die älteste gestalt von עירד und ירד gelten. er steht in einer Iahwe-, nicht in einer Elohim-urkunde.

Nöldeke ZDMG XXXII 101, 23 Lagarde Symmicta II 95 § 10.

שרק

Wie die Phoenicier das participium activi ausgesprochen haben, ist noch nicht gewiß. daß die Punier genau dieselben vokale gehabt haben wie die Carthager, und zwar zu allen zeiten, will mir nicht glaublich scheinen. aus den seit Bochart viel genannten formen rufe = רפא *arzt*, iusim = יצאים *exeuntes*, suffes doch wol sufes?) = שפט möchte ich daher gegen das allerdings nach allen richtungen hin bedenkliche *ζωφησαμην* = *οὐρανοῦ κατόπται* = צפי שמים Sanchuniathons nicht operieren. aber wenn die Griechen *σύριγξ* haben, so haben sie vermutlich ein particip der wurzel שרק in altphoenicischer form, von dem dann weiter *συρίττειν συρίσδειν* in Griechenland selbst hergeleitet worden sind.

GCurtius[5] 287 erklärt *-ιγξ* in *σάλπιγξ φόρμιγξ λᾶιγξ πλάστιγξ* für »individualisierend«, wobei ich mir nichts zu denken vermag. wie das niederländische die französische endung -esse stark, und auch da verwendet, wo es eigne mittel des ausdrucks hätte, so kann *-ιγγ-* aus einer fremden sprache in das griechische gedrungen sein. da das allein stehende פלס Prov 16, 11 Isa 10. 12 *ῥοπὴ σταθμός* bedeutet, wäre nicht unmöglich, daß gleich *πλάστιγξ* ein mit der fremdartigen endung belastetes פלסת gewesen. für vollkommen entscheidbar halte ich derartige controversen nicht. कपृथ् bespricht RRoth ZDMG II 229, und sezt das avestische kameredha daneben. die Araber aber nennen dasselbe glied كمرة Avicenna I 563, 25 566, 18: wo ist die heimat? welche die etymologie? die كمرة ist so alt wie die schöpfung, und jeder mann trägt sie.

תולדה

So lange hebräisch geredet worden ist, hat הוליד בן bedeutet *er zeugte einen son*. denken wir nun Araber an der stelle von Hebräern, so würden sie von اولد und ولد II توليد oder توليدة, auch wol تولدة, herleiten, nur mit dem bemerken, daß diese bildungen zur vierten zu ziehen nicht mehr üblich sei, da man sie als derivate der zweiten zu brauchen sich gewönt habe. ܐܘܠܕܐ النسل Praetermissa 10, 3.

ECastle 943 citiert Avicenna I 142, 12 البصل ع يضر بالعقل لتوليده الخلط = *weil sie schleim erzeugt.*

danach kann תולדת אברהם nur dasjenige sein, was Abraham erzeugt hat, das heißt, Abrahams söne und nachkommen.

ist dies der sprachgebrauch, so müssen wir ihn überall fest halten.

dann aber ist Genesis 2, 4 fehlerhaft, denn in dieser stelle ist der sprachgebrauch nicht fest zu halten.

bekanntlich streiten die allezeit uneinigen ausleger noch darüber, ob der vers ganz oder teilweise überschrift oder ganz oder teilweise unterschrift sei. die entscheidung ist für diese untersuchung gleichgültig. תולדת השמים והארץ kann in dem einen wie in dem andern falle nur bedeuten *dasjenige was himmel und erde erzeugt haben.* himmel und erde haben aber nach hebräischer vorstellung gar nichts zu erzeugen: zu anfange der Genesis haben sie es erst recht nicht, wo alles darauf ankommt, Jahwen als ursache und herrn der welt darzustellen, welcher, weil er dies ist, das recht und die macht habe, den sich zu ihm bekennenden (Iosue 24, 15 Lagarde Symmicta I 55, 10) das gelobte land auch ein anderes mal zu schenken.

die מסרה berichtet I 81 (Frensdorff) תולדות ב מלא דמלא, wozu Frensdorff »die form findet sich dreizehnmal in der bibel: zweimal (Gen 2, 4 Ruth 4, 18) doppelt plene: einmal (Gen 25, 12) doppelt defectiv: dreimal defectiv nach ת und plene nach ד (Gen 36, 1 9 37, 2): die übrigen sieben male plene nach dem ת und defective nach dem ד« [wie es sein sollte = taulidât]. vergleiche בראשית רבה bei Ramon Martinez pugio fidei III 2, 8 (seite 481 Voisin). ich möchte auf diese tatsachen kein gewicht legen, da änliches oft genug vorkommt, one von wert für die kritik des textes zu sein.

ich glaube nicht, daß Genesis 2, 4 תולדת so, wie die Tiberienser es sprechen, gesprochen werden dürfe.

in meinen hagiographen 206, 5 wird der Esther vorgeworfen, daß sie עמה ותלדותה nicht angezeigt: es gibt mithin ein תלדו *herkunft*. ebenda 214, 9 heißt es vom menschen בתילדותיה בכיא: es gibt mithin ein תילדו *geburt, der vorgang des geborenwerdens*.

sollte nicht dies leztere wort Gen 2, 4 gesucht werden müssen? das durch בהבראם erklärt wäre? vergleiche die parallelen in der nachher aus בראשית רבה angezogenen stelle. wenn wir das ' Hagiogr 214, 9 gelten lassen, läge eine form wie תירש *most*, תלבשת *kleidung* vor: doch wäre des Samaritaners תולד zu erwägen, neben dem תלוד aus Adlers evangeliar zu stehn käme, bildungen, auf welche näher einzugehn ich außer stande bin, neben denen ich aber das über تلد* von اتلد (= ولد, VIII, vgl تخذ und تخم Lane 298c 299a) herstammende تلاد Ḥamâsa 31, 13 تليد Ḥamâsa 699, 23 Ḥarîrî² 317, 6 wenigstens erwänen will.

ich würde die vermutung nicht geäußert haben, wenn nicht aus dem hexateuche selbst ihr ein helfer erstünde.

ehe ich ihn herbeirufe, muß ich freilich behaupten, daß Gen 36, 8 die worte ואלה תולדת עשו אבי אדם als fehlerhafte wiederholung aus vers 1 zu streichen sind. der augenschein hilft mir.

erinnern wir uns an die nach IFürst von ThNöldeke untersuchungen 16 17 bemerkte wiederkehr der zal 70 in der Genesis, so können wir auch glauben, daß die תולדתformeln, an denen sich ja die erzälung weiterhilft, durch eine heilige zal gemessen seien, um so mehr als von Adam bis Noe, und von Noe bis Abraham je zehn geschlechter angefürt werden, also auch an einem andern punkte das aus Matthaeus 1 bekannte princip zur geltung zu kommen scheint — den wert von Opperts entdeckung Lagarde Symmicta II 6 allezeit vorbehalten.

es sind uns dann im hexateuche zehn glieder geblieben:

זה ספר תולדת אדם Gen 5, 1
אלה תולדת נח Gen 6, 9
ואלה תולדת בני נח Gen 10, 1
אלה תולדת שם Gen 11, 10
ואלה תולדת תרח Gen 11, 27
ואלה תולדת ישמעאל Gen 25, 12

ואלה תולדת יצחק Gen 25, 19
ואלה תולדת עשו Gen 36, 1
אלה תולדת יעקב Gen 37, 2
ואלה תולדת אהרן Num 3, 1.

ich habe allerdings gegen diese anschauung das bedenken, daß der sprung von Iacob auf Aharon ein sehr weiter ist, und gebe zu erwägen, ob nicht Gen 46, 8 שמות in תולדת geändert werden muß. aus מדרש תנחומא 60^b 16 Wien = 21^c 31 Bomberg (woraus ילקוט zu Exod 1, 1 schöpft) hebe ich beiläufig hervor, daß die Juden zwischen אלה und ואלה einen unterschied machen, wonach mit Adam, Noe, Sem, Iacob die hauptabschnitte anheben würden.

auf jeden fall läuft der schematismus auf die Aharoniden aus, das heißt, es kommt dem hexateuchiker auf das priestertum an. dadurch allein wird der hexateuch als ganzes aus der königszeit herausgewiesen. so lange ein nachkomme Davids auf dem throne saß, war es unmöglich, das haus Aharons in den mittelpunkt der geschichte zu schieben. dies konnte man nur entweder vor David oder nach dem exile tun. da nun aber an die zeiten vor David und Saul zu denken nicht angeht, so erhärtet Num 3, 1 und das verhältnis dieser stelle zum ganzen werke, daß der hexateuch nach dem exile, mitten in der theokratie, zusammengetragen ist.

die tatsache ist um so interessanter, als wir noch eine antwort der monarchisch gesinnten partei auf diese von den theokraten in umlauf gesezte anschauung der jüdischen geschichte besizen.

Ruth 4, 18 erscheint der saz ואלה תולדת פרץ. die priesterpartei konnte den umstand, daß Ruth Davids ahnfrau gewesen, gegen die nachkommen des alten königshauses benuzen: angesichts des gebots Deut 23, 4 und der Esdr β 13, 1ff erzälten vorgänge wird man geneigt sein zu glauben, daß es wirklich geschehen sei. der verfasser des buches Ruth will nun durch anwendung der geheiligten formel des hexateuchs das haus Davids dem hause Aharons als gleichwertig zur seite stellen. man weiß, daß jezt sein werk nur unter den כתובים erscheint: totzuschweigen muß es aus uns unbekannten gründen nicht gewesen sein.

JJWetstein hat aus בראשית רבה 12 zu Matth 1. 1 folgende säze angemerkt: *alles hat tôlᵉDôT: himmel und erde nach Genesis 2. 4: die berge nach Psalm 90. 2: regen und tau nach Iob 38, 28. . . . alles was tôlᵉDôT hat, stirbt und wird alt, ist geschaffen und nicht schöpfer: alles was keine tôlᵉDôT hat, stirbt weder noch wird es alt, ist schöpfer und nicht geschaffen.* daß diese stelle unter berücksichtigung von Matth 1, 1 gegen die kirchenlere von Iesus gerichtet ist, leuchtet ein: recht schmackhaft wird die polemik erst durch die annahme, daß der verfasser Curetons evangelium vor sich hatte, welches mit ܟܬܒܐ ܕܬܘܠܕܬܗ ܕܝܫܘܥ anhebt: die spätere kirchenübersezung hat ܕܝܠܝܕܘܬܗ, gegen welches der rabbiner das nicht hätte sagen können, was er gesagt hat.

ܬܘܠܕ̈ܬܐ Gen 2. 4 ist, soweit ich sehe, ein hebraismus. man sagte echt syrisch ܟܬܒܐ ܕܗܘܝܗ ܕܒܪ̈ܝܬܐ (vgl Titus von Bostra 9. $\frac{28}{29}$ [syr 13, 5] 13, 37 [18, 13] 19/20 [25, 31] 65, 38 [81, 9] Athanasius festbriefe ܚܣܒ 6, wie arabisch كتاب تكوين الخلايق nach meinen materialien II 1. hingegen ተውሊድ፡ scheint mir, dem wenig sachverständigen, echt aethiopisch. ADillmann grammatik § 111 weist ቱሊድ፡ daneben nach, und heißt tewléd und tûléd lesen. ich erblicke in diesem ተውሊድ፡ ein seitenstück zu ثعلب تغلب und änlichen: nach Dillmanns wörterbuche 888 für *ἔκγονον πατριὰ γένεσις*.

Ueber den Hebräer Ephraims von Edessa

von

Paul de Lagarde.

Zu Genesis 1 bis 38.

In der königlichen gesellschaft der wissenschaften vorgelegt am 6 März 1880.

Nur wenigen unter den vielen, welche sich mit dem alten testamente abgeben. wird bekannt sein, wie unsicher der boden, auf welchem sie wandeln. auch in lexikalischer hinsicht ist. bei einer langen reihe von hebräischen vokabeln kann von einer überlieferung in betreff irer bedeutung im ernste nicht die rede sein: wir übersezen oft nur nach vermutung, und sollten uns dadurch, daß eine vermutung schon in alter zeit ausgesprochen worden, nicht verleiten lassen, sie für ein durch treue gewärsmänner an uns gelangtes wissen zu halten.

allen lexikographischen versuchen muß die kenntnis der lexikalischen tradition und der lexikalischen conjectur voraufgehn. auf den folgenden blättern stelle ich einige notizen zusammen, welche für die hebräische philologie nicht one wert sein werden, falls sie sich bequemen sollte, auf den von mir gewiesenen weg einzulenken.

Ich habe schon 1862 im vorworte zu meiner ausgabe der *διατάξεις ἀποστόλων* auf die zu Venedig 1836 veröffentlichten Մատենագրութիւնք Ephraims aufmerksam gemacht. um diese handelt es sich in dieser abhandlung. und zwar nur um iren ersten band. es ist nach mehr als Einer richtung hin unmöglich gewesen, die untersuchung auf den ersten wurf zu ende zu füren.

vor allem auf die eigentlich notwendigen vorläufigen betrachtungen über die echtheit und unversehrtheit der von den Mekhitharisten mitgeteilten armenischen übersezungen Ephraims und über ihr verhältnis zum römischen drucke und den handschriften habe ich nicht die muße mich zu verbreiten: auch fehlen die erforderlichen typen. für die diesmal verfolgten zwecke durfte ich zum glücke auf jene betrachtungen verzichten, da mein material sich in den meisten fällen aus in ihm selbst liegenden gründen als zuverlässig erwies.

auch werden sich noch von mir übergangene stellen der catene finden, welche als bemerkungen des Hebräers angesehen werden dürfen, obwol der Hebräer nicht ausdrücklich genannt ist. sie zu besprechen, reicht mein material nicht aus.

C^1 C^2 C^T G H S sind leicht verständliche abkürzungen, die ich auch sonst schon gebraucht habe: W nenne ich dieses mal die in meinen materialien veröffentlichte arabische catene zur Genesis, über welche jezt auch Lagarde Symmicta II 7 nachzusehen sein wird.

die vorliegende abhandlung ist nicht als die erste einer reihe bezeichnet worden, da ich vorläufig keine neigung spüre, die feder zu eignen schriften weiter in die hand zu nemen.

1. Genesis 2, 12 שם הבדלח ואבן השהם. Ephraim 10. 4—8.

G *ἐκεῖ ὁ ἄνθραξ καὶ ὁ λίθος ὁ πράσινος*: den Aquila wage ich nicht zu citieren, S nicht zu deuten. aus G floß was Ephraims Hebräer bekämpft, der selbst *անդ մարգարիտ և ակունք պատուականք dort perle und edle steine* übersezt. daß בדלח den Juden als perle galt, erhärtet SBochart hierozoicon ⲉ 5: für Ḥarîrîs² 27, 7 28, 1 لؤلؤ verwendet noch Ḥarîzî בדלח. für אבן השהם bietet auch C^1 nur das unbestimmte אבנן טבן: sein דבורלין ist glosse: eine überlieferung über שהם hat weder C^1 noch Ephraims Hebräer besessen.

2. Genesis 2. 14 הוא ההלך קדמת אשור. Ephraim 10. 8—10.

G *οὗτος ὁ προπορευόμενος κατ' ἔναντι Ἀσσυρίων*, wonach S ܗܘ ܕܐܙܠ ܠܩܘܒܠܗ ܕܐܬܘܪ: vergleiche ܠܩܘܒܠܗ für לעמת Exodus 25, 27 28, 27 und meinen Epiphanius § 63, 2 und sonst. falls G in אשור die Assyrier suchte, konnte er mit der notiz nichts anfangen, daß der Tigris östlich von אשור fließe: unter den älteren Ptolemäern war ein Jude in Alexandria gewiß wenigstens soweit unterrichtet über Assyrien wie Strabo ις 1. 1 es unter Augustus gewesen ist. daher das farblose *κατ' ἔναντι*.

C^1 C^2 Saadias sahen in אשור die stadt اقور Yâqût I 119. 16 III 113, 22

Assemani III² 709 711 Hoffmanns glosse 1799, also — grob gesagt — الموصل Lagarde Praetermissa 52. 3. einst nach Ptolemaeus *Λαββανα* = *tuilerie*, danach نو = بو = بود اردشير Yâqût IV 683. 10 [Hamza 47, 18] geheißen. da der Tigris wirklich östlich von diesem اثور fließt, hatten sie keine veranlassung, קדמת umzudeuten oder abzuschwächen.

Ephraim las Դիմաց Ասորեստանի. also. da դէմ յանդիման πρόσωπον πρὸς πρόσωπον Gen 32. 30 oder *κατὰ πρόσωπον* Ezech 41, 21 ist, im wesentlichen wie GS. gegen ihn wendet sich der Hebräer mit յարեւելից կողմանէ Ասորեստանի. aber in sehr unverständiger weise. denn allerdings stellt er *an der östlichen seite* vergleiche א Exod 36. 12 richtig her, aber er läßt *Assyriens.* und damit den stein des anstoßes für alle unterrichteten. stehn.

Yâqût معجم I 119, 17 مشترك 102, 3 nennt neben اثور auch افور und ابور. es muß (siehe مشترك) افور hergestellt werden. Abulfarag fürt freilich, wenn ich mich recht erinnere. nur aus Palaestina an. daß man ث wie ف gesprochen habe, allein فوم für ثوم kennen auch Gauhari II 322 Busθânî 1644², das umgekehrte تحنث für تحنف Ibn Hišâm 152, 4. so daß افور nicht unwarscheinlich ist.

3. Genesis 2, 21 תרדמה. Ephraim 11, 10—11.

G *ἔκστασις*, S ܫܢܬܐ: gegen lezteres. das der übersezer նիրհ *schlummer* übertragen, richtet Ephraims Hebräer sein քուն *schlaf*. in der tat sezt C¹ für תרדמה Gen 2, 21 Iob 33, 15 שינא עמיקא. Sam α 26, 12 שינא תקיפא. Gen 15. 12 שנא עמיקא בסימא. sogar S Iob 4. 13 ܫܢܬܐ ܕܡܫܟܐ.

4. Genesis 2, 23 זאת הפעם עצם מעצמי. Ephraim 12, 10—12.

S (vergleiche Exod 10, 17 ܗܫܐ ܘܨܒܐ doch wol = אך הפעם gegen זאת הפעם ܗܢܐ ܙܒܢܐ Iudd 16. 28; für die stellung זה הבית Esdr 3. 12) ist es nicht. gegen den Ephraims Hebräer sich wendet. sondern G. der Hebräer übersezt այս անգամ ոսկր յոսկերաց իմոց *diese [ist] meine ehefrau, bein von meinen beinen*.

in בראשית רבה 18 heißt es זאת היא שעתידה להקיש עלי כזוג היך מה דאתאמר פעמון זהב ורמון זו היא שהיתה מפעמתני כל הלילה כולה. nun wird פעמן Exod 28. 33 39. 25 26 von C² mit זג. von S mit ܙܓܐ = زنك (vergleiche զանգակ) übersezt. Lagarde abhandlungen 41. 10 studien § 751. dies aus

נז zusammengefallene זג erscheint in einzelnen büchern als זוג: Rabbinowicz hat zu שבת 54[2] 58[2] keine variante bemerkt. mišno נזיר 6, 2 ספרי 5[c] 46 sind noch one apparat: aus der mišno nennt Abûlwalîd 578. 7 (wo der bequeme herausgeber kein citat gibt) ebenfalls זוג. wärend er 9 זג bietet, und aus Num 6, 4 nach überlieferung deutet. durch dies זוג lag nahe, bei זג = פעמן an ζεῦγος zu denken, um so näher, als der זג oder κώδων einen עינבל oder ἔμβολος haben mußte. und so die zote unschwer zu stande kam: ἔμβολος als klöppel der glocke bin ich außer stande zu belegen. die Araber haben irem عنبل und عنبلة wie die talmûdisten dem עינבל (Buxtorf $\frac{1629}{1630}$) eine semitische etymologie zurecht gemacht.

sollte Ephraims Hebräer nicht auf diesem wege seine *ehefrau* aus פעם herausgedeutet haben?

5. Genesis 3, 8 לרוח היום. Ephraim 19, 9.

G τὸ δειλινόν, S ܠܡܫܒ ܝܘܡܐ (Ephraims syrische werke I 33[B] 140[B]). was gleichbedeutend ist: לפנות ערב τὸ πρὸς δείλης Gen 24, 63. δείλη Exod 18, 14 = ערב *abend*, aber Regn γ 18, 29 vertritt — das von δείλη abgeleitete und darum mit ihm nicht identische — τὸ δειλινὸν הצהרים, die zeit, wo die sonne am ظهر = ܥܠܘܐ des himmels steht und abwärts zu steigen beginnt: عشاء *abend* braucht, wenn ich nicht irre, Ibn Arabšâh: ܡܫܒ steht als ἑσπέρα dem ܨܦܪܐ πρωΐ gegenüber Macc α 10, 80: die mitte zwischen mittag und sonnenuntergang ist nach Elias Praetermissa 57, 18 الزوال ܡܫܒ ܝܘܡܐ = die zeit zwischen mittag und drei uhr nachmittags. der armenische übersezer Ephraims drückt übrigens die ableitung des ܡܫܒ von ܦܢܐ ἐπανῆλθε Reliqq 76, 3 = gr 46, 14 dadurch aus, daß er ընդ դառնալ աւուրն braucht: denn դառնալ = ἐπανέρχεσθαι Luc 19. 15 und oft.

dieser erklärung sezt Ephraims Hebräer 'ի ձգել աւուրն entgegen.

ձգել stammt von ձիգ: ich notierte es mir für σπᾶν (object ἀέρα) Sap 7, 3: σπᾶσθαι (μάχαιραν) Marc 14, 47: ἑλκύειν (μάχαιραν) Ioh 18, 10: ἐπισπᾶσθαι (ὄλεθρον) Sap 1. 12: βάλλειν (βέλος) Sap 5, 12: ἐκτείνειν (χεῖρα) Gen 3, 22 (ἀγκύρας) Act 27, 30 (δίκτυα) Prov 1. 17 (οὐρανὸν ὡσεὶ δέρριν) Ps קר = ργ, 3. daher ձգանք ուռկանաց *ort zum ausbreiten der neze* = ψυγμὸς σαγηνῶν Ezech 26, 5 14. die redensart ձգել աւուրն habe ich nirgends sonst gelesen: die erklärung Ephraims verstehe ich nicht.

ich hüte mich um so sorgfältiger, mich bindend zu äußern. als die lesung der stelle Gen 3, 8 unsicher ist. durch meine ausgabe der quaestiones des Hieronymus 6, 23 ist ans licht gekommen, daß die handschriften des stridonensers zwischen barua haium und laroe aiom schwanken. da niemand, der den text der Tiberienser für heilig hielt, laroe anzutasten veranlaßt war, da dies dem üblichen לרוח entsprach, halte ich barua = ברוח für die dem Hieronymus eigentümliche lesart. ob Ephraims Hebräer ברוח statt לרוח gelesen, kann ich noch nicht feststellen: wenn er dem alten ընդ զովանալ sein 'ի հովել entgegensezt, scheint er allerdings eine andere praeposition als das in ܠܡܫܒܗ vorliegende ܠ haben andeuten zu wollen. wenn endlich Abûlwalîd 670, 11 ff Sam α 16, 23 Iob 32, 20 Esther 4, 14 Exod 8, 11 Gen 32, 17 mit לרוח היום Gen 3, 8 zusammenbringt, dürfte er nicht wie die Tiberienser ausgesprochen haben: er übersezt في رواح النهار und erklärt من الزوال الى الليل: Lane 1182.

jedenfalls wich Ephraims Hebräer in der deutung des ausdruckes wesentlich von GS ab. ich verweise auf NFullers miscellanea sacra 3, 5 = critici sacri (Amsterdam) VIII 970.

6. Genesis 3, 24 וישכן מקדם לגן עדן. Ephraim 24, 10—14.

G hat Gen 3, 24 einen vollständigeren text gehabt als wir haben. oder er hat — was ich nicht glaube — aus eignen mitteln seine vorlage vervollständigt: nach וישכן + אתו. nach עדן + ויעמד oder וישם oder ויתן. S wie H, nur gibt S für וישכן ܘܟܪܟܗ: W 44, 28 47, 4 folgt zum teil G, der römische Ephraim I 39^c, der venediger (և պատեաց) I 24, 10 und Hoffmanns glosse 700 lesen wie Lee: պատել περικυκλοῦν Gen 19, 4 Num 21, 4 Iosue 7, 9 κυκλοῦν Iudd 19, 22 20, 5: für ἐντυλίσσειν Matth 27, 59 ἐνειλεῖν Marc 15, 46 δέειν Ioh 19, 40 braucht א պատել, wo der Syrer ܟܪܟ verwendet. vergleiche auch ܘܟܪܟܬܗ ܒܥܙܪ̈ܘܬܐ mit պատեաց 'ի խանձարուրս Lucas 2, 7; ܥܙܪܘܬܐ Praetermissa 38, 60 — dies bemerke ich beiläufig — und խանձարուր sind ein und dasselbe wort, wie nicht nur aus Luc 2, 7, sondern auch aus Ezech 16, 4 Sap 7, 4 leicht erhellt, wenn man א und ם neben einander liest. ich bitte überhaupt das armenische für das syrische nicht außer acht zu lassen. wenn wir zum beispiel neben ܡܕܒܪܐ[ܡܫܚ] Praetermissa 29, 60 Michaelis 485 Hoffmanns glosse 5451 ܡܕܒܪܐ Michaelis 525 antreffen, so möchte ich dies leztere nicht von vorne herein verwerfen. da *մառան* im sinne von vorratskammer. weinkeller ein sicheres armenisches wort ist: ich entneme dem großen venediger wörterbuche II 210[3] das citat Faustus von Byzanz *δ* 12 = 108, 17 *մառանք գինւոյ* und stelle fest, daß aus Euseb KG *γ* 6 das wort *մառան* citiert wird. aber in dem 1877 erschienenen abdrucke [*γ* 6, 2 seite 155 lezte zeile des alten texts] verschwunden ist: ein neuer belag für die kritiklosigkeit der Mekhitharisten. S hat sich also die Cherubim die runde machend, nicht an Einer stelle postiert gedacht, und schwerlich וישכן vor sich gehabt, sondern ויסב: vergleiche ܘܐܟܪܟܢܝ für ויסבני Ezechiel 47, 2. ihm sezt Ephraims Hebräer in übereinstimmung mit C[1]s C[2]s ואשרי *բնակեցոյց er machte wonen* entgegen.

7. Genesis 4, 15 וישם יהוה לקין את. Ephraim 36, 28—29.

Der Hebräer և եդ տէր նշան ՚ի կայէն. dies entspricht S ܘܣܡ ܡܪܝܐ ܐܬܐ ܠܩܐܝܢ und der armenischen bibel (G *καὶ ἔθετο κύριος ὁ θεὸς σημεῖον τῷ Κάϊν*), so daß ich mein unvermögen die glosse zu begreifen, bekennen muß.

8. Genesis 4, 24 כי שבעתים יקם קין. Ephraim 39, 26—27.

Der Hebräer sagt զի ընդ միոյ եօթն հատուցումն հատուցաւ կայենի. da ist *հատուցումն* = *ἀντιμισθία* Cor *β* 6, 13: *ἀνταπόδομα* Luc 14, 12 Rom 11, 9: *ἀπόδομα* Num 8, 11: *δόμα* Num 3, 9: kurz. = ܦܘܪܥܢ. ebenso alltäglich *հատուցանել.* aber was soll der aorist *հատուցաւ*?

9. Genesis 9, 5 מיד כל חיה. Ephraim 49, 31—33.

Statt zu sagen Euer blut werde ich von allen tieren suchen, sagt der Hebräer Von den händen aller lebendigen. vergleiche G *ἐκ χειρὸς πάντων τῶν θηρίων*, S ܡܢ ܐܝܕ ܟܠ ܚܝܘܬܐ.

10. Genesis 10, 10 11. Ephraim 53, 22 ff.

Es ist sicher, daß die worte *յերկրէ յայնմանէ ել Ասորեստանեայն* Gen 10, 11 dem ܡܢ ܐܪܥܐ ܗܝ ܢܦܩ ܐܬܘܪܝܐ Ss entsprechen: an die stelle der beiden lezten vokabeln wird *ել Ասուր* gesezt, one daß gesagt würde, ob dies dem *ἐξῆλθεν Ἀσσοὺρ* (*Ἀσοὺρ* acrtz) Gs oder dem יצא אשור Hs entsprechen soll.

nach dieser mitteilung greift die catene auf 10 zurück und berichtet *որէք* (= *Ὀρὲχ* Gs, nicht ܐܘܪܟ Ss, da dessen aussprache durch Hoffmanns glosse 1498 feststeht) sei *ուռհա*. also ܐܘܪܗܝ Edessa: *արափաթ* (= einem in ܐܘܪܟ verlesenen, aus Αρχαδ Gs entstandenen ܐܘܪܗ, über dessen ϑ = ? oben seite 12) sei Նծբին. also نصيبين Nisibis: քաղանէ (= Χαλανη G mtz. nicht ܟܠܢܐ Hoffmanns glosse 4733) sei տիզբոն Ctesiphon. hierzu stimmt in der römischen ausgabe I 58B ܘܟܠܢܐ . ܢܨܝܒܝܢ ܐܝܟ ܕܐܡܝܪܐ ܐܘܪܗ . ܐܟܪ ܕܐܡܝܪܐ ܐܘܪܗܝ ܕܐܡܝܪܐ ܩܛܝܣܦܘܢ, nur daß die erklärten namen in den formen Ss, nicht in denen Gs vorliegen. ebenso stimmt dazu C[1] הדס ונציבין וקטיספון, wo C[r] קטיספו: zum dritten namen sezt C[1] דפונטוס [?]. C[r] דבכל.

man möchte glauben, daß die erklärung des ארך durch Edessa nur dadurch enstanden sei, daß man ܐܘܪܗ für entstellung jenes ארך ansah: man kann von GHoffmann ZDMG XXXII 742 743 lernen, was diese ansicht wert ist.

es gibt eine stadt اُرك auf dem wege von Beroea in Coelesyrien nach Palmyra, die Yâqût I 210, 16 Arak spricht, dabei aber meldet, Ibn Duraid nenne sie Urak (also genau = Ορεχ). an sich wäre es nicht unmöglich, daß diese früher bedeutend gewesen, und später — etwa durch Palmyra — herabgekommen wäre, wie ja das bei Isaias 10, 9 36, 19 und Ieremias 49, 23 als mächtig genannte ארפד bis auf ERoediger zu Gesenius thesaurus 112 Nöldeke ZDMG XXV 258 Haußknecht und Kiepert ebenda 655 hat warten müssen, um mit ارفاد, drei meilen nördlich von Ḥalab an der straße nach Κίλιζα identificiert zu werden: sie könnte G sein Ορεχ geliefert haben. one daß darum ארך selbst nicht الوركاء Yâqût IV 922, 13 wäre, für welche die Assyriologen (wer unter inen zuerst?) jezt ארך halten.

wie elend der text der armenischen catene ist, möge daraus erhellen. daß Ss worte ܒܪܝܫܝܬܗ ܕܡܠܟܘܬܗ ܒܒܠ ܘܐܪܟ ܘܐܟܪ ܘܟܠܢܐ ܘܪܣܢ ܘܪܚܒܘܬ ܥܝܪܐ ܘܟܠܚ durch Դհռոբոթ ղխալաք և դչալախ դաղիկ և դդասեմ gegeben werden. man erkennt in Dasem רסן, in Hroboth רחבת, in Chalakh כלח: ղխալաք möchte des römischen Ephraim I 58B glosse ܚܕܝܒ sein, in dem ܟ in ܚ verlesen worden, also Adiabene Lagarde Semitica I 28: Chark steht auf jeden fall an der unrichtigen stelle, und mag sich aus Saadias erläutern, der zu gut über Edessa, Nisibis und Ctesiphon bescheid wußte, um die hier genannten, in שנער gelegenen, städte in inen zu erkennen, und daher ארך durch كرخ (welcher der vielen orte des namens?), אכד durch اهواز

[plural von هوز. durch einen Sapores gegründet]. כלנה durch [das vom khalifen Omar erbaute] كوفة erklärt.

der römische Ephraim läßt seite 58 zeile 16 ܟܠܢܐ, welches, da ܟܠܢܐ bereits in zeile 15 dagewesen (die punctation ist schwerlich alt, durch welche die römischen herausgeber die beiden ܟܠܢܐ unterscheiden), vermutlich in ܟܠܢܫ umzuschreiben ist, ܐܪܓܐ Ἄργα, ܪܣܢ (das wäre רסן) ܪܣܢ ܟܡܠܐ *Ῥίσανα* sein.

für das syrische wörterbuch merke ich an, daß נמרד (Lagarde armenische studien § 1605) vom Armenier Namraud gesprochen wird: auf au ist dabei kein gewicht zu legen: das a der ersten silbe darf man nicht one weiteres vergessen.

11. Genesis 10, 21 אחי יפת הגדל. Ephraim 54, 22—24.

Die armenische catene gibt mit *եղբօրն Յաբեթի երիցու* den text der armenischen bibel, nicht den Ss wieder. zur erläuterung bemerke ich, daß *երէց* nicht, wie der berliner akademiker HPetermann einst dem von ihm nicht genannten Schröder nachschrieb (Lagarde armenische studien § 722) = *ἱερεύς* ist, sondern den erstgeborenen bedeutet. der Armenier drückt nur frei Gs *ἀδελφῷ Ἰάφεθ τοῦ μείζονος* aus. Dachsel belehrt I 147 148 über die accente Hs. der Hebräer Ephraims sezt dieser auffassung der stelle entgegen *եղբօրն Յաբեթի որ մեծն է քան զնա dem bruder Iaphets, welcher größer ist als er*, womit er doch wol dem Sem die erstgeburt zuzuschreiben gesonnen war. C[1] wagt noch nicht von der auffassung Gs so abzugehn, daß er den Sem zum erstgeborenen erklärte — die öffentliche meinung muß damals noch den Iaphet für den ältesten gehalten haben —: er zieht aber הגדל schon zu אחי und deutet *dem an gottesfurcht großen bruder Iaphets*. wo der bescheidene mann bei *großen* natürlich *größeren* dachte.

12. Genesis 10. 21 בני עבר. Ephraim 54, 19—22.

Statt zu sagen ܘܡܛܠ ܐܒܘܗܘܢ ܕܟܠ ܒ̈ܢܝ ܥܒܪ *der Hebräer* אבוהון דכל בני עבראי. ich habe gleich hingesezt was C[1] gibt, denn dessen auffassung teilte Ephraims Hebräer.

von עבר stammten nicht bloß die später allein nach עבר genannten עברים her, da er פלג (heißt das فلج an der straße von Baçra nach Yamâma?

Wüstenfeld Baḥrein und Jemama 175 und auf der karte: Yâqût III 910, 3—21) und יקטן = قحطان zu sönen hatte, also nord- und süd-Araber, und erst von Phalegs son Ragau Abraham herkommt. Ephraims Hebräer und C[1] meinen nun den heiligen text corrigieren zu müssen: es wäre, mögen sie gedacht haben, eine wertlose bemerkung gewesen, daß von Sem alle von Phaleg und Ioctan ihr geschlecht herleitenden abstammen — wozu gerade diese auszeichnen? —: hingegen konte es anzumerken, daß die später so berümten Hebräer par excellence Sem zum ahnherrn haben, da nur durch diese nachkommen jener alte mensch einen wert erhalten hat.

13. Genesis 13, 11 ויסע לוט מקדם. Ephraim 58, 33—35. G *καὶ ἀπῆρε Λὼτ ἀπὸ ἀνατολῶν*, S ܘܫܩܠ ܠܘܛ ܡܢ ܡܕܢܚܐ, C[1] ונטל לוט ממדינחא. Abraham wonte zu der zeit, von welcher hier geredet wird, nach 13, 3 בין בית אל ובין העי. war Lot bei Abraham, so konnte er nicht von osten aufbrechend nach dem غور kommen. deshalb hat Ephraims Hebräer յարեւելից *von osten* durch յառաջագոյն verbessert, das = *πρότερον* Ioh 9, 8 [hier mit *τὸ*, Hebr 4, 6 usw. was er sich aber dabei, und was sich C[2] bei seinem מלקדמין gedacht, weiß ich nicht. jedenfalls hat auch בראשית רבה § 41 für nötig gefunden, dem texte ein schnippchen zu schlagen: הסיע עצמו מקדמונו של עולם: blatt 51[1] 4 Stettin.

Ephraim selbst schreibt լաւթ für לוט, sein Hebräer լովտ. ich weiß nicht, ob das absicht ist: vergleiche 75, 29 32 77, 36 78, 23. *τὸ κλινόμενον τῆς ψυχῆς πρὸς τὸ αἰσθητὸν εἶδος* Philo über die wanderung Abrahams 3 (I 438 Mangey): vinctus sive declinatio OS I 8, 5: ligatus aut declinans aut vacans 65, 6: declinans sive vinctus 73, 3. daraus erhellt, daß 176, 49 *λελυτρωμένος ἢ ἀποκλείων*, 181, 75 *λελυτρωμένος*, 194, 51 *ἐκκλησιαστοῦ αὐτοῦ ἢ λελυτρωμένος ἔσχατον*, 203, 9 *ἀπόκλεισις* bedenklich sind, zumal declinatio auch durch Hieronymus VI 575[A] (Vallarsi[1]) gesichert wird: mindestens muß *ἀποκλίνων* für *ἀποκλείων* und *ἀπόκλισις* für *ἀπόκλεισις* geschrieben werden. für das verständnis der variante ղաւթ ղովտ bleibe ich ratlos.

14. Genesis 13, 12 ישב בערי הככר. Ephraim 58, 35 36.

Der ככר הירדן ist bekanntlich mit der *περίχωρος τοῦ Ἰορδάνου* des Matthaeus 3, 5 und dem غور der Araber identisch: die urkunde meinte wol. die städte seien die durch feuer nachmals untergegangenen Gomorra Adama Seboim Zogora: es folgt aus irem ויאהל עד סדם, daß sie Sodoma als die von Bethel und Gai fernste derselben angesehen hat.

G hat dies nicht verstanden: sein *κατῴκησεν ἐν πόλει τῶν περιχώρων* nimmt ככר etwa in dem sinne, in welchem es Nehem 12, 28 steht, wärend S den terminus technicus beibehält: ܒܟܠ ܩܘܪ̈ܝܐ ܕܟܟܪ. die armenische catene hat *և բնակեցաւ ՚ի քաղաք գաւառին փոխանակ Աքարայ*. ich vermute hier einen fehler der überlieferung. ob noch der Hebräer redet, weiß ich nicht. *Աքարայ* scheint mir ܕܟܟܪ Ss ausdrücken zu sollen, in welchem falle vorne ein *ք* weggefallen wäre. dann besagte der text, daß für ܕܟܟܪ Ss, das natürlich dem Ephraim vorlag, zu sezen sei *գաւառին*. *գաւառ* ist دشت Lagarde armenische studien § 569 = *πεδίον* Gen 4, 8. Ephraims Hebräer würde mithin gegen G zu dem בקירוי מישרא C¹'s stehn. in der venediger ausgabe würden nach *գաւառին* und vor *Աքարայ* anfürungszeichen zu sezen sein.

15. Genesis 16, 7 בדרך שור. Ephraim 66. 39—67. 3.

Statt zu sagen եգիտ Հրեշտակն ՚ի վերայ ճանապարհին որ Հանէր ՚ի գերդոր կողմն ՚ի ճանապարհին Աթարայ sagt der Hebräer այս ինքն Ասորեստանի.

zunächst steht fest, daß schon Ephraim den fehler unsrer ausgaben Ss in seinen exemplaren gefunden hat ܕܚܓܪ. wo es so gut wie sicher ܕܓܕܪ (*Γεράρων* Socin² 207) heißen muß.

sodann ist *Աթարայ* eben die *Ἀθάρα*, deren nennung bei einem armenischen historiker ich in den gesammelten abhandlungen 183, 15 nicht wiederfinden konnte, und welche darum in den studien § 21 ein gedächtnisfehler heißt: in den Symmicta II 111 ist er — was ich bedaure — nicht erwänt: vergleiche studien § 846.

ist nun *Աթարայ* = *Ἀθάρα* nach Strabo *ις* 4, 27 mit der *Ἀτάργατις* und *Δερκετώ* identisch, so ist mir äußerst unwarscheinlich, daß der text der catene richtig sei. bis *կողմն* geht was aus S stammt. kein Hebräer dürfte so unwissend gewesen sein, שור an der grenze Aegyptens mit אשור zu verwechseln, und בדרך שור für *auf dem wege nach Assyrien* zu erklären. das steht aber in der catene, und vor dem *sagt der Hebräer* lesen wir *auf dem wege von Athara*. ich vermute, dies sei was der Hebräer als berichtigung von S geboten hat, und es entspreche ungefär dem שור חלוצה C[1]s.

über die wüste Gifâr, חלוצה = Ἔλουσα, und חגרא C[1]C[2]s handelt FTuch ZDMG I 173—181, über שור sehe man noch Wellhausen text der bücher Samuelis 97[f]. weiter vergleiche Lane unter خلصة.

16. Genesis 19, 20 הלא מצער הוא. Ephraim 78. 4—6.

S ܗܐ ܙܥܘܪܬܐ ܗܝ. aber so hat Ephraim nicht gelesen. die catene *statt iren namen Segôr zu nennen, sagt der Hebräer »klein«: »siehe, klein ist sie«.* das wäre ja eben was unser S bietet und auch C[1] gibt הלא ציבחר היא. die hiermit gewonnene ursprüngliche lesart Ss halte ich für die wiedergabe des noch unverfälschten urtextes. Lot will die stadt verschont wissen, weil sie מצער sei, und fragt zum beweise des מצערseins *heißt sie denn nicht ebendarum* צער, *weil sie nur* מצער *ist?*

17. Genesis 20, 12 וגם אמנה אחתי בת אבי הוא אך לא בת אמי.
Ephraim 55, 15—17.

G *καὶ γὰρ ἀληθῶς ἀδελφή μου ἐστὶν ἐκ πατρός, ἀλλ' οὐκ ἐκ μητρός* = S ܒܪܡ ܫܪܝܪܐܝܬ ܚܬܝ ܗܝ ܒܪ ܐܒܝ ܗܝ ܘܠܐ ܒܪ ܐܡܝ. Ephraims Hebräer *արդարեւ քուրաթիւ է իմ առ ի հօրէ եւ ոչ առ ի մօրէ*. der unterschied besteht darin, daß für *քոյր schwester քուրաթիւ als schwester gerechnet* gesezt ist, um dem patriarchen den vorwurf der blutschande abzunemen. das stimmt im principe zu C[1] וברם בקושטא אחתי ברת אחא דאבא היא ברם לא מגניסת אימא. der römische Ephraim I $\frac{74}{75}$ ܠܗ ܡܛܠܬܗ ܢܬܚܫܒ ܗܘܬ ܠܗ ܠܚܬܗ ܒܪ ܐܚܘܗ ܕܐܒܘܗܝ. ܒܪ ܢܬܚܫܒ ܗܘܬ ܠܗ ܗܝ ܕܐܡܪ ܕܚܬܗ ܡܢ ܒܝܬ ܐܒܘܗ ܗܘܬ ܕܝܢ ܡܢ ܒܪܬܗ ܘܠܐ ܟܠ ܕܐܬܒܢܝ ܠܚܬܗ ܘܠܚܬܗ ܒܪ ܗܘ ܘܡܬܩܪܐ ܘܡܬܚܫܒܐ ܒܪܬܗ. vergleiche was HRoensch Leptogenesis 370 371 zusammengestellt hat.

18. Genesis 21. 15. תחת אחד השיחים. Ephraim 82, 26—28.

Statt zu sagen ի ներքոյ եղեւնոյ միոյ, sagt der Hebräer ի ներքոյ ծառոյ. G *ὑποκάτω μιᾶς ἐλάτης*. dem entspricht dem ersten anscheine nach der text, gegen welchen Ephraims Hebräer sich richtet: *ἐλάτη* wird auch in der aus G geflossenen armenischen bibel an unserer stelle *եղեւին ծառ* übertragen. S ܬܚܝܬ ܚܕ ܡܢ ܐܝܠܢܐ zeigt schon durch den plural, den er anwendet, daß er mit dem texte in Ephraims catene nicht stimmt: sein

ܫܝܚܐ ist deutlich שיחים. Ephraims Hebräer sezt nun dem *ἐλάτη* das einfache *baum* entgegen. das stimmt mit C[2] תחות חד מן אילניא: aus C[1], der viel mehr als C[2] hat, ergibt sich nichts genaueres.

die pflanzenwelt zerfällt Gen 2, 5—9 in שיח. עשב und עץ. die entstehung von שיח und עשב wird gar nicht erzält, so daß entweder hinter 6 und auch wol später irgendwo etwas fehlt (da 5 den eindruck macht, geschrieben zu sein, um eine erzälung über die schaffung von שיח und עשב einzuleiten). oder aber der verfasser ungeschickt und unachtsam ist: die עצים erscheinen besonders. und jedenfalls sind sie von שיח und עשב verschieden. bekanntlich zerfällt 1, 11 12? die vegetation (דשא) nur in עשב und עץ. und tritt zu derselben zeit ins dasein. nun ist ܫܝܚܐ شيح Avicenna I 79, 13 256, 11 Qazwînî I 289, 17 Ibn Baiṭâr II 75 wenigstens im mittelalter (als sceha in Europa) absinthium marinum. jezt artemisia maritima = semen sacrum = seestrandbeifuß. aus Plinius *κζ* 28 (45—52) interessiert uns. daß im Pontus pecora pinguescunt illo. aus Xenophon anab *α* 5, 1. daß in der arabischen wüste längs des Euphrat eine menge *ἀψίνθιον* (Lagarde beiträge 5. 7 studien § 2401) wuchs. es ist also ganz in der ordnung, daß Hagar in der wüste iren son תחת אחד השיחים legt: wir haben in nordDeutschland wildwachsenden beifuß von etwa fünf fuß höhe. so daß auch bei uns ein kind in seinen schatten gelegt werden könnte. G nun wie Ephraims Hebräer und C[1]C[2] kennen diese tatsachen nicht. haben also ferne von gegenden gelebt. in denen שיחים in menge und als geschäztes viehfutter wuchsen — der morgenländische wermut ist nur wenig bitter: je weiter nach norden sie wächst, desto bitterer wird die pflanze: مشيوحة heißt eine gegend wie die von Xenophon anab *α* 5. 1 geschilderte —: S wußte bescheid. Tabernaemontanus[4] 24 D 23 D.

nun schreibt das große wörterbuch der Mekhitharisten I 651[c] unter berufung auf »ärzte« und ein »altes wörterbuch«: *եղեին heißt auch eine art wermut.* es sezt շէհերմէնի, *ἀρτεμισία* aus Galenus. պերէնճամուէ. գաղան շէհէյլինին ալր. seme santo. պատինճ. բրնջասփյ zur erläuterung daneben. da erkennt man sofort برنجاسف = برنجاسب Dioscorides *γ* 26: für գաղան möchte ich գօշան haben, und dies als das türkische يوشان ansehen, OBlau bosnisch-türkische sprachdenkmäler 155 226 246. Dozy supplément 179[1] 808[2].

ich darf nicht zweifeln, daß es wirklich ein armenisches *եղևին wermut* gibt: dadurch wird ungewiß, was der text besagte, gegen welchen Ephraims Hebräer kämpft.

19. Genesis 22, 2 אל ארץ֙ המריה. Ephraim 82, 31—32.

G *εἰς τὴν γῆν τὴν ὑψηλήν*, S ܠܐܪܥܐ ܕܐܡܘܪܝܐ: lezterem entspricht in der catene *յերկիրն ամուրհացւոց*, dem der Hebräer *յերկիրնն մառիացւոց* gegenüberstellt.

es ist bekannt, daß allerdings Iosephus archaeol *α* 13, 1 von *τὸ Μώριον ὄρος* redet, wenn er von Abrahams opfer erzält, und daß Paral *β* 3, 1 der tempelberg מריה heißt: daß aber Philo über Abraham 32 (= II 25) das *σφαγιάσαι ἐπί τινος ὑψηλοτάτου κολωνοῦ, πορρωτάτω πόλεως ἀποστάντα τριῶν ὁδὸν ἡμερῶν* behandelt, also nicht an den tempelberg gedacht hat: daß freilich C[1] לארע פולחנא überträgt, aber C[T] לטור מוריה bietet. durch Ephraims Hebräer kommen wir etwas weiter. dieser hat מריה aus einem aramäischen documente, und jedenfalls defectiv geschrieben gehabt, sonst hätte er nicht Mar- sezen können. sein *մառիացի* steht zu Maria, wie *գաղղիացի Gallier* zu *գաղղիա Γαλλία* steht. aber wofür er die Mariter gehalten hat, in deren land er den Abraham ziehen läßt, das weiß ich nicht.

20. Genesis 24, 63 לשוח. Ephraim 85, 34.

ելանել ընդ դաշտակողմն der catene gibt Ss ܠܡܬܗܠܟܘ ܒܚܩܠܐ. dem sezt der Hebräer *յաղօթս կալ im gebete stehn* gegenüber. C[1] לצלאה באנפי ברא. C[2] לצלאה בחקלא. G Aquila Symmachus stimmen sicher nicht zu S. der römische Ephraim I 173[B] stimmt zum venediger: ܡܠܟܐ ܗܘ ܕܠܡܬܗܠܟܘ ܠܡܨܠܝܘ ܐܦܩܗ ܠܒܪܐ. wozu schon JPerles meletemata »peschittboniana« 51 aus בראשית רבה § 60 die worte אין שיחה אלא תפלה citiert hat.

21. Genesis 25, 25 כאדרת שער. Ephraim 86, 13—15.

Ամենայն հերք նորա գանգուր էին der catene entspricht Ss ܘܟܠܗ ܟܥܒܪܐ ܕܣܥܪܐ so leidlich: *alle seine hare waren kraus*: in Praetermissa 12, 12 werden ܟܥܒܪܐ ܕܣܥܪܐ durch خصل الشعر erklärt: Iudd 16, 19 ܟܘܪܐ ܕܪܫܗ = خصل شعره: vgl 13. wenn anders ܟܥܪܐ richtiger als ܟܘܪܐ ist, sind in ܟܥܪܐ die zwei arabischen wörter عذق und عراقة Praetermissa 10, 2 zusammengeflossen. dagegen der Hebräer *որպէս հանդերձ մազեղէն wie ein kleid von haren.* über Հանդերձ Lagarde armenische studien § 1239, über մազեղէն ebenda § 1401.

auch hier stimmt der römische Ephraim zum venediger. es heißt I 173[c] ܢܠܒܫ ܟܘ̈ܬܝܢܐ ܕܣܥܪܐ ܘܐܣܛܠܐ ܕܣܥܪܐ ܐܝܟ ܟܗ̈ܢܐ. *στολή* ist Հանդերձ Apoc 7, 9 13.

22. Genesis 26, 26 שר צבאו. Ephraim 86. 32—33.

G ὁ *ἀρχιστράτηγος τῆς δυνάμεως αὐτοῦ*, א սպարապետ զօրաց նորա. die catene wie א. Ss ܪܒ ܚܝܠܐ entspricht dem armenischen ausdrucke nicht. da ܪܒ weit allgemeiner als սպարապետ Lagarde studien § 2041. der Hebräer Ephraims sezt իշխանք զօրաց նորա. also *herr* statt *reiterfürer.*

23. Genesis 29. 15 ועבדתני חנם. Ephraim 92. 13—16.

Statt zu sagen ոչ եթէ մարթ լինի իցէ քեզ կալ և ծառայել ինձ ձրի *sagt der Hebräer* ծառայեցեր ինձ ձրի ամս եօթն. was bekämpft wird, deckt sich weder mit S noch mit G. ոչ եթէ braucht man wie ܠܐ ܗܘܐ: vergleiche Genesis 45. 8 ܗܫܐ ܠܐ ܗܘܐ ܐܢܬܘܢ = և արդ ոչ եթէ դուք *habt mich hierher geschickt, sondern gott*: Matth 10. 20 ܠܐ ܗܘܐ ܐܢܬܘܢ = ոչ եթէ դուք *seid es, die reden, sondern der geist*: so daß in der tat ein syrisches original vorgelegen zu haben scheint: *nicht ist es dir möglich zu bleiben und mir umsonst zu dienen.* dafür soll nun der Hebräer haben *du dientest mir umsonst sieben jare.* womit ich nichts anzufangen weiß.

24. Genesis 30, 32 חום. Ephraim 95, 38—96. 1.

Statt zu sagen ամենայն խայտախարիւ խմ՚ են *sagt der Hebräer* ամենայն որ թխագոյն յոչխարս քո. unmittelbar vor diesem saze wird Gen 30. 13 *Ἀσήρ*, unmittelbar nach ihm Gen 31, 20 *ἔκλεψε* besprochen, so daß aus dem zusammenhange nichts zu erschließen ist. ein խմ՚ են = ܚܡ ܗܘܘ oder *ἦμοι εἶσι* lese ich bei SG nicht, weiß also denjenigen nicht zu finden, gegen den Ephraims Hebräer kämpft. խայտախարիւ und թխագոյն unterscheiden sich jedenfalls so, daß das erste helles grau, das lezte dunkles grau bedeutet.

zunächst bedenke man, daß Qamḥi 139 sehr 237 Elias Levita lehrt, כבש וכשב אחד הוא וכאשר הוא בן שנה יקרא כשב וכבש ויותר מבן שנה יקרא איל und 218 נקרא כבש בן שנה כי הגדול משנה יקרא איל. wozu nach unseren begriffen von styl nicht ganz gut paßt, daß Lev 12, 6 23, 12 Num 6, 14 usw zu כבש ausdrücklich בן שנתו, zu כבשה Num 6, 14 בת שנתה und zu כבשים Num 7, 17 usw בני שנה zugesezt wird: wozu gar nicht paßt, was der Qâmûs I 845 aussagt الكبش الحمل اذا اثنى او اذا خرجت رباعيته und Damîrî II 316 الكبش فحل الضان فى اى سن كان وقيل اذا اثنى وقيل اذا اربع, wärend S sehr gut dazu stimmt. wenn man bei ihm Gen 30, 32 33 mit PSmith 1228 in ܟܒܫܘܪܬܐ nicht eine bezeichnung der farbe (*Αὐάρθα* — bemerke das aspirierte ܬ, wie in *Μαρθα Βιρθα Γαδιρθα καβορθα ασαρθα* — Epiphanius *περὶ μέτρων* § 64, 2), sondern خروف ابن سنة ܟܒܫܐ Praetermissa 78, 67 (ein anderes wort Praetermissa 42, 56) sieht: wenn Elias § 16, 4 = Praetermissa 42, 53 الكبش ܚܘܦܐ bietet, so wäre ܚܘܦ *ἔριφος* selbst, und auch dies würde zu Qamḥis behauptung stimmen. seit 1866 weiß man durch mich (jezt armenische studien § 2391) daß ܓܘܙ = ܓܐܙ aus ܟܒܫ entstanden ist, und für כבש gegen כשב wie für den vokal a gegen i zeugt. siehe auch ESchrader keilinschriften und geschichtsforschung 216[r], der 79 wie WvBaudissin studien II 270 Lagardes Symmicta I 121[r] ignoriert.

Hoffmanns glosse 672 geht auf unsere stelle, und gibt ܐܘܟܡ ܟܒܫܘܪܬܐ durch احم بسواد اشيب: احم Ḥamâsa 90, 16 179, 4 348, 11 Amrulqais seite 34, 2 (Slane): اشيب Ḥamâsa 305, 29 *λευκός* Apoc 19, 14[c] Zach 1, 8 6, 3 6: das beste ambra ist اشيب Avicenna I 231, 6 [aus Castle]: EBöhmer romanische studien I 287, zu welcher stelle ich anmerken will, daß das dort von mir vermutete حامى sich in meinen Praetermissa 79, 94 PSmith 1580 (unter ܚܡܘܣܐ) wirklich gefunden hat: Dozy I 319 hat es eingetragen.

dies mußte besprochen werden, weil ich mich gegen den einwand zu sichern hatte, S für unsern ausdruck nicht ausgenuzt zu haben.

so möchte ich für HSGC[1]C[2]Saadias, deren text wenig erfreulich ist, folgende tafel aufstellen:

נקד	ܚܡܚܡܐ	*ῥαντός*	נמור	נמור	منقط
טלוא	ܦܪܝܣ	*διάλευκος*	קרוח	רקוע	ابلق
חום	ܐܘܟܡ	*φαιός*	לחויש	שחום	اسود

hierbei erläutert sich ܚܡܚܡܐ aus meinen abhandlungen 75 studien § 1887, wo zu ܚܡܚܡ zu bemerken ist, daß es Praetermissa 58, 56 durch das zu נמור stimmende منمر erklärt wird: ܦܪܝܣ nicht aus قرحة Iob 2, 7[c] = ܫܘܚܢܐ = *ἕλκος*, wozu تقرح = ulceratio Avicenna IV γ 2, 15 = II 75, 19,

8

sondern aus قرحة فى وجه الفرس ما دون الغرة Gauharis: ابلق aus EBöhmers romanischen studien I 230 290 und ע Zacharias 1 und 6.

Ephraims Hebräer scheint sich so wol gegen ܐܘܟܡܐ Ss, wie gegen φαιὸς Gs zu richten: er will eine dunklere farbe — Թխագոյն wäre μελάγχρους — haben als φαιός. das nicht ܐܘܟܡܐ, sondern ܐܘܟܡܐ ist.

25. Genesis 33, 17 סכת. Ephraim 100, 1—2.

Statt zu sagen Er nannte seinen namen Sachôth, der Hebräer Zelte. die glosse steht an der unrichtigen stelle. sie geht gegen S. denn nur aus ܣܟܘܬ. nicht aus Σοκχωθ konnte տաղաւարք fließen. über ոչ siehe Lagarde Symmicta I 116, 15—19. C¹C² behalten סוכות.

26. Genesis 36, 24 מצא את הימים. Ephraim 99, 37—39.

Statt zu sagen Er fand eine quelle wasser, als er die maulesel seines vaters weidete, sagt der Hebräer Er fand riesen in der wüste, maulesel sind nicht. in unserem S steht das vom Hebräer bekämpfte nicht, denn der hat ܐܫܟܚ ܠܗ ܡܝܐ ܒܡܕܒܪܐ: wol aber bieten griechische handschriften als lesart des Σύρος, und zwar schon unter der auctorität des Diodor von Tarsus, εὗρε πηγὴν ἐν τῇ ἐρήμῳ. maulesel für ימים treffe ich — wol aus ἡμι-ονος geraten — bei Hieronymus 57, 6—8 meines abdruckes, bei C¹, bei Saadias (W I 41, 22 und im citate bei Abûlwalîd 284, 30), bei Scharrîrâ, den Abûlwalîd mit ܟܘܕܢܝܐ und بغل anfürt, bei Qamḥî 196 und dem Graecus Venetus: Aquila Symmachus Theodotion behalten ימים originaliter bei. das heißt, sie hatten keine überlieferung über das wort. Ephraims Hebräer geht mit C², der an אימים Gen 14, 5 gedacht haben wird, als er גבריא übertrug. Perles meletemata 9/10 52.

27. Genesis 37, 2 נער. Ephraim 103, 10—14.

Der Hebräer, statt zu sagen Er wurde erzogen mit den sönen der Bal[l]a und Zelpha, sagt Er war jünger als die söne der Balla und Zelpha. der Hebräer hat wol nur einem chronologischen systeme zu liebe den text verdreht: das was er verwirft, steht in C¹ והוא טלה מתרבי עם בני בלהה ב״ und C² והוא מרבי עם בני ב״ wie in S ܘܗܘ ܛܠܝܐ ܗܘܐ ܥܡ and Saadias جعل ينشا مع الخ.

28. Genesis 37, 3 כתנת פסים. Ephraim 103, 22—24.

G χιτῶνα ποικίλον, Aquila tunicam ἀστραγάλων so Field für astragalon meiner drei handschriften[1] id est tunicam talarem. Symmachus tunicam manicatam = χιτῶνα χειριδωτόν, S ܟܘܬܝܢܐ ܕܦܣܐ. C[1] פרגוד מצויר, C[2] כתונא דפסי. Saadias تونية ديباج. über פרגוד παραγαύδης պարեգօտ siehe mich an den in den armenischen studien § 1863 angefürten stellen, über تونية Dozy supplément I 155.

die catene շապիկս թեզանիօք. da ist շապիկ = شي = سبيج Lagarde Symmicta I 35. 7 studien § 1678. թեզան dürfte χρόκη übersezen Levit 13, 48 ff, und dem στήμων = ոստեղ gegenüberstehn. թեզանեայ so viel wie թեզանաւոր, das Elisebê 213 (ende) als ձմեռանի winterlich dem կողոբ ամառանի = dem sommerlichen κολόβιον entgegenstellt: vergleiche in des Hieronymus quaestiones 57 quod haberet manicas: antiqui enim magis colobiis utebantur mit DuCange 681 HLFleischer glossae habichtianae I 32 und ܩܘܠܒܐ = السوار والقلب Praetermissa 20, 36 = الشوذر ebenda 36, 26. RDozy läßt im dictionnaire des vêtemens قلب ganz aus, im supplément II 390[1] erkennt er es nicht als das von dem (von GCurtius[5] 585 für gut griechisch angesehenen) κολοβὸς herstammenden κολόβιον, das durch seine ableitung erweist, daß kleider mit langen ärmeln ursprünglicher waren als solche mit kurzen: man kann doch ein ärmelloses kleid nicht ein verstümmeltes nennen, wenn man nicht ein ärmelkleid für das ordnungsgemäße ansieht. über شوذر gibt Dozy im supplément I 739[1] weniger als im dictionnaire des vêtements 216—219 und vor ihm Freytag II 405[2].

entstanden ist die deutung *ärmelkleid* bekanntlich dadurch, daß man פסים als mehrheit von ܦܣܐ nam, Praetermissa 9, 81 10, 91.

diesem ärmelkleide sezt Ephraims Hebräer շապիկս նկարէնս ծաղկեայս entgegen = *buntes geblümtes kleid.*

29. Genesis 37, 33 חיה רעה. Ephraim 107, 17—19.

Statt zu sagen Irgend ein tier zerbrach den Ioseph mein sönchen, sagt der Hebräer Irgend ein böses tier fraß ihn. die getadelte übersezung kehrt in der catene 109, 31 wieder: sonst finde ich sie nirgends. für טרף טרף gleich nachher hat S ܡܬܒܪ ܐܬܒܪ, was zu եբեկ veranlassung gegeben haben könnte. dem רעה entspricht ܒܝܫܬܐ S, πονηρὸν G, בישתא C[2]: des C[1] חיות ברא meint so viel wie חיה רעה.

30. Genesis 38, 9 לא לו. Ephraim 100, 29—31.

Statt zu sagen Es wußte Onan daß [nicht] ihm sei der same, der Hebräer Und es wußte Onan, daß nicht auf seinen namen genannt werde sein same. zeile 29 fehlt ܠܗ, das ich ergänzt habe. GS übersezen H wörtlich: C[1] וידע אונן ארום לא על שמה איקרון בנין. C[2] וידע אונן ארי לא על שמה מתקרי זרעא, also beide annähernd wie Ephraims Hebräer.

31. Genesis 1, 2. Ephraim 2, 9 ff.

durch meine schuld an der richtigen stelle ausgelassen.

Die venediger catene hat gleich durch ire ersten worte gezeigt, daß sie wenigstens teilweise auf syrische quellen zurückgeht. denn զհաստատութիւն երկնից und զհաստատութիւն երկրի ist deutlich ܠܗ ܫܡܝܐ und ܠܗ ܐܪܥܐ = ذات السماء und ذات الارض W 4, 18: über հաստատ sehe man Lagarde armenische studien § 1249: das von հաստատ abgeleitete հաստատութիւն übersezt Petr β 3, 17 *στηριγμός*, Phil 1, 7 Hebr 6, 16 *βεβαίωσις*, Hebr 3, 14 11, 1 *ὑπόστασις*.

auch nachher ist syrisches original in Թոհ և բոհ erkennbar, das Ss ܬܘܗ ܘܒܘܗ wiedergibt. aber in der besprechung dieses ausdruckes wird der Grieche erwänt, welchen Ephraim selbst kaum eingesehen haben dürfte (2, $\frac{14}{15}$ = *ἀόρατος καὶ ἀκατασκεύαστος*).

endlich 3, 11 lesen wir *der Hebräer statt zu sagen* Թոխ և բոխ *sagt* խոր և խաւար, worauf die worte folgen և խաւար ունէր ՚ի վերայ խորոց. wärend 2, 26 für וחשך על פני המים խաւար էր ՚ի վերայ անդնդոց gesezt worden war: vgl den römischen Ephraim I 8[B] ܚܫܘܟܐ ܕܦܪܝܣ ܗܘܐ ܥܠ ܐܦܝ ܬܗܘܡܐ.

über Թոխ und բոխ = Թոհ und բոհ habe ich schon in meinen beiträgen 80, 15 eine bemerkung gemacht: vergleiche jezt auch oben 48, 33.

ܬܘܗ ܘܒܘܗ möchte troz ܬܘܗܡܘܬܐ (zwischen ܬܘܗܐ und ܒܘܬܐ Assemani BO III[a] 268, 17) und ܒܘܗܡܘܬܐ Hoffmanns glosse 2279 nicht ganz gegen den verdacht geschüzt werden können ein hebraismus zu sein. wäre dieser verdacht begründet, so folgte, daß תהו ובהו bei den Juden eine alltägliche redensart gewesen ist, denn nur solche gehn in der weise in schwesterdialekte über, in welcher תהו ובהו in das syrische übergegangen ist. daß die verbindung תהו ובהו im hebräischen sehr gebräuchlich war, erhellt in der tat daraus, daß das urspüngliche a des ו sich in ihr erhalten hat, wie es das auch in רוח ותהו Isa 41, 29 und אפס ותהו Isa 40, 17 getan: gelehrte, welche aus Ierem 4, 23 [Isa 34, 11] schließen wollen, daß Gen 1, 2 dem Ieremias [und Isaias] bekannt gewesen und als vorbild benuzt worden ist, werden gut tun, die überlieferte aussprache von ובהו zu ändern, oder einzugestehn haben, daß alle diejenigen, welche englisch schreibend die auch in Deutschland noch übliche redensart forgive and forget brauchen, aus Shakespere Richard II 1, 1 All's well 5, 3 Lear 4, 7 entlenen — und so fort.

die griechischen übersezer wenden zur wiedergabe von תהו ובהו negationen an: G *ἀόρατος καὶ ἀκατασκεύαστος*, Aquila (dem gnostiker mit irem *πλήρωμα* bekannt sein mochten) *κένωμα καὶ οὐδέν* = weder an inhalt noch an form etwas, Symmachus *ἀργὸν και ἀδιάκριτον*, Theodotion (dessen erst durch mich in irer waren gestalt bekannt gewordene übersezung von einzelnen handschriften Bar Ebrâyâs mit ܣܪܝܩܐ ܘܠܐ ܡܕܡ, aber nicht von Larsows drucke 3[1] 13 bestätigt wird) *θὲν καὶ οὐθέν*.

C[1] fügt zu seinem תהיא ובהיא die glosse *unbewont von menschen und leer an vieh*, C[2] greift aus dieser glosse sein צדיא וריקניא heraus, der Samariter dürfte sein שאמה וריקנה aus C[2] haben. Saadias gibt غامرة مستبحرة (vgl Ḥamâsa 567, 16 Nächte [Bûlâq[2]] II 132, 27 Ibn Arabšâh Tîmûr [Golius] 246, 11 neben 245, 8): der arabische übersezer der Samariter überarbeitet dies zu مغمورة ومستبحرة.

W 4, 18 6, 3 خاوية [و غير محسوسة], anderswo خالية خاوية.

zu diesen deutungen tritt nun die hinzu, welche Ephraims Hebräer gegeben. ܦܚܬܐ steht sonst für *βόθυνος* Lagarde abhandlungen 223, 17 oder (Sap 4, 3) *βάθος*, ܦܚܬܘܪܐ ist = persischem خاور *finsternis* studien § 982.

das sind üble ratereien.

תהו ist Iob 12, 24 die weglose, unbehagliche wüste = Psalm 107, 40 Iob 6, 18 Deut 32, 10. Isa 41, 29 steht רוח ותהו mit און אפס, Isa 49, 4 לתהו והבל mit לריק parallel. Isa 59, 4 תהו neben שוא. nach Isa 40, 17 ist כאין soviel wie מאפס ותהו. nach Isa 40, 23 לאין soviel wie כתהו. endlich Regn α 12, 21 erscheint תהו auf die götter der nichtIsraeliten angewendet, wozu Isa 44, 9 zu vergleichen ist. bemerkt werden muß, daß תהו im zweiten teil des Isaias und im Iob, schriften, welche in der zweiten hälfte des sechsten jarhunderts zu Ierusalem verfaßt worden sind, so häufig ist. die redaction des hexateuchs gehört ebenfalls nach Ierusalem, nur fällt sie etwa achtzig bis hundert jare später als Iob und die redaction des Isaias. wie man aus צלם ודמות Gen 1. 26 — in älterer zeit sagte man תאר ומראה Gen 39, 6 — etwas schließen darf, so sicher auch aus תהו ובהו. das dem ersichtlich nach Mesopotamien gehörenden Hebräer Ephraims eben darum ein ziel für vermutungen war. weil es dem westlichen zweige des Aramaismus angehörte. noch die אגדת ארץ ישראל (Raši zu Genesis 47. 2). also unser מדרש בראשית רבה (Zunz gottesdienstliche vorträge 176) braucht die wurzeln תהא und בהא, und ist in Palaestina geschrieben. ו leidet vor sich a in צו קו. o in שתו שלו עשו ענו, ê in שלו נו, î in פיו אחיו אביו, aber niemals e: für hagw gilt הגה, für qiçw קצה, für nidw נדה. auch die Araber sprechen nach Kosegarten § 253 bádu ḥúlu, von denen sich בהו und תהו nur durch die im systeme von Tiberias notwendige umwandlung des u in cholem unterscheiden.

ich erlaube mir einige worte auch über Ephraim 3. 14 zu sagen, wo Ss ܡܪܚܦܐ durch շրջէր և գրգայր ausgedrückt wird. sehr bekannt ist ja was der *Σύρος ἀνὴρ* dem Basilius 8, 18 ff [Froben[2]] über *ἐπεφέρετο* = *συνέθαλπε καὶ ἐζωογόνει* berichtet hat: mein m 23[a] hat es aufgenommen, Ambrosius hexahemeron *α* 29 abgeschrieben, Diodor von Tarsus bei Nicephorus I 16/17 m 23[b] Hieronymus quaest 4, 10 haben es berücksichtigt. Diodor mit der bemerkung (Symmicta II 186[r]) *ὡς σφενδονήτης ἢ τοξότης παρ' ἡμῖν μὲν διὰ μιᾶς λέξεως σημαίνεται, παρὰ Σύροις δὲ διὰ δύο* [die schlecht syrische hexapla Iudd 20, 16 Regn *δ* 3, 25 ܡܚܠܐ gegen ܩܫܬܐ ܘܪܡܐ Ss], *οὕτω καὶ τὸ Ἐπεφέρετο μία μὲν ἐστὶ λέξις παρ' Ἑβραίοις, παρ' ἡμῖν δὲ διὰ μιᾶς λέξεως οὐκ ἂν παραστατῇ.* Ephraims շրջէր entspricht dem ܡܬܗܦܟܢܐ, womit Hoffmanns glosse 6671 ܡܪܚܦܐ erklärt (der glosse arabische übersezungen stammen aus den verschiedensten schriftstellern, und sind alle dogmatisch krank): das von շուրջ Exod 25. 11 abgeleitete շրջիլ fand sich oben § 20 für ܡܬܗܦܟܘ, es steht für *περιέρχεσθαι* Sap 6, 17 Tim *α* 5. 13 Act 19, 13 (das activ շրջել *μεταστρέφειν* Gal 1. 7) usw. գրգալ, das zunächst in betracht kommt, kann ich nicht belegen. գրգել — von գէրգ *ἁπαλὸς* Deut 28, 54 56 Isa 47, 1: mit պչրին *σπαταλῶσα* Tim *α* 5, 6: mit dem sonst *τρυφερὸς* übersezenden *փափուկ* zusammen für *εὐπαθῶν* Psalm 91. 15 — *περιψύχειν* Sirach 30. 7: auffällig für *πολιτεύεσθαι* Maccab *β* 11. 25: vergleiche auch die alte armenische übersezung des Basilius 35. 28 32 mit dem griechischen S. 21 Frobens[2], obwol sie vermutlich aus dem syrischen gemacht ist: denn wie رعيانذبلا (so die leidener handschrift) in der arabischen übersezung des Dioscorides *α* 10 auf ܪܥܝܐ ܕܐܝܠܐ = *ἐλαφόβοσκον*, wie بزر داقنا ebenda *α* 124 nicht auf *σπέρμα ἀκτῆς*, sondern auf ܙܪܥܐ ܕܐܩܛܐ, wie افنيطس ebenda *α* 12 nicht auf *δαφνῖτις*, sondern auf ein als das relativum enthaltend angesehenes ܕܐܦܢܝܛܝܣ, wie قوفرا وهو الحناء ebenda *α* 124 nicht auf *κύπρος*, sondern auf ein verlesenes oder verschriebenes ܩܘܦܪܐ PSmith 1799 zurückgeht, wie الخشب الذى يسمى سسمينان = *συκάμινα ξύλα* ebenda *α* 129 auf ein original fürt, in welchem ܣ und ܡ oder ܣ verwechselt werden konnten, und dies alles auf eine syrische vorlage der gedachten übersezung hinweist, so schließe ich aus *ծայրպանձինք* oder *ծայրպանցիք* 30. 20 = *Οὐαλεντῖνοι* 7. 12 und änlichem auf syrischen urtext. denn troz der feinen erläuterungen des großen wörterbuchs I 1004[1] dürften hier ܕܝܨܢܝܐ *Δαισανῖται anhänger des Bardesanes* gesucht werden müssen.

Ephraim hat das *ἐπεφέρετο* oder *ἐπιφερόμενον* der verschiedenen Griechen mit der durch den Syrer des Basilius in umlauf gesezten erläuterung vereinigt.

Anhang. Zum zweiundzwanzigsten psalme.

אבתינו Psalm 22, 5 beweist, daß die redende person sich aus einer vielheit von individuen zusammensezt, daß sie Israel ist. der redende ist entschieden derselben art wie die väter.

der psalmist braucht dieselben ausdrücke wie der herausgeber des Isaias: es genügt nebeneinanderzustellen

Isa 41, 14 תולעת		Psalm 22, 7 תולעת
Isa 49, 7 בזה נפש מתעב גוי	}	Psalm 22, 7 בזוי עם
Isa 53, 3 נבזה וחדל אישים		

diese ausdrücke keren auch bei Nehemias wieder, bei dem es 2, 19 von Samaritern, Ammonitern und Arabern heißt ויבזו עלינו. die änlichkeit wird noch schlagender, wenn man bedenkt, daß וילעיגו לנו voraufgeht, und Psalm 22, 8 כל ראי ילעיגו לי sagt.

wir wissen von vier feinden der aus dem elende zurückgekehrten Judäer: die Samariter, Tobias der Ammonit, Sanaballat der Horonit, Gosem der Araber stehn gegen sie zusammen. Tobias und Sanaballat waren beide nachkommen Lots.

der zweiundzwanzigste psalm schildert die den sprechenden bedrängende not einmal als durch krankheit, das andere mal als durch tiere veranlaßt.

an tieren werden genannt
פרים und אבירי בשן 13:
אריה 14 22 und nach der meinung vieler ארי 17:
כלבים 17, wo AkSymm *θηρευταί*, Hieronymus venatores = *kallaßim*: כלב 21.
dazu kommen scheinbar die רמים des verses 22.

ich beziehe die פרים auf die Ammoniter, den אריה auf Gosem, die כלבים auf die Samariter.

die krankheit ist der aussaz. der aussaz aber ist ein typus im Iob, den ich mit der alten synagoge als משל fasse, und eigentlich überall im alten testamente. aber כארי 17 aus syrischem ארי PSmith I 378 *aussaz* zu erklären geht nicht, weil die entsprechung der stichen zerstört würde.

wir haben nämlich jedesmal sieben glieder (ich lese mit Saadias חכי für כחי):

13 סבבוני פרים רבים	15 כמים נשפכתי
אבירי בשן כתרוני	והתפרדו כל עצמתי
14 פצו עלי פיהם	היה לבי כדונג
אריה טרף ושאג	נמס כתוך מעי
17 כי סבבוני כלבים	16 יבש כחרש חכי
עדת מרעים הקיפוני	ולשני מרבק מלקוחי
כארי ידי ורגלי	ולעפר מות תשפתני

daraus folgt vielleicht, daß כארי troz dessen was IDMichaelis in der orientalischen und exegetischen bibliothek XI 209—220 auseinandersezt, richtiger als כארו ist, sicher, daß vers 17 an der falschen stelle steht.

arabisches רים ist das wilde rind, also kaum ein gefärliches tier: es steht neben ענל Ps 29, 6 oder שור Deut 33, 17 oder פרים und אבירים Isa 34, 7: es ist scheu und unzämbar Iob 39, 9 10, dann aber auch dem menschen nicht feindlich. daraus folgt, daß Ps 22, 22 רמים nur der poetisch sein sollende fehler eines die sprache seiner väter nicht wirklich kennenden spätlings für פרים ist: כלב 21, אריה und ר[א]ם 22 sind כלבים (also gegen AqSymmHieronymus zu sprechen) 17, אריה 14^2 ארי 17^3, פרים 13^1. Sanaballat und Tobias gelten nur für Einen feind.

Verbessere

8, 32 *den bedürfnissen* in *dem bedürfnisse.*
19, 26 im ersten aethiopischen,
23, 28 im aethiopischen worte muß das lezte zeichen in der siebenten form stehn.
28, 9 *übrig* schreibe *erhalten.*
38, 10 *Punier* schreibe *Phoenicier.*

Die armenischen typen der officin sind, weil viele jare hindurch nicht gebraucht, durch rost in einen haufen meist völlig wertloser metallstäbchen verwandelt worden: es hat große mühe gekostet, so viel in brauchbarem zustande befindliches material zusammenzubringen wie verwendet worden ist, aber selbst durch die lupe ließen sich *g* und *d* und änlich gleiche gestalten im correctursaze nicht immer unterscheiden. ich lene sowol was den sezer als was mich selbst angeht, jede verantwortung für die zum glücke wenig zalreichen fehler ab, welche im armenischen saze sich finden, welche ich nicht einmal hier verzeichnen kann.

Praetermissa 45, 38 ist זאיר gemeint.

Symmicta II 224 streiche zeile 11.

Im drucke beendet am 5 Juni 1880.